Gottfried Voigt · Der zerrissene Vorhang

GOTTFRIED VOIGT

Der zerrissene Vorhang

Homiletische Auslegung
der Predigttexte der Reihe IV

VANDENHOECK & RUPRECHT
IN GÖTTINGEN

ISBN 3-525-60228-6
2., durchgesehene Auflage 1975 · Lizenzausgabe der Evangelischen Verlagsanstalt Berlin · Printed in the German Democratic Republic

· Schutzumschlag: Karlgeorg Hoefer

Vorwort

Auch für das der Perikopenreihe IV gewidmete Kirchenjahr soll dem Prediger Geleit angeboten werden. Mehr als Geleit kann und darf es nicht sein. Von dem, was hier geboten wird, bis zur gehaltenen Predigt ist es noch ein gutes Stück Wegs. Dabei bleibt es, obwohl, wie in früheren Jahrgängen, wieder versucht worden ist, über das Historisch-Philologische und auch über die theologische Reflexion hinauszukommen und, zeichenhaft wenigstens, in den Tenor der Verkündigung hinüberzuleiten. Viel mehr als früher habe ich diesmal sogar Gliederungshilfen gegeben. Ich weiß: darin liegt die Gefahr, daß der Prediger sich zu stark ins Schlepptau nehmen läßt. Ich merke es, wenn ich selbst zu predigen habe, daß die vorgeschlagenen Gliederungen für die Kanzel doch noch einmal einer gründlichen Neudurchdenkung und oft auch Neuformulierung bedürfen. Ich habe sie aber doch aufgenommen, weil ich mehr und mehr spürte, daß man einen Text erst dann *durchsichtig* gemacht hat, wenn er auch *übersichtlich* geworden ist. Mehr wollte ich nicht. Der Prediger mache sich guten Gewissens von aller Gängelung frei.

Bei dem nicht ganz geringen Angebot von Predigthilfen fragt man sich, ob man weitermachen soll. Es hat nur Sinn, wenn die besondere Art des Arbeitens gewahrt bleibt. Viele haben mir gerade dazu ihre freundliche Zustimmung gegeben. Ich weiß, daß darin auch eine Begrenzung liegt. Das soll nach dem Willen des Herrn der Kirche so sein: Jeder hat und sieht nur einen Teil – alle dienen einander eben gerade mit dem, was ihnen zugeteilt ist. So wollen meine Textbearbeitungen die der anderen keinesfalls verdrängen, aber etwas darbieten, was dort weniger wirksam wird. Es ist gut, wenn wir erfahren, wie wir aufeinander angewiesen sind.

Der Titel dieses Jahrgangs (Matth. 27,51, vgl Hebr. 10,20) will den *evangelischen* Charakter unserer Predigt zum Ausdruck bringen. Wir haben freien Zugang zu Gott! Es tut uns gut, diese Botschaft im Bilde vor Augen gestellt zu bekommen. Verstanden haben wir nur das, was uns auch anschaulich wird. Die Auslegungen auch dieses Jahrgangs bemühen sich darum. Von der Pflicht zum Durchdenken der Texte sind wir damit freilich nicht entbunden. Die Gemeinde darf von uns in dieser Hinsicht Rechenschaft fordern. Sie nimmt ja auch – im Maß des ihr Erschwinglichen – an den großen theologischen Auseinandersetzungen teil. Predigthilfen können den vom

Verfasser eingenommenen Standpunkt nicht verleugnen. Warum sollten sie auch? Aber sie sollen dem Leser nicht die Entscheidung abnehmen bzw. vorschreiben. Ich habe mich bemüht, jeweils so dicht wie möglich beim Text zu bleiben. Er will zunächst immer aus sich heraus verstanden werden. Die hermeneutische Transformation wird bei manchen anders aussehen als bei mir. Wir kommen mit den damit zusammenhängenden Fragen in absehbarer Zeit nicht zu Ende. Die Hauptsache wird sein, daß wir dem Text gegenüber hörbereit bleiben – nein, werden. Die Texte dieser Reihe sind, wie mir scheint, zum großen Teil sehr schwer. Ich hoffe, die Benutzer dieser Arbeit merken, daß sich die Mühe lohnt.

Leipzig, 1. Januar 1969 G. V.

1. Sonntag im Advent bis Pfingstmontag

1. Sonntag im Advent. 1. Thess. 5,1-11

Im Zusammenhang mit der (wohl durch eine Anfrage ausgelösten) Erörterung über das Schicksal der Entschlafenen (4,13ff.) wird nunmehr in 5,1ff. die Frage nach dem Termin der Parusie behandelt. Daß diese beiden eschatologischen Fragen eng zusammenhängen, liegt auf der Hand. Wie besonders II 2,1ff. erkennen läßt, werden die letzten Dinge in Thessalonike interessiert verhandelt. – V. 1: Χρόνοι und καιροί in dieser Zusammenstellung auch Apg. 1,7. Χρ. = Zeitraum, Zeitdauer, im Plural = ein aus mehreren Zeitabschnitten zusammengesetzter Zeitraum (W. Bauer im WB); κ. = der entscheidende Zeitpunkt, auch der Zeitpunkt, in dem wir uns zu entscheiden haben (Röm. 13,11; Gal. 6,10; Eph. 5,16), auch die von Gott bestimmte, mit einem Inhalt gefüllte Zeit (Gal. 6,9; 2. Thess. 2,6; 1. Kor. 4,5; Tit. 1,3 u.ö.). – V. 2: Das angeschlagene Thema gehört zur christlichen Elementarunterweisung, die die Thessalonicher empfangen haben (vgl. 1,5ff.; 2,1-16). Dazu gehört auch das synoptische Jesuswort vom Dieb (Matth. 24,43; Luk. 12,39f.) – einer der nicht seltenen Rückgriffe des Paulus auf die (damals wohl nur mündlich umlaufende) synoptische Tradition. Das Bild vom Dieb verschiebt sich im N.T. (vgl. M. Dibelius z. St.): Es spricht zunächst davon, daß der Zeitpunkt so ungewiß ist wie die Stunde des Einbruchs (so Matthäus und Lukas); es wird dann allegorisiert: der Herr kommt wie ein Dieb (Offb. 3,3; 16,15); oder es wird zur gleichnisartigen Redewendung: der Tag des Herrn kommt wie ein Dieb (unsere St., auch 2. Petr. 3,10). Daß II 2,3ff. von den Vorzeichen der Parusie die Rede ist, braucht dem nicht zu widersprechen, daß der Termin unbekannt bleibt. Und daß die Unabsehbarkeit des Termins betont wird, braucht keineswegs als erste Auseinandersetzung mit dem Parusieverzug angesehen zu werden · wir haben keinen Anhalt dafür, daß je ein bestimmter Zeitpunkt für die Parusie angegeben worden sei (auch Mark. 13,10 läßt ihn unbestimmt). – V. 3: Verderben wie Amos 5,18-20. Der Singular ὠδίν für ὠδίς; Schrecknisse der messianischen Zeit (Mark. 13,8; Matth. 24,8) – auch hier Übereinstimmung mit synoptischer (und spätjüdischer) Überlieferung. – V. 4: ἵνα-Satz statt eines konsekutiven Infinitivs. Das Bild vom Dieb bekommt durch den Zusammenhang neuen Sinn: „der Tag" bleibt unbekannt (insofern träfe das Bild vom Dieb im Sinne von V. 2 noch zu), aber er wird uns, wann auch immer er komme, nicht überraschen wie ein Dieb. Die interessante LA ὡς κλέπτας – „als wäret ihr Diebe" – vermeidet diese Sinnveränderung, dürfte aber gerade darum Korrekturversuch sein (B, A und noch die bohairische Übers.). Sachparallele z. unserer St.: Röm. 13,11ff. – V. 5: „Söhne des Lichts" vgl. die Qumrantexte (Fr. Nötscher, Zur theol. Terminologie der Qumrantexte, Bonn 1956, S. 97–99). בֵּן bedeutet übertragen: „zugehörig zu" bzw.

„hervorgegangen aus". Vgl. Eph. 5,8; Joh. 12,36. Zum Sprachgebrauch ferner Matth. 8,12; 13,38; 23,15; Luk. 7,35; 10,6; 20,36; Joh. 17,12; Eph. 2,3; 1. Petr. 1,14; 2. Petr. 2,14 u. ö. – V. 6: Zur Wachsamkeit gehört das Nüchternsein (1. Kor. 15,34; 2. Tim. 4,5; 1. Petr. 1,13; 5,8). – V. 8: Die Zweiheit „Panzer und Helm" und die Dreiheit „Glaube, Liebe, Hoffnung" (vgl. 1,3; 1. Kor. 13,13; Kol. 1,4f.; Hebr. 10,22-24) sind beide formelhaft geprägt; es will nicht recht gelingen, beide Formeln miteinander zu verbinden. Zur Waffenrüstung vgl. Jes. 59,17 (dort Gottes Rüstung!); Eph. 6,11ff. – V. 9: Für uns ist der „Tag" nicht der Tag der ὀργή (Röm. 1,18ff.; 2,5; 3,5; 5,9; 12,19; Eph. 2,3; 5,6; 1. Thess. 1,10; 2,16), sondern der σωτηρία, und zwar um des Heilstodes Christi willen. Von Jesu Auferstehung ist nur (aber immerhin!) implicite die Rede: „daß wir zugleich mit ihm leben" (V. 10). Ähnlich wie das Wort vom Dieb gewinnen hier „wachen" und „schlafen" einen neuen Aspekt: gemeint ist jetzt „noch am Leben sein" und „gestorben sein" (vgl. 4,13ff.); in *diesem* Sinne macht es nichts aus, ob wir wachen oder schlafen (vgl. jedoch V. 7). – V. 11: Vermahnung ist tröstlicher Zuspruch und will „aufbauen". Präsentische Imperative (wie auch 4,18): die Gemeinde bedarf dessen allezeit.

Es leuchtet ein, daß der vorliegende Abschnitt gerade diesen Ort im Kirchenjahr bekommen hat. Er ist in seinen Kernaussagen und in seinem Zuspruch der alten Epistel des 1. Advent sehr ähnlich; so ähnlich, daß man gemeint hat, hier spiegele sich eine katechetische Gewohnheit des Apostels wider (M. Dibelius z. St.), wofür zweifellos spricht, daß Paulus ausdrücklich an Bekanntes, in der Missionspredigt bzw. im Taufunterricht bereits Dargelegtes erinnert. Man hat von einer anderen Seite her dennoch angezweifelt, ob der liturgische Ort für diese Art der Paränese der 1. Sonntag im Advent sein kann. Wenn man die Adventszeit lediglich als Vorweihnachtszeit versteht, mag dieser Zweifel begründet sein. Aber sie ist zugleich, ja sogar zuerst Bußzeit, in der alten Kirche der Taufunterweisung und -vorbereitung gewidmet. Wir verlieren Wesentliches, wenn wir dies vergessen. So gesehen ist die Perikope gut placiert. Man muß nur in Kauf nehmen, was die Väter der OP übersehen haben, daß das Dieb-Motiv im letzten Text der Reihe III vorkam und in der Perikope für den 2. Advent in Reihe IV wiederkehren wird; der Prediger wird dies mindestens bei der Akzentuierung beachten müssen.

Die Perikope ist ein Zeugnis heißer Parusieerwartung. Man kann aus dem Text schön erkennen, wie stark das Warten auf den Kommenden die Gegenwart qualifiziert. Indem die Christenheit auf ihren Herrn wartet, ist sie weit davon entfernt, das Gegenwärtige zu entleeren, als sei die Stunde, in der man eben lebt, lediglich dazu da, zu vergehen. Christliche Zukunftshoffnung gibt der Stunde, die eben jetzt durchlebt wird, ihren Gehalt. „Ihr alle seid Kinder des Lichts und des Tages." „Ihr waret vormals Finsternis; nun aber seid ihr Licht in dem Herrn" (Eph. 5,8). Man halte sich vor Augen, wie hier eins mit dem andern zusammenhängt: wir sind des Tages, darum nüchtern, gewappnet mit Glaube, Liebe und Hoffnung; die Hoffnung wiederum ist in dem Heil verankert, das in Jesu Tod und Auferstehung gründet. Man könnte die Thematik der Perikope geradezu in Ps. 27,1 vorgebildet finden: „Der Herr ist mein Licht und mein Heil." Eine neue Weise zu leben ergibt sich daraus, daß Tag ist und nicht mehr Nacht, daß uns das Heil gehört und wir nicht mehr unter Gottes Zorn sind. – Es würde aber alles falsch, wenn man meinte, die Bedeutung der Zukunft erschöpfe sich in der Qualifizierung bzw. Stimulierung der Gegenwart; habe die Gegenwart einmal den neuen Gehalt und die neue Dynamik bekommen, dann erübrige sich die erwartete Zukunft. Solche Auffassung ist nicht wenig verbreitet. In etwas variierter Form hat Max Frisch ihr einmal Ausdruck gegeben (in: „Nun singen sie wieder"): „Sein Reich komme! Nichts ist wirklicher als diese Illusion. Sie hat die Dome erbaut, sie hat die Dome zertrümmert, Jahrtausende haben gesungen, gelitten, gemordet für dieses Reich, das niemals kommt – und dennoch macht es die ganze menschliche Geschichte! Nichts auf Erden ist wirklicher als diese Illusion." Kein Zweifel: die Menschen des Neuen Testaments würden so nicht sprechen. Hätten wir nicht die Parusie Christi wirklich vor uns, warteten wir also nicht zu Recht auf sie, dann wäre alle Rede vom Licht und Heil nichtig. Das Kommende projiziert sich ins Heute: das ist Sinn und Geheimnis der eschatologischen Existenz. Weil der Herr an seinem großen Tage kommen wird, können wir davon reden, daß er auch heute kommt. Immerzu sollen und können wir auf unsern Herrn gefaßt sein, denn wir leben im Tage (1), und uns gehört das Heil (2).

1. Es gehört also zum christlichen Elementarwissen, daß mit dem Kommen des Herrn jederzeit zu rechnen ist. Nur nebenbei: es wäre irrig, das urchristliche Kerygma auf die 1. Kor. 15,3f. genannten Inhalte einzuengen; daß Paulus an genannter Stelle nicht das ganze Credo bzw. den ganzen urchristlichen Katechismus zitiert, sondern nur den Passus von Jesu Tod und Auferstehung, liegt an der Thematik dieses Kapitels. Der urchristliche Katechismus enthält also auch eschatologische Fragen wie die unseres Abschnitts. Es hätte grundsätzlich schon Sinn, von „Zeiträumen" und „Entscheidungsstunden" zu sprechen, in denen Gott mit seiner Gemeinde und mit der Welt auf seine Weise Geschichte macht. Man könnte von der Erstrekkung der Zeit im formalen Sinne sprechen, von kalendarisch darstellbaren Zeitabschnitten. Der Neubeginn des Kirchenjahres veranschaulicht, daß Gottes Geschichte in den Lauf der Zeiten „eingelassen" ist und, obwohl nur der Glaube das Was und Wie wahrnimmt, jedenfalls auch in Geschichtstabellen Ausdruck findet (χρόνος). Epochemachend sind freilich nicht die Umdrehungen der Zeigerwellen und der Stundenschlag unserer Uhren, die ja wiederum nur die planetarischen Abläufe markieren; „erfüllte Zeit" (Gal. 4,4) schafft Gottes Handeln (καιρός). Einer der großen „Knotenpunkte" der Gottesgeschichte wird Jesu Christi herrlicher Tag sein. Und eben hier versagt unser (sonst schlechterdings unentbehrliches) Berechnen, Vorsorgen und Programmieren. Bei allem Fragen nach „Zeiten" und „Stunden" bleibt nach Jesu eigenem Wort die Unbekannte stehen: der Termin, mit dem das schon ganz auf Zukunft eingestellte und von der Vorfreude auf diese Zukunft angefüllte Interim endet, der Termin des Kommens Jesu Christi in Herrlichkeit. Es ist kein Unglück, daß wir diesen Zeitpunkt nicht wissen; nicht einmal ein Schönheitsfehler im System christlichen Denkens und Lebens. Sollen wir auch auf die Zeichen achten (s. o.), uns also immer wieder zur Wachsamkeit mahnen lassen, so ist es doch Gottes Wille, daß

wir den Zeitpunkt nicht vorauswissen. (Es ist übel danebengegriffen, wenn einer meint, die Rede von unserm Nichtwissen spiegele das erste verlegene Eingeständnis der für einen bestimmten Zeitpunkt angesagten, dann aber ausgebliebenen Parusie, s. o.) Wie wäre es, wenn ich Tag, Stunde und Minute wüßte – wie ich die genaue Abfahrtszeit meines Zuges weiß, mit dem ich am Freitag nächster Woche fahren muß? Vielleicht wäre damit Vorsorge getroffen, daß ich den Augenblick wirklich nicht verpasse; aber was würde mit der Zeit bis dahin? Werde ich denken: „Mein Herr kommt noch lange nicht!" (Matth. 24,48)? Werde ich die längst fälligen Entscheidungen vor mir herschieben wie ein verbummelter Student, der sich damit tröstet, daß das Examen noch weit ist? Werde ich – und hier liegt der Nerv der Sache – den letzten Advent Jesu im Perspektiv-Terminkalender eintragen und darüber den tagtäglichen Advent versäumen, den er mir zugedacht hat?
Der Tag des Herrn kommt wie ein Dieb in der Nacht. Das heißt nicht: unbemerkt und heimlich wie ein Dieb, den die Kriminalpolizei erst aufspüren muß. Sondern: unversehens, überraschend, so also, daß man gerade nicht wie bei einem Raketenstart zählt: zehn, neun, acht, ... drei, zwei, eins. An vielen Stellen des Neuen Testaments wird die Sorge laut, wir könnten den Herrn eben doch verpassen. Die Sorge ist heute keinesfalls weniger begründet als damals. Damals: Mein Herr kommt noch lange nicht. Heute: Mein Herr kommt überhaupt nicht. Soll ich nicht auf weite Sicht bedenken, entwerfen, vorausplanen? Die Wissenschaft von der Zukunft (Prognostik) unterweist mich darin, was heute fällig ist für den Aufbau der vorausgeschauten Zukunft. So sieht doch für uns die Korrelation zwischen Zukunft und Gegenwart aus. Es widerspricht unserm Stil, uns auf Nicht-Planbares („Dieb") einzustellen; wir haben präzis vorauszuberechnen und vorauszudisponieren. *Das* ist das Lebensgefühl des modernen Menschen, der wir ja alle sind: wir müssen alle Dinge in die Hand bekommen. Der „Tag", auf den wir mit gesammelter Aufmerksamkeit warten sollen, scheint solches Sinnen, Trachten und Planen zu durchkreuzen. Fühlen wir uns gestört? Sperren wir uns etwa deshalb dagegen? Oder haben wir mißverstanden? Wir lenken und dirigieren, was uns unterworfen ist; aber wir dürfen nicht vergessen, daß einer über uns ist, dem wir selbst unterworfen sind. Wir gehen unsern Weg und sollen ihn gehen; aber Gottes Weg schneidet ihn unversehens. Ich weiß nicht, wieviel Zeit ich noch habe.
Es wird jetzt darauf ankommen, daß wir, was Gleichnis ist, nicht allegorisch ausmünzen. „Wie ein Dieb" – d.h., der Zeitpunkt ist uns unbekannt. Aber – überraschende Kurve in der Gedankenführung –: „ihr seid nicht in der Finsternis, daß der Tag wie ein Dieb über euch komme" (V. 4). Der Christ, der auf seinen Herrn wartet, wird noch in anderen Zusammenhängen denken und noch auf anderes gefaßt sein als seine Umwelt (V. 3). Nicht so, als starrte er nur in die Richtung, aus der er Christus erwartet, und alles andere sähe er nicht! Er hat ja sein Leben in dieser Welt vor Christus zu verantworten. Glaube, Liebe, Hoffnung (V. 8): in solcher aktiven Lebendigkeit wird sich sein Tag-Leben auswirken. Wer glaubt, der wagt. Wer liebt, nimmt seinen Mitmenschen ernst, steht ihm zur Verfügung, dient ihm. Wer hofft, gibt nicht auf. Die Wachsamkeit, die von uns erwartet wird, wirkt

sich in der Art aus, mit unseren Mitmenschen umzugehen (Matth. 24,45-49), d.h. aber auch: in unserm Vorausdenken und Vorsorgen, in der Gestaltung der Welt und in der Bewältigung der vor uns liegenden Aufgaben. Keine Rede davon, daß wir dem allem entfremdet werden sollten. Nur können wir uns nicht so in die vergehende Welt einbauen, als entgingen wir damit der Begegnung mit Christus. Es könnte ja sein, wir treiben unser tägliches Werk – die kleinen wie die großen Dinge, die schlichten Alltagshandgriffe wie die weitgeschauten weltverwandelnden Unternehmungen – in der heimlichen oder deklarierten Intention, uns gegen den Herrn, der das letzte Wort spricht, abzuschirmen bzw. ihn aus dem Horizont unseres Personallebens zu verdrängen. Εἰρήνη καὶ ἀσφάλεια: wir könnten meinen, unsere Welt sei gefeit gegen alle Störungen (Luk. 12,16-20); wir könnten alle Vorkehrungen getroffen, alle denkbaren Risiken einkalkuliert, alle einschlägigen Versicherungen abgeschlossen haben; wir könnten uns wie ein gerissener Wirtschaftsmagnat rühmen, daß die von uns aufgebaute Welt gefeit ist gegen alle Störungen und Havarien, korrosionsfest und perfekt in ihren Funktionen: dies eben würde, sofern wir das Kommen Christi ausgeklammert haben, für Paulus unter die Begriffe Nacht, Verschlafenheit und Trunkenheit fallen. Vom vivsten Manager wird man dies paradoxerweise sagen müssen: verschlafen oder trunken. Von dem, der das Brett immer an der dünnsten Stelle bohrt, brauchen wir nicht zu reden, auch nicht von dem, der eigenes Nachdenken schuldhaft aufgegeben hat, weil es unbequem ist. Aber vielleicht ist es gut, den Kirchenchristen zu nennen, der keine Anfechtung mehr kennt, weil er eine Universalversicherung abgeschlossen hat – mit dem lieben Gott selbst. In jedem Fall werden wir uns fragen: Herr, bin ich's?
Wir leben „im" Tage, haben wir formuliert – etwas ungewöhnlich, aber wohl begreiflich. Vielleicht sind die dunkelsten Wochen des Jahres gerade gut geeignet, unsere Tagsituation zu bedenken. Der Text weist auf zwei charakteristische Formen nächtlichen Zustandes: Schlaf und Rausch. *Schlaf:* die Lebensfunktionen sind auf „Sparflamme" eingestellt, das Bewußtsein ist ausgelöscht. Nicht, daß wir nicht schlafen dürften; gerade das befreite Gewissen im Frieden mit Gott läßt uns ruhig schlafen, damit wir dann erst recht spannkräftig und wach sein können. Es geht hier gegen die Verschlafenheit, gegen Abstumpfung, Nicht-Ansprechbarkeit, Indolenz, Trägheit, gegen das Verharren im Dämmerzustand. – *Rausch:* scheinbar das Gegenteil von Schlaf, sofern der Rausch erhöhte Lebenstätigkeit verspricht; in Wirklichkeit eine falsche, irreale Erhobenheit, Entrückung ins Reich der Illusionen, Flucht aus der gegebenen Situation. Rausch wird nicht nur durch starke Getränke und durch Drogen erzeugt; es gibt rauschhafte Faszination durch Vergötzung des Kreatürlichen, durch Übersteigerung und Entgrenzung des Menschlichen. Dies alles gehört zur „Nacht" (V. 7). Wo Christus ist, da lebt man am Tage. Wir werden nicht aufgerufen, durch Erwachen und Ernüchterung den Tag herbeizuführen; wir werden daran erinnert, daß es Tag *ist* und wir uns in unserer Lebensweise auf den Tag einstellen möchten. Wir „gehören zum Tage" (V. 5a). Wir stehen da, wo Christus ist; er hat uns dahin gestellt. Gerade darum wird uns das Kommen des Herrn nicht entgehen. Es wird uns auch nicht überraschen und befremden.

Der Herr soll uns, wenn er kommt, „gerüstet" finden. Sollte eine Erinnerung an Jes. 59,17 vorliegen, dann würde Paulus mit V. 8 sagen wollen: was uns für den großen Tag Christi bereit macht und an diesem Tage dann wirklich bereit sein läßt, ist die Unverletzlichkeit (Panzer, Helm), die Gott uns aus seinem Eigenen vermacht hat (vgl. Eph. 6,10).

2. Man hätte das Bisherige zur Not auch dann so sagen können, wenn der kommende Herr nicht als Helfer und Freund, sondern zu unserm Verderben käme. Es könnte sein, die uns empfohlene Nüchternheit und Wachheit bezöge sich darauf, daß wir uns auf Widriges, aber eben leider Unvermeidliches gefaßt zu machen hätten. Den Thessalonichern und uns wird aber etwas ganz anderes gepredigt. „Hoffnung auf das Heil" heißt es, nachdem vom Glauben und der Liebe die Rede gewesen ist. Und das Wort „Heil" wird noch einmal besonderes aufgegriffen: was uns bevorsteht, ist die große unmittelbare Begegnung und Vereinigung mit dem Herrn, der unsere σωτηρία ist. Man sage nicht, über die Möglichkeit eines Un-Heils-Zustandes sei kein Wort zu verlieren, denn von der ausgestandenen Gefahr wisse nur der, der ihr bereits entronnen ist, den andern aber beträfe es nicht. Der Tag des Herrn könnte sehr wohl über uns kommen, wie man es Amos 5,18-20 liest; man vergleiche V. 3. Paulus denkt - anders als mancher unter uns – nicht antinomistisch. Er weiß: wo das Evangelium nicht angenommen wird, da gilt unweigerlich das Gesetz. Wir können uns auch nicht mit dem Sprüchlein aus der Affäre ziehen: „Was ich nicht weiß, macht mich nicht heiß." Dem Vogel Strauß sagt man solche Pseudoweisheit nach. Gottes Gericht fällt nicht dadurch aus, daß ich ihn – stillschweigend oder ausdrücklich – für nicht kompetent erkläre. Die Gebärende wird nicht gefragt, ob die über sie kommende Wehe ihr in diesem Augenblick recht und willkommen ist; es würde ihr auch nichts nützen, wollte sie davonlaufen, an einen Ort, von dem sie sich verspräche, daß dort der Schmerz nicht sei (V. 3). „Heil" bedeutet „Rettung". Wir haben die Heilsbotschaft nicht begriffen, wenn wir nicht – etwa im Sinne der ersten drei Kapitel des Römerbriefes – verstanden haben, *woraus* wir errettet sind. Was die Propheten von Gottes Zorn gepredigt haben, war nicht Falschmeldung. Auch das Evangelium dementiert nicht den Ernst unserer Lage vor Gott, sondern es bietet uns – in Christus – die Rettung an. „Denn Gott hat uns nicht gesetzt zum Zorn, sondern das Heil zu gewinnen durch unsern Herrn Jesus Christus" (V. 9).

Es geht also nicht nur darum, *daß* und *wann* Christus kommt, sondern auch, *wie* er kommt, noch deutlicher: in welcher Gesinnung, Einstellung, Absicht er zu uns kommt. Der Herr, den wir vor uns haben, der sich uns nähert und dem wir einmal unmittelbar gegenüberstehen werden, kommt nicht als unser Gegner, sondern als Freund. Wahrscheinlich wird es gerade in der hier vorausgesagten „Stunde" – gleich, ob wir sie erleben oder in sie hinein auferstehen (V. 10) – des Glaubens bedürfen, der sich gegen allen Augenschein durchglaubt. Daß uns „Heil" widerfahren wird, liegt nicht auf der Hand. Was Gott tut, wird bis zum letzten großen Augenblick unterm Gegenteil verborgen sein. Aber die Gemeinde darf sich auf den Kairos ihrer endgültigen Vereinigung mit Christus freuen („zugleich mit ihm leben"). Ihre Hoffnung ist, im Glauben gesehen, nicht utopisch. Sie ist in Tod und Auferstehung Jesu verbürgt (V. 10): Der unsere Zukunft in der Hand hat und über uns das letzte Wort spricht, ist kein anderer als der Christus, der sich sterbend bedingungslos auf die Seite der schuldhaft Verlorenen gestellt hat und, eben damit selbst verloren, von Gott durch seine Auferweckung bestätigt, ins Recht gesetzt, mit uns, seinen Schützlingen, angenommen ist. Hinter aller Hoffnung steht dieses Faktum. In Glaube, Liebe, Hoffnung leben wir heute schon auf dieses Ziel und Ende zu, stellen wir uns bereits jetzt auf das ein, was uns gehört und was uns niemand streitig machen kann.

Wird dies eine *Adventspredigt* werden? Wachsamkeit und Heilsgewißheit sind die Schwerpunkte. Der Blick auf den End-Kairos gibt dem chronologischen Augenblick die Beziehung auf den kommenden Herrn und damit seinen Gehalt. In jedem Augenblick sollen und können wir für Christus offen sein. Weil er kommt, ist es heute schon Tag. Bin ich auf sein letztes Kommen gefaßt, dann werde ich ihn auch nicht überhören und verpassen, wenn er – er selbst – in seiner Interimsgestalt, in Wort und Sakrament, zu mir kommt. Wach sein, aufmerken, uns offenhalten für ihn, darauf achten, wie er uns anschaut und anspricht und, indem er das tut, uns heute schon gibt, was uns, in neuer Weise, am Ende zugedacht ist: das ist adventlicher Glaube, der deshalb nicht ins Leere greift, weil das Heil uns in beschriebener Weise verbürgt ist. Sollte es eine nüchterne Adventspredigt werden, dann trifft sie genau das, worauf es Paulus ankommt. Gerade so wird sie – V. 11! – tröstlich sein und in der Gemeinde konstruktiv (οἰκοδομεῖτε) wirksam werden.

2. Sonntag im Advent. Offb. 3,1-6

Das fünfte der sieben Sendschreiben (7 ist die Vollzahl; angeredet ist also grundsätzlich die ganze Christenheit), die gleichartig aufgebaut sind. Wie bei Smyrna und Philadelphia der Tadel fehlt, so fehlt bei Laodizea und in unserem Schreiben das Lob; von dem Tadel sind nur „wenige Namen" (Name = Person) ausgenommen. Lohmeyer stellt 16,15 als V. 3b in unser Sendschreiben und gewinnt damit auch hier sieben vierzeilige Strophen. In der Tat unterbricht in Kap. 16 der V. 15 den Zusammenhang hart und befremdlich; seit Beza wird die Umstellung wiederholt befürwortet. Durch sie wird auch das schwierige οὖν in V. 3c sinnvoll. Das zweimalige ὡς κλέπτης ist nicht unmöglich. Gegen die Umsetzung entscheiden sich u.a. Hadorn, Behm, E. Lohse. – *Sardes* ist die alte Königsstadt Lydiens (Krösus!), nach schwerem Erdbeben (17 v. Chr.) wiedererbaut, aber nicht wieder zu Glanz gelangt. Entstehung der Gemeinde unbekannt. – V. 1: Wer ist der „Engel"? Dahinter könnte die Schutzengelvorstellung stehen (Matth. 18,10; Apg. 12,15). Oder man nimmt an, eine jede Gemeinde habe in dem Engel (vgl. 1,20) ihren „himmlischen Doppelgänger" (Lohmeyer zu 2,1), die Personifikation der von Gott ihr gegebenen Würde bzw. ihres neuen Seins. So etwa Bousset, Lohmeyer, Schlatter, auch Kittel im ThWNT I,86. Nur: schreibt ein Seher an Engel Briefe? Zahn, Hadorn, Strack-Billerbeck sehen im „Engel" den Bischof der Gemeinde, der freilich nicht nur als Einzelperson angeredet, sondern als Repräsentant der Gemeinde angesehen und für sie haftbar gemacht wird (vgl. Hebr. 13,17). – Es spricht der Christus der Eingangsvision. Die sieben Geister stehen nach 1,4 zwischen Gott und Christus (Vater-Geist-Sohn), wozu Lohmeyer bemerkt: „Gott und die 7 Geister sind *ein* Begriff." Sie werden in 4,5 als brennende Fackeln anschaulich. Sie gehören aber auch ganz fest zu Christus: 5,6 erscheinen sie als Augen des Lammes; 3,1 befinden sie sich in der Verfügungsgewalt des Herrn. Sieben Geister = der Geist in seiner Ganzheit; nach 5,6 werden sie in die Welt gesandt. – Die sieben Sterne sind nach 1,16 und 1,20 die „Boten" der Gemeinden. – Der Tadel könnte eine Anspielung auf den Namen des Bischofs (Zosimos, Zotikos, Vitalis?) sein; auch in dem auffälligen γίνου γρηγορῶν könnte sich eine Namensanspielung verbergen. Wichtiger aber ist die Sachaussage. Was für die ganze Stadt gilt (Lohmeyer), gilt für die christliche Gemeinde insbesondere: sie lebt nur scheinbar. – V. 2: στηρίζειν = im Glauben festigen (Luk. 22,32; Apg. 18,23; Röm. 1,11; 16,25; 1. Thess. 3,2.13; 2. Thess. 2,17; 3,3 u. ö.). πεπληρωμένα übersetzt Hadorn mit „vollwertig", legt also den Ton auf die Qualität; πληροῦν meint zunächst das Anfüllen eines Gefäßes, das Vollmachen eines Maßes. „Mein" Gott nur im Munde des erhöhten Christus (2,7; 3,2.12; vgl. Joh. 20,17). – V. 3: Über das Gleichnis vom Dieb vgl. die vorangehende Auslegung. – V. 4: Besudelte Kleider mögen auf Geschlechtssünden deuten (14,4; Judas 23). Mit Jesus „wandeln": Ausdruck der Gemeinschaft (vgl. Gen. 5,22, nicht LXX) oder des Geführtwerdens durch den Herrn (so nach mandäischem Sprachgebrauch). Weiße Gewänder: Zeichen der himmlischen Reinheit und Helle (4,4; 6,11; 7,9.13; vgl. Mark. 9,3; 16,5; Apg. 1,10). „Sie sind es wert" kann nach 7,13-15 nicht im Sinne der Werkgerechtigkeit verstanden werden; dennoch fragt Christus nach den Werken (vgl. V. 1). – V. 5 („Überwinderspruch"): Man muß „siegen", also den Kampf bestehen. „Buch des Lebens": gemein-orientalische Vorstellung. Vgl. 13,8; 17,8; 20,12; 21,27, auch Exod. 32,32ff.; Ps. 69,29; Jes. 4,3; Dan. 7,10; 12,1; Luk. 10,20; Phil. 4,3; Hebr. 12,23. Eintragung ins Buch einer Stadt verleiht Bürgerrecht. Der Name kann „ausgewischt" werden. In unserm Falle schwört (οὐ μή) der Herr, dies nicht zu tun; er wird sich zu den Seinen bekennen (Matth. 10,32; Luk. 12,8 – beide Fassungen sind hier kombiniert: vor dem Vater, vor den Engeln; ein kleiner, aber interessanter Beitrag zur Geschichte der synoptischen Tradition). – V. 6: („Weckformel"): auch hier Anknüpfung an synoptische Überlieferung (Matth. 11,15; 13,9.43; Mark. 7,16 u. ö., nach späterer Bezeugung).

Die Frage: „Wie soll ich dich empfangen?" kann, wenn man sich von diesem Text treffen läßt, nicht mehr nur rhetorischen, ornamentalen, dekorativen Sinn haben. Es braucht noch nicht einmal Jesu letzter Advent zu geschehen, auf den dieser zweite Sonntag des Kirchenjahres besonders schaut (darin griff die vorangehende Perikope, wie wir sahen, dem Proprium des zweiten Advent vor); es genügt schon, dem heute an uns ergehenden Worte ausgesetzt zu sein.

Wenn Christus uns *so* kommt, was dann? Die sieben Sendschreiben sagen jeder Gemeinde das, was gerade sie nötig hat; insgesamt meinen sie, wenigstens potentiell, die ganze Christenheit. Es ist nicht gesagt, daß die hier gestellte Diagnose gerade für die Gemeinde zutrifft, der wir diesmal zu predigen haben. Es ist an die ἐκκλησία in Sardes gedacht; ob das Gesagte auch uns angeht, kann sich nur so entscheiden, daß wir den Text vernehmen und dabei testen, ob wir uns in dem Gesagten wiedererkennen. Daß der erhöhte Christus spricht, möglicherweise auch zu uns, ist schon eine Weise seines Kommens, und jedes seiner Worte ist ein Stück vorausgenommener Final-Advent. So unvermutet, so programmwidrig wie ein Dieb kommt Christus. Auch in der Kirche – gerade sie, in diesem Falle sie allein ist hier angeredet – dachten wir, es müßte alles den von uns vorgesehenen Gang gehen. Aber da plötzlich meldet *er* sich, um den sich alles drehen müßte, als der nicht erwartete, als der wahrscheinlich auch in unserm Frommsein nicht ernsthaft vorgesehene kommende Herr. Worum ist es ihm bei seiner Gemeinde zu tun? Sie sollte Leben haben (1), sie soll Leben retten (2), sie soll das Leben gewinnen (3).

1. Wir stellen die den erhöhten Herrn kennzeichnenden Inhalte der Vision – die sieben Geister, die sieben Sterne – einstweilen zurück und halten uns an die Anrede an den Engel bzw. den Bischof der Gemeinde und damit an die Anrede an diese selbst: „Ich weiß deine Werke." Nicht nur Sardes wird so angesprochen (2,2.19; 3,8.15). Und wenn nicht von den Werken die Rede wäre, dann doch: „ich weiß deine Trübsal und deine Armut" (2,9), „ich weiß, wo du wohnst" (2,13). Der Herr weiß, was für uns spricht, aber auch, was gegen uns spricht. Schein und Sein können sich erheblich voneinander unterscheiden. Nicht das Erscheinungsbild einer Gemeinde ist maßgebend; nicht die Statistik, nicht die Zahl der Gottesdienstbesucher bzw. Kommunikanten, nicht die diakonische und missionarische Aktivität, erst recht nicht die Großzügigkeit der Organisation. Nicht, daß uns dies alles gleichgültig sein dürfte. Aber was an einer Gemeinde ist, ist letztlich an solchen Daten nicht abzulesen. Christus sieht auf den Grund. Er weiß, was wir nicht wissen. Der Glaube gibt seinem Urteil recht; der Unglaube verheimlicht sich, daß Christus das letzte Wort spricht. Alle dunklen Augenblicke in unserm Leben, alle Versager waren dadurch gekennzeichnet, daß wir uns dieses „Ich weiß ..." ausgeredet, daß wir es abgeblendet, aus unserm Bewußtsein verbannt haben. Aber damit ist Christus nicht ausgeschaltet. Er meldet sich vielmehr und stellt unsern Grundirrtum zurecht: er weiß es eben doch! Er weiß es von der Gemeinde von Sardes, was sie – wie sollte sie auch? – sich selbst nicht hinreichend klargemacht hat. Sie gilt als eine „lebendige Gemeinde", aber sie ist tot.

Sie ist es nicht deshalb, weil die Umwelt ihr den Kampf angesagt hätte und sie in diesem Kampfe unterliegen müßte. Man sollte freilich nicht sagen, die Apokalypse sei an diesem Kampf überhaupt nicht interessiert. Verfolgungen haben begonnen, es hat Märtyrer gegeben, und die Gemeinde hat mit weiteren Blutopfern zu rechnen (6,9-11; 16,6; 17,6; 18,24). Kap. 13 schildert den großen Glaubenskonflikt mit dem scheinbar allmächtigen römischen Staat aufs eindrucksvollste. Dennoch: was die Gemeinde gefährdet, ist nicht dieser Druck von außen; man kann eben in dieser Lage „siegen" (Luther: „überwinden"). Gefährlich, ja tödlich ist das geistliche Versagen in der Gemeinde selbst. Kann sein, man sagt von einer Gemeinde, sie lebe; in Wahrheit ist sie tot. Was von selbst fällt, braucht man nicht noch zu stoßen. Dies trifft für Sardes zu. Der Tadel könnte verschieden begründet sein. Hier heißt es, der Herr habe die Werke der Gemeinde „nicht erfüllt" gefunden. Es gibt ein zu erfüllendes Soll; man kann den hier vorliegenden Sprachgebrauch kaum besser wiedergeben als mit diesem uns geläufigen Wort. Christus fragt seine Gemeinde nach den Werken. Es mag uns schwerfallen, Stellen dieser Art mit dem Sola fide zu vereinbaren. Es hilft nicht, Paulus gegen den Apokalyptiker auszuspielen; auch Paulus weiß, daß wir nach den Werken gerichtet werden. Wichtiger, als daß uns der gedankliche Ausgleich gelingt, ist, daß unser Gewissen wach wird. Wie geht es in der christlichen Gemeinde zu? Was tun die Christen in der Welt? Aus V. 4a kann man ersehen, daß in Sardes bei der Mehrzahl der Gemeindeglieder – nur „wenige" sind die Ausnahme – schmutzige Dinge passiert sind. Aus der Ordnung Gottes ausbrechende, ausufernde, personhafter Verantwortung sich entziehende Sexualität ist nicht nur ein Schade von einst; Jesu gewissenweckendes Wort ginge wahrscheinlich auch in heutigen Gemeinden nicht ins Leere. Findet sich Anlaß, an herkömmlicher Prüderie und an manchen Schranken der Sitte von einst Kritik zu üben, so muß diese Kritik aus der gottgesetzten Norm hervorgehen, in ihr also den Maßstab haben, nicht aber diese einreißen. Trotzdem wird unsere Predigt den Eindruck zu vermeiden haben, als sei die Geschlechtlichkeit *das* Terrain der Sünde. Es kann sein, daß unsere Werke an ganz anderer Stelle dem vom Herrn gesetzten Maß nicht entsprechen. Jeder sündigt auf seine Weise, jede Zeit auf die ihre. Wichtig nur: das Schaubild, das unsere Verkehrtheit sichtbar macht, ist nur Symptom für unser Totsein. „In *ihm* war das Leben" (Joh. 1,4): wie auch immer wir uns den Zusammenhang zwischen der Apokalypse und den im engeren Sinne johanneischen Schriften denken mögen – bei aller Unterschiedenheit finden sich doch zahlreiche Berührungspunkte –, wir werden uns den Gegensatz „Tod – Leben" so verständlich zu machen haben, wie das johanneische Denken ihn immer wieder aufzeigt. Nur in der Gemeinschaft mit Jesus, der das Leben ist, werden wir Leben haben. Wie fest ist unser Zusammenhang mit ihm? Worin äußert er sich? In welcher Weise wahren wir ihn? Tragen wir Christi Namen – und machen's doch ohne ihn?

2. Man kann wohl kein härteres Urteil über eine christliche Gemeinde fällen, als es hier geschieht. Nicht nur „krank", sondern „tot": hier scheint es, als sei nichts mehr zu retten. Das Sendschreiben will aber, so hart es spricht, helfen und retten. Wir haben auch diesmal Evangelium zu predigen, sogar in besonders zugespitzter Weise. Man muß den Gedankenfortschritt von V. 1 und V. 2 genau in Augenschein nehmen. Derselbe Gemeindevorsteher bzw. dieselbe Gemeinde, von dem bzw. von der es eben hieß: „du bist tot", soll wach werden und das andere stärken, das sterben will. Man kann natürlich den Initial-Imperativ: „Werde ein Wachender!" so auslegen, daß man aus ihm eine ganze Bekehrungs- und Heiligungsgeschichte herausholt. Jedoch soll nicht übersehen sein, daß vieles von dem, was man in solchem Falle aus den Worten herausdestilliert, erst im folgenden Vers gesagt ist. Es scheint darum doch so, als gehe es zunächst nur darum, daß ein Schlaf oder Traum (vgl. die Auslegung zum 1. Advent) abgebrochen und ein Zustand der Bereitschaft, des Offenseins, der Aufnahmefähigkeit erreicht wird. Und dann, wirklich schon dann, heißt es: „Stärke das andere, das sterben will!" Wir sollen uns nicht damit aufhalten, daß wir uns mit

unserer eigenen Lage beschäftigen. Tot oder nicht – das spielt jetzt keine Rolle. Es heißt sofort: Leben retten oder (mit den Worten des Textes) dem, was im Sterben liegt, Kraft zuführen. Die Frage: wer bin ich? was vermag ich? interessiert nicht. Genau das ist Evangelium! Der Herr bedient sich, wenn er etwas schaffen will, auch solcher Instrumente, die nach unsern Begriffen untauglich sind. Eine ganze „tote" Kirche kann aufgerufen werden, das zu stärken, was geistlich im Sterben liegt. Selbst kraftlos und ausgedörrt, vielleicht zerstritten und müde, kann und soll sie im Dienste ihres Herrn aktiv werden. Nicht erst selbst etwas werden und dann etwas tun – das würde ja noch immer voraussetzen, daß wir aus dem gäben, was, auf welche Weise auch immer, unser Eigenes geworden ist. Aber die ewige Kraft soll Gottes sein und nicht von uns (2. Kor. 4,7). Christus ist in allem der Handelnde. Darum kann er sich unbrauchbarer Werkzeuge bedienen. Wir wollen es bei der Paradoxie belassen, nach der wir „die Armen" sind, „die doch viele reich machen", und uns eben darin „als die Sterbenden" erweisen, die von sich sagen können: „siehe, wir leben" (2. Kor. 6,9f.). Wo Christus ist, kann also die geistlich tote Gemeinde stärken, was eben noch im Begriff war zu sterben (das Imperfektum charakterisiert den Zustand schon als vergangen, impliziert also die günstige Prognose). – Weiter liegt in dem Aufruf der Hinweis auf ein Gesetz in Gottes Reich, nach dem nur das unser Eigentum ist, was sich sofort in tätigen Dienst umsetzt (Matth. 25,14-30). Noch schärfer: Wir empfangen nur, indem wir geben; wir lernen nur, indem wir lehren; wir kommen nur dann voran, wenn wir anderen voranhelfen; wir können selbst nicht besser getröstet werden als damit, daß wir andere trösten. Schön hat Paulus dies Röm. 1,11f. ausgeführt. Sollte es wahr sein, was mancher von uns entmutigt meint festzustellen müssen: daß wir eine sterbende Kirche seien, dann kann uns nichts Besseres als dies gepredigt werden. Leben retten! Die Formel ist wohl nicht zu scharf. Bodelschwingh: „Schnell, schnell – sie sterben uns darüber!"

3. Evangelium ist auch, daß der Herr seiner darniederliegenden Gemeinde aufs dringlichste das Leben anbietet, das sie zu gewinnen hat. Allerdings ist dieses Angebot mit einer scharfen Drohung verkoppelt: „Wenn du aber nicht wachen wirst ..." Es wird nicht gesagt, was Christus in diesem Falle tun wird: Es heißt nur: „ich werde (über dich bzw. auf dich zu-)kommen." EKG 10,10. Aber das unausgesprochen Drohende ist ganz umfaßt von der Einladung. Das, was die „Wenigen" den anderen voraushaben und was ihnen für die Zukunft zugesichert ist („sie werden mit mir wandeln in weißen Kleidern"), das wird in dem Überwinderspruch allen angeboten. Weiße Kleider: die Symbolsprache der Apokalypse ist uns nicht mehr selbstverständlich und geläufig; der Prediger muß sich vorsehen, daß er die Sache dem Hörer nicht verstellt, indem er den neutestamentlichen Ausdruck ungeprüft übernimmt. Nach 16,14 bedeckt das Gewand die Schande; man mag, nach Gal. 3,27, in ihm die uns durch Christus geschenkte Unbescholtenheit und Geltung sehen (vgl. 7,14). Die Symbolsprache läßt uns sodann an den Glanz, die Helligkeit und Heiligkeit Gottes denken. Engel werden als weißglänzend bekleidet geschaut; der verklärte Christus erscheint wie blendendes Sonnenlicht (vgl. 1,16c). Weiter wird man an die eben noch besudelten Klei-

der zu denken haben (V. 4); die sind nun hell und fleckenlos. Eben das, woran es in der Gemeinde jetzt fehlt, soll denen, die „siegen", in der Vollendung gegeben werden. – Auch das Wort vom „Buch des Lebens" muß übersetzt werden. Wir sahen: die Vorstellung ist verbreitet, und es ist klar, was sie besagen will. Im Himmel sind unsere Namen geschrieben (Luk. 10,20), d.h., wir sind Gott als Personen und Individualitäten bekannt und wichtig. Daß unser Name schriftlich festgehalten ist, soll auf die Stetigkeit unserer Geltung vor Gott hinweisen. Die Möglichkeit besteht, daß unser Name aus dem Buch „ausgewischt" wird; man übersehe nicht: das wäre ein Akt von juridischer Bedeutung. Es steht nicht da: euer Name könnte im Gedächtnis Gottes versehentlich untergehen. *Wenn* der Name verschwindet, dann handelt es sich dabei um einen bewußten und folgenschweren Akt. Aber darauf ist es ja eben gerade nicht abgesehen. Unser Name soll *nicht* getilgt werden; es ist Gottes Absicht, ihn unverlierbar in seiner Liebe und damit in seinem Herzen zu bewahren. – Noch viel unmittelbarer spricht zu uns das Wort, das der Apokalyptiker der synoptischen Predigt Jesu entnimmt: „Ich will seinen Namen bekennen ..." Das ist gewissermaßen die Umsetzung des Motivs vom Lebensbuch ins Aktuale. Zugleich bekommt das Motiv die notwendige christologische Füllung. Christus „ist zur Rechten Gottes und vertritt uns" (Röm. 8,34). Auch das vierte Evangelium und die Johannesbriefe und – diesen in nicht wenigem auffällig verwandt – der Hebräerbrief zeigen uns den Hohenpriester und Fürsprecher Christus. So nun auch hier. Christus hat unsere Sache zur seinen gemacht. Sind wir nur wach für ihn, dann soll es dabei bleiben.

Wie wir das Leben gewinnen? Von einem sensationellen kirchlichen Reformprogramm verlautet nichts. Der Weg ist sehr einfach: „Gedenke drum, wie du empfangen hast und es vernommen hast, und achte des und kehre um!" Mark. 1,15 in umgekehrter Reihenfolge, doch sachlich nichts anderes, vielleicht nur noch einen Deut präziser: das τηρεῖν und μετανοεῖν folgt aufs Empfangen und Hören bzw. ereignet sich aufs neue dadurch, daß man das Vernommene ins Gedächtnis zurückruft. Ganz einfach: immer wieder vor Auge, Herz und Sinn stellen, was wir längst vernommen haben und längst „wissen", was wir uns – angeblich – an den Schuhsohlen abgelaufen haben, zumindest längst zu kennen meinen. Beim Evangelium geht es nicht darum, ein für allemal etwas kapiert zu haben und sich damit genug sein zu lassen. „Wenn ihr *bleiben* werdet an meiner Rede, so seid ihr in Wahrheit meine Jünger" (Joh. 8,31; vgl. 15,4ff.).

Wir haben uns die großen Prädikationen des erhöhten Christus in der Einleitungsformel noch aufgespart. Sie kommen vielleicht auf dem Hintergrund dessen, was sich uns ergeben hat, noch schöner zum Leuchten. Es spricht zu seiner Gemeinde der, „der die sieben Sterne hat" – nach 1,16.20 „in seiner rechten Hand" –, und die sind, wieder nach 1,20, „Engel der sieben Gemeinden". Gleich, ob wir die „Engel" auf das himmlische Urbild der Gemeinden oder auf deren Vorsteher deuten, also auf himmlische oder irdische Repräsentanten der Gemeinden: *alle* sind sie in der Hand ihres Herrn, auch die von Sardes. Man nehme diese Feststellung nicht zu leicht. In ihr liegt einmal die Unentrinnbarkeit Christi (V. 3bc). In ihr liegt aber auch, daß sogar eine „tote" Gemeinde, solange sie noch vom Herrn angegangen, umworben, beschwörend und aufrüttelnd ermahnt wird, von ihm gehalten ist. Die Predigt, die wir über diesen Text halten sollen, hat in sich, wenn sie den Text zum Sprechen bringt, die Präsenz des Herrn, der mit unserer Gemeinde so, wie wir vernommen haben, reden will. – Zuletzt: Der himmlische Christus „hat" die sieben Geister Gottes, d.h. die Fülle des göttlichen Geistes, er verfügt darüber. Wir sahen: Sie sollen in die Welt gesandt werden (5,6). Alle Chancen des Lebens liegen bei ihm. Man hat an Hes. 37 erinnert: was tot ist, kann und soll lebendig werden – nicht nach unseren Vorstellungen und Programmen, sondern nach Christi Weise und Maß. Ehe das erste Wort des Tadels – allerdings: eines überaus harten Tadels – fällt, hat sich Christus als der vorgestellt, in dessen Hand alle Gemeinden sind und von dem ihre Erneuerung ausgehen kann. Der Herr will nur eine Gemeinde haben, die „wacht", also sich für sein Tun offenhält.

3. Sonntag im Advent. Jes. 40,1-11

Nach Duhm bilden die VV. 1–4 ein Ganzes (Langverse), in das die VV. 6–8 (vier Distichen im gewöhnlichen Metrum) eingeschoben sind und zu dem, als VV. 6–8 schon drinstanden, noch der V. 5 hinzugefügt wurde, weil die Pointe der VV. 10f. hinter V. 4 vermißt wurde. – Anders urteilt Begrich von formgeschichtlichen und inhaltlichen Kriterien her: Die VV. 1–8 enthalten drei einzelne Züge aus dem Berufungserlebnis des Propheten, während VV. 9–11 die Nachahmumg der Instruktion eines Siegesboten sind. – Zum einzelnen: In VV. 1–2 ist, wie der Prophet deutlich sagt, Gott selbst der Sprechende. Nach Jerusalem, der heiligen Stadt (52,1), nennt sich das ganze „Haus Jakob" (48,2), also Gesamtisrael (vgl. 51,16), dessen Restituierung damit aufs knappste angesagt ist. צבא ursprünglich Kriegsdienst, dann aber auch Frondienst; רצה ableisten. Das כִּי in V. 2b ist dem ersten כִּי in V. 2a neben-, nicht untergeordnet (Duhm). Nach LXX sind in V. 2 die Priester angeredet – keine sehr textgemäße Lösung der Frage, wer hier zum Trösten berufen ist (charakteristisch für die Entstehungszeit der LXX). – Die beiden folgenden Stücke (3–5.6–8) sind streng parallel eingeleitet: קוֹל קוֹרֵא („horch, es ruft") und קוֹל אֹמֵר („horch, es sagt"); dies spricht für Begrichs Auffassung. Den Sprechenden vermag der Prophet nicht zu identifizieren. In V. 3 lassen LXX בָּעֲרָבָה weg, wodurch der über den Sinn entscheidende Parallelismus zerstört ist (so dann auch die Zitate im N.T.: Matth. 3,3; Mark. 1,3; Joh. 1,23); gemeint ist ursprünglich, daß nicht die Stimme aus der Wüste vernehmbar wird, sondern der Weg durch die Wüste bereitet werden soll (so auch der revidierte Luthertext). Himmlische reden zu Himmlischen; auch dies ist in den neutestamentlichen Zitaten untergegangen. מְסִלָּה von סלל = aufschütten. – In V. 6b setzen sämtliche Übersetzungen ein Wort für „Herrlichkeit" voraus; man müßte dementsprechend כְּבוֹדוֹ, הודו oder הֲדָרוֹ lesen (vgl. auch das Zitat 1. Petr. 1,24); vielleicht verdient aber doch חַסְדּוֹ (lectio difficilior) den Vorzug: seine „Schönheit", „Anmut", das „Faszinierende" einer Großmacht wie Babel. Die letzten drei Worte vom V. 7 überfüllen nicht nur den Vers, sondern verderben auch seinen Sinn: was besonders im Blick auf Babel gesagt ist, wird hier auf das Volk Israel angewandt: „Stoßseufzer eines Lesers", vielleicht aus der Seleuzidenzeit (LXX haben diese Glosse noch nicht gelesen!). – VV. 9–11: Zur Heroldsbotschaft (s.o.) vgl. 1. Sam. 31,9; 2. Sam. 1,20; 18,19ff.; zur „Instruktion", die der Herold erhält, ebenfalls 2. Sam. 18,19-21 (nach Begrich). Der Herold „soll auf einen Berg steigen, um schon von weitem gesehen zu werden" (Begrich; anders Duhm: er soll „ausspähen"). Die Botschaft selbst wird wörtlich vorgeschrieben (אמרי). Der Sieger Jahwe folgt dem Boten auf dem Fuße und führt die Beute aus der Schlacht mit sich; שָׂכָר und פְּעֻלָּה sind, wie der Parallelismus in Hes. 29,18-20 erkennen läßt, technische Ausdrücke für Beute (gegen Volz). Das Bild vom Hirten bei Deuterojesaja wiederholt.

Der vorliegende Text ist im Neuen Testament mehrmals zitiert oder wenigstens anvisiert (Matth. 3,3; Mark. 1,3; Luk. 3,4-6; Joh. 1,23; 1. Petr. 1,24.25, Jak. 1,10-11; Offb. 22,12). Sprach man etwa von der Stimme des Täufers, die aus der Wüste vernehmbar war, erinnerte man sich der Stimme, von der hier die Rede ist (bezeichnenderweise nach LXX). Diese Bezugnahme veranlaßt die OP, den Abschnitt sowohl dem Johannistag (Reihe II) als auch dem 3. Sonntag im Advent (Reihe IV) zuzuordnen, das eine Mal in Beschränkung auf die VV. 1–8 (Schwerpunkt: die Berufung des Predigers und sein Auftrag, vgl. Der helle Morgenstern, S. 200), hier unter Hinzunahme der VV. 9–11 (Schwerpunkt: der kommende Gott). An beiden genannten Tagen des Kirchenjahres gedenkt die christliche Gemeinde des Täufers (Evangelium des 3. Advent: Matth. 11,2-10) Der Prediger sollte sich indes durch die biblischen und vom liturgischen Brauch her gegebenen Querverbindungen nicht allzusehr bestimmen lassen. Die Exegese ergibt, daß die synoptischen Täuferstellen den Sinn der VV. 3f. verengen. Es ist schon angebracht, hier wie dort von der Funktion zu sprechen, und die Predigt soll dies – am rechten Ort und in den rechten Proportionen – auch tun. Aber wichtiger ist es, danach zu fragen, wieso sich in Jesus Christus die Botschaft vom kommenden Gott für uns erfüllt hat und noch erfüllt. Es ist am Ende des Exils zu der von Deuterojesaja erwarteten Welttheophanie Gottes und zu der damit verbundenen Totalverwandlung der Welt noch nicht gekommen. So ist der Text wirklich nach der Zukunft hin offen. Auch die christliche Gemeinde, die ihren Herrn als den Erniedrigten und zuletzt Gekreuzigten kennt, ist darauf angewiesen, freilich auch dazu ermächtigt, über den Horizont des unmittelbar Erfahrbaren hinwegzuglauben – an den auferstandenen Christus, dessen Leben uns in der Wiedergeburt zugeeignet wird (1. Petr. 1,23-25). Dennoch: leer ausgegangen sind weder die Zeitgenossen des Propheten noch erst recht wir. Der zuletzt in Herrlichkeit kommen wird, kommt in anderer Gestalt und auf andere Weise schon heute. Wir sollen Texte wie diesen in stereoskopischer Weise lesen, so also, daß wir ihre heilsgeschichtliche Raumtiefe bzw. Zeittiefe wahrnehmen. Man könnte die Aussagen des Textes über den Advent Gottes etwa so bündeln, daß man sagt: Gott kommt gewaltig – in seinem Wort (1), mit seinem Trost (2), in seiner Herrlichkeit (3).

1. Der Gott, der hier verkündigt wird, anfangs sogar – indem er zu den Himmlischen spricht – sich selbst verkündigt, ist keinesfalls der Gott der

Philosophen, sofern sie ihn als das hinter den wechselnden Erscheinungen sich verbergende ruhende Sein definieren, „Siehe, da ist Gott der Herr! Er kommt gewaltig!" (V. 10). Der kommende Gott ist Gott in Bewegung, Gott in Aktion. Wir werden gewiß nicht, im Mißbrauch dieser Einsicht, Gott wiederum zu einer philosophischen Modeschöpfung machen, indem wir ihn nicht als Gott in Aktion und Bewegung, als Gott im Kommen, sondern – in aktualistischer Abstraktion – als die Bewegung als solche, als bloße Dynamik, als ein nicht-personhaftes Geschehen bezeichnen. Der biblische Gott, der zu uns kommt und Geschichte macht, wird als Du angeredet, als Person. Es ist nicht ganz überflüssig, die Binsenwahrheit festzuhalten: Gott *ist* jemand! Ist dies klar, dann ist auch der Satz gültig, daß seine essentia nie ohne seine actuositas ist. Die nach Babylonien Verbannten erfahren durch die hier festgehaltene und weiterverkündigte Audition des Propheten, daß der Himmel in Bewegung kommt und darum auch auf der Erde Bewegung entsteht. Gott selbst kommt zu den Seinen. – Übrigens predigt uns dieser Text Gott auch so, daß er dem Verdacht entzogen ist, er könnte einem heidnischen Götzen gleich sein. Es wird nicht dazu aufgerufen, daß wir uns zu ihm aufmachen; er kommt zu uns. „Bereitet dem Herrn den Weg!" – das ist nicht zu Menschen, etwa zur Gola, gesagt. Ein Ungenannter ruft es Ungenannten zu. Der Prophet hört die Stimme, mehr nicht. Wir sollten uns diese hallende Stimme akustisch vorzustellen suchen. Sie ist ungreifbar, voller Geheimnis. Was hier laut wird, ist nicht in Menschenhand gegeben. In Babel konnte man es erleben, wie Marduks Bild in feierlicher Prozession die Prunkstraße entlanggeführt wurde, deren unvergänglich-schöne bildhafte Eingrenzung im Berliner Museum im Original zu bewundern ist. – Mag sein, daß dieser Anschauungsunterricht im Hintergrund steht, wenn auch hier von einer Prozessionsstraße die Rede ist. Sie ist freilich ganz anderer Art. Sie führt durch die Wüste, durchs Unwegsame. Der kommende Gott läßt sich den Weg bauen, wo keiner ist. Seine Engel bewegen die Erdmassen: Hügel werden abgetragen, Täler und Senken ausgefüllt. Eine מְסִלָּה, eine „Aufschüttung", ein „Damm" entsteht, für die technischen Vorstellungen, Maßstäbe und Möglichkeiten der Alten etwas geradezu Ungeheures. Die Stimme, die durch den Himmel hallt, spricht von der Verwirklichung des Unmöglichen. Gott kommt zu seinem Volke, zur Welt!

Wir erfahren sofort, daß die Berufung des Propheten mit diesem Geschehen in sehr direkter Weise zu tun hat. Damit, daß ein Plakat ein Konzert ankündigt, ist musikalisch noch nichts geschehen. Damit jedoch, daß der Prophet Gottes Kommen meldet, vollzieht sich bereits Gottes Advent. Die Parallelität der Einleitungsformeln in V. 3 und V. 6 dürfte kein Zufall sein. Die Predigt bringt das Geschehen selbst in Gang. Nicht, weil es in des Propheten Macht gegeben wäre, predigend Gott herbeizuzitieren. Auch nicht, daß das Wort selbst in dem Sinne die göttliche Wirklichkeit wäre, daß wir kein Recht hätten, über es hinaus nach dem zu fragen, der es spricht. Gott will in seinem Worte wirksam sein – dieses Subjekt in diesem Prädikat. Das Wort wirkt so unaufhaltsam und unfehlbar kräftig, wie wir das in Jes. 55,10-11 lesen können. „Predige!"

Der Prophet kann sich nicht mit dem bloßen Befehl begnügen. Er muß sich genau erkundigen. Er hat ja nicht seine eigenen Erfahrungen und Einsichten, Meinungen und Überzeugungen zum besten zu geben. Er darf auch keiner anderen Stimme Gehör schenken als der seines Auftraggebers. Kein Prediger darf sagen, was er will oder was die Menschen gern hören möchten. Wir Prediger sind gebundene Leute – wie etwa ein Diplomat, der nicht eigene Politik zu machen hat, sondern lediglich die Sache seines Staates und seiner Regierung bei der Regierung eines anderen Landes vertritt und zur Geltung bringt. „Was soll ich predigen?" Die Antwort ist aufregend. Zwar hat die Gemeinde davon, daß Gottes Wort nicht vergeht, vermutlich auch von unserer Kanzel herab schon so viel gehört, daß sie sich nicht mehr wundert. Aber vielleicht begreift sie es durch den Zusammenhang des Textes neu. Gott kommt? Die Verbannten dürften dem Propheten sehr schnell ins Wort gefallen sein: Was hilft uns das? Was ist Gott gegen die Unterdrückermacht Babel, vor der – besonders zu Jojakims und Zedekias Zeiten – die Generation der inzwischen Altgewordenen gezittert und gejammert hat und die, ein Machtkoloß, nun schon bis in die 40er oder 30er Jahre des Jahrhunderts die Verbannten grausam festhält und beherrscht? Was vermag Israels Gott gegen Babel? – Der Prophet verkündigt die absolute Überlegenheit Gottes. Israel sollte sich durch die Macht seines Zwingherrn nicht gar zu sehr haben imponieren lassen; übrigens sich auch nicht von der Faszination gefangennehmen lassen, die – als merkwürdige Kehrseite der Lähmung, die das Unterworfensein bewirkt – von Babels Macht und Glanz ausgehen mag. (Wir haben eben versucht, den möglichen Sinn der MT-Lesart חַסְדּוֹ aufzuzeigen.) Wenn man berücksichtigt, wie stark das Denken der Alten Marduk und Babel verbunden sah, begreift man, wie sich durch die Prachtentfaltung etwa einer solchen Prozession, wie wir sie erwähnten, mancher mag stark haben bewegen lassen. Aber „alles Fleisch" verbrennt im Gluthauch Gottes wie das Gras, wenn der Schirokko nach dem Spätregen aus der Wüste daherweht und in wenigen Stunden die gesamte Vegetation versengt (Ps. 90,5f.; 102,12; Hiob 14,2; EKG 346,7). Nur die Macht und Pracht Babels? *Alles* Fleisch! Der Glossator, der „das Volk", also Israel, und sein Schicksal in den Worten des Textes wiederzuerkennen meint, trifft nicht, was Deuterojesaja hat sagen wollen. Aber was „fleischlich" ist an uns, ist selbstverständlich mitbetroffen. Kann sein, daß wir es selbst zuweilen schmerzhaft empfinden wie jener Abschreiber. Was „bleibt", nein: was immer wieder „aufstehen", was „sich erheben" wird (יָקוּם), ist das Wort Gottes, der Quellgrund unserer neuen Existenz (noch einmal: 1. Petr. 1,23 bis 25). Im Wort kommt Gott selbst zu uns. Das Wort ist sogar Fleisch geworden, d.h., Gottes Zuspruch an uns, sein Auf-uns-Zugehen, die von ihm eröffnete Gemeinschaft besteht nicht nur in akustischer Anrede, sondern in gelebter, praktizierter, in hingebungsvoller, durchhaltender, das letzte Opfer nicht scheuender Symbiose mit uns. „Siehe da: euer Gott!"

2. Man darf nicht sagen: *daß* Gott redet, ist immer schon Gnade. Als Gesetz – im Vollsinn des paulinischen Sprachgebrauchs – kann Gottes Wort vernichten. Als Jeremia das Gericht ankündigte, das dann im Exil tatsächlich über Gottes Volk und Gemeinde ergangen ist, redete Gott im Zorn;

Israel hat erfahren, wie ernst diese Rede gemeint war. Wir läsen auch das Neue Testament schlecht, wenn wir dergleichen für abgetan hielten. Aber im Evangelium klingt es doch anders. Auch schon in unserm Text. „Tröstet, mein Volk!" Was hier zu sagen ist, hat der Prophet als Gottes eigene Stimme vernommen: „spricht *euer* Gott" – bereits in dem Suffix wird das Evangelium hörbar. Es heißt nicht: „Vertröstet, vertröstet mein Volk!" Der Trost ist stichhaltig. Die Fron hat ein Ende. Israel wird in nächster Zeit heimkehren. Auf uns bezogen: Wir leben in der „Freiheit eines Christenmenschen", die ihren tiefsten Grund darin hat, daß, was uns verklagte und belastete, aus der Welt ist. Es klingt im Text verwunderlich. Das verbannte Gottesvolk hat „doppelte Strafe" empfangen ... für alle seine Sünden" – beinahe, als sei einer in seinem Verlies vergessen worden und hätte dort doppelt gebüßt. Hat Gott sich versehen? Hat Gott einen Fehler gemacht, der ihm leid tut? Wir sind nicht berechtigt, hierüber Vermutungen aufzustellen. Aber: „die Strafe liegt auf *ihm*" (53,5) – hier könnte derselbe Prophet andeuten, woher es kommt, daß das Sühnekonto bereits überzahlt ist. Im übrigen geht es nicht um Rechenexempel. Gott gibt seine zärtliche Liebe zu erkennen: „zum Herzen" Jerusalems sollten Gottes Engel reden, wie ein Liebender zur Geliebten (Gen. 34,3). „Kann auch ein Weib ihres Kindleins vergessen?", heißt es an anderer Stelle (49,15). Wenn sie es schon könnte, Gott kann es nicht! Unsere Predigt soll nicht süßlich und sentimental sein, aber sie soll erkennen lassen, wie gut Gott es mit uns meint. Wenn Gott kommt, dann kommt er eben so, wie hier erkennbar wird. Er läßt uns seiner Liebe wert sein. Der Trost ist deshalb keine Vertröstung, weil, indem wir geliebt werden, alles schon ganz anders ist als eben noch. Noch befinden sich zwar die Verbannten im fremden Lande, und an ihrer äußeren Lage hat sich nichts geändert. Aber wenn Gott sich für sie erklärt, können sie sich sogar der Trübsale rühmen (Röm. 5,3). Ihre Lage ist nicht mehr Auswirkung des Richtens Gottes – man denke an die Botschaft der klassischen Prophetie –, so daß sie einen Strafvollzug über sich ergehen lassen müßten, gegen den es nicht nur kein Mittel gibt, sondern an dem ihnen ihr Unrechthaben und damit auch ihr Unwert quälend demonstriert wird; ihre Lage ist nur mehr ein Interim, und die Leiden sind das Nachspiel eines Geschehens, das grundsätzlich schon hinter ihnen liegt. EKG 10,6. Gott ist für uns. Das ist der Kern und die Kraft des Trostes.

3. Der Text schaut auf die bevorstehende Weltepiphanie Gottes in Herrlichkeit. Gott kommt – aber nicht bloß, um sich sehen oder vielleicht anstaunen zu lassen, sondern um die Herrschaft anzutreten. Für Deuterojesaja bedeutet die Unruhe, die zu seiner Zeit die Völkerwelt ergreift, nicht – wie schon oft auch im Gesichtskreis der Bibel – die Ablösung eines irdischen Reiches durch ein anderes, sondern den Herrschaftsantritt Gottes. „Dein Reich komme!" Die Vorstellungen, in denen dieses eschatologische Ereignis hier angekündigt und beschrieben wird, sind noch nicht die des Neuen Testaments. Jahwe erscheint als streitbarer Gott, der seine Feinde niederwirft. Wie der Prophet sich das denkt, mache man sich an folgenden Stellen klar: 42,13; 49,26; 54,15; 52,10.12; 43,1-7; 49,22-23; 45,14ff. (Zusammenstellung nach Begrich). Wie anders ging es vor sich, als Gott dann

wirklich kam und seine Herrschaft unter uns aufzurichten begann! In Jesus Christus ist Gott unser König geworden – und zwar so, daß er liebt, vergibt, verzichtet, leidet. Aber es ist nicht so, daß alle alttestamentlichen Züge dieser Erwartung in der neutestamentlichen Realisierung abgetan wären. Wie oft ist im Neuen Testament von Kampf und Sieg, von Königsherrschaft und Macht die Rede! Der kommende Gott tritt seine Herrschaft an. Dasselbe noch etwas anders: Er übt von nun an seine Herrschaft – die gehört ihm sowieso! – nicht mehr gegen uns (Gesetz), sondern für uns, ja sogar mit uns (Evangelium) aus. Er gewinnt uns für sich zurück. „Das Reich Gottes ist nahe herbeigekommen." Ist Deuterojesaja selbst Überbringer guter Nachricht, so wird hier nun Jerusalem aufgerufen, „Freudenbotin" zu werden (vgl. 41,27; 52,7-12). Der Herold geht vor dem Sieger her, der seinen feierlichen Einzug zu halten im Begriff ist. Der Sieger soll ja nicht unangemeldet kommen, ihm soll ja der gebührende Empfang bereitet werden (EKG 8 und 10). Die ganze Gemeinde wird zur Trägerin der Siegesnachricht. Die Predigt sollte nicht nur zu solchem κηρύσσειν aufrufen und ermutigen, sondern auch anleiten. Eine in sich verschlossene, selbstzufriedene, träge, auf ihr innerkirchliches Frommsein bedachte Gemeinde wäre das ganze Gegenteil von der Freudenbotin, die hier angewiesen wird, auf einen hohen Berg zu steigen, damit sie weithin gesehen und vernommen werden kann. Jesu Gemeinde soll ihre Stimme mit Macht erheben.

Für die Weise des Herrseins Gottes sei noch auf zweierlei gedeutet. Zunächst schauen wir noch einmal auf die VV. 3–5. Wenn Gott die himmlischen Mächte aufbietet, ihm den Weg zu bahnen, dann gibt es kein Aufhalten. Auf der Wunderstraße kommt er auf uns zu, auf der es keine Unebenheiten und Hindernisse mehr gibt. Besonders V. 5 schaut auf den großen Tag des Herrn. Das Wort ist Verheißung. Im Unterschied zur Exilsgeneration kennen wir den gekommenen Gott von Person. Aber noch muß der Glaube durch die Hülle der Niedrigkeit hindurchschauen, und wo nicht Glaube ist, da muß der, in dem die Fülle der Gottheit leibhaftig wohnt, stumm bleiben oder gar eine ärgerliche Herausforderung bedeuten. Zuletzt heißt es aber: „Alles Fleisch miteinander wird es sehen" (V. 5). „Siehe, er kommt mit den Wolken, und es werden ihn sehen alle Augen und alle, die ihn durchbohrt haben" (Offb. 1,7). Es empfiehlt sich nicht, zu sagen, wir könnten mit der Gottesfrage am leichtesten dadurch fertig werden, daß wir einfach wegsehen und, käme er wirklich in unseren Gesichtskreis, von ihm nicht Notiz nehmen. Alles Fleisch wird ihn sehen – muß ihn sehen wider Willen, darf ihn sehen in erfüllter Freude. Der Glaube freut sich auf den Augenblick, in dem es zum Schauen kommt. - Und das andere: Der kommende Gott will für die Seinen der gute Hirte sein (V. 11). Die Rede vom Hirten ist für uns durch die Christuserfahrung aufs stärkste mit Anschauung gesättigt. Hirt ist für die alte Welt soviel wie Herrscher, Regierer, aber unter der Leitvorstellung der Fürsorge zu verstehen. Die Predigt wird sich nicht in die Einzelheiten verlieren dürfen. Aber es wird hier noch einmal deutlich, was „Herrschaft Gottes" ist. Gott kommt als „unser" Gott.

4. Sonntag im Advent. Röm. 5,12-21

Obwohl – schon durch das διὰ τοῦτο – mit dem Vorhergehenden verbunden und thematisch auf das Folgende hinweisend, wirkt der Abschnitt „wie eine selbständige Einlage", ist aber mehr als das, „weil er das Thema für die folgenden Kapitel angibt" (Michel), A. Nygren sieht in ihm sogar den Angelpunkt des Briefes, nämlich die Grundlage für das Denken in zwei Äonen (Göttingen 1951, S. 21ff. und 152ff.). Man vergleiche 1. Kor. 15,20-22.45-49. Die in 5,1-11 verkündigte Hoffnung wird erneut begründet, wobei freilich das διὰ τοῦτο formal das Vorangehende (VV. 1–11) als das Begründende, das Folgende (VV. 12ff.) als das Begründete kenntlich macht; dies dürfte eine Ungenauigkeit im Ausdruck sein, denn gerade unserm Abschnitt kommt axiomatische Bedeutung zu (Althaus, Nygren). Das Schema der Entsprechung wird wiederholt gekreuzt bzw. modifiziert von dem der Überbietung, beides charakteristisch für typologisches Denken, vgl. L. Goppelt, Typos, 1939, und R. Bultmann, Ursprung und Sinn der Typologie als hermeneut. Methode, ThLZ 1950, Sp. 205ff. Gegen Bultmann wäre zu sagen, daß es sich nicht um Wiederholung innerhalb eines Zeitzyklus, sondern um eine einmalige und unvergleichbare Steigerung handelt, deren Ausmaß Paulus in unserem Text nicht stark genug unterstreichen kann; der eschatologische Qualitätssprung ereignet sich auf der Zeitgeraden. Adam ist in seiner universalen Unheilswirkung τύπος, d.h. (negative) Vorausdarstellung des zweiten Adam, Christus, mit seiner universalen Heilswirkung (Goppelt, ThWNT VIII, S. 252). Der in V. 12 begonnene Gedanke wird abgebrochen (Anakoluth) und der Sache nach in V. 18 wieder aufgenommen und fortgeführt. Hierzu: G. Bornkamm, Paulinische Anakoluthe im Römerbrief, in: Das Ende des Gesetzes, München 1963, S. 80ff. Umstritten ist in V. 12 das ἐφ' ᾧ πάντες ἥμαρτον. Man hat ἐφ' ᾧ relativisch aufgefaßt: In Adam liegt potentiell die ganze Menschheit, in ihm hat sie gesündigt; auf den Tod bezogen (hier stünde das Bezugswort viel näher, weshalb sich diese Deutung mehr empfiehlt): auf Grund dessen bzw. auf den hin sie alle sündigten (W. Bauer, WB unter II 1 b γ und ε). Oder man versteht ἐφ' ᾧ konjunktional in Sinne von ἐπὶ τούτῳ ὅτι: auf Grund der Tatsache, daß sie alle gesündigt haben. Vgl. den Sprachgebrauch in 2. Kor. 5,4; Phil. 3,12; 4,10. So die meisten Ausleger. – VV. 13f.: Gerade der zuletzt geäußerte Gedanke dürfte Paulus zu dem Anakoluth veranlaßt haben. Er droht das Grundkonzept des Abschnitts zu stören: Wie Christus einzige Ursache des Heils ist, so Adam einzige(!) Ursache des Unheils. Dieser Gedanke muß erst durchgezogen werden. Die Unheilswirkung der adamitischen Sünde ist unabhängig von der (erst durch das Gesetz ermöglichten) Zurechnung. Gesündigt haben die vormosaischen Menschen freilich auch, nur „nicht entsprechend der Übertretung Adams" (vgl. J. Schneider in ThWNT V, S. 195), d.h. nicht so, daß sie sich gegen ein ausdrücklich ergangenes Verbot vergingen (die Weglassung des μή würde die Pointe verfehlen). Gerade an der Zeit, in der es noch kein Gesetz gab, kann die allgemeine Todeswirkung der Adamssünde mit einzigartiger Sicherheit festgestellt werden (Otto Kuss z. St.). Das Passiv ἐλλογεῖται verbirgt Gott als den Anrechnenden. Zur Lehre vom Gesetz vgl. bes. 3,20; 4,15; 7,7-9. Ὁ μέλλων ist ebenso festgeprägter Terminus wie ὁ ἐρχόμενος (Matth. 11,3; Hebr. 10,37). – Nun wird von V. 15 ab die Ungleichheit, die Überbietung herausgestellt. Die Steigerung liegt nicht im Quantitativen (beidemal entscheidet der eine über die vielen = alle), sondern im Qualitativen: die Übertretung und deren Folgen werden weit übertrumpft durch das Gnadengeschenk dieses Gottes und dieses einen Menschen Jesus Christus (beachte für die Christologie, wie selbstverständlich dieser Parallelismus ist). – VV. 16f.: „Das πολλῷ μᾶλλον der Gnade erweist sich darin, daß sie die Übertretungen und die Verdammnis der vielen überwindet" (G. Bornkamm). – V. 18 kehrt zur Analogie zurück und nimmt den fallengelassenen Gedanken wieder auf. – V. 20: Das Gesetz hat keine wendende, daher auch keine epochemachende Bedeutung – vgl. das zu VV. 13f. Gesagte. Es wehrt nicht der Sünde, sondern steigert sie und ihre Todeswirkung (vgl. 7,7-11); es provoziert die Übertretung (Gal. 3,19). – V. 21 denkt noch einmal im Schema der Entsprechung; die Steigerung steht im Hintergrund.

Der Weg von der Exegese zur Predigt ist diesmal besonders schwierig. Zunächst deshalb, weil die Exegese schwer lösbare, vielleicht unlösbare Fragen übrigläßt. Dann aber auch, weil selbst bei befriedigendem Verständnis der paulinischen Gedanken zu erörtern bleibt, ob und in welcher Weise wir sie uns aneignen können. Man mag sich von Bultmann (ThNT § 25,3 in Verbindung mit § 15,4b) klarmachen lassen, welche Ungereimtheiten bei Paulus selbst übrigbleiben. Das große Anakoluth läßt erkennen, wie Paulus mit der Sache ringt, sei es, daß er der auf ihn einstürmenden Gedanken sprachlich nicht Herr wird, sei es, daß das Denken selbst den Charakter des Experiments hat, sei es, daß inkommensurable Denkvoraussetzungen – jüdische und gnostische Elemente einerseits, das Evangelium von der Rechtfertigung und Versöhnung andererseits – aufeinandertreffen und den Gedankengang zerbrechen lassen. Wir werden an mehr als einer Stelle merken, daß die Darlegungen – wenigstens für unser Denken – der Stringenz ermangeln; man wird in solchen Fällen hinter das Gesagte zurückfragen müssen nach dem Gemeinten. Dies sei vorausgeschickt, damit der Prediger sich nicht unnötig in den Details festfährt oder vielleicht gar die Gemeinde damit quält. Er wird noch genug mit der anderen Frage zu tun haben, wie er das im Text Gemeinte als Botschaft vor die Gemeinde bringen kann.

Es könnte den Zugang zu diesem schwierigen Text hemmen, wenn wir ungeprüft die in der Literatur immer wieder gebrauchte Formel von einer „geschichtstheologischen" Konzeption übernehmen, etwa gar so, daß der Text zu einem „Lobgesang auf das christliche Zeitalter" veranlaßt (H. Asmussen z. St., S. 128 – kritisch dazu: H.-J. Iwand, Predigtmeditationen, Göttingen 1964², S. 592ff.). Richtig ist es dagegen m.E., in zwei Äonen zu denken (Nygren). Äonen sind nicht Geschichtsepochen. An 1. Kor. 15,21.44 bis 49 kann man es sich klarmachen: es geht um zwei Wirklichkeiten, die der φθορά unterworfene und die in Jesu Auferstehung begonnene. Christus, der neue Adam, ist der Anfänger einer neuen Menschheit in einer neuen Welt. Wer glaubt, hat an dieser neuen Welt schon Anteil. Der Geist ist „Vorschuß" auf das Kommende bzw. „Anbruch" (ἀρραβών, ἀπαρχή). In Christus sein heißt: an dieser kommenden Schöpfung teilhaben. Der Rechtsgrund für die Hoffnung auf die zukünftige Herrlichkeit, die das Kennzeichen dieser neuen Welt und Menschheit sein wird, liegt darin, daß wir gerechtfertigt und versöhnt sind (5,1-11). Die Gott gerecht gemacht hat, die hat er auch herrlich gemacht (8,30) bzw. die wird er herrlich machen (5,2; 2. Kor. 4,17; Phil. 3,21; vgl. in unserem Text die Futura σωθησόμεθα V. 10, βασιλεύσουσιν V. 17, κατασταθήσονται V. 19). Christus ist der Anfänger der eschatologischen, der auferstandenen Menschheit. Dies ist der Einsatzpunkt. Man darf Rechtfertigung und Auferstehung nicht auseinanderreißen (Iwand); weder so, daß Auferstehung – unter Absehen von der Frage nach unserm Lebensrecht vor Gott – als reiner Naturvorgang verstanden wird, noch aber auch so, daß nur noch nach unserer Geltung vor Gott gefragt wird, nicht aber danach, ob wir Leben und unvergängliches Wesen haben werden. Es werden leben, die Gott des Lebens wert erachtet, d.h. aber: die in Christus sind. Der gnostische Urmenschgedanke leistet als Begriff bzw. Anschauung Hilfsstellung, mehr nicht. Wir machen es uns nur unnötig schwer, wenn wir in der Predigt den religionsgeschichtlichen Hintergründen mehr Interesse zuwenden, als dies für das Verständnis dessen, was Paulus will, nötig ist.

Der 24. Dezember trägt im christlichen Kalender die Namen Adam und Eva. In der Heiligen Nacht wird der neue Adam geboren. Gott beginnt mit der Menschheit aufs neue. Wir werden in den Gottesdiensten des Christabends schwerlich eine so weiträumige Thematik anfassen können. Der vierte Adventssonntag gibt uns dazu ersatzweise Gelegenheit. Der Gemeinde soll in den nächsten Tagen die Geburt des Anfängers der Menschheit gepredigt werden. Dies will der Text uns verstehen lehren. Wie könnte man diese Aufgabe homiletisch anfassen?

Der Text lehrt uns *menschheitlich* denken. Wie immer wir die Gegenüberstellung von Adam und Christus zu verstehen haben: sie ist so gemeint, daß wir das Ganze der Menschheit im Auge haben sollen. Wer die Geburt Jesu als eine Episode im Miniaturformat ansieht, als ein zwar herzbewegendes, jedoch nur einen winzigen Kreis von Menschen direkt betreffendes Geschehen, das höchstens bei solchen Interesse findet, die Sinn für Poesie haben oder sich sonst – wohin nun gerade ihre Liebe fällt – mit dem Kind von Bethlehem befreundet haben, wir sagen: wer die Christgeburt so ansieht, befindet sich jedenfalls nicht in Übereinstimmung mit unserem Text. Jesus hat universale Bedeutung. Er kann in dieser Hinsicht nur mit Adam verglichen werden, dem Stammvater der Menschheit (vgl. Luk. 3,38). Paulus denkt typologisch, also im Schema von Entsprechung und – auch das gehört, wie wir sehen werden, zur Typologie – Überbietung. Einer ist bestimmend geworden für den Weg und das Schicksal aller an allen Orten und zu allen Zeiten.

Wir wollen uns den Anstoß nicht verbergen, der für uns heute den Umgang mit diesem Text beschwert. Adam – Urvater aller Menschen? Paulus hat hier noch kein Problem gesehen. Wir können uns das genealogische Denkschema nicht zu eigen machen. Man übersehe jedoch nicht: die Typologie steht und fällt nicht mit dem Stammbaumdenken. Es würde ja, wenn es schon für Adam zu akzeptieren wäre, bei Christus auf alle Fälle versagen, denn wir sind nicht Jesu Christi leibhafte Nachkommen. Umgekehrt: Paulus kann von Nachkommenschaft auch im übertragenen Sinne reden (4,16 Ende; Gal. 3,7). Daß, darüber hinaus, Adam für uns nicht mehr individuelle historische Gestalt ist, sprengt die Analogie im formalen Sinne, macht aber das, was mit ihr gemeint ist, nicht hinfällig. Der Prediger sollte der Ge-

meinde zu erkennen geben, daß er diese Zwirnsfäden wohl gesehen hat, jedoch niemand über sie zu stolpern braucht.
Sind wir „in Adam“ (1. Kor. 15,22 – dort möglicherweise eine Analogiebildung zu dem „in Christus“, das theologisch von erheblich größerem Recht ist), dann stehen wir in einem unentrinnbaren menschheitlichen Zusammenhang. Ob wir, wenn uns schon das eben Gesagte Mühe macht, an dieser Stelle zustimmen können? Daß der Mensch unvertretbar als verantwortliche Person doch zugleich in seiner Mitwelt verankert ist, also ohne seine gesellschaftliche Situation, überhaupt ohne seinen Standort in Natur und Geschichte nicht verstanden werden kann, haben wir allmählich besser gelernt. Aber in unserer Stelle ist mehr behauptet. Wir pflegen innerhalb dessen, was in der Menschheit ist und geschieht, große Unterschiede zu machen. Man denke an das epochale Bewußtsein: welche Veränderungen brachte etwa der Zerfall der Antike mit sich, welche Umwälzungen die Renaissance oder der Beginn des sozialistischen Zeitalters! Die ganze Leidenschaft, mit der wir im geschichtlichen Leben verneinen und bejahen, Neues an die Stelle des Alten, Besseres an die Stelle des Schlechteren oder gar Verabscheuten setzen, dokumentiert ja die ungeheuren Unterschiede in dem, was Menschen sind und hervorbringen. Es wäre töricht und ungerecht, diese Unterschiede – innerhalb der Wertskala der iustitia civilis – zu leugnen. Aber unter den Gesichtspunkten und anhand der Maßstäbe des Textes muß man sagen: Alle Hervorbringungen der Menschheit sind Varianten des Adamitischen! In uns allen ist Adam. Mag sein, daß Paulus – umgekehrt – so gedacht hat, wie die Vulgata übersetzt: in quo omnes peccaverunt (V. 12 Ende); im Ahn lebt schon der Nachkomme (Hebr. 7,10). Dies hieße etwa: Wir waren alle in Adam potentiell enthalten. Nur so würde ja im Sinne des Paulus die Entsprechung stimmen. Der iustitia aliena würde ein peccatum alienum korrespondieren (in diesem Sinne hat es Lazarus Spengler schokkierend scharf formuliert in EKG 243,2). Wir in Adam! Es gibt danach über alles moralisch, psychologisch, soziologisch (usw.) Feststellbare hinaus ein Geflecht der Schuldhaftigkeit, in das wir verstrickt sind. Für keinen von uns gibt es das Alibi, aufgrund dessen wir uns von der Adamsmenschheit distanzieren könnten. – Aber es gilt auch das andere: Adam in uns! Die Sünde ist nicht Naturtatsache wie etwa die Gravitation – das macht den Begriff der Erbsünde problematisch (Luther dafür: Personsünde, Hauptsünde). Die Sünde kam vom Sündigen (Bultmann). Keiner von uns kann sich herausreden, sein Sündersein sei lediglich Schicksal und Verhängnis; denn jeder hat in seine Sünde eingewilligt. Wie man es auch übersetze: πάντες ἥμαρτον. Nicht, daß der Mensch am Nullpunkt startete, da also, wo alles noch offen ist: sündigen oder nicht sündigen. Wir finden uns immer schon als Sünder vor, d. h. als Geschöpfe, die eben dies nicht sein, die nicht aus der Hand ihres Schöpfers und unter seinen Augen und unter seinem Willen leben wollen, ihn nicht als ihren Schöpfer über alle Dinge fürchten, lieben und vertrauen. Es bleibt dabei, daß „alle Welt vor Gott schuldig sei“ (3,19). Was immer Menschen verbinden mag, wir dürfen nicht übersehen, daß wir leider eben auch im Sündersein miteinander verbunden sind. Es besteht eine Solidarität der Schuld – keiner sollte sich über

den andern erheben, jeder sollte wissen, daß sein Besseres, mit dem er – vielleicht – den anderen überbietet und überholt, auch nur wieder eine Spielart des Adamitischen ist. So verblüffend und faszinierend die Fortschritte der Menschheit sind: in dem, worum es Paulus hier geht, „ist kein Unterschied" (3,23). – Hierher gehört die Erinnerung an das Todesverhängnis. Der Tod ist Folge der Sünde (V. 12); das ist kein biologischer, sondern ein theologischer Satz. Wo Sünde ist, da ist der Tod. Und wenn nun die Menschen von Gottes Gesetz nichts wußten, sich also gar nicht gegen ein ausdrückliches Gebot und Verbot vergehen konnten, wie es Adam gegeben war (Gen. 3,16f.)? V. 14 antwortet auf diese Frage. Die Antwort lag freilich implicite schon in V. 12: der Tod „ging durch die Reihen", zu allen Menschen, weil sie alle gesündigt haben. Man muß sagen: wo kein Gesetz, da keine „Übertretung" (παράβασις), 4,15; aber man kann nicht sagen: wo kein Gesetz, da keine Sünde (ἁμαρτία). (Man darf auch *das* Blumenbeet nicht zertrampeln, vor dem kein Schild steht: Betreten verboten.) „Welche ohne Gesetz gesündigt haben, die werden auch ohne Gesetz verlorengehen; und welche unter dem Gesetz gesündigt haben, die werden durchs Gesetz verurteilt werden" (2,12). So viel weiß jeder von Gott, daß er sich nicht entschuldigen kann (1,20 u.ö.).

Diesem adamitischen Universalismus steht nun aber die universale Bedeutung Christi gegenüber. Adam ist nur das Bild des Kommenden (V. 14). Der eine Mensch Jesus Christus (V. 15) ist für die vielen da, d.h. aber nach semitischem Sprachgebrauch: für alle. Durch die Gerechtigkeit des *einen* ist die Rechtfertigung zum Leben für alle Menschen gekommen (V. 18). Alle? Das typologische Schema dürfte Paulus hier zu einer Ungenauigkeit verführt haben. „Nicht alle empfangen ja seit Christus das Leben, wie sie seit Adam dem Tod verfielen, sondern nur die Glaubenden (die λαμβάνοντες von V. 17)" (Bultmann, ThNT, S. 253). Das heißt ja fast: Christus überbietet Adam nicht, sondern unterbietet ihn, bleibt, was die Breitenwirkung angeht, hinter ihm zurück. Denn Adams Sünde wirkt sich auf alle aus, Christi Gehorsam leider nur auf die Glaubenden. Und doch gilt die Universalität Christi. Es muß Paulus ja gerade in unserm Zusammenhang darauf ankommen, daß von dem Heilsangebot Christi in der Tat keiner ausgeschlossen ist. Die Kraft des Evangeliums „rettet alle, die daran glauben, die Juden vornehmlich und auch die Griechen" (1,16); auf dieser Apposition liegt der Akzent. Christus gehört der ganzen Menschheit, weil die rechtfertigende Kraft und Wirkung seines Todes und seiner Auferstehung allen zugute kommen soll. Die ökumenische Weite, in der Jesu Gemeinde lebt, leitet sich her aus der unbegrenzten Geltung seines Heilswerkes.

Damit sind wir schon beim zweiten Gesichtspunkt. Christus ist der Anfänger einer neuen Menschheit, indem er Gerechtigkeit, Heil und Leben bringt. Der Text will *evangelisch* reden. In der Universalität der Wirkung entsprechen sich Adam und Christus. In der Richtung und damit auch in der Qualität dessen, was sie bewirken, sind sie so verschieden wie möglich. Darin stellt Paulus die Überlegenheit Christi über seinen Typos heraus. Die Ausleger haben die im Text verwandten Begriffspaare und Wendungen z.T. übersichtlich nebeneinandergestellt: παράπτωμα – δικαίωμα (V. 18), παρακοή – ὑπακοή (V.19), κατάκριμα – δικαίωμα ζωῆς (V. 18), ἁμαρτωλοί – δίκαιοι (V. 19). Formal genaue Entsprechungen, aber gewissermaßen spiegelbildlich; inhaltlich sind die beiden so verschieden wie nur möglich. Paulus ringt darum, dies angemessen zum Ausdruck zu bringen. Es gelingt nicht immer. V. 15 ist klar: An der Sünde des einen sind viele (= alle) gestorben; durch die Gnade des einen widerfährt Gottes Gnade und Gabe vielen in reichem Maße. Christus bringt, als der eine für alle, nicht wie Adam das Verderben, sondern das Heil. VV. 16f. kompliziert sich der Gedanke dadurch, daß mittendrin die Blickrichtung gewechselt wird. Man denkt, von V. 15 herkommend, gewissermaßen in der Vorstellung eines Deltas: der eine Strom verbreitet sich mit vielen Armen über ein großes Gebiet. Für Adam bleibt es auch jetzt bei dieser Sicht. Für Christus aber kehrt sich der Blick um: es wird nicht mehr daran gedacht, wie sich seine Gnaden- und Heilswirkung nach vorn ausbreitet, sondern daran, wie er das vorgefundene Unheil gleichsam trichterartig auf sich zieht. Darin wird deutlich, wie Paulus Jesu Wirken versteht. Christus setzt nicht einfach einen neuen Anfang – mag aus dem, was vorher war, werden, was da will –; sondern es muß da wirklich etwas aus der Welt geschafft werden: eben das ganze Unheil, das Adam ausgelöst hat. Was da war, bleibt nicht auf sich beruhen; Jesus zieht es alles auf sich. Man kann schon sagen: Unheil stiften ist immer leichter als Unheil wegräumen. Adam hatte es leicht, denn er hat für seine Person gesündigt – zur Ausbreitung des Unheils brauchte er nichts weiter zu tun, es kam alles von allein. Für Christus ist die Lage ganz anders gewesen. Sein Operationsfeld mußte so weiträumig sein wie der Wirkungsbereich der Sünde: die ganze Welt. Oder noch in einem anderen Bild: Adam brachte den kleinen Klumpen Schnee in Bewegung, der zur Lawine wurde; Christus hatte die ganze Lawine zum Stehen zu bringen. Daher das immer neue πολλῷ μᾶλλον (VV. 9.10.15.17). Christus ist viel, viel mehr als Adam.

Aber warum bedarf es zur Erstellung der neuen Menschheit eines solchen radikalen Neuanfangs? Wir haben den ersten Teil der Antwort schon vernommen. Der johanneische Christus würde sagen: Was vom Fleisch geboren wird, das ist Fleisch (3,6). Vom Adam kommt immer nur Adamitisches. Wie aber, wenn Adam gesagt bekommt, wie er es besser machen kann und soll? Sollte man es nicht auf pädagogischem Wege versuchen? Sollte man neue Daseinsbedingungen schaffen? Sollte man den Menschen dazu anleiten, daß er an sich arbeite: durch Drohung und Strafe, durch Training und Gewöhnung, Übung, Askese usw.? Wieder wird man sagen müssen, daß dies Sinn hat – innerhalb der Grenzen des Natürlich-Menschlichen. Keiner wird solches Bemühen verachten; jeder wird darin tun, was er kann. Aber eben hier liegt sowohl das Ärgernis des Evangeliums wie auch seine ganze Herrlichkeit. Paulus hat sich gerade darüber viele Gedanken gemacht. Für ihn stand, ehe er Christus fand, die Arbeit des Menschen an sich selbst und damit auch das Bemühen um die Regeneration Israels – menschheitlich zu denken, hatte er noch nicht gelernt – im Zeichen des Gesetzes. Das Gesetz sagt, was ich zu tun habe und wie ich sein soll; es spricht mich schuldig, wenn ich mich seiner Forderung widersetze oder ihr nicht genüge. – Uns begegnet das

Gesetz nicht mehr in jüdischer Gestalt. Aber das heißt ja nicht, daß das Gesetz überhaupt für uns erledigt wäre. Überall, wo mein Wert, mein Ansehen, meine Geltung von dem abhängen, was ich zustande bringe und leiste, und überall da, wo ich erledigt bin, wenn ich versage, gilt das Gesetz. Könnte man nicht unseres adamitischen Unwesens Herr werden durch das Gesetz? Wir denken das gern. Wir glauben so leicht an die erlösende Kraft unserer eigenen Bemühung um uns, daran also, daß wir auf diesem Wege die Sünde ausräumen könnten. Das wäre dann die Wende. Paulus dagegen: Das Gesetz hat diese Bedeutung *nicht*. Es ist nur „neben eingekommen" – wozu? Schockierende Antwort: „auf daß die Sünde – mächtiger würde" (V. 20). Aber warum dies? Wenn Sünde darin besteht, daß der Mensch nicht mehr Gottes Geschöpf, also auch nicht mehr der Empfänger seiner guten Gaben sein will, dann muß man sagen: das Gesetz, das alles auf die Aktivität des sich selbst verändernden und verwandelnden Menschen anlegt, führt gerade in die Eigenmächtigkeit des Geschöpfes, zur Steigerung seiner Sünde, zur Verhärtung gegen Gott, damit aber zur Krisis im eigentlichen Sinne des Wortes. Und eben auf diesem Gelände, wo die Sünde sich in ihre letzten Konsequenzen hinein auswirkt und versteift, am Kreuz Christi, wird die Gnade übermächtig (V. 20). Die Gnade tritt die Herrschaft an. Gott sammelt sich sein weltweites Volk, das selber „herrscht" – nicht über andere Menschen, sondern über alle Mächte des Bösen –, „durch den *einen*, Jesus Christus" (V. 17).

Das Christfest hat es mit der Geburt dieses Anfängers der neuen Menschheit zu tun. Seine Menschwerdung – unsere Menschwerdung. Man kann das hier entworfene Bild der adamitischen Menschheit als tief deprimierend empfinden. Aber man übersehe nicht: das Adamitische, nämlich die Sünde samt allen ihren verheerenden Folgen bis hin zum Sterben an Gottes Zorn, kann nicht gründlicher in Frage gestellt werden als so, wie es hier geschieht. Paulus redet ja nicht von Möglichkeiten und Postulaten. Er weiß ja, daß, wer in Christus ist, bereits die neue Kreatur ist (2. Kor. 5,17), die dem Tode nicht mehr verfällt. Jesu Kommen in die Welt ist der Neuanfang, wie er gründlicher nicht gedacht werden kann.

Christnacht. Tit. 2,11-14

Vorbemerkung: Die Texte für die Christnacht und für den 1. und 2. Christtag sind untereinander austauschbar (s. Ordnung der Predigttexte, Anm. 1).

V. 11: Das γάρ kennzeichnet unsren Abschnitt als Begründung für das in der vorangehenden Haustafel beschriebene Ethos, das also nicht in sich ruht, sondern von der Erscheinung der Gnade Gottes abhängt; ähnlich Eph. 5,22ff. und 1. Petr. 2,18ff. 'Επεφάνη: Die Epiphanie ist das Sichtbarwerden der sonst verborgenen Gottheit – in einer Vision, in Wundertaten, im Kult. Im neutestamentlichen Sprachgebrauch bezeichnet das Wort die Parusie (2. Thess. 2,8; 1. Tim. 6,14; 2. Tim. 4,1.8; Tit. 2,13), aber auch das irdische Auftreten Jesu, besonders seine Geburt (2. Tim. 1,10; Tit. 2,11 und 3,4). Der Sprachgebrauch hat polemischen Sinn, denn der Herrscherkult sprach auch bez. der Geburt oder des Regierungsantritts, auch, wenn ein Kaiser eine Stadt oder Provinz besuchte, von Epiphanie. Subjekt zu ἐπεφάνη ist hier die „Gnade": „Die hypostasierte göttliche Kraft, die jenes Lebensideal" (σωφρόνως καὶ δικαίως καὶ εὐσεβῶς ζῆν) „verwirklicht"? (M. Dibelius z. St.) – oder nicht viel eher nach 3,7 (vgl. 3,4ff.) die Gnade *Christi*, so daß dann die χάρις τοῦ θεοῦ in 2,11 nichts anderes wäre als eine Chiffre für Christus selbst? Für die letztere Deutung spricht auch, daß die Sprache des Kaiserzeremoniells die „Epiphanie" des Herrschers in einem Teil des Reiches als χάρις = Gnadenerweis ansah – nun eben nicht als eine frei im Raume schwebende, sondern als eine gerade in dem Auftreten des betr. Kyrios geschehende „Gnade"! – V. 12: Die Gnade „züchtigt" nicht (wie παιδεύειν bei Paulus im Anschluß an den Sprachgebrauch der LXX verwendet ist, vgl. 1. Kor. 11,32; 2. Kor. 6,9), sondern „erzieht", wirkt also fördernd auf uns ein und bringt uns voran, auch wohl: unterweist uns, leitet uns an. Das obengenannte „Lebensideal" ist ziemlich genau das der griechischen Ethik (Ed. Meyer, M. Dibelius); es soll uns zu denken geben, daß die „Gnade" uns gerade an unsere normalen, täglichen Aufgaben weist. Gerade dabei geht es aber gegen die ἀσέβεια und die κοσμικαὶ ἐπιθυμίαι, – V. 14: frei nach Ps. 130,8 und Exod. 19,5; man übersehe nicht, daß (wie oft im N.T.), indem so zitiert wird, Jesus Christus mit dem Gott des A.T. gleichgesetzt ist. Der „große Gott" und „unser Heiland Jesus Christus" stehen darum so dicht beieinander (vgl. 3,4.6). Aus der Kaiserkultsprache stammen überdies die Worte σωτήρ, μακαρία ἐλπίς und μέγας θεός (sowie auch in 3,4 φιλανθρωπία und χρηστότης). Die Übernahme dieser ganzen Terminologie besagt also: In bezug auf den in Christus offenbaren Gott allein bekommen die Worte ihren legitimen Sinn.

Unsere Aufgabe ist diesmal besonders schwer. Die Gemeinde am Heiligabend besteht zu einem nicht geringen Teil aus solchen, die zwar christliche Traditionen nicht preisgeben wollen, aber an Gottesdienst und Predigt nicht gewöhnt sind. Ihnen die Botschaft schlicht und eingängig auszurichten, wird der Prediger auf alle Fälle bestrebt sein. Hoffentlich gelingt es, verständlich zu sein, ohne die Verkündigung zu entleeren und, weil wir uns nicht recht heraustrauen, es mit einigen billigen Sentimentalitäten bewenden zu lassen. Mit der Unaufdringlichkeit, die dem lautlosen Kommen unseres Herrn in unsere Welt entspricht, aber mit dem ganzen sachlichen Ernst des Suchens und Heilenwollens, wie er sich eben von der Inkarnation her ergibt, sollten wir heute abend predigen. Der unsentimentale und unerhört gehaltvolle Text ist uns dafür willkommen.

„Christ ist erschienen." Hier steht: „Die heilbringende Gnade" ist erschienen. Das ist nicht zweierlei. Wer sich deutlich macht, welche Vorstellungen und Gedanken das erste Wort des Textes – ἐπεφάνη – bei den Menschen der damaligen Zeit auslöst, weiß, daß dabei sofort an eine *Person* zu denken ist: an eine Gottheit, die aus der unsichtbaren Welt ins Sichtbare kommt, oder an einen Kaiser, der sich irgendwo im Reiche „sehen läßt" und den die Menschen nach der Sitte der Zeit mit dem Rufe: „Kyrie eleison" begrüßen. Darf man, wenn Christus kommt, an einen solchen triumphalen Einzug denken? Ja, wenn man daran denkt, daß hier der Einziehende in der Tat ein „Volk" hat (V. 14) und daß er „Christus" genannt wird (Königstitel). Er übt wirklich Herrschaft aus – es wird noch davon zu reden sein,

wie das aussieht. Das nächste Kapitel wird noch von der „Güte" und „Menschenliebe" Gottes sprechen (3,3) – Tugenden, die sich die Kaiser jener Zeit gerne nachrühmen ließen; das Wort „Gnade" in unserm Text dürfte gleichfalls von daher einen solchen vom Hofstil und Kaiserzeremoniell herstammenden Nebenton haben. Nur: welchen Inhalt bekommen diese Worte, wenn sie auf Christus bezogen werden! Aus den verlogenen Schmeicheleien, die die grausamen Majestäten auf dem römischen Kaiserthron von ihren Untertanen erwarteten, wird hier eine *Botschaft*, eine Bekanntmachung, die, wenn sie nur erst einigermaßen begriffen ist, ihre Empfänger über alle Maßen erleichtern, erfreuen und verändern muß. Der, der in der Heiligen Nacht „erschienen" ist, gibt dem Wort „Gnade" erst einen legitimen Gehalt.
Auch wer das Wort vom biblischen Sprachgebrauch her kennt, wird aufzuhorchen haben. Die Gnade ist erschienen, d.h.: Sie hat Einzug gehalten, sie ist unter uns gegenwärtig. Daß Gott gnädig ist, daß er also den Seinen ungeschuldete, nur als Wunder zu verstehende Liebe zuwendet, das steht im Alten Testament schon ungezählte Male. Jetzt ist die Gnade „erschienen", in den Bereich der Sichtbarkeit getreten. Sie besteht nicht nur darin, daß Gott mit uns freundlich *redet*. Darin gewiß auch und wahrhaftig nicht zuletzt! Aber wenn man die Weihnachtsgeschichte hört, dann redet dieser Christus zunächst noch kein Wort – es sei denn, man verstehe das Schreien des eben geborenen Kindes als Rede. Christus „ist" nur „da"; die Gnade besteht in der Präsenz Christi! Die Gnade ist Mensch geworden. Die ungeschuldete, nur als Wunder zu verstehende Liebe Gottes – wir greifen die eben gebrauchte Formulierung auf – besteht nicht nur in dem und jenem, was Gott freundlich zu uns redet, auch nicht nur in dem und jenem, was er uns freundlich gewährt, sondern darin, daß er unser einer *wird*! Hier verbindet sich – wie Luther es in seinem großen Weihnachtsliede EKG 15 immer neu meditiert – Gott mit dem armseligen „Fleische", wie das nie zuvor geschah und kein zweites Mal geschehen wird. Gott lebt ein Menschenleben! Er verharrt nicht in seiner unendlichen Unterschiedenheit von der Welt und Menschheit, die seine Schöpfung ist, sondern nimmt die Kreatürlichkeit an, um sie so zu heiligen. Er erklärt sich nicht nur für uns, wendet uns nicht nur mancherlei zu, sondern verläßt seine himmlische Seligkeit, seinen Reichtum, seine Majestät, seine Unverletzlichkeit und Unsterblichkeit und lebt *unser Leben*. Das ist die Sichtbarwerdung der Gnade (wie man in Parallele zur „Fleischwerdung des Wortes" einmal sagen darf). So sehr ist Christus an uns gelegen! So ernst nimmt er uns! So viel setzt er ein, wenn es um uns geht! Unsere Predigt kann es nicht deutlich genug sagen, wie direkt, in wie bewußter Absicht er damit auf uns zugekommen ist. Auf „alle Menschen" (V. 11). Die unscheinbare, von den Bethlehemiten kaum bemerkte, von fast allen Zeitgenossen, soweit sie überhaupt davon Notiz nehmen, für völlig bedeutungslos gehaltene Geburt hat einen die gesamte Menschheit betreffenden Sinn. Augustus fühlt sich als Weltherrscher; er hat keine Ahnung, wem in Wahrheit die Welt gehört. Sie gehört ihrem Schöpfer. Sie gehört ihrem Erlöser. Seine „Erscheinung", sein Eintritt in die Sichtbarkeit hat globale Bedeutung. Der Prediger vergesse darüber

nicht: In dem „allen Menschen" sind genau *die* mit einbegriffen, die heute abend im Gottesdienst sind und die er darauf anzusprechen hat; aber auch die, die Weihnachten noch ohne das Kind feiern und an die bei der „heiligen Geburt" jedenfalls mit gedacht war. Wir schauen nun erst einmal auf V. 14. Christus „hat sich für uns gegeben". Man kann den Satz weihnachtlich verstehen: Da habt ihr mich! Ich bin der Eure. Sind wir jetzt so dicht beieinander, dann habt ihr keinen weiten Weg mehr zu mir. Und ihr seht: Nichts Menschliches ist mir hinfort fremd. Ich teile eure Freuden. Ich teile, was euch Kummer macht. Ihr habt nicht einen Gott, der weit weg ist und sich das Leben der Menschen bloß von ferne anschaut. Ich bin bei euch. – Daß Christus „sich für uns gegeben hat", hat aber noch einen weitergehenden Sinn. Die Worte erinnern an das Altarsakrament. Sie deuten auf den leidenden Christus. Sollen wir die Gemeinde heute, am Christabend, damit beschweren? Wir müssen es, sonst wird ja gar nicht deutlich, in welcher Absicht (ἵνα) das Wunder der Menschwerdung Gottes geschehen ist und welche Konsequenzen es gehabt hat.

Es mag sein, daß das Wort „heilschaffend" in V. 11 viele von unseren Predigthörern nicht besonders interessiert. Vielleicht horchen sie auf, wenn wir noch straffer übersetzen: „rettend". „Welt ging verloren" – wissen alle, was sie singen? Wir können vieles, was uns bange macht, selbst beheben. Also bedarf es wohl keiner rettenden Gnade? Wem Gott noch nicht in Sicht gekommen ist, der wird so denken. Erst indem Gott sich selbst für uns „gibt", wird die Situation klar. Die Menschwerdung war für unseren Herrn kein Vergnügungsausflug. Die (unter frommen und biederen Tarnungen verborgene) Feindschaft der Menschen gegen Gott kommt erst da richtig heraus und ans Tageslicht, wo Gott – übrigens nicht in vernichtender Majestät, sondern so gütig, so freundlich, so geduldig wie nur möglich – in ihrer (in *unserer*) Mitte erscheint. So also steht es um die Welt! So also sind wir Menschen einzuschätzen! So also gehen wir mit Gott um! Jetzt kommt es heraus, wozu dies Ereignis der Menschwerdung dienen sollte: „daß er uns erlöste von aller Ungerechtigkeit und reinigte sich selbst ein Volk zum Eigentum". Wer jetzt sagt, das hätte Christus sich sparen können, weiß nichts von seiner Lage vor Gott. Die Gemeinde kann es auch immer neu erfahren und zu begreifen suchen. Daß Gott in Jesus Christus Mensch wurde, ist eine Rettungstat, nichts Geringeres. Gottes Liebe ist nicht bloß ein bißchen zärtliche Zuneigung, sondern das tiefe Erbarmen, in dem er sein Letztes und Höchstes einsetzt und drangibt.

Es liegt auf der Hand: Keiner der römischen Kaiser, an die unser Brief gedacht haben mag, als er sich der Terminologie des sich selbst vergottenden Kaisertums bediente, kann mit diesem Kind in der Krippe und diesem Mann am Kreuz konkurrieren. Auch ein Claudius und ein Nero haben sich ihr „Volk" bereitet: durch Prunk und Macht, durch Aufwand an Glanz und durch viel Blutvergießen unter den „Untertanen" ihres Reiches. Jesus geht den ganz anderen Weg: Ärmlichkeit und Ohnmacht, Unscheinbarkeit – freilich auch Blutvergießen, nur: diesmal war es das Blut des „Königs", das vergossen wurde, und zwar von denen, denen seine Liebe galt. Sein „Volk" hat er sich erworben, indem er sich opferte.

Es ist sehr wichtig, sich dies klarzumachen. So erst wird nämlich deutlich, daß von dieser Geburt eine tiefgreifende Wirkung ausgeht. Das Imperium Romanum, das durch den Namen Augustus in der Weihnachtsgeschichte in unseren Blick kommt und dessen Menschenquälereien (anläßlich des Census) den bewegenden Hintergrund der Weihnachtsgeschichte bilden (vgl. H. Schürmann, Das Lukasevangelium, Leipzig 1971², S. 100ff. [bes. Anm. 12]), hat in sehr viel anderer Weise „Geschichte gemacht", als man es von dem armen Jesus von Nazareth sagen kann. Aber dieser Jesus wiederum bringt es fertig, aus uns neue Menschen zu machen – Menschen für Gott. Es würde ein vergebliches Christfest werden, wenn davon in der Gemeinde nichts passierte, der wir zu predigen haben. Die in der Person Christi unter uns auftretende, gegenwärtig werdende Gnade Gottes will uns „erziehen" (V. 12). Ein überraschendes Wort. Das Neue Testament kann es also auch einmal *so* sagen. Die Gnade will an uns arbeiten. Sie will uns formen, bilden. Sie will etwas aus uns machen. Es ist deutlich, daß gerade die stille, auf allen äußeren Erfolg verzichtende, aber ihr Letztes einsetzende Liebe Christi es vermag, uns das Herz abzugewinnen und einen Neuanfang herbeizuführen, der jedenfalls durch römische Legionen nicht herbeizuführen ist. Es wird freilich darauf ankommen, daß nun auch Entscheidungen bei uns fallen. Wir sollen „verleugnen das ungöttliche Wesen und die weltlichen Lüste" – dies die negative, die kritische Seite der Sache. Ἀσέβεια ist die Haltung, in der man Gott und seine Herrenrechte an uns ignoriert. Die κοσμικαὶ ἐπιθυμίαι richten sich beileibe nicht nur auf Schlamm und Schmutz und auf die Dinge des niederen Trieblebens; „die ἐπιθυμία ist verkrampfte Selbstsüchtigkeit"; „in seinem ἐπιθυμεῖν erscheint der Mensch als der, der er in Wirklichkeit ist, und das um so sicherer, weil die ἐπιθυμία mit der Gewalt des Unmittelbaren in ihm aufbricht" (Büchsel, ThWNT III, S. 172). „Weltlich" ist das leidenschaftliche Begehren darum genannt, weil es sich auf die „Welt", d.h. in diesem Falle nicht: auf das Geschaffene, sondern auf das Gottwidrige, bezieht. Auf alle Fälle wird es bei uns nicht ohne den scharfen Schnitt abgehen, mit dem wir uns von unserer Sünde und Gottabgewandtheit lossagen und lostrennen.

Dies alles aber im Interesse des Positiven: es geht um ein zuchtvolles, gerechtes und frommes Leben. Zuchtvoll – eigentlich: „gesundsinnig", jedenfalls alles andere als extravagant, „ausgefallen", seelisch krank und untüchtig. Es gibt zu denken, daß unser Brief keine besondere „christliche" Tugend nennt, sondern sich an die sittlichen Überzeugungen seiner Umwelt hält. Die Probe aufs Exempel: die Haustafel, deren Geltung mit dem γάρ in V. 11 bekräftigt, ja begründet werden soll, weist die Christen an die Pflichten des Alltags. Nirgendwo anders haben wir Christen unser Christsein zu bewähren als eben da, wo wir unsere täglichen Pflichten wahrzunehmen haben, wo wir alle also unseren Mitmenschen zu dienen haben. „In dieser Welt", heißt es am Ende von V. 12; wenn noch irgendein Zweifel wäre, wohin uns unser Herr weist und wo er unsere Gaben und Kräfte, unsere Liebe und Fähigkeiten eingesetzt haben will, dann wäre er damit behoben. Wir müssen wohl Verständnis dafür haben, daß die Menschen, die heute im Gottesdienst sind, nach der meist verstärkten und strapazierenden

Arbeit der Vorweihnachtszeit nicht gerade wieder an den Webstuhl, den Dreschplatz, den Kochherd, die Ladentafel, den Operationstisch oder den LKW erinnert sein wollen. Wir dürfen ihnen schon bescheinigen, daß Gott uns auch die Ruhe des Festes gönnt. Und im übrigen kommt in der Haustafel ja auch die Familie vor; sie soll nach Gottes Willen im Leben des Christen „in dieser Welt" nicht zu kurz kommen. – Es gibt einen tiefen Grund dafür, daß all die irdisch-menschlichen Bezüge, in denen sich das Christenleben abspielt, ernst genommen werden: Gott ist zu Weihnachten in diese Welt gekommen. Damit ist sie zum Bereich seines Herrseins und seines Heilandswirkens geworden. Der Gnostiker verachtet die stoffliche Welt. Er meint, Erlösung bestehe vor allem darin, daß wir die Materie hinter uns lassen. Das Neue Testament denkt anders. Es weiß ja, daß Gott selbst Fleisch geworden ist. Seit Weihnachten ist die Welt der Ort seiner Gegenwart.

Wir müssen freilich hinzufügen, daß die zeitliche Welt für den Christen nicht die letzte Station ist. Wie vollzieht sich dieses Leben „in dieser Welt", in welcher Einstellung tun wir unseren täglichen Dienst an den Menschen, zu denen wir gehören? „Wartend auf die selige Hoffnung und die Erscheinung der Lichtherrlichkeit des großen Gottes und unseres Heilands Jesu Christi" (V. 13). Wem der christliche Glaube fremd ist, der wird meinen, bei diesem gespannten Blick in die Zukunft könne die Zugewandtheit zur Gegenwart und ihren Aufgaben nur abgeschwächt oder gar gestört werden. Wie denn? *Ist* die Gnade nun „erschienen" – oder sollen wir auf die „Erscheinung" Christi warten? Es kann doch wohl nur eines wahr sein! – Es ist beides wahr. Wir leben zwischen den beiden Erscheinungen Christi. Die erste geschah in der Verhüllung und Niedrigkeit, wie sie an der Szenerie des Stalles von Bethlehem eindrucksvoll und bewegend erkennbar wird. Die zweite wird in Herrlichkeit geschehen. Der Erscheinende ist jedesmal der Eine, Jesus Christus. Die sich an seiner Niedrigkeit nicht stoßen, die sollen auch seinen Lichtglanz sehen. Wer glaubt, sieht schon heute etwas davon.

1. Christtag. 1. Tim. 3,16

Der Vers fällt aus dem Zusammenhang des Kapitels auffällig heraus bzw. überschreitet seinen Rahmen, thematisch wie stilistisch. Es handelt sich offensichtlich um ein Zitat, wie schon das beziehungslose Relativpronomen ὅς (als lectio difficilior zu bevorzugen) ergibt, das von einem Teil der Überlieferung gegen ein viel bequemeres ὅ ausgetauscht (Anschluß an μυστήριον) oder gar, die christologische Pointe verschleiernd, durch (ὁ) θεός ersetzt wird. Auf ein Zitat deutet auch das (im N.T. singuläre, in hellenistischer Literatur jedoch verbreitete) ὁμολογουμένως = „anerkanntermaßen", „nach dem Urteil aller"; möglicherweise „hört das Urchristentum den Begriff ὁμολογία hier mit" (Michel, ThWNT V, S. 213). Es handelt sich um das Fragment eines Liedes (M. Dibelius: wegen des umfassenden Inhalts und des hymnodischen Stils), nach G. Holtz um einen Präfationshymnus (der sehr weitgehenden Deutung der Past von der Eucharistiefeier her widerspricht J. Jeremias ThLZ 1968, Sp. 105f.), nach G. Bornkamm um einen „symbolartigen Hymnus" (ThWNT IV, S. 828). – Das Wort μυστήριον scheint mir nicht, wie M. Dibelius (zu 3,9 u. 16) behauptet, in stark abgeblaßtem Sinne gebraucht zu sein, als bedeute μυστήριον τῆς πίστεως nahezu svw. πίστις, μ. τῆς εὐσεβείας nahezu svw. εὐσέβεια (Schleiermacher: „eine aufgegriffene Redensart"), vielmehr scheint es gerade in unserem Zusammenhang die Verborgenheit des Offenbarungsgeschehens zu deuten. Vgl. 1. Kor. 2,7; 4,1; 13,2; 14,2; 15,51; Kol. 1,26f.; 2,2f.; 4,3; Eph. 5,32. – Übersichtlicher Aufbau: Prädikat, durchweg an der Spitze, immer im Passiv (was zu dem etwas künstlichen ἐπιστεύθη führt); das ἐν nicht in instrumentalem Sinne, sondern einheitlich auf die jeweilige „Seinssphäre" deutend; die Korresponsion zwischen Himmel (H) und Erde (E) nach chiastischer Anordnung: EHHEEH. – Erste Strophe: Fleischwerdung. Das „Sichtbarwerden" im „Fleische" denkt an die Leibhaftigkeit als Seinsweise der irdischen Welt (Holtz), nicht an die σάρξ als das Widergöttliche (vgl. jedoch die harte Formulierung Röm. 8,3); die Wahl des Wortes σάρξ dürfte, wie in Joh. 1,14, polemisch gegen die Gnosis gerichtet sein. Der Sprachgebrauch bei ἐδικαιώθη weicht, mindestens für den ersten Blick, von paulinischer Terminologie ab; er entstammt dem Inthronisationszeremoniell. Horus, in den Saal der Götter eingeführt und von diesen begrüßt, wird „Tapferer, Gerechtfertigter" genannt. Lohmeyer: „gerechtfertigt sein und siegen sind auch im Aramäischen und Syrischen gleichbedeutend = זכא" (zu Apok. 5,1). Der צַדִּיק im Bundesbuch ist der Sieger im Prozeß. Der Gekreuzigte wird von Gott zum Sieger erklärt (Holtz), und zwar in der Welt des πνεῦμα. Es geht also um Menschwerdung und Erhöhung (Bultmann, ThNT, S. 508, vgl. S. 180). Daß Jesu Erhöhung indes auch die Rechtfertigung des am Kreuz Verfluchten ist (Gal. 3,13; vgl. 4,25), sollte man nicht übersehen. – Zweite Strophe: Präsentation des Erhöhten. Die Engelmächte (wohl auch die bösen Mächte) huldigen ihm (Phil. 2,10; Hebr. 1,5ff.; 2,5ff.; Apok. 5,11). Dem Akt der himmlischen Huldigung ist auf Erden die Predigt des Evangeliums an die Heiden zugeordnet: vor Jesus beugen sich nicht nur die Himmel, sondern auch, die auf Erden sind (nochmals Phil. 2,10). (Der Hinweis von G. Holtz auf die Taufe Jesu, Matth. 3,13-17 par.; vgl. 4,11b, ist erwägenswert.) – Dritte Strophe: Inthronisation – im Himmel durch Aufnahme in die Lichtherrlichkeit Gottes (vgl. Eph. 1,20ff.), auf Erden dadurch, daß die Menschen glauben (zu beidem vgl. das johanneische δοξασθῆναι).

Texte wie dieser können uns daran erinnern, daß das Dogma der Kirche doxologischen Sinn hat und daß ihr Bekenntnis, auch als Lehraussage, in den Raum der Anbetung (Hebr. 13,15: Lobopfer) gehört. Unsere rationale Geistigkeit will sich nicht leicht in diesen Sachverhalt schicken. Das Wort „Geheimnis" macht uns scheu. Es könnte sein, wir versperren uns durch solche Scheu den Zugang nicht nur zu Wirklichkeitsbereichen, mit denen wir es vielleicht mehr zu tun haben, als wir uns träumen lassen, sondern – darauf kommt es hier an – zu dem, was uns und alle Dinge trägt und umschließt, ohne daß es unserm natürlichen Erkennen zugänglich wäre. Stellt man sich schon auf den Boden der Theorie, daß nur das gelte, was unmittelbar greifbar wird oder doch wenigstens einleuchtend: woher nehmen wir dann den Beweis eben für diese Überzeugung, d.h. aber dafür, daß – quantitativ und qualitativ – die Kapazität unseres Erkennens grundsätzlich mit der Fülle dessen, was ist, zusammenfallen müsse? Wir müßten freilich einem Text wie diesem Gewalt antun, wenn wir mit einer mancherorts wahrzunehmenden staunenswerten Selbstverständlichkeit festsetzen, die Jenseitigkeit habe sich für uns in eine Dimension des Diesseits, das Himmlische (die ἀόρατα des Nicaeno-Constantinopolitanum) in zwischenmenschliche Dynamik und Aktualität verwandelt. Der Text leitet uns an, den Blick von der Erde zur oberen Welt zu wenden, von dort wieder nach unten und dann zum Himmel zurück (s. o.). Von „Seinssphären" redet z. B. der Kommentar von M. Dibelius (ed. H. Conzelmann). Wir sind uns klar darüber, daß wir nicht, wie die Alten, im Schema einer additiven Metaphysik denken können. Ist damit der „Geist", sind damit die „Engel", ist damit die „Doxa" als die göttliche Lichtwirklichkeit überhaupt erledigt? Erübrigt sich künftig der Hinweis auf das, „was kein Auge gesehen hat und kein Ohr gehört hat und in keines Menschen Herz gekommen ist, was Gott bereitet hat denen, die ihn lieben"? Daß von dieser Wirklichkeit in einer Sprache geredet wird, die das Mysterium stehenläßt, sollte uns nicht befremden. Wir wären theologisch schlecht beraten, wenn wir das, was in keine Denk- und Sprachform adäquat eingehen kann, so lange zu transformieren versuchten, bis der Himmel im Irdischen aufgegangen ist.

Der Zugang zu dem, was dieser Hymnus meint, sollte uns auch noch an anderer Stelle aufgehen. Nach dem vielzitierten, im rechten Zusammenhang gesehen auch unbestreitbaren, ja vielmehr kräftig zu bejahenden Satz Melanchthons: „hoc est Christum cognoscere, beneficia eius cognoscere" (Loci communes, ed. Plitt-Kolde, 1890, S. 64), könnte jemand diesen Text danach ableuchten, was er für Hilfen für das Leben im Alltag erbringt und womit er sich – das wäre dann das Maß aller Dinge – als praktisch brauchbar erweist. Es wird sich zeigen müssen, ob sich auf Fragen dieser Art Antworten ergeben. Zunächst jedoch ist festzuhalten: er spricht ganz einfach von Jesu Person. Wer ist Jesus? – die Frage, um die sich z. B. die Alte Kirche durch Jahrhunderte immer neu und leidenschaftlich bemüht und kein Opfer gescheut hat. Was er ist, ergibt sich ja nicht bloß aus dem, was er getan hat. Denn was er getan hat, konnte nur einer tun, der – eben *er* war. Das Prädikat trägt weder sich selbst noch ihn, sondern er als das unvergleichliche Subjekt wurde und ist wirksam in dem, was das Prädikat aussagt: in ihm hat Gott die Welt mit sich selbst versöhnt. Nicht: es geschieht Versöhnung, und diesem Geschehen gebe ich den Namen Gott bzw. Jesus Christus. Der in dem ὅς sich verbergende Eine und Unvergleichliche steht mit seiner Exousie als Person, als handelndes Subjekt, hinter jedem der hier zu nennenden Prädikate.

Daß es sich in unserm Text um die Nachbildung eines (besonders in Altägypten geläufigen) Thronbesteigungszeremoniells handelt, wird in der Literatur zu unserer Stelle oft vermerkt – bei J. Jeremias (NTD z. St.) mit einem vorsichtigen „wahrscheinlich". Man könnte fragen, ob der Hymnus dann nicht besser zu Ostern oder Himmelfahrt zu predigen wäre. Die Parallele Phil. 2,5-11 drängt sich auf. Auch sie beginnt (VV. 6–8) mit der Erniedrigung. Man kann fragen, ob das Inthronisationsschema der Aussage ganz gerecht wird: 1. Erhöhung des Menschgewordenen. 2. Kundgabe der Erhöhung an die himmlische und irdische Welt. 3. Einsetzung des Erhöhten in die Herrlichkeit (so etwa nach J. Jeremias). Nach Aufbau und

Wortlaut des Hymnus scheint mir zur Deutung folgendes beachtenswert: In jedem der Doppelzeiler werden zwei Vorgänge angesprochen, die sich auf Erden und im Himmel abspielen (Reihenfolge chiastisch verändert) und jeweils einander zugeordnet sind. Die beiden Vorgänge klammern Himmel und Erde jeweils zusammen („wie im Himmel so auf Erden"). Daß Himmel und Erde miteinander verbunden werden, ist ein – von den Kommentatoren auch im Blick auf unsern Text immer wieder vermerkter – Gedanke paulinischer Gnosis (z.B. Eph. 2,14ff.; 4,8ff.; Kol. 1,20). In Christus wird die Grenze durchbrochen, die Himmel und Erde voneinander scheidet. Christus hat beide miteinander verbunden und versöhnt, indem er selbst auf die Erde kam und, aus tiefster Erniedrigung, wieder zu Gott erhoben wurde. Hier dürfte der Schwerpunkt des Textes liegen: Christus verbindet Himmel und Erde. Gerade diese Christusaussagen werden ja gern durch das Wort μυστήριον gekennzeichnet (Eph. 1,9; 3,3.9; 6,19; Kol. 1,26; 2,2; 4,3). Dieses Mysterium ist Inhalt des gemeinsamen Bekenntnisses, an das hier erinnert wird. (Das leider im revidierten Text stehengebliebene „Kündlich..." geben wir besser mit einem Satz wieder: „Darin sind wir alle eins: ..." oder: „Wir bekennen gemeinsam: ...") Tò τῆς εὐσεβείας μυστήριον gibt K. Barth mit „Kultgeheimnis" wieder (KD I, S. 138).

Die drei Schritte könnte man wiedergeben durch die Stichworte: manifestatio (1), praesentatio (2), glorificatio (3).

1. In dem Geschehen, das Himmel und Erde miteinander verbindet, ist das erste: „Christ ist erschienen". Er ist „sichtbar geworden", „anschaubar geworden", und zwar – radikalster Ausdruck – „im Fleische" (s. die Vorbemerkungen). Wir haben einen Gott, der nicht nur gesucht, erfragt, gedacht oder erfühlt werden will, sondern einen, der sich sichtbar gemacht hat – wiederum aber nicht in einer flüchtigen Vision, in wunderbarer Epiphanie, in der Weise etwa, wie griechische Götter zuweilen sich unter die Menschen gemischt haben, sondern so, daß er „ins Fleisch" kam. „Offenbart", übersetzt Luther; es geht, wie ein Konkordanzvergleich zeigt, um ein Sichtbarwerden im schlichtesten, nächstliegenden Sinne des Wortes, um einen optischen Vorgang. Man kann Gott sehen, indem er Mensch wird. Man kann dann auch mit ihm reden. Man kann ihn auf der Straße treffen. Man kann den Saum seines Gewandes (Matth. 9,20; 14,36), man kann ihn selber anrühren (Luk. 6,19; 7,39; Joh. 20,27; 1. Joh. 1,1); man kann von ihm angerührt werden (Matth. 8,3.15; 9,29; Mark. 10,13). Er kann Hunger haben wie wir (Matth. 4,2) und Durst (Joh. 19,28), kann müde sein (Matth. 8,24c; Joh. 4,6), zittern und zagen (Mark. 14,33). Alle Bedingungen menschlicher Existenz nimmt er auf sich (Gal. 4,4), Mensch unter Menschen (Phil. 2,7). Man muß das ἐφανερώθη mit der Aussage 6,16 vergleichen und kann sich dann nur noch wundern: der unzugängliche, unerreichbare Gott ist da, mitten unter uns. Wäre Gott uns nur Rätsel, nur Problem, nur Abgrund: hier lernten wir ihn kennen in der Weise, wie er selbst sich zur Gemeinschaft gibt. Hätten wir uns seit langem schon eingeredet, so etwas wie „Gott" sei nichts für uns und gehe uns nichts an: hier „tritt er in unseren Gesichtskreis", und wir finden ihn unversehens genau an unserer Seite. „Fleisch" meint nicht speziell das Sündliche (obwohl wir uns schon an den

gewagten Ausdruck Röm. 8,3 erinnern ließen, hart an der Grenze des Erträglichen!), wohl aber „die Sphäre des Weltlich-Menschlichen im Gegensatz zum Göttlichen als der Sphäre des πνεῦμα“ (Bultmann zu Joh. 1,14). Das Denken in zwei Räumen ist der Gnosis gemäß; das Sichtbarwerden Jesu Christi im Fleisch tut ihr weh. Aber gerade das ist das Evangelium. Wir sollen Gott nicht in der Ferne suchen, in der wir mit ihm nichts zu schaffen haben und aus der er uns, so wie wir sind, nicht helfen kann. Unser Menschenleben ist der Ort seiner Gegenwart geworden. Näher könnte er mir nicht sein; unmittelbarer könnte ich nicht mit ihm zu tun bekommen. Nun zeigt es sich freilich, daß das einleitend im Text verwendete Wort μυστήριον eben doch nicht formelhaften Sinn hat. Der Satz: „Gott wurde Mensch“ muß ja nun auch umgekehrt gelesen werden: dieser Mensch ist Gott. Nicht etwa so, wie in verschiedenem Sinne und unterschiedlicher Deutung immer wieder einmal behauptet worden ist, daß der Mensch schlechthin göttlicher Art sei, so daß in Jesus von Nazareth nur beispielhaft anschaulich werde, was von allen Menschen gilt. „Gott ist im Himmel und du auf Erden“ (Pred. 5,1). „Gott ist nicht ein Mensch, daß er lüge“ (Num. 23,19). Er sagt: „Ich bin Gott und nicht ein Mensch“ (Hosea 11,9). Die Schlange sagt: „Ihr werdet sein wie Gott“ (Gen. 3,5). „Ägypten ist Mensch und nicht Gott“ (Jes. 31,3). Man könnte so fortfahren. Was wir alle *nicht* sind, das ist dieser *eine*: der Deus incarnatus. Aber: wer sieht ihm das an? Die Menschen in dem Geburtsstädtchen haben ohne das Wort und das Zeichen (Luk. 2,10.12) nichts wahrgenommen, auch nichts wahrnehmen können; der von den Malern auf Weihnachtsbildern angebrachte Lichtglanz ist Aussage des Glaubens, nicht Wiedergabe des Schaubaren. Jesus in der Menge: auffällig durch das, was er redet (Matth. 7,28f.; Joh. 7,46) und tut (Mark. 7,37 u.ö.), aber „Fleisch und Blut“ kommen nicht hinter das Geheimnis seiner Person (Matth. 16,17; Joh. 6,44 u.ö.). Göttliches erkennt nur Gottes eigenes Pneuma (1. Kor. 2,10-16). Nur im Geist Gottes kann man Jesus einen Herrn nennen (1. Kor. 12,3). So ist Jesus Christus „gerechtfertigt im Geist“: Gottes Geist bewirkt, daß ihm recht gegeben (vgl. den Sprachgebrauch in Ps. 50,6 = Röm. 3,4; Jes. 42,21 LXX u.ö.), daß er anerkannt, daß sein Christusanspruch erwiesen wird (vgl. Röm. 1,4). Oden Salomos 31,5: Christi „Antlitz wurde gerecht erfunden“ (ThWNT II, S. 217f.). Ohne Erfahrungs- oder Vernunftbeweis, ohne phantastische religiöse Erlebnisse, allein durch die Wirkung des Geistes Gottes wird der Glaubende dessen gewiß: Er ist es! Von da aus darf man in der Deutung des ἐδικαιώθη noch einen Schritt weiter gehen. Der bis zum Kreuz Erniedrigte wird durch die Auferstehung – vgl. wieder Röm. 1,4 – von Gott beglaubigt, bestätigt, rehabilitiert, in seiner Würde als Gottes Sohn offenbart. Vgl. auch Eph. 1,17. Die Niedrigkeit des Fleischgewordenen wird so transparent für seine wahre Gottheit.

2. Die zweite Zeile der ersten Strophe hat uns in die Seinssphäre des Himmlischen geführt. Der Geist gehört seinem Wesen nach dorthin; hat einer von uns den Geist – und wir wären nicht Christen, wenn wir ihn nicht hätten –, dann gehört ihm „anfangsweise“ (Röm. 8,23) das Leben der oberen, kommenden Welt. Dort „spielt“ nun auch das Geschehen, das die erste Zeile

der zweiten Strophe bezeugt. Nach dem Thronbesteigungsritus wird der neue Herrscher den Großen des Reiches vorgestellt. Hier werden die Engel Christi, ihres Herrn, ansichtig. Der Himmel hat die Erhöhung Jesu Christi unmittelbar erlebt (Eph. 1,20f.; 1. Petr. 3,22). Schon in der Heiligen Nacht wissen die Engel, wer da geboren ist; sie verkündigen ihn, und sie singen das Gloria in excelsis. „Und es sollen ihn alle Engel Gottes anbeten" (Ps. 97,7; Hebr. 1,6). Der in unsere Welt hinein geboren ist, ist der Herr über alle Engel. Was er ist, ist er, bevor wir ihn in seinem Gottsein erkennen. M. Dibelius: Der Hymnus zählt nicht Heilstatsachen chronologisch auf; es wäre also müßig, das Nacheinander dessen, was hier ausgesagt ist, auf einer von menschlichem Denken her anzugebenden Zeitgeraden aufzutragen. Ging es in der ersten Strophe um „ihn selbst", so geht es in der zweiten um seine Präsentation, Promulgation, Pronuntiation vor denen, über die er als der ewige Gottessohn gesetzt ist: im Himmel vor den Engeln, auf Erden vor den Völkern. Wir verstehen das Weihnachtswunder nicht, wenn wir in dem Neugeborenen – so winzig, so hilfsbedürftig und elend, so zerknittert und unansehnlich – nicht den kosmischen Pantokrator erkennen. „Ach Herr, du Schöpfer aller Ding, wie bist du geworden so gering" (Luther, EKG 16,9). Die Welt mit allen Geschäften, mit den in ihr vorhandenen und wirkenden Kräften und Mächten, gehört Jesus Christus. Steht er zu uns, dann kann nichts gegen uns stehen. Es wird wohl der Absicht des Textes entsprechen, wenn wir in dem „erschienen den Engeln" die Szenerie weit genug denken. Die bösen, abgefallenen Engelmächte sind einbezogen. Sie mögen nicht schlecht erstaunt sein, wenn sie im Flutlicht der väterlichen Doxa den neuen Mann sehen, der im Himmel und auf Erden, für Zeit und Ewigkeit die Herrschaft antritt, sie „versöhnend" (Kol. 1,20) oder in den Abgrund stürzend (Offb. 12,9), je nachdem, ob sie sich seiner Liebe öffnen oder ihm widerstehen. Wir können uns die ὤφθη-Szene nicht dramatisch genug denken. Der sich so dicht zu uns gestellt, der in seiner Menschwerdung so für uns Partei ergriffen, in seiner Selbsthingabe für uns, seine abtrünnigen Menschen, das Äußerste getan hat, was man nur tun kann: der ist der Herr aller Welt, der sichtbaren wie der unsichtbaren.

Von hier aus wird deutlich, was das heißt: „gepredigt den Heiden". Die Parallelität zwischen dem himmlischen und dem irdischen Geschehen will gesehen sein. Sind Paulus, sind die anderen Sendboten des Evangeliums, ist – hoffentlich! – die ganze Christenheit, jeder in ihr auf seine Weise, deshalb unterwegs, weil jeder seine persönliche Meinung und Überzeugungen auch bei anderen an den Mann zu bringen sucht? Ist Mission das Steckenpferd einiger Eiferer, die sich von der überstiegenen Vorstellung leiten lassen, zuletzt müßten alle denken wie sie? Wer begriffen hat, was Inkarnation heißt, weiß, daß die universale Geltung des im Stall von Bethlehem Geborenen dem natürlichen Menschen nicht einleuchtet und daß umgekehrt der menschgewordene Herr in seiner Niedrigkeit und Unscheinbarkeit keinen Versuch macht, seiner universalen Bedeutung vor den Augen der Welt auf weltliche Weise Anerkennung zu verschaffen. „Gepredigt" den Heiden – nur gepredigt, ohne den Nachdruck menschlichen oder göttlichen Machtgebrauchs, ohne den Versuch, es auf andere Weise zu schaffen als eben durch das ohnmächtig-mächtige Wort. Es ist das Wort von dem, vor dem die Engel niederfallen, der „alle Gewalt" hat „im Himmel und auf Erden" (Matth. 28,18). Dieselbe Entscheidung, die, wie wir sahen, die Engel zu treffen haben, wird den Völkern, also auch uns, abverlangt.

3. Die zweite Strophe endete auf Erden, damit also, daß das gepredigte Wort von Christus durch die Welt geht. Die Schlußstrophe knüpfte da an. Wird der, der „alle Welt erhält und trägt" (EKG 16,5) und in der Unscheinbarkeit und Vieldeutigkeit seiner schlicht-menschlichen Erscheinung, ja in der Schande seines Kreuzesschicksals unter uns ist, sich in der Welt durchsetzen können? „Gepredigt den Heiden" – und wie nun weiter? Antwort: er wird „geglaubt in der Welt", er fand Glauben und Vertrauen. Ganz gewiß nicht so, daß alle Welt sich ihm zuwendete. Das Neue Testament bietet hier sehr nüchterne Prognosen. Daß der Glaube die Sache weniger ist, ist danach keineswegs nur Übergangszustand für die ersten Jahrzehnte. Freilich bezeugt das Neue Testament auch immer wieder eine große Hoffnung. Wer liebt, will keinen verlorengehen lassen. Aber wir haben uns nicht in Spekulationen über den Erfolg der Evangeliumspredigt zu ergehen. Genug: Christus wird „geglaubt in der Welt", d.h., er hat seine Gemeinde, von der in dem unserem Text vorangehenden Verse die Rede ist. Der Glaube ist ja selbst wieder Wunder Gottes. Der Himmel „schaut" schon; wir sind noch aufs „Glauben" angewiesen (2. Kor. 5,7). Aber man sollte vom Glauben nicht kleinlaut sprechen. Feiert der Himmel das Triumphfest, indem sich alle Knie vor Christus beugen, so hat das seine Entsprechung eben darin, daß Menschen *glauben*. Indem wir glauben, werden wir in die Einheit des – im weitesten Sinne des Worts – kosmischen Reiches Christi einbezogen. Dem entspricht dann, auf der himmlischen Ebene, die Aufnahme Jesu Christi in die Doxa. Der Erstling zieht die anderen nach. Der Glaube ist die irdische Weise der Verherrlichung Christi; man wird an Joh. 17 erinnert. Der Glaube sieht in dem, dessen Geburt wir begehen, heute schon den, in dem alle Linien der Geschichte Gottes mit den Menschen konvergieren.

2. Christtag. 1. Joh. 1,1-4

Ein Briefpräskript sind die Verse ihrer Form nach nicht, daher auch nicht literarische Nachahmung eines solchen (Bultmann), eher das Prooimion eines „Traktats", einer „Enzyklika", eines „Manifests". Eine unerhörte Ballung gewichtiger Aussagen, wobei eine Parenthese den Aufbau sprengt und in V. 3 – gewissermaßen nach einem tiefen Atemholen – der Gedankengang, auf dem Hintergrund der Parenthese, noch einmal nahezu von vorn anläuft. Für die VV. 1f. beachte man sorgfältig die Tempora (s.u.). Auffällige Berührungen mit dem Prolog des Johannes-Evangeliums:

Joh. 1		1. Joh. 1	
ἐν ἀρχῇ	(1)	ἀπ' ἀρχῆς	(1)
ἐν αὐτῷ ζωὴ ἦν	(4)	τοῦ λόγου τῆς ζωῆς	(1)
ἦν πρὸς θεόν	(1f.)	ἦν πρὸς τὸν πατέρα	(2)

ὁ λόγος σάρξ ἐγένετο	(14)	ἡ ζωὴ ἐφανερώθη	(2)
ἐθεασάμεθα τὴν		ἐθεασάμεθα - ἑωράκαμεν	
δόξαν αὐτοῦ	(14)	τὴν ζωὴν τὴν αἰώνιον	(1 f.)

(nach R. Schnackenburg)

Für das Verständnis der einzelnen Wendungen dürfte diese Gegenüberstellung ergiebig sein. – Zum einzelnen: V. 1: Das neutrische ὅ tritt für ὅς ein (vgl. Joh. 3,5 und 6; 4,22 und 23; 6,37a und 37b; 6,39 und 40), besonders zu beachten das maskuline τὸν ἀπ' ἀρχῆς in 2,13; gemeint ist der λόγος τῆς ζωῆς im Sinne von Joh. 1. Leben ist in diesem Zusammenhang nicht die Lebendigkeit, sondern die solche Lebendigkeit schaffende Kraft (Bultmann zu Joh. 1,4). In V. 2 wird auf die Präexistenz verwiesen. In der Inkarnation wird das ewige Leben sichtbar. V. 2 klingt wie eine Zusammenfassung des Johannesprologs. – V. 3: Das Wir wird dem Ihr deutlich gegenübergestellt (vgl. jedoch V. 4). κοινωνία noch in VV. 6.7, sonst jedoch nicht in den johanneischen Schriften; vgl. aber bes. 1. Kor. 1,9; 10,16. Die Gemeinschaft als Verbundenheit gründet in der Gemeinschaft als Teilhabe (ThWNT III, S. 804ff.); sie besteht nicht nur zwischen den Gläubigen, sondern auch „mit dem Vater und seinem Sohne Jesus Christus" (vgl. VV. 6f.). Dasselbe meinen die Stellen über das ἐν θεῷ εἶναι (2,5; 5,20) bzw. μένειν (2,6.24; 3,24; 4,13.15.16). – V. 4: Gegen einige Textzeugen bleibt es bei dem ἡμῶν, weil es schwieriger ist als ὑμῶν. Verfasser und Leser werden hier, im Unterschied zu V. 3, zusammengeschlossen. Oder soll man an das Wir der Zeugen denken, das im Vorangehenden gemeint ist? Auch darin läge eine gewichtige Aussage. Indem die Freude „erfüllt" wird (Schnackenburg: πληροῦσθαι bezeichnet das Wirklichwerden einer Möglichkeit), tritt ein, was Jesus verheißen und gewollt hat (Joh. 15,11; 17,13).

„Da sie es aber gesehen hatten, breiteten sie das Wort aus" (Luk. 2,17). „Was wir gesehen und gehört haben, das verkündigen wir euch" (1. Joh. 1,3). Der Text enthält mehr Weihnachtliches, als diese frappante und theologisch sodann noch weiter zu bedenkende Parallele. Oder sollte man ihn doch lieber in der Osterzeit predigen? Karl Barth (KD III/2, S. 530) versteht das Hören, Sehen, Betasten als Weisen der Begegnung mit dem Auferstandenen (wofür man sich auf Joh. 20,25.27, auch auf Luk. 24,39 berufen könnte); H.-J. Iwand stimmt zu (Pred.-Med., S. 328). Dagegen spricht, daß das Johannes-Evangelium, genau hingesehen, von der Wahrnehmung des Auferstandenen sehr behutsam spricht; man denke an 20,17 und frage sich, ob es zu dem, was Thomas begehrt (20,25b) und der Herr ihm anbietet (20,27), wirklich kommt. Nach V. 29 hat Thomas nur „gesehen"; selig ist man, wenn man nicht sieht und doch glaubt. Unser Text spricht anders, nämlich viel massiver. Die Übereinstimmungen mit dem Johannesprolog fallen auf (s. o.); dieser gipfelt in dem Zeugnis von der Fleischwerdung des Wortes. Darum scheint es auch hier zu gehen. Joh. 1,14 ist nach Bultmann das Thema des ganzen Johannes-Evangeliums (ThNT, S. 392). Auch unser Brief bekennt sich dazu. „Ein jeder Geist, der bekennt, Jesus Christus sei im Fleische gekommen, ist aus Gott" – das ist geradezu der Prüfstein dafür, ob es sich um den Geist aus Gott oder um den Geist des Widerchrists handelt (4,1-3; vgl. 2. Joh. 7). Man muß genau hinsehen. Es ist nicht gesagt, daß da irgendein Mensch gewesen sei, dem man das Prädikat des Gottseins zuerkannt habe. Vielmehr steht da, daß der, „der von Anfang ist" (2,13), der – wiederum im Sinne des Johannesprologs – Ursprung des Lebens, ja das Leben selbst ist, unter uns sichtbar und erfahrbar wurde. Das ἐφανερώθη meint das Sichtbar-Werden, das In-Erscheinung-Treten, das Anschaulich-Werden (vgl. 3,5.8; 4,9); damit ist nicht nur Christi Kommen überhaupt, sondern die Art und Weise seines Kommens bzw. Gekommenseins beschrieben (EKG 33,4).

Es mag gut sein, wenn unsere Besinnung bei dem Vers 3 einsetzt, der das Wir und das Ihr zusammenbindet. Was vorher als Gehörtes, Gesehenes, mit Händen Gegriffenes bezeichnet wurde, wird geradezu in der Absicht und mit dem Ziel verkündigt, daß (ἵνα) Gemeinschaft zwischen den Boten des Evangeliums und seinen Empfängern entsteht. Kirchengründende Predigt! Gemeinschaft stiftende und bewahrende Verkündigung! Das Christusgeschehen, das seit dem Wunder der Menschwerdung seinen Schauplatz auf der Erde hat, mehr noch: das Irdische betrifft und angeht, mehr: dieses Irdische in sich einbezieht, sich an ihm auswirkt – dieses Christusgeschehen ist nicht Sache der einzelnen, schafft vielmehr Verbundenheit der vielen, die von ihm erreicht werden, indem es in der Predigt auch zu ihnen kommt. Es wäre zu prüfen, ob die Weihnachtsbotschaft uns wirklich als Gemeinde zusammengebracht hat oder ob wir immer noch und auch diesmal wieder privatisierende Genießer des göttlichen Gnadenwunders geblieben sind und fernerhin zu sein gedenken. Eine weitere Pointe will nicht übersehen sein: Die „Wir" sind die Generation der Augenzeugen, die „Ihr" sind – es macht hier nicht viel aus, in welcher Generation – die Empfänger ihres Zeugnisses, also die, die den Herrn nicht selbst gesehen und doch liebhaben (1. Petr. 1,8). Man wird schon sagen müssen: ein nicht zu verkennender, ein keinesfalls leicht zu nehmender Unterschied (man denke an Joh. 15,27); Kierkegaard dürfte sich mit dem Verfasser unseres Briefes jedenfalls nicht in Übereinstimmung befinden, wenn er sagt, „im Vergleich mit einem Sich-selbst-Verstehen von Ewigkeit her ist das äußere Wissen um einen solchen Lehrer nur etwas Zufälliges und Historisches" (aus den Philosophischen Brocken, zit. n. Anna Paulsen, Sören Kierkegaard, Hamburg 1955, S. 221). Aber gerade wenn man den Unterschied im Auge behält, gewinnt der Satz von der Koinonia der Ur-Zeugen mit den Nachfolge-Empfängern um so größeres Gewicht. Die Predigt vom Deus incarnatus schafft und erhält durch Zeiten und Räume Gemeinschaften unter den Glaubenden. Wir werden noch zu bedenken haben, wie das geschieht.

Aber V. 3 enthält *zwei* Sätze. Wie verhält sich der zweite zum ersten? Man könnte meinen: additiv. Das würde heißen: außer der Gemeinschaft, die wir untereinander haben, kommt es auch zu einer Gemeinschaft mit dem Vater und mit seinem Sohne Jesus Christus. Man könnte aber auch und möchte sogar sagen: interpretativ. Dann fiele vom zweiten Satz her neues Licht auf den ersten. Gemeinschaft unter den Glaubenden beruht auf und besteht in der „Anteilhabe", insofern dann auch in der „Gemeinschaft" mit Gott-Vater und Gott-Sohn. Das Wort ἡμετέρα schlösse dann Ur-Zeugen und Zeugnis-Empfänger zusammen: ihr und wir haben Anteil an Gott und sind eben dadurch – also kraft dieser Vertikalverbundenheit – auch in der Horizontalen miteinander verbunden. Wie wir uns diese Verbundenheit mit dem Vater und dem Sohne zu denken haben, wenn wir ganz dicht bei den johanneischen Texten bleiben wollen, ist nicht leicht zu sagen (vgl. den Exkurs bei Schnackenburg über die „Immanenzformeln", S. 105 ff.). Wir ziehen Stellen über unser Sein und Bleiben „in Gott" (2,5.16; 5,20) oder „in Christus" (2,24.27.28; 3,6) heran, auch die „reziproken Formeln" (3,24; 4,13.15 f.). Man kann, ja muß wohl an einen bestimmten „Bereich", an eine „Sphäre" denken, die durch das ἐν bezeichnet wird; darauf führen Stellen wie 2,10; 3,14 (etwa: „Wirkbereich"). Man darf nur nicht vergessen, daß es um einen personalen Vorgang bzw. – μένειν – Zustand geht (es gibt auch personale Zustände!). Das eine schließt das andere nicht aus. Wir leben nicht mehr weit weg von Gott, sondern im engsten Kontakt mit ihm; denn er hat sich für uns selbst zur Gemeinschaft gegeben. Koinonia: wir dürfen ihn haben! „Ihr" dürft ihn haben, wie „wir" ihn haben: das ist „unsere" Gemeinschaft. Und in dieser Gemeinschaft haben wir, umgekehrt, wiederum Anteil an dem unerschöpflichen „Leben".

Aber wie dürfen wir den, der „von Anfang war", haben? Jetzt wenden wir uns den so kräftig sprechenden Verben im Eingang des Textes zu. Wir haben unsern Gott in leibhafter, welthafter Gegenwärtigkeit. Unsere Gemeinschaft mit ihm beruht nicht auf inneren Erfahrungen, Versenkungen und Erhebungen, nicht auf Spekulationen und Deduktionen, nicht auf Einflüsterungen oder ekstatischen Schauungen, sondern ganz schlicht auf dem, was Menschen – die Augenzeugen – an dem wahrgenommen haben, von dem die Rede ist: an Jesus Christus. „Hören, Schauen, Betasten, die drei Funktionen, durch die wir uns von der Realität einer sinnlichen Wirklichkeit überzeugen" (Windisch-Preisker z. St.). Gut, daß es so anstößig formuliert ist, nur so wird der Sinn des Textes getroffen. Gott als sinnliche Wirklichkeit! Behauptet dies ein einfältiger Mensch, einer aus dem Kindesalter der Religionsgeschichte? Man übersehe nicht, daß den am unmittelbarsten einleuchtenden Satz theoretischer Gottesleugnung Johannes selbst niederschreibt: „Niemand hat Gott jemals gesehen" (4,12; Joh. 1,18). Für naiv darf man den, der unsern Brief verfaßt hat, nicht halten. Um so eindrucksvoller, wie hier das Wunder der Inkarnation bezeugt ist.

„Was wir gehört haben" – das könnte noch so klingen, als habe der Verfasser eine Kunde vernommen, die er nun weitersagt. „Was wir gesehen haben" – das könnte man noch immer im Sinne einer inneren Schau verstehen, die auch den Nachgeborenen, sofern sie Empfänger dieser Botschaft sind, möglich ist. Aber es heißt weiter: „mit unseren Augen"; es geht eindeutig um ein leibhaftes Sehen. Und wenn hier wirklich noch ein Zweifel übriggeblieben sein sollte: mit dem „Zufassen der Hände" ist der höchste Grad von Realismus erreicht. Das Wort wurde Fleisch. So war auch das Hören und Sehen ein leibhafter Vorgang! Wir suchen unsern Gott nicht irgendwo – in jenseitigen Räumen oder unanschaulichen Tiefen, sondern da, wo der Unfaßbar-Jenseitige sich verdiesseitigt, d.h. in unsere Raum-, Zeit-, Natur- und Geschichtswelt begeben hat. Wir suchen? Nein, wir finden, nachdem er „gekommen" ist und mit uns Gemeinschaft aufgenommen hat. Gemeinschaft entsteht aus und besteht in leibhafter Begegnung: einander sehen, miteinander reden, die Hand des andern fassen, helfend zupacken u.a.m. So ist Gott zu uns gekommen. Die Evangelien erzählen von Jesus, eben weil in seinem Erdenleben etwas zu hören, zu sehen, ja mit Händen zu greifen war. Gott ist für uns, seit er sich uns so schenkte, kein Schemen. Er hat eine unverwechselbare Physiognomie, auch wenn wir kein Bild von ihm haben. Reden wir mit ihm, dann ist er uns nicht ein Fremder, sondern wohl vertraut. Wir wissen, wie er mit seinen Leuten, mit Verhärteten und mit Erschütterten, mit Eiferern und Resignierenden, mit den Leuten des Erfolgs wie mit den aus der Bahn geworfenen Sündern, mit Fröhlichen und Trauernden, mit Glaubenden und Zweiflern umgegangen ist. Wir wissen, weil wir ihn so kennen, auch, wie er – als der inzwischen Erhöhte – mit uns umgeht, wessen wir uns also von ihm zu versehen haben und was wir ihm heute noch, ja heute erst recht zutrauen dürfen. Es soll uns ja niemand hindern, auch unter den nunmehr gegebenen Modalitäten sehr genau hinzuhören, hinzusehen und – an der Stelle, an der wir es heute noch können, im Sakrament – auch hinzufassen!

Überflüssig zu sagen, daß der gegenwärtige Stand der theologischen Diskussion solcher Inkarnationspredigt nicht günstig ist. Schreiber und Leser dieser Sätze sind versucht, sich an dieser Stelle in theologische Grundsatzdiskussionen einzuschalten; dieser Versuchung muß aus äußeren Gründen widerstanden werden. Nur das für die Predigtaufgabe Nötigste muß angemerkt sein, damit nicht Mißverständnisse stehenbleiben. Daß das, was „wir euch verkündigen", Gegenstand sinnlicher Wahrnehmung ist, also akustisch, optisch und sogar haptisch erfahren wird, besagt selbstverständlich nicht, daß hier – wie beim Aufziehen eines Gewitters oder beim Aufstellen eines Gerüstes am Nachbarhaus – lediglich ein Vorgang in der Objektwelt registriert wird, der einerseits „ausweisbar", insofern unbestreitbar ist, andererseits uns nicht angeht, in unserm Personleben nichts provoziert, nichts in Gang bringt oder entscheidet. Unser Brief läßt keinen Zweifel daran, daß es hier um personhafte Begegnung geht. Aber eben diese Begegnung geschieht im „Fleische"! Christus stellt die Gemeinschaft mit uns her, indem er unter allen Bedingungen des Menschseins (Gal. 4,4) bei uns ist, mit uns lebt, sich mit uns freut, mit uns trägt und bangt und leidet, bei uns aushält, sich um uns müht, uns an sich zieht, uns aus unserer Verlorenheit herausholt. Man sage nicht, daß die leibhaften und mit den Sinnen wahrnehmbaren Vorgänge, die man – wie die Evangelien tun – erzählen kann, gar nicht das Wesentliche seien; das Wesentliche habe man ja eben gerade nicht „hören, sehen und betasten" können. Es ist wohl wahr: die Jesus auflauerten, die ihn schmähten und verachteten, ein Hannas, ein Kaiphas, ein Pilatus haben gesehen und doch nicht gesehen, gehört und doch nicht gehört (Matth. 13,13); und die Soldaten vom Hinrichtungskommando haben nicht gemerkt, daß sie bei ihrem grausamen Geschäft „den Herrn der Herrlichkeit" (1. Kor. 2,8) „betasteten". Aber das verborgene Sein und Tun des Deus incarnatus sollen wir nicht „hinter" dem oder jenseits dessen sehen, was den Sinnen erschien, sondern in, mit und unter ihm. Daß wir auf die aus der Sakramentslehre geläufige Formel kommen, ist nicht Zufall. Der Herr bindet seine Gegenwart an Brot und Wein, die im Sakrament Leib und Blut werden und sind;

weder in der Christologie noch in der Abendmahlslehre haben wir den, der selbst „das Leben" ist, von dem abzulösen, was da sinnenhaft wahrnehmbar ist und in dem der Herr gegenwärtig wirkt. Nur der Glaube erkennt in dem, was hier zu hören, zu sehen und zu fassen ist, den Deus incarnatus; gerade der Glaube erfährt ihn aber als den „im Fleische" unter uns Gegenwärtigen, und er läßt sich das, wie die gegen den Doketismus gerichtete Polemik unseres Briefes erkennen läßt, um keinen Preis nehmen. Man kann das aufregende Paradox der Fleischwerdung Gottes darum auch so formulieren: Die personhafte Begegnung, die die „Gemeinschaft" begründet und aufrechterhält, widerfährt uns in und aus dem, was so sehr „Objekt" unserer Sinneswahrnehmung wurde, daß man es hätte filmen können.

Wir übersehen nicht das „wunderbare Crescendo" (Chaine) in dem Bedeutungsgehalt der Verben des Wahrnehmens. Es lohnt sich auch, auf die Tempora zu achten; obgleich es in der Koine auch vorkommen kann, daß „verschiedene Tempora bunt durcheinander im Gebrauch" sind (Radermacher, S. 150), scheint die Wahl der Zeitform hier überlegt zu sein. Das Perfekt „bezeichnet einen gegenwärtigen Zustand, der sich aus einem in der Vergangenheit abgeschlossenen Vorgang ergibt" (G. Steyer, Handbuch f. d. Studium des ntl. Griechisch I, Berlin 1962, Ziff. 19G), hat also im Effekt präsentischen Sinn; der Aorist hingegen hat die Bedeutung des Punktuellen. Wir versuchen in diesem Sinne zu umschreiben: „Was von Anfang her war, was uns noch in den Ohren klingt, was wir wie eine lebendige Folge von farbigen Bildern in uns tragen, seit wir es mit eigenen Augen gesehen haben – was wir damals schauten und was unsere Hände zu jener Zeit berührten, ... was wir von daher noch im Blick und im Gehör haben, das verkündigen wir auch." Das Einmalig-Vergangene und das von daher als unverlierbarer Besitz Gebliebene werden sauber unterschieden. Wer Inkarnation sagt, sagt Punktualität (ἐφάπαξ), weiß aber auch, daß dieses Ein-für-allemal für den Glaubenden eine bleibende Vertrautheit mit dem inzwischen erhöhten Herrn geschaffen hat, die sich, indem das Gehörte, Gesehene, handgreiflich Erfaßte heute verkündigt wird, immer neu aktualisiert. Wir mußten dies so eingehend darlegen, weil unser theologisches Denken das hier beobachtete Zueinander der (grammatischen und theologischen) Tempora leicht bibelfremden Denkkategorien zum Opfer bringt.

Wir müssen nun aber noch einen Schritt weitergehen. Man könnte – bedauernd oder sogar in scharfem Protest gegen Johannes – einwenden, daß mit einem solchen Verständnis der Offenbarung die Möglichkeit des Gemeinschafthabens (V. 3) auf die Generation der Zeitgenossen, die Wirklichkeit solcher Gemeinschaft also auf die Augenzeugen, sofern sie glaubten, beschränkt wird. Ja, sogar für die Augenzeugen ist, was sie einst erlebten, Erinnerung geworden. Jesus wird zu einer Größe der Vergangenheit. Indem ein Mann wie Kierkegaard das Anliegen der „Gleichzeitigkeit" geltend macht (s. o.), versucht er auf seine Weise diesem Einwand Rechnung zu tragen. Der Verfasser unseres Briefes hat ihn, wie man leicht sieht, seinerseits bedacht und beantwortet. Nicht so, daß er etwas von seiner massiven Inkarnationslehre zurückgenommen hätte, aber doch so, daß unser Abschnitt nicht mit dem Bedauern schließt, daß wir leider die Nachgeborenen sind, die den Vor-

zug der unmittelbaren leibhaften Begegnung mit dem Herrn nicht mehr haben können, sondern mit dem Wort von der „vollkommenen Freude". Wie kommt es dazu?
Zunächst muß es dabei bleiben, daß christliche Predigt an das Zeugnis der Autopten gebunden bleibt. Wer Inkarnation sagt, sagt Augenzeugenschaft, sagt damit auch Apostolizität in Sinne des Angewiesenseins der Kirche auf das Urzeugnis, sagt damit freilich auch Tradition im Sinne der Weitergabe des unverrückbaren Urzeugnisses. „Die Fleischwerdung Gottes in Jesus Christus bindet die Kirche aller Zeiten ein für allemal an das Zeugnis der Augenzeugen ... Die Augenzeugenschaft gibt den Aposteln darum einen unwiederholbaren Rang und eine für die Kirche fundamentale Bedeutung" (G. Bornkamm, GPM 1947/48, 1/31). Man sollte den Apostelbegriff nicht dadurch einengen, daß man ihn, Paulus zuliebe, allein von der Begegnung mit dem Auferstandenen her definiert (1. Kor. 9,1; 15,8); die lukanische Definition (Apg. 1,21f.) wird durch Joh. 15,27 und unsere Stelle aufs wirksamste unterstützt, und dem Apostel Paulus, ἔκτρωμα auch in dieser Hinsicht, geschieht damit, wie wir noch sehen werden, kein Unrecht. Der Verfasser spricht als Augenzeuge, sei es, daß er (implicite) damit behauptet, zum Kreis der Zwölf zu gehören, sei es, daß er sich zu „den übrigen" rechnet, die – nach dem Zeugnis des Irenäus (an Florinus) – neben Johannes – „den Herrn gesehen" und später mit Polykarp Kontakt gehabt haben (nach Feine-Behm-Kümmel, Einleitung, S. 166). Die Augenzeugenschaft spielt in den johanneischen Schriften, unmittelbar und mittelbar (Lieblingsjünger), auch sonst eine Rolle (vielleicht Joh. 1,14; vielleicht, wenn auch sehr versteckt, 1,39; deutlich 19,35; im Anhang 21,24 und im Zusammenhang damit 13,23; 18,15; 19,25ff.; ferner 1. Joh. 4,14); ob und mit welchem historischen Recht, soll hier nicht erörtert werden. Es könnte sein, der Verfasser rechnet sich zu einem Kollegium, „in dem die Autopsie gleichsam deponiert ist" (A. Kragerud nach Schnackenburg, S. 56). Auch wenn der Verfasser nicht zu den Augenzeugen gehörte, sondern sich – nicht als Fälscher, sondern als ein demütiger Mann, der, was er von Augenzeugen hat, auch auf deren Konto setzt – gewissermaßen hinter der Maske des Augenzeugen verbärge, so wäre dies doch immerhin theologisch bedeutsam. Die Autopsie ist dann in der Überlieferung konserviert und wird in ihr in verwandelter Gestalt immer neu aktualisiert. Man sollte dagegen nicht 2,27 anführen, als werde dort eine enthusiastische Direktoffenbarung, am Deus incarnatus vorbei, vertreten, die auf die Weitergabe des Urzeugnisses nicht angewiesen wäre. Es heißt zwar: „ihr habt nicht nötig, daß euch jemand lehre", aber der 1. Johannesbrief *lehrt*! Mit unserm Abschnitt wäre solcher Enthusiasmus auch schlechterdings unvereinbar. Wohl aber gewinnt 2,27 gerade aus dem Zusammenhang den Sinn eines Protestes gegen enthusiastische Gnosis, die den verachteten Pistikern Geist und Weisheit abspricht und sie aus höherer pneumatischer Erkenntnis lehren, vielleicht gar: schulmeistern will. Aber die Glaubenden haben ja die Salbung (den Geist), sie brauchen solche gnostische Unterweisung nicht. Wo der Geist wirklich ist, da hält man sich gerade an den Deus incarnatus (4,2; vgl. Joh. 16,13-15), darum aber eben an das Zeugnis der Autopten, in dem man Gemeinschaft mit

dem Christus praesens hat. (Anders freilich Käsemann, Ketzer und Zeuge, EVuB I, S. 168ff.)
Wie also kommt es nun zur Gemeinschaft nicht nur der Erstzeugen mit den Empfängern dieses Zeugnisses, sondern auch und sachlich zuerst zwischen Gott-in-Christus und seiner Gemeinde? Durch das ἀπαγγέλλειν (V. 3) = proklamieren, melden, Wahrnehmungen weitersagen, erzählen, berichten (ThWNT I, S. 63ff.). Von der Predigt ist die Rede, sofern sie ein solches Nachrichtgeben ist. Vor zwei Mißverständnissen sollten wir uns hüten. Einmal sollten wir uns hüten, den Sinn und die Absicht der Predigt im Darbieten bloßer historischer Erinnerungen aus dem Leben Jesu zu sehen. Die Absicht ist, wie wir sehen, in dem ἵνα-Satz deutlich bezeichnet. Es soll durch die Predigt dazu kommen, daß „Anteilhabe" und damit auch „Gemeinschaft" zwischen Christus und uns entsteht und bleibt. Wer ihn für einen Toten hielte, könnte hier nicht mit. Aber er ist der Christus praesens – nach Käsemann (a.a.O.) ist dies das Generalthema des johanneischen Zeugnisses. Die Nachgeborenen sollen nicht weniger haben als die Zeitgenossen und Augenzeugen. Johannes kann sich im Gebrauch der 1. Person des Plural aufs engste mit seinen Lesern zusammenschließen. – Zum andern sollte aber deutlich werden: diese gemeinschaftstiftende, uns mit Christus und damit auch mit dem Vater verbindende Predigt hat zum Inhalt eben das Gehörte, Gesehene, mit Händen Ergriffene. Den „historischen Jesus"? Man muß mit nein antworten, wenn der historische Jesus der von Theologen erfundene rein menschliche Jesus ist, von dessen Gottsein man absehen müßte; diesen hat es nie gegeben und gibt es nicht. Wir müßten auch dann nein sagen, wenn der historische Jesus der Jesus sein sollte, der übrigbleibt, wenn man nur das historisch zweifelsfrei Erhärtete gelten ließe; müßte ich mich diesem methodischen Maßstab beugen, dann müßte ich wegen der Mangelhaftigkeit der Quellen und Belege das meiste fallenlassen, was ich etwa aus dem Leben meines eigenen Vaters zu erzählen weiß. Wenn aber mit dem „historischen Jesus" der in Bethlehem Geborene gemeint ist, der als der Menschgewordene unter uns war, dann haben wir – eben so, wie die evangelische Überlieferung von ihm berichtet – von ihm zu erzählen und ihn, wie unser Text es will, in der ganzen menschlichen Nähe zu schildern, wie sie im Hören, Sehen und im leibhaften Miteinander an ihm erfahren werden kann. Lassen wir uns nicht irremachen durch die, wie es scheint, nicht ausrottbare Fehlexegese von 2. Kor. 5,16, nach der z.B. die in einem opfervollen Leben praktizierte Menschen- und Sünderliebe Jesu für unseren nachösterlichen Glauben bedeutungslos sein soll. „Nach dem Fleische", d.h. mit den Augen des sarkischen Menschen, sieht Paulus den Herrn seit Damaskus nicht mehr; er sieht jetzt, was Fleisch und Blut nicht offenbaren kann. Aber eben das erkennt er auch am vorösterlichen Jesus, wie denn die „neue Kreatur", von der bereits der nächste Vers der besprochenen Stelle spricht, auch nicht erst der Mensch ist, der Tod und Auferstehung bereits hinter sich hat, sondern eben der Mensch „in Christus", den Paulus, da er das schreibt, vor sich stehen hat oder haben könnte. Der Leser verzeihe, daß wir so weit ausholen. Die theologischen Barrikaden, die uns den Weg zu einem Text wie dem unsern versperren, sind so zahlreich, die unnötigen

theologischen Skrupel so hinderlich, die negativen Folgen für unsere „Gemeinschaft mit dem Vater und seinem Sohn Jesus Christus" (V. 3) so belastend, daß wir dem Prediger neuen Mut geben müssen, der Gemeinde den Herrn als den Menschgewordenen, darum auch in seiner ganzen Menschlichkeit, vor die Augen zu malen. Durch unsere Predigt sollen die Predigthörer lernen, sich wie die Kinder zu freuen (V. 4), weil wir seit der Heiligen Nacht einen Gott haben, der uns kein blasser Begriff, kein Gedachtes und kein Unausdenkbares, auch nicht nur ein unanschauliches Wort ist, sondern der nahe Gott, den wir kennen und kindlich liebhaben können, weil er sich uns durch seine Menschwerdung so bekannt gemacht und uns, indem er so zu uns kam, zuerst geliebt hat.

1. Sonntag nach dem Christfest. Jes. 63,7-16

Die Perikope ist der Anfang eines größeren Stückes (vielleicht bis 65,25), das Haller „Bußliturgie" überschreibt. Das Ende der Perikope ist nicht das natürliche Ende des Zusammenhangs; es ist aber exegetisch vertretbar und aus praktischen Gründen sogar zweckmäßig, mit V.16 abzubrechen. – In V. 9a ist der Text schwierig. Auf die (sehr schöne!) Übersetzung Luthers kommt man, wenn man – mit dem Kerē לוֹ – liest: „In aller ihrer Drangsal (geschah) ihm selbst Bedrängnis" (so ähnlich z.B. Buber). Nicht viel andes, nur mit dem לֹא des MT: „In aller ihrer Drangsal war nicht Bedrängnis" (König). Ganz anders lautet der Vers, wenn man בְּכָל־צָרָתָם zu V. 8 zieht: „Und er wurde ihnen zum Helfer in aller ihrer Not" und dann fortfährt: „Nicht Bote (lies dann צִר) noch Engel, sondern sein Angesicht (d.h. er selbst) half ihnen." Letztere Lesart liegt auch LXX zugrunde; oder haben die LXX geglättet? Der Prediger muß sich entscheiden; spricht der textkritische Befund nicht eindeutig für eine Abweichung vom Luthertext, so wird man der Gemeinde keine Änderung zumuten. – V. 11a: was ist Subj. zu יִזְכֹּר? Luther: עַמּוֹ. Duhm: Subj. kann nur Israel sein. Vielleicht ist „man" zu übersetzen. LXX lassen die letzten beiden Worte von V. 11a weg; vielleicht ist schon damals (wie in unseren Kommentaren) die Pointe nicht verstanden worden: מֹשֶׁה ist nach der Etymologie des Mosenamens (vgl. Exod.2,10; hier jedoch, grammatisch richtig, aktivisch verstanden) hier wirklich „der Herauszieher", so daß der Acc. עַמּוֹ ganz sinnvoll ist (vgl. הַמַּעֲלֵם מִיָּם in V.11b). Also: „Da gedachte man der Tage der Vorzeit, dessen, der sein Volk ‚herauszog': Wo ist der, der sie aus dem Meer heraufsteigen ließ ...?" – V. 12: der gehen ließ zur Rechten des Mose den Arm seiner Herrlichkeit.

Luther mahnt uns, die Geburt Christi ja nicht bloß als etwas Vergangenes anzusehen; „ich gehöre auch ins Spiel, weil all mein Sünd, Herzleid, Trübsal – leiblich, geistlich – soll auf seinem Halse liegen" (WA 49,175). So spricht der Engel „nit allein: Christus ist geboren, sondern eignet uns seine Geburt und spricht: euer Seligmacher. Also lehret das Evangelium nit allein die Geschicht und Historien Christi, sondern eignet und gibt sie allen, die dran glauben. Was hülfe es mich, daß er tausendmal geboren wäre und mir das

täglich würd gesungen aufs lieblichste, wenn ich nit hören sollte, daß *mir* dasselb gelte und mein eigen sein sollte" (WA 10 I, 1,79). Unser Text will uns lehren, die großen Taten Gottes von einst zum Halt und Trost für heute zu nehmen. Denn wir haben es heute mit keinem andern Gott zu tun als eben mit dem, der das alles getan hat. „Dies hat er alles uns getan ..."
Das Gebet VV. 15f. kommt aus der Situation, die durch V. 10 ganz kurz, aber hinreichend beschrieben und zugleich erklärt ist. Wir haben Gott gegen uns. Dabei ist zu denken, daß die Situation des Exils, aus der heraus wohl dieses Bußgebet kommt, für uns immer nur insofern überwunden ist, als wir im Glauben an den „Heiland" (מוֹשִׁיעַ) und „Erlöser" (גֹּאֵל) stehen. Für die neutestamentliche Gemeinde heißt es: Gott *für* uns. Aber der Unglaube unseres so labilen Herzens wirft uns immer wieder in die Lage zurück, in der Gott unser Gegner sein muß. Wir predigen darum für die Menschen in der *Anfechtung*, für die, die ihr Schicksal und – wichtiger noch – ihre Schuld als Erweis und als Ursache eben dieses (menschlich gesehen unheilbar) zerstörten Verhältnisses zu Gott ansehen müssen. Gott unser Feind? Dann wäre in der Tat alles verloren.
Zur Erforschung unserer Gewissen ist es nun wichtig, dem nachzudenken, was der Text als den Hintergrund unserer Verschuldung gegen Gott sichtbar macht. Alle unsere Schuld ist ja ein Verleugnen und Verlassen der unbegreiflich großen Güte Gottes. „Was auch sonst alles zu sagen sein mag, jedenfalls gilt" (dies alles meint das Wörtchen: אַךְ in V. 8): sie sind mein Volk. Gott sagt das in dem Zutrauen: sie werden mich nicht belügen und betrügen. So eng war Gott mit den Seinen verbunden, daß ihre Not seine eigene wurde! Liebe und schonendes Mitleid – so stand er zu ihnen. Er hob und trug sie; man muß sich einen Vater vorstellen, der sein Kind auf seinen Arm hebt und es trägt, liebkosend vielleicht, scherzend oder auch tröstend. Und dies „von alters her": nicht eine kurz andauernde Gefühlsanwandlung oder gar eine flüchtige Laune; die Liebe Gottes hat sich bewährt, hat durchgehalten. Der Text erwartet, daß wir dies alles, was mit den Worten „er war ihr Heiland" zusammengefaßt werden kann, bei uns selber aufsuchen. Was er an uns als einzelnen, vielmehr noch: was er an uns als seiner Gemeinde getan hat, soll nun dankbar durchmeditiert werden.
So also stellte sich Gott zu uns. Und wie stellen wir uns zu ihm? „Sie erbitterten und betrübten seinen heiligen Geist." Der Heilige Geist wird sonst im A.T. nur noch Ps. 51,13 erwähnt, jedenfalls mit diesem Ausdruck. Man wird nicht die ganze Fülle neutestamentlicher Aussagen über den Geist in unsere Stelle hineininterpretieren dürfen. Die Gemeinde des Neuen Bundes hat hier eben noch größere, herrlichere Erfahrungen als die wartende Gemeinde von einst. Aber es ist hier gewiß nichts anderes gemeint als im N.T. Gott gab seinen heiligen Geist in ihr Inneres (V. 11), das heißt doch: der Hauch, vielleicht auch das brausende Wehen seines eigenen Lebens wird dem Wurm von Mensch zum Geschenk gemacht. Wer Gottes Geist hat, der muß wohl denken wie Gott, fühlen wie Gott, wollen wie Gott. Dem ist Gott kein Fremder. Der weiß sich mit Gott in einem unaussprechlich schönen Einklang. Und nun ist es – damals wie leider auch bei uns – geschehen, daß der Geist Gottes beleidigt, betrübt, verbittert worden ist. Aus dem Ein-

klang ist die brutale, verletzende, quälerische Dissonanz geworden. Hier kann Gott sich nur zurückziehen.

Dies die Lage, aus der heraus das Gebet VV. 15f. kommt. Nun muß für eine christliche Predigt von heute beachtet werden, daß wir auf die geschehene Erhörung des Gebets, auf die Erfüllung dieser Bitten schauen dürfen. Und indem wir das – wie anders als im Lobpreis (V. 7)? – bekennen, predigen wir die Weihnachtstatsache. Seit Weihnachten haben wir ja eine Antwort auf die Fragen, die (noch ganz im Vorstellungskreis des Alten Bundes) in VV. 11ff. gestellt werden. Wo ist der Gott von ehedem? Da ist er: in der Krippe, in einem Menschenleben, wie wir selbst es leben. Der gleiche Gott, kein anderer. Aber nun ganz anders als damals. Israel hat das Wunder am Schilfmeer in seiner urbildlichen Bedeutung gesehen – so besonders in der Tradition des Hymnus, auch in der prophetischen Botschaft (Jes. 43,2.16ff.; 51,10) –; wir Christen haben ein Recht darauf, in diesem Ereignis den Typos einer Erlösung zu sehen, die noch ganz andere Ausmaße hat als die Errettung aus der Ägypternot damals. Siehe das Wochenlied EKG 17, besonders Str. 4–6. Vielleicht dient uns die verzweifelte Lage Israels am Schilfmeer – vor Augen das Wasser, im Rücken der Pharao mit seiner Streitmacht – dazu, die Dramatik der Erlösung durch Christus zu verdeutlichen. Wie aussichtslos unsere Lage, wie wunderbar die Rettung! Noch einmal: wo ist der מֹשֶׁה, der also, der uns herausrettet? Nun fragen wir nicht mehr so wie der Beter in unserm Text. Für ihn war es eine andringende, fast möchte man sagen: fordernde Frage. Will Gott denn nicht mehr so zu uns stehen wie einst? Hält er sich wirklich so im Verborgenen, daß wir auf ihn nicht mehr rechnen dürfen? Für uns ist gewiß: dieser Gott ist nun da. Wie sein mächtiger Arm damals zur rechten Hand des Mose war und also Gott selbst für sein Volk in den Gang der Ereignisse spürbar eingriff, so nun auch heute und nun erst recht. Gottes Eifer, Gottes Macht (V. 15) setzt sich für uns ein. Wir erinnern an das, was oben zu V. 14 gesagt wurde. Wie man das Vieh zu Tal führt, dorthin also, wo gute Weide ist, so führt uns Gott in Christus „zur Ruhe". Für uns sorgt einer. Wir sind nicht allein und auf uns selbst angewiesen. Jeder Versuch, sich selbst Hirte zu sein, ist ebenso aussichtslos wie nun zum Glück auch überflüssig. Gott macht sich auch an uns einen herrlichen Namen (V. 14). Wir haben keinen Anlaß zu meinen, Gott habe seinen Blick von uns abgewandt und wir seien ihm gleichgültig. Er *schaut* vom Himmel herab. Er *sieht* herab von seiner heiligen, herrlichen Wohnung. Man muß hier alttestamentlich denken: die Wohnung Gottes ist der Tempel in Jerusalem (z.B. 1. Kön. 8,13; Ps. 46,5; Ps. 84,2). Gott auf unserer Erde! Seit das Wort Fleisch wurde und unter uns „wohnte" (Joh. 1,14), bekommen all die Stellen von der Selbstbindung Gottes an ein Stück unserer Welt einen ganz neuen Sinn. In Christus „wohnt" die ganze Fülle der Gottheit leibhaftig (Kol. 2,9). *Von da aus* sieht Gott uns nun an! *So* ist das Gebet unseres Textes erfüllt worden. Die „große herzliche Barmherzigkeit" hält sich nun nicht mehr zurück, sondern wendet sich mir zu. Jeder ist heute gemeint.

Wir werden mit dem Beter unseres Textes „gleichzeitig" in der Situation der Anfechtung. Der Angefochtene unter uns soll wissen, daß er hier gut verstanden wird. Es sieht für ihn wirklich so aus, als ob Gott nur der Gott von ehedem wäre und man von ihm – dem Feinde (V. 10)! – für heute nichts mehr zu hoffen hätte. Das ist ja die Lage des Angefochtenen, daß er sich so verzweifelt einsam und preisgegeben fühlt. Ihn trifft es, als schlüge Gott besinnungslos auf ihn ein. Es wäre für ihn schon viel gewonnen, wenn er begriffe: man darf die Erfahrungen des Augenblicks nicht für das Ganze nehmen. Der in der Geschichte – übrigens auch in der Geschichte meines kleinen Lebens – handelnde Gott ist der Deus absconditus. Wer ihn hier zu erkennen sucht, findet gerade nicht Gott, sondern eher – den Teufel; er kommt so nicht aus seiner Anfechtung heraus, sondern nur tiefer hinein. Luther: „Wenn du dem Teufel in den Hintern siehest, so findest du nichts, denn daß (es) sauer ist. Aber wend dein Angesicht weg zu dem Kindlein" (WA 49,283). Man muß Gott da aufsuchen, wo er sich offenbart hat. Hier wäre „vom Nutzen ... der Historie" zu reden – und zwar vom Nutzen der Heilsgeschichte „Ich will gedenken ..." (V. 7), das wäre die Generalregel, die dem angefochtenen Menschen immer wieder nahezulegen ist. Man verschätzt sich in einer ganz verwirrenden Weise, nein, man verkennt Gott von Grund auf, wenn man ihn nicht als den Gott aller Barmherzigkeit und aller Wunder aus seiner Offenbarung erkennt. Der alte Gott ist nicht tot, hat sich auch nicht abgewandt; im Gegenteil: indem sein Volk an die vorigen Zeiten gedachte und ihn herbeirief, hat er sich noch viel herrlicher erschlossen und sich mit uns verbündet.

Das gilt es nun auch auf unsere Situation anzuwenden. Der Gott, an den wir glauben, ist wohl der Gott von einst – die Erwähnung des Augustus und des Cyrenius in der Weihnachtsgeschichte besagt, daß wir hier tatsächlich eines Ereignisses von ehedem zu „gedenken" haben! –, aber er ist zugleich der Gott von heute und erst recht von morgen: Jesus Christus, gestern, heute und in Ewigkeit derselbe! – Wissen wir das, dann können wir ihn anrufen als den treuen, sich gleichbleibenden Gott. Wir können ihm, wie Luther gesagt hat, mit seinen Verheißungen die Ohren reiben: „Bist du doch unser Vater!" Wir halten uns also nicht an Menschen, auch nicht an Heilige (Markus Barth: Luther weiß von uns nicht, und Calvin kennt uns nicht). Wir suchen ihn selbst: sein Angesicht (nach der zuletzt genannten Lesart von V. 9a), seinen Arm, der mit Mose mitgeht. Wir suchen den Vater und Erlöser. Wir suchen ihn nicht vergeblich, weil er sich als der Deus incarnatus von uns finden läßt.

Altjahrsabend. Hebr. 13,8-9b

Das Schlußkapitel wirkt wie ein Nachtrag (Michel) und bringt, bei starker Bezugnahme auf sonstiges Traditionsgut, Mahnungen allgemeiner Art, darunter aber auch solche, die situationsbezogen wirken (VV. 3.6.9f.18f.). Die VV. 7 und 17 gehören zusammen; das Dazwischenliegende könnte also als Einheit empfunden sein. Es geht darin um die „kirchliche Entscheidung" im Unterschied zu anderen Mahnungen mehr privaten Charakters (VV. 1–6). Speisevorschriften (V. 9c) könnten sich auf jüdische oder heidnische

Kultmahle beziehen; es könnte sich auch um die gleiche Problematik handeln wie in Röm. 14. „Askese und Speisevorschriften gibt es überall in der Antike" (E. Käsemann, Das wandernde Gottesvolk, Göttingen 1959, S. 10). Die Abgrenzung des Predigttextes enthebt uns der Notwendigkeit, hier genauer Rechenschaft zu geben, bringt es freilich mit sich, daß wir der Gefahr ausgesetzt sind, in der exegetischen Unverbindlichkeit einer Mottopredigt steckenzubleiben. – Zum einzelnen: V. 8 bringt, mit dem Vorausgehenden und Folgenden nicht erkennbar verbunden, eine Bekenntnisaussage im „Stil der orientalisch-hellenistischen Akklamation" (Michel). „Vergangenheit, Gegenwart und Zukunft werden in Judentum und Griechentum gern als Dreiheitsformeln zusammengefaßt und auf Gott bezogen" (Michel, dort auch Belege). „Gestern und heute": die jüngste Vergangenheit und die augenblickliche Gegenwart (Exod. 5,14 nach LXX; 2. Sam. 15,20; Sir. 38,23). Die (auch im revidierten Text stehengebliebene) Übersetzung Luthers stimmt nicht. „Jesus Christus ist gestern und heute derselbe – und das auch in Ewigkeit." Schwierig findet Michel die Trennung der drei Glieder durch das schwerwiegende ὁ αὐτός; sie erklärt sich jedoch leicht, wenn man das καὶ εἰς τοὺς αἰῶνας als Responsorium der Gemeinde versteht („et in saecula saeculorum"), das die Aussage fortführt; das im ursprünglichen Wortlaut von D stehende ἀμήν zeugt von liturgischem Stilempfinden und stützt unsere Auffassung. Das ὁ αὐτός dürfte an Exod. 3,14 erinnern (vgl. Strack-Billerbeck z. St.); so wie es hier steht, sagt es, daß Christus sich gleich, besser: daß er mit sich identisch bleibt; eine theologisch hochwichtige Aussage. – V. 9: „Gegenüber der Gleichheit und Ewigkeit Jesu Christi ist der Plural ‚mannigfache und fremde Lehren' abwertig gemeint" (Michel). Παραφέρεσθαι (jüngere Überlieferung nach Eph. 4,14 περιφέρεσθαι) wird im Zusammenhang mit Wasserströmungen und Windtriften gebraucht. „Fremd" im Unterschied zum Vertrauten, Heimischen. Nicht eine bestimmte (etwa asketische) Observanz (Speisen), sondern die Gnade macht das Herz fest. Treffsicher und farbig übersetzt Luther καλόν mit „ein köstlich Ding"; es hat von der Grundbedeutung des Geordneten her die Bedeutungsvarianten bzw. -komponenten gesund, geeignet, brauchbar, schön von Erscheinung, sittlich gut, auch liebenswert.

„Gestern – heute – in Ewigkeit": mit diesem Zeitschema sind wir sofort bei dem, was die Gemeinde am Silvesterabend bewegt. Ob wir so schon bei der spezifischen Aussage des Textes sind, ist damit noch nicht entschieden. Wir finden an diesem Abend manchen im Gottesdienst, den wir sonst vermissen. Was hat ihn hergeführt? Am Altjahrsabend wird uns besonders deutlich, daß wir in der Zeit leben, die sich unaufhaltsam abspult. Es ist wieder eine beträchtliche Strecke durchmessen und damit dahin. Es könnte geschehen, wir überlassen uns Meditationen über „gestern, heute, morgen". Sie wären dem Text nicht ganz fremd. Vom „Ausgang" derer, die die Gemeinde „leiten" („Lehrer" ist, wie auch in V. 17, eine irreführende Übersetzung), ist die Rede. Von einem anderen „Ausgang" ist in den nachfolgenden Versen die Rede: aus der (vermeintlichen) Geborgenheit der kultischen Ordnung, aus dem „Lager", hinaus an die ungeschützte Stelle vor dem Tor, wo Jesus gestorben ist. Wir haben, wie es sodann bald heißt, hier überhaupt keine bleibende Stadt, sondern suchen die künftige. „Ausgang" in mehrerlei Bedeutung – der Text erinnert uns wirklich an unser Nicht-Bleiben auf mancherlei Weise.

Aber er ergeht sich nicht in Negationen. Sieht man genau hin, erweisen sich die Worte von der ἔκβασις (V. 7), vom ἐξέρχεσθαι (V. 13), vom ἐπιζητεῖν der zukünftigen Stadt (V. 14) als Kehrseite einer Position: um Christi willen gehören wir in die noch „ausstehende" Zukunft (4,9). Man könnte die Aussagen unseres Abschnitts unter das Stichwort des Festen, des Bleibenden, des Zuverlässigen bringen. Denn darum geht es ja in der Verkündigung des einen sich selbst gleichbleibenden Herrn (V. 8), im Festhalten an der evangelischen Lehre (V. 9a) und im Festwerden des Herzens durch Gnade (V. 9b). Der Prediger überlege, ob er der auf diese Weise sich ergebenden Dreigliederung nicht eine Zweiteilung vorziehen solle. Die „Lehre" zu einem eigenen Teilthema zu machen empfiehlt sich deshalb nicht, weil „Christus" und „Gnade" ja gerade den Inhalt der unverrückbaren Lehre bilden. Inhalt unserer Predigt wird im Sinne des Textes das sein, was wir haben: den zuverlässigen Herrn, und das, was wir empfangen: das feste Herz.

1. „Laßt euch nicht durch mancherlei und fremde Lehren umtreiben!" Die Mahnung kann fatal wirken. Man könnte sie als Ausdruck einer kleinlichen und ängstlichen Defensivhaltung ansehen oder – was oft nicht weit davon entfernt ist – einer selbstsicheren Ketzerrichterei. Man könnte sie auch als Devise eines sterilen Konservatismus ansehen. Unsere Leidenschaft dagegen: es neu sagen, umsprechen, beweglich sein, die Forderung der Stunde erkennen. Kaum ein Buch oder Aufsatz über die moderne Welt ohne den vielfach belegten Hinweis darauf, mit welch unvorstellbarer Geschwindigkeit und in wie umfassendem Sinne sich alles verändert, welche Überraschungen wir erleben, welche Verwandlungen, welche Umstrukturierungen im Gange sind. Inmitten dieser fluktuierenden Welt, die Vergangenes hinter sich läßt und Neues ansteuert, wirkt der Ruf zum Beharren auf der in der Gemeinde geltenden „Lehre" – was für ein horribles Wort! – fast peinlich. Gewiß, eine gewisse Wehleidigkeit könnte am Silvesterabend Platz greifen: was war, entschwindet. Sollen wir es etwa konservieren? Ist etwa in der festzuhaltenden, nicht gegen „vielfältige und fremdartige" Lehren einzutauschenden eigenen „Lehre" der vermeintliche Rechtsgrund für eine Haltung des Beharrens zu suchen? Man kann mit Gedanken dieser Art das hier Gemeinte erheblich verkennen und entstellen. Der „deus semper actuosus", der immer Neues schaffende (Jes. 43,19), unerschöpfliche (Jes. 40,28) Gott, der Himmel und Erde „noch einmal bewegen", „das Bewegliche verwandeln" will (Hebr. 12,26f.), ist am Werk und wird auch im kommenden Jahr am Werk sein. Wer weiß, womit er uns überraschen wird! Wir werden, selbst aktiv an der Umgestaltung und Erneuerung der Welt mitwirkend, zugleich ihm gespannt zuschauen, wenn er – creatio continua! – in seiner Allmacht und Souveränität, in seiner Gerechtigkeit und unbegreiflichen Güte sein Werk tut. Aber – wir dürfen es mit Worten der eben zitierten Stelle sagen – er verwandelt das Bewegliche, „damit das Unbewegliche bleibe", „ein unbeweglich Reich" (12,27f.). Ist etwa die allem Wandel entzogene, weil überlegene ewige Idee gemeint, das unveränderliche Sein der Eleaten? V. 8 weist uns auf das Bleibende, *den* Bleibenden. Wir haben in unserer Überschrift formuliert: der zuverlässige Herr; es sollte zum Aus-

druck kommen, daß es nicht um die Statik eines idealen Seinsgrundes bzw. -hintergrundes geht, sondern um den sich selbst gleichbleibenden, darum in unvergleichlicher Weise verläßlichen Herrn, zu dem wir uns bekennen. „Fremde Lehren" könnten uns von ihm abbringen; darum allein wird vor ihnen gewarnt. Es geht nicht um Rechthaberei, die das Selbsterdachte eigenwillig festhalten und anderen aufzwingen will. Es geht um Jesus Christus, der gestern und heute derselbe ist – und das auch in alle Ewigkeit. Was mit diesem – offenbar aus dem Gottesdienst der neutestamentlichen Gemeinde stammenden – Bekenntnis gemeint ist, ist allein mit streng exegetischen Mitteln nicht hinreichend zu fassen; unsere Predigt muß es – als viva vox evangelii – biblisch-meditativ entfalten. Der Textzusammenhang gibt dazu Hilfen. Einige Hinweise: Denkt man (mit Strack-Billerbeck und Michel, s.o.) daran, daß hier eine Anspielung auf Exod. 3,14 vorliegt, dann heißt das nichts Geringeres als dies, daß Jesus Christus der Träger der für alttestamentliches Denken eindrucksvollsten Gottesprädikation ist. Dann liegt also in dem Bekenntnis dies: Unser Gott, der Zeit und Ewigkeit hindurch gleichbleibt, heißt *Jesus Christus*. „Fragst du, wer der ist? Er heißt Jesus Christ, der Herr Zebaoth" (EKG 201,2). Luther hat seine – wie manchem scheint, allzu gewagte – Christologie nicht selbst erfunden. „Ich bin, der ich gewesen, und ich bin derselbe jetzt, und ich bin derselbe in der Zukunft", formuliert Rabbi Jizchak (um 300) als Umschreibung des Gotteswortes an Mose. Man darf den in V. 8 implizierten Satz nicht nur so lesen: Jesus Christus trägt mit Recht die Prädikate Gottes, sondern auch umgekehrt: der Gott, mit dem wir es unverrückbar und unstreitig zu tun haben, heißt Jesus Christus, der Gott-für-uns, der Gott, der sich der Sünder, seiner ihm davongelaufenen, seiner gegen ihn sich auflehnenden Geschöpfe angenommen und sich in überwältigender Weise zu ihnen bekannt und zu ihnen gestellt hat. „Er schämt sich nicht, sie Brüder zu heißen" (2,11). Die Zeit mit ihrem Gestern, Heute und Morgen steht in seinen Händen. – Über das Bekenntnis zu Jesu Gottsein hinaus, wie es sich aus dem Anklang an Exod. 3,14 ergibt, enthält V. 8 nun aber auch eine spezielle Aussage darüber, wie der Herr ist und sich verhält. „Jesus Christus war gestern und heute ‚derselbe' (ὁ αὐτός) und wird auch in Ewigkeit derselbe bleiben" (nach Michel). Er ist nicht einmal so, ein andermal anders. Wir haben keinen wetterwendischen, wankelmütigen Herrn. Mit den Mächten des Geschicks, sagt man, sei kein ewiger Bund zu flechten; das Schicksal ist launisch. An der Schwelle des Jahres könnten uns, vielleicht aufgrund bestimmter Erfahrungen, Gedanken solcher Art befallen. Sind wir anonymen Mächten ausgeliefert? Können wir uns des Glücks nicht freuen, weil wir den Neid des Zufalls fürchten müssen, der es uns streitig macht? Müssen wir, wenn wir Schweres auszustehen haben, darüber klagen, daß wir einer Schicksalsmacht ausgeliefert sind, die nicht für uns denkt und sorgt, sondern herzlos mit uns spielt? Wir sind in *Jesu* Händen. Wir müßten die Aussagen unseres Briefes über ihn nacheinander nachsprechen, um in den Griff zu bekommen, was das heißt. Er ist der Sohn, alle Engel dienen ihm, er hat die Erde gegründet, trägt alles mit seinem Wort, alles, ausnahmslos, ist unter seine Füße getan. Und dieser Christus ist eine kleine Zeit niedriger gewesen als die Engel, als er für alle den Tod schmeckte (2,9), der „Wegführer" zur Seligkeit, unser Bruder (2,10f.), in jeder Hinsicht versucht wie wir, doch ohne Sünde (4,15), in den Tagen seines Fleisches angefochten bis zu Geschrei und Tränen, einer, der den Gehorsam hat lernen müssen wie wir alle (5,7f.), und gerade so unser Hoherpriester. Der Hebräerbrief kennt diesen Jesus Christus, wie er in seinen Erdentagen zu uns gestanden hat. Gestanden hat? Er ist inzwischen kein anderer geworden. Wenn das „Gestern" in V. 8 die „Tage seines Fleisches" meint, dann ist „heute" die Zeit, da er erhöht ist: wir haben in der gegenwärtigen Situation von ihm nichts anderes zu gewärtigen. Damals der Gott-für-uns, heute, in seinem fortgehenden Priestertum, nicht anders. Er ist „eines viel besseren Bundes Bürge geworden" (7,22). Wir können „mit wahrhaftigem Herzen in völligem Glauben" „hinzugehen" zum Heiligen, zum Thron Gottes (10,22); wir haben Heimatrecht in der Stadt des lebendigen Gottes, dem himmlischen Jerusalem (12,22). Warum? Weil Jesus Christus gestern und heute derselbe ist. Wir müssen die Gleichung wieder in beiderlei Richtung lesen. Der Christus, mit dem wir es heute zu tun haben, ist kein anderer als der Jesus zwischen Krippe und Kreuz. Dem Neuen Testament – nicht nur dem Hebräerbrief – liegt an dieser Identität. Daß der Auferstandene der Gekreuzigte ist – ein häufig rezitierter Satz –, hat, recht verstanden, vor allem *diesen* Sinn. Nicht, daß der Herr noch am Kreuze hinge; nur sein Herrsein hat für uns noch immer die Gestalt des Kreuzes. Jesus Christus ist gestern und heute derselbe: nach wie vor der Freund der Sünder, der Bahnbrecher zur Seligkeit, der Bruder seiner Brüder, der Hohepriester, der unsere Schwachheit auf sein Herz genommen hat. Das Responsorium der Gemeinde: „und in alle Ewigkeit" nimmt das Bekenntnis auf: wir haben für alle Zukunft nichts anderes zu erwarten als Jesu Eintreten für uns. Er hat „ein unvergängliches Priestertum; daher kann er auf ewig selig machen, die durch ihn zu Gott kommen: denn er lebt immerdar und bittet für sie" (7,24f.). Er bleibt sich selber gleich, er bleibt uns „treu" (2,17; 10,23; 11,11). Es käme darauf an, daß wir beim Schritt über die Jahresschwelle, im Wissen um die Veränderlichkeit und Unruhe des Weltlaufs, um die ungezählten Möglichkeiten, die die Zukunft in sich birgt, wissen: für uns bittet unablässig derselbe, der über alles gesetzt ist und alles mit seinem Worte trägt und gleichzeitig so, wie wir ihn kennen, zu uns steht: gestern, heute und in Ewigkeit.

2. Was wir empfangen, ist „das feste Herz". Es ist „schön", es ist gut, tunlich, zweckmäßig, es ist gewissermaßen das, was unserm Leben Ordnung und Brauchbarkeit verleiht, es ist, kurz gesagt, ein „köstlich Ding", daß das Herz fest werde.

Je besser wir begriffen haben, wie es um die Zuverlässigkeit des Herrn steht, desto mehr muß uns auffallen, welches Mißverhältnis zwischen seiner Verläßlichkeit und unserer Nicht-Verläßlichkeit besteht. Das Herz müßte fest gemacht werden (V. 9b). Man könnte sagen: von allen Unsicherheiten ist wiederum die unsicherste das Menschenherz, also die Tiefe unseres Wesens. Es ist uns in vielem unbekannt und unverständlich, unkontrollierbar, schwer bzw. gar nicht zu steuern. Im Obergeschoß unseres Innenlebens mag uns alles klar scheinen wie auf dem Reißbrett. Wir wissen für alles unsere Gründe darzulegen, unsere Entscheidungen zu rechtfertigen. Wir operieren mit festen Grundsätzen, wir lassen uns nur ungern bescheinigen, daß wir uns nicht treu geblieben sind. Aber wir sollten uns kennen! Vor Überfremdungen aus der Tiefe sind wir nicht sicher. Wechselnde Stimmungen und Launen, plötzliche Einfälle, ein Schwanken zwischen Begeisterung und Stumpfheit, Aktivität und Lähmung, Hoffnung und Resignation: das „trotzige und verzagte Ding" (Jer. 17,9). Gebet zu Gott am Altjahrsabend: Vergib mir die Eigenwilligkeiten und Verkehrtheiten meines Herzens, seine Seitensprünge und Verirrungen, seine Stumpfheit und Schläfrigkeit, seine Verhärtung und Mutlosigkeit.

So kann es nicht weitergehen. Wir brauchen ein festes Herz. Wer jetzt sagt: Opfer, heilige Diätvorschriften, bestimmte religiös-kultische Praktiken (s. d. Zusammenhang!), ist im Grunde darauf aus, sein Herz selber „fest zu machen". Wir können das nicht, sagt der Hebräerbrief. Die selbst erstellte Festigkeit bringt keinen Nutzen. Wenn ich vor Gott und Menschen Festigkeit vortäusche, heuchle, spiele, werde ich damit eines Tages doch nur scheitern. Wenn ich versuche, Festigkeit zu erzwingen, werde ich verkrampft, unfrei, unsozial, herrisch, unmenschlich; vielleicht will ich gern grundsatzfest und charaktervoll sein, aber ich werde stur. – Die Festigung des Herzens „geschieht durch Gnade". Gnade: Gottes eigenes Werk an uns. Unsere Predigt sollte versuchen, dies nicht nur zu zitieren und behauptend nachzusprechen; sie sollte es aufzeigen, verständlich machen. Gnade heißt: *er* hat sich mir zugewendet, er steht für mich gerade, er hält mich fest. Ich brauche mich nicht selber auf den Beinen zu halten. Ich brauche nicht einmal darauf bedacht zu sein, mit meinem Glauben sozusagen Haltung zu bewahren; denn auch der Glaube ist nicht meine Leistung. „Ich glaube, lieber Herr, hilf meinem Unglauben" (Mark. 9,24). Wer glaubt, weiß: Ich brauche mich nicht selbst zu verteidigen, denn mein unvergleichlicher Fürsprecher besorgt das für mich. Alle Ängste, aller selbstischer Eifer, alle durch meine Überheblichkeit nur schlecht verdeckte Schwäche und Nervosität wird gegenstandslos. Also brauche ich nicht nervös zu sein; was auch geschieht, er ist für mich und wird wissen, wie er mich führt und durchbringt. Ich brauche nicht einmal um meinen Glauben zu bangen; Christus selbst hat für mich gebeten, daß der Glaube mir nicht ausgehe (Luk. 22,32). Das feste Herz kommt von dem zuverlässigen Herrn. Das gilt, wie gestern, so auch heute und in Ewigkeit. Man kann in diesem Glauben fröhlich ins neue Jahr gehen und unter solcher Führung im Vertrauen einen Fuß vor den andern setzen.

Neujahr. Jos. 1,1-9

Das Buch Josua, in dem das im Pentateuch dominierende Thema des verheißenen Landes abgeschlossen wird, ist von anderem Gepräge als die vorausgehenden Schriften. Die übernommenen Stoffe sind durchgreifend deuteronomistisch überarbeitet. Historisches Zeugnis über die Vorgänge der Landnahme ist das Buch nur mittelbar. Um so stärker fällt seine theologische Aussage ins Gewicht. Hier spricht die Zeit des Exils, in der alle Aussagen über das Geschehen der Josua-Zeit Glaubensaussagen sind, mit denen der Ist-Situation von Gottes Verheißung her widersprochen wird. Ein schönes Beispiel dafür, wie durch überlieferungsgeschichtliche Betrachtung die Texte an theologischer Raumtiefe gewinnen. Die Transmutation setzt sich darin fort, daß der Inhalt der Landverheißung für uns kein Gegenstand national-israelitischer Ansprüche und Hoffnungen mehr sein kann, sondern in die eschatologische Zukunft weist (s.u.). – Josua, aus dem Stamm Ephraim, nach Dtn. 31 schon zu Moses Lebzeiten zu dessen Nachfolger bestimmt. V. 1 will (mit dem waw cons. des ersten Wortes bereits) an Dtn. 34 anknüpfen, „Josua ist zunächst nur Moses Diener und empfängt die Dinge sozusagen aus zweiter Hand. Am Schluß des Buches heißt auch er, gewiß nicht ohne Absicht, ‚Knecht Jahwes' (24,29)" (H. W. Hertzberg im ATD). Der Jordan, in der tiefgelegenen Senke sehr reißend, ist schwer zu überschreiten, zumal für ein aus der Wüste kommendes Volk. – V. 2 Ende: statt „gegeben habe" (Luther) sollte man besser übersetzen: „im Begriff bin zu geben" (Partizip); demgegenüber ist das „ ich habe gegeben" (Perf.) in V. 3 noch eine Steigerung: Gott hat die Verheißung schon wahr gemacht, obwohl sie eigentlich noch vor ihrer Realisierung stehen. Die in V. 4 angegebenen Grenzen entsprechen etwa der Größe des Reichs Davids und Salomos (1. Kön. 5,1.4) – in der Zeit der Entstehung des Buches eine verwegene Glaubensaussage. Textüberlieferung verständlicherweise nicht einhellig. Soll auch der Libanon als Grenzmarkierung gelten? Siehe BH. In V. 7 ist das Maskulinsuffix in מִמֶּנּוּ nach תּוֹרָה nicht angängig; „das ganze Gesetz" dürfte spätere Hinzufügung sein (in LXX steht es nicht). – Mehrere Anklänge an das Deuteronomium, bes. deutlich V. 5a = Dtn. 11,25; V. 9 = Dtn. 31,6-8.

Zu diesem Text, allerdings in der Abgrenzung VV. 5–9, habe ich in „Der helle Morgenstern", S. 38ff., eine ausführliche Predigthilfe geliefert, auf die hier verwiesen wird. Hier nur einige Hinweise:
Noch stärker, als das bei neutestamentlichen Texten der Fall ist, stehen wir bei Perikopen wie dieser vor der Übersetzungsaufgabe. Wir sind weder aus Ägypten geführt – Luther hat darauf immer wieder hingewiesen –, noch sind wir im Begriff, ins Land Kanaan einzuwandern. Wir haben auch nicht über Israel zu predigen, sondern über das, was Gott der Gemeinde des Neuen Bundes zuspricht. Das hier Gesagte gilt der Kirche Jesu Christi, weil sie die legitime Erbin aller alttestamentlichen Verheißungen ist, die sich freilich, indem sie in Christus „Ja" und „Amen" sind (2. Kor. 1,19f.), unter der Hand verwandeln. Gott steht zu seinem Wort, aber er erfüllt es anders, als die Jahrhunderte es erwarteten und als eine an Jesu Kreuz und Auferstehung vorbeisehende Auslegung es noch heute erwartet. Auf die uns zu Neujahr bewegende Frage nach der nächsten Zukunft – sagen wir also: nach dem, was uns in den vor uns liegenden zwölf Monaten erwartet – bekommen wir keinesfalls eine so direkte Antwort, wie sie hier in die Situation Josuas hinein gegeben ist. Gott bleibt in seinem Geschichtswalten geheimnisvoll, der „verborgene Gott". Was er im einzelnen mit uns vorhat, wissen wir nicht; wir wissen es auf alle Fälle weniger, als Josua damals in seiner Situation es wissen konnte oder sollte. Aber wir erkennen in allem schwer oder gar nicht Durchschaubaren immer wieder Ihn selbst, wie er sich in

Jesus Christus uns erschlossen hat. Wir wissen nicht, was er im einzelnen tun wird. Aber wir wissen, wer es ist und wie er es meint. Vertrauen ist immer Wagnis, aber nun doch auf den hin, den man kennt und von dem man weiß, wessen man sich von ihm zu versehen hat. Vielleicht läßt sich das, was uns an diesem Text angeht, so greifen: Bei unserm Gott steht unsere Zukunft. Daher die Verheißung (1), die Bedingung (2), die Ermutigung (3).

1. Die christliche Gemeinde geht ihren Weg auf Gottes Versprechen und Zusagen hin. Wir müßten zwar der Bibel viel Gewalt antun, wenn wir übersehen wollten, wie stark sie „der alten Zeit, der vorigen Jahre" gedenkt (Ps. 77,6). Der Glaube macht Erfahrungen, die er nicht preisgeben will. Darum lesen und predigen wir auch einen Text wie diesen. Was wir sind, sind wir immer auch von dem her, was bereits geschehen ist. Aber wir sind, was wir sind, erst recht von der Zukunft her. Glaube „erklärt" nicht kausal, Glaube schaut und schreitet in die Zukunft hinein und denkt und lebt von ihr her. In zweierlei Sinne: Er geht seinen Weg in diejenige Zukunft, in der sich die Zeitachse Vergangenheit–Gegenwart ins Noch-Nicht verlängert; er geht aber auch in die Zukunft, die jenseits des Bruches liegt, den 1. Kor. 15,36 meint, in das „Dann aber" von 1. Kor. 13,12. Für den christlichen Glauben hat sich das „Erbe", das für Josua und seine Leute Inbegriff der Verheißung Gottes war, in das unsagbar Neue verwandelt, das noch „aussteht" (Hebr. 4,9): in das „ewige" Erbe (Hebr. 9,5), das unvergänglich, unbefleckt, unverweslich für uns im Himmel bereitgehalten wird (1. Petr. 1,4). Auch die irdische Zeitstrecke zwischen diesem und dem nächsten Neujahr wird ein Stück Anlauf dazu sein. Die Zeit, die wir auskaufen sollen (Eph. 5,16), wird von solcher Hoffnung keinesfalls entwertet, sondern erst recht gefüllt. Im Heute entscheidet sich das Morgen. – Nun aber umgekehrt: Die Verheißung bringt uns auf den Weg: Mose, die Wüstengeneration, Josua, die Schar der Glaubenszeugen, von denen Hebr. 11 spricht, die neutestamentliche Gemeinde mit ihrer – für uns keineswegs antiquierten – gespannten Zukunftshoffnung. Wir laufen, menschlich gesprochen, in den Nebel: trotz allem Wissen um geschichtliche Gesetzmäßigkeiten, das in seinem Bereich für unser Handeln zuständig und gültig ist, vermag niemand zu sagen, was sich in diesem Nebel verbirgt. Aber Gottes Verheißung ist da. Der Glaube spielt nicht va banque. Bei unserm Gott steht unsere Zukunft. Gehen wir mit Spannung in sie hinein, dann nicht in dem Sinne, daß – weil alles offen ist – wir dem Schicksal entgegensehen, das wie im Spiel die Lose wirft; wir sind vielmehr gespannt, wie der Gott, der sich uns versprochen hat, Schritt um Schritt seine Verheißung wahr macht. Man muß etwa die VV. 1–6 unter diesem Gesichtspunkt durchlesen. Der Glaube wagt, aber nicht aufs Ungewisse (vgl. die folgende Predigthilfe).

2. Mit dem Wort Bedingung wollten wir kurz umschreiben, was V. 8 sagt. Laß Gottes Gesetz nicht von deinem Munde und aus deinem Sinn kommen – dann wird es dir gelingen. Mit gutem Grunde legt die deuteronomistische Geschichtsschreibung darauf den Finger. Erste Sorge im Blick auf das kommende Jahr: daß wir bloß nicht von Gott und seinem erklärten fordernden Willen weichen. Matth. 6,33 wäre der Kommentar dazu aus Jesu Munde. Wir werden an vieles denken müssen im neuen Jahr. Jeder trägt in seinem

Beruf und darüber hinaus ein Stück Verantwortung für die kommende Gestalt der Welt. Dabei ist keine Frage so dringlich wie eben die, die mit den VV. 7f. angeschnitten ist. Wollte man die Dinge einmal unter dem Gesichtswinkel Josuas durchdenken, dann könnte man auf den Gedanken kommen, das Nächstliegende seien die militärischen, wirtschaftlichen und siedlungspolitischen Probleme gewesen. Im Text ist dies uninteressant – er denkt auf einer ganz anderen Ebene. Wenn man will, kann man ihn weltfremd nennen. Wir hätten das auf uns zu nehmen, wenn jemand meinte, die Priorität der Frage nach Gottes Willen sei ein nicht-praktikabler Grundsatz. Trotzdem dürfte es nicht zu schwer sein, zu begreifen, daß nichts unser Leben mehr erhält als Gottes gute Ordnung und wir es mit nichts mehr zerstören als mit unserm Ungehorsam. Die Predigt sollte dies im einzelnen darzulegen versuchen; sie würde sich damit auf der Linie deuteronomistischen Denkens bewegen, und nicht nur dies (Ps. 1,1-3; Jes. 48,17-18 u. v. a. m.). Es ist wichtig, ob ich im angefangenen Jahre gesund sein werde, ob ich Erfolg habe, ob ich mir dies und jenes werde leisten können usw. Aber dies alles ist dem andern untergeordnet: ob ich die Spur einhalte, auf der Gott mich sehen will. Ich sollte bereit sein, manches dranzugeben, was mir lieb ist, wenn ich damit, daß ich es festhielte, bei Gott ausbräche. Jos. 1 denkt übrigens nicht nur an den einzelnen, sondern an die ganze Gemeinde, das ganze Volk. Wir bitten im Vaterunser, daß Gottes Wille auch bei uns geschehe. Die dritte Bitte rangiert *vor* der vierten. Mißachten wir Gottes Willen, dann verspielen wir unsere Zukunft. Im Achten auf Gottes Willen nimmt die Christenheit ihre Verantwortung für die Welt wahr.

3. Daß unsere Zukunft bei unserm Gott steht, bedeutet für uns die große Ermutigung. „Sei nur getrost und unverzagt." Den Satz, daß Optimismus Feigheit sei, verwerfen wir: der Optimismus darf nur nicht auf Wunschträumen und Gedankenlosigkeit, er muß auf Realitäten beruhen. Die Situation Josuas und der Menschen, für die er Verantwortung trägt, ist nicht dazu angetan, sich in Illusionen zu wiegen. Die Predigt sollte es nicht schwer haben, das anschaulich zu machen. Wir wünschen einander Glück. Es ist nicht ausgeschlossen, daß mancher, den wir so angesprochen haben, einen schweren Weg vor sich hat. Vielleicht gehören wir selbst zu denen, deren Glaube im begonnenen Jahr hart erprobt werden wird. „Siehe, ich habe dir geboten, daß du getrost und unverzagt seist." Geboten? Es ist, wie es scheint, nicht in unser Belieben gestellt, auch nicht unserm Stimmungsleben überlassen, auch nicht von unserm größeren oder geringeren Kräftereservoir abhängig gemacht, ob wir getrost und unverzagt sind oder nicht. Wir sollen Gott über alle Dinge nicht nur fürchten und lieben, sondern auch vertrauen. Schwierige Situationen sind die Chancen, Gott unser Vertrauen zu beweisen. Getrostheit ist eine Weise, Gott zu loben. Wer unverzagt ist, läßt Gott wirklich *Gott* sein – und zwar eben *unsern* Gott, der sich uns versprochen hat. Josua soll, wie wir alle, die wir unter Gottes Ruf und in Gottes Bund stehen, damit rechnen, daß Gott bei ihm ist in allem, was er tun wird. Selbst wenn Gott uns im kommenden Jahr dies und jenes mißlingen läßt, wird er bei uns sein, vielleicht gerade dann am meisten.

2. Sonntag nach dem Christfest. Röm. 8,24-30

Innerhalb des Abschnittes 8,18-30 bilden die VV. 18–23 eine relativ selbständige Einheit (These V. 18 + apokalyptische lehrsatzähnliche Aussagen); auch VV. 24f. gehören enger zusammen (Begriff der Hoffnung) und treten gemeinsam mit der Stelle über den Heiligen Geist (VV. 26f.), die an V. 23 anknüpft, „bestätigend und verbürgend" neben VV. 18–23 (O. Michel). Die VV. 28–30 bringen eine neue Argumentation, bilden aber, darin an das vorige gut anschließend, „eine letzte Bürgschaft für die eschatologische Gewißheit von Röm. 8,18-27" (Michel). – V. 24: τῇ ἐλπίδι wird gern im Sinne von ἐπ' ἐλπίδι (= ἐφ' ἐλπίδι V. 20) gedeutet: auf Hoffnung, aufgrund der Hoffnung, „auf Hoffnung sich stützend" (W. Bauer in WB); näher scheint mir zu liegen: für die Hoffnung (im Sinne der spes quae speratur), d.h., um teilzuhaben am Hoffnungsgut bzw. der Hoffnungswelt. ἐλπίς dürfte an vielen Stellen nicht das Hoffen, sondern das Gehoffte (etwa die μέλλουσα δόξα V. 18) bedeuten (1. Kor. 13,13; Eph. 1,18; Kol. 1,27; 1. Tim. 1,1; 1. Petr. 1,3; Hebr. 6,18 – im Einzelfalle kann man schwanken). Das Wesen der Hoffnung wird definiert: das Gehoffte ist seiner Natur nach das noch (!) Unanschauliche (2. Kor. 4,17f.; 5,7); dabei sind Glauben und Hoffnung, im subj. wie im obj. Sinn, beinahe synonym (vgl. Hebr. 11,1). Abschreibern war V.24c z.T. nicht ganz durchsichtig. Lietzmann bevorzugt die ursprüngliche LA von ℵ und die von A: ὃ γὰρ βλέπει τις, τί καὶ ὑπομένει. Für das Verständnis trägt die Abweichung nicht viel aus. – V. 25: Nach Michel gegen falsche Pneumatiker gesagt, die auf nichts Künftiges mehr warten. Wichtiger als der „hellenistisch-philosophische Einschlag" (Michel) dürfte sein, daß hier von der Auferstehung her gedacht ist. – VV. 26f.: Der Geist gehört ja selbst zur Hoffnungswirklichkeit, die uns damit „anbruchsweise" gegenwärtig ist (8,23; 2. Kor. 1,22; Eph. 1,14). Die Textüberlieferung variiert bzw. füllt auf, ohne den Sinn zu verändern. στεναγμοὶ ἀλάλητα dürfte das wortlose Stammeln der Verzückten bedeuten (mit Lietzmann, gegen Michel), ähnlich 1. Kor. 12,4; man wird nur das religiöse Phänomen nicht so wichtig nehmen dürfen wie die Tatsache, daß unser Denken und Reden versagen, Gott aber selbst mitten darin aktiv wird. – V. 27: Der Geist wirkt in unseren Herzen (vgl. V. 16), macht also die menschliche Seele zu dem Instrument, auf dem er spielt. So vollzieht sich hier dasselbe, was 1. Kor. 2,10b.14.15 beschrieben ist: in den Herzen der Glaubenden redet der Geist, dessen Fürsprache „in gottgemäßer Weise" (κατὰ θεόν) Gott als sein Eigenes versteht. – V. 28: ein „überlieferter Lehrsatz" (Michel), wie das οἴδαμεν vermuten läßt. πάντα ist Subjekt; ὁ θεός (in einem Teil der Überlieferung) dürfte nachträglich hinzugefügt sein (anders Kühl). – V. 29 schließt an V. 28b an; ein Kettenschluß („catena aurea"). Ebenbild seines Sohnes: Vgl. 2. Kor. 3,18; 4,4; Kol. 1,15; auch 1. Joh. 3,2. Vier gleich gebaute Sätze. Man erwartet bei δοξάζειν ein Futur (vgl. VV. 18.21; auch 5,2; Kol. 3,4); aber wie 3,23 die Doxa durch die Sünde verloren war, so ist sie mit der Rechtfertigung wiederhergestellt. „Vor Gottes Augen ist die Endvollendung schon jetzt geschehen" (Michel), eine „triumphierende Antizipation" (Kühl).

Dieser zweite Sonntag nach dem Christfest stellt uns gleich wieder in den nüchternen Alltag. Das Evangelium (Matth. 2,19-23) zeigt den Beginn des unscheinbaren Lebens Jesu in Nazareth. Die Epistel (1. Petr. 4,12-19) redet von der Leidensgemeinschaft mit Christus. Unsere Perikope spricht von dem Noch-nicht im Leben des Christen, im engsten Zusammenhang damit jedoch, ganz ähnlich wie 5,1-5, von der Verankerung der christlichen Hoffnung in Gottes längst gefaßtem Entschluß und seinem bereits vollbrachten Tun. Wir sind aufs Hoffen angewiesen, aber wir hoffen nicht ins Leere. So steht schon heute unser Leben in der gewaltigen Perspektive des göttlichen Plans. Keiner kennt seine irdische Zukunft, und die ewige Zukunft können wir uns erst recht nicht vorstellen. Aber wir kennen in Christus unsern Gott und sein Vorhaben von Ewigkeit her. Man könnte die Textaussagen etwa nach folgendem Aufriß ordnen: Ohne zu sehen, dürfen wir hoffen. Denn der Heilige Geist vertritt uns (1), alle Dinge dienen uns (2), Gottes Vorsatz gilt uns (3).

1. Es wäre für unsere innere Verfassung kein gutes Zeichen, wenn wir auf ein Gespräch über die Hoffnung uns einzulassen nicht bereit wären. Hoffnungslosigkeit ist nicht nur Stillstand, ein Sich-Abfinden mit dem bisher Erreichten oder vielleicht Nicht-Erreichten, das hieße aber: ein Resignieren, ein Sich-fallen-Lassen; Hoffnungslosigkeit ist das Ende des Menschlichen. Wie es den Menschen zum Menschen macht, daß er fragen muß, so gehört es auch wesentlich zu ihm, daß er so, wie er ist, hoffen muß. Er würde sonst aufhören zu leben. Vom Christen gilt es erst recht und noch in einem anderen Sinne. Der Christ weiß nicht nur, daß der Mensch sich selbst immerzu überholt; er weiß, daß Gott ihn, den sarkischen Menschen, in der Auferweckung Christi überholt und zugleich mit sich auf den Weg gebracht hat: das Alte ist vergangen, siehe, Neues ist entstanden (2. Kor. 5,17). Wir sind vielleicht nicht sofort bereit, uns auf dieses nicht nur relativ Neue, sondern auf das für alle unsere Erfahrung und Vorstellungskraft buchstäblich „Un-Erhörte" einzustellen. Wir mögen gern sicherer gehen: was morgen sein wird, muß sich wohl aus dem Heute ergeben und somit auch irgendwie absehbar sein. Wir werden aus dem Text heraushören, daß dem, auch vom Evangelium her gesehen, in gewisser Weise wirklich so ist. Aber Paulus definiert die Hoffnung anders. Was man sehen, wir könnten variieren: was man absehen kann, ist nicht Hoffnung. Hoffnung ist eben noch etwas anderes als ein in die Zukunft prolongiertes Kausaldenken. Wer hofft, glaubt an das Schöpferisch-Neue; der Christ glaubt, daß Gott dem, was nichts ist, ruft, daß es sei (4,17). Gott ist mit dem, was ist, noch lange nicht am Ende.

Aber nun geht es doch im Text noch um etwas Spezielleres. Man kommt darauf, wenn man den Zusammenhang des Kapitels beachtet. Von den Leiden dieser Zeit hat V. 18 gesprochen. Paulus vernimmt das Seufzen der wartenden Kreatur. Sie wartet auf die Offenbarung, auf die Enthüllung der Söhne Gottes (V. 19). Sehnen doch sogar wir selbst uns nach unserer Annahme zu Kindern bzw. Söhnen (υἱοθεσία), auf die wir noch immer „warten" (V. 23). Dieses ersehnte und erwartete Geschehen wird dann, durch eine Apposition, näher beschrieben als „die Erlösung unseres Leibes". Wieso warten wir noch? Gibt es nicht genug Aussagen des Paulus, die auf die bereits geschehene Wende, nämlich auf Jesu Kreuz und Auferstehung, hinweisen und damit auf das volle Heil, das den Glaubenden geschenkt ist? Ist das Neue nicht schon da – bis hin zu der Auferstehung, die in der Taufe bereits geschehen ist, so daß wir nun in einem neuen Leben wandeln können und sollen? Ausstehende υἱοθεσία – wo Gottes Geist selbst uns bezeugt, daß wir Gottes Kinder *sind* (V. 16)? Unser Text weist uns auf die Spannung zwischen Gegenwart und Zukunft. „Wir sind gerettet" – der Aorist konstatiert es. Aber der Zusammenhang rückt diese Feststellung in ein ganz neues Licht. „Denn für das, was wir hoffen, sind wir gerettet." Der Dativ τῇ ἐλπίδι ist dativus commodi, der dann leicht auch einen finalen Sinn haben kann. Ein gefährdetes Kunstwerk wurde „für die Nachwelt gerettet". So sind wir für die kommende Welt gerettet: aus Kindern sollen Erben werden (V. 17). Also nicht: Wir sind gerettet, also fangen wir wieder an zu hoffen. Erst recht nicht: Dadurch, daß wir hoffen, sind wir gerettet. Die Rettung geschah, weil wir für das bestimmt sind, was inzwischen freilich nur Gegenstand des Hoffens sein kann. Das Gehoffte sieht man nicht. An unserer Stelle beschränkt Paulus sich auf die definitorische Aussage V. 24bc. Sie bedarf noch einer Erläuterung. Auch für irdisch-zeitliche Hoffnungen gilt: noch sehe ich das Gehoffte nicht, aber ich könnte es sehen, wenn ich nur die Uhr vordrehen könnte. Aber Paulus meint noch etwas anderes. „Was sichtbar ist, das ist zeitlich; was aber unsichtbar ist, das ist ewig" (2. Kor. 4,18). Es geht nicht nur um einen zeitlichen Vorgriff, durch den das grundsätzlich Sichtbare, nur bisher Ausgebliebene, herangeholt wird. Was Paulus meint, ist – im herkömmlichen Sinne – überhaupt unsichtbar. Mißverständlich ist freilich auch dieses Wort aus 2. Kor. 4: es könnte platonisch gedeutet werden. Die Hoffnungswelt ist aber nicht die Idealität. Christus ist auferstanden; dem „Erstling" (1. Kor. 15,20), dem „Erstgeborenen" (unser Text, V. 29), sollen wir ähnlich werden bzw. nachfolgen. Das heißt aber: wir werden auferstehen. – Noch ist, was da vor uns liegt, nicht sichtbar. Man könnte sagen: wir sind in gewisser Hinsicht noch arme Leute. Wir hoffen, ohne zu sehen. Den Auferstandenen selbst sehen wir nicht. Auch unser neues Leben selbst ist unsichtbar. Daß keine Verdammnis stattfindet (V. 1), daß wir gerechtfertigt sind, daß wir in der herrlichen Freiheit der Kinder Gottes leben, daß das Alte vergangen und Neues entstanden ist, daß wir bereits „herrlich gemacht" sind (V. 30), das *glauben* wir – gegen den Augenschein –, wie Abraham, der „geglaubt hat auf Hoffnung, da nichts zu hoffen war" und der „nicht schwach im Glauben ward, sah auch nicht herunter an seinem bereits erstorbenen Leibe", „denn er zweifelte nicht durch Unglauben an der Verheißung Gottes" (4,18-20). Nicht, daß unser Sein in Christus nicht neues Leben mit sich brächte! Alle Paränese, wenn sie denn wirklich evangelisch ist, zieht die Folgerungen aus unserer durch Christus geschenkten neuen Lage. Aber das gilt für den Blick nach vorn. Kein Christ wird für sein empirisch wahrnehmbares Sein und Tun in Anspruch nehmen, das sei es eben, was Christus aus uns machen will. Er wird sich immer nur nach dem strecken, was vorn ist. Er wird sich sehnen. Er wird seinen Heilsstand glauben – als gegenwärtige Wirklichkeit! – trotz seiner Versager und Niederlagen. Ja, er wird das Neue gerade darin sehen, daß er aufgehört hat, auf sein Sein und Tun, sofern es registriert werden kann, zu reflektieren. Christus ist ihm zur Gerechtigkeit gemacht (1. Kor. 1,30), auf ihn allein sieht er, nicht auf sich. Um sich über der noch immer bestehenden Zweigleisigkeit – alter Mensch/neuer Mensch – zu beruhigen? Er wird nicht ruhig. Er sehnt sich und seufzt. Er weiß, daß das Ende der Wege

Gottes, daß auch das, wozu er selbst bestimmt ist, noch unanschaulich ist, jedoch nicht unanschaulich bleiben wird. Dem Ebenbilde Gottes, seinem Sohne, werden wir gleich sein; als der Erstgeborene hat er vor uns noch den Vorsprung, aber sein für uns noch schmerzliches Voraussein wird eines Tages überwunden sein. 1. Joh. 3,2: Wir werden ihm gleich sein und ihn sehen, wie er ist.

Es kommt für unsern Glauben wirklich alles darauf an, daß wir unsern Heilsstand ja nicht an dem abzulesen versuchen, was uns sichtbar ist. „Für das Gehoffte sind wir gerettet." Wir hätten das Evangelium gröblich mißverstanden, ja verloren, wenn wir uns darauf verließen, daß wir's schon ergriffen haben. Man mag eine Bestätigung für das eben Gesagte sofort darin sehen, daß Paulus aufs Gebet zu sprechen kommt. Im Gebet wird es mit dem Christsein ernst. Wiederhergestellte Persongemeinschaft mit dem dreieinigen Gott: das muß doch wohl die Mitte unseres Christseins sein. Das Kind redet wieder mit dem Vater: Abba! (V. 15). Perfektes Christenleben? „Wir wissen nicht,was wir beten sollen." Gilt dies etwa nur für die notorischen Stümper vor dem Herrn, für die anderen nicht? Paulus nimmt sich nicht aus. Wären wir Routiniers im Beten, gerade dann wäre Anlaß zur Sorge. Geben wir es ruhig zu: unser Beten mißlingt uns immerzu, und oft genug unterbleibt es überhaupt. Paulus weiß, daß solche Armseligkeit nicht Zufall ist. Wir sind noch nicht am Ziel, auch darin nicht. So weit geht es mit dem Sola gratia: sogar im Beten tritt Gott selbst für uns ein. Gott versteht, weil er das pneumatische Seufzen hört, die unformulierten und die danebenformulierten Worte. Der Fürsprecher ist Christus (V. 34c), man kann auch sagen: sein Geist (VV. 26c.27b). Stellvertretung auch hier. Die Kirche kann darum nur „im Namen Jesu", d.h. aber auch: sie kann nur „im Geiste" beten. Dasselbe noch ein wenig anders: Die Gemeinde Jesu betet unter der Verheißung, daß alle ihre – grundsätzlich mißlingenden – Gebete ihre Kraft darin haben, daß sie vom Geist des Vaters und des Sohnes selbst gebetet sind. „Ohne zu sehen", sagten wir im Blick auf V. 24. Am Gebet wird es tröstlich exemplifiziert. Keines unserer Gebete hatte seine Kraft darin, daß wir es „konnten"; wo wir versagten, trat Gottes Geist für uns ein. Auf diesem Hintergrund wird es erst recht deutlich, daß unser Christenleben noch nicht am Ziel ist. Nicht, daß wir je aufhören sollten, Gottes zu bedürfen; es gilt das ganze Gegenteil. Aber es wird nicht ewig beim Versagen bleiben. Den Versagern wird aber inzwischen unter die Arme gegriffen. Daraus, daß uns dies versprochen wird, erfahren wir, was für die „Armen im Geiste" zu hoffen ist.

2. Der Satz, daß denen, die Gott lieben, alle Dinge zum besten dienen, dürfte – noch dazu meist ohne seinen Abschluß zitiert – nicht nur häufig, sondern auch oft falsch und darum zum Schaden zitiert werden. Er stellt jedenfalls nicht die Formel dar, mit Hilfe deren jedes Rechenexempel zu lösen ist. Auch er steht unter dem Vorzeichen: „ohne zu sehen". Das Seufzen, Warten und Sich-Sehnen, von dem in unserm Kapitel die Rede ist, wird durch diesen Satz nicht kurzerhand zum Verstummen und zu Ende gebracht. Ohne die beiden folgenden Verse ist V. 28 falsch. Ich hörte einen alten Mann nach einem schweren Lebensweg diesen Vers zitieren; er sprach mit Nachdruck

und mehrmaliger Wiederholung das Wort „alle". Um Christi willen ist der Satz wahr. Man lese, um dies zu verstehen, die Verse 31-39. Nichts kann uns von Gottes Liebe scheiden, auch nicht „Trübsal oder Angst oder Verfolgung oder Hunger oder Blöße oder Fährlichkeit oder Schwert". Kein Prediger spreche dies leichthin nach. Unser Glaube könnte, wenn es ernst würde, daran jämmerlich zuschanden werden.

Aber der Satz wird dann eben doch zu sprechen sein. Daß keine Macht der Welt, auch der unsichtbaren, uns von der Liebe Gottes scheiden kann, auch nicht Tod noch Leben, ist ja die Negation dessen, was hier positiv gesagt ist: alles muß uns zum Guten „zusammenwirken" oder „mit uns mitwirken" (beide Übersetzungen dürften möglich sein). Der Satz wird dann selbstverständlich, wenn man sich vor Augen hält, daß für das Denken der neutestamentlichen Umwelt Himmel und Erde, der Raum des Sichtbaren wie der des Unsichtbaren, erfüllt ist mit Mächten, die Gott und den Menschen feind sind. Daß wir dem Kosmos unbefangen gegenüberstehen, ja uns selbst in ihn eingegliedert finden, ist, historisch gesehen, Wirkung der christlichen Botschaft: das All ist nicht gottfeindliche Macht, sondern Schöpfung Gottes und darum auch in Gottes Gewalt, und auch die Auflehnung der ἀρχαί, κυριότητες, ἐξουσίαι usw. ist durch Christus überwunden. Die feindlichen Mächte, die „bösen Geister unter dem Himmel" (Eph. 6,12), müssen, obwohl sie das Gegenteil wollen, uns Gott nur immer mehr in die Arme treiben. Es mag sein, wir haben zu dem allen nur noch eine historische Beziehung: so und so dachte man damals. Mit der Negation – kosmische Mächte können uns nichts anhaben – könnte dann leicht auch die Position – alles muß uns zum Guten dienen – hinfällig geworden sein. Aber es ist nicht so einfach, wie wir leicht meinen. Auch der moderne Mensch spricht von Schicksal – und was alles ist von diesem Wort möglicherweise umschlossen! Und auch unser Jahrhundert könnte von überpersönlichen Mächten der Verführung wissen, die nicht bloß die Summe aller individuellen Bosheiten und Verruchtheiten darstellen, sondern ihnen in einer geheimnisvollen Weise „voraus" sind. Es würde nicht von sonderlich viel Einsicht und Tiefblick zeugen, wenn wir so täten, als würde man der Urmächte der Auflehnung und Zerstörung dadurch Herr, daß man sie einfach aufklärerisch negiert, also durch eine gedankliche Entrümpelung aus dem Wege schafft. Anders kommt es zur Freiheit. Indem Gott mit uns Frieden schließt (5,1 ff.), indem er also der sich gegen ihn auflehnenden und uns gefangenhaltenden Macht des Bösen seine vergebende, rechtfertigende Liebe zu uns entgegensetzt, indem er also die Schuld annulliert, die uns von ihm trennt und damit den bösen Mächten in die Arme treibt: indem er dies tut, erreicht er, daß alles, was „Sünde, Tod und Teufel" gegen uns anstellen, uns nicht nur nicht schaden kann, sondern erst recht auf Gottes Seite drängt. Nichts „kann uns scheiden von der Liebe Gottes" (V. 39). Der Böse schürt in uns das Mißtrauen gegen Gott; es gelingt ihm nicht. Er läßt uns schuldig werden; aber Gott nimmt uns an. Einer hat ein schweres Schicksal; aber es wird ihm zum Kreuz, das er mit seinem Herrn trägt. Wir müssen sterben; aber gerade so kommt es dazu, daß wir „beim Herrn sind allezeit" (1. Thess. 4,17).

Das gilt denen, „die Gott lieben". A. Nygren macht darauf aufmerksam, daß Paulus von unserer Liebe zu Gott nur selten spricht (1. Kor. 8,3). In 1. Kor. 2,9 handelt es sich um ein Zitat, Eph. 6,24 um eine liturgische Formel. Das οἴδαμεν in unserm Vers 28 deutet darauf, daß wir einen Satz der (katechetischen?) Tradition vor uns haben. „Gott lieben" ist „eine alttestamentliche, jüdische Wendung" (Michel). Ich würde, wenn man schon nach Hintergründen der Tradition sucht, nicht übersehen mögen, daß nach synoptischem Zeugnis (Mark. 12,30 Par.) Jesus selbst das Gebot der Gottesliebe (Sch'ma Jisrael) in eins mit dem der Nächstenliebe zum „vornehmsten Gebot" erklärt hat; es könnte sich um eine der nicht eben seltenen Stellen handeln, an denen Paulus auf synoptisches Überlieferungsgut anspielt. Daß Paulus selbst von unserer Liebe zu Gott sparsam spricht, werden wir von seiner Botschaft her gut verstehen. Gott liebt *uns* – darauf ruht unser Glaube (vgl. auch 1. Joh. 4,10). „Denen, die Gott lieben": diese Begrenzung könnte die ganze in V. 28 ausgesprochene Zusage hinfällig, zumindestens ungewiß machen. Wer liebt denn Gott? Paulus weiß, warum er den Vers 28 nicht da enden läßt, wo wir so leicht, wenn wir ihn zitieren, aufhören. Die Liebe, die wir zu Gott aufbringen, ist von vornherein von dem „Vorsatz" Gottes umschlossen und kann sich nur da ereignen, wo dieser „Vorsatz" wirksam wird. Davon wird sofort noch zu sprechen sein. Was uns an dieser Stelle noch aufgegeben ist, ist dies, daß wir bedenken, was V. 28 im Zusammenhang mit der notwendigerweise noch nicht anschaubar gewordenen Hoffnung und mit der Stellvertretung des Geistes innerhalb unseres so entmutigend hilflosen, dem Status eines Gotteskindes so wenig angemessenen Gebetslebens bedeutet. Versagen und Nichthaben auf unserer Seite – Zuverlässigkeit und bedingungsloses Für-uns-Einstehen auf Gottes Seite. Dazu paßt V. 28 aufs beste. Wir sagen: der Satz ist Ausdruck der Heilsgewißheit, die auf dem Rechtfertigungsglauben aufruht. Hoffnung glaubt und hofft gegen den Augenschein. Das Gebet hat seine Kraft trotz unserer Schwachheit. Alles dient uns zum besten, obwohl es manchmal aussieht, als hätten sich noch immer Sünde, Welt und Hölle gegen uns verschworen. Es gilt auch hier: Ohne zu sehen, dürfen wir hoffen. Was gegen uns zu sprechen und zu stehen scheint, muß uns zum besten dienen.

3. Gottes Vorsatz gilt uns, formulierten wir aufs kürzeste. Hier kommt die Perikope auf ihren Gipfel. An dieser Stelle war unausgesprochen auch vordem der Hebel angesetzt, ausdrücklich sogar am Ende des V. 28. Worin gründet die Heilsgewißheit? Etwa darin, daß wir an unserm Istzustand ablesen, wie weit Gott mit uns gekommen ist und was sich aus solcher Feststellung für Gegenwart und Zukunft ergibt? Das gäbe eine trübe Bilanz und Prognose. Zu sehen ist hier nichts (V. 24), und wennschon: was man bereits sehen kann, entbehrt notwendigerweise der Eindeutigkeit. Soll man unser Verbundensein mit Gott an der Kraft unseres Gebetslebens ablesen? Das Ergebnis wäre erschütternd. Oder ist wenigstens, daß uns alles zum Besten zusammenwirkt, ein Erfahrungssatz? Wir müßten nicht in der Kreuzesnachfolge Christi stehen, wenn es so wäre. Nein, unsere Heilsgewißheit gründet ausschließlich in dem, was Gott getan hat und tut. „Nach dem Vorsatz berufen": von daher allein kommt es, daß wir mit Gott verbunden

und damit gerettet, befreit, Menschen mit ewiger Zukunft sind. Allein aus Gnaden sind wir bei Gott willkommen; wir sagen damit nichts anderes als in dem Satz von der Prothesis. „Soferne ist uns das Geheimnis der Versehung in Gottes Wort geoffenbaret, und wenn wir dabei bleiben und uns daran halten, so ist es gar ein nützliche, heilsame, tröstliche Lehre; denn sie bestätigt gar gewaltig den Artikel, daß wir ohn alle unsere Werke und Verdienst, lauter aus Gnaden, allein umb Christus willen, gerecht und selig werden" (FC SD XI,43). Gott hat uns „zuvor erkannt": gemeint ist nicht bloß ein Kenntnisnehmen, sondern ein Erkennen in liebender Zuwendung (ידע auch von der ehelichen Gemeinschaft). Gott hat uns „zuvor bestimmt": „lang ehe wir geboren, hast du uns angesehn" (R. A. Schröder, EKG 307,2), und dieses Ansehen ist ein Voraus-Verfügen; Gott hatte es auf uns abgesehen, darum wurden wir sein. Und die Bestimmung, die damit über uns stand und steht? Daß wir Christus gleichgestaltet werden (s. o.). Es kann niemand von uns auf den Gedanken kommen, er hätte sich dies selbst erwirkt oder auch nur dazu mitgeholfen. Menschlicherseits war an uns noch nicht zu denken, da hat Gott schon an uns gedacht (Jer. 1,5; Jes. 49,1; Gal. 1,15); wir sind in Christus erwählt, ehe der Welt Grund gelegt war (Eph. 1,4). K. Barth hat uns in seiner Erwählungslehre den christologischen Sinn dieser Aussagen ergreifend deutlich gemacht (KD II/2). Die „güldene Kette" hat noch mehr Glieder, und es liegt alles daran, daß wir begreifen und festhalten, daß und wie die Glieder der Kette unlöslich ineinandergeschmiedet sind. Die ewige Wahl bedeutet nicht, daß das an uns ergehende Verkündigungswort („berufen") unter ein prädestinatianisches Wenn und Aber oder Vielleicht gestellt wird. Was Gott sich, indem er „zuvor erkannte" und „zuvor bestimmte", vorgenommen hat, das eben hat er dann in dem an uns ergehenden Wort realisiert. Sein Wort, die Gabe seiner Sakramente, der Zuspruch der Absolution sind eben die Art und Weise, in der sein ewiges Erwählen „in Christus" geschichtliche Gestalt gewinnt. Sein Erwählen kommt in seinem Ruf, in dem Evangelium von Jesus Christus, auf mich zu. Eben darin betätigt Gott in Christus seine Souveränität und Freiheit, daß er die Sünder zurückholt, und dies in so verbindlicher, gültiger, ja geradezu eidlich beschworener Zusage, daß der Sünder, dem Gott sich in unendlicher Gnade zugewandt hat, darüber „verfügen" kann. Verfügen? Wir meinen selbstverständlich nicht die Zudringlichkeit und Anmaßung des homo religiosus, der Gott in seine Hand zu bekommen, seiner eigenmächtig habhaft zu werden sucht. Wir meinen das andere: Gott freut sich, wenn wir ihn beim Wort nehmen; wenn wir ihm, wie Luther sagte, mit seinen Verheißungen die Ohren reiben; wenn wir uns der Anfechtung erwehren, indem wir auf seine Zusage pochen. Er hat es in Gnaden selbst so gewollt. Die Kette beginnt und endet im Himmel, bei Gott. Das Wort der Zusage ist wirkkräftig. An wen das Wort ergangen ist („berufen"), der ist auch „gerechtfertigt". In dem Ja Gottes, das der uns rechtfertigende Gott über uns gesprochen hat, liegt aber auch die Bürgschaft für die „Verherrlichung", von der (trotz V. 18 und V. 23b) so geredet wird, als wäre sie schon vollendet. So gewiß ist, was Gott uns versprochen, so real ist, was er an uns schon getan hat.

Epiphanias. Jes. 2,1-5

V. 1 ist vom Sammler hinzugefügte Überschrift; daß Jesaja genau vorgestellt wird, als sei das in 1,1 noch nicht geschehen, könnte darauf deuten, daß hier ein einst selbständiges Büchlein (vielleicht die Sammlung der Kap. 2-4 enthaltend) begann. Ein „Wort" kann „erschaut "werden: דבר hat nicht nur noetischen Sinn, sondern wirkt sich auch im Bereich des Räumlichen und Dinglichen aus, weil ihm selbst zugleich ein dinglicher Sinn anhaftet (ThWNT IV, S. 90; G. v. Rad, ThAT II, S. 94). - VV. 2ff.: Dieselbe Weissagung findet sich bei Micha (4,1ff.). Die Frage, wem sie ursprünglich zugehört – Jesaja, Micha oder einem Dritten –, ob sie vielleicht gar ein „fliegendes Blatt" (Procksch) darstellt, das sowohl in das Buch des Jesaja als auch in das des Micha in späterer Zeit eingefügt worden ist, braucht uns für die Predigt nicht weiter zu beschäftigen. Sachlich stimmen die Aussagen unserer Stelle gut zu 9,1ff. und 11,1ff.; auch den Universalismus, soweit man hier davon sprechen kann, dürfen wir Jesaja, besonders wohl dem Jesaja der Spätzeit (Duhm), zutrauen. Der Vergleich mit Micha ist lehrreich für die Abgrenzung: nach rückwärts ist sie klar, nach vorn nicht. Bei Micha klingt das Wort anders aus (VV. 4f.). In unserem Text schlägt V. 5 ein neues Thema an, gehört also schwerlich zu VV. 2-4. Der Vers stellt aber auf alle Fälle einen interessanten und geistlich gewichtigen Kontrapunkt zum Vorangehenden dar. - Der Text ist im ganzen gut erhalten; LXX füllen etwas auf: „und das Haus Gottes auf den Höhen". Es handelt sich um Gottes Haus auf dem Zion; Jerusalem ist, in Parallele dazu, ausdrücklich genannt (V. 3 Ende). Die Botschaft des Textes wird – merkwürdigerweise von den Kommentaren nicht bemerkt – einer (etymologisch freilich fraglichen) Deutung des Namens Jerusalem abgewonnen oder doch wenigstens auf sie bezogen: Die Wurzel ירה bedeutet „gründen" (J. = Gründung des Friedens), aber auch „die Hand ausstrecken", „zeigen", „lehren". V. 3c: יֹרֵנוּ, V. 3d: תּוֹרָה verwenden die Wurzel im letztgenannten Sinn, was dann – ohne daß die Pointe aufdringlich an den Mann gebracht würde – zusammen mit dem zweiten Bestandteil des Namens Jerusalem die Bedeutung „Hochschule des Friedens (Heils)" gibt. (Vgl. dazu V. 4 Ende: sie „lernen" nicht mehr das Kriegshandwerk.) – V. 2a: „nach diesen Tagen" ist (anders als in Gen. 49,1; Num. 24,14; Deut. 4,30 und 31,29) eschatologisch zu verstehen (Hes. 38,8.16, vgl. auch Hebr. 1,2; 1. Petr. 1,20; Joh. 6,39; 12,48).

Dies ist eine eschatologische Zukunftsvision. Wie auch immer Jesaja (oder der Unbekannte) zu solcher Gewißheit gekommen sein mag, er sieht, was kein Auge wahrnehmen kann: Die Völker werden zum Zionsberg „strömen" (V. 2 Ende), zu dem Gott Jakobs. Von ferne haben sie den Berg, der das Haus dieses Gottes trägt, gesehen. Denn dieser Berg wird – das Wunder am „Ende der Tage" – zu unvergleichlicher Höhe erhoben sein, aufragend über alle Hügel. Hier ergehen Gottes Weisungen und Schiedssprüche, die die Völker auf den rechten Weg und damit auch zu einer neuen Gemeinschaft des Friedens führen. Ein Zustand des Friedens wird herrschen: aus Schwertern werden Pflugschare, aus Lanzenspitzen Winzermesser.

Eine streng historische Auslegung muß uns vor Überdeutung warnen. Sagt der Text, daß alle Völker jahwegläubig werden und der Glaube Israels zur Menschheitsreligion wird? Es ist ein Unterschied, ob die Völker von Fall zu Fall nach Jerusalem kommen, um das Orakel zu befragen, um für eine bestimmte Entscheidung den Willen des Gottes Jakobs zu erfahren, um einen Streit von ihm schlichten zu lassen – oder ob Jahwe wirklich ihr Gott wird, neben dem sie keine anderen Götter haben. Man darf im Sinne der antiken Auffassung die Dinge nicht so grundsätzlich nehmen, wie wir das gewöhnt sind. Es war den Menschen der alten Welt nichts Fremdes, sich gelegentlich bei anderen Göttern Rat zu holen. – Wer aus der Schrift gelernt hat, daß Gott mit seiner Gemeinde einen bestimmten Weg geht, Schritt für Schritt, um so Gemeinschaft herzustellen und die Menschen mit sich zu verbinden, der wundert sich nicht, daß diese fortschreitende Geschichte zu Anfang nicht schon da steht, wo wir am großen Tage Jesu Christi stehen werden. Wir werden uns hüten müssen, in der Weise eines heilsgeschichtlichen Evolutionsschemas zu denken. Gott begegnet uns in seiner Freiheit, wann und wo er will. Aber eben so spielt sich eine Geschichte ab, die uns, sooft wir mit Gott zu tun bekommen, gegenwärtig ist, wie denn auch bei jeder Begegnung mit einem Menschen das, was wir von ihm erfahren und mit ihm erlebt haben, gegenwärtig wirksam ist. Gerade so aber wird man es nicht für unerlaubt ansehen, Linien, die im Text nur angedeutet sind, im Sinne des biblischen Gesamtzeugnisses weiter auszupunktieren. Wohin kommt man, wenn man, was hier steht, auf seine Tragweite hin befragt? Es genügt einstweilen, diese Frage gestellt und ihre Berechtigung eingesehen zu haben. Die vom Text bezeugte Sache muß sich selbst auslegen. Der Text beschreibt die Wallfahrt der Völker zu dem einen Gott, der der Höchste ist (1), der das Recht lehrt (2), der den Frieden schafft (3).

1. Daß am Ende der Tage der Zionsberg in konkurrenzloser Höhe aufragt und zum zentralen Wallfahrtsort der Völker wird, ist eine ungeheure Aussage. Es fällt uns nicht leicht, sie uns anschaulich zu machen. Solange man sich die Erde als Scheibe dachte, war das leicht vorstellbar: ein Berg, der von allen Punkten der Welt aus sichtbar ist und zu dem darum auch die Völker allesamt aufschauen können. Man darf nur nicht vergessen, daß die einsame Höhe des Berges der Wohnung Gottes nur Gleichnis für die Konkurrenzlosigkeit Gottes selbst ist. Es ist nur noch ein kleiner Schritt zu Gottes Selbstaussage beim zweiten Jesaja: „Ich, ich bin der Herr, und außer mir ist kein Heiland" (43,11) und „Ich bin der Erste, und ich bin der Letzte, und außer mir ist kein Gott" (44,6). – Es ist nur verständlich, daß eine solche Selbstaussage (erstes Gebot!) von einem Standort außerhalb der Gemeinschaft mit Gott her als unbegründet, ja als anmaßend erscheint. Gewisse synkretistische Tendenzen innerhalb einer Theologie der Religionen erklären sich von diesem Eindruck her. Warum sollte nicht ein jedes Volk zu seinem Gott und zu dessen Heiligtum wallfahrten? Die Frage liegt nahe. Sie kann sich sogar auf Stellen des Alten Testaments berufen. Sie begegnet in verwandelter und verfeinerter Weise im modernen Denken: Ehren sie nicht alle, jeder auf seine Art, den *einen* Gott? Meinen sie nicht alle denselben? Die Wallfahrt der Völker erübrigte sich, wenn wir nicht darauf angewiesen wären, Gott eben da zu finden, wo er sich uns zur Gemeinschaft gibt; und wir wären nicht darauf angewiesen, wenn wir Gott in der Tiefe der eigenen Brust trügen. Aber der Gott im Menschenherzen ist ein Götze. Die Welt ist voller Götzendienst. Wir glauben an den Gott der Bibel, der

in Christus unser Gott wurde, nicht, weil dort tiefere Wahrheiten und praktikablere Verhaltensregeln zu holen wären als anderswo, sondern ganz einfach, weil er „es" ist! Er ist der eine, der in einsamer Höhe Gott ist, während die Götter Nichtse sind. Wir haben ihn nicht, indem wir ihn suchen, sondern indem er sich gibt. Uns ist nicht durch irgendeinen Gott geholfen, sondern durch den, der „es" ist: durch den Gott auf dem ragenden Berge.

Eben damit aber wird deutlich, wie gewagt dieser Text ist. Die Völker wallfahrten zum Zionsberg? Stammt der Text wirklich aus Jesajas Zeit, dann muß man sagen: die Wirklichkeit der damaligen Lage Israels steht dazu in schreiendem Gegensatz. (Für andere geschichtliche Stunden stünde es kaum anders.) Man denke daran, wie König und Volk vor Syrien und Assur schlotterten. Das so bedrohte Jerusalem, den Launen seiner Bestreiter und Besieger ausgeliefert, soll zum Mittelpunkt der Welt werden? Israel hat sich über die Steilheit seiner Hoffnungsgewißheit keiner Täuschung hingegeben. Zur Jerusalemtradition gehörte auch das Rechnen mit dem großen „Völkeransturm" auf Jerusalem (G. v. Rad, ThAT II, S. 305f.). Daß Jerusalem „fest gegründet" ist (V. 2), ist Aussage des Glaubens – allen Gefahren und Widrigkeiten zum Trotz. Es gibt keine irdisch-menschlichen Gründe für diesen Glauben. Gottes Gemeinde hält ihn fest, weil Gott selbst es gesagt hat.

Inzwischen hat die Wallfahrt der Völker zu dem einen Gott, der der Höchste ist, begonnen. Das Evangelium des Epiphaniastages weist darauf hin. Die Magier aus dem Morgenland sind beim Christuskind eingetroffen. Seitdem ist die Wallfahrt der Völker im Gange. Nicht triumphal; das entspräche auch nicht der Weise des Herrseins Gottes in der Niedrigkeit eines Menschenlebens und eines Kreuzestodes. Aber Gott hat sein Volk in aller Welt. Eine ökumenische Vollversammlung zeigt es: Menschen in ganz verschiedener Tracht, mit verschiedener Hautfarbe, mit verschiedenen Lebensgewohnheiten sind beisammen. „Kommt, laßt uns auf den Berg des Herrn gehen, zum Hause des Gottes Jakobs." Sie hören miteinander auf Gottes Wort, loben diesen Gott, beten miteinander zu ihm. Sie tun das, weil dieser Gott in Jesus Christus sie zusammengebracht hat. „Kommt und laßt uns Christum ehren!" Diese zentripetale Bewegung gehört zum Wesen der missionierenden Kirche so gut wie die zentrifugale: „Gehet hin in alle Welt!" Man tut gut, sich – gleichsam aus der Vogelschau – die Menschen vorzustellen, die sich konzentrisch auf den Tempel in Jerusalem, neutestamentlich gesprochen: auf Jesus Christus zu bewegen. Von allen Seiten strömt es! – Wir werden uns deutlich machen müssen, daß, was jetzt geschieht, der Anfang ist, noch immer. „Zur letzten Zeit", heißt es. Seit Jesu Auferstehung *ist* „letzte Zeit" (Apg. 2,17). Die Verkündigung des Evangeliums vor allen Völkern und an sie gehört zu ihren Merkmalen (Mark. 13,10). „Siehe, *jetzt* ist die angenehme Zeit, siehe, *jetzt* ist der Tag des Heils" (2. Kor. 6,2). Die Magier vor der Krippe haben die Bedeutung eines deutlich sprechenden Zeichens. Die Wallfahrt hat begonnen, ist im Gange. Vollendet wird alles, wenn Christus in Herrlichkeit kommt; dann „werden ihn sehen alle Augen" (Offb. 1,7). Um seinetwillen wird Jerusalem zur „hochgebauten Stadt" (vgl. dazu bes. Hebr. 12,22; Offb. 21,2ff.). Daß der Zion höher wäre als der Libanon oder der Ararat oder der Montblanc oder der Mount Everest, kann man bisher noch nicht sehen. Daß Christus mehr ist als Lao-tse, Buddha oder Mohammed, sieht man ebensowenig. Aber der Glaube ist dessen gewiß.

2. Die Völker wallfahrten zu dem einen Gott, der das Recht lehrt. „Vom Zion geht Lehre aus und Jahwes Wort von Jerusalem." Wir haben vom Recht gesprochen, weil hier tatsächlich nicht etwa dogmatische Belehrung gemeint ist, sondern Unterweisung in den „Wegen" des Herrn, in seinen Lebens- und Rechtsordnungen. Wir sagen: es geht nicht um Annahme des Kultus Israels, sondern um Rechtsbelehrung. Nur: was liegt darin? Eine Weisung, wenn man gerade eine solche braucht? Ein Orakelspruch, wenn man selbst nicht weiter weiß? „Weg" und „Pfad" bezeichnen – selbst, wenn im Text zunächst an dergleichen nicht gedacht sein sollte – etwas Kontinuierliches, Dauerhaftes, jedenfalls nichts Punktuelles. Israel ist zu sehr mit Gottes Geboten beschäftigt, als daß es nicht wissen müßte, daß der von Gott erwartete Gehorsam umfassend und dauerhaft sein muß. Auf weite Sicht wird dies gelten. Es ergibt sich denn ja auch, wie wir nachher noch sehen werden, aus diesem Begehren (V. 3) ein Zustand, nicht nur eine temporäre Überwindung von einzelnen Krisen. Wichtiger aber scheint noch etwas anderes. Die Völker kommen alle zu dem einen Gott – doch wohl, weil sie seine Autorität anerkennen. Das können sie nur, wenn er wirklich der Gott über alle Götter ist. Sie brauchen ihn, weil sie selbst wohl mit den Fragen des Rechts und der gottgefälligen, förderlichen, dem Leben dienenden Verhaltensweisen nicht zurechtkommen. Sie wissen etwas davon, daß Gott zu gebieten und Recht zu setzen hat. Es ist klar, daß dies nicht heißen kann, alle Völker hätten ihre Gesetze unmittelbar aus Jerusalem (oder wo auch immer Gottes Stimme zu vernehmen sein mag) zu beziehen. Die Bibel weiß selbst um die Geschichtlichkeit des Rechts. Aber Geschichtlichkeit heißt ja nicht Beliebigkeit. „Gerechtigkeit erhöht ein Volk, aber die Sünde ist der Leute Verderben" (Spr. 14,34). Gegen die der Welt eingestifteten Gesetzmäßigkeiten im Leben und Zusammenleben der Menschen vergehen wir uns nicht ungestraft; aller Wechsel in der Gestalt des Rechts ändert nichts daran, daß Gott der Gesetzgeber und Hüter des Rechts ist. Dabei ist „Recht", wenn man den Begriff biblisch versteht, der ordnende Wille Gottes, der bis in die privatesten und intimsten Bereiche des Lebens hineinreicht. Wir müssen Gott darum fragen, weil unser Rechtsbewußtsein allzu leicht durch Sünde, Irrtum und Eigennutz getrübt wird. Wir bedürfen der ständigen Unterweisung, Weckung und Schärfung des Gewissens. Der angehängte V. 5 weiß, daß hier keineswegs bloß an die Heiden, sondern ebenso dringlich an die Gemeinde zu denken ist. – Aber es geht noch um mehr. Wer Gott fragt: Was willst du, daß ich tun soll?, der unterwirft sich damit der Herrschaft Gottes. Gott wird „richten": indem Gott zum Schiedsrichter der Völker wird, wird er auch ihr Herr. Neutestamentlich ausgedrückt: Gott richtet sein „Reich" auf, die „Königsherrschaft Gottes". „Wo ist der neugeborene König der Juden? Wir haben seinen Stern gesehen und sind gekommen, ihm zu huldigen." Die Wallfahrt der Völker hat begonnen. Es gibt Menschen in aller Welt, die in Gott die höchste Autorität sehen gelernt haben, indem sie zum Glauben an Christus gekommen sind.

Wir können es in einer Predigt nicht umfassend sagen, was das bedeutet, daß die „Weisung" jetzt in dem Namen Jesus Christus beschlossen ist. Das Herrsein Gottes, sein fordernder Wille, wird durch Christus so ernst genommen wie von keinem anderen. Gerade darum aber kommt es zum Kreuz: zum Ende der gesetzlichen Eigengerechtigkeit für die Juden, zum Erleiden des Strafernstes Gottes durch Jesus selbst und zum priesterlichen Einsatz des Herrn für uns, die Feinde Gottes, damit uns die Möglichkeit des neuen Anfangs gegeben werde. Gerade so wird Gott wirklich Herr über die Glaubenden. Die Völker, die heranziehen, um sich unterweisen zu lassen, lernen bei ihm den „Glaubensgehorsam" (Röm. 1,5; vgl. 15,18). Was „am Ende der Tage" (V. 2) umfassend geschehen wird, geschieht jetzt schon anbruchsweise. Gerade im Evangelium kommt an sein Ziel, was zunächst vom Gesetz her gedacht war. Gott wird wieder zum Herrn seiner Geschöpfe, der Menschen aus allen Völkern.

3. Die Völker wallfahrten zu dem einen Gott, der den Frieden schafft. Unsere kleine These scheint falsch. Die die Waffen zu Geräten umschmieden, sind Menschen, nicht Gott. Es ist gut, daß wir darauf aufmerksam werden. Es unterliegt keinem Zweifel: die Bibel erwartet, daß wir für den Frieden etwas tun. Sie erwartet überhaupt unsere Aktivität. Daß alles auf Gott ankommt – wovon wir nachher gleich noch zu reden haben –, bedeutet keinesfalls, daß wir ihm alles zu überlassen hätten. Gottes und der Menschen Wirken stehen nicht im Verhältnis eines Entweder-Oder. Wir können nie tun, was Gott allein tun kann. Aber wenn Gott etwas tut, dann will er, daß wir an dem uns zukommenden Ort das Unsere tun: Werke, die „in Gott" getan sind (Joh. 3,21). – Die Menschheit hat leider viel für den Krieg unternommen und gelitten; es wäre gut, wenn sie ebensoviel und einiges mehr *gegen* den Krieg täte und opferte. In der eschatologischen Zukunftsvision unseres Textes findet eine totale Abrüstung statt. Modern geredet: Nägel und Schrauben statt Patronen, landwirtschaftliche Maschinen statt Panzer, Kraftwerke statt Atomraketen. Die Sehnsucht der Völker! Was die nackten Tatsachen angeht, so ist die Menschheit davon noch weit entfernt. Mit bloßen Deklarationen ist nichts getan. Der Friede ist – im Kleinen und Großen – zu praktizieren.

Bei aller Dringlichkeit der auf uns Menschen liegenden Friedensaufgaben und bei aller den Raum des uns Möglichen ausfüllenden Verantwortlichkeit bleibt es doch dabei, daß Gott es ist, der den Frieden schafft. Die Zukunftsschau des Textes deutet auf ein atemberaubendes Wunder Gottes, d.h. aber: hier ist nicht mehr in den Kategorien irdischer Geschichte, hier ist vielmehr eschatologisch gedacht; und wenn dies für Jesaja nicht zuträfe, dann hätten wir dies vom Neuen Testament her geltend zu machen. Wie unerhört dieser Wandel der Dinge ist, wie hier gegen alle geschichtliche Erfahrung und deprimierende Gewöhnung eine neue Welt verkündigt wird, muß man sich verdeutlichen, indem man das hier Erwartete und Verkündigte mit der Lage und den Ereignissen der Zeitgeschichte Jesajas vergleicht. Die Zuhörer Jesajas haben gezittert, wenn der Turmwächter meldete: Die Heiden – Aramäer, Assyrer – ziehen heran! Man denke daran, wie Jesaja die gefürchtete assyrische Kriegsmacht beschreibt (5,26-30). Aber

siehe da: ihre mörderischen Waffen sind vertauscht gegen Werkzeuge des Friedens. Was ist geschehen? Eben dieses eschatologische Wunder. Die Völker haben sich dem Schiedsspruch Gottes unterworfen. Das ist etwas Unerhörtes. Was sie bisher gegeneinander aufgebracht hat, ist aus dem Wege geräumt. Wo Gottes Wille sich durchsetzt, sind imperialistische Machtgier, das Jagen nach Profit, zynische Mißachtung des Rechts und tyrannische Hybris von innen her unmöglich geworden. Der Gott des Friedens gewinnt Macht über alle Menschen. Wir kennen uns: unsere böse Art hat den Unfrieden in die Welt gebracht. Gott will sie mit der Wurzel ausreißen. Das Kreuz Christi begründet den umfassenden eschatologischen Frieden.
Der, vor dem die anatolischen Magier knien, *ist* der Gott des Friedens. Er hat von der Feindesliebe nicht nur geredet, sondern hat sie praktiziert bis zuletzt. Petrus muß auf sein Geheiß das Schwert einstecken (Matth. 26,52). Jesus wird Herr – nicht, indem er um sein Königtum kämpft, sondern indem er für die Wahrheit zeugt (Joh. 18,36f.) und sein Leben für die Seinen gibt (Joh. 10,11). Wir sehen: hier ist nicht mehr von den bösen Gewohnheiten der alten Welt her gedacht, hier ist – heimlich noch – das „Ende der Tage" angebrochen.

1. Sonntag nach Epiphanias. 1. Joh. 5,(9-10)11-13

Abgrenzung: V. 13 (vgl. die auffällige Parallele Joh. 20,31, gleichfalls „Finale") blickt sowohl auf die VV. 5–12, bes. auf VV. 10–12, zurück als auch auf den Schlußabschnitt voraus. V. 13 darf also mit Recht in die Perikope einbezogen werden. Läßt man die in () stehenden VV. 9–10 weg, bleibt die Perikope auf den Zusammenhang zwischen dem „Sohn" und dem „Leben" beschränkt; das gäbe eine in sich gerundete Thematik. Freilich verweist der Beginn von V. 12 auf das vorher (seit V. 5) Erörterte zurück; wir kommen ohne Hinweis darauf in der Predigt nicht aus. So empfiehlt es sich doch, mit V. 9 einzusetzen. Jedoch auch nicht früher, denn der Predigt wären damit zu umfangreiche Aufgaben des Erklärens gestellt. – Der Zusammenhang läßt mehr ahnen als erkennen, daß der Vf. sich mit Irrlehrern auseinandersetzt. Die Taufe („Wasser") haben sie gelten lassen, das Kreuz und, im Zusammenhang damit, das Abendmahl („Blut") nicht. Den Geist erkennen sie an, sein Gebundensein an den fleischgewordenen Sohn nicht (vgl. 4,1f.). Das Leben aber hat man nur im Sohn. Eben dafür steht Gott selbst mit seinem Zeugnis ein. – V. 9: Obwohl hier nicht nur ein Quantitäts-, sondern auch ein Qualitätssprung vorliegt, muß man m. E. von einem Schluß a minore ad maius reden (anders K. G. Steck, GPM 1949). Zwei oder drei Zeugen müssen vor Gericht eine Sache verbürgen (Deut. 17,6; 19,15; Joh. 8,17); wir pflegen uns auf ihre Aussagen zu verlassen (λαμβάνομεν = wir „akzeptieren" sie, Schnackenburg z. St.). Hier, wo es um den Sohn geht, liegt Gottes eigenes (auf dreifache Weise gegebenes, VV. 7f.) Zeugnis vor. Derselbe Komparativ in gleicher Sache: Joh. 5,36. „Der Vater, der mich gesandt hat, der hat von mir gezeugt" (Joh. 5,37; vgl. 5,32). Das Perf. μεμαρτύρηκεν besagt: dieses Zeugnis „liegt vor" (präsentischer Sinn, vgl. das zu 1,1 Gesagte, 2. Christtag); dazu passen die Präsensformen in VV. 7f. Die (von Büchsel befürwortete) LA ἣν statt ὅτι ist sprachlich glatter, empfiehlt sich aber eben deshalb nicht; ähnliche ὅτι-Sätze Joh. 3,19; 1. Joh. 1,5; 4,10; 5,4.11.14. – V. 10: Klare Antithese, wie auch in

V. 12. Das von A u. a. zugefügte τοῦ θεοῦ ändert nichts, erklärt nur. Daß ℵ, ψ und einige Minuskeln statt αὐτῷ die LA ἑαυτῷ bieten, kann Ausmerzung einer gängigen Sprachgepflogenheit sein, ohne Änderung des Sinns: sie tragen das Zeugnis „in sich". Einleuchtender, weil zu Joh. 3,38 stimmend, scheint ein echtes αὐτῷ: „Der an den Sohn Gottes glaubt, hat das Zeugnis (Gottes) in ihm" (= in eben diesem Sohne Gottes). Vgl. Joh. 5,37ff.: Da man weder Gottes Stimme hören noch seine Gestalt sehen kann, vernimmt man Gottes Zeugnis darin, daß man dem glaubt, den er gesandt hat (Zirkelbewegung zwischen Christus und Zeugnis, Wort und Geist). πεποίηκεν Perf.: Er hat ihn zum Lügner gemacht, nun steht er als solcher da. Vgl: 1,10. Inhaltlich meint das Gotteszeugnis, daß Jesus Gottes Sohn ist (V. 5). – V. 11: Vgl. 1,2. Objekt vorausgestellt, also betont. „Leben" vgl. ThWNT II, S. 871ff., auch Bultmann zu Joh. 5,24: „Leben" ist „das, was er (der Glaubende) in all seinen Wünschen und Hoffnungen dunkel, irregeleitet und mißverstehend ersehnt: jene Eigentlichkeit der Existenz, die in der Erleuchtung des definitiven Sichverstehens geschenkt wird". Ewig ist dieses Leben nicht als Verlängerung des alten Zustandes über den Tod hinaus, sondern als die ungetrübte Gemeinschaft mit Gott, die schon besteht und sich im Sinne von 1. Joh. 3,2 vollendet. Gemeinschaft mit Gott gibt es nur in Christus. – V. 13: Eine große Zahl von Hss. der Koine-Gruppe bieten einen – durch Umstellung und Erweiterung gewonnenen – glatteren Text. Der Vergleich mit Joh. 1,12 und die gute Bezeugung sprechen für den Nestle-Text.

Der Text kommentiert eindrucksvoll den Spruch der Woche: „Wir sahen seine Herrlichkeit ..." Die im Brief Angeredeten sind zweite, dritte Generation in der jungen Christenheit. Sie sind in einer von der unseren grundsätzlich nicht verschiedenen Lage. Ihnen muß „geschrieben" werden (V. 13); wir sahen schon früher: daß sie nirgendwoher die Lehre nötig haben (2,27), hat keinesfalls den Sinn, daß sich die Predigt derer, die Jesus gehört und gesehen haben, erübrige, offensichtlich auch nicht, daß ein solcher Brief überflüssig wird. Die Empfänger glauben bereits (V. 13); aber sie bedürfen der ständigen Vergewisserung. Der Glaube hat nur, indem er empfängt. Die Doxa Jesu Christi muß immer neu aufleuchten. In der Epiphaniaszeit geht es eben um dieses Thema. „Hoc est Christum cognoscere: beneficia eius cognoscere" – dieser (schon früher einmal zitierte) Satz Melanchthons hat gewiß sein Recht, auch von unserem Text her (s. unter 2). Aber zunächst ist der Text an Christus selbst interessiert. Christus interessiert nicht nur, sofern er Leben gibt; das Leben ist in ihm (V. 11 Ende), er ist es selbst. Wir sind leicht geneigt, in einer neuen Variation apologetischen Denkens und Predigens die Alltagswirksamkeit des christlichen Glaubens zum Schlüssel unseres Schriftverständnisses zu machen und der Welt das Evangelium von daher zu empfehlen. Das ist gut zu verstehen: zu viel Unbrauchbares, Steriles, Versponnenes, Zurückgebliebenes ist schon von unseren Kanzeln gepredigt worden. Jedoch wäre es verfehlt, wenn unsere erste Frage an einen jeden Text die nach seiner Praktikabilität und Utilität im Alltagsleben wäre. Es könnte auch sein, ein Text führt uns dahin, wo der Lärm der Straße und Werkhalle nicht mehr zu hören ist und wo – zunächst jedenfalls – Jesus selbst, er allein, Gegenstand unseres Interesses ist bzw. werden will. Erst nach ihm trachten – dann fällt uns das andere zu. Wir sind nicht auf falschem Wege, wenn wir unser ganzes Augenmerk zunächst ganz einfach auf seine Person richten. Darum geht es im Text: An den Sohn Gottes glauben! Für ihn gibt der Vater uns sein Zeugnis (1). Durch ihn gibt der Vater uns das Leben (2).

1. Warum glauben wir eigentlich an Jesus Christus, mit den Worten des Textes: an den Namen des Sohnes Gottes? Es ist vorbei mit der selbstverständlichen tausendjährigen Christlichkeit unseres Volkes. Genau besehen, war es schon immer so: zum Christen wurde man nie dadurch, daß alle Welt Christ war, sondern dadurch, daß es einen selbst ins Herz traf. Das christliche Klima hat – bei aller hier möglichen und sogar unvermeidlichen Selbsttäuschung, es sei mit der Pauschalchristlichkeit aller bereits getan – immerhin die mögliche Begegnung mit der Christusbotschaft enthalten. Christus wurde vielfältig genannt, gepredigt, gemalt, besungen, bedacht. Beim Hören der Matthäuspassion oder – man denke an Zinzendorf – in einer Gemäldegalerie konnte es einen treffen. Aber wenn es einen traf, war es ein Wunder, damals nicht anders als heute. Der Glaube muß sich Rechenschaft darüber geben, warum er sich auf Christus richtet. Darin sind wir heute ungefähr so dran wie die Empfänger des 1. Johannesbriefes. Es mußte nicht Christus, es konnte auch irgendein anderer sein, an den man sich hängte. Es hätte vieles sogar für andere, gegen diesen gekreuzigten Christus gesprochen. „Wir sahen seine Herrlichkeit": angesichts des Erdenweges und Schicksals Jesu ein erstaunlicher Satz.

Wir werden auf ein Zeugnis, auf die Aussage eines gewiesen, der uns für Jesus geradesteht. Ein Ausleger schreibt: „Zeugnisse sind dazu da, daß sie ersetzen, was dem, der das Zeugnis hört, an eigener Erfahrung abgeht" (nach Steck, a.a.O.). Der Fall, daß wir auf Aussagen anderer angewiesen sind, ist häufig. Presse und Funk, Informationen in Versammlungen und auf Konferenzen, ein Bericht im Familienkreis, das Hörensagen im täglichen Leben: wir verlassen uns im Normalfalle auf dieses alles, weil kein Mensch in der Lage ist, alles, was er wissen muß, selbst zu erleben oder auch nur nachträglich an Ort und Stelle nachzuprüfen. Wir nehmen der Menschen Zeugnis an (V. 9). Nur geht es denn an, sich gerade in Glaubensdingen auf ein fremdes Zeugnis, von wem auch immer, zu verlassen? Mein Glaube kann nicht von den Erfahrungen anderer zehren. Ich glaube, wie die Kirche glaubt? Ich muß selbst gewiß werden. (Daß an der Auskunft des Köhlers nicht alles falsch ist, braucht an dieser Stelle nicht erörtert zu werden.) Man könnte einwenden: Lebt unsere Christuserkenntnis von der apostolischen Urbezeugung Christi (wir erinnern noch einmal an 1,1ff.), dann sind wir sowieso auf andere, eben auf die Augen- und Ohrenzeugen, angewiesen. In unserem Zusammenhang geht es aber um etwas anderes. Das ἀγγέλιον, das der Glaubende durch die Vorsilbe εὐ- charakterisiert, müssen wir sowieso hören, wenn wir überhaupt Jesus gegenübergestellt werden wollen. Ob daraus Glaube wird, m.a.W., ob wir die Doxa Jesu Christi überhaupt zu Gesicht bekommen, ist eine ganz andere Frage. Wie viele haben ihn vor sich gehabt, ihn gesehen, ihm zugehört, sich vielleicht sogar über ihn verwundert (etwa Joh. 7,40.46), ohne seine Herrlichkeit zu sehen! Von der äußeren Begegnung und Wahrnehmung, für uns: vom Empfangen der auf ihn bezüglichen Informationen im apostolischen Zeugnis, bis zum „Glauben an den Namen des Sohnes Gottes" kann ein weiter Weg sein. Es wäre noch immer ein weiter Weg, wenn wir schon soweit wären, anzuerkennen, daß es sich in Jesus um einen besonders großen, bedeutenden, gütigen, frommen Menschen handelt.

Der Text verweist uns auf Gottes Zeugnis. Gott spricht selbst für den Mann aus Nazareth, für seinen Sohn. Wir haben uns nicht verlesen. Dächten wir von der Plattform des Unglaubens aus, dann müßte uns diese Auskunft absurd vorkommen. Der Unglaube verlangt handfeste oder logisch zwingende Gründe; ihm ist es darum zu tun, im bekannten Bereich, in dem also, was einwandfrei feststeht, den Ansatzpunkt für die neue Erkenntnis zu gewinnen, in unserem Falle: den Grund für unser Christusbekenntnis im Gegebenen zu entdecken. Statt dessen werden wir dahin verwiesen, wo für den Unglauben die Dinge ja gerade unsicher, undurchsichtig, vielleicht absurd sind. Ist Christus das X, dann ist der Gott, der für ihn einsteht, erst recht ein X; man kann beim Auflösen einer Gleichung nicht X für X setzen. So unwidersprechlich dies in seinem Geltungsbereich ist: wo es um Gott geht, stehen die Dinge anders. Das mag dem Fernstehenden wie ein Eingeständnis der Schwäche scheinen. Für den Glaubenden ist die Zirkelbewegung in der Gewißheitsfrage einzig sachgemäß. Nicht *ein* Hoheits- oder Göttlichkeitsmerkmal trägt Jesus an sich, das ihn vor dem Unglauben legitimierte. Weltliches kann weltlich bewiesen werden; Göttliches nur göttlich, d.h.: Gott kann nur einen Selbstbeweis führen, und der Vater kann sich nur auf seine Weise hinter den Sohn stellen. Genau das aber tut er. Man ziehe Joh. 5,31 ff. zum Vergleich heran. Jesus kann sich nicht selbst beglaubigen, sofern er einfach als Mensch vor Menschen steht. Auch daß der Täufer auf ihn hinwies, konnte das Zeugnis Gottes nicht erübrigen. Der Vater bekennt sich zum Sohn. Synoptisch gesprochen: Fleisch und Blut kann es nicht offenbaren, aber der Vater im Himmel tut es (Matth. 16,17). Johanneisch: „Niemand kann zu mir kommen, es sei ihm denn von meinem Vater gegeben" bzw. „es sei denn, ihn ziehe der Vater" (Joh. 6,65.44). Das heißt aber: es findet hier kein „Beweis" im Sinne eines Beweisganges statt. Es wird nicht mit Tatsachen gearbeitet, die kein Mensch bestreiten kann, auch nicht mit Argumenten, die allen Widerspruch unweigerlich zum Verstummen bringen. Etwas ganz anderes passiert: Für den unscheinbaren Jesus, für den Heiland der Verlorenen, für das „Lamm Gottes" (Joh. 1,29), für den Bringer des Lebens spricht Gott auf seine stille, lautlose Weise so bezwingend, daß es für uns kein lästiges Überwundensein gibt, sondern nur eine staunenerweckende Entdeckung, die Erfahrung des Geliebtseins trotz allem, die große Freude eines Begreifens über alle Vernunft. – Wir erörtern das so ausführlich, weil die Menschen um uns her immer wieder nach Beweisen fragen. Man kann so fragen nur, solange man draußen steht. Wir können nur klarzumachen suchen, daß ein solcher Beweis in demselben Augenblick, da er gelungen wäre, als gescheitert bezeichnet werden müßte. Wir sind hier machtlos und verlegen, zum Glück; denn demonstriert werden kann alles andere, nur nicht Gott. Gott kann seinen Sohn nur selbst bezeugen, aber er tut es auch wirklich.

Wie? „Wer an den Sohn Gottes glaubt, der hat die Zeugenaussage (Gottes) in sich" (V. 10). Wir könnten, dogmatischer Tradition folgend, vom testimonium spiritus sancti internum sprechen. Daß einer glaubt, kann er nur auf dieses Werk Gottes im eigenen Inneren zurückführen. (Gottes Zeugnis = des Geistes Zeugnis; die Kirche lehrt mit Recht die Homousie der dritten Person der Trinität.) Wir haben eben ἐν αὐτῷ, wie in der Koine möglich, wie ἐν αὐτῷ = ἐν ἑαυτῷ verstanden. Wie aber, wenn das „in ihm" so, wie es dasteht, ernst gemeint wäre? Dann ergibt sich die paradoxe Aussage (die Zirkellinie kehrt in sich zurück!): Dieses den Sohn beglaubigende Zeugnis des Vaters vernehmen wir nirgendwo anders als eben in dem, für den der Vater Zeugnis gibt, in Christus! Schauen wir in die der Perikope vorausgehenden Verse, so scheint sich diese Auffassung zu bestätigen: die drei Zeugen Geist, Wasser und Blut sind eins. Wasser: die Taufe. Blut: das Kreuzesleiden, im Altarsakrament vergegenwärtigt. Der Geist redet nicht von sich selber, sondern nimmt, was er sagt, von Jesus und verklärt ihn (Joh. 16,13f.). Das heißt für uns: Wir entdecken das Geheimnis der Person Jesu eben gerade so, daß wir ihm begegnen wie irgendeinem anderen Menschen; das Zeugnis Gottes widerfährt uns in dieser Begegnung. Der alte Hermann Rathmann († 1628) war im Irrtum, als er lehrte, das Zeugnis des Geistes widerfahre uns unabhängig von dieser Begegnung, d.h. für uns: unabhängig vom verkündigten Wort. Wir können jedem nur raten, der an Jesus nicht zu glauben vermag, er möge ihm nur auf der Spur bleiben und Erfahrungen mit ihm machen; eines Tages wird es ihm aufgehen, wer Jesus ist. Er wird merken, daß Jesus nicht eigenmächtig daherredet, sondern in höchster Autorität. Er wird merken, wie er geliebt wird – nicht von irgendwem, sondern von dem, „der von Anfang war" (1,1; 2,13). Er wird merken, wie sich in Jesu Unscheinbarkeit die höchste Majestät verbirgt – nicht unnahbar und kalt, sondern auf der Suche nach den Sündern. Wer merkt, was hier geschieht, sieht eine unsichtbare Doxa leuchten.

Der Text läßt nichts von der Sorge erkennen, diese innere Beglaubigung könnte ausbleiben. Im Gegenteil, seine Sorge ist die, wir könnten dieser Beglaubigung Widerstand entgegensetzen. Wir würden in diesem Falle Gott zum Lügner machen. Hier ist anders gedacht, als wir gewöhnlich denken. Ein Versagen im Menschlichen kreiden wir dem Menschen an; daß jemand Gott nicht glaubt (V. 10b), kann ihm nach landläufiger Auffassung nicht angerechnet werden. Es mag in der Tat sein, daß jemand nicht glauben kann, sofern es ihm wirklich nicht gegeben ist. Aber diesen Fall faßt der Text nicht ins Auge. Es könnte viel eher sein, wir könnten glauben und wollen nicht. Damit deklarieren wir Gott zum falschen Zeugen, zum Lügner. Das ist „die Sünde zum Tode" (V. 16), die Lästerung des Heiligen Geistes (Mark. 3,29), die einzig unvergebbare Sünde; denn wer die Hilfe Gottes ausschlägt, dem ist dann nicht mehr zu helfen.

2. An den Sohn Gottes glauben! Durch ihn gibt uns der Vater das Leben. Das „Leben" im neutestamentlichen Sinn ist die Lebendigkeit, die wir in der Gemeinschaft mit Gott haben. Also ist nicht nur das natürliche Leben gemeint, das sich in Bewegung, Stoffwechsel, Fortpflanzung und vegetativen Vorgängen äußert bzw. in all dem besteht. Man kann tot sein, obwohl

man am Leben ist (Matth. 8,22; Luk. 15,24.32; Kol. 2,13; Eph. 2,1.5; 5,14; Apok. 3,1; 1. Tim. 5,6). Man kann leben, ob man gleich stirbt (Joh. 11,25, vgl. auch Kol. 3,3f.; Röm. 8,2; 2. Tim. 1,1). Wir müssen versuchen, die Raumtiefe des Wortes ζωή der Gemeinde anschaulich zu machen. Damit entgehen wir auch der Gefahr, den Namen Jesu eine bloße Vokabel sein zu lassen. Melanchthons Formel hat hier ihr ungeschmälertes Recht: beneficia Christi cognoscere.

Wer wollte nicht *leben*? Man kämpft, man läuft um sein Leben. Es gibt eine kreatürliche Angst, es zu verlieren. Sollte die neutestamentliche Rede vom Leben etwa nur die sublimierte Form dieses natürlichen Verlangens nach Leben sein? Wir sollen, wenn es bei uns schon so ist, Besseres empfangen. Christus verlängert nicht bloß unsere Lebenszeit – meinetwegen bis ins Unendliche. Man denke sich einen, der zum Tode verurteilt ist, dann aber zum Freiheitsentzug auf Lebenszeit „begnadigt" wird. Vielleicht bittet er sogar um die Gnade der Todesstrafe. Wer nach dem Leben fragt, das diesen Namen verdient, fragt nach einer bestimmten Qualität des Lebens. Leben, das wert ist, gelebt zu werden! Also viel mehr als die biologischen Funktionen des „Lebens", mehr auch als ihre höchsten Steigerungen (Prasser, Feinschmecker, Liebeskünstler u.ä.). Nicht, daß der Prediger jetzt zum Schlag ausholen sollte, um dies alles verächtlich zu machen. Gott hat seine Schöpfung lieb. Zum rechten, sinnvollen, bestimmungsgemäßen Gebrauch stehen uns alle Gaben Gottes zur Verfügung. Aber wir sind in der Art, Gottes Gaben zu gebrauchen, nicht im reinen. Wir spüren, daß das, was wir gemeinhin haben, noch nicht das „Leben" ist. Rührend, dem zuzusehen, wie wir uns – man denke an die Silvesterfeier, den Fasching oder ähnliche Erscheinungen – danach ausstrecken und abhetzen. Ekstase, das „Heraustreten" aus sich selbst, das Verlangen, ein anderer zu sein – und sei es in der Verkleidung eines Maskenballes –, ist Ausdruck des Ungenügens und der unbefriedigten Sehnsucht. Wieder holen wir nicht zum Schlag aus, als könne man sich über solches alles nur moralisch entrüsten. Statt Konfetti lieber ein Besuch in der Gemäldegalerie, statt Liebe lieber das Wohltemperierte Klavier, statt Knallbonbons lieber Kantsche Ethik? „Brave" Maximen sind noch nicht das Evangelium! Wir wollen nicht eine Engherzigkeit durch die andere ersetzen.

Wer an den Sohn Gottes glaubt, weiß, daß er das Leben hat. Die Schöpfung hat das Leben nicht in sich, sie empfängt das Leben und bedarf seiner immer neu. Vom Menschen gilt es im besonderen Sinne. Er hat sein Leben im Vollsinn des Wortes immer nur im Gegenüber zu seinem Gott, in der Gemeinschaft mit ihm. „Bei dir ist die Quelle des Lebens" (Ps. 36,10). Die Bibel lehrt uns, unsere Bestimmung und damit auch unsere Menschenwürde darin zu sehen, daß wir von Gott angeredet und zur Antwort aufgerufen sind. Wer dies sieht, dem ist klar, warum es nicht genügen kann, das Leben im Trubel und Rausch, oder meinetwegen sogar bei Leonardo da Vinci, Bach und Kant zu suchen. Nichts gegen dies alles! Wir konzedieren, wem es wirklich Spaß macht, auch Papierschlangen und Knallkörper. Aber wie, wenn das Kind seinen Vater nicht mehr kennt? Wie, wenn es nicht mehr mit ihm redet? Noch einen Schritt weiter: Wie, wenn das Kind seinen Vater gar nicht mehr kennen, wenn es mit ihm nicht mehr reden *kann*? Unsere Beziehung zu Gott ist nicht von ungefähr gestört. Wo Schuld ist, da ist schon unter Menschen „dicke Luft". Weil wir wissen, daß wir es mit Gott verdorben haben, gehen wir gar nicht erst zu ihm hin. Schon wenn wir uns nicht darüber im klaren wären, wie tief der Graben ist (und wir *sind* uns nicht im klaren): wir haben Gott gegenüber mindestens das „ungute Gefühl", nicht willkommen zu sein. In Wirklichkeit ist unsere Lage ungleich ernster. – Aber da ist Christus! Nicht wir haben Gott geliebt, sondern er hat uns geliebt und seinen Sohn gesandt zur Versöhnung für unsere Sünden (4,10). Der Konflikt ist behoben. Das Kind darf wieder zum Vater gehen. Wo unser Ursprung ist, dort sind wir wieder zu Hause. Das ist das Leben. Dies muß uns geschrieben, es muß uns – VV. 6ff. – immer wieder bezeugt werden Wir haben das Leben, indem wir es immer neu empfangen. Wir sahen: die Leser werden auf ihren Glauben angesprochen und zugleich zum Glauben gerufen. Sie haben das nötig. Das Wort schafft die Verbindung. Ein Strohhalm nur? Kann sein, wir spüren nicht viel von diesem „Leben". Aber der Strohhalm ist fester als ein Drahtseil. Das Leben haben wir im „Sohn", für den Gott selbst sich als „Zeuge" einsetzt.

2. Sonntag nach Epiphanias. 1. Kor. 2,(1-5)6-12

Im größeren Rahmen der Kapitel 1–4 bildet 2,1-16 eine Einheit. Das wird am deutlichsten daran, daß V. 13 den Gedanken von V. 1 erneut aufgreift und die VV. 14–16 den Erörterungen von VV. 6ff. sachlich parallel laufen. Ob wir die in () stehenden Verse mit vorlesen oder nicht, beachtet werden muß für das rechte Verständnis auf jeden Fall das gesamte Kapitel. – V. 1: „Auch ich" vgl. 1,26ff.: Paulus will nicht mehr gelten als die Korinther, er paßt mit seiner Botschaft zu ihnen. ὑπεροχή = Überlegenheit (die man wahrscheinlich an anderen rühmte). Die großen ägyptischen Textzeugen lesen μυστήριον (vielleicht in Angleichung an 2,7; 4,1); die Abendländer und B bieten μαρτύριον (vielleicht in Angleichung an 1,6). J. Weiß und Lietzmann, auch Wendland, setzen sich für μυστήριον ein (vgl. auch, was V. 6 zu τέλειοι zu sagen ist). – V. 2: Vgl. 1,18ff. „Jesus Christus – und (zwar) diesen als den Gekreuzigten". – V. 4: Textüberlieferung zeigt eine Reihe Abweichungen, für das Verständnis ohne Belang; Nestletext durch B und die ursprüngliche LA des Sinaiticus gut bezeugt. – V. 6: Die τέλειοι sind die, die in den Mysterienkulten (s.o.) die höchsten Weihen empfangen haben. Paulus nimmt das Vokabular der korinthischen Schwärmer auf: σοφία, μυστήριον, βάθος, πνευματικοί u. a. „Weisheit" ist (nach U. Wilckens, ThWNT VII, S. 520) nicht Heilsplan, sondern Heilsgut, nach 2,7 „von Gott im Himmel zu unserer (eschatologischen) Verherrlichung bereitgehalten" (ebd.). Sie ist aber zugleich mit dem „Herrn der Herrlichkeit" identisch (V. 8). Denen, die sich zum exklusiven Kreis der τέλειοι rechnen (vgl. aber 3,1), predigt Paulus gerade die andere „Weisheit", die des Kreuzes. – V. 6: Die Archonten haben die Verhüllung Christi bei seinem Weg zur Welt nicht durchschaut: so haben sie Christus ans Kreuz gebracht, nicht wissend, daß sie sich damit selbst vernichten. Es mag angemerkt sein, daß J. Schniewind („Die Archonten dieses Äons", Nachgelassene Reden und Aufsätze, Berlin 1952, S. 104) meint, an dieser Stelle bedeute das Wort – im Unterschied zu sonstigem paulinischem Sprachgebrauch – die Vornehmen, Führenden, Gebildeten unter den Menschen. – „Herr der Herrlichkeit", „spätjüd. Gottesprädikat" (Käsemann): dem Paulus liegt der Gedanke fern, Jesus könnte erst durch die Auferstehung zu der so bezeichneten Würde erhoben sein. – V. 9: Das Zitat klingt an Jes. 64,3 nur an. Nach Origenes ist die Elia-Apokalypse zitiert (das Diaspora-Judentum kannte, sofern man schon davon sprechen kann, einen weiteren „Kanon"). – V. 10: βάθος = Tiefe, Abgrund, Verborgenheit. Die Gnosis kann Gott das β. nennen. Vgl. Röm.11,32: Menschen können die Tiefe Gottes nicht begreifen. – V. 11: πνεῦμα ist hier der (natürliche) Menschengeist. Es gibt auch einen „Geist der Welt" (V.12). – Zum Ganzen vgl. E. Käsemann, Meditation zu 1. Kor. 2,6-16 in GPM 1949, S. 28ff., auch in EVuB I, S. 267ff., und noch immer: K. Barth, Die Auferstehung der Toten, München 1925, bes. S. 2–10.

Es wäre eine umfangreiche, in einer Predigthilfe keinesfalls zu lösende Aufgabe, die historischen, insbesondere die religionsgeschichtlichen Hintergründe unseres Kapitels umfassend aufzuzeigen; die Aufgabe wäre schon deshalb unlösbar, weil der Praktische Theologe hier weniger als anderwärts auf einem Konsensus der Exegeten untereinander aufbauen kann. Auf die Predigt wirkt sich diese Verlegenheit, wie mir scheint, nicht so stark aus, wie man zunächst fürchten muß. Immerhin bedarf das, was zur Ausrichtung der Textbotschaft an die Gemeinde und zur Verdolmetschung zu sagen ist, einer Skizzierung des vorausgesetzten Textverständnisses.
Man hat darauf hingewiesen, „daß Paulus sich selten so stark gnostischer Terminologie und Motivation bedient hat wie in diesem Abschnitt" (Käsemann, a.a.O.), freilich so, daß er die Sprache der Gnostiker spricht, nur um ihnen vom Evangelium her zu widerstehen. In der sprachlichen Angleichung, die ja immer auch eine gedankliche Akkommodation bedeutet, geht er erstaunlich weit. Man prüfe die Sätze von V. 6 an durch: das meiste könnte der Gnostiker mitsprechen (wichtiges Material zur Gnosis übersichtlich bei R. Bultmann, ThNT § 15). Nur würden beim Gnostiker alle Sätze in einem anderen Zusammenhang stehen und damit etwas anderes bedeuten. Es ist nicht damit getan, daß Paulus ein paar häretische Sätze zu Papier bringt, die irgendwelchen Leuten in Korinth anzukreiden sind und die Grundlage für ein Anathema bilden. Die Lage ist komplizierter, die Gegenwirkung des Apostels bei allem Ernst viel behutsamer. Sieht man Kap. 2 im Zusammenhang von 1,10 bis 4,21, dann ergeben sich folgende Gesichtspunkte. In Korinth gibt es Spaltungen, die nicht sein sollten. Bei massiver Irrlehre muß man sich trennen, hier offenbar (zunächst) nicht. Man sollte zusammenbleiben, indem man sich auf den gemeinsamen Boden besinnt, auf dem man steht oder doch stehen sollte. Was trennt? Die Parteien nennen sich nach Männern (1,12; 3,4). Wie es scheint, verbinden sich mit den genannten Namen nicht fundamentale Abweichungen in den Lehren. Apollos ist (nach 3,5; 16,12) als Diener Gottes und Mitarbeiter bzw. Nacharbeiter des Paulus anerkannt und in Ehren. Nicht, was er tut und lehrt, ist anstößig, sondern die Einschätzung, die ihm wie den anderen (wahrscheinlich unfreiwilligen) Partei-Heroen widerfährt. Es geht gegen das Star-Wesen in der Kirche, gegen den Personenkult. In dem Schwören auf bestimmte Na-

men offenbart sich eine irrige Bewertung dessen, was Menschen – kraft ihrer natürlichen Beschaffenheit und Begabung – einzusetzen haben. Es wird teils direkt, teils per negationem deutlich, wovon man sich blenden läßt: Weisheit, Schriftgelehrsamkeit, Disputierfreudigkeit, ein Streben nach der Weisheit dieser Welt (1,20), wie sie besonders von den Griechen geschätzt, begehrt wird (1,22), Überlegenheit der Rede (2,1), ihre Überzeugungskraft, also ihre Schlüssigkeit und Einsichtigkeit (2,4). Die Korinther schwören auf den, der es ihrer Meinung nach am besten kann. „Dieses Äons", „dieser Welt": darin drückt sich aus, daß jeweils nicht an den Geist als Gottes eschatologische Gnadengabe gedacht ist, sondern an das, was der „natürliche", der „psychische" Mensch vermag (2,14). Die Gnostiker werden damit auf etwas hingewiesen, worin sie selbst nicht viel anders zu denken meinen: Psychiker wollen sie ja eben gerade nicht sein, sondern Pneumatiker. Nur besteht ihr Irrtum darin, daß sie das Pneuma eben gerade nicht als eschatologische Gnadengabe verstehen, sondern meinen, es gehe „durch die Menschheit von vornherein (!) jene Scheidung zwischen denen, die den Lichtfunken in Innern tragen, den Pneumatikern, die – gnostisch gesprochen – φύσει (!) σωζόμενοι sind, und den ψυχικοί oder σαρκικοί, denen das himmlische Selbst fehlt" (Bultmann, a.a.O., S. 171). Gnosis ist, trotz der Berufung auf das Pneuma, natürliche Theologie: erlöst werden die göttlichen Lichtfunken, die von Hause aus, φύσει, in den Bevorzugten vorhanden sind. Die Erlösung ist Befreiung dessen, was der natürliche Mensch, sofern er zu der gnostischen Elite gehört, bereits in sich trägt. Schlatter hat darauf aufmerksam gemacht, daß gnostische Überheblichkeit und jüdischer Gesetzesstolz nur zwei Gestalten ein und derselben Sache sind. Von daher wird deutlich, wie es zum Starwesen bzw. -unwesen in der Kirche kommen kann. Besteht das Heil darin, daß eine vorhandene Anlage, der im Humanum eo ipso gegebene göttliche Lichtfunke, entwickelt und befreit wird, dann wird man sich an die hängen, die, wie man urteilt, dieses Divinum-Humanum am eindrucksvollsten verwirklichen. Dann ist das Evangelium „Religion" im Sinne der höchsten Aufgipfelung des Menschlichen. Dann denkt und verhält man sich „aristokratisch", sieht also herab auf die, die den Funken nicht haben. Dann nennt man sich τέλειος – man hebt sich von den anderen dadurch ab, daß man die höchsten Weihen hat. (Paulus weist darauf hin, wie widersinnig ein solches Dünkel-Denken gerade in einer Gemeinde wirken muß, die so zusammengesetzt ist wie die in Korinth.) „Eifersucht und Zank" (3,3) in der Gemeinde können dann nicht ausbleiben; man „bläst sich auf" (4,6). Man weiß ja, was man den anderen voraushat. Die Weisheit und Erkenntnis, deren man sich rühmt, ist das Göttliche im natürlichen Elitemenschen. Bei allen Differenzen im einzelnen wird man den hier obwaltenden Irrtum in der Kirchengeschichte in mancher anderen Erscheinung wiederfinden: da etwa, wo jemand unter Verzicht auf Gottes Offenbarung im Fleisch kraft seiner naturgegebenen Homousie mit Gott sich auf ekstatische Erlebnisse, Visionen, Auditionen und Inspirationen beruft (Paulus: „nicht über das hinaus, was geschrieben ist", 4,6); da auch, wo jemand durch allerlei „praeparationes" in sich den göttlichen Funken anzufachen sucht (Mystik); da endlich, wo einer, gut idealistisch, meint, im gottverwandten Menschengeist komme Gott zum Bewußtsein seiner selbst (oder wie immer ein Idealist dies ausdrücken mag). Hier ist nicht nur die Offenbarung Gottes im Fleiscn, hier ist insbesondere das Kreuz verleugnet. Hier weiß man nicht mehr, daß wir, einstweilen noch, darauf angewiesen sind, Gott nicht direkt, sondern in der Verhüllung des Kreuzes zu erkennen. Die Gnostiker könnten es besser wissen. Daß der Erlöser, indem er seinen Weg vom Himmel zur Erde und von dort zum Himmel zurück geht, in das Gewand eines irdischen Wesens verkleidet, also unkenntlich ist (Bultmann, a.a.O., S. 170), daß er eben darum von den Archonten umgebracht worden ist, obwohl diese damit sich selbst den Untergang bereiteten, das haben ja auch die Gnostiker gelehrt. Gott offenbart sich in der Verhüllung. Aber wer gnostisch denkt, wird meinen, die Hülle sei bereits weggezogen; noch anders: wer sich bereits φύσει mit Gott verwandt weiß, der braucht auf den Tag, an dem die Posaune erschallt (15,52), nicht mehr zu warten. Er braucht nicht mehr darauf zu warten, daß die Grenze fällt, die uns von dem noch trennt, was dann sein wird; sie braucht deshalb nicht zu fallen, weil es sie nicht gibt. Während der Apostel noch dem Gekreuzigten in Schande nachfolgt, allem Widrigen und Feindseligen ausgesetzt, sind die Gnostiker „schon satt", „schon reich", leben sie „schon wie die Könige" (4,8-13). Vielleicht meint man auch in Korinth, der Tag des Herrn sei bereits Gegenwart (2. Thess. 2,2), die Auferstehung sei schon geschehen (2. Tim. 2,18) oder, was auf dasselbe herauskommt, sei nicht mehr zu erwarten. Offenbar meinen sie, man müsse und solle „in *diesem* Leben auf Christus die Hoffnung setzen" (15,19), und was eben jetzt bereits vorhanden sei – wenigstens von den Lichtfunken der „gottbegabten Menschennatur" (Goethe) müsse man das sagen –, brauche nicht zu sterben (15,36). Wer am Kreuz vorbei-denkt, kann auch nicht auf die Auferstehung warten. Das ist die natürliche Theologie der gnostischen Pseudo-Pneumatiker.

Der Leser verstehe (und verzeihe), daß wir einen so weiten Anmarschweg zurücklegen mußten. Es bedurfte dieser Rechenschaft und auch dieser Verdeutlichung. – Wie soll man dies aber vor die Gemeinde bringen? Die Epiphaniasthematik, wie sie uns bereits im vorigen Text begegnete, wird weiterbedacht. In vielem kann diese Predigt an die letzte anknüpfen. Bei aller Verschiedenheit der Sprach- und Denkgestalt gibt es doch in den verschiedenen neutestamentlichen Zeugnissen eine erstaunliche Einheit. Der Weg der Predigt könnte durch folgende Stichworte markiert sein: Erkenntnis Gottes – menschenunmöglich (1), gottgemäß (2), gottgeschenkt (3).

1. „So weiß auch niemand, was in Gott ist ..." (V. 11). „Der natürliche Mensch aber vernimmt nichts vom Geiste Gottes" (V. 14). Wir sind von Hause aus gott-blind. Die theologische Erkenntnistheorie des Paulus, die uns in unserm Kapitel dargelegt wird, beginnt, der Sache nach, mit dieser Negation. Wer Röm. 1,18ff. dagegen ausspielen wollte, dürfte nicht vergessen, daß die dort behauptete Möglichkeit der Gotteserkenntnis, der Wahrnehmung des γνωστόν Gottes, seiner Unsichtbarkeit (!), grundsätzlich gilt, faktisch aber, soweit nur das Auge reicht, von allen Menschen verlassen und verkehrt ist. Die Welt hat faktisch durch ihre Weisheit Gott in seiner Weisheit *nicht* erkannt; darum hat sich Gott entschlossen, sie durch die törichte

Kreuzespredigt zu retten (1,21). „Dennoch Weisheit!" (V. 6). Aber eine Weisheit, die die „Weisheit dieser Welt" durchstreicht und aufhebt. Man könnte, was hier gemeint ist, zunächst auf der Ebene des Lehrhaften bedenken. Selbstverständlich ist alle Theorie – auch der Laie hat an ihr Anteil – den Gesetzen der Logik und der wissenschaftlichen Methodik verpflichtet. Insofern wird die Theologie auch immer mit der Philosophie und anderer weltlicher Wissenschaft im Gespräch sein. Das kritische Wort gegen die Weisheit dieser Welt bedeutet keinesfalls eine Herabsetzung der Wissenschaft, die sich sachgemäß eben mit den Dingen der Welt beschäftigt. Es geht hier darum, daß weltliche Wissenschaft einschließlich der religiösen Erkenntnis des natürlichen Menschen für die Wirklichkeit Gottes und seine „Weisheit", also für sein heilschaffendes Wirken und das, was er zu unserm Heile gewirkt hat und noch wirkt, schlechterdings nicht zuständig ist. Gott ist „ganz anders". Wer sich darüber aufregt, daß der natürliche Mensch mit seinen Erfahrungen und Spekulationen nicht zu Gott gelangt, nehme zur Kenntnis: auf diesem Wege kommt er keinesfalls dahin. Und wer meint, vom natürlichen Erkennen her tatsächlich bei Gott angelangt zu sein, dem wird man freundlich, aber entschieden sagen müssen, daß er nicht bei Gott, sondern bei einem Götzen gelandet ist. Der natürliche Mensch ist gottblind. Wer von uns verlangt, einen kontinuierlichen Denkweg von menschlichem Wissen her zu Gott gezeigt zu bekommen, verlangt etwas Unsachgemäßes (wie einer, der verlangt, man solle eine elektrische Spannung mit dem Zollstock feststellen). – Aber das ist nur die Außenseite. Wir kommen der Sache schon näher, wenn wir uns deutlich machen, warum das Evangelium immer befremdlich auf uns wirken wird. Da es sich menschlichem Denken nicht beweisen, sich vor ihm nicht rechtfertigen kann, wird es sich immer in einer gewissen Wehrlosigkeit und Verwundbarkeit befinden. „Torheit", sagen die Griechen (1,23). Da es alles, worauf wir als natürliche Menschen stolz sind, durchstreicht, wird es uns herausfordern und zum Widerspruch reizen. „Ärgernis", sagen die Juden (ebd.). Paulus kam nach Korinth „in Schwachheit und in Furcht und mit großem Zittern" (V. 3). Weil sein Auftreten in Athen – nach Apg. 17,32 – ein Mißerfolg war? Schade, wenn jemand hier nur eine biographisch festgehaltene Zufälligkeit, nicht aber eine theologisch zu begreifende Notwendigkeiten sähe. Es gibt hier mancherlei zu lernen. Missionarische Anpassung an das Verstehensvermögen der Hörer? Ja. Notfalls: Milch, nicht feste Speise (3,2). Aber man täusche sich nicht! Derselbe Paulus, der dies schreibt, erspart den Korinthern in der Sache nichts. Das wäre eine schlechte Verkündigung, die den Leuten nur das sagt, was sie sowieso denken. Indem das Evangelium uns Erkenntnis gewährt, stellt es uns zugleich vor die Grenzen des Begreifens, mehr noch: vor das, was unsern Widerspruch herausfordert. Niemand treibe so Mission, daß er sich von der Bewußtseinslage der Angeredeten abhängig macht, etwa gar im Sinne von 2. Tim. 4,3 f. Rhetorisches Können in Ehren, aber wir verstehen die Sorge des Paulus, es könne damit das Wort vom Kreuz verstellt werden. – Und noch etwas ergibt sich. Wäre Gotteserkenntnis eine Sache des natürlichen Menschen und seiner mehr oder minder großen Begabung, dann käme das Seligwerden aus menschlichem Vermögen – etwas für die

Prominenz! Daß die Korinther den Modepredigern nachlaufen, verrät, daß sie darauf aus sind, so zu denken und zu urteilen, als zählte vor Gott der bedeutende Mensch. Aber vor Gott darf sich kein Fleisch rühmen (1,29). Der soziologische Querschnitt durch die Gemeinde veranschaulicht das, worauf es hier ankommt, in guter Weise (1,26ff.). Paulus fügt sich dem gern ein („auch ich", 2,1).

2. Aber das „menschenunmöglich" ist ja nur die negative Kehrseite dessen, was nun zu sagen ist: „gottgemäß". Paulus denkt nicht daran, den Gnostikern in Korinth an Gotteserkenntnis nachzustehen, im Gegenteil! Man muß nur „vollkommen", d.h. in *dieses* „Geheimnis" eingeweiht sein. Es gibt ja die „heimliche, verborgene Weisheit Gottes" (V. 7). Nur gilt hier, daß Gottes Weisheit allein von Gott selbst erkannt werden kann. Paulus führt seine theologische Erkenntnistheorie des weiteren aus. Man könnte auch sagen: seine Hermeneutik. Wir wissen, daß es zum Verstehen nur dann kommt, wenn die Wissens- und Denkvoraussetzungen des Redenden und des Hörenden aufeinander abgestimmt sind. Vielleicht zieht Paulus den Kreis sogar noch enger: „Welcher Mensch weiß, was im Menschen ist, außer der Geist, der im Menschen ist?" (V. 11). Dies könnte das menschliche Selbstbewußtsein meinen: jeder versteht nur sich selbst. Es könnte freilich auch gemeint sein: Nur ein Mensch kann einen anderen Menschen verstehen. Genau so ist es mit Gott: „niemand weiß, was in Gott ist, außer dem Geist Gottes". Gott kann nur durch Gott selbst erkannt werden. Hier ist, wenn der obige Satz gilt – und er gilt –, alle Hermeneutik am Ende. Was wir können und sollen, ist dies, daß wir in der Bemühung des Dolmetschens alle Begriffe und Anschauungen so verdeutlichen und beleuchten, daß der Empfänger der Botschaft nachvollziehen kann, was wir von diesem prinzipiell Unaussagbaren darum aussagen können, weil Gott Mensch wurde. Dabei ist die Wort- und Veranschaulichungsgestalt des Evangeliums nicht beliebig auswechselbar. Das, was Gottes Weisheit vor der Zeit der Welt zu unserer Verherrlichung vorausgesehen hat (V. 7), was er denen, die ihn lieben, bereitet hat (V. 9), ist das, „was kein Auge gesehen und kein Ohr gehört hat und in keines Menschen Herz gekommen ist" (V. 9). Wir können das, was hier gemeint ist, deshalb nicht angemessen „übersetzen", weil es weder der Sprache des Mythos noch der des modernen Existenzverständnisses angemessen ist. Es geht um die neue Wirklichkeit, der alle unsere Begriffe und Vorstellungen inkommensurabel sind. „Ich glaube, daß ich nicht aus eigener Vernunft noch Kraft ..." Wer Gott ist und was Gott tut, kann nur von Gott selbst begriffen werden. – Es ist wirklich nur ein winziger, und doch alles entscheidender Schritt vom korinthischen Gnostiker zum Prediger des Evangeliums. „Wär nicht das Auge sonnenhaft, die Sonne könnt es nicht erblicken. Lebt nicht in uns des Gottes eigne Kraft, wie könnt uns Göttliches entzücken?" In der Tat, Goethe hat recht: Gleiches wird nur von Gleichem erkannt. Nur das ist eben die Differenz: für natürliche Religiosität besteht die Analogie von Hause aus – der Mensch *hat* die Antenne fürs Göttliche; für den Prediger des Evangeliums steht es fest, daß der verlorene Sünder sie *nicht* hat, es sei denn, er empfängt Gottes Geist. Dann, erst dann, denkt in ihm Gott, erkennt in ihm Gott sich selbst. „Der Geist

(Gottes) selbst gibt Zeugnis unserm Geist, daß wir Gottes Kinder sind" (Röm. 8,16).

3. „Erkenntnis Gottes – gottgeschenkt". Müßten wir uns darauf beschränken, festzustellen, daß Gott nur durch Gott selbst erkannt werden kann, dann könnte, ja dann müßte dies eigentlich bedeuten, daß wir von solcher Erkenntnis ausgeschlossen sind. Aber: „Wir haben nicht empfangen den Geist der Welt, sondern den Geist aus Gott, daß wir wissen können, was uns von Gott geschenkt ist." Die „Erweisung des Geistes und der Kraft" findet statt, so daß unser Glaube nicht auf Menschenweisheit, sondern wirklich auf Gottes Dynamis beruht (V. 5). „Uns hat es Gott offenbart durch seinen Geist" (V. 10). Gottes Geist erforscht alles, auch die Abgründe Gottes (ebd.). Geht Paulus hier nicht zu weit? Hat er sich nicht selbst darin korrigiert (Röm. 11,32f.)? Nein, eigentlich nicht. Er weiß von „unbegreiflichen Gerichten" und „unerforschlichen Wegen", aber er bewundert die Tiefe der Gotteserkenntnis. Er predigt ja den Gekreuzigten. Wo Gott sich der Sünder, seiner ihm abhanden gekommenen und dem Verderben verfallenen Geschöpfe, so annimmt, daß er sein Letztes gibt, *da* wird Gott erkannt. Für die Archonten – seien es nun die „Mächte" oder die „Mächtigen" – war die Erkenntnis *dieser* Weisheit unerschwinglich; sie haben, ganz gegen ihr Vorhaben, noch als Handlanger Tottes wirken müssen, indem sie „den Herrn der Herrlichkeit" ans Kreuz brachten. Sie haben nicht gewußt, wozu es dienen sollte. Indem Christus für uns zur Sünde wurde, damit wir in ihm die Gerechtigkeit würden, die vor Gott gilt (2. Kor. 5,21), ist weggeräumt, was uns den Zugang zu Gott versperrt. Nichts mehr steht zwischen Gott und uns. Und dies nun wirklich *nur* durch Christus. Das bedeutet: Weil es nur auf *ihn* ankommt und nicht auf das, was wir vorzuweisen haben, sind wir *alle* τέλειοι (V. 6). Wohl wissen wir, daß wir es in gewisser Hinsicht auch wieder *nicht* sind (Phil. 3,12); gerade in der Auseinandersetzung mit den Gnostikern von Korinth wird dies nicht zu vergessen sein (wir lassen uns noch einmal an 4,8ff. erinnern). Aber „was Gott bereitet hat denen, die ihn lieben", soll allen gehören. Es fehlt uns an Weisheit und Gerechtigkeit, aber alles, was uns fehlt, ist in Christus für uns (1,30).

3. Sonntag nach Epiphanias. Jes. 49,1-6

Dieses zweite der Ebed-Jahwe-Lieder wird von G. v. Rad und C. Westermann (ATD) als prophetischer Selbstbericht gekennzeichnet (Aufforderung zum Hören, Botenformel, Wort Jahwes an den Redenden). J. Begrich (Studien zu Deutjes., 1938, Neudruck 1963, S. 138) spricht von einem Danklied, wobei selbstverständlich vorauszusetzen ist, daß die kultische Form (Westermann würde sagen: des „berichtenden Lobes") nur imitiert ist. Westermann spricht von drei Phasen: Erwählung, Berufung, Ausrüstung – Verzagen – neuer Auftrag; die Einschnitte sind durch das ו adversativum in den VV. 4 u. 5 bezeichnet. Vgl. 42,1-4. Die Gottesknechtlieder bilden eine eigene Schicht im Deutjes.-Buch. Wer der Knecht ist, bleibt unerweisbar. Ein König? Ein Prophet? Ein Frommer? Das Volk? Jedenfalls: eine Mittlergestalt, als solche möglicherweise Gegenstand „weissagender Rede" (G. v. Rad, ThAT II, S. 270, vgl. S. 285f.).

Zum Ganzen der Ebed-Jahwe-Lieder ferner W. Zimmerli in ThWNT V, S. 664ff. – V. 1: Jer. 1,5. Die Grenzen des menschlich Realisierbaren sind gesprengt. – V. 2: Ausrüstung mit durchdringender und weitreichender Kraft (Schwert und Pfeil). Dazu kommt seine Geborgenheit in Gott (wohl nicht an eine Periode des „Untertauchens" zu denken), vgl. Ps. 17,8; 27,5; 31,21; 64,3. – V. 3: Obwohl „Israel" handschriftlich sehr gut bezeugt ist (die LXX-Handschrift Kennikott, in der es fehlt, kommt dagegen nicht auf), dürfte es Interpretament sein: die älteste uns zugängliche Antwort auf die Frage, wer der Ebed sei. Gründe für diese Auffassung bei Westermann zusammengestellt. Nach V. 5 hat der „Knecht" an Israel eine Aufgabe, also ist er nicht Israel. – V. 4: Ähnlich wie im „Danklied", vgl. Ps. 31,23, die Schilderung der Not, aber auch des Suchens nach Halt bei Gott. – V. 5: Ähnlich wie Jer. 12,1-6 liegt der Trost in einem erweiterten Auftrag. (כֹּה ist mit einem gewichtigen Teil der Überlieferung hinzuzufügen.) VV. 5f.: Botenformel + Apposition + Gotteswort, für Deuterojesaja charakteristisch. Rückführung der Bewahrten Israels und die Aufgabe, „Licht der Heiden" zu sein, vgl. zu letzterem 42,6. Der Text führt auf die individuelle Deutung der Gestalt des Gottesknechtes, jedoch unter dem Gesichtspunkt des von Gott ihm aufgetragenen Dienstes. Vgl. die Konfessionen des Jeremia.

Auslegungen dieses Textes finden sich schon in „Der helle Morgenstern" (S. 51, 1. S. n. Epiph.) und in „Die neue Kreatur" (S. 236, Johannistag). Wir können darauf verweisen und diesmal hauptsächlich auf diejenigen Gesichtspunkte hinweisen, die sich vom Charakter dieses Sonntags her ergeben. Der Ort im Kirchenjahr darf die Auslegung eines Textes nicht belasten. Aber wenn eine Perikopenkommission nicht exegetisch schlecht beraten ist, kann die in der liturgischen Placierung liegende Auslegung eine Hilfe sein. Wir wissen heute besser, als man das früher wissen konnte, daß Dokumente nicht voraussetzungslos verstanden werden, sondern uns auf Fragen antworten, die wir an sie stellen. Stellen wir falsche Fragen, dann müssen wir am Text scheitern und schuldig werden. Aber man kann ja auch sachgemäß fragen. Thema des Sonntags: Der Heiden Heiland. Wir meinen, daß unter diesem Thema der Text sachgemäß zu befragen sein dürfte. Gottes Heil für alle Völker – weil Gott es befohlen hat (1), obwohl es vergeblich erscheint (2), damit alle Welt gerettet wird (3).

1. Der Knecht Gottes spricht selbst. Wir wüßten gern, wer der ist, der hier einen „Selbstbericht" gibt. Es ist offensichtlich derselbe, den das „Präsentationsorakel" 42,1ff. meinte. Es gelingt nicht, die individuellen Züge dieses Mannes soweit zu erheben, daß seine biographisch-historische Identität ermittelt werden könnte. Wahrscheinlich ist das mehr als ein Zufall. „Die Aussagen der Lieder transzendieren doch auf Schritt und Tritt das Biographische ebenso wie alles im geschichtlichen oder gegenwärtigen Raum Mögliche. Das Bild von dem Gottesknecht ... gehört ... in den Bereich der äußersten Wunder, die sich Jahwe vorbehalten hat" (v. Rad, a.a.O., S. 272). Wir sollen den „Knecht" wohl urbildlich verstehen. In den Boten wird etwas von dem Herrn anschaulich, in dessen Dienst sie stehen, vielleicht ohne es zu wissen. „Du sollst mein Heil sein bis ans Ende der Erde." „Mein Heil" (יְשׁוּעָתִי) – darin verbirgt sich der Jesusname; „bis ans Ende der Erde" heißt es im Missionsbefehl der Apostelgeschichte (1,8). Im gesamtbiblischen Rahmen

betrachtet, wird man im „Gottesknecht" mehr als nur *einen* sehen: den Propheten, jeden Boten und Diener Gottes, den Herrn selbst, um seinetwillen zuletzt sein ganzes Volk (das Wahrheitsmoment des Interpretaments V.3).

Ein solcher weltweiter Auftrag ist für israelitisches Denken etwas durchaus Ungewöhnliches. Jahwe ist Israels Gott. Daß es noch andere Götter gibt, wird zunächst nicht geleugnet. Der eine Gott für alle Welt (45,18): das ist ein Durchbruch der Gotteserkenntnis, der für viele geradezu unerhört sein mußte. Aber der Spruch des Propheten läßt keinen Zweifel, daß seine Botschaft und damit auch seine Sendung sich an den ganzen Erdkreis wenden muß. „Die Inseln", für den Israeliten vom Geheimnis des Unerreichbaren, zugleich aber des Fernsten und damit Letzten umwittert (was kommt eigentlich dahinter?), sollen ebenso hören wie die fernen und fernsten Völker. Dichterischer Überschwang? Man hat darauf hingewiesen, daß das Danklied dazu neigt (Ps. 18,50; 22,28.30; 57,10; 103,20-22). Aber V. 6 gibt zu erkennen, daß es mit der Weite des Radius ernst gemeint ist. Das heißt aber: hier wird etwas geradezu Unmögliches ins Auge gefaßt. Bis an die äußersten Ränder der (als Scheibe vorgestellten) Welt soll dieses Prophetenwort vernommen werden? Es geht wahrhaftig nicht nur um die technischen Möglichkeiten der Ausbreitung („Stimme des Evangeliums"). Ein Prophet im Exil spricht. In was für einer Lage! Die Wirklichkeit spricht dem, was hier gemeint und gewollt ist, hohn. Es ist auch nicht daran gedacht, daß der „Knecht" sich nun aufmacht, um als Missionar zu den Völkern zu gehen. Wohl aber ist der Horizont aufgezeigt, in dem alle „Sendung" – im engeren und weiteren Sinne – sinnvoll wird. Es ist ganz ähnlich wie in Matth. 28,18f.: das „darum" von V. 19 verknüpft die beiden Verse, indem es die schlechterdings unerläßliche Folgerung zieht. Die Ränder der Erde sollen hören? Unmöglich – aber Gott hat es befohlen. Die Kirche, wenn sie glaubt, weiß, daß Gottes Heil allen Völkern zugedacht ist. Darum fragt sie nicht: möglich oder unmöglich?, praktikabel oder phantastisch?, erfolgversprechend oder aussichtslos?, sondern: sie gehorcht.

Der Gottesknecht weiß, daß Gott über ihn in diesem Sinne verfügt hat, noch ehe er geboren wurde. Schärfer kann nicht ausgedrückt werden, daß die Sendung, von der hier die Rede ist, nicht als etwas von uns selbst Ausgedachtes verstanden werden kann. Unser Wille? Unsere Liebhaberei?, um nicht zu sagen: unser Spleen? Gottes Befehl! „Ich muß", weiß Paulus (1. Kor. 9,16); auch er ist sich, wie Jeremia (1,5), dessen bewußt, daß die Hand dieses Herrn auf ihm lag, ehe sein Leben begonnen hatte (Gal. 1,15). Es ist nicht in sein Belieben gestellt, ob er Gottes Heil ausbreiten will oder nicht. Und wenn alles dagegen spräche, er müßte es tun – zur Zeit oder zur Unzeit (2. Tim. 4,2). Die Gemeinde Jesu muß es tun. Ist ihr Herr der Heiden Heiland, dann kann ihre Nachfolge nur darin bestehen, daß sie sein Heil in aller Welt verbreitet. In diesem Sinne ist über sie eine Bestimmung getroffen, die aus keinem gegebenen Tatbestand, die also auch nicht geschichtlich ableitbar, sondern in Gottes alles Irdisch-Zeitliche umgreifendem Willen begründet ist.

Und welche Möglichkeiten stehen dem „Knecht", dem Propheten, dem Apostel, dem Missionar, überhaupt der gesandten Kirche zur Verfügung? Der Text will ja von der Ausrüstung sprechen. V. 2 spricht von Waffen: Schwert und Pfeil. Aber nur, um damit zu kennzeichnen, was der Mund des Propheten vermag und ausrichten soll. Nichts anderes hat die Kirche als das Wort, um damit in der Welt vernehmbar zu werden. Nichts anderes *soll* sie haben. Wo in der Missionsgeschichte die Macht dem Wort zu Hilfe kommen sollte, war das Evangelium verraten, handelte der Unglaube, wurde das Wort und eben damit auch Gott desavouiert. Vielleicht deuten wir richtig, wenn wir den Schatten der Hand Gottes und den Köcher als die nicht nur bergende, sondern auch verbergende Umhüllung verstehen, in der die Kraft des Wortes verdeckt ist. Wer von diesem Geheimnis nicht weiß, kann sich hier nur verschätzen. Dieses unscheinbare Wort vollbringt etwas! Es säuselt nicht wie manche gemütvoll-blumenreiche Predigt, die eben damit den höchsten Namen mißbraucht und Gott Schande macht. Es schlägt zu wie ein Schwert und fliegt weit wie ein Pfeil (vgl. Jer. 23,29; Matth. 10,34; Eph. 6,17; Hebr. 4,12). Es trifft das Böse in uns und damit den Bösen, der sich daran freut. Es macht Gott und seiner Herrschaft Bahn. Hätte Gott nicht in diesem Sinne über den „Knecht" verfügt, dann könnte dieser es sich nicht zutrauen, mit dem bloßen Worte gegen alle dunklen Mächte zum Kampfe anzutreten. Aber Gottes Kraft ist in den Schwachen mächtig.

2. Nicht verwunderlich, daß der Knecht der *Anfechtung* ausgesetzt ist (V. 4). Begrich meint, bei Deuterojesaja eine schwere Glaubenskrise wahrnehmen zu können: der Prophet hat den baldigen Anbruch des Heils für alle Welt erwartet, und passiert ist nichts oder fast nichts. „Ich aber sprach: um Nichtiges habe ich mich geplagt, an Leeres (Wüstes, תֹהוּ) und Nebuloses (Nichtiges, Dunst, הֶבֶל) habe ich meine Kraft vergeudet." Jeder Prediger, jeder Missionar muß wissen, daß diese Erfahrung und Bedrängnis nicht ein zufälliges, nur dem oder jenem zustoßendes Mißgeschick sind. Wer im Dienste des gekreuzigten Herrn steht, wird sich, wenn solche Gedanken ihn befallen, nicht wundern müssen. Das schließt nicht aus, daß die Anfechtung ernst werden kann; es gehört ja zu ihrem Wesen, daß man den „Punkt außerhalb", von dem aus man den Zweifel und die Verzweiflung aushebeln könnte, nicht mehr unter den Füßen hat. Es ist ein großer Trost, daß die Bibel uns immer wieder vom angefochtenen Glauben berichtet. Keiner ist darin allein. Sieht man den Heiligen ins Herz (Luther über die Psalmen), dann erkennt man ihre Enttäuschung, Mutlosigkeit, Lähmung. – Aber es geht nicht nur darum, daß wir Schicksalsgenossen finden. Dem „Knecht" wird, wie allen Boten des Herrn, ja, wie der ganzen Kirche Jesu Christi, gesagt, wo der „Punkt außerhalb" nun eben doch zu finden ist, so daß man dort Fuß fassen kann. Fragt man uns: wie kommt ihr dazu, eure Sendung an alle Völker zu behaupten und, allem Widerspruch zum Trotz, damit durchzuhalten?, dann können wir nur sagen: „Meine Legitimation (מִשְׁפָּט) habe ich bei und in Gott" (vgl. Mark. 11,28 ff.). Und steigt in uns die Frage auf, ob sich denn unser Tun verlohne, so wird uns die Antwort: „Mein Lohn ist bei meinem Gott" (V. 4), „weil ihr wisset, daß eure Arbeit nicht vergeblich ist in dem Herrn" (1. Kor. 15,58 – man übersehe nicht, daß mit diesem Wort das Auferstehungskapitel schließt!). Um seines Auftrages willen ist der

Knecht – und das soll ihm Trost sein – „vor dem Herrn wert geachtet", und sein Gott ist seine Stärke (V. 5 Ende).
3. Sinn des Ganzen: daß alle Welt gerettet wird. „Heil" ist ein umfassender Begriff: Hilfe, Rettung, Heilung, Glück. Es geht nicht darum, daß der Ebed sich durchsetzt, sondern darum, daß Israel und allen Völkern geholfen wird. Wir könnten die Aufgabe der Mission getrost auf sich beruhen lassen, wenn es nicht um „Rettung" ginge; wieso es darum geht, versteht freilich nur der, der gemerkt hat, was es mit einem unbereinigten Verhältnis zu Gott auf sich haben müßte. Man kann freilich auch von anderer Seite her denken. „Du bist mein Knecht", sagt Gott, „durch den ich mich verherrlichen will" (V. 3). Es geht um Gottes Gottheit! Man ziehe die johanneischen Stellen über Gottes Verherrlichung durch Jesus und Jesu Verherrlichung durch den Vater hinzu; man kann die Christusbotschaft vom ersten Gebot her verstehen. Die ersten drei Bitten des Vaterunsers gehören so eng zusammen, daß sie nicht nur, wie in der Lukasfassung, auf zwei zusammengedrängt, sondern letztlich als *eine* Bitte aufgefaßt werden können, wie denn das ganze Vaterunser das Gebet um Gottes Reich ist. – Aber das ist gerade der springende Punkt: Daß die Welt gerettet wird, eben darin besteht die Verherrlichung Gottes. Anders gesagt: Daß Gott sich nicht gegen uns, sondern für uns, zu unseren Gunsten, zu unserer Rettung durchsetzt, das ist das Evangelium.
Der Text spricht von der Heimbringung und Wiederaufrichtung des Gottesvolkes, neutestamentlich gesprochen: der Kirche. „Die Stämme Jakobs". hinter dieser Formulierung verbirgt sich die gewisse Erwartung eines unglaublichen Wunders. Seit 721 sind zehn von den zwölf Stämmen untergegangen und verschollen. Gott stellt aber sein Volk wieder her. Dies ist eine der Aufgaben des Ebed. Wir verstehen die Stelle nur dann richtig, wenn wir sie ekklesiologisch verstehen. Armselige, zerrissene, schuldig gewordene, daher mit Recht zerschundene Kirche – Gott will sie wieder erheben und zurechtbringen. – Aber der Text greift (wir sahen: bereits in seinen ersten Worten) viel weiter. Die Verbannten, die diese Worte erstmalig vernommen haben werden, dürften durch sie schockiert gewesen sein. Keineswegs bloß deshalb, weil ihre derzeitige Lage sich ausnehmen mußte wie ein jämmerliches Versagen ihres Gottes und wie seine Bloßstellung und sein Desaster vor aller Welt. Gott verherrlichen – was soll das, wie ist das möglich? Aber nehmen wir an, Deuterojesaja habe recht damit, daß Israels Sache und Geschick nur scheinbar an Gott vorübergehe, in Wirklichkeit aber Gott im höchsten Maße interessant ist und von ihm, der nicht müde noch matt wird, kräftig in die Hand genommen wird (40,27ff.). Nun jedoch einmal im Sinne der Gola gedacht: müßte dies nicht bedeuten, daß Gottes Volk erhoben, die Masse der Gojim aber gedemütigt und gerichtet wird? Eben hierin liegt die Überraschung, daß Gott das Heil *aller* will. Eine Kirche, die sich damit zufriedengäbe, selbst selig zu sein, vielleicht gar sich auf den Tag freute, an dem sie „Ninive" zugrunde gehen sehen wird, soll wissen, daß Gott, der Gott-in-Christus, es ganz anders will. „Der Heiden Heiland" ist das Thema des Sonntags. Der Hauptmann von Kapernaum ist Modell für die vielen, die aus allen Himmelsrichtungen unter die Herrschaft Gottes kommen werden (Wochenspruch). Gott will, daß niemand verlorengehe.

4. Sonntag nach Epiphanias. Kol. 2,8-15

Der ganze Abschnitt besteht in einer einzigen Periode, deren Aufbau Lohmeyer durchleuchtet hat, ohne daß in der syntaktischen Zusammenordnung der einzelnen Teile völlige Sicherheit erreicht wäre. Der Kürze wegen gebe ich (hinsichtlich des Syntaktischen in nahezu sklavischer Übersetzung) das Ergebnis meiner (in Einzelheiten von Lohmeyer abweichenden, vgl. aber ihn selbst!) Analyse wie folgt wieder:

8 *Paßt auf, daß nicht jemand euch entführe*
durch die „Philosophie" und leeren Trug
nach der Überlieferung von Menschen,
nach (der Art der) Weltelemente,
und nicht nach (der Art des) Christus,
9 *denn in ihm* (Christus) *wohnt alle Fülle der Gottheit leibhaftig, und*
in ihm seid ihr erfüllt,
10 der das Haupt ist aller Herrschaft und Macht;
11 *in ihm seid ihr beschnitten*
mit einer Beschneidung nicht durch Menschenhand
– im Ausziehen des Fleischesleibes,
in der Beschneidung Christi
12 – mit ihm begraben durch die Taufe;
in ihm wurdet ihr auch auferweckt
durch den Glauben an die Kraft Gottes,
der ihn auferweckt hat aus den Toten;
13 *auch euch* – tot in Sünden und in der Unbeschnittenheit eures Fleisches –
hat er (Gott) (euch) *lebendig gemacht mit ihm,*
euch erlassend alle Übertretungen,
14 auslöschend den euch belastenden Schuldschein, den Satzungen (ausgeschrieben), der gegen euch sprach;
und diesen (den Schuldschein) *hat er entfernt,*
ihn anheftend ans Kreuz;
15 entkleidend *die Herrschaften und Mächte*
hat er öffentlich bloßgestellt,
im Triumphzug sie einherführend in ihm

Die (die präpositionalen und partizipialen Ausdrücke tragenden) Hauptaussagen sind der Übersichtlichkeit halber kursiv gesetzt (man kann sie zur Not für sich allein lesen); die „eingeschlagenen Nägel", auf die sich (im Subjekt oder Objekt) die folgende Aussage bezieht, sind gesperrt wiedergegeben und in () wiederholt. Es ergeben sich (Lohmeyer) drei Teile: VV. 8.9-12.13-15. – Zum einzelnen: V. 8: συλαγωγεῖν (im N.T. nur hier) = rauben (wir haben übersetzt: entführen). „Mit dem Ausdruck φιλοσοφία ist wahrscheinlich eine Selbstbezeichnung der Irrlehre greifbar"; es handelt sich nicht um Philosophie in unserem Sinne, sondern um „eine Heilslehre mysterienhafter Prägung" (H. Hegermann, Die Vorstellung vom Schöpfungsmittler ..., Berlin 1961, S. 161). Über die Irrlehre in Kolossae außerdem bes. G. Bornkamm, Die Haeresie des Kol., in: Das Ende des Gesetzes, München 1963. S. 139ff., zuerst ThLZ 1948, Sp. 11ff. Zur Sache vgl. bes. 2,4.16-23. Über die „Weltelemente" s.u. – V. 9: πλήρωμα = Fülle, Inhalt, Ganzheit, Vollständigkeit, Vollendung, Zusammenfassung. Im spezifischen

Sinne bedeutet πλ. die obere (pneumatische) Welt im Unterschied zur unteren, sichtbaren Welt, in der christlichen Gnosis etwa die Gesamtheit der 30 Äonen (Delling, ThWNT VI, S. 299). Hier ist nach Delling (ebd.) nicht ein Stichwort der koloss. Irrlehre aufgenommen (anders Lohmeyer im Kommentar), vielmehr liegt selbständiger Sprachgebrauch vor: πλ. = die Wesens- und Machtfülle Gottes. Im Blick auf 2,17 (σκιά – σῶμα) übersetzt Hegermann σωματικῶς = wesenhaft, wirklich. V. 9b: ἐν αὐτῷ (instrumentales ἐν) πεπληρωμένοι führt den vorangehenden Halbvers wortspielartig weiter. – Zu V. 10 vgl. 1,16. – V. 11: Beschneidung vielleicht in der koloss. Haeresie von Bedeutung: durch „nicht mit der Hand gemacht" (vgl. Hebr. 9,11.24) = ewig, himmlisch (Lohmeyer) vereindeutigt Paulus das Bild. Wie „unsichtbare Beschneidung" und „Beschneidung in Christus" parallel sind, so sind es auch „Ablegung des Fleischesleibes" und „Begrabenwerden in der Taufe"; obwohl nicht-manuell, meint die Beschneidung also doch (typologisch) die Taufe. Vgl. Röm. 6,3ff.; Kol. 3,1ff. Ob der ganze Kolosserbrief Elemente einer Taufliturgie enthält und unser Text, wie schon 1,12-20, ein Taufhymnus ist (G. Schille), braucht für uns nicht entschieden zu werden. – V. 12: ἐνέργεια vgl. 1,29, geht nach Lohmeyer „auf die eschatologische Tat Gottes, die bei der Parusie Christi alles in Strenge und Liebe vollendet". Mit V. 13 wird Gott, anschließend an V. 12, zum alleinigen grammatischen und sachlichen Subjekt. – V. 14: Nach Lohmeyer (wie auch altkirchlichen Kommentatoren) wurde der Schuldschein dem Teufel ausgeschrieben; nun zeugt er vor Gott „wider uns", indem wir zur Sünde verpflichtet sind. Diese Verschreibung hat Gott getilgt. – V. 15: „ausziehen" = der Würde entkleiden.

Schon exegetisch macht der Text uns zu schaffen, weil vieles in ihm vorausgesetzt, also nicht erläutert, gleichwohl polemisch umgewendet und dabei gewissermaßen in Anführungsstriche gesetzt ist, wie wir es vorhin mit dem Wort Philosophie getan haben. Erst recht wird unsere Aufgabe schwierig, wenn wir die Aussagen des Textes in die Lebenswirklichkeit unserer Gemeinden übersetzen sollen. Indem wir versuchen, aufzuzeigen, wo das vom Text Gemeinte in unserer Welt und unserem Leben vorkommt, haben wir uns die Frage zu stellen, welche Grundsätze der gedanklichen Transformation uns überhaupt leiten, und damit sind wir mitten im Kampfgewühl der theologischen Auseinandersetzungen unserer Zeit, bei diesem Text noch spürbarer als sonst. Wüßten wir auch, wie dieses Bündel von Aufgaben zu erfüllen wäre und wie die Lösungen aussehen müßten: wie dies auf wenigen Seiten bewältigen? Und für den Prediger: wie dies alles in einer Predigt vor der Gemeinde (denn da kehren ja alle Fragen wieder!)? Es muß dennoch, auf alle Gefahren hin, gewagt werden.

Der Text stellt den Glauben an Christus in einen weiten Horizont. Es könnte sein, wir verstehen unser Christsein individualistisch: Gott und die Seele, oder – schon besser – in einem verengten Sinne kirchlich: Christus und allein seine Gemeinde, – und wir übersähen dabei, daß *Christus* der *Herr des Kosmos* ist. Dies zu übersehen müßte zu unserm Schaden sein. Wir fänden uns im Nu im Ghetto oder gar in einer privatisierten Innerlichkeit, und die Welt wäre sich selbst überlassen, oder aber – da wir ja alle nicht anders leben können und wollen als eben in der Welt – wir richteten uns auf eine mehr oder weniger schiedlich-friedliche Zweigleisigkeit ein: dein Wille geschehe im Himmel, aber nicht auf Erden. Für die Gemeinde in Kolossae kam es ungefähr auf dies hinaus! Christus – ja. Aber für die Welt, für den Kosmos, für die über das eng umschriebene Christsein hinausreichenden Bezirke schienen andere Größen, Mächte, Autoritäten zuständig. Wir werden dem im einzelnen sofort noch nachzugehen haben. Die Zusammenfassung der Antwort, die Paulus gibt, können wir – zur besseren Orientierung – jetzt schon geben: Christus – der konkurrenzlose Kyrios des Alls. Die (von den Kolossern gefürchteten und verehrten) gottwidrigen Gewalten (es wird gleich zu sagen sein, woran da zu denken ist) haben keinen Raum neben ihm (1), kein Recht auf die Seinen (2), keine Macht über sie (3).

1. Hat das Evangelium etwa bloß etwas über den Menschen – über seine Rettung und Erneuerung, seine Bestimmung und seine Hoffnung – zu sagen, nichts aber über die Welt? Ist, wo man evangelisch denkt, die Welt nur Prospekt und Kulisse oder gar noch weniger? Es könnte sein, in Kolossae ist das Evangelium in anthropologischer Verengung gepredigt worden. In das so entstandene Vakuum wäre dann das eingedrungen, was sich selbst „Philosophie" nannte und von Paulus höchst despektierlich als „leerer Betrug" bezeichnet wird. Hier konkurriert eine Lehre von den Weltelementen mit der Botschaft vom Allherrscher Christus. Von Menschen haben die Kolosser es übernommen, nicht in der Christuspredigt empfangen (V. 8). Sie glauben an kosmische Schicksalsmächte: Engel, Herrschaften, Mächte, Kräfte (vgl. Röm. 8,38f.; 1. Kor. 15,24.26; Eph. 1,21; 3,10; 6,12; Kol. 1,16; 1. Petr. 3,22). Was die στοιχεῖα τοῦ κόσμου sind, läßt sich nicht genau sagen. Sind es Gestirnsgeister (Bultmann, ThNT, S. 177)? Ist – umfassend – an die Elemente der Welt (Feuer, Wasser, Luft, Erde, die Grundbestandteile des Kosmos) gedacht (Delling, ThWNT VII, S. 686)? Oder allgemeiner: „das, worauf die Existenz dieser Welt beruht und was auch das Sein des Menschen ausmacht" (ebd., S. 685)? Nach Gal. 4,8f. (vgl. 4,3) sind es Größen, die „von Natur nicht Götter" sind, denen sich die Galater jedoch, als wären sie es, „erneut zuwenden" und „sklavisch dienen" (δουλεύειν 4,3 und 9), wozu dann die Einhaltung eines (gestirnbestimmten) Festkalenders (Kol. 2,16; Gal. 4,10) und asketischer Forderungen (Kol. 2,12ff.), ja überhaupt bestimmter „Satzungen" (2,20, vgl. die δόγματα von V. 14) gehört. – Wir können uns in eine solche Weltsicht schwer hineindenken. Für uns ist die Welt übersichtlich geworden, erforschbar, kontrollierbar, lenkbar. Wir sollten nicht vergessen, daß die Unbefangenheit, die man den Dingen der Welt gegenüber braucht, wenn man sie erforschen will, das Ergebnis einer Entgötterung ist, die wir dem Glauben an den dreieinigen Gott verdanken. Alles Stoffliche samt den Kräften der Natur, auch alle in der Natur wirksamen Gesetzmäßigkeiten sind nicht Götter; der christliche Glaube sieht in ihnen Kreatürliches, Gottgewolltes und von Gott Beherrschtes und Regiertes. Versteht sich: dem Gott gehörig, der sich uns in Christus zu erkennen gegeben und in ihm sich mit uns verbündet hat, der also unser „Freund und Vater" ist und unser Bestes will. Wir werden die Fröhlichkeit eines solchen Glaubens nicht als das Selbstverständlichste von der Welt ansehen. Auch wenn man „weiß", daß es keine Götter neben dem Gott-in-Christus gibt, ist man gegen die Anfechtung nicht gefeit, in der eben dies fraglich wird. Der

Glaube kann sich immer nur *gegen* die Anfechtung durchsetzen: gegen die Angst vor einem Schicksal, gegen das vermeintlich auch Christus nichts vermag; gegen den merkwürdigerweise die Menschen immer wieder umtreibenden Glauben an die Macht der Sterne; gegen einen Fatalismus, der meint, die Atombombe sei mächtiger als Gott, und die Trostpflästerchen des Evangeliums seien der Totalbedrohung der Welt gegenüber, obschon gutgemeint, doch lächerlich. Man könnte noch manches Beispiel dafür anführen, wie sich ein in Christus fundierter Glaube gegen den Heiden-Respekt vor Größen der geschaffenen Welt durchsetzen muß, aber auch durchsetzen kann. Denn die gottwidrigen Gewalten, die die Kolosser am Werke sahen und vor denen – zugegeben oder nicht – heimlich auch modernen Menschen zuweilen graut, haben neben Christus keinen Raum. Wir sprechen damit nicht einem ständig lächelnden Optimismus das Wort; wer Paul Gerhardts Lied „Ist Gott für mich ..." (EKG 250) bis zu Ende durchmeditiert, wird davor bewahrt sein. Aber dies verkündigen wir hoffentlich fröhlich und zuversichtlich, daß es keine ἀρχαί und ἐξουσίαι gibt, gegen die der konkurrenzlose Kyrios des Alls nichts vermöchte, denen gegenüber er sich also geschlagen geben müßte. Er ist „der Herr der Naturmächte" (nach Spieker Thema dieses Sonntags) und auch der Geschichtsmächte. Wir haben keinen Anlaß, wie die Kolosser in Angst und in nomistischem Sklavensinn zu leben.

„Denn in ihm wohnt die ganze Fülle der Gottheit leibhaftig" (V. 9). Ein polemischer Satz, denn er widerstreitet der für die Kolosser anzunehmenden Auffassung, daß es Göttliches und darum Respektforderndes auch außerhalb Christi gebe. Es liegt nahe, dies anzunehmen. Es braucht ja nicht einmal an Götter gedacht zu sein, die der hier gemeinten Gottheit, also dem Vater Jesu Christi, gleichen Rechtes bzw. gleichen Anspruchs entgegengestellt wären. Man könnte ja daran denken, daß das „Pleroma", die das All durchwaltende und insofern auch „er-füllende", „aus-füllende" Dynamis Gottes, außer in Christus noch in anderen Größen des Kosmos gegenwärtig und wirksam ist. Vielleicht muß man sagen: Gott kommt in Christus gnädig – aber anderwärts vielleicht in um so größerer Feindseligkeit? Es könnte in der Tat auch Gottes „Reich" in sich „uneins" sein, wie das Jesus in anderem Zusammenhang einmal ins Auge faßt (Matth. 12,25). In diesem Falle müßte man in der Tat sagen: Jesus genügt nicht, man muß Gott noch von anderer Seite her angehen, denn seine welt-„erfüllende" Dynamis ist in den Weltmächten, den Stoicheia, wirksam. – Nein, sagt Paulus. In Christus – der ganze Gott! Der Gott, der Himmel und Erde füllt (Jer. 23,24), dann aber auf dem Zion Wohnung genommen hat (κατοικεῖ Ps. 67,17 LXX, vgl. V. 9) oder, wie man bei Philo lesen kann, den Logos zu seinem Tempel gemacht hat (Hegermann, a.a.O., S. 107f.), dieser Gott hat in seiner ganzen Fülle in Christus leibhaft bzw. wirklich Wohnung genommen. Noch einen Schritt weiter: Wir, die Gemeinde, sind unsererseits „in ihm", d.h. (s.o.) mit ihm erfüllt oder aber – umgekehrt – in ihn, den erhöhten Christus eingegangen, so daß wir sein Pleroma sind (vgl. Eph. 1,23). Wir haben den auferstandenen Christus doch nicht in weiter Ferne zu suchen, er ist ja allgegenwärtig. Neben ihm ist kein Raum für andere Götter, nicht einmal für eine vermeintlich auf denselben Gott zurückgehende, aber Christus zuwiderlaufende Mächtigkeit und Wirksamkeit irgendwelcher unsichtbar-sichtbarer Gewalten. Der Herr des Kosmos ist *unser* Herr, bei uns und in uns und wir in ihm.

2. Die gottwidrigen Mächte und Gewalten haben kein Recht auf die Seinen (VV. 11–14). Die Gedanken nehmen eine Wendung, deren Bedeutung wir deshalb nicht übersehen und unterschätzen dürfen, weil hier das Evangelium seine Mitte hat. Wieso? Man könnte auf den Gedanken kommen, das bisher Gesagte betreffe einen im wesentlichen intellektuellen Vorgang. Das Neue, das Paulus uns zu sagen hat, bestünde danach in einer Information: Ihr dachtet, ihr seiet auch anderen Göttern, Mittlern oder Mächten noch etwas schuldig; dies war ein Irrtum, der nun beseitigt ist; Christus hat keinen Konkurrenten, also braucht ihr euch auch keiner Macht im Himmel und auf Erden verpflichtet zu wissen. – Es ist nicht so. Wir hätten Paulus schlecht verstanden, wenn wir bei ihm die Meinung voraussetzten, die Stoicheia seien ein Spuk in den Köpfen unaufgeklärter Menschen, und alle Ansprüche, die sie an uns stellen könnten bzw. stellen, seien damit erledigt, daß wir ihr Nichtsein konstatieren. Sie sind zwar nicht im Ernst Gottes Konkurrenten, so leicht es geschieht, daß wir ihnen diesen Rang zuerkennen, also Geschaffenes vergötzen. Sie sind *unter* Gott. Aber es ist mitnichten so, daß der Schöpfungsglaube und das Rechnen mit den Stoicheia und den Engelmächten einander widersprächen. Wie der Satan bei all seiner Auflehnung *Gottes* Teufel bleibt, so sind die Archonten *Gottes* Archonten, sofern sie nämlich – unter dem Vorzeichen des Gesetzes – Werkzeuge seines Zornes sein müssen. Paulinisch gesprochen: Durch Engel hat Gott sein Gesetz gegeben (Gal. 3,19). Satzungen legen die Weltelemente den Menschen auf (Kol. 2,20). Das Gesetz, gewiß heilig, gerecht und gut (Röm. 7,12), uns zum Leben gegeben (Röm. 7,10), ist doch, weil wir Sünder sind, in der Hand der Verderbensmächte unser Verderben. Bin ich dazu verdammt, unter dem Gesetz zu leben – unter seiner Forderung nicht nur, sondern auch und erst recht unter seiner Vergeltung –, dann wird die Sünde in mir durch das Gesetz gesteigert, virulent gemacht (Röm. 7,7-11). Nicht um Sünde zu beseitigen, sondern um sie hervorzurufen, wurde es gegeben (Gal. 3,19). So werde ich unterm Gesetz immer schuldiger – und damit von den Mächten, die mich verklagen, abhängiger, also unfreier. Es ist schwierig, diese Zusammenhänge zu verdeutlichen. Man könnte an den Erpreßten denken, der in Kriminalromanen immer wieder vorkommt: seine Zwangslage besteht darin, daß er allerlei auf dem Kerbholz hat, das sein Gegner – mit stichhaltigen Beweismitteln – jederzeit ans Licht bringen kann. Wüßte derjenige, der das Objekt der Erpressung ist, daß kein Richter ihn verurteilen wird, dann könnte er seinem Widersacher lachend widerstehen. Von daher aber ist die Stelle von dem Schuldschein zu verstehen: Wer glaubt, braucht nicht in den Fängen der unsichtbaren gottwidrigen Mächte zu bleiben, denn was gegen ihn sprach – allerdings so gegen ihn sprach, daß es ihm unweigerlich zum Verhängnis hätte werden müssen –, ist von Gott selbst ausgetilgt. „Wer einmal eine der zahlreichen auf Papyrus erhaltenen antiken Schuldhandschriften gesehen hat, wird das durch Paulus eigenartig ausgeführte Bild von der am Kreuz angenagelten, vorher ausgelöschten und dadurch annullierten Schuld-

handschrift ... begreifen" (A. Deißmann, Paulus, Tübingen 1911, S. 100). Die Rechtstitel, auf die die Mächte pochen, die die Thora gegen mich geltend machen und mich damit gefangenhalten, sind unwirksam geworden. Die Aufhebung der Feindschaft zwischen Gott und mir, d.h. die *Versöhnung*, in der die Anklage des Gesetzes gegenstandslos wird (so daß mir also die *Rechtfertigung* allein aus Gnaden widerfährt), die ist zugleich meine *Erlösung*, d.h. die Befreiung aus den Zwängen der kosmischen Mächte. Was manchem unvereinbar scheint und sich damit angeblich als übertragene Redeweise darstellt, hängt bei Paulus aufs engste zusammen, vgl. auch 1. Kor. 15,56.

3. Dasselbe – wieder im Sinne des Paulus – anders: Wer tot ist, kann nicht mehr geknechtet werden. Und: wer tot ist, braucht keine Schulden mehr zu bezahlen, keine Verträge zu erfüllen usw. Was die Vernichtung des Schuldscheins für den Bereich des Geltenden bedeutet, hat nun seine Konsequenzen im Bereich des Seienden. Wir sind den gottwidrigen Mächten deshalb nicht mehr unterworfen, weil wir – in der Taufe – aus dem Leben, in dem sie etwas zu sagen hatten, herausgestorben sind (Röm. 6,6.7; 7,1-6). Das ist die „Beschneidung Christi": da ist nicht nur ein Stückchen Haut entfernt worden, sondern da hat ein ganzes sündliches, dem Gesetz, seinem Zwang und seiner Vergeltung unterworfenes Leben aufgehört, da hat das neue Leben begonnen. Das ganze Mittelstück der Perikope redet – in auch sonst geläufigen paulinischen Vorstellungen – von diesem Sterben und Begrabenwerden mit Christus und von der Auferweckung mit ihm. Ich, der alte Mensch, auf den die Schreckensmächte noch ihre Hand legen konnten, lebe ja gar nicht mehr; Christus lebt in mir (Gal. 2,19f.), er ist selbst mein neues, noch verborgenes Leben (Kol. 3,3f.). – Gedanken dieser Art werden der Gemeinde vielleicht fremd sein. Wir müssen in der Predigt dem Mißverständnis widerstehen, als gehe es nur um einen Quasi-Tod und ein Quasi-Leben. Das häßliche Kanzelwort „gleichsam" stellt sich so leicht ein. „Mit Christus auferweckt" – damit ist die Befreiung aus dem Gerichtstod gemeint, den wir sterben müßten, wenn wir nicht mit Christus so verbunden wären, daß sein Kreuz schon das über uns ergangene Gericht war und seine Auferstehung bereits unsere Versetzung ins neue Leben (3,1ff.). Daß wir das noch nicht sehen und das Neue noch nicht dingfest machen können, sagt nichts gegen seine Realität. Jawohl: wir seufzen noch nach der endgültigen Befreiung aus dem „Leibe dieses Todes" (Röm. 7,24; 8,23c; 1. Kor. 15,53ff.). Was im Prinzip schon vergangen ist, muß nun auch noch tatsächlich abgetan werden. Da ist noch „ängstliches Harren", auch bei uns. Aber der „fleischliche Leib" ist „abgelegt" (V. 11); heimlich sind wir schon die Kommenden, leben wir schon unsere Zukunft. Auch die Ängste und Leiden unserer letzten Stunde – was immer uns da auferlegt sein mag – können den eschatologischen Menschen, der wir heute schon sind, nicht verwunden: es geht auf jeden Fall, um unseres Herrn willen, hinein in die Auferstehung. Die Überlegenheit Christi über die Verderbensmächte wirkt sich nicht so aus, daß sich – weil alles wieder in Ordnung ist – das Sterben erübrigte, sondern so, daß wir schon in das Neue hineingestorben und -erstanden sind. Die konkurrenzlose Kyriotes des Herrn hat eschatologischen Sinn.

So ist denn auch zu verstehen, was Paulus von Christi Triumph über die ἀρχαί und ἐξουσίαι sagt. Merkwürdiges Wortspiel: uns ist der alte Fleischesleib „ausgezogen" worden (V. 11) – auch die Verderbensmächte wurden „ausgezogen". Der alte Fleischesleib gehörte ja irgendwo hinein in das alte „System", aus dem wir herausgeholt worden sind. „Danksaget dem Vater mit Freuden, der euch tüchtig gemacht hat zum Erbe der Heiligen im Licht und uns herausgerissen hat aus der Macht der Finsternis und uns ‚umgesetzt' hat in das Reich des Sohnes seiner Liebe" (1,12f.). Nun mit dem Bild von V. 15: Da ist Christus aus dem „wunderlichen Krieg", von dem Luthers Osterlied spricht, als der Sieger hervorgegangen. Kühnes Bild, das Jesu Triumphzug so schildert, wie wenn ein römischer Imperator nach dem Sieg feierlich in die Hauptstadt einzieht – die unterworfenen, entthronten, ihrer Machtinsignien „entkleideten", ja schändlich entblößten Könige im Käfig hinter sich her fahren lassend. Alles, wovor uns graut, was es auch sei, hat seine Macht und Würde, sein Tremendum und seine Majestas verloren. Man meditiere das Osterlied EKG 86 – da vernimmt man etwas von dem überlegenen Humor, der sich durch nichts, was uns angst machen könnte, imponieren läßt. Die Überlegenheit des Christus, in dem und auf den hin alles geschaffen ist, bedeutet für uns die „Freiheit eines Christenmenschen", denn der das erste und das letzte Wort spricht, hat sich ein für allemal für uns erklärt.

5. Sonntag nach Epiphanias. 1. Petr. 3,15b-22

Der natürliche Zusammenhang würde die VV. 13–22 umfassen. Daß die VV. 13–15a weggelassen sind, mag dem Bedürfnis nach Kürzung entsprechen, eher noch darin begründet sein, daß in der alten Epistelreihe (5. S. n. Trin.) die Perikope den Abschnitt 3,8–15a umfaßt. Ab V. 18 geht die Paränese in Taufpredigt über; jedoch läßt der Einsatz ὅτι καὶ Χριστός erkennen, daß auch die VV. 18–22 als ein Wort zum Gegenstand der vorangehenden verstanden sein wollen. – V. 15b: ἀπολογία nicht nur Verteidigung, sondern auch, ohne daß sofort an die forensische Situation gedacht sein müßte, Rechenschaft (beides ineinander: Phil. 1,7.16). ἐλπίς hier fast synonym mit πίστις (vgl. 1,21). – Zu V. 16 vgl. 2,12.15. Die Situation des Leidens ist im ganzen Brief vorausgesetzt: 1,6; 2,19ff.; 4,12ff.; 5,9f. – V. 18: ἅπαξ einmal, auch ein für allemal (fast wie ἐφάπαξ Röm. 6,10; Hebr. 7,27; 9,12; 10,10). περὶ ἁμαρτιῶν hat technischen Sinn: LXX übersetzen Lev. 4,14; 16,3; Num. 8,8 den Begriff des Sündopfers mit diesem Ausdruck; so auch Röm. 8,3; Gal. 1,4; Hebr. 10,18. Jesu Leiden hat also den Sinn der Sühne. Es macht für die Deutung nichts aus, ob wir „starb" oder „litt" lesen; für beides stehen gute Zeugen ein. Die Worte σάρξ und πνεῦμα dürfen nicht im Sinne einer dichotomischen Anthropologie verstanden werden, sondern sind theologisch zu verstehen: wie σάρξ den ganzen Menschen meint, einschließlich des Geistigen, so meint πνεῦμα hier göttliche und himmlische Wirklichkeit (vgl. den „pneumatischen Leib" 1. Kor. 15,44). Es könnte indessen sein, daß 1. Petr. bei dem ζωοποιηθείς noch nicht an die Auferweckung gedacht ist, sondern, als „Lebendigmachung im Geist" (Windisch z. St.), an eine Angleichung an den „Zwischenzustand", in dem sich – V. 19 –

die „Geister" im „Gefängnis" befinden. Die Hadesfahrt fiele dann in die Zeit zwischen Jesu Tod und Auferstehung (s. jedoch unten!). Der Gedanke an eine Hadesfahrt der Gottheit ist in der religiösen Umwelt verbreitet, entstanden wohl in Anlehnung an das Untertauchen der Sonne unter den Horizont. Die von 1. Petr. aufgenommene Glaubensformel bzw. das hier zugrunde liegende Christuslied wird, wie auch Eph. 4,8-19, nicht an die Höllenfahrt, sondern an die Erdenfahrt des Präexistenten gedacht haben; 1. Petr. hat das Lied, wie 4,6 zeigt, von der Höllenfahrt verstanden (Bultmann, ThNT, S. 179, 505). Zur theologischen Deutung s.u. – V. 20: Die Parallele Henoch 6ff. läßt bei den „Geistern" in V. 19 an die Engel von Gen. 6,11ff. denken; der Blick gleitet in unserem Text aber sofort weiter zu den Menschen der Sintflutgeneration. Gottes „Langmut" ließ noch Zeit zum Bau der Arche. „Durchs Wasser gerettet": die Sage erzählt, daß Noah sich nicht sofort entschlossen habe, die feste, ob auch schon überspülte Erde zu verlassen und in die Arche zu gehen; man sei durch das schon steigende Wasser zur Arche gewatet. – V. 21: ἀντίτυπος = Gegenbild (im N.T. nur hier). Die übliche Gewichtsverteilung bei typologischer Rede gibt dem neutestamentlichen Heilsgeschehen das Übergewicht; so deutet die Arche auf die Taufe, nicht aber die Taufe auf die Arche (gegen K. Barth, KD IV/4, S. 233). – V. 22: Vgl. die vorangehende Predigthilfe.

Da ein 5. Sonntag nach Epiphanias nur dann vorkommt, wenn der Ostertermin nach dem 21. April (in Schaltjahren nach dem 20. April) liegt (1973, 1984, 2000, 2011) und Reihe IV nur alle sechs Jahre gepredigt wird (1970, 1976, 1982, 1988, 1994, 2000), wird also erst im letzten Jahr unseres Jahrtausends über unsern Text zu predigen sein; mag dann auch die Welt, mag in ihr sogar etwas so Vergängliches wie die „Ordnung der Predigttexte" noch stehen: ein Buch wie dieses dürfte seine Zeit hinter sich haben. Gleichwohl soll, damit alle Gerechtigkeit erfüllt werde, der Text besprochen sein. Man hat immer wieder vermerkt, daß die Gedankenführung des Textes auffällig uneinheitlich und vom Zufall der Assoziationen bestimmt sei. Es könnte sein, der Eindruck verliert sich, wenn man den Gesamttenor des Briefes und dann auch einzelne Beobachtungen in Betracht zieht, die über unsern Abschnitt hinausgreifen. Es fiel uns auf (vgl. die exegetischen Vorbemerkungen), daß die Leiden der Christen und das Verhältnis der Christen zur Umwelt mehr als einmal angesprochen sind. Die Paränese, die sich mit dieser Thematik befaßt, greift immer wieder auf christologische Aussagen zurück: allgemein dort, wo es um den heiligen Wandel geht und im Zusammenhang damit an den Loskauf durch Christi Blut und an Christi Erhöhung erinnert ist (1,13-21); spezieller da, wo Christen in der Gewalt anderer sind und auf den Christus gewiesen werden, der uns ein Vorbild gelassen hat, indem er nicht widerschalt, wenn er gescholten wurde usw. (2,13-25). Das Gedankenschema dürfte an unserer Stelle ganz ähnlich sein. Wie Christen sich zu ihrer Umwelt verhalten, das ergibt sich daraus, wie ihr Herr sich zur Welt verhält – nicht nur in dem Sinne, daß er uns Vorbild ist, sondern auch und besonders darin, daß wir ja selbst die Betroffenen, d.h. aber die von ihm Geliebten sind, darin also ursprünglich in derselben Lage waren, in der sich noch heute die auf sein Helfen und Retten angewiesene Welt befindet. Diese Thematik spitzt sich in der Perikope auf eine bestimmte Weise zu. Man könnte allgemein formulieren: Christen werden auf die Welt in jedem Falle „positiv reagieren" in demselben Sinne, in dem der Herr selbst sich „positiv" zur Welt und zu uns gestellt hat und stellt. Indem wir das Motiv der „Fremdlingschaft" aufnehmen, das in unserm Brief wiederholt vernehmbar wird (1,1.17; 2,11), könnten wir in gewollter Paradoxie reden von der Weltoffenheit der „Fremdlinge". Um ihres Herrn willen (vgl. 2,13) sind sie bereit zur Antwort an die Welt (1), unbeirrbar im Guten gegenüber der Welt (2), offen in der Hoffnung für die Welt (3).

1. Das Wort „Apologie" (V. 15) beschwört eine unfreundliche Vorstellung: die Christen befinden sich immer wieder einmal in der Situation der Angeklagten. Es gab zur Zeit des 1. Petrusbriefes solche, die von den Christen Böses redeten „als von Verbrechern" (2,12), die sie also „schmähten" (4,14) und „verleumdeten" (3,16). So mußten sie sich verteidigen. Es läge nahe, daß sie auf Negatives wieder negativ reagierten (2,23). Wer sich verteidigt, legt sich einen Panzer aus Fakten und Argumenten an, die für ihn sprechen. Ist ihm das gelungen, dann hat er, was er braucht. Es ist verständlich, wenn er, indem er sich verteidigen muß, scharf wird; er muß sich ja seiner Haut wehren. Es wird leicht dazu kommen, daß er den, der ihn beschuldigt, innerlich abschüttelt und sich nicht weiter um ihn bemüht. – „Apologie" hat in unserm Text jedoch einen viel positiveren Klang. „Sanftmut und Furcht" (V. 16): Wer dazu ermahnt ist, wird nicht auftrumpfen, sondern bescheiden und gütig sein. Denn es wird ihm eben um den zu tun sein, der ihn zur „Apologie" herausfordert, der also „Rechenschaft verlangt" – nun eben nicht bloß über die Taten, die er, der zur Rede Gestellte, getan oder vielleicht auch nicht getan hat, sondern „über die Hoffnung, die in euch ist". Eben noch schien es um die Person zu gehen; zur Verhandlung steht aber, wenn man es richtig ansieht, die Sache! „Man wird euch vor Fürsten und Könige führen um meinetwillen, ihnen und den Heiden zum Zeugnis" (Matth. 10,18). Die Apologie – zunächst defensiv – wird zum Zeugnis, zum „Angriff" der Liebe auf den anderen Menschen. Er hat ein Recht, von uns zu erfahren, an wen wir glauben und worauf wir hoffen. Es möchte dann freilich nicht so sein, daß wir – nur mit der uns widerfahrenden Anklage, Verleumdung, Beleidigung beschäftigt – bloß an uns denken (wie komme ich hier heraus?), sondern vielmehr an die Sache, die uns aufgetragen ist. Und es möchte dann allerdings auch nicht so sein, daß wir zwar schon viele „schöne" Predigten gehört und – genossen haben, wenn's gilt, aber nicht Antwort geben können, weil uns niemand beigebracht hat, unsern Glauben in Worte zu fassen, vielleicht auch, weil wir selbst uns nie darum bemüht haben. Das Wort „Apologie" hat uns eben dazu verleitet, vorübergehend speziell an die forensische Situation zu denken. Sie ist ja in der Geschichte der Christenheit der Ausnahmefall. Keiner wird sich wünschen, daß je eine Situation eintrete, in der er sein Christsein vor Gericht bewähren muß. Der 1. Petrusbrief warnt uns auch: „Niemand leide als Mörder oder Dieb oder Verbrecher oder als einer, der sich in eine Sache mischt, die ihn nichts angeht" (4,15); wir haben unsere Freiheit nicht als Deckmantel der Bosheit (2,16). Christen sollen sich nicht scheinheilig auf ihren Herrn berufen, wo sie einfach – fahrlässig oder vorsätzlich – schuldig geworden sind. Unserm Brief ist sehr daran gelegen. Aber damit ist ja die Situation der Apologie

nicht außer Betracht gekommen. Nicht nur, daß jemanden zu Unrecht eine Anklage treffen kann (unser Brief weiß, wie wir sahen, von solchen Fällen). Auch im Normalfall, also unter ganz alltäglichen und friedlichen Bedingungen, sind wir gefordert: von Kollegen und Nachbarn, Freunden und Ratsuchenden, auch von unseren Kindern. Bescheid wissen – Bescheid geben. Das ist die positive Einstellung zum Mitmenschen, der nicht oder noch nicht in der Gemeinde steht und dem wir unser Zeugnis schuldig sind.

2. Unbeirrbar im Guten gegenüber der Welt. Wir haben soeben, im Bedenken der Apologie-Situation, davon bereits einiges gesagt. Daran sieht man, daß der Gedankengang des Briefes an dieser Stelle einer inneren Notwendigkeit folgt. Die Weltoffenheit der „Fremdlinge" muß sich eben daran zeigen, daß sie das Reaktionsgesetz, dem unser alter Adam unterworfen ist, aufbrechen und überwinden. „Vergeltet nicht Böses mit Bösem und Scheltwort mit Scheltwort, sondern dagegen segnet" (3,9; Matth. 5,44 Langtext). Auf einen groben Klotz ein grober Keil? Christus schalt nicht wider, da er gescholten ward; er drohte nicht, da er litt (2,23). Er handelte anders, als wir normalerweise handeln; darin war er *der* „Fremdling" in der Welt, und die Welt hat es ihm nicht abgenommen, sondern ihn gekreuzigt (1,18f.; 2,7f.21.24; 3,18). Zum Anderssein gehört Mut und Kraft. Man kann sich leicht ausrechnen, wohin man kommt, wenn man sich dem Vergeltungsgesetz entzieht. Noch ernster: man müßte erst mit sich selbst fertig geworden sein, wenn man hier ausbrechen wollte; man müßte sich selbst gegenüber „Fremdling" sein. Und man müßte es auf sich nehmen, auch um einer Wohltat willen zu leiden (V. 17).

Eine solche Verhaltensweise steht nicht auf sich selbst. Μᾶλλον ἀδικεῖσθαι ἢ ἀδικεῖν, hat Sokrates gesagt. Man vernimmt es mit großem Respekt. Man möchte fast sagen: wir haben es leichter. Das gute Gewissen, das wir durchhalten sollen (V. 16), ist nicht selbst erworben, sondern Geschenk (V. 21). Wir stehen damit bereits auf dem Boden des Neuen, das nur von der Auferstehung Christi aus begriffen werden kann. Gutes tun – weil *er* uns Gutes getan hat. Nicht reaktiv handeln – weil *er* nicht reaktiv handelte, sondern uns, seinen Feinden, vergeben und unsern Ungehorsam mit Güte, unsere Undankbarkeit mit dem Geschenk aller Geschenke, unsere Verstocktheit mit der Ausdauer seiner Liebe, unsere Abkehr von ihm mit seiner unbeirrbaren Zuwendung zu uns beantwortet hat. Der Gerechte ist für die Ungerechten gestorben und hat sie zu Gott geführt (V. 18). Das ist die Plattform, auf der wir stehen, daß er sich so zu uns gestellt hat. – Dazu kommt, daß wir, wo wir uns zur Lieblosigkeit herausgefordert sehen, nicht mehr taktisch und zweckhaft handeln müssen. Wer darauf angewiesen ist, sich selbst zu verteidigen, wird hart. Wer bedroht, mißhandelt, beschimpft wird (dies die Bedeutungen von ἐπηρεάζειν, V. 16), muß zurückschlagen, es sei denn, er weiß einen, der ihn herauspaukt. Wir werden der Gemeinde klar sagen müssen, daß der Christ dem Getümmel des täglichen Kampfes nicht entnommen ist. Der Text läßt darüber keinen Zweifel. Aber der Christ kann es sich leisten, unter Absehen von allen taktischen Zweckmäßigkeiten lediglich nach dem zu fragen, was sein Herr will, weil er diesen Herrn an seiner Seite weiß. Der Text rechnet damit, daß die „zuschanden werden"

(V. 16), die den Christen unrecht tun, ohne daß diese auch nur einen Finger krumm machen (vgl. 2,23b). – Dies bedeutet dann aber, daß uns im Verhalten gegenüber denen, die es uns vielleicht schwer machen, ganz neue Möglichkeiten gegeben sind: Wir können sie in Freiheit liebhaben. Das Reaktionsgesetz macht unfrei: ich muß mich in meinem Tun von deinem Tun abhängig machen. Wo Christus ist, kann jeden Augenblick ein neuer Anfang geschehen. Daß wir es immer wieder anders gemacht haben, als es im Text steht, bedeutet, daß wir nicht geglaubt, mit Christus nicht gerechnet, ihm vielmehr Kummer gemacht haben. Die Empfänger des Briefes müssen – wie wir – ermahnt werden. Und die Ermahnung ist ein Erinnern. Sie könnten es ja besser wissen! Es mag uns ein Trost sein, daß die Christen des ersten Jahrhunderts offenbar nicht weniger anfällig waren als wir; aber auch das tröstet, daß die neue Freiheit zum Guten nicht nur ihnen, sondern auch uns verkündigt wird.

3. Wenn wir mit dem Bisherigen auf der richtigen Chaussee waren, dann müßte sich erweisen, daß auch bei der schwer verständlichen Stelle von der Hadesfahrt in ähnlicher Richtung gedacht ist. Daß unser Weltbild ein anderes ist als das hier vorausgesetzte, braucht nicht ausgeführt zu werden. Die Sache ist damit keineswegs abgetan. Die Schriftbasis für das „Niedergefahren zur Hölle“ ist schmal; außer 4,6 haben wir allenfalls noch an Apg. 2,27; Röm. 10,7; Eph. 4,9 und Offb. 1,18 zu denken (vgl. aber die exegetischen Vorbemerkungen). Die Versuchung, sich alles mögliche auszudenken, ist groß; es ist aber sicher von providentieller Bedeutung, daß wir nicht mehr wissen. Daß der „Descensus ad inferos“ im Credo zwischen Karfreitag und Ostern steht, soll uns nicht dazu verleiten, daß wir an ein chronologisch fixierbares Geschehnis denken. Die Stelle spricht von der Sintflutgeneration; gerade von ihr, weil z.B. das Henochbuch von ihr sprach. Menschlicher Ungehorsam und göttlicher Gerichtsernst werden an dieser Stelle besonders erschütternd deutlich. Verlorene Welt, könnte man summarisch sagen; nur wenige, nur acht Seelen, wurden gerettet. Nun erweist es sich wiederum als Freundlichkeit der göttlichen Providenz, daß diese Stelle, wie vereinzelt auch immer, wirklich im Neuen Testament steht. Sie antwortet auf die Frage: Wenn Heil und Rettung nur in Christus zu finden sind, was wird aus den vielen, die ihn nicht kennen konnten? Die Frage ist selbstverständlich nicht nur für *eine* Generation zu stellen; sie gilt für alle, die Jesus nicht haben finden können, auch für die, die nach ihm gelebt haben und leben werden, ohne ihm zu begegnen. Die Antwort lautet nicht: Die werden automatisch selig. Sie lautet: Denen ist er auch begegnet, genauer: denen hat er das Evangelium gepredigt (3,19; 4,6), damit sie, wie wir alle, vor die Christusfrage und -entscheidung gestellt werden. Die Erinnerung daran, daß auch Noah „durchs Wasser“ zur Arche gewatet ist, mag deutlich machen, daß das „Schiff“ wohl trägt (Luther, Gr. Kat., Bekenntnisschriften, S. 707), daß aber, wen es tragen soll, einsteigen muß. Soweit trifft K. Barth (a.a.O. – mit einer Auslegung unserer Stelle beendete B. sein großes dogmatisches Werk, ohne es vollenden zu können) gewiß die Absicht unserer Stelle; schwerlich damit, daß die Wassertaufe für ihn nicht Gnadenmittel ist. „Bitte zu Gott um ein gutes Gewissen“ (vgl. ThWNT II, S. 686): was nur

Geschenk sein kann, soll in der Tat von uns erbeten werden. Die im alttestamentlichen Typos angeschaute Taufe „rettet" (σώζει). Diese Rettung aber ist, indem Christus „hingegangen" ist, wirklich *allen* angeboten. Nicht, daß wir uns darauf verlassen dürften, daß *er* geht (πορευθείς, V. 19), und *wir* gingen dann nicht mehr (Matth. 28, 19: πορευθέντες). Aber das sollen wir wissen, daß die, die auf dem von ihm uns befohlenen und gegebenen Wege nicht erreicht wurden, von ihm nicht aufgegeben sind – und wenn es die Menschen wären, die dem grausigsten aller Gottesgerichte verfallen sind, von denen die Menschheit zu erzählen weiß. Henoch ist hingegangen und hat ihnen die Unmöglichkeit der Vergebung verkündet (s. o.). Im Traktat Sanhedrin heißt es: „Die Generation der Sintflut hat keinen Anteil an der zukünftigen Welt und wird nicht auferstehen beim Gericht" (nach Windisch z. St.). Christus geht hin und predigt ihnen die „frohe Botschaft" Das ist der Grund für die Weltoffenheit der Fremdlinge: sie sind offen in der Hoffnung für die Welt; sie geben keinen verloren, weil sie wissen, daß ihr Herr nicht *einen* Menschen verloren sein lassen möchte.

Letzter Sonntag nach Epiphanias. Offb. 1,9-18

Die Berufungsvision umfaßt 1,9-20; daß der Gemeinde die letzten beiden Verse erspart werden, ist zu vertreten. Die Szene beginnt mit einer Audition, geht dann in eine Vision über und endet mit einem Wort des erhöhten Christus. Lohmeyer weist wieder auf rhythmische und strophische Feinheiten hin (s. d.). – V. 9: „Bruder" – J. verzichtet auf Würdebezeichnungen. „Trübsale" – nämlich der letzten Zeit. Statt „am geduldigen Ausharren in Christus" (ὑπομονὴ ἐν Χριστῷ) liest Dionys von Alexandrien (nach Euseb) „am geduldigen Warten auf Christus" (ἐν ὑπομονῇ Χριστοῦ, Gen.obj.), von Zahn, Lohmeyer, Hadorn als ursprünglich angesehen. Die Insel Patmos, von Ephesus etwa 100 km entfernt, nicht ganz 10 km Gesamtumfang, von den Römern gern als Verbannungsort benutzt. διὰ τὸν λόγον – nicht „zum Zweck" seiner Verkündigung, sondern „wegen" seiner Verkündigung verbannt (Sprachgebrauch wie 6,9; 20,4). – V. 10: Verzückungszustand am Herrentag (1. Kor. 16,1; Apg. 20,7), vielleicht zur Stunde des Gottesdienstes (Lohmeyer); κυριακός ist staatsrechtlich eingeführter Terminus für „kaiserlich" (s. u.). Nach 4,1 dürfte die posaunenartige Stimme die eines Engels sein. Posaune: im Judentum heiliges, nur im Gottesdienst verwandtes Instrument, kündet den Anbruch des Eschaton an (Matth. 24,31; 1. Kor. 15,32; 1. Thess. 4,16). – V. 11: Sieben, die Zahl der Totalität. – V. 12: Die hier geschilderte Vision ist der in Dan. 12 in mehreren Einzelzügen ähnlich; auch echtes prophetisches Erleben zehrt von gespeicherter Tradition. Siebenarmiger Leuchter nach Sach. 4,2; Exod. 25,31 ff. Es mag auch daran gedacht sein, daß jede Gemeinde einen Leuchter hat (1,20; 2,5). „Menschensohn" nach Dan. 7,13; vgl. die Menschensohnstellen der Evangelien. Langes Gewand ist Priestertracht. Nur der Hohepriester darf den Gürtel „um die Brust" tragen (Dan. 105,). Jesus als Hoherpriester: eines der zahlreichen Merkmale einer Verwandtschaft zwischen den johanneischen Schriften und dem Hebräerbrief. – V. 14: starke blendende Lichteindrücke. – V. 15 kommt dazu das gewaltige, zunächst unartikulierte Geräusch wie von rauschendem Wasser. (Πεπυρωμένης ist ein grammatisch falscher Genitiv; der Apokalyptiker schreibt nicht in seiner Muttersprache; sonst viele Semitismen.) – V. 16: Seit der frühen Kaiserzeit gibt es Münzen mit den 7 Planeten – Symbol der Weltherrschaft (so seit der frühen Kaiserzeit auf kretischen Provinzialmünzen). Man beachte dazu jedoch V. 20: Jesus Christus herrscht über seine Gemeinden; seine Weltherrschaft „ist ein gleichsam himmlischer Anspruch des Glaubens, aber kein irdischer Besitz" (Lohmeyer z. St.). – „Schwert": Christi Macht liegt, im Unterschied zu der des Kaisers, allein im Wort; aber das Wort hat wirklich Macht in sich (Jes. 49,2; Eph. 6,17; Hebr. 4,12). „Angesicht wie die Sonne": Matth. 17,2 (altes Evangelium des Sonntags). – V. 17: Das Niederfallen wie z. B. Matth. 17,6; 28,4. Lähmender Schreck häufig bei Theophanien (ähnlich wie im Alptraum), vgl. Gen. 32,31; Exod. 33,20; Deut. 5,23f.; Jes. 6,5; Hes. 1,28; Dan. 7,15 u. ö. Handauflegung belebt neu. (Es ist töricht zu fragen, was aus den sieben Sternen – V. 16 – wird, wenn Christus die Rechte zur Handauflegung braucht.) – Das Wort des himmlischen Christus VV. 17f. braucht die höchsten Ehrenprädikate Gottes, „der Erste und der Letzte" vgl. 1,8 und bes. Jes. 48,12; zahlreiche Stellen vom „lebendigen Gott" wie Jos. 3,10; 2. Kön. 19,4; Ps. 84,3; Jer. 10,10; Dan. 6,21. Schon das μὴ φοβοῦ ist Wort Gottes im exzellenten Sinne, etwa Jes. 44,2.6 u. ö. Christus nimmt Göttlichkeit und Präexistenz in Anspruch. Sein Weg: Leben in Gott, Tod, neue, ewige Lebendigkeit. Descensus ad inferos, vgl. die vorangehende Textbearbeitung. Schlüsselgewalt über Tod und Hölle gebührt nach rabbinischer Anschauung allein Gott (Hinweise bei Lohmeyer).

Hätten wir mehr Zugang zu dem, was sich uns in der Meditation, dem empfangenden Aufnehmen mit allen Sinnen und in den Tiefen des Herzens, erschließt, dann wäre uns und unseren Gemeinden ein solcher Text nicht fremd. Wir haben aber, wohl oder übel, damit zu rechnen, daß die Bewußtseinslage des Menschen im technischen Zeitalter dem Verstehen solcher Texte nicht günstig ist. Irgendwie haben wir alle an dieser Fremdheit teil. Eine Vision? Wir würden, wenn sich dergleichen in der Gemeinde ereignete oder Geltung beanspruchte, peinlich berührt sein; vielleicht würden wir gar den Visionär in eine Nervenklinik verbringen. In der Tat: die Geister sind zu prüfen; Kriterium ist das Bekenntnis zum Deus incarnatus und eben damit zu der Nüchternheit, die sich an das hält, was eben „im Fleische" passiert ist. Schwärmerisch ist auch die Christuserfahrung der Apokalypse nicht; sie lebt, wie wir sahen, auf Schritt und Tritt von der Überlieferung und damit vom Glaubensgut der Gemeinde. (Ganz allgemein: nirgends finden sich im Nestle-Testament soviel Fettdruckstellen, also Zitate, wie in der Apokalypse!) – Aber fremdartig könnte uns nicht nur die Weise des Erlebens, sondern das Erlebte selbst sein. Hier werden „Himmel" und Erde zusammengeschaut. Wir meinen natürlich den „Himmel" als den unräumlichen „Raum" Gottes. Wir wissen also, daß man unser Raum-Zeit-Denken nicht unbesehen auf die Wirklichkeit Gottes übertragen kann. Andererseits, wie sollen wir sie uns vorstellen? Gar nicht vorstellen? Der Theologiestudent meint, die Vergegenwärtigung und Übersetzung sei dann gelungen, wenn man, was in der Bibel anschaulich und farbig ausgesagt ist, ins Begrifflich-Abstrakte umsetzt; und mancher bleibt in dieser Hinsicht zeitlebens Student. Aber die Wirklichkeit Gottes und der „Raum", der ihr zugehört, ist durch Abstraktion keineswegs besser erfaßt als durch das Sinnen,

Schauen, Vernehmen, durch das „Schmecken und Sehen" der Meditation und der inneren Schau. Gott ist noch immer „anders", „ganz anders". Wenn wir das nur wissen, dann dürfen wir getrost in der Sprache der Bilder und Schauungen sprechen, wie sie uns in der Schrift gegeben sind. – Es scheint besonders wichtig, daß wir an den Texten der Apokalypse, wenn auch nicht nur an ihnen, wieder etwas lernen können über die *Epiphanie*, die sich im Gottesdienst der Kirche ereignet. Gottesdienst – eine mehr oder weniger gut besuchte Versammlung von solchen, die an Glaubensfragen interessiert sind und sich zu diesem Zweck ein Referat, genannt Predigt, anhören oder gar über den lieben Gott diskutieren? Mitten unter den goldenen Leuchtern ist der Herr zu finden, in göttlicher Hoheit, mit den Insignien des Pantokrator und zugleich mit denen des Hohenpriesters, der für sein Volk bittet und eintritt. Er hat die Sterne in seiner Hand – die Gemeinden bzw. die in ihrem irdischen Bestand und Leben wirksame himmlische Lebendigkeit. Leuchter und Sterne: das Himmlisch-Eschatologische ist mit dem, was auf Erden ist, zusammenzudenken, nein: zusammenzuschauen. Und dieser Christus redet. Was er redet, ist wie ein Schwert. In der armseligen Predigt der Kirche verbirgt sich die Allgewalt dessen, der als „das Wort" (19,13), das er selbst ist, mit dem Wort schafft, regiert, kämpft, befreit. Der ist da, der Tod und Hölle aufschließen kann, so daß, die an ihn glauben, befreit werden zu neuem Leben. Auch dies passiert im Gottesdienst. Wir buchstabieren an dem allen herum; wenn wir uns doch endlich dafür offenhielten, etwas davon wiederzuentdecken!

Vielleicht könnte man die Fülle der Aussagen etwa so ein wenig ordnen: Ihn sehen – das vereint (1), das vernichtet (2), das richtet auf (3).

1. Wir sollten in der Predigt zunächst einfach erzählen: Johannes befindet sich als Verbannter auf der Insel Patmos, der römischen Sträflingsinsel. Wenn man weiß, wer Domitian ist, den die Hofdichter würdelos umschmeicheln („Würdig bist du, zu nehmen das Reich ...", „Herr der Erde", „Unbesiegbarer" usw.) und der sich „Kyrios, Gott und Heiland" nennen läßt: dann wundert man sich nicht, daß die Christen sich solcher Menschenvergötzung widersetzen. Man muß Domitian kennen; er wird seine angemaßten göttlichen Ansprüche mit Gewalt durchzusetzen suchen. Ephesus ist einer der Brennpunkte des Kaiserkultes. Es gibt dort kaiserliche Hohepriester, jährlich wechselnd. „Kaiserliche Tempelhüterin" nennt sich die Stadt. Und in ihr nun, wie auch sonst in Kleinasien, eine christliche Gemeinde (vgl. 2,1ff.)! Es ist zum Zusammenstoß gekommen. Johannes – wir wissen nicht, wer der Träger dieses Namens ist – ist verbannt „um des Wortes und Zeugnisses Jesu willen" (V. 9). Er weiß sich in diesem Leiden nicht allein. Drüben auf dem Festland sind die Gemeinden. Johannes ist „Mitteilhaber an der Trübsal", in der sie sich befinden; freilich auch – sofort nehmen seine Gedanken eine scharfe Wendung – „Mitteilhaber am Reich und am geduldigen Warten auf Jesus", d.h. auf seine Parusie. Domitian wütet, aber hier wird einfach geglaubt. – Es ist Sonntag. Jetzt sind sie zum Gottesdienst versammelt! Da kommt es zu dem Epiphanieerlebnis. Zunächst die Audition: wie Posaunentöne hinter dem Rücken des Apokalyptikers, diesem verständlich als klarer Auftrag. Kündigt sich darin schon der wiederkommende

Herr an? Jeder Name der genannten Gemeinden könnte ihm vernehmbar sein wie ein Posaunenton. Schon ist Johannes innerlich mit den Gemeinden in Verbindung; er wird an sie schreiben (Kap. 3 und 4). Aber die Verbundenheit mit ihnen ist noch enger, als sie ein Sendschreiben herstellen kann. Christus wird sichtbar, mitten unter den Leuchtern, genauer wohl: dort, wo vor dem inneren Auge des Apokalyptikers der siebenarmige Leuchter erscheint. Christus bei seinen Gemeinden! Sieben ist Zahl der Ganzheit. Jetzt, während auf dem Festland Gottesdienst gehalten wird, ist der raumlos-allgegenwärtige Christus in seiner ganzen Kirche realpräsent! Haben sie den Herrn selbst in ihrer Mitte, hat Johannes ihn vor Augen: so sind sie alle in ihm miteinander verbunden. Wissen und bedenken wir das, daß „in Christus", in seiner gottesdienstlichen Epiphanie (auch wenn da nichts zu sehen ist) alle Gemeinden rund um den Erdball zu einem Leib miteinander verbunden sind? Stellen wir uns die (in unseren Altarleuchtern veranschaulichten) unzähligen Lichtpunkte (Phil. 2,15) in der Welt vor? – Wenn man bedenkt, daß die ganze Apokalypse gewissermaßen diese Berufungsvision zur Grundlage hat, dann geht unser Blick weiter zu Kap. 4 und 5 (es genügt einstweilen, diese beiden ins Auge zu fassen), und es wird deutlich, daß himmlischer und irdischer Gottesdienst nicht nur so einander entsprechen wie die sieben Leuchter und die sieben Sterne, sondern daß sie eine große Einheit sind. Jeder Gottesdienst, den wir halten, ist Teilhabe an der großen himmlischen Liturgie, die sich vor dem Thron Gottes, inmitten der Ältesten, der vier „Lebewesen", der Engel, abspielt, in Anwesenheit der Gemeinde der bereits Vollendeten. Für die Himmel und Erde umspannende Einheit des gottesdienstlichen Geschehens vgl. bes. Phil. 2,10; Hebr. 12,22 bis 23; Offb. 5,8.11.13; 7,9-17. Wem das einmal aufgegangen ist, der weiß, daß in jedem Gottesdienst das Eschaton in die Zeit, die Zeit ins Eschaton hineinragt. Er weiß, daß die Gemeinschaft nicht nur das Meer überspannt, das zwischen Patmos und dem kleinasiatischen Festland liegt, sonden alle Meere und Kontinente. Der weiß aber auch, daß, indem Himmel und Erde ineinander übergehen, auch die ecclesia triumphans und die ecclesia militans miteinander Gemeinschaft haben. Das heißt, in unseren Gottesdiensten sind die „vollendeten Gerechten" (Hebr. 12,23) gegenwärtig, die „Wolke der Zeugen" (Hebr. 12,1), die mit uns Gemeinschaft haben. Kein Zweifel, im Gottesdienst sollen *wir* angesprochen und beschenkt werden, und wir sollen *unseren* Glauben in unserer Sprache bekennen. Aber das andere darf darüber nicht untergehen, daß wir mit den Vätern und Brüdern vor uns im Gottesdienst verbunden sind. Dies muß in der Form des Gottesdienstes auch Ausdruck finden – indem wir bewußt auf den Bänken sitzen, die sie vor uns eingenommen haben, ihr Glaubenszeugnis in Architektur, Malerei, gottesdienstlicher Musik, in Psalmen, Bekenntnissen und Gebeten aufnehmen und zum Gefäß unserer eigenen Anbetung und unseres Bekennens machen. Die Zeitkoordinate gehört zum Wesen der Kirche, weil die Kirche zum Eschaton hin offen ist. Ihn sehen – das vereint: in einem noch viel umfassenderen Sinne, als wir uns gewöhnlich klarmachen.

2. Die Christus-Menschensohn-Vision schildert uns den Herrn in einer unvorstellbaren, durch die Details der Vision bestenfalls angedeuteten Herr-

lichkeit. Man vergleiche aufgrund der Angaben von Martial und Sueton die Kaiserliturgie, wie sie besonders in Ephesus gehalten wurde, und man wird verstehen, wie scharf und wie grundsätzlich der Protest ist, den die kleinasiatische Märtyrerkirche in Wort und Tat zur Geltung bringt. Nicht nur das letzte Buch der Bibel, sondern auch andere neutestamentliche Schriften stehen in diesem Bekenntnis zum Pantokrator Christus gegen die lästerliche Selbstapotheose des Imperators auf; die Apokalypse fast durchgängig. Vor uns, in der himmlischen Tempelhalle, der Menschensohn, dargestellt mit kaiserlichen und priesterlichen Insignien, so mit dem Talar des Priesters und mit den (persischem Brauch entsprechenden) Goldbrokatschuhen des Triumphators. Wie die Sonne strahlt sein Antlitz; die Augen leuchten wie Feuerflammen. Die sieben Planeten in seiner Rechten sind Zeichen seiner Allgewalt. Er ist der wahrhaftige „Dominus et Deus" Vor keinem Kaiserbild hat Johannes die Knie gebeugt. Aber vor diesem Herrn fällt er auf sein Angesicht. – Nur der wird einen Text wie diesen richtig verstehen, den der Glanz dieses sonnenhellen visionären Lichtes blendet. Man spürt: die Worte reichen nicht, es zu beschreiben. Wie weiße Wolle, nein: wie der Schnee, nein: wie Feuerflammen, nein: wie glühendes Erz im Ofen! Und man muß das ohrenbetäubende Wasserrauschen vernehmen. „Rex tremendae majestatis!"

„Weh mir, ich vergehe!" (Jes. 6,5). Wenn es uns noch nicht so gegangen ist wie Johannes, dann haben wir diese Erfahrung noch vor uns. Wir hätten das, worum es hier geht, noch nicht verstanden, wenn wir in dem, was die Apokalypse predigt, lediglich den Versuch sähen, allen pomphaften Aufwand des Kaiserkultes und die Messias-Dogmatik der blutbesudelten Gernegroße in Rom dadurch zu überbieten, daß man triumphierend feststellt: Unser Kyrios ist aber *noch* gewaltiger! Hier ist nichts zum Triumphieren. Nicht wir steigern Christus hinauf zu einmaliger Majestät. Er selbst erweist sich als der Ewige, Allmächtige, Heilige. Was aus seinem Munde geht, ist wie ein Schwert. Wer ihn sieht, den wirft es zu Boden, der ist wie ein Toter. Wir werden dem, was hier gemeint ist, nicht dadurch gerecht, daß wir die Dinge in der Predigt mit billigen Mitteln dramatisch steigern. Es geht um eine sehr sachliche, allerdings umwälzende Erkenntnis. Solange ich noch meine, selbst darüber bestimmen zu können, wie Gott sein darf und wie ich mit ihm ins Geschäft komme und einig werde: solange ist mir vom wahren Gott und seinem Christus noch nichts aufgegangen, und solange habe ich ihn noch nicht zu Gesicht bekommen. Wo dies aber geschieht, hört mein Rechthaben auf; und wo das Rechthaben grundsätzlich aufhört, stehe ich auch nicht mehr auf meinen Beinen. In der Religion bestätigt sich der Mensch. Vor Christus wird er „wie ein Toter". Die Religion steckt uns noch viel zu sehr im Blut, als daß wir das wirklich schon hinter uns gebracht hätten. Aber es muß sein. „Sind wir mit gestorben, so werden wir mit leben" (2. Tim. 2,11), anders nicht.

3. Da fühlt Johannes eine Hand. Es ist die rechte Hand dieses Herrn. Dieselbe Hand, die Jesus dem Thomas gezeigt hat: mit Nägelmalen (in der Apokalypse etwas anders ausgedrückt 5,6). Sollte es uns vor dem Augenblick grauen, in dem wir ihn erstmalig sehen werden, „wie er ist" (1. Joh.

3,2)? Wir können uns diesen Augenblick nicht vorstellen. Es wird nicht leicht werden. Wird jemand gerettet, dann wie aus einem brennenden Hause; das hat der größte Interpret der Botschaft von der rechtfertigenden Gnade geschrieben (1. Kor. 3,15). Das Gericht wird nicht an uns vorübergehen, aber die Hand wird dasein, die sich auf uns legt. Der Menschensohn-Richter wird zugleich der Priester und Fürsprecher sein (das besagt seine Gewandung V. 13). „Fürchte dich nicht!" Wer seine Bibel kennt, weiß: das ist Gottes Stimme. Der Kyrios, der uns so anredet, ist Gott, der Erste und der Letzte und der Lebendige. Man kann von der Gottheit Jesu Christi nicht kräftiger reden, als es hier geschieht. Der A und O ist, der ist und war und kommt, sagt: Fürchte dich nicht! Indem er sagt: „Ich war tot", behebt er den letzten noch möglichen Zweifel darüber, wer er ist: der Gekreuzigte, aber nun auferstanden. Also Jesus von Nazareth, kein anderer! Der Jesus also, der sich zu unserm Bruder gemacht hat, uns zu seinen Brüdern. Wer hat die Schlüssel der Hölle und des Todes? Wer also spricht über uns das letzte, letztgültige Wort? Der mit uns gelebt hat und für uns gestorben und auferstanden ist. In jedem Gottesdienst spricht dieser Christus mit seiner Gemeinde. Die Gemeinden Kleinasiens sollen das wissen (V. 11). Für uns gilt es genauso.

Septuagesimae. Gal. 2,16-20

Die Perikope ist dem Zusammenhang entnommen, der von V. 11 bis V. 21 reicht und seinen Ausgangspunkt in dem Zwischenfall von Antiochia (V. 11) hat. Von V. 14b an reproduziert Paulus das seinerzeit zu Petrus Gesagte; das „wir" in den VV. 15-17 meint deutlich nicht die heidenchristlichen Galater, mit denen sich Paulus zusammenschlösse, sondern – V. 15 – die „gebürtigen Juden", gehört also in das in Antiochia geführte Gespräch; es stehe dahin, inwieweit Paulus das damals Gesagte wörtlich oder nur sinngemäß referiert. (V. 14 fällt logisch aus dem Rahmen, denn zur Diskussion steht nicht, daß Petrus den Heidenchristen das Gesetz hat auflegen wollen, sondern daß er selbst in Gesetzlichkeit zurückgefallen ist, indem er sich absonderte; der „umgefallene" Petrus würde wohl entgegnen: ich will ja eben *nicht* heidnisch leben! Paulus kennzeichnet mit V. 14 – in nicht ganz glücklicher Weise – nur die Inkonsequenz des Petrus.) – V. 16: δικαιοῦν = gerechterklären, (den Gottlosen) gerechtsprechen (Röm. 4,5ff.). „Auch wir", die wir gebürtige Juden sind und also als Erwählte Gottes einen erheblichen Vorzug (Röm. 2,17ff.; 3,1ff.; 9,4f.; Phil. 3,5) vor den Heiden (= Sündern) haben, haben ganz anders denken gelernt, indem wir zum Glauben gekommen (ἐπιστεύσαμεν ingressiver Aorist) sind (Taufe). Für den Juden hängen Glaube und Werke aufs engste zusammen, ja, ist der Glaube selbst ein Werk. Selig wird man, indem man glaubt *und* Werke tut (vgl. Jak. 2,14). Fragt man nach dem Grund des Heils, verhalten sich Glaube und Werke nach Paulus exklusiv. In das Zitat Ps. 143,2 trägt Paulus die Worte ἐξ ἔργων νόμου ein und gibt dem Psalmwort damit eine neue Pointe. Statt πᾶς ζῶν setzt er πᾶσα σάρξ und spitzt auch damit zu, denn „Fleisch" ist der sündige Mensch, sofern er auf sich gestellt und auf sein eigenes Vermögen angewiesen ist. – VV. 17f.: Der Sinn dieser Stelle ist „außerordentlich umstritten" (Oepke). Ist der Vordersatz irreal aufzufassen? Meint „Sünder" dasselbe wie in V. 15, oder ist daran gedacht, daß der Glaube am Sündersein nichts ändert? Oder sagt man uns nur fälschlich nach, wir seien Sünder? Nach Oepke und Schlier erkennt, wer nach der Glaubensgerechtigkeit trachtet, sich selbst in der Tat als Sünder, weiß sich also den Heidensündern gleichgestellt. Gerade dies bedeutet aber nicht, daß Christus Sündendiener ist (vgl. die anderen μὴ γένοιτο-Stellen, bes. Röm. 3,4.6.31; 6,2.15; 7,7; 9,14; 1. Kor. 6,15); die Begründung dafür liegt in den folgenden Versen. Mir scheint dagegen der Sinn stärker auf das Verhalten des Petrus zu gehen: Petrus sieht die Glaubensgerechtigkeit allein nicht als tragfähig an und fällt darum ins Gesetz zurück; Paulus macht ihn darauf aufmerksam, was das bedeutet: den Christus, der uns nur glauben heißt, macht er zum Sündendiener. Der Satz V. 18 wäre dann diesem Gedanken genau parallel: Petrus hat, indem er sich plötzlich „zurückzog und absonderte" (V. 12), zu erkennen gegeben, daß er nun den Standpunkt des „sola fide" als Übertretung ansieht. So nun auch Oepke: „Nachträgliches Wiederinkraftsetzen des Gesetzes bedeutet also nichts Geringeres, als daß Petrus sich mit seinem Christusglauben in Widerspruch setzt, diesen Glauben nachträglich zu einem Unrecht stempelt." – V. 19: „Durch das Gesetz" – weil es mich verurteilte, so daß ich kein Recht auf Leben mehr hatte; so ist auch Christus, als er für mich starb, unter seinem Fluch gestorben (3,13). „Dem Gesetz" – denn das Gesetz hat nun keine Ansprüche mehr zu stellen, seit ich ihm in der Taufe weggestorben bin (Röm. 6,7.10; 7,2-6; vgl. auch Kol. 2,12). Um für Gott leben zu können, muß man dem Gesetz gestorben sein (Röm. 6,11; 7,4; 14,7ff.; 2. Kor. 5,15). Das Gesetz steht im Dienst der Verderbensmächte (vgl. bes. 4,8ff.). – V. 20a rhythmisch zu lesen (ohne Komma hinter „ich lebe"). Der Christ ist mit seinem Herrn gestorben. Sein neues Leben ist eigentlich nicht mehr seines, sondern das des Herrn (Urmenschgedanke), vgl. bei Oepke zu 4,19. Ähnlich Kol. 3,3f. Gedacht ist im Schema der beiden Äonen; der kommende Äon ragt in den alten herein. Das Leben im „Fleisch" ist, trotz des Gestorbenseins, nicht zu Ende (man muß also auf zwei Ebenen denken!), es wird im Glauben an Christus ständig transzendiert. – Nimmt man V. 21 hinzu (im Sinne des Textes zu wünschen), dann will der erste Satz („Ich annulliere die Gnade nicht") nicht einen Vorwurf abwehren (so Schlier), sondern den Sinn der ganzen Darlegung herausstellen: Was Petrus leider getan hat, das eben tut Paulus nicht! Der Tod Christi wäre sonst vergeblich gewesen.

Was hier verhandelt wird, ist unseren Gemeinden fremd. Eine in ihrem Bereich etwa anzustellende „Meinungserforschung" – von einem „Glaubensexamen" wollen wir lieber nicht sprechen – würde deprimierende Ergebnisse erbringen. In der theologischen Fachliteratur sind „Rechtfertigung", „Glaubensgerechtigkeit", „Gesetz und Evangelium" vielbehandelte Themen. Wir wissen alle, daß die hier gemeinte Sache enorm wichtig sein muß, und können doch meist nur sehr unvollkommen sagen, wieso. Der zunächst etwas doktrinär wirkende Wortlaut des Textes mag Prediger und Gemeinde entmutigen. Dies ist um so gefährlicher, als wir hier wahrhaftig im Zentrum stehen. Bekommt man von unseren Kanzeln wirklich das Evangelium zu hören?

Es wird uns eine Hilfe sein, daß die Aussagen des Textes auf einen kirchengeschichtlichen Vorgang in der Urchristenheit bezogen sind, der uns zwar die Mühe bereitet, die mit aller historischen Vermittlung verbunden ist, jedoch die dogmatischen Aussagen anschaulich macht. Ein wenig leid tut einem derjenige, der in diesem Falle die Kosten trägt: Petrus. Er wird scharf attackiert. Er ist unklar in der Sache, die Paulus aufs schärfste durchschaut hat. Wer will über Petrus den Stab brechen? Wer legt die Hand dafür ins Feuer, daß ihm selbst dergleichen nie widerfahren könnte? Der Judaismus steckt uns allen so tief in den Knochen, daß wir keinen Anlaß haben, uns über den zu erheben, der hier vor unseren Augen k.o. geschlagen wird. Seine taktische Lage uns gegenüber ist schlecht, da er sich vor uns nicht verteidigen kann. Seine sachliche Position freilich ist schwach. Daß dergleichen im Neuen Testament vorkommt, ist ein Trost. Es gibt in der Kirche Versager auch an höchster Stelle – und der Herr weiß auch diese zuletzt für seine Zwecke zu benutzen. Sogar unsere Irrungen und Niederlagen kann er der Gemeinde zum Segen werden lassen. Man wird es nicht darauf anlegen, daß solche Irrungen passieren, aber man darf dem Heiligen Geist etwas zutrauen. Der Zwischenfall von Antiochien hat etwas ans Licht gebracht, was Jesu Gemeinde zu aller Zeit nötig hat. Wir dürfen uns der hier vorliegenden Veranschaulichung für unsere Predigt bedienen.

Sola fide! Als Luther (vgl. seinen Sendbrief vom Dolmetschen) in Röm. 3,28 das „allein" dem Wortlaut zufügte, ging er, strenggenommen, über die Kompetenzen des Übersetzers, nicht aber über die des Exegeten hinaus. In unserm Abschnitt geht es genau um das „allein". Daß man aus Gnaden selig wird, das hätte Petrus auch in der Zeit seines abwegigen Verhaltens, ja, das hätten sogar die Galater nicht bestritten. Es geht darum, welche Folgerungen aus der Predigt von der Gnade zu ziehen sind. Es geht um die Ausschließlichkeit dieser Predigt. Dreimal ist allein in V. 16 (mit nur geringer Variation im Sprachlichen) vom „Glauben an Christus" die Rede. Dieser Glaube begründet unsere Rettung und unsere Freiheit. Man könnte zusammenfassen: Nur an Christus glauben – das genügt. Nur darauf also kommt es an: Mut zum Glauben (1). Gemeinschaft im Glauben (2). Leben aus Glauben (3).

1. Kephas und Barnabas befinden sich in Antiochien. Das Apostelkonzil hat stattgefunden (2,1-10). Dabei sind die Bereiche der missionarischen Wirksamkeit abgesteckt worden (V. 9). Diese Verabredung schließt aber eine Einigung darüber ein, daß es bei der „Wahrheit des Evangeliums" bleiben muß (V. 5), weshalb Paulus und Titus (die Nestle-LA als richtig vorausgesetzt; Spätere haben daran herumkorrigiert) – im Unterschied zu Petrus (V. 12) – „auch nicht für eine Stunde" den „Scheinbrüdern" nachgegeben haben, die ihrer Freiheit nachspionierten (V. 4). Es müßte dabei auch einem Petrus klargeworden sein, was hier auf dem Spiele stand. Es ging ja nicht etwa darum, ob man beim Eintritt in die Kirche Jesu Christi Heidnisches abtun und mit alten bösen Gewohnheiten brechen solle oder nicht; hierüber läßt das Neue Testament keinen Zweifel (1. Kor. 6,9-11; Kol. 3,5ff.; Eph. 4,17ff.; 5,1ff.; 1. Petr. 1,14; 2,1 u.ö.). Es handelte sich um die Frage, was *zum Heile nötig* ist! Anders gesagt: Fraglich war nicht, ob wir in irgendeiner Ordnung leben sollen oder ohne alle Ordnung; *alles* Leben vollzieht sich in Ordnungen. Es hat auch niemand behauptet, man dürfe unter keinen Umständen so leben, wie nun einmal die Judenchristen leben; wird Paulus den Juden ein Jude, so kann er es sogar selbst tun (Apg.

18,18; 21,24). Es hieße ja die Dinge auf den Kopf stellen, wenn man statt jüdischer Lebensart nunmehr heidnische oder doch wenigstens heidenchristliche Lebensart für heilsnotwendig erklärte. Heinrich Schlier verallgemeinert m.E. zu Unrecht und auf gefährliche Weise, wenn er (zu V. 14) schreibt: „Innerhalb der Kirche gibt es keine stumme Tat, und strenggenommen auch keine solche, die ein adiaphoron darstellte." Man sollte umgekehrt sagen: Judenchristliche Lebensweise ist innerhalb der Gemeinde Jesu gerade dann, allerdings auch nur dann vertretbar, wenn von ihr auch der Schein des Heilsnotwendigen abgetan, d.h. aber: nur, wenn sie zum Adiaphoron geworden ist. Lukas hat dies nicht so schlecht getroffen, wie mancher ihm nachsagt: Nachdem klargestellt ist, daß „die Herzen gereinigt" werden „durch den Glauben", noch deutlicher: daß Juden- wie Heidenchristen „durch die Gnade des Herrn Jesus gerettet werden", kann man sich unbefangen darüber unterhalten, was aus dem Mosegesetz auch den Heiden zu halten dienlich ist (Apg. 15,9.11.20.29). In dem Augenblick aber, da „etliche von Jakobus" kommen (Gal. 2,12) und Petrus, Barnabas und „die anderen Juden" umfallen und damit zu erkennen geben, daß sie die Freiheit nicht mehr haben, die aus dem „sola fide" kommt, sind aus den Adiaphora heilsnotwendige Dinge geworden. Das heißt aber: jetzt wird der Anschein erweckt, nein, schlimmer: jetzt muß man schließen, daß Christus allein unser Heil nicht schafft, sein rettendes Handeln also ergänzungsbedürftig ist. Dann heißt es: Christus *und* das Gesetz, die Gnade *und* die menschliche Leistung, der Glaube *und* die Werke. Dann aber ist es aus mit der Unbefangenheit hinsichtlich des Lebensstils. Für Paulus aber ist eben damit der Status confessionis gegeben, die Situation also, in der der Christ gefordert ist, seinen Glauben zu bekennen; und zwar so zu bekennen, daß er sich einer evangeliumswidrigen Zumutung widersetzt. Wir können dies an FC X ausgezeichnet studieren. Die Entscheidungssituation wird nicht vom Glaubenden herbeigeführt; indem einer glaubt, ist für ihn entschieden, was zu entscheiden ist. Die andere Seite vielmehr zwingt dem Glaubenden die Notwendigkeit der Unterscheidung und Entscheidung, notfalls der Scheidung auf. Indem sie etwas außer oder neben Christus für heilsnotwendig erklärt oder als heilsnotwendig behandelt, muß der Glaubende widerstehen, und zwar an genau dem Punkte, der von der anderen Seite zum Schibboleth gemacht wird.

Vielleicht hat Petrus nicht gewußt, wie ihm geschah, als Paulus ihm in Antiochia mit solchen Reden „ins Angesicht widerstand" (V. 11). Er könnte der Verabredung in Jerusalem besten Glaubens zugestimmt haben, ohne daß ihm die Tragweite einer solchen Entscheidung klar war. Hatte er wirklich die Frage nicht bis zum letzten durchdacht, dann mochte er wohl einer Beeinflussung durch Judaisten leicht erliegen. Wer lernt auch so schnell um? Ernster wäre die Lage, wenn Petrus wider besseres Wissen einer Einschüchterung, das hieße aber: einer Terrorisierung des Gewissens, gewichen wäre. Am schlimmsten freilich müßte es sein, wenn dem Petrus das „sola fide" im Kern fraglich geworden wäre. In letzterem Falle mußte Paulus um des Petrus willen, in jedem Falle mußte er um der ganzen Gemeinde willen widerstehen. Er tut es bei aller Schärfe auf feine Art. Er schließt sich in dem

„wir" mit Petrus zusammen. Weißt du eigentlich, welche Glaubensentscheidung „wir" vollzogen haben, als wir zum Glauben an Christus kamen? Wir kamen aus dem Judentum. Wir dachten und lebten vom Gesetz her. Das heißt: Wie einer vor Gott dasteht, hängt allein von seiner Leistung ab (in biblischer Sprache: Gerechtigkeit beruht auf der Erfüllung des Gesetzes). Bei der Leistung ist nicht nur an das Rituelle gedacht, sondern auch an ein thoragemäßes Verhalten in der vollen Breite des Alltags. Das Gesetz sagt: auf dein Wohlverhalten, auf deine fromme Werke, auf deine Korrektheit kommt es an; du mußt es bei Gott selbst geschafft haben. Mit anderen Worten: Nur die Gerechten haben bei Gott etwas zu hoffen. – Hingegen das Evangelium: Die Sünder und Gottlosen sind Gott willkommen; um Christi willen sind gerade sie die „Gerechten". Warum ist das so? Das Gesetz scheidet nicht deshalb als Heilsweg aus, weil wir mit ihm – leider – nicht zustande kommen, also hinter dem vom Gesetz geforderten Pensum weit zurückbleiben. Es scheidet darum aus, weil es von vornherein nicht Heilsweg sein sollte (3,10.19), es auch niemals hätte werden können (2,16: „niemand *soll* auf Grund von Gesetzeswerken gerechtfertigt werden" – vgl. Bultmann, ThNT, S. 264). Auf Gnade sind wir nicht deshalb angewiesen, weil wir auf dem Wege des Gesetzes nicht weit genug vorankommen, sondern weil dieser Weg als solcher nicht zum Heil führt, selbst wenn es gelänge, ihn bis ans Ziel zu gehen. Man kann in der Gerechtigkeit des Gesetzes „untadelig" sein und wird doch, einmal unters Kreuz gestellt, das, was „Gewinn" schien, für „Schaden" halten; nicht bloß für einen leider nur partiellen Erfolg, sondern für Schaden und für – Schlimmeres (Phil. 3,6-8). „Der Weg der Gesetzeswerke und der Weg der Gnade und des Glaubens sind Gegensätze, die sich ausschließen (Gal. 2,15-21; Röm. 4,4f.14-16; 6,14; 11,5f.)" (Bultmann, a.a.O.). Wer aus dem Aut-aut ein Et-et macht wie die Judaisten, verdirbt alles. Der Pilot, der starten will und auf der Piste schon zu rasender Geschwindigkeit gelangt, dann jedoch unschlüssig ist, ob er das Höhensteuer hochziehen soll oder nicht, führt notwendig die Katastrophe herbei; er darf nicht *fahren* wollen, wo er doch *fliegen* muß. Dem angefochtenen Menschen hilft nur die bedingungslose Gnade, dem (noch) nicht angefochtenen wird die Illusion der bedingten Gnade zum Verhängnis. Indem Petrus es am Mut zum Glauben fehlen ließ und ein bestimmtes nomistisches Wohlverhalten neben Christi Werk stellte, verleugnete und entwertete er das Evangelium im ganzen. Wenn bloßer Glaube an Christus – ohne des Gesetzes Werke – Sünde ist, dann könnte Christus nur ein Diener der Sünde sein. „Das sei ferne!"

2. Es hat sich in Antiochien gezeigt, was ein Irrtum oder auch nur eine Unklarheit in dieser Sache bedeuten muß: die Gemeinschaft im Glauben wird zerstört. Die ekklesiologische Seite der Sache kommt in den Versen unseres Abschnitts nicht ausdrücklich zur Sprache; aber der Zusammenhang muß in diese Richtung weisen. Petrus „zog sich zurück und sonderte sich ab", als die Judaisten in Antiochia auftauchten; die beiden Imperfekta lassen erkennen, daß das Fehlverhalten des Petrus nicht nur Sache eines ihn überfordernden Augenblicks, sondern von Dauer war (was sich auf unsern Versuch, mildernde Umstände ausfindig zu machen, erschwerend auswirken

muß). Die bis dahin gehaltene und bewahrte (συνήσθιεν ebenfalls Impf.) Tischgemeinschaft war damit gebrochen (V. 12). Tischgemeinschaft hieß damals zugleich Abendmahlsgemeinschaft (die Trennung hat Paulus 1. Kor. 11,22 befürwortet, um damit einen Ausweg aus gemeindlichen Mißhelligkeiten zu schaffen). Man sieht, wie weitreichende Folgen das Sowohl-Als-auch der Haltung des Petrus hat: er sondert sich ab. Nun müßte man Paulus korrigieren und sagen: „So sind wir viele *nicht mehr* ein Leib." So ist also die Kirche auseinandergebrochen. Was ist daran schuld? Das Festhalten am Gesetz, das die Tischgemeinschaft mit Sündern verbot (Mark. 2,15f.; Luk. 7,34; 15,2; 19,7). Keine Tischgemeinschaft mit den ammē-haarez und mit Heiden (vgl. Dan. 1,8)! Es könnte sein, wir schlagen vor, ein anderes, ein besseres Gesetz einzuführen; eines also, das die Menschen nicht auseinanderreißt („was die Mode streng geteilt"), sondern zusammenführt. Aber das wäre zu wenig grundsätzlich gedacht. Alle Gesetzesobservanz, die es auf Leistung und Bewährung, auf ausweisbare Gehorsamserfolge und fromme Meriten abgesehen hat, muß auf die Vorzüge der einen vor den anderen aus sein. Was ich aufzuweisen habe, geht dir ab! Sieh: mein Erfolg – und dein Versagen! Es ist nicht schwer nachzuweisen, wie der Glaube an den Menschen und seine Eigengerechtigkeit Gräben und Abgründe zwischen den Menschen aufreißt. Und vor Gott? Da werden aus relativen Unterschieden absolute. Wer das Gesetz nicht hält, ist verworfen und von Gott geschieden; sich selbst aber glaubt der Nomist bei Gott lieb Kind. Dabei läßt das Gesetz die Unterschiede nicht nur entstehen, so daß man keine Gemeinschaft mit den Verworfenen hält; man *darf* die Gemeinschaft ja nicht halten, weil man sonst unrein wird. Die Kluft wird befestigt. Petrus „sondert sich ab" – eine unmißverständliche Anspielung: „absondern" heißt פרש, davon kommt der „Pharisäer". Ganz anders Jesus selbst. Er ißt mit den Sündern. Damit schließt er Gemeinschaft mit ihnen. Das von Paulus gebrauchte Verbum συνεσθίειν steht auch Luk. 15,2; die Sache kommt bei den Synoptikern häufig vor. Unser Text ist auch der beste Kommentar zu Eph. 2,13-16.

Keine Vorbedingungen für den Empfang der Gaben Jesu! Unsere Predigt kann dies gar nicht deutlich genug ausführen. Ob wir evangelisch predigen oder nicht, wird sich an dieser Stelle zeigen müssen. Wir haben denen, die wirklich nichts „mitbringen" – bei Licht besehen, sind das *alle*! –, das Angebot der geschenkten Gerechtigkeit Christi zu machen, ohne Bedingungen und Einschränkungen. Also nicht: werdet zuerst wie wir – und dann kommt! Wer kommt, ist willkommen. Die Weltanschauung macht's nicht, auch nicht Bildung, Erziehung, Rasse und Herkommen, Kleidung oder Manieren. Gleich, wer sie sind: die sich innerlich leer fühlen oder übersatt; Leute des Erfolgs wie Versager; die es zu etwas gebracht haben oder solche mit verpfuschtem Leben und mit den unzähligen vergeblichen Neuansätzen; Outsider, die in kein Schema passen, wie auch unauffällige Normalbürger. Jesus will sie alle – die Gewissensfrage an uns ist, ob wir mit dem „sola gratia" Ernst machen und sie auch wirklich aufnehmen! Wir haben das Pendel immer nach zwei Seiten schwingen lassen. Warum jeweils *beide* Sorten Mensch? Weil es nicht passieren darf, daß wir – gewissermaßen

durch Kanonisierung des Versagens und Scheiterns im vordergründig-menschlichen Sinne – eine neue (negative) Form von Werkerei proklamieren. Also nicht: du mußt erst zu Boden geworfen sein, ehe du kommen darfst. Das wäre wiederum Rückfall in den Nomismus, nicht weniger gefährlich als die Gesetzlichkeit in klassischer Gestalt.
Es muß noch etwas Weiteres hinzugefügt werden, damit keine Mißverständnisse aufkommen. Unsere Kirchlichkeit kann werkerische Züge annehmen, ja sie tut es tatsächlich immer wieder. Es wäre ein ausgesprochener Kurzschluß, zu folgern: also nicht mehr Predigt hören, nicht mehr zum Sakrament kommen, nicht mehr beten und Gemeinschaft halten. Die neue Gemeinschaft der Glaubenden ist Gemeinschaft „in Christus" – in dem Christus also, in dessen Leib wir hineingetauft sind (1. Kor. 12,13), mit dem wir durch die Predigt des Evangeliums immer neu Verbindung bekommen (Röm. 10,8-17), der uns durch sein Mahl *einen* Leib sein läßt (1. Kor. 10,16f. – der Zusammenhang der Stelle läßt die damit gegebene Exklusivität deutlich werden). Wir gehen auf scharfem Grat! Einerseits: ohne Christus kein Heil, ohne Wort und Sakrament kein Christus, ohne Kirche kein Wort und Sakrament. – Andererseits wäre alles verdorben, wenn in der Kirche etwas anderes als heilsnotwendig und darum verbindlich ausgegeben würde, als was Christus selbst tut; und es wäre alles verdorben, wenn wir das, was er tut, verfälschten zu unserer eigenen frommen Leistung. Wir sahen: alles Leben ist in irgendeiner Ordnung verfaßt: so nimmt auch unsere Verbundenheit mit Christus notwendig die Gestalt von „Religion" an. Das Neue Testament ist voll davon: Gemeinschaft unter dem Wort, im Mahl, in Gebet, Lob und Bekenntnis, erhobene Hände, gebeugte Knie, Proskynese, Akklamation usw. Nur: nichts zählt als fromme Leistung. *Jesus* versammelt die Sünder zu leibhafter Gemeinschaft. Er will die Kirche. In ihr will er alle vereinen – auch die von den Landstraßen und Zäunen (Luk. 14,23).
3. Die Gedanken des Textes nehmen zum Schluß noch eine für das Verständnis des Ganzen wichtige Wendung. Wir deuten sie an mit dem Stichwort: Leben aus Glauben. Der Judaismus scheint sein stärkstes Argument immer darin zu haben, daß das „sola fide" mißdeutet werden kann, als sei damit – Hauptsache, du glaubst – ein Leben in Ungehorsam, Unordnung und Gottlosigkeit freigegeben (Röm. 6,1). „Zechen auf Christi Kreide" (Luther)? Man täusche sich nicht: auch Paulus kennt den Fall, daß die Gemeinde jemandem das συνεσθίειν aufkündigen oder es doch wenigstens zeitweilig suspendieren muß (1. Kor. 5,11). Leben aus dem Glauben ist nicht ein Leben in Zuchtlosigkeit und Lässigkeit, schon gar nicht in massiver Sünde. Sagen wir es lieber positiv, worauf das Evangelium es abgesehen hat: ἵνα τῷ θεῷ ζήσω (V. 19). „Nicht die folgerecht durchgeführte Glaubensgerechtigkeit macht Christus zum Sündenbeförderer, sondern die Halbheit, die ihre eigene Glaubensfreiheit hinterher zur Übertretung stempelt" (Oepke z. St.). Ohne Bezugnahme auf den Zwischenfall von Antiochia: Es ist ein fundamentaler Irrtum, zu meinen, Gott komme dadurch in meinem Leben zu seinem Recht (das nennt die Bibel „Gerechtigkeit"), daß ich mir mit mehr oder weniger großer Anstrengung, mit mehr oder weniger Erfolg meine Eigengerechtigkeit aufbaue, die ich ihm dann in Form einer spezifizierten

Rechnung präsentiere. Das Schlimmste ist dabei nicht einmal, daß ich beim Aufstellen dieser Rechnung mogele. Das Schlimmste ist, daß ich Gott damit zu meinem Schuldner mache (Rechnung zahlbar binnen 14 Tagen – Gerichtsstand ist ...). Es ist heidnisch, Gott in die eigene Hand bekommen zu wollen. Hier liegt zugleich die Hybris des Nomismus. Solange ich darauf aus bin, Geschuldetes einzufordern, ist Gott nicht mehr Gott. „Für Gott leben" – das müßte ganz anders aussehen!

Allerdings muß, wenn es dazu kommen soll, ein Wunder geschehen. Paulus bezeugt, daß dieses Wunder in der Tat geschehen ist, und beschreibt es, soweit man es überhaupt beschreiben kann. „Ich bin durchs Gesetz dem Gesetz gestorben" (V. 19). Radikaler kann man nicht reden. Paulus hat sich also nicht einen neuen Lebensstil angewöhnt – etwa statt des jüdischen irgendeinen anderen. Das wäre nur eine gradweise, nicht eine das Ganze des Lebens umfassende Veränderung. Statt jüdisch etwa stoisch oder gnostisch-asketisch oder gnostisch-libertinistisch oder meinetwegen kantianisch oder existentialistisch oder wie auch immer? „Ich bin mit Christus gekreuzigt." Ich bin aus dem Geflecht nomistischer Regeln und Verpflichtungen, aus dem mechanischen Zwang gesetzlichen Lebens, mehr noch: aus der Tyrannei des Gesetzes heraus. Das Gesetz ist zwar noch da – aber *ich* bin weg! Ich lebe nämlich nicht mehr (leider hat der revidierte Text in V. 20 das erste Sätzchen zerhackt stehenlassen). Ein neuer Anfang ist gemacht. Mein Leben lebt jetzt Christus (vgl. Kol. 3,1-4). Der neue eschatologische Mensch ist in der Taufe geschaffen worden. Er trägt unverwechselbar meinen Namen. Ich sehe ihn nicht. Aber indem ich an Christus glaube, nehme ich zugleich die Tatsache meines neuen Lebens ernst. Klingt das zu phantastisch? Paulus weiß, daß er noch „im Fleische" lebt (V. 20b). Sagt er, er sei gestorben, so greift er damit über die Empirie hinaus (noch einmal: Kol. 3,3f.). Im Glauben transzendiere ich den Status quo nunc, erfasse ich meine Zukunft, die in der geheimnisvollen Anwesenheit und Einwohnung Christi schon Gegenwart ist. Nichts bindet uns so sehr an Gott wie dies, daß „das Alte vergangen und Neues entstanden" ist (2. Kor. 5,17). Man könnte sogar – trotz der grundsätzlichen Verborgenheit des neuen Lebens – ein wenig von diesem Neuen anschaulich machen, indem man sich fragt, wie viele unserer Lieblosigkeiten, wieviel an Überheblichkeiten, Ehrgeiz, Menschenverachtung usw. davon kommt, daß wir noch immer heimlich nach dem Gesetz und seiner Gerechtigkeit schielen. Dagegen – welche Freiheit: sich nicht mehr zur Geltung bringen, sich nicht mehr verteidigen, den andern nicht mehr ausstechen, den eigenen Standpunkt nicht mehr humorlos durchpauken müssen – statt dessen: Vergebung begehren, empfangen und gewähren! Christus lebt in mir. Ich brauche nichts weiter zu tun, als seine Anwesenheit ganz ernst zu nehmen und mich wie ein Kind darüber zu freuen, daß er mich trotz allem liebt.

Sexagesimae. Jes. 55,6-11

C. Westermann sieht in unserem Stück den Epilog zur Sammlung der Sprüche Deuterojesajas, dem in den VV. 12f. nur noch einmal das Grundmotiv des Propheten in knapper Zusammenfassung folgt. Dieser Epilog ist ein Pendant zu 40,6-8. Ein abschließender Imperativ (V. 6) wird in zwei Gängen begründet: VV. 8–9 begründen die Verheißung mit dem Hinweis auf Gottes hohe Gedanken, VV. 10–11 begründen die Gewißheit des Gelingens des Heilswerkes mit dem Bekenntnis zur Wirkkraft des Wortes. V. 7 wird dabei (ähnlich wie bei Duhm) als Fremdkörper empfunden: ein zeitloses Mahnwort, infolge der Assoziation hier eingefügt, die die Worte „Wege" und „Gedanken" auslösen, wobei diese Worte hier freilich in anderem Sinn gebraucht wären. Anders urteilt Begrich. Er sieht in den VV. 6f. eines der prophetischen Mahnworte, in denen, der Form nach, die priesterliche Thora nachgebildet ist: pluralischer Imperativ, Fortführung mit Jussiv in der 2. Person, am Schluß die Folge des hier verlangten Verhaltens. Die VV. 8–13 sind nach Begrich ein „Heils- und Erhörungsorakel", abgewandelt in Richtung auf ein Disputationswort (Studien zu Deutjes., S. 14f.). Daß die beiden letzten Verse aus der Perikope ausgegrenzt sind, ist kein Schade; ihre Aussage kommt in anderen Perikopen zur Geltung und ist für die Grundaussage der VV. 8–11 nicht von integrierender Bedeutung. Urteilt man wie Begrich, dann ist zu fragen, ob beide Einheiten in eine Predigt gehören. Man kann sie als Mahnung und Verheißung zusammenbinden (J. Fichtner bei Eichholz, Bd. 5, 1961², S. 301ff.). So nun auch Westermann. V. 7 wäre dann als Randbemerkung anzusehen, die in der Predigt nur nebenher anklingen dürfte. – In V. 10 ist כִּי אִם mit „es sei denn, daß" bzw. „ohne zu" zu übersetzen, in V. 11 am besten mit „sondern". Der Text ist gut überliefert.

Begrich dürfte recht haben: der Text – wir reden zunächst besonders von den VV. 8–11 – ist von daher zu verstehen, daß die Botschaft Deuterojesajas von der bevorstehenden Erlösung der Verbannten in Zusammenhang mit der großen Weltepiphanie Gottes – bisher – nicht eingetroffen ist. Der Prophet steht jetzt vor den Menschen wie einer der windigen Heilspropheten aus den Tagen Jeremias. Seine Botschaft hat sich als Täuscherei und Betrug erwiesen. Sie ist nicht höher einzuschätzen als eine der „Parolen", mit denen in Gefangenenlagern – eine dem Exil vergleichbare Situation – das Flämmchen der Hoffnung am Flackern gehalten wurde; man wärmte sich an einem Promille Wahrscheinlichkeit und wußte doch aufgrund vielfältiger Erfahrung, daß es damit nichts ist. Nun könnte man einwenden: im Jahre 539 (nach Begrichs Datierung ein Jahrzehnt, nachdem diese Worte gesprochen wurden) ist die Heimkehr eben doch gekommen. Das ist richtig, nur muß man sich klarmachen: unter sehr viel anderen Bedingungen, als der Prophet es gesagt hatte. Als man sich in bescheidenen Trecks auf die Stadt Jerusalem zu bewegte, in langen, entbehrungsreichen Märschen, da war nichts zu sehen von der wunderbaren Nähe des allgewaltigen Gottes; nichts von der Prachtstraße, die ihm gebaut werden sollte; nichts von der Fruchtbarkeit und dem Wasserreichtum, durch den die Wüste inzwischen in ein Paradies verwandelt sein sollte; nichts von der Rehabilitierung des Gottesvolkes vor allen Völkern und von der Sammlung der Heiden um den einen Gott. Es ist wichtig, dies festzustellen, damit wir begreifen, wieso der Text uns helfen kann. Aller Glaube ist der Anfechtung ausgesetzt, weil

Gott – so scheint es – zu lange auf sich warten läßt und überhaupt sein Tun ins Unscheinbare und sogar ins augenscheinlich Ungöttliche hinein verbirgt. Es ist der Gott, der sich im Kreuz offenbart. Eben da will seine Herrlichkeit entdeckt sein. V. 6 könnte auch für unsere Predigt den beherrschenden Obersatz darstellen: „Sucht den Herrn, da er sich finden läßt!" In zweierlei Richtung könnten dann, dem Text nach, unsere Gedanken gehen: Er ist mit seinen hohen Gedanken weit über uns (1). Er ist mir seinem wirksamen Wort dicht bei uns (2).

1. Warum verbirgt sich Gott? Warum läßt er, wie in unserm Text, seine Gemeinde oft so lange warten? Die Antwort steht in den VV. 8f. Es liegt nahe, in einer solchen Auskunft einen bequemen Rückzug des Propheten zu sehen. Man könnte spotten und sagen: *Diese* Ausrede paßt immer! Es gehört zur Niedrigkeit und Knechtsgestalt der Offenbarung Gottes, daß sie dem immer wieder ausgesetzt ist. Sieht man die Sache von innen her, also vom Glauben aus, der mit dem verborgenen Gott seine Erfahrungen hat, dann sind die VV. 8f. nicht billige Ausflucht, sondern Bekenntnis zur Gottheit Gottes, an dem nicht zu rütteln ist. „Wie gar unbegreiflich sind seine Gerichte und unerforschlich seine Wege! Denn wer hat des Herrn Sinn erkannt, oder wer ist sein Ratgeber gewesen?" Mit diesem letzten Wort zitiert Paulus (Röm. 11,33f.) unseren Propheten (40,13). Wir bekommen mit Gottes Verheißungen nicht etwa, als wären sie „Wahrsagung", den Programmzettel der Weltregierung Gottes oder, wenn man so will, einen eschatologischen Fahrplan mit Minutenterminen in die Hand. Wir erfahren, wie Gott es mit uns meint und was wir darum von ihm erhoffen dürfen, nicht aber die einzelnen Schritte, die er vorhat. Wir kennen sein Herz, nicht seine Wege. Alle Verheißungen wollen daher in ihrer Transparenz gesehen werden: durch sie scheint Gottes Art und Gesinnung hindurch. Im übrigen gehen wir, wenn wir glauben, wie mit verbundenen Augen Gott entgegen.

Das Wort מַחֲשָׁבָה kommt von der Wurzel חשב = ausdenken. „Das, was ich mir ausgedacht habe, ist anders als das, was ihr euch ausdenkt." Das Wort hat im Alten Testament oft einen negativen Sinn (Hiob 5,12; Esth. 8,3.5; 9,25; Hes. 38,10): böses Vorhaben, Anschlag, Komplott. Positive Bedeutung hat das Wort Spr. 12,5; 21,5. „Was sich Menschen ausdenken, ist nichtig wie ein Hauch" (הֶבֶל), lesen wir Ps. 94,11. Gott durchkreuzt es (Hiob 5,12), während sein Vorhaben Bestand hat (Ps. 33,11). Das Wort דְּרָכִים = Wege, nicht nur im Sinn der gebahnten Straßen, auf denen man geht, sondern im Sinn der Handlung, des Gehens also. Was zuvor „ausgedacht" war, das wird, indem man den Weg geht, praktiziert. In beidem also, im Planen wie in der Realisierung, im Entwurf wie in der Ausführung, besteht zwischen dem Unsern und dem, was Gottes ist, ein im wahrsten Sinne „himmelweiter" Unterschied (V. 9). Dies wird gerade auch dann zu bedenken sein, wenn Gottes Worte und Verheißungen in unsere Hände geraten und wir damit hantieren, als sei nun Gottes Handeln in das unsere eingespannt und eingegliedert. Ganz dicht liegen hier Wahrheit und Irrtum beieinander. Wir haben in der Tat einen Gott, dessen höchste Ehre darin liegt, daß er uns „dient": er nimmt Sklavengestalt an und wird, uns Menschen zuliebe, selbst ein Mensch (Phil. 2,7); er bindet sich die Schürze um (Joh. 13,4); er sucht das Verlorene (Luk. 19,10). Aber es ist nicht so, daß er sich zum ausführenden Organ für unsere eigenen frommen oder unfrommen Pläne und Programme machen ließe. Auch sollten wir uns nicht verwundern, wenn wir entdecken, daß er sich anders verhält, als wir meinen, daß ein Gott, der auf sein Renommee achtet, sich verhalten müsse. Seine Gedanken sind eben anders als unsere Gedanken. Sein Wesen ist anders als unsere Vorstellungen. Seine Pläne mit uns sind ganz anders als unsere Träume. Seine Maßstäbe sind anders als unsere Wertskalen. Wenn wir beten: Dein Wille geschehe!, dann bedeutet das den Verzicht auf unsere menschlichen Wünsche und Zukunftsgedanken. Das kann uns einigen Schweiß kosten (Luk. 22,42.44). Aber man sollte nie vergessen: uns kann ja nichts Besseres geschehen, als daß sich Gottes Wille durchsetzt, und geschehe es auch gegen unseren Willen und so, daß es uns Schmerzen bereitet. Es ist ja gut, daß Gottes Gedanken nicht sind wie die unseren. Die Seligkeit, die unser törichtes Herz sich ausdenkt, würde sich wahrscheinlich sehr bald als eine Spielart der Hölle erweisen. Und die Wege, die wir, um zu ihr zu gelangen, einschlagen, würden sich vermutlich binnen kurzem als Irrwege erweisen. Es ist ein Kapitalfehler im Ansatz unseres Denkens, daß wir Gott und sein Tun an uns selber messen, daß wir also sein Handeln nur insoweit gelten lassen, als es sich in unsere Vorstellungen und Überzeugungen einfügt. Es ist sträflicher Eigensinn, wenn wir bestimmen wollen, was Gott darf und was er nicht darf, wie er es machen soll, um uns zu helfen, und wie nicht. Für die Verbannten hieß das: Hat Gott etwa alles, was er sich zum Besten seines Volkes vorgenommen hat, wieder fallenlassen und abgesagt? Wird etwa das Evangelium dadurch hinfällig, daß uns nicht einleuchten will, wieso eben das, was Gott tut, wirklich das Gute, Heilsame, Rettende ist? Wir wären von uns aus freilich nie auf den Gedanken gekommen, daß Gott, wenn er uns zu sich zurückholen will, dies gerade im Geschehen des Kreuzes tun könnte. Aber er macht es so, wie Luther sagt: „Die Gnade scheint äußerlich, als sei es eitel Zorn, so tief liegt sie verborgen mit den zweien dicken Fellen und Häuten zugedeckt, nämlich daß sie unser Widerteil und die Welt verdammen und meiden als eine Plage und Zorn Gottes und wir selbst auch nicht anders fühlen in uns, daß wohl Petrus sagt: Allein das Wort leuchtet uns wie in einem finstern Ort ... So dünkt uns auch selbst immerdar, Gott wolle uns (im Stich) lassen und sein Wort nicht halten und fähet an, in unserm Herzen ein Lügner zu werden ... Wohl an, ich weiß vorhin wohl (ich weiß es im voraus), daß Gottes Wort eine große Lüge werden muß auch in mir selbst, ehe es die Wahrheit wird. Wiederum weiß ich, daß des Teufels Wort muß zuvor die zarte göttliche Wahrheit werden, ehe sie zur Lüge wird. Ich muß dem Teufel ein Stündlein die Gottheit gönnen, und unserm Gott die Teufelheit zuschreiben lassen. Es ist damit noch nicht aller Tage Abend. Es heißt doch zuletzt: seine Güte und Treue waltet über uns" (WA 31, I, 249). Die Gemeinde soll es lernen, sich durch alles, was gegen Hoffnung und Heil spricht, hindurchzuglauben. Der Glaube hält sich nicht an das im vordergründigen Sinne Gegebene, tritt – menschlich gesprochen – dahin, wo man nicht mehr stehen kann. Er hält sich an Gottes Gedanken wider die eigenen. Gerade so findet er Gott.

2. Es wäre grundverkehrt, in Deuterojesajas Wort ein Ausweichen, ein Sich-Herausreden zu sehen. Die VV. 10f. machen nun erst recht deutlich, daß und warum der Prophet nicht einen Zentimeter zurückweicht. Alles Fleisch ist Gras, aber Gottes Wort bleibt. Das liest man in Kap. 40, mit dem das Buch des Propheten beginnt. So wahr unser Prophet in seiner Verkündigung immer wieder von der frommen Tradition seines Volkes zehrt, so wahr ihm diese in der Stunde seiner Berufung „eigenartig stark beleuchtet und aktualisiert worden ist" (Begrich, S. 96), so sehr sieht er doch auch seine eigene Verkündigung als Wort Gottes an. Man erkennt es an dem häufigen „Ich", mit dem Gott selbst in Deuterojesajas Sprüchen das Wort ergreift. Hier tut sich eine Glaubensüberzeugung kund, die uns gerade am Sonntag Sexagesimae (Evangelium!) zu interessieren hat: dem Worte Gottes wohnt auf alle Fälle eine unwiderstehliche Wirkungskraft inne. Wir haben den Satz nicht magisch zu verstehen. Gott läßt das Wort aus seinem Munde gehen; in der Unwiderstehlichkeit seines Willens liegt die Macht seines Wortes. Darauf vertrauen wir. Sehen wir eine Anzahl Menschen unter der Christuspredigt versammelt, so sagen wir: hier ist die Kirche. Können wir es den einzelnen Menschen ansehen, ob sie wirklich zur Gemeinde der Heiligen gehören? Natürlich nicht. Aber Gottes Wort kehrt nicht leer zurück. Also ist hier Kirche! Soviel auch auf den Weg fällt und zertreten wird, soviel unter die Dornen und auf das Steinige: etliches fällt auf gutes Land und bringt Frucht. So geschieht es auch im Großen.
Das Bild, das Deuterojesaja gebraucht, ist außerordentlich farbkräftig. „Regen und Schnee sind ... wie das Wort Beauftragte Gottes, die zu ihrem Werk ausgesandt werden und zu Gott mit einer ‚Erfolgsmeldung' zurückkehren müssen. Eine großartige Vorstellung von Gottes Allwirksamkeit im Reich der Schöpfung und der Geschichte" (J. Fichtner, a.a.O., S. 307). Der Kreislauf des Wassers – über den Deuterojesaja, wie es scheint, Bescheid weiß – bildet den Kreislauf des Wortes Gottes ab. Man muß sich vor Augen halten, was in Palästina geschieht, wenn der Regen fällt: in kürzester Zeit verwandelt das Land sein Gesicht; aus dem Hellbraun der ausgedörrten Erde sprießt es grün und bunt. So darf man sich auch auf die Wirkung des Wortes Gottes verlassen.
Man muß nur von dem, was die Bibel „Wort Gottes" nennt, eine hinreichende Vorstellung haben. Das Wort in seiner Massenhaftigkeit, in seiner Entartung zum „Gerede", zum „Geschwätz", in seiner inflationistischen Entwertung kann uns nicht deutlich machen, was die Bibel meint, wenn sie Wort Gottes sagt. Sie meint die verbindliche Anrede Gottes an uns, mit der nicht nur „etwas" beschrieben, mitgeteilt, beredet wird, sondern die selbst Tat ist, indem sie die bisher gestörte, ja gar nicht vorhandene persönliche Gemeinschaft herstellt. Gott sagt du zu mir und nennt meinen Namen. Eben damit bin ich in einem Nu nicht mehr der, der ich eben war. Befand ich mich eben noch in einem Niemandsland, konnte ich eben noch in aller Ruhe behaupten, daß es Gott für mich nicht gibt, so bin ich nun schlagartig in die Entscheidungssituation gestellt. Ich kann mich verschließen, aber eben damit bin ich nicht aus dem Kraftfeld Gottes heraus. Er hat mich angeredet, das mache ich nicht ungeschehen. Nehme ich sein gnädiges Wort

hingegen an, dann hat eben damit die persönliche Geschichte zwischen ihm und mir begonnen. Dann ist er mein Gott geworden. Christi Herrschaft realisiert sich im Wort. „Nur“ im Wort? Wer hier „nur“ sagt und dieses „Nur“ abschätzig meint, den hat das Wort noch nicht getroffen.
Von da aus läßt sich auch mühelos eine Brücke zu V. 6 (und sogar zu V. 7) finden. Es liegt im Wesen des Wortes, daß man auf seine Wirkung nicht warten kann wie auf das Aufrauschen der Raketen bei einem Feuerwerk, das am Abend eines Sommerfestes stattfinden soll, oder gar, wenn man die Leuchtspur nach oben bereits verfolgen kann, auf das Zerplatzen und Versprühen der Feuerwerkskörper. In das Wortgeschehen bin ich ja selbst hineingezogen, d.h. aber dann auch: ich muß eine Entscheidung fällen, so oder so. In diesem Sinne ruft mich V. 7 dringlich zur Umkehr. Die Assoziation, die das Wort מַחְשָׁבוֹת hervorrief, kam – trotz der Verschiedenheit des Wortsinnes hier und dort – nicht von ungefähr. Sich Gott zuwenden, das heißt eben: von den „eigenwilligen“ Anschlägen lassen und alles Gute von den heilsamen „Plänen“ Gottes erwarten. Bekehrung heißt keineswegs bloß: diese und jene Unart lassen, mit diesem oder jenem Laster Schluß machen. Vielmehr: sich Gott zuwenden. Wir haben nicht nur Anlaß, sondern auch Recht und Möglichkeit dazu: „denn bei ihm ist viel Vergebung“.
Deuterojesaja ist durchaus nicht der Meinung, daß, weil das Erwartete bisher „ausgeblieben“ ist, die Heilsgeschichte noch immer stillstehe. „Jetzt ist die angenehme Zeit“ (2. Kor. 6,2, vgl. Jes. 49,8). Die Beziehung auf das Wort ist in V. 6 sogar noch enger, als es auf den ersten Blick aussieht; man muß nur den Urtext ansehen. Luther übersetzt zweimal: „solange“ und lenkt unsere Gedanken damit auf eine Zeitspanne, in der wir die Nähe Gottes und die Möglichkeit, ihn zu finden, wahrnehmen sollen. Der Urtext erlaubt gewiß diese Deutung. Aber wörtlich heißt es: „Sucht Jahwe in seinem Gefundenwerden, ruft nach ihm in seinem Nahesein.“ Es geht um viel mehr als um eine „Synchronisierung“ unseres Suchens mit der Möglichkeit des Findens; gemeint ist unser Eingehen auf die Weise der Selbstdarbietung Gottes und unser Zugreifen bei seinem Anbieten. Anders gesagt: Wir sollen Gott nicht nur suchen, wenn er da ist, sondern auch und gerade so, *wie* er da ist. Gerade das wäre die Absage an unsere nichtigen Menschengedanken. Wir sollten Gottes Hand so ergreifen, wie sie sich in Christus uns entgegenstreckt.

Estomihi. Hebr. 4,9-13

Die Perikope ist das Schlußstück des Midrasch über Ps. 95,7-11, der mit 3,12 (bzw. 3,7) beginnt. Michel überschreibt ihn: „Die Verheißung der Gottesruhe“. Unsere Perikope will aus dem Ganzen dieses Abschnitts verstanden sein. Vgl. dazu: G. von Rad, Es ist noch eine Ruhe vorhanden dem Volke Gottes, Zw. d. Ztn., Jg. 11, 1933, S. 104, auch in: Gesammelte Studien zum A.T., München 1958, S. 101. Die „Ruhe“ (מְנוּחָה, κατάπαυσις) ist ein erst vom Deuteronomium eingeführter Begriff; er meint dort den gegenwärtigen Heilszustand, nicht den Seelenfrieden, sondern „die ganz konkrete Befriedung eines von Feinden geplagten, müde gewanderten Volkes“ (v. Rad). Das deuteronomistische Geschichtswerk sieht diese Ruhe in der Vergangenheit realisiert: Jos. 21,43 ff. Damit verbindet sich seit dem chronistischen Geschichtswerk der andere Gedanke, daß Gott (!) in seinem Volk zur Ruhe kommt (1. Chron. 23,25). In Hebr. 4,4 verbindet sich damit des weiteren die Bezugnahme auf Gen. 2,2, aufgegriffen in dem Hapax-legomenon σαββατισμός (V. 9). „Für Hb ist die ‚Ruhe Gottes' ... geheimnisvolle Umschreibung des zukünftigen Äons" (Michel). – V. 9: ἀπολείπεται = steht noch aus. – V. 10: Vgl. Offb. 14,13 (das Gegenbild dazu dort V. 11 b). – V. 11: ὑπόδειγμα hier = Warnzeichen (vgl. 8,5; 9,23; 2. Petr. 2,6). Mit „fallen" dürfte dasselbe gemeint sein wie 1. Kor. 10,5 f. – VV. 12 f.: „ein Gedicht über das Wort Gottes" (Michel), dessen erste Strophe seine Wirksamkeit, dessen zweite die Lage des Menschen vor Gott und seinem Wort beschreibt. Ist das Gedicht ein Zitat (ähnlich: Hen. 9,5; Sap. 1,6)? Wenn ja, dann wird erst recht die Frage dringlich, ob in V. 13 das Wort oder Gott selbst Subjekt ist. Auch Philo spricht von der „zerteilenden" Wirkung des Wortes, allerdings im Sinne der Differenzierung. Auf das Wort als „Schwert" sind wir schon wiederholt gestoßen (Jes. 49,2; Eph. 6,17; Apok. 1,16; 2,12; 19,15). B liest statt ἐνεργής ἐναργής, Hieronymus (in einem Teil der Überlieferung) evidens, eine interessante LA. „Lebendiges Wort": eine verbreitete Formel. Im Wort liegt bzw. wirkt Gottes Leben. Es hat zeugende Kraft (1. Petr. 1,23). „Lebendig" und „kräftig" sind „typische Gottesaussagen" (Michel). Wie man sich seine zertrennende Wirkung im einzelnen vorzustellen hat, ist nicht sicher zu sagen. κτίσις hier wohl = Mensch. τετραχηλισμένος wird gelegentlich als „offenbar" erklärt: Chrysostomus denkt an das Opfertier, dessen Hals zur Schächtung zurückgebogen wird; auch beim Ringkampf wird das Wort gebraucht: Verbiegen des Halses, wodurch der Gegner „überwältigt" wird. Das letzte Sätzchen ist mehrdeutig: „Das ist der Gott, von dem (bzw. vor dem) wir reden" (Michel) oder: „vor dem haben wir Rechenschalt abzulegen" (Schlatter, Strathmann).

„Sehet, wir gehen hinauf nach Jerusalem, und es wird alles vollendet werden, was geschrieben ist" (Luk. 18,31, Evangelium des Sonntags). Damit ist gewissermaßen das Gelände abgesteckt, in dem sich auch die Aussagen unserer Perikope bewegen. Es *wird* alles vollendet werden, also sind wir noch nicht am Ziel; das Zur-Ruhe-Kommen steht noch aus. Inzwischen gilt es, sich auf die Unterwegs-Situation einzustellen und mit aller Kraft um den Eingang zur Ruhe bemüht zu sein. Am Ende der knappen Auslegung und Vergegenwärtigung des Psalmtextes (3,7-11) spürt der Verfasser des Briefes die gewaltige, man muß vielleicht gar sagen: gewaltsame Wirkung des Wortes Gottes. Das Risiko der Interimslage, in der sich die Christenheit befindet, wird aufs stärkste empfunden. Wie das Israel der Wüstenzeit, so kann die Gemeinde heute alles gewinnen, auch alles verlieren. Sie ist „das wandernde Gottesvolk" (E. Käsemann, Das wandernde Gottesvolk, Göttingen 1959). Sie ist noch immer die Kirche in der Wüste. „Wir gehen hinauf nach Jerusalem" – das gilt für das Gottesvolk der Wanderzeit wie für die um Jesus versammelte Jüngerschaft. Noch steht die Kirche unterm Kreuz. „Lasset uns mit Jesu ziehen" (Wochenlied, EKG 252). Wir wollen ja nicht den Mund zu voll nehmen, als gingen wir einen Weg, der dem vergleichbar wäre, den zu gehen Jesus sich nun anschickt. Ein allzu pathetisches Reden von der „Kirche unterm Kreuz" steht uns schlecht. Aber zu warnen ist mit Nachdruck davor, daß wir uns eigenmächtig zu einer Kirche der Glorie machen: etwa so, daß wir uns glorios benehmen und damit unseren gekreuzigten Herrn verleugnen, oder so, daß wir Gott verklagen, weil noch nicht „alles vollendet" ist, sondern das, was er zuletzt mit uns vorhat, „noch aussteht". Kirche der Wüstenzeit – auf dem Wege zum Ziel (1), in der Gefahr der Verfehlens (2), unter dem Gericht des Wortes (3).

1. Wenn die Zwölf um Jesus das Wort „Jerusalem" hörten, mochten sich im Zusammenhang mit den in Jesus gesetzten Erwartungen faszinierende Hoffnungen einstellen. Wir können es nur noch in Umrissen erkennen (man denke etwa an Mark. 10,37). Israels Hoffnung! Jetzt ist es soweit! – Sehr schnell weist Jesus die falschen Erwartungen zurück. Der Hebräerbrief tut im Grunde nichts anderes. Er spricht zu resignierenden, zerbröckelnden Gemeinden. Das Warten will ihnen zu schwer werden. Sie haben sich das Christsein anders gedacht. Ohne Christus lebt sich's leichter; man verläßt die Versammlung (10,25). Die Paraklese des Hebräerbriefes besteht nicht darin, daß er den Lesern das Christsein als eine mühelose, bequeme, gefahrlose Sache anpreist und ihnen damit die Müdigkeit und Lustlosigkeit ausredet. Das wäre unwahrhaftig. Wir sind noch immer in der Lage des wandernden Gottesvolkes, wir haben die große Sabbatruhe Gottes, sofern auch wir daran teilhaben sollen, noch immer *vor* uns. Der Prediger wird der Gemeinde deutlich zu machen haben, was damit gemeint ist. Wir sahen: beide Vorstellungen sind für den Verfasser des Hebräerbriefes zusammengeflossen wie zwei Ströme, die sich vereinigen.

Das Land der Verheißung ist für Israel die große Hoffnung gewesen, Inbegriff aller Seligkeit, übrigens einer radikal diesseitig verstandenen Seligkeit. Stellen wie Deut. 26,9 oder Jos. 21,43-45 mögen zeigen, daß man sich nach der Landnahme am Ziel glaubte. Gott hatte Wort gehalten. Seine Verheißung war realisiert. Es ist erstaunlich, wie diese Gewißheit des realisierten Heils auch in Zeiten schwerster Krisen aufrechterhalten worden ist. Israel hatte sein „Erbe", niemand konnte es ihm auf die Dauer streitig machen. Aber eben diese Gewißheit wurde doch fraglich. Die Propheten verkündigten Gottes Zorn über sein Volk. Es kamen die Katastrophen von 721, 597 und 586. Deuterojesaja aktualisierte die alte Gewißheit: es kommt zum neuen Exodus und zur Heimkehr. Die Verheißung blieb. Die Erfüllung zerschlug sich von Mal zu Mal. Weshalb eigentlich? Weil Gott versagte? Nein, weil es – durch wie viele Leiden auch immer – gelernt werden mußte, daß Gott mit seinen Verheißungen nicht weltliche – etwa nationalistische – Ansprüche garantiert, sondern die neue Welt der Auferstehung verheißt. „In Christus" gewinnt alle Hoffnung eine neue Richtung, einen neuen Sinn. So kehrt im Neuen Testament die Erwartung Israels wieder, aber eben anders. Oft ist vom „Erbe" die Rede, etwa Matth. 5,5; Apg. 20,32; Eph. 1,14; Tit. 3,1. Aber jetzt geht es nicht mehr einfach um „das Land". Weil wir Kinder sind, sind wir auch Erben (Röm. 8,17; Gal. 4,7). Aber das Erbe ist das ewige Leben (Tit. 3,7), das Reich Gottes (Gal. 5,21); es handelt sich um das unvergängliche, unbefleckte und unverwelkliche Erbe, das für uns „im Himmel" aufbewahrt und bereitgehalten wird (1. Petr. 1,4). Dahin sind wir noch immer unterwegs. Wie die Wüstengeneration vor den Toren und Grenzen des Landes stand, so auch wir.

In dieselbe Richtung weist uns das Stichwort Sabbat. Man lese, was v. Rad im ATD zu Gen. 2,1-3 schreibt! Die Stelle ist ihm „eines der merkwürdigsten und gewagtesten Zeugnisse der ganzen Priesterschrift", wir befinden uns hier „am äußersten Rand des Protologischen"! Die ganze Welt ist fertig – aber da kommt es noch zum Sabbat, mit dem die Welt erst „vollendet" ist. Der Text spricht „von einer Ruhe, die vor dem Menschen da war und die durchaus auch, ohne daß der Mensch sie wahrnimmt, vorhanden ist. Die Aussage steigt gleichsam empor in den Raum Gottes selbst und bezeugt, daß bei dem lebendigen Gott – Ruhe ist." Im gefeierten Sabbat ist sie „‚vorhanden' protologisch so konkret, wie sie der Hebräerbrief eschatologisch erwartet (Hebr. 4)".
Gott bringt uns gewiß ans Ziel – „es wird alles vollendet werden". Aber inzwischen sind wir noch unterwegs. „Wir sind noch in der Hütten" (R. A. Schröder): „Uns ward noch nicht die Wohne, / die unverweslich lacht, / da aller Kronen Krone / den Knecht zum Erben macht. / Heißt fürder noch gelitten, / so mancher Kämpe fiel; / wir sind noch in der Hütten, / wir stehn noch nicht am Ziel." Oder nun in anderer Sprache gesprochen: Wir sind „Exodusgemeinde". Uns entgeht nicht, daß die Sicht bei diesem Begriff eine andere ist: wir sollen „Ägypten" verlassen mit seinen „Fleischtöpfen" und uns in die Wüstensituation hinauswagen; wir sollen nicht die Gemeinde bleiben wollen, die sich auf weltliches Ansehen und auf menschliche Sicherheiten verläßt. Die Jesus auf dem Wege in die Passion hinein begleiten, werden nicht darauf aus sein, sich selbst zu schonen. Sie werden sich dorthin begeben, wo sie exponiert und preisgegeben sind. Im Blick auf das wandernde Gottesvolk geredet: sie werden es auf sich nehmen, in Situationen zu kommen, in denen wirklich nichts anderes rettet als das Wunder Gottes. „Die Wüste als gelobtes Land" (J. Chr. Hoekendijk, Die Zukunft der Kirche und die Kirche der Zukunft, Stuttgart–Berlin 1965², S. 15–31)? So natürlich nicht. Wir haben das Gelobte Land *vor* uns; die Ruhe „steht noch aus". Aber das ist richtig, daß wir ein gehorsames Ja finden sollen zu der Interimssituation des Wüstenzuges. In der Wüste kann man es sich nicht wohnlich machen. Da gibt es nicht die bleibende Stadt. Da kann niemand sagen: dies Stück ist mein. Da kann es weit sein bis zur nächsten Oase, und wenn man hinkommt, kann die Quelle bitter sein. Da gibt es keine festen Burgen und Wälle – der Feind hat es leicht. Und wenn alles ohne Zwischenfall abgeht: man läuft sich doch die Füße wund und ist nach weiten Strecken wie zum Umfallen. Der Spießer in uns will es anders. Aber Jesus will Leute, die bereit sind, mit ihm mitzugehen, sich selbst etwas abverlangen, und bereit sind, etwas dranzugeben. Gibt es Durststrecken, dann nicht jammern. Geraten wir in Gefahren, dann vertrauen. Scheint es nicht weiterzugehen, dann mit dem Gott rechnen, der noch lange nicht am Ende ist, wo wir meinen nicht weiterzukönnen.
2. Der ganze Hebräerbrief ist voll von beschwörenden Mahnungen. Die Leser, die im Begriff sind, dieses unbequeme, kostspielige, riskante Christsein über Bord zu werfen, müssen wissen, was auf dem Spiel steht. „Laßt uns nun alles dransetzen, in diese ‚Ruhe' hineinzukommen, damit nicht einer nach demselben warnenden Beispiel zu Fall komme" (V. 11). Was damit

gemeint ist, sagt der hier besprochene Psalmtext, sagt auch die anschließende Auslegung im ganzen. Verstockte Herzen, wenn Gott redet; Verbitterung, nicht von Gott, sondern von Menschen angerichtet; arge, ungläubige Herzen, die vom lebendigen Gott abfallen; der Versuch, Gott auf die Probe zu stellen, ihn zu provozieren. Man sieht: das sind gar nicht die Standard-Sünden, die zuweilen in biblischen oder vielleicht auch vom Prediger selbst verfertigten Lasterkatalogen vorkommen. Nicht weniges von dem, was hier genannt ist, würde mancher für gut verständlich halten und anderen, vor allem auch sich selbst, nicht schwer ankreiden. Ein arges, ungläubiges Herz? Was kann man dagegen machen? Die Sache wird nicht dadurch einfach und harmlos, daß wir selbst sie für einfach und harmlos deklarieren. Σπουδάσωμεν – hier gilt es wirklich, alle Kraft zusammenzunehmen. Die Predigt von der „Gnade allein" wäre mißverstanden, wenn wir damit unsere Faulheit, die Nachgiebigkeit gegen uns selbst, die Leidensscheu, die Weichheit und Unbeherrschtheit rechtfertigen wollten. Vom Nachjagen spricht Paulus (Phil. 3,12; vgl. 2. Tim. 2,22), er boxt gegen sich selbst (1. Kor. 9,27), er führt ein strapaziöses Leben (2. Kor. 11,23ff. u. ö.). Hier wird ein erhebliches Maß gläubiger Aktivität erwartet. Es ist durchaus nicht gesagt, daß wir alle ins Land der Verheißung gelangen, das der Text meint, wenn er von „Ruhe" spricht. In 3,11.19; 4,11b ist damit gerechnet, daß wir ausgeschlossen bleiben. Vor einem faulen Seligkeits-Automatismus ist nachdrücklich zu warnen; nicht, weil es Menschen gäbe, denen Gott das Heil nicht gönnte, sondern weil es solche gibt, die es selbst verscherzen. Unsere „zu Herzen gehenden" Säuselpredigten können dran schuld sein, wenn Menschen verlorengehen. Es ist *nicht* evangelisch gepredigt, wenn die Gemeinde beruhigt, eingeschläfert und wenn ihr eingeredet wird, um den lieben Gott brauche man sich nicht gar zu viel Gedanken und Mühe zu machen, denn das Happy-End komme sowieso. Soll also unsere Predigt den Ton der Drohrede annehmen? Ein pfäffisches Gebelfer wäre der hier gemeinten Sache nicht angemessen. Der ganze Hebräerbrief ist beherrscht von dem heißen Bemühen, die angefochtenen, am Glauben verzagenden Menschen davor zu bewahren, daß sie – um es mit den Worten des Paulus zu sagen – „vergeblich die Gnade Gottes empfangen" (2. Kor. 6,1). Die „Ruhe" steht noch aus, hörten wir. Es ist nicht damit getan, daß wir einfach warten, bis sie kommt bzw. wir hineinkommen. Abwarten und Tee trinken, wie das Sprichwort sagt? Etwa unter der Beschwichtigung: „es muß doch Frühling werden"? So eben nicht. Der Frühling ist eine Naturtatsache; er kommt, ohne daß wir etwas dazu tun, und er fordert von uns keine Entscheidung. Wo es um Gott geht, sind wir persönlich gefordert. Wir brauchen nichts zu leisten und zu vollbringen. Nicht unsere mißratenen Versuche, es besser zu machen, werden uns zum Verhängnis, aber „das ungläubige Herz, das vom lebendigen Gott abfällt" (3,12). Gott braucht Leute, die sich durchglauben. „Glaubst du, so hast du; glaubst du nicht, so hast du nicht" (Luther, WA 2,719 u. ö.). Der Hebräerbrief spricht hier nicht ernster als das übrige Neue Testament. Es könnte sein, wir werden eines Tages bei Christus Eingang suchen, und er entgegnet: „Ich kenne euch nicht, wo ihr her seid" (Luk. 13,25.27). – Andererseits: Unsere Predigt wird der Gemeinde zu diesem σπουδάζειν Lust machen dürfen. Keiner wird seines Christseins froh, dem es nicht mehr ist als eine liebe Gewohnheit, eine bürgerliche Pflicht (soweit es das noch gibt) bzw. eine langweilige Angelegenheit. Gott provozieren? Nein! Aber: es mit Gott wagen und sich ganz auf das einstellen, was Gott mit uns vorhat. Das „Erbe" gehört uns. Die „Ruhe", der Ort für das Zur-Ruhe-Kommen (nicht in Untätigkeit, sondern in ungefährdeter und ungestörter Gemeinschaft mit Gott), johanneisch: die „Wohnungen" (Joh. 14,2f.) sind bereit. Gott darf erwarten, daß wir uns dafür nicht weniger interessieren und stark machen als für vieles andere, das wir ungeheuer ernst nehmen und wofür wir viel aufwenden, obwohl es weniger lohnt.

3. Man hat sich gefragt, ob die VV. 12f. wirklich in der Fluchtlinie dieses Midrasch liegen oder ein neues, etwas unmotiviert aufklingendes Thema anschlagen. Nach dem soeben Ausgeführten ist der Zusammenhang deutlich. Man kann den so ernsten, geradezu beschwörenden Zuspruch seit 3,7 in dem befremdlich scharfen Spruch vom Worte Gottes charakterisiert sehen. Wir hätten freilich über das Wort Gottes noch anderes zu sagen. „Dein Wort ward meine Speise, da ich's empfing" (Jer. 15,16). „Das ist mein Trost in meinem Elend, daß dein Wort mich erquickt" (Ps. 119,50). „Die Worte, die ich rede, sind Geist und sind Leben" (Joh. 6,63). Hier jedoch wird das Wort mit einem Schwert verglichen. Gedacht ist zunächst an das gepredigte Wort. Es scheint nicht viel auszurichten. Die Texte der vorangehenden Sonntage waren wiederholt mit dieser Erfahrung beschäftigt. Wir brauchen das Gesagte nicht erneut aufzugreifen. Der Verfasser des Hebräerbriefes steht offensichtlich selbst unter dem Eindruck dessen, was aus dem alten Psalmwort sehr direkt auf ihn zugekommen ist. Eine Erfahrung, die wir immer wieder machen. Das Wort ist „lebendig": nicht etwas von uns Erdachtes, so daß es von uns selbst abhinge, ob es gesprochen wird und was es sagt; es ist das Wort Gottes, der etwas spricht – und es geschieht so; es ist das Wort, das schafft und vernichtet, wie Gott will. Es ist „kraftgeladen" (ἐνεργής), es „hat es in sich"; man sieht es ihm zunächst nicht an, aber wen es getroffen hat, der weiß, was drinsteckt: es kann uns festhalten, wo wir gehen wollten, und es kann uns in Marsch setzen, wo wir zu bleiben gedachten. Es ist ein zweischneidiges Schwert. Es kann also nicht vorkommen, daß einer, der damit zuschlägt, versehentlich die stumpfe Seite erwischt. Das Wort tut auf alle Fälle, was es soll (vgl. den vorigen Text). Der Schwertvergleich geht uns freilich nicht gut ein, wie es uns auch nicht gefallen würde, wenn – ins Moderne gewendet – von der Brisanz einer Bombe geredet wäre. Wir wissen genau, daß Gott lieber heilt, als daß er Wunden schlägt. Wir sollten dies der Gemeinde nicht verschweigen. Andererseits sollten wir zu verstehen versuchen, warum unser Text gerade die gefährliche, ja tödliche Seite der Wirkung des Worts herausstellt. Das Wort brauchte nicht „Schwert" zu sein, wenn es nicht unsere Art wäre, uns nach außen zu verschließen, zu tarnen, zu verbarrikadieren, einzuigeln. Es gibt eine Verhärtung der Herzen; von ihr ist in der Bibel wiederholt die Rede. Gott geht uns „zu Leibe". Es ist nicht nötig, herauszubekommen, wie sich der Text im einzelnen die Wirkung des Wortes denkt: sein Aufreißen und Entblößen, seine sezierende, im schweren Falle seine

tötende Wirkung. Gottes Wort dringt durch das „dicke Fell" hindurch, auch durch die tarnende Verkleidung; es dringt ein in die von uns mit peinlicher Vorsicht abgeschirmten Bereiche unseres Lebens, in die unaufgeräumten Winkel. Wir wollen Gott an manches nicht recht heranlassen, aber da hilft kein Widerstand. Gedanken und Sinne des Herzens – die Bildsprache wird wieder verlassen – unterliegen seinem Gericht. Keine Kreatur ist vor ihm verborgen; es ist alles nackt und preisgegeben (s. o.) vor seinen Augen. So gibt es also kein Versteck und keine Deckung. Wir hören oder lesen das Wort und merken: genau so bin ich. Vielleicht wehren wir uns zunächst um so heftiger, weil wir gemerkt haben, wie es trifft. Auf die Dauer werden wir nicht widerstehen können. Mancher Prediger wird es schon erlebt haben, daß ein Mensch nach der Predigt zu ihm kam und ihn fragte: Woher kennen Sie mich und mein Leben? Wir kannten diesen Menschen nicht, aber wir hatten wohl Gottes Wort gepredigt.

Wenn wir etwas von dem begriffen haben, was hier steht, wird unsere Predigt, wird unser ganzes Christsein keine fromme Spielerei bleiben können. Gott braucht keine „großen" Prediger. Aber er braucht solche, die wissen, was auf dem Spiele steht und was Gott, indem er sein Wort ergehen läßt, an uns ausrichten will. Tut es uns weh – und ohne das wird es wohl nicht abgehen –, dann deshalb, weil uns anders nicht zu helfen ist. Gott haben wir Rechenschaft zu geben (V. 13 Ende). Dem entgehen wir nicht (2. Kor. 5,10). Wahrscheinlich verstehen wir den Text richtig, wenn wir etwas davon merken, daß Gott selbst um uns bangt. Er würde sonst nicht so eindringend mit uns reden. Er macht es sich selbst nicht leicht. Sonst müßte sein Sohn nicht „hinauf nach Jerusalem" ziehen. Ihm liegt daran, uns nicht anders bei sich zu versammeln als so, daß er uns wirklich im Herzen wiedergewonnen hat.

Invocavit. Jak. 4,6b-10

Die Abgrenzung der Perikope ist von homiletischen Gesichtspunkten her zu vertreten. Das Ende kehrt zum Anfang zurück („Demut"). So entsteht der Eindruck einer großen Geschlossenheit. Dem steht jedoch entgegen, daß der Anfang zu den VV. 1–6 gehört, während die VV. 7ff. „eine Reihe formgleicher, aber inhaltlich verschiedener Mahnungen" darstellen, locker aneinandergereiht (wie etwa Röm. 12,9-13). „Eine prophetische Bußpredigt in Imperativen", schreibt Windisch; er fährt jedoch fort: „gewiß aus paränetischer Tradition geschöpft" – und eben damit kommt die Mahnung unter ein bestimmtes Vorzeichen zu stehen (s. u.). (Das Zitat V. 5 ist eine crux interpretum; wir können froh sein, daß uns dieser Vers nicht mit aufgegeben ist.) – V. 6: Zitat aus Spr. 3,34, auch 1. Petr. 5,5; 1. Clem. 30,2 angeführt. – V. 7: Mit dem οὖν knüpft die Spruchreihe an V. 6 an; es ist von daher gerechtfertigt, die Perikope mit V. 6b beginnen zu lassen. Die Predigt darf nicht übersehen, daß damit V. 6 zum Vorzeichen der Paränese wird. Der Vergleich mit 1. Petr. 5,5.6 ist lehrreich; „offenbar liegt ein paränetisches Schema von lose aneinandergefügten Mahnungen zugrunde" (M. Dibelius). V. 7b und V. 8a parallel gebaut. Daß der Teufel fliehen werde, findet sich wiederholt in den Testamenten der zwölf Patriarchen, die aus Kreisen stammen, die Qumran nahestehen, sodann auch bei Hermas. Wer sich Gott naht, muß rein sein (Ps. 24,3.4; Matth. 5,8; Hebr. 12,14; 1. Joh. 3,3); so mag sich V. 8b assoziiert haben. Kultische Reinheit aber nützt nichts ohne die Reinheit der Herzen (vgl. Mark. 7,2.15.19-23). Zu δίψυχος vgl. 1,8. – V. 9: Heulen und Klagen gehört zur Buße (Micha 2,4; Jes. 32,11f.; Joel 1,9ff.; Jer. 4,13f.; Sach. 11,2f.). ταλαιπωρεῖν = elend sein, Mühsal haben, bedrückt sein, aber auch einer solchen Befindlichkeit Ausdruck geben, also: über sein Elend jammern, vielleicht gar: sich durch Fasten u.ä. in eine solche elende Lage bringen (vgl. Matth. 6,16; Ps. 38,7; Jes. 58,5). πενθεῖν und κλαίειν in dieser Verbindung auch Mark. 16,10; Luk. 6,25. Oder kündigen diese Imperative die Bedrängnisse der Endzeit an, als stünden futurische Verbformen da? (So M. Dibelius – jedoch mit der Einschränkung, daß dies nur für den Ursinn des Spruches gelten würde, sofern dieser Zitat ist; wie der Spruch jetzt hier steht, meint er die Buße.) – V. 10: Die Buß- und Leidenszeit wird ein Ende haben; vgl. auch hier 1. Petr. 5,6.

Es könnte sein, Jakobus hat es mit *einem* Satz bei uns bzw. unserer Gemeinde verdorben: mit der Zumutung, die in V. 9 liegt. Ein Prediger, der dies einfach ohne Kommentar weitersagt, bringt sich in den Geruch, wie ein Arzt zu handeln, der es darauf absähe, seine Patienten – krank zu machen. Freilich dürfte gerade hier der Grund für die Auswahl des Textes für Invocavit liegen. Die Fastenzeit hat begonnen. Wir haben damit zu rechnen, daß nicht wenige unserer Gemeindeglieder sich aus dieser Begründung nicht viel machen werden. Die Fassung des revidierten Textes dämpft schon: „Werdet eures Elends inne" klingt anders als das ταλαιπωρήσατε (s. o.). Wir Protestanten pflegen den Übergang von der Fastnacht zum Aschermittwoch nicht schwerzunehmen; vielleicht ändern wir sogar in keinem einzigen Punkte unsern Lebensstil. Sollten wir etwa gar die fromme Pflicht haben, nunmehr gedämpft und karg zu leben, mit betont saurer Miene, im ganzen auf Moll gestimmt, unter einer von der Kirche angeordneten Regel für unser Stimmungsleben, sozusagen in kirchlich befohlenem Katzenjammer? Wir haben mit Reaktionen solchen Stils zu rechnen. Wie sagt der Herr? „Wenn ihr fastet, sollt ihr nicht sauer sehen wie die Heuchler" (Matth. 6,16). Ja – wenn ihr fastet! Wer fastet eigentlich? Kein Zweifel: auf das Schaubild, das wir bieten, kommt es nicht an; im Gegenteil, wir sollten „das Haupt salben und das Angesicht waschen" (ebd., V. 17) und uns nichts anmerken lassen. Aber damit ist ja nicht alles gesagt. Die Sache ist wichtig, nicht der Augenschein. Wir wissen, daß bei den Menschen der Mittelmeerländer die Tränen lockerer sitzen als bei uns, die Formen der Trauer leidenschaftlicher sind, auch die Buße ggf. spektakulärer ist, als unserm Geschmack entspricht. Die Helden Homers weinen. Jesus sagt seinen Jüngern voraus, daß sie heulen und klagen werden (Joh. 16,20). Wir äußern uns anders. Aber auch bei uns sind Klärungen und Entscheidungen fällig. Es bedarf auch bei uns der Einübung, wenn es gilt, von bestimmten Dingen zu lassen, die sich zwischen Gott und uns drängen, und von anderen unabhängig zu werden, die uns in ihre Gewalt bekommen haben. Es bedarf der Konzentration, der Sammlung unserer Aufmerksamkeit und unserer Kräfte auf das, was bei uns – zu unserm Schaden – zu kurz kommt. Es ist auch keine Lösung, daß wir Versagen und Schuld immer nur überspielen, übertönen und verdrängen, statt nun eben doch auch der Trauer Raum zu geben, die da ist, wo man sich mit seiner Schuld bei Gott einfindet. Die Fastenzeit ist in der alten Kirche Vorbereitungszeit auf die Taufe gewesen. Und für die Getauften wurde sie Bußzeit. Der Kampf mit dem unsichtbaren Widersacher wurde eben in der Buße geführt (Exorzismen). Jesus selbst hat ihm widerstehen müssen (altes Evangelium). Der Text steht am richtigen Platz. Man könnte den evangelischen Akzent noch ein wenig deutlicher setzen, als es der Wortlaut des Textes unmittelbar ergibt, indem man formuliert: Kampf dem Bösen in der Kraft der Gnade. Naht euch zu Gott (1), heiligt euch für Gott (2), demütigt euch vor Gott (3)!

1. Sucht Gottes Nähe! Haltet Kontakt mit ihm! Je dichter bei ihm, desto besser! Man könnte V. 8a etwa so auslegen. Nur, wie sieht dies praktisch aus? Wir wären auf ganz falscher Fährte, wenn wir übersähen, daß die Aufforderung „Naht euch zu Gott!" ihr Gegenüber in der anderen hat: „Widersteht dem Teufel!" Also nicht: Interessiert euch mehr für Gott, so wie es rätlich ist, sich fürs moderne Theater, für Mozart und Bartók, für Camping und Wassersport zu interessieren (schöne und wichtige Dinge fürwahr!), sondern ganz anders: Wißt ihr, daß ihr in einen harten Kampf gestellt seid, in dem ihr euch bewähren müßt? Sich zu Gott nahen oder nicht, das ist keine Frage, die man gut und gern auch offenlassen kann, als sei die Beschäftigung mit Gott so etwas wie ein frommer Luxus. Luther hat uns in De servo arbitrio die Situation des unausweichlichen Entweder-Oder eindrucksvoll dargestellt: „So ist menschlicher Wille in die Mitte gestellt wie ein Reittier: hat Gott sich drauf gesetzt, so will und geht es, wohin Gott will; hat der Satan sich darauf gesetzt, so will und geht es, wohin der Satan will. Und es steht nicht in der Freiheit des Menschen, zu dem einen oder andern Reiter zu laufen und ihn zu suchen, sondern die Reiter selbst streiten darum, ihn zu gewinnen und zu besitzen" (WA 18,635; Cl. 3,126). Wir täuschen uns, wenn wir meinen, wir könnten unentschieden zwischen den Fronten bleiben, „cum non sit medium regnum inter regnum Dei et regnum Satanae, mutuo sibi et perpetuo pugnantia" (WA 18,743; Cl. 3,241). Die Welt ist und bleibt Gottes Welt. Aber es gibt in ihr die unsichtbare Macht der Auflehnung gegen Gott, ein Wille, der uns als einzelne umgreift und übergreift. Für Luther ist das Böse eine alle sündigen Menschen beherrschende Macht, zugleich in ihnen und über ihnen wirksam, zugleich Wirkung und Bereich eines personhaften Willens, der weit über den einzelnen Menschenwillen hinausgreift, ein unsichtbares unheimliches Ich, das sich gegen Gott empört. Damit ist Luthers Anschauung über den Bösen umschrieben, die der Sicht des Neuen Testaments entspricht.

Naht euch zu Gott! – das ist, wenn man den Zuruf auf diesem Hintergrunde sieht, eine aufregende Parole. Es stehe dahin, inwieweit der Jakobusbrief die ganze Tiefe des Entweder-Oder durchschaut. V. 4 mag uns in diesem Zusammenhang immerhin zu denken geben. Die Mahnung, Gottes Nähe zu suchen, geht jedenfalls einher mit der anderen: Widersteht dem Teufel! Das alte Evangelium illustriert diesen Imperativ aufs eindrucksvollste. Die Abneigung unseres Zeitalters gegen mythisches Denken sollte uns nicht dazu verführen, dem Teufel damit widerstehen zu wollen, daß wir ihn einfach einer falsch verstandenen Entmythologisierung zum Opfer fallen lassen. Eine Naturmacht ist er selbstverständlich nicht. Er ist eine unsichtbare, personale Macht. Er hat darin teil an der Dimension gottheitlichen Seins, daß er jedem allgegenwärtig nahe ist. Nichts ist ihm lieber, als daß wir uns mit langen Diskussionen darüber aufhalten, ob und ggf. wie es ihn gibt. Er pflegt, wenn er bei uns Einlaß sucht, nicht seine Visitenkarte abzugeben; noch viel weniger hängt er sich ein Namensschild um den Hals. Er verstellt sich zum Engel des Lichts (2. Kor. 11,14). Keine Rede davon, daß er etwa bloß „draußen" in der „Welt" wäre: er treibt es auch mitten in der Kirche, dort sogar besonders gefährlich, weil er sich fromm tarnen kann. Die Aufforderung, dem Teufel zu widerstehen, ist ja Christen geschrieben! Christus selbst hat mit ihm gefochten. Paulus kennt seine „Methoden" (Eph. 6,11). Das alte Evangelium zeigt: Der Teufel macht keine häßlichen Vorschläge! Er operiert gern mit Bibelsprüchen. Auf manierliche Weise sät er zwischen uns Mißtrauen, setzt er Gerüchte in die Welt, impft er uns Abneigung gegen irgendeinen Menschen ein, macht er uns empfindlich, eitel, hochfahrend, geizig, humorlos, herrschsüchtig, feige, leidensscheu, denkfaul usw. Dies alles ist umschlossen von unserer Gleichgültigkeit gegen Gott, die er uns suggeriert, und von unserer Nichtachtung Gottes, von Undankbarkeit, Vertrauenslosigkeit u. a. So macht der Böse in unserm Leben und in der Welt Geschichte. Selten die Augenblicke, in denen es nahezu alle merken, daß „der Teufel los" ist. Zu widersetzen haben wir uns immerzu. Und zwar deshalb, weil das Böse ja *nicht über uns hinweg* auf uns und die Menschen um uns einwirkt, sondern *durch uns hindurch*, so also, daß es sich unser bedient. Matth. 4: Mach du aus Steinen Brot, spring du von der Tempelzinne, bete du mich an! Jesus hat die raunende Stimme zum Schweigen gebracht. Zuletzt „verließ ihn der Teufel" (Matth. 4,11). „Widersteht dem Teufel, und er wird von euch fliehen." Hier wird uns Mut gemacht. Was uns gegen zerstörerische Kräfte in unserm eigenen Leben so wehrlos macht, ist der völlig unangebrachte Respekt, den wir vor der Macht des Bösen haben. Überkommt uns die Versuchung, dann reden wir uns ein, es werde ja doch wieder nichts anderes übrigbleiben als die Kapitulation. Der Text kämpft gegen unsern Defaitismus gegenüber dem Bösen. Nicht deshalb, weil er meint: gut zureden hilft, sondern deshalb, weil wir über die wirkliche Lage Klarheit bekommen sollen. Der Teufel *ist* nicht unbesiegbar, wie wir uns von ihm gern einreden lassen. Verlaßt euch drauf: er wird fliehen. Jesus hat den Bann seiner Unbesiegbarkeit gebrochen. Wir haben Grund, mit mehr Humor zu fechten, als wir gewöhnlich tun.

Jetzt wird aber alles darauf ankommen, daß wir ebendieselbe Sache von der andern Seite her sehen. Es gibt keinen anderen Widerstand gegen Gott als den, der darin besteht, ja geradezu daraus lebt, daß wir in Gottes Nähe sind. V. 7b und V. 8a meinen dasselbe! Allein mit dem Bösen fertig werden? Ausgeschlossen. Wir können es nicht, wir brauchen es auch nicht. Wir haben an anderer Stelle (z. B. zu Kol. 2,8-15, 4. S. n. Epiph.) auf den inneren Zusammenhang hingewiesen, der zwischen Versöhnung und Erlösung besteht. Das Spiel des „Verklägers" ist verloren in dem Augenblick, in dem wir bei

Gott endgültig freigesprochen sind. Der Jakobusbrief führt dies, seiner ganzen Art nach, nicht so aus wie Paulus. Vielleicht finden wir sogar, er spreche zu einfach, zu naiv, zu „jüdisch“ von unserer Annäherung an Gott. „Naht euch zu Gott, so naht er sich zu euch“, das hört sich ja geradezu so an, als läge die Initiative bei uns und Gott ginge gewissermaßen auf unsere conversio praeveniens ein. Man wird bei Jakobus nicht die gedankliche Schärfe des Paulus erwarten; man wird aber erst recht nicht einen prinzipiellen Widerspruch zur Gnadenpredigt des übrigen Neuen Testaments in den Text hineinlesen. Es heißt auch hier im Urtext: „und“ er wird sich euch nahen (nicht „so“). Es darf auch nicht vergessen werden, daß V. 6 den Mahnungen unseres Abschnitts vorgeschaltet ist; zweimal steht dort: „er gibt *Gnade*“. Was gemeint ist, durchschauen wir noch besser, wenn wir uns klarmachen, daß ἐγγίζειν bei den LXX, auch bei Philo, ein überwiegend kultischer Begriff ist (vgl. ThWNT II, S. 239ff.), sowohl in dem Sinne, daß der Fromme sich Gott nahen darf (Exod. 3,5; 19,22; Lev. 21,21; Hes. 40,46 u. ä.), als auch darin, daß Gott dem Frommen nahe ist (Ps. 34,19; 119,151; 145,18). So zeigt sich auch gleich, wie unsere Annäherung an Gott aussieht: wir suchen da Zuflucht, wo Gott nahe, wo er zu finden ist. Der Kampf mit dem Bösen wird bestanden, indem man den Kontakt mit Gott nicht abreißen läßt: sein helfendes Wort im Ohr (wie wenn uns eine Melodie nicht aus dem Sinn gehen will); ständige Sprechverbindung mit ihm („betet ohne Unterlaß“); Beichte; Herrenmahl; mutuum colloquium et consolatio fratrum. „Naht euch zu Gott“ – das ist für einen Menschen, der in den Traditionen und Gewohnheiten des Jakobus lebt, auf alle Fälle das Erscheinen vor Gottes Angesicht. Niemand meine, das gelte nur für Jakobus. Der „Zugang“ zu Gott (Röm. 5,2; Eph. 2,18; 3,12), das προσέρχεσθαι (das nach Hebr. 4,16; 7,25; 10,22; 12,18.22 u.ä., vgl. Holtz zu 1. Tim. 6,3, der jüdischen Kultsprache entstammt), beruht auf der „besseren Hoffnung, durch welche wir zu Gott nahen“ (Hebr. 7,19). Das Evangelium sagt: Ihr dürft kommen, weil nichts mehr zwischen Gott und euch steht. „Naht euch zu Gott!“ ist von daher gesehen nicht der erste Schritt, den *wir* tun, sondern die auf der Versöhnung beruhende *Erlaubnis* zu kommen, mit der sich dann die *Zusage* verbindet: Gott wird dann wirklich zur Stelle sein! Weder das eine noch das andere versteht sich von selbst. Gott gewährt uns Zutritt, und wenn wir kommen, ist er für uns da. Kampf mit dem Bösen in der Macht der Gnade. Uns wird Mut gemacht: Naht euch zu Gott!

2. Heiligt euch für Gott! Wir vermuteten, das Thema der Annäherung an Gott könne bei einem Mann wie Jakobus – und keineswegs nur bei ihm – sofort die Assoziation der Reinigung ausgelöst haben. Man denke an eine „Torliturgie“ wie Ps. 15: „Herr, wer darf weilen in deinem Zelt? Wer darf wohnen auf deinem heiligen Berge? Wer untadelig lebt und tut, was recht ist, und die Wahrheit redet von Herzen ...“ Oder Ps. 24,3ff.: „Wer darf auf des Herrn Berg gehen, und wer darf stehen an seiner heiligen Stätte? Wer unschuldige Hände hat und reines Herzens ist, wer nicht bedacht ist auf Lug und Trug ...“ Man sage nicht, das sei eben alttestamentlich gedacht. Gott schaut, wer reinen Herzens ist (Matth. 5,8). „Und ein jeglicher, der solche Hoffnung hat zu ihm“ (vgl. die eben zitierte Stelle Hebr. 7,19), „der

reinigt sich, gleichwie er auch rein ist" (1. Joh. 3,3). Ohne Heiligung wird niemand den Herrn sehen (Hebr. 12,14). „Freund, wie bist du hereingekommen und hast doch kein hochzeitlich Kleid an?" (Matth. 22,12).

Was sonst in Taufparänesen breiter ausgeführt ist, drängt sich hier zu einem halben Vers (8b) zusammen. Der Herrschaftswechsel bringt eine neue Art zu leben mit sich. Die Fastenzeit ist, wie wir schon sagten, Zeit der Taufvorbereitung und der Buße. Auf wen Christus die Hand legt, der soll und kann anders werden. Er wird seiner bösen Vergangenheit in Reue (V. 9) den Abschied geben. Der Kampf mit dem Satan wird nicht nur in der Abfuhr bestehen, die wir dem Satan als „Person" widerfahren lassen; es geht nicht an, ihn davonzujagen, den Schwefelgestank aber im Zimmer zu lassen. Heiligung - d. h. damit Ernst machen, daß wir auf der Seite Christi stehen.

Die überaus knappe Mahnung: Reinigt die Hände! trifft genau dahin, wo die neue Lebensart sich in Tat umsetzt. Es steckt tiefe Einsicht in das Wesen des Menschen hinter der Theorie von Fr. Engels, daß der wesentliche Übergang im Hominisationsprozeß darin bestand, daß aus den vorderen Gehwerkzeugen *Hände* wurden. Der Mensch arbeitet! Wir dürfen, wenn es um die Heiligung geht, an alles denken, was unsere Hände täglich tun: was sie ergreifen und abwehren, woran sie sich festhalten und womit sie spielen, wie sie wehtun oder heilen, schlagen oder liebkosen, wie sie das Werkzeug fassen oder das Musikinstrument, wie sie in der Gestik unser Inneres sichtbar machen, welche Handschrift sie schreiben, was sie an sich nehmen oder wegschenken und ob sie sich falten oder nicht. „Ihr Sünder!" werden wir in diesem Zusammenhang unsanft angeredet. Die Predigt soll uns das Gewissen schärfen. Am Tun unserer Hände wird Heiligung wirksam werden, oder sie wird ausbleiben.

Aber Jakobus kennt, wie es scheint, das Matthäus-Evangelium. Hände? Man mag sie waschen oder nicht (15,2). Aus dem *Herzen* kommen arge Gedanken (15,19). Während die Hände das gesamte leibliche Leben repräsentieren, weist das Stichwort Herz auf die Person. Die Hände versehen die einzelnen Handgriffe, die man sehen, beurteilen, deren Erfolg man sogar statistisch festhalten kann. Aber es muß hinter alles Sichtbare zurückgefragt werden nach dem Personzentrum, dem Herzen. Die Heiligung kann nicht nur in äußerer Korrektheit bestehen. Gott will uns ganz. Er will uns von der Mitte her. In der Arbeit, die unsere Hände tun, soll die Kraft des Herzens wirksam sein. Was bedeutet alle legalistische Perfektion, wenn Gott sähe, wie das Herz widerstrebt und in eine ganz andere Richtung will? „Ihr zerspaltenen Menschen", werden wir in diesem Zusammenhang angeredet. Der Schade ist darin tief erfaßt. Ist unser Leben nicht aus einem Guß, dann werden wir krank. Erfahrene Kenner der inneren Lage der Menschheit haben gemeint, hier liege eine der größten Gefahren für uns. Eine Doppelrolle ist für einen begabten Schauspieler eine besonders reizvolle Aufgabe. Im Leben gehen wir daran zugrunde. Wir können nicht auf die Dauer, ohne Schaden zu nehmen, auf zwei Ebenen denken und handeln. So entstehen Neurosen. Der Gesetzesmensch, der in der Zerspaltung lebt, wie Röm. 7 sie schildert, ist der „unselige" Mensch, der nach Erlösung schreit. Jesus schenkt uns die Möglichkeit, in der Freiheit eines Christenmenschen zu leben, mit einem neuen Herzen. Wer nach dem neuen Herzen ruft, denkt nicht mehr gesetzlich. Er weiß, was die *Gnade* tut.

3. Demütigt euch vor Gott! Mit V. 10 mündet die Einzelermahnung wieder dort ein, von wo sie ausgegangen ist. Der Obersatz, von dem – mit οὖν (V. 7) – die einzelnen Imperative abgeleitet sind, wird hiermit wieder erreicht, damit aber eben das, was alles andere trägt. Man könnte sagen: Demut ist eine christliche „Tugend". Aber sie ist eben mehr als das. Den Demütigen gibt Gott Gnade. Wieder wäre es falsch, von einer „vorauslaufenden" Demut zu reden, als würde damit Gnade verdient. Aus der Gnade leben – das eben ist: demütig sein.

Wir übersehen nicht die merkwürdige Parallelität, die in der deutschen Übersetzung noch deutlicher herauskommt als im Urtext, wo nur ähnliche Verben gebraucht sind: Gott widersteht den Hoffärtigen – widersteht nun ihr dem Teufel! Hoffart (Überheblichkeit, Übermut, Hochmut, Stolz) scheint eine der Haupt-Teufeleien zu sein. Sieht man das Satanische in der Auflehnung gegen Gott, dann liegt es auf der Hand: sein Geheimnis besteht im Groß-sein-Wollen, in dem Bestreben, nicht mehr unter Gott zu stehen, sondern neben oder möglichst über ihm. So wird der Teufel zum „Fürsten dieser Welt" (Joh. 12,31; 14,30), ja zum „Gott dieser Welt" (2. Kor. 4,4). Was er uns einflüstert – „ihr werdet sein wie Gott" –, darauf ist er selber aus. Die abenteuerlichste aller Hochstapeleien: in der Rolle Gottes aufzutreten. „Hochmut kommt vor dem Fall." Gott selbst leistet Widerstand. Wir haben Gott selbst gegen uns, wenn wir uns groß machen. Geschichtliches Handeln soll im Dienste der Notwendigkeiten stehen, die sich vom Blick auf das Ganze her ergeben. Wo einer sich emportragen ließ, weil ihn der eigene Ehrgeiz und Machtrausch stach, hatte er Gott gegen sich. Die Weltgeschichte meldet die Katastrophen. Nur geht es nicht darum, daß wir mit Genugtuung feststellen, wie Gott mit eiserner Konsequenz dafür sorgt, daß die Bäume nicht in den Himmel wachsen. „So seid nun Gott untertänig" (V. 7). „Demütigt euch vor dem Herrn" (V. 10). *Wir* sind angeredet. Die Predigt hat nicht allgemeine Wahrheiten zu lehren, sondern gerade mit denen zu sprechen, die anwesend sind. Hoffart mitten in der Kirche, superbia in unserem eigenen Herzen! Es ist kein hinreichender Trost, daß kleine Leute, die wir zumeist sind, gar keine Gelegenheit zu einer Gott und alle Menschen überspielenden Großspurigkeit haben. Jeder neigt auf seine Weise dazu. Die Gestalten des Hochmuts sind zahlreich: Tyrannei, Rechthaberei, Geltungssucht, großsprecherisches Wesen, Eigenlob, Verachtung anderer usw. Es könnte auch sein, wir protzen nicht mit unserer Überlegenheit, sondern zur Abwechslung einmal mit unserer Bescheidenheit und mit der aufdringlichen Beteuerung, daß wir gar nichts sind und leisten und können. Gott widersteht auch dieser Form des Hochmuts!

„Es ist gut für mich, daß du mich gedemütigt hast ... In deiner Treue hast du mich gedemütigt" (Ps. 119,71.75). Jeder weiß Szenen aus seinem eigenen Leben, in denen das passiert ist. Es kann sein, wir haben uns, wenn Gott es mit uns versuchte, desto mehr aufgeplustert und groß gemacht. Dann war das Bemühen Gottes – einstweilen – vergeblich. Es kann auch sein, wir haben es angenommen. Wirklich annehmen kann man es nur, wenn man sich als den gerechtfertigten Sünder begreift. Wir verstehen wohl, woher es kommt, daß uns die Demut so schwerfällt. Wir überhöhen uns, weil wir – uneingestanden – genau wissen, wie tief wir – unten sind. Gott straft uns mit dem, worin wir sündigen, mit unserer eigenen superbia. Begegnen wir Christus, dann wird uns dieses überhöhte Postament unter den Füßen weggezogen. Aber – wie gut! – wir bekommen einen neuen Platz, auf dem wir stehen können. Unsere Gerechtigkeit liegt darin, daß er die Sünder liebt. Demut geschieht – ohne daß wir etwas dafür tun müßten – einfach darin, daß wir *glauben*; wo ein Abtrünniger sich im Glauben einfach an Christus hängt, bekommt Gott wieder seine Ehre und der Mensch wieder den Platz, der ihm gebührt.

Reminiscere. Hebr. 11,1-2.6.8-10(17-19)

In 10,39 war bereits vom Glauben die Rede. Das große Kapitel 11 vom Glauben definiert diesen nun und macht an einer großen Zahl von Beispielen klar, was Glaube ist. So entsteht „eine Geschichte des Wortes Gottes" (Michel), die in der „Vollendung" (V. 40) ihr Ziel hat. Schöpfung und eschatologischer Ausblick bilden den Rahmen. Im Lehrstil werden die Exempla vorgebracht, ähnlich wie in 1. Clem. (dort sind freilich die Beispiele nicht so eng aneinandergereiht, vielmehr eingestreut). Für die Predigt muß aus dem großen Kapitel einiges ausgewählt werden; was, darüber kann man verschiedener Meinung sein. Wir halten uns an die hier vorgeschlagene Auswahl. – V. 1: ὑπόστασις steht in LXX für תִּקְוָה und תּוֹחֶלֶת (Hes. 19,5; Ruth 1,12; Ps. 39,8), bedeutet also svw. Hoffnung, hier verstärkt: Hoffnung auf Erhofftes. Vgl. Bultmann im ThWNT II, S. 527. Glaube und Hoffnung liegen dicht beieinander. O. Michel: „Der Glaube darf nicht als Kraft verstanden werden, die dem Gehofften Realität verleiht, wie die Kirchenväter oft deuteten" (ὑπόστασις dann = Bestand, Wesen, substantia); „das Wesentliche an der Glaubensbestimmung des Hb besteht gerade in der Bindung an das Objektive, die jede Illusion und jeden ‚idealistischen' Nebensinn unmöglich macht" (z. St.). ἐλεγμός = inneres Überwundensein; das Wort „betont ... den paradoxen Charakter dieses hoffenden Vertrauens, sofern es schlechterdings nicht mit Verfügbarem rechnen kann" (Bultmann, a.a.O.), womit dem nicht widersprochen sein darf, daß es „die überzeugende Gewalt der Tatsachen zum Ausdruck bringen will" (Michel). Der zweite Teil der Definition klingt wie eine Erläuterung des ersten, sagt aber doch mehr (Michel). – V. 2: Die „Alten" sind die Glaubenszeugen des Alten Bundes (vgl. die folgende Aufzählung). μαρτυρέω ist ein Wort mit vielen Bedeutungsnuancen (vgl. W. Bauer und Strathmann in ThWNT IV, S. 500ff.); hier: ihnen wurde (von Gott) ein gutes Zeugnis ausgestellt (vgl. V. 5), vielleicht auch: Gott stand mit seinem Zeugnis für ihren Glauben ein, so daß sie darin vergewissert und bestätigt wurden. – V. 6: Die Auswahl ist hier mißlich, denn V. 6a greift auf das Ende von V. 5 zurück; ließe man V. 6a weg, gäbe man dem Verdacht, hier sei objektivierend von Gott geredet, noch mehr Nahrung. προσέρχεσθαι τῷ θεῷ (vgl. unsere vorangehende Auslegung): am Gottesdienst teilnehmen; dasselbe meint ἐκζητεῖν αὐτόν (Ps. 34,5; 69,33 u.ö.). δεῖ bezeichnet nicht die äußere Nötigung, sondern die innere Notwendigkeit; andernfalls würde aller Gottesdienst sinnlos. „Belohner" bzw. „Vergelter" vgl. 2,2; 10,35; 11,26. – V. 8: Abraham fehlt in keiner Beispielsammlung. „Erbe" vgl. 9,15, auch 1. Petr. 1,4. „Fremdling" vgl. Luk. 24,18; Apg. 7,6.29; 1. Petr. 2,11. Daß die Erzväter untereinander Zeitgenossen waren (Jubil. 19,15ff.), muß aus dem μετά nicht hervorgehen. – V. 10: Das Motiv von 4,10 wird jetzt in verwandelter Gestalt neu aufgenommen. Die „himmlische Stadt" ist ein verbreitetes apokalyptisches Motiv (vgl. Jes. 54,10-13; Gal. 4,26; Hebr. 12,22; Offb. 21). „Eine Unterscheidung zwischen himmlischer Stadt, zukünftiger Welt, Heil, Ruhe ist kaum möglich" (Michel, S. 261). – V. 17: Leicht möglich, daß dieser Vers ursprünglich sofort an V. 12 anschloß; die VV. 13–16 könnten dann zwischengeschobene Auslegung sein. Vgl. Gen. 22,1ff. Die Perfektformen haben „vorbildliche" Bedeutung. προσέφερεν Impf. de conatu, es kam nicht dazu. Vgl. Röm. 4,17: Man denkt an eine feste Glaubensformel (Achtzehngebet: „Gepriesen seist du, Jahwe, der lebendig macht von den Toten"). παραβολή schwer deutbar. „Geheimnisvolles Sinnbild"? „Exegetischer Hinweis"? „Beispielfall für die künftige Auferstehung"? Nicht der Widder ist Gleichnis, sondern Isaak! – Zum Ganzen vgl. ThWNT VI, S. 174ff., und bes. G. Ebeling, Jesus und Glaube, in: Wort und Glaube, Tübingen 1960, S. 203ff.

Das alte Evangelium von der Syrophönizierin (Matth. 15,21-28) ist uns Anlaß, über den Glauben nachzudenken, der alle irdisch-menschlichen Stützen und Sicherheiten wegwirft und sich in Gottes Arme fallen läßt – entgegen allem, was menschliche Vernunft einwendet, sogar dem zuwider, was Gottes „fremdes" Wort ihm entgegenhält. Nach diesem Glauben sind wir zugleich von unseren nichtchristlichen Mitmenschen und von unserem eigenen kleingläubig-ungläubigen Herzen gefragt. Warum bloß glauben? In der ganzen Breite unseres Lebens sind wir darauf aus, Risiken möglichst auszuschalten. Man denke an statische Berechnungen, Arbeitsschutz, Sicherheitsmaßnahmen allerlei Art, z.B. den Bau von Kraftfahrzeugen unter dem Gesichtspunkt der maximalen Sicherheit. Wir stellen Wirtschaftspläne auf, um die Entwicklung zu steuern und unter Kontrolle zu haben und uns vor unliebsamen Überraschungen zu bewahren, die der Selbstlauf mit sich bringen könnte. Kurz: wir wollen in eine Zukunft gehen, die wir möglichst genau nicht nur im Blick, sondern auch in der Hand haben. Die Rede vom Glauben könnte so mißverstanden werden, als solle dies alles nicht sein; die Predigt soll solches Mißverstehen möglichst abriegeln. Aber sie muß dann um so deutlicher sagen, daß wir Gott gegenüber allerdings in einer ganz anderen Lage sind. Wer hier nach Berechnungen, Sicherheiten, Beweisen und Kontrollen fragt, gibt zu erkennen, daß ihm noch nicht aufgegangen ist, was Glaube ist. Man könnte dem Glauben nichts Unsachgemäßeres zumuten oder abverlangen und – falls man meinte, ihm mit Beweisen und Berechnungen zu Hilfe kommen zu sollen – ihm nichts Überflüssigeres und Sinnloseres anbieten. Der Glaube ist die Gewißheit und Zuversicht, die Gott selber schafft. Der Glaube springt ins Dunkel (1), und er schreitet ins Helle (2).

1. Man hat immer wieder Zweifel geäußert, ob V. 1 als Definition des Glaubens gemeint sei und, falls das der Fall ist, ob diese Definition als zutreffend

oder hinreichend angesehen werden dürfe. Luther hat sich oft dieser Stelle bedient, um den Glauben zu beschreiben, aber es ist bezeichnend, daß er, wie man richtig beobachtet hat, den Gegensatz Sichtbar–Unsichtbar mit dem Gegensatz Verborgen–Offenbar gleichsetzt. Paulus definiert den Glauben nirgends. Für ihn ist die πίστις immer auf das Heil in Christus bezogen, speziell auf die Gerechtigkeit, die wir im Glauben empfangen. Diese inhaltliche Füllung läßt der Glaube, wie unser Text ihn beschreibt, vermissen. Man hat gemeint, der Glaube sei hier so verstanden wie in den Aussagen des Alten Testaments, besonders sofern sie die Wurzel אמן verwenden. Der Glaube sei danach ein Formalbegriff, dessen Inhalt durch das jeweilige Subjekt bestimmt wird (A. Weiser im ThWNT VI, S. 184). Kein Zweifel: die Akzente sind im Hebräerbrief anders gesetzt als bei Paulus. Daß der Glaubensbegriff leer sei, sollte man jedoch nicht sagen. Auch für das Alte Testament wäre dies nicht durchweg zutreffend. Hier wie dort handelt es sich beim Glauben um das Sich-Anklammern an Gottes Verheißung. Er hat es mit den ἐλπιζόμενα und den οὐ βλεπόμενα zu tun. Mag sein, in dieser Formel verbinden sich Jüdisches und Griechisches: „die Welt der Hoffnung" und die „Welt der unsichtbaren Dinge" (so Michel). Es wäre nur zu fragen, warum die Gegenstände des Glaubens unsichtbar sind: darum etwa, weil es sich um die idealen Hintergründe dieser sichtbaren Welt handelt, oder darum, weil das Gehoffte um seiner Zukünftigkeit und zugleich totalen Andersheit willen nicht gesehen werden kann. Nur im ersten Falle wären wir bei den Griechen, im anderen bei Paulus: „Auf Hoffnung sind wir gerettet. Die Hoffnung aber, die man sieht, ist nicht Hoffnung ..." (Röm. 8,24f., vgl. unsere Auslegung zum 2. S. n. d. Christfest). Wenn es so ist, dann blickt der Glaube sowohl hinsichtlich des „Gehofften" als auch hinsichtlich des „Unsichtbaren" auf Gottes Verheißung, die noch der Erfüllung harrt. Dann aber hat es der Glaube primär nicht mit Dingen zu tun – V. 1 formuliert ja neutrisch: das Gehoffte, das nicht Sichtbare –, sondern mit dem Gott, der die Verheißungen gegeben hat. Es gibt, auch für Hebr. 11, kein Hoffnungsgut, das von Gott ablösbar wäre. „In der menschlichen Rede kann es um Dinge gehen, die mit der Person des Redenden nichts zu tun haben. Darum kann hier der Aussagegehalt völlig ablösbar sein von der Person ... Beim Reden Gottes hingegen ist der Aussagegehalt identisch mit dem Willen Gottes und darum in keiner Weise ablösbar von der Person des Redenden" (Ebeling, a. a. O., S. 214). Der Glaube richtet sich an den Gott der Verheißung und hängt sich an ihn. Keine Gabe ohne den Geber, kein Himmel ohne Gott. Immerhin: Gott verheißt nicht nur sich selbst, sondern auch das Land, das Erbe, das Vaterland, die himmlische Stadt, die bessere Auferstehung (VV. 9.10.14.16.19.35). Der Sache nach liegt es bei Paulus nicht anders: Röm. 8,17; Gal. 4,7 u.ö. Wir predigen keine akosmistische Hoffnung. So kommt es, daß – scheinbar nur – der Glaube auf Dinge schaut. Er hält sich an den Gott, der zu seinen Verheißungen steht.

Wir haben – in homiletischer Zuspitzung – den Glauben als den Sprung ins Dunkle (K. Heim) bezeichnet. Das ist nicht alles, was hier zu sagen ist; aber es ist die notwendige eine Seite der Sache. Wir sprechen vom Sprung ins Dunkle, weil der Glaube nun wirklich nicht auf einer Straße geht, deren

Verlauf, deren Beschaffenheit und Verkehrssicherheit vorher überprüft wären. Glaube ist Wagnis. Warum das so ist, könnte man sich in folgenden drei Überlegungen verdeutlichen. Personhaft-geschichtliches Handeln geschieht immer unter dem Risiko, das für Entscheidungen kennzeichnend ist. Solange ich mich nur von den Gegebenheiten und Kräften um mich her bestimmen und treiben lasse, also das tue, was sich von selbst versteht und keine Entscheidung verlangt, riskiere ich nichts. Jede Entscheidung, die ich zu treffen habe, exponiert mich, stellt mich gewissermaßen in einen neuen Raum. Man kann es sich etwa klarmachen an einem Menschen, der seinen Beruf zu wählen hat; je weniger die zu treffende Wahl sich von selbst versteht, desto größer das Risiko. Man denke an die Wahl des Ehepartners; einem anderen Menschen das Vertrauen zu schenken im Blick auf ein ganzes gemeinsames Leben, das ist in jedem Falle ein Abenteuer. Man denke im Bereich der Wirtschaft an große Investitionen; man wird über deren Rentabilität sorgfältige Überlegungen anstellen, aber es gehört Mut dazu. Jeder, der sich für eine Sache einsetzt, deren Erfolg noch ungewiß ist, springt gewissermaßen ins Dunkle. Das ist das Wesen geschichtlichen Handelns. – Damit hängt das zweite zusammen – wir rücken damit schon ein Stück weiter an das heran, worum es im Evangelium geht. Der Glaube hält sich an das, was noch aussteht (4,9), wenigstens noch nicht sichtbar ist. Glaube ist mit Hoffnung eng verwandt. Nicht alle Hoffnung ist Glaube, aber Glaube ist in jedem Falle auch Hoffnung. Leider gibt es auch Hoffnung, die zuschanden werden läßt. Der Mensch ist zäh im Hoffen. Er sollte sich nur immer genau fragen, worauf er hofft. Gerade hier liegt die Ungeschütztheit und Verwundbarkeit des Glaubens. Es gibt keine Kriterien zur Unterscheidung von illusionärem und stichhaltigem Hoffen; hätten wir sie doch, dann wären wir nicht mehr Hoffende. (Daß eine Tür, nachdem ich den Schlüssel herumgedreht habe, nunmehr verschlossen bzw., bei Drehung des Schlüssels in entgegengesetzter Richtung, nunmehr zu öffnen ist, das „hoffe" ich nicht, sondern das darf ich mit Sicherheit erwarten.) Die Hoffnung, die man sieht, ist nicht Hoffnung. Wir hoffen als Christen nicht, weil wir uns für die Zukunft etwas Wünschenswertes ausgedacht haben, sondern weil Gott uns das Heil verheißen hat. Aber die Verheißung hat ihre Kraft nur in Gott. Aller Glaube steht, von außen her, unter dem Illusionsverdacht. Er hört das Wort Gottes, er wagt es auf dieses Wort hin, aber er kann sich dieses Wortes und seiner Verläßlichkeit nur wieder vergewissern, indem er sich eben an das Wort hängt. Gottes Wort trägt ja kein äußeres Erkennungszeichen, das seinen Ursprung verrät. Gotteswort und Menschenwort sind nur zu leicht zu verwechseln. Und nun weist uns die christliche Hoffnung auf das, was jenseits der Todeslinie ist, also bislang grundsätzlich nur gehofft werden kann. Pflanzt einer einen Obstbaum, dann „hofft" er, wenn die Zeit dasein wird, auf Ertrag; das Wort „hoffen" ist wirklich nur insoweit angebracht, als hier immer noch Unsicherheitsfaktoren im Spiele sind. Bei dem, was der Glaube vor sich hat, ist – menschlich gesehen – *alles* unsicher. Es geht hier um das, „was kein Auge gesehen und was kein Ohr gehört hat ..." (1. Kor. 2,9). Wie sollten wir, was in der Auferstehung Jesu gründet, in die Hand bekommen wie irgendein Ding unseres alltäglichen Lebens? Gott hat es verheißen – das ist alles, was wir sagen können. Sticht diese Karte nicht, dann ist das Spiel verloren. Wenn es uns gelänge, auf spekulativem Wege oder wie auch sonst zu Gott zu gelangen, zu einem Gott also, der sich in unsere Gedanken fügt, dann wäre es ja eben nicht der Gott, mit dem es der Glaube zu tun hat. – Das führt nun aber auf ein drittes. Unsichtbar und unerweisbar ist Gott auf jeden Fall. Ein „Überwundensein von Nichtsichtbarem" läge auch dann vor, wenn wir die Erfahrung des zornigen Gottes gemacht hätten. Wenn dennoch etwas Wahres ist an dem Gott, wie ihn die Vernunft erreichen kann, dann ist es der Gott, vor dem wir uns nicht halten können. Kommt der Gott des Gesetzes irgendwie in unsern Blick, dann spricht alles gegen uns. Wir wären nicht so gereizt, empfindlich, rechthaberisch, ehrgeizig, eigensinnig, selbstherrlich usw., wenn Gott nicht gegen uns recht hätte. Es bedarf schon eines Wunders Gottes, daß wir das einsehen. Gerade dann aber ist Glaube an den trotz allem gnädigen Gott das Wagnis ohne alle Rückversicherung! Gegen alles, was man als recht und billig zu erwarten hat, an den Gott glauben, der im Gekreuzigten *für uns* ist, das ist der Sprung ins Dunkle. Verwegene Zuversicht, ganzes Vertrauen, Hoffnung, „wo nichts zu hoffen ist" (Röm. 4,18): das ist der Glaube. Ich habe ihn, „wenn ich nit allein glaub, daß wahr sei, was von Gott gesagt wird, sondern setze mein Trau in ihn, begeb und erwage mich, mit ihm zu handeln, und glaube ohne allen Zweifel, er werd mir also sein und tun, wie man von ihm sagt ... Solcher Glaub, der es wagt auf Gott, wie von ihm gesagt wird, es sei im Leben oder Sterben, der macht allein einen Christenmenschen und erlangt von Gott alles, was er will" (Luther, WA 7,215).

Der Text macht es an Abraham klar, und wer weiterläse, könnte es an den in langer Reihe aufgeführten Glaubenszeugen ablesen, wie der Glaube – menschlich geredet – ins Dunkle springt. Was wir grundsätzlich bedacht haben, wird hier anschaulich. Der Mann, der Gottes Befehl hört und aus Haran oder Ur aufbricht, läßt alles stehen und liegen, was ihm Sicherheit gibt: Haus und Hof, Heimat und Rechtssicherheit, Freunde und Gönner, den Ertrag seiner Arbeit und alle Vorhaben, die nur auf Grund des Gegebenen zu verwirklichen wären. Man kann wohl ausziehen und irgendwo neu anfangen; Ungezählte haben es getan. Hier geht einer in freiwilligem Gehorsam, ohne zu wissen wohin. „Er wußte nicht, wo er hinkäme" (V. 8). Alles, was er in der Hand hat, läßt er zurück. Vor sich hat er den Gott, der ihn gerufen hat, und weiter nichts. – Aber dann ist er in das Land gekommen. Soll man sagen, rückschauend wisse nun der Glaube, daß der Einsatz nicht zu hoch war? Zweifellos macht der Glaube Erfahrungen – wir werden davon noch zu sprechen haben. Aber man muß feststellen: auch im Lande der Verheißung war Abraham nur Gast, Fremdling und Pilgrim (V. 9). Andere bewohnen das Land und sind in ihm die Herren. Abraham ist allenfalls geduldet. Nicht ein Quadratmeter Boden gehört ihm – außer der Höhle Machpela, die er, als Sara stirbt, käuflich erwirbt, ein bescheidener Vorschuß, den der Gott der Verheißung auf die Erfüllung gibt. Immer wieder ist der Glaube aufs Wagen angewiesen. Gott löst auch Versprechen ein („auf daß erfüllt würde, was geschrieben steht ..."). Aber noch ist aus dem Glauben nicht das Schauen geworden (2. Kor. 5,7); noch sehen wir durch einen Spiegel in einem dunklen Wort, erst dann von Angesicht zu Angesicht (1. Kor. 13,12); noch sind wir auf das Pfand angewiesen (2. Kor. 1,22; 5,5; Eph. 1,14), auf den Vorschuß (Röm. 8,23), den Heiligen Geist, in dem das Kommende anbruchsweise gegenwärtig ist. Trügt die Hoffnung auf das Künftige, dann steht es jämmerlich um uns (1. Kor. 15,19). Der Glaube streckt sich nach dem, was vorne ist (Phil. 3,13). Sprung ins Dunkle! – Es kommt für Abraham noch schlimmer. Denn den Glauben gibt es nicht ohne die Anfechtung. Gott selbst stellt ihn auf die Probe. Die schon erlangte Erfüllung, Isaak, soll Abraham wieder preisgeben. Was wird dem Glauben hier zugemutet! Kierkegaard hat es besonders tief empfunden. Alles Ausharren unter der noch nicht erfüllten Verheißung, viele Jahre hindurch, drängt sich in der Stunde von Morija zusammen. Wenn Agamemnon Iphigenie opfern lassen muß, dann opfert er seine Vaterpflicht der höheren Pflicht gegenüber dem Staate; sein Ethos bleibt gewahrt, ja, es bewährt sich in der schwersten Erprobung. Bei Abraham steht es anders. Entweder setzt er jetzt alles Vertrauen auf den Gott, der ihm mehr als unbegreiflich sein muß und an den er sich dennoch hält, oder aber er fällt aus dem Glauben. Er hätte jetzt in der Hand, was ihm die Erfüllung des Verheißenen verbürgt. Aber das muß er opfern. Er muß dem Gott der Verheißung den Anbruch der Erfüllung zurückgeben. Der Hebräerbrief interpretiert tiefgründig: „Abraham dachte, Gott kann auch wohl von den Toten erwecken" (V. 19); wo, menschlicherweise, alle Hoffnung endet, beim Tode, da hofft Abraham weiter auf Gott. Der Glaube springt ins Dunkle. Er wartet auf die kommende Stadt. Er sucht noch immer das Vaterland. Er achtet, wie man an Mose sehen kann, die Schmach Christi für größeren Reichtum als die Schätze Ägyptens (V. 26). Er steht vor dem in Wut tobenden Pharao, aber er hält sich an den, den er nicht sieht, als sähe er ihn (V. 27).

2. Wir mußten sehr ausführlich werden, um angemessen von dem Glauben zu reden, der keine menschlichen Sicherheiten kennt. Es wäre aber nicht im Sinne unseres Textes, wenn wir es damit bewenden ließen. Der Glaube ist der Sprung ins Dunkle; er ist aber zugleich ein Schreiten ins Helle. Es würde alles falsch, wenn wir das erste jetzt hinter uns ließen. Aber es wäre auch falsch, wenn wir nicht begriffen, warum der Glaube nun dennoch glaubt. Er glaubt nicht ohne Recht und Grund. Wir haben wiederholt eingefügt: menschlich geredet. Aber hier ist eben nicht nur menschlich zu reden. Der Glaube ist nicht der verzweifelte Mut, in dem ein Mensch sich selbst aufs Spiel setzt oder gar aufgibt, sondern eine gewisse Zuversicht – Luther hat den bejahenden Klang des Urtextes mit Recht unterstrichen –, mit der der Glaubende Gottes Ruf, Angebot, seine Zusage, seine göttliche Selbstverpflichtung aufnimmt und gelten läßt. Ohne zu sehen, macht er doch mit Gott seine Erfahrungen. Wäre es so, daß der Glaubende sich selbst ins Nichts hinein entwirft, dann wäre er sein eigener Schöpfer und Heiland. Aber es ist nicht so. Der Glaube ist das Eingehen auf Gott: auf sein Reden, sein Tun, sein Versprechen, seinen Schwur. Der Glaube ist nicht die heroische Leistung des Menschen, der sich zum größtmöglichen Wagnis aufrafft; er ist das kindliche Vertrauen zu dem, bei dem alles am besten aufgehoben ist.

Wir müssen versuchen, uns dies an einzelnen Aussagen unseres Textes zu verdeutlichen.
Bei der Präzisierung des Sinnes von ὑπόστασις haben wir schon die Fehldeutung abgewehrt, die dem Glauben schöpferische Kraft beimißt. Glaube ist „festes Vertrauen auf Gehofftes" – nicht weil der Glaube das Gehoffte hervorbrächte, sondern weil „Hoffnung nicht zuschanden werden läßt" (Röm. 5,5). Auf Gott ist Verlaß! Ebeling: Es geht beim Glauben „um ein Sich-selbst-Verlassen, Nicht-bei-sich-selbst-zu-Hause-Sein, Nicht-in-sich-selbst-gegründet-Sein, extra-se-gewiesen-Sein, aber eben darum um ein Sich-Verlassen auf den extra se liegenden Existenzgrund" (a.a.O., S. 216). Was wir Vertrauen nennen, umschreibt den Glauben noch nicht vollständig. Aber Vertrauen bringt den Person-Bezug des Glaubens am besten zum Ausdruck. Wer seiner Frau Vertrauen schenkt, sichert sich nicht außerdem noch, indem er sie von einem Detektiv beschatten läßt. Täte er es doch, dann wäre das eben der Bankerott des Vertrauens. Aber nein: er darf Vertrauen haben – ohne Sicherung und Beweise. Das ist ja gerade das Schöne und Beglückende in einer Gemeinschaft zwischen zwei Menschen, daß hier volles Vertrauen gewagt wird, daß der eine sich also auf Biegen und Brechen mit dem andern verbündet, obwohl jedes vom anderen weiß, daß er Person ist, also sich frei entscheiden kann, also auch abspringen, sich verschließen, untreu werden kann usw. Das Glück solcher Gemeinschaft liegt gerade in dem Abenteuer. Ich weiß: du könntest (äußerlich betrachtet) anders; aber ich habe nicht die geringste Sorge, daß es dazu käme. Den Stufen im Treppenhaus „vertraue" ich nicht; ihre Festigkeit und Tragfähigkeit werden von den Baufachleuten garantiert. Das Glück aller Gemeinschaft aber ist das gewagte und dennoch eben in keiner Weise in Frage gestellte Vertrauen. So und nur so kann unser Verhältnis zu Gott gesund und sachgemäß sein. Gott verdient unser Vertrauen, und dies soll sich – wenn es sein muß, in harten Proben – bewähren. Gott enttäuscht uns nicht. – Glaube ist sodann ein „Überwundensein von dem, was man nicht sehen kann". Ein Beweis könnte uns von der Richtigkeit einer Aussage, von der Tatsächlichkeit eines Sachverhalts überzeugen, ohne daß in unserm Personleben damit irgend etwas passieren müßte. Es hat seine Richtigkeit mit dem Satz des Thales; das kostet nichts weiter, das verpflichtet zu nichts als zu dem einen, daß man bei einschlägigen geometrischen Sachverhalten damit künftig umgehe. Der ἔλεγμός ist ein inneres Überwundensein. Nicht bloß im Sinne einer Machtüberlegenheit Gottes, der ich auf die Dauer nicht zu widerstehen vermag (Jer. 20,7b). Gott hat den Glaubenden „überwunden", so daß er ihm recht geben muß. Nicht bloß: es gibt die „unsichtbaren Dinge", sondern: dies Unsichtbare hat für mich eine befreiende, mich in Bewegung versetzende Macht und Wirkung. Bin ich „überwunden", dann ist mir dies Unsichtbare nichts Fremdes mehr. Ich komme davon nicht los. Ich müßte mir Gewalt antun, wenn ich so leben sollte, als wäre mit diesem Unsichtbaren nicht zu rechnen, wenn ich mir meine Zukunft also so bereiten müßte, als wäre darin nicht längst für mich vorgesorgt. Wenn man mich nach menschlichen Gründen fragt, muß ich sagen: Sprung ins Dunkle. Wenn ich daran denke, wie Gott selbst für mich einsteht, d.h., wenn ich nun wirklich auf dem Standort stehe, auf dem

zu stehen mir nicht nur erlaubt, sondern geradezu geboten ist (erstes Gebot), wenn ich also glaube: dann ist mein Glaube ein Schreiten ins Helle. Ich gehöre zu denen, die „Zeugnis empfangen“ haben (V. 2): das heißt wohl nicht, daß ich eine gute Note bekommen habe, sondern daß ich Empfänger des sich selbst beglaubigenden Gotteszeugnisses bin.

Wir werden leicht ein bißchen kopfscheu, wenn wir Sätze wie V. 6 lesen. „Wer zu Gott kommen will, der muß glauben, daß er sei und denen, die ihn suchen, ein Lohner sein werde.“ Was für ein δεῖ ist das? Meint es ein gesetzliches Muß? Meint es gar die Verpflichtung auf ein uns fremdes, also wirklich nur aufoktroyiertes Lehrgesetz? Dann wäre nichts mehr zu spüren von dem inneren „Überwundensein“. Selbstverständlich liegt es dem Verfasser des Hebräerbriefes fern, uns hinter alles zurückzuwerfen, was er eben so eindrucksvoll ausgeführt hat. Aber „glauben, daß er sei“: ist das nicht Verrat an der Sache? Ist das nicht ungefähr die Theologie der Dämonen (Jak. 2,19)? Wieder muß man sagen: unser Brief müßte, wenn es wirklich so gemeint wäre, alles fallenlassen, was er sonst, besonders in diesem Kapitel, sagt. Es geht um den wagenden Glauben, der sich an Gottes Zusage hält, nicht um eine theoretische Feststellung. Freilich, wenn wir unserm Verfasser alle Ist-Sätze des Glaubens verbieten würden, dann würde er dies – nicht nur mit der Formulierung von V. 6 – zurückweisen. Er kennt keinen Gott außer dem Gott, der sich in seinem Wort und in seiner Offenbarung uns zu erkennen gibt, der es also auf unsern Glauben abgesehen hat und auch nicht anders unser Gott sein will als so, daß wir es glaubend auf ihn hin wagen. Aber eben der Glaube – nur er – weiß, daß er, wenn er sich nach Gott ausstreckt, nicht ins Leere greift. Wir glauben und hoffen nicht ins Nichts hinein. Unser Glauben und Hoffen hält sich an den verläßlichen Gott. „Die Ist-Sätze des Glaubens sind also nicht einfache, kahle, zeitlose Identitätssätze, sondern Bewegungen in die Zukunft, Sätze der Erwartung, eben damit aber Sätze, die an ‚objektiver Wirklichkeit‘ aufs höchste interessiert sind“ (H. Gollwitzer, Die Existenz Gottes im Bekenntnis des Glaubens, München 1963^2, S. 174).

Ein Schreiten ins Helle – denn Gottes Verheißungen sind konkret. Abraham wußte nicht, wo er hinkäme; auch wir wissen nicht, wo wir das „Land“ zu suchen haben, in das Gott uns führt, auch nicht, wie es darin aussehen wird. „Ganz anders“ wohl. Das wandernde Gottesvolk hat die Heimat noch vor sich – aber es *soll* auch wirklich in die Heimat kommen, in die Stadt, die einen festen Grund hat, in das bessere, himmlische Vaterland. Wir haben uns vor sarkischen Wunschträumen zu hüten. Christliche Hoffnung wurzelt nicht in unserm eigensüchtigen Begehren. Es geht um eine „*dargebotene* Hoffnung“, in der wir verankert sind, „sicher und fest“, und diese Hoffnung „geht hinein in das Innere des Vorhangs, in das, uns voraus, Jesus für uns eingegangen ist“ (6,19f.). Christliche Hoffnung ist nicht das Abenteuer eines Vabanquespiels, sondern das zuversichtliche, fröhliche, dankbare Ergreifen der Hand Gottes. Es steht alles auf dem Vertrauen. Aber das Vertrauen steht auf Gottes Zusage.

Oculi. 1. Petr. 1,13-23

Der Abschnitt 1,13 – 2,10 enthält Taufparänese. „Das Rückgrat der kunstvoll gebauten großen Sätze bilden die Imperative ἐλπίσατε 13, γενήθητε 15, ἀναστράφητε 17, ἀγαπήσατε 22 (ἐπιποθήσατε 2,2, οἰκοδομεῖσθε 7 ...)" (Windisch-Preisker z. St.). Das neue Leben gründet in dem, was Gott an den Christen getan hat und noch tun wird. – V. 13: „darum" weist auf das Vorangehende zurück; prophetische Ankündigung erfüllt sich an den Christen. Begürten: vgl. Luk. 12,35; Eph. 6,14; nur mit aufgegürtetem Gewand ist man beweglich und aktionsfähig. Nüchternheit: vgl. 1. Thess. 5,6.8; 2. Tim. 4,5. Windisch: τελείως gehört aus rhythmischen Gründen unmittelbar zu νήφοντες. φερομένην = offerendam blickt in die eschatologische Zukunft. – V. 14: Kinder des Gehorsams vgl. Kinder des Lichtes Eph. 5,9; 1. Thess. 5,5; das Gegenteil Eph. 2,3. „Unwissenheit": Apg. 3,17; 17,30; Eph. 4,18 – ob damit nur eine Feststellung getroffen oder ein Entschuldigungsgrund geltend gemacht werden soll, stehe dahin. – V. 15: Der Heilige will Heilige (F. Hauck, NTD). – V. 16: Lev. 19,2 (Heiligkeitsgesetz), vgl. auch Matth. 5,48; Eph. 5,1. – VV. 17–21: „eine schöne binitarisch gefaßte Wiedergabe des evangelischen Kerygmas in vier Doppelzeilern 17.18f.20.21" (Windisch). V. 17: Furcht in 1. Petr. stärker betont als sonst im N. T. Der Vater ist zugleich der Richter. Matth. 10,28; Phil. 2,12. Was jeder irdische Richter zu sein hat (Deut. 1,17), ist Gott: unparteiisch (Röm. 2,11; Jak. 2,1). Christen sind „Fremdlinge" (2,11; ähnlich schon 1,1; Eph. 2,19 in anderem Zusammenhang.) – V. 18: Werk Christi im Bild der sakralen Sklavenbefreiung dargestellt: man hinterlegte den Preis im Heiligtum, der ehemalige Sklave galt dann als Freigelassener des Gottes. Vgl. Gal. 5,1; 1. Kor. 6,20; 7,23; Tit. 2,14; auch Mark. 10,45. „Eitler" Wandel (semit. Ausdrucksweise) = Götzendienst. – V. 19: Jetzt nicht mehr in rechtlichen, sondern in kultischen Vorstellungen gedacht. Fehlloses Lamm: Exod. 12,5; Lev. 23,12f. Ist an das Passalamm gedacht? 1. Kor. 5,7. – V. 20: Gottes ewiger Plan in der Heilsgeschichte realisiert. Christus präexistent gedacht (eine in den Dogmatiken selten zitierte Stelle). Mit Christi „Erscheinen" (1. Tim. 3,16) in der Welt begann die „letzte Zeit" (Apg. 2,17). – V. 22: τῆς ἀληθείας Gen.obj.; „ungeheuchelt" vgl. Röm. 12,9. – V. 23: Wiedergeburt vgl. Jak. 1,18; Tit. 3,5.

Der Text hat seine Schwierigkeit weniger darin, daß er in seinen einzelnen Aussagen schwer zu verstehen wäre, als vielmehr darin, daß er in seinen Motiven so reich, ja geradezu übervoll ist. Man könnte versuchen, einen Passus auszuwählen. Der zu zahlende Preis wäre zu hoch. Denn die Paränese verlöre damit ihre Geschlossenheit; wir werden noch sehen, worin diese besteht. Ja, man muß sogar sagen, daß man am liebsten den Fortgang bis 2,10 noch dazunähme (was sich selbstverständlich aus praktischen Gründen verbietet), weil erst da das zur Sprache kommt, worin sich das in unserm Abschnitt Ausgeführte zum Ganzen abrundet: unser Eingegliedertsein in die Gemeinde. Um so dringlicher nun, daß wir die sachliche Mitte finden und auch in der Predigt sichtbar werden lassen. Sie liegt in dem Nexus von Indikativ und Imperativ. Ein klassisches Beispiel der „Paraklese in Christus", ein schönes Seitenstück zur alten Epistel des Sonntags (Eph. 5,1-9). Wir werden ermahnt, ermutigt, aufgerufen. Es sei an die von Windisch als „Rückgrat" des Textes bezeichnete Aufzählung der Imperative erinnert.

Aus dem Christsein sind Folgerungen sehr praktischer Art zu ziehen. Die Neugetauften, an die unser Text sich höchstwahrscheinlich wendet, müssen wissen, daß der nunmehr vollzogene Übergang, genauer: der Herrschaftswechsel, für sie eine ganz neue Weise des Lebens mit sich bringen muß. Der allmähliche Anstieg der mittleren Tagestemperatur in dieser Frühlingszeit vollzieht sich, ohne daß ich irgendwelche Entschlüsse fasse. Mein Christsein jedoch wäre ohne den – übrigens immer neu zu vollziehenden – Schritt nach vorn, ohne die Umsinnung und das Neuwerden leerer Schein. – Nun ist es aber wichtig, sich immer wieder deutlich zu machen, auf welchen Voraussetzungen dieses Neuwerden beruht. Sie sind nicht naturhafter Art wie der sich langsam ankündigende Frühling, sondern geschichtlicher Art. Ist es für mein Leben schon von nicht zu übersehender Bedeutung, wie die Menschen um mich her sich zu mir stellen: ob sie mich mögen oder verabscheuen, ob sie mir helfen oder Knüppel zwischen die Beine werfen, ob sie mit mir Geduld haben oder unbarmherzig sind – wie sich *Gott* zu mir stellt, daran hängt zuletzt alles. Genau darauf weist der Text aufs nachdrücklichste hin. Gott hat mich in eine völlig neue Lage versetzt, seit er den „Zuvorersehenen" in der letzten Zeit hat „offenbar werden lassen" – wie, darüber sagt der Text sehr Konkretes aus – und durch die Taufe eben das, was sich da ereignet hat, auf mich bezogen und mir zugeeignet hat. „Um euretwillen", lesen wir V. 20; auf uns hin (wie man gern sagt) hat Gott sein Werk getan, das nun in der Taufe unverwechselbar uns selbst zuteil wird. So steht Gott zu uns. Soviel hat er, indem er uns meinte, unternommen. Soviel hat er eingesetzt und geopfert. Soviel hat er noch mit uns vor. Das ist die Lage, in die hinein die Imperative ergehen. Man kann sie nicht eng genug auf Gottes Tun beziehen. (Was der Vf. für den Hausgebrauch, zur eigenen Verwendung, getan hat, sei auch dem Prediger empfohlen: er notiere auf einem Blatt in Kolumnen die Indikative und die jeweils korrespondierenden Imperative; eine nicht unbeträchtliche Liste, die zur Meditation äußerst dienlich ist.) – Der Versuch, die Textaussagen thematisch zu bändigen, ist diesmal besonders schwierig. Christen setzen alle Hoffnung auf die Gnade. Sie leben als die Kinder des Heiligen heilig (1), als die Losgekauften frei (2), als die Wiedergeborenen in der Liebe zu den Brüdern (3).

1. In dem „Darum" am Anfang des Textes ist alles vorher Gesagte gegenwärtig. Wir sind wiedergeboren zu lebendiger Hoffnung. Vor uns steht das Telos unseres Glaubens: unsere Rettung. Propheten haben von ferne gesehen, was uns nun gegönnt ist; sogar die Engel brennen darauf, Einblick zu bekommen. Wer nicht hofft, ist wie gelähmt. Hoffnung ermutigt. Ob wir wirklich hoffen, wird man daran erkennen, daß wir in Bewegung kommen. Der Gürtel ist Symbol der Beweglichkeit. Im langen, weiten Gewand ist man behindert; der Gürtel rafft und strafft es, so daß es nun nicht mehr stört. Weg mit allem, was hindernd an uns hängt und an uns herumschlampt. Zur Arbeit, zum Sport, zur Fortbewegung brauchen wir knappe Kleidung. Wer Christ sein will, muß beweglich sein. Es kann sein, daß bestimmte Dinge, die wir für unentbehrlich halten, uns hinderlich sind; etwas leichteres Gepäck könnte uns oft freier machen. Es gibt Gewohnheiten, die uns hemmen. Es gibt eine ganz unangebrachte Weichheit gegen uns selbst. Vielleicht

bemitleiden wir uns immerzu und kommen deshalb zu nichts. Gürtel fest! – Der Text ruft zur Nüchternheit. Auf die Gnade hoffen: eben das macht nüchtern. Das Neue Testament legt Wert auf Nüchternheit. Es weiß, was Sünde ist und daß wir alles, was wir sind, tun und unterlassen, zu verantworten haben. „Führt euren Wandel mit Furcht" – gewiß nicht in Angst und Verzweiflung, aber auch nicht – was bei Licht besehen nichts anderes ist – in illusionärer Gleichgültigkeit. Gott ist unbestechlich (V. 17). Daß wir uns an Gott vorbeimogeln könnten, ist Illusion (Röm. 14,10; 2. Kor. 5,10). Wer nüchtern ist, stellt sich der Wirklichkeit. In seinem Leben hat er das Steuer fest in der Hand, also sich selbst in der Gewalt. Er lebt nicht hemmungslos. Er kann gerade gehen, spricht überlegt, hütet sich vor Taktlosigkeit und obszönen Reden und Handlungen. Er weiß sich über Besseres zu freuen als über die Scheinwelt, die er im Rausch erlebt. Er braucht sich um die Probleme seines Lebens nicht zu drücken, indem er sich dahin flüchtet. Er hat das böse Leben hinter sich.

Wir haben eben in Indikativen geredet. Dies muß jetzt berichtigt werden, denn im Text sind es Imperative. Wir würden unwahr und verführerisch predigen, wenn wir der Gemeinde einredeten, es stünde in dem allen bei uns zum besten. Wenn dies dabei herauskäme, daß wir uns in dem allen von der „Welt" vorteilhaft abzuheben glaubten, dann sind wir eben gerade nicht mehr beim Text. Gott weiß, wieviel von dem, was hier steht, bei uns Christen praktiziert wird, wieviel nicht. Und wenn wir schon gut dabei abschnitten: es ist nicht die Art des Neuen Testaments, das Frommsein der Christen und ihre Bewährung zur Schau zu stellen. Nicht, daß ich's ergriffen hätte – ich jage ihm nach. Schon die grammatische Struktur unseres Textes kann uns hier belehren. An uns ergeht der Aufruf, die Mahnung, der Appell. Was indikativisch konstatiert wird, ist *Gottes* Tun.

Gerade dem ist aber nun um so eindringlicher nachzudenken. Wir rufen Gott als *Vater* an (V. 17). Das ist die neue Lage. Es steht alles im Horizont des Eschaton, stellten wir fest. Das hindert nicht, daß wir Gott heute schon zum Vater haben. Auch das gehört zu der Gnade, die uns „angeboten", die uns „entgegengetragen" wird (Taufe!) in der Offenbarung Jesu Christi (V. 13). Was für ein Graben ist da zugeschüttet zwischen Gott und uns! Was für eine Feindschaft ist da behoben worden! Wir stehen nicht mehr fern von Gott, denn es ist nun, seit Christus da ist, nicht mehr tödlich, in Gottes Nähe zu sein. Wir beten: „Vater unseres Herrn Jesu Christi und durch ihn auch unser Vater!" Was für ein Wechsel des Standorts! Er hat uns berufen (V. 15). Nun heißt es freilich: wie der Vater, so die Kinder. Gott ist heilig – anders als alles Sündige und Unreine, „abgesondert", wohl zu unterscheiden vom „Gemeinen". Er ist heilig, so sollen auch wir es sein. Denn wir sind nach Gottes Bild geschaffen. Nicht sein wollen wie er, indem wir uns Göttlichkeit anmaßen; wohl aber sein Abbild und damit sein Gegenüber sein in der Dankbarkeit des Geschöpfs und im Vertrauen des Kindes. Was wir sein sollen, Jesus ist es im urbildlichen Sinne (2. Kor. 4,4b; Eph. 4,24; Kol. 3,10). Des Vaters Art im Wesen der Kinder! „Ihr sollt vollkommen sein, wie euer Vater im Himmel vollkommen ist" (Matth. 5,48). „Seid barmherzig, wie auch euer Vater barmherzig ist" (Luk. 6,36). „So seid nun Gottes Nachfolger als die lieben Kinder" (Eph. 5,1). Also: „heilig in allem eurem Wandel" (V. 15)! Gott hat seine Hand auf uns gelegt.

2. Der Text wendet sich dem *Sohne,* Jesus Christus, zu. In seinem Werk gründet ja erst unser neues Verhältnis zum Vater (V. 21). Die Gnade wird uns „entgegengebracht" in der Offenbarung Jesu Christi. Durch ihn sind wir „losgekauft". Darin haben wir unsere Freiheit. – Luther hat im Kleinen Katechismus zur Erklärung des 2. Glaubensartikels auf unsern Text zurückgegriffen (VV. 18f.). Die Predigt hat die Aufgabe, der Gemeinde zu sagen, was es für unser Leben bedeutet, daß Jesus hat sterben müssen. Es kommt, wenn wir den Text richtig auslegen wollen, auf diesen Zusammenhang an. Sind die hier verwendeten Bilder – Loskauf, Opfer – geeignet, diesen Zusammenhang deutlich zu machen? In seinem Vortrag über „Die Gegenwart des Gekreuzigten" (1967) hat E. Käsemann diese Frage verneint. „Unzählige Prediger quälen sich jetzt zu Karfreitag damit ab, klarzumachen, wie das möglich sein soll" – nämlich: daß „der sterbende Jesus zum Begründer des Heils" wird, „indem er unsere Schuld auf sich nimmt und Gottes Zorn für uns trägt" (ZdZ 1968, S. 8). Sollen wir nun predigen, was Käsemann oder andere statt dessen vortragen, um uns Jesu Tod verständlich zu machen? Es könnte solche geben, die „sich" auch damit „abquälen". Feststehen sollte dies: wie auch immer wir die Kreuzesbotschaft begrifflich transformieren, herauskommen darf nichts anderes, als was der Text „meint". Ehe wir übersetzen, müssen wir ihn in seiner eigenen Sprache verstanden haben.

Von einem „Loskauf" (ἐλυτρώθητε, V. 18) ist die Rede. Das λύτρον ist das Lösegeld für einen Kriegsgefangenen (ThLZ 1947, Sp. 265ff.), für einen Sklaven (vgl. A. Deißmann, Licht vom Osten, Tübingen 1923[4], S. 271ff.), auch zur Lösung aus einer Bürgschaft (zum ganzen ThWNT IV, S. 341). Das Verbum λυτρόω also = loskaufen; die Bezugnahme auf Mark. 10,45 liegt außerordentlich nahe (ebd., S. 353). Wo ein Loskauf nötig ist, muß also irgendeine Art von Sklavendasein, von Unfreiheit und Hörigkeit vorgelegen haben. Der Text sagt es: die Neugetauften kommen aus einem nichtigen Wandel, wie sie ihn von den Vätern übernommen haben (V. 18). Das Wort μάταιος „hebt eine Welt des Scheins gegen die Welt des Seins ab" (ThWNT IV, S. 525), daher = nichtig, leer, trügerisch, frevelhaft; im speziellen Sinn meint es „alles, was dem Ersten Gebot widerstreitet, sei es ... die Selbstüberhebung des menschlichen Denkens" (1. Kor. 3,20; Röm. 1,21), „oder seien es die konkreten Abgötter des Heidentums und die Lebenshaltung, die durch sie beherrscht wird: Apg. 14,15; ... 1. Petr. 1,18" (ebd., S. 528). Wir verstehen, was der Text meint, nur dann, wenn wir die Gebundenheit wahrnehmen, in der die Neugetauften sich vordem befunden haben. Wir reden uns leicht ein, ein jeder sei in der Wahl seiner „Religion" ebenso frei wie der, der sich aus einer Speisekarte das ihm zusagende Gericht auswählt. Man führe sich aber die verschiedenen Bedeutungen von אָוֶן (= μάταιον) vor Augen, um die Zusammenhänge zu begreifen: Mühe, Beschwerde, Not, Nichtigkeit, Eitles, Götzenbild, Falschheit, Lüge, Nichtswürdigkeit, Frevel. Es gibt eine Verfallenheit an das, was Nicht-Gott, was dem wahren, lebendigen Gott zuwider ist, die den Menschen knechtet. Wahrscheinlich wäre eine Beschreibung des „eitlen Wandels, von den Vätern ererbt", ein unmittelbar einleuchtender Beweis. Die Götzen sind unbarmherzig. Willenlos lassen sich Menschen zu ihnen fortreißen (1. Kor. 12,2). Wir sprechen von einer Heiden-Angst und einem Heiden-Respekt. Es gibt auch eine heidnische Faszination, die unfrei macht. Je mehr Angst, Hoffnungslosigkeit, Unfreiheit gegenüber den „Mächten" – das Neue Testament hat dafür bekanntlich eine Menge Worte –, desto mehr „Leben nach den Begierden" (V. 14, vgl. 1. Kor. 15,32b). Kann man es den Menschen verdenken? Wer dem Alkoholiker helfen will, muß dort ansetzen, wo dieser mit dem Leben nicht fertig geworden ist; denn die Flucht in den Rausch beruht auf der Nicht-Bewältigung von Problemen, also auf Niederlagen und der daraus sich ergebenden Resignation bzw. Hoffnungslosigkeit. Es ist mit anderen Formen des Verknechtetseins nicht anders. Die Oberflächlichkeit schreibt auf seine Fahne, wer mit dem Tieferen nicht zurechtkommt; die sexuelle Zuchtlosigkeit, wer das wirkliche Glück der Liebe nicht kennt oder an irgendeiner anderen Stelle seines Lebens meint, nicht auf seine Kosten zu kommen; zum Menschenknecht und Menschenhasser wird, wer nicht lieben kann. Wir haben nur Beispiele genannt. – Warum werden wir aber denn bei den „Götzen" angetroffen, bei solchen, die sich in aller Form als Götter geben, oder auch bei solchen, die – im Sinne der Erklärung Luthers zum ersten Gebot in Luthers Großem Katechismus – von uns dazu erhoben werden? „Unwissenheit", könnte man mit dem Text sagen (V. 14): wer Gott, den Vater Jesu Christi, nicht kennt, kann ihm auch nicht dienen. Dahinter liegt Tieferes (wie man sich etwa an Röm. 1,18ff. klarmachen kann): Solange etwas zwischen Gott und uns steht, *können* wir nicht auf seine Seite treten. Ernster noch: wir können uns bei ihm nicht blicken lassen. Wenn es lauter Torheit ist, von Gottes heiligem Willen und Anspruch, vom Ernst seines Gebietens und von der Unverbrüchlichkeit seiner „eifernden" Gerechtigkeit zu sprechen, dann ist hier keine Not. Dann stellen wir uns bei ihm ein, wie wenn man von einer Reise zurückkommt: Da sind wir wieder! Und von Gott wäre dann zu erwarten, daß er kurzerhand alles vergißt, was gewesen ist: Dieu me pardonnera – c'est son métier. Unser Gewissen käme damit nicht zur Ruhe; es weiß, daß es nicht so sein kann. Solange an dieser Stelle, im Verhältnis zwischen Gott und uns, das Großreinemachen nicht stattgefunden hat, sind wir „unter die Sünde verkauft" (Röm. 7,14). In unserer Verfallenheit verbirgt sich das heimliche, aber sachentsprechende Wissen: zwischen Gott und mir muß erst etwas passieren, ehe ich den Blick erheben und wieder zu ihm kommen kann. „Loskauf" – damit ist die Sache bestens getroffen! Denn hier mußte der Unfreiheit ein Ende gemacht werden, die ihren tiefsten Grund im Zerwürfnis zwischen Gott und mir hatte. Wie sollte ich nicht den Götzen verfallen sein, solange mir der Zugang zu Gott verlegt war? „Opfer" – dies ist ja gemeint mit der Rede vom „kostbaren Blut Christi als des fehllosen und unschuldigen Lammes" –: damit ist gesagt, daß Gott nicht selbst zum Libertinisten werden will, indem er die Sünde der Welt leichtfertig vom Tisch wischt, sondern das, was die „Feindschaft" verursacht hat, wirklich austragen will; er ignoriert und bagatellisiert unsere Auflehnung nicht, auch nicht die Schuld, mit der wir belastet sind, sondern räumt das Belastende aus. Er selber hat es getan. Er selber hat auch den Weg und die Weise bestimmt. Wir haben darüber mit ihm nicht zu diskutieren. Aber wir erkennen im Kreuz, wie schrecklich ernst Gott unsere Sünde nimmt und wie barmherzig er ist, daß er uns zuliebe (nicht gegen uns, sondern zu unseren Gunsten!) reinen Tisch macht. „Zuvor ersehen": in Gottes Denken und Planen hat dies alles längst seinen Raum. „Aber offenbart zu den letzten Zeiten": Gott hat sein Heil geschichtlich verwirklicht. Die Heilsgeschichte ist nicht Schattenspiel. Was Gott längst bedacht und vorgesehen hat, vollzieht er in Raum und Zeit, an seines Sohnes Leib und mit seinem Blut. So kommt es zu unserer Freiheit. Der Vorhang ist zerrissen: wir dürfen kommen. Damit haben die Götzen verspielt, und die Knechtschaft unter dem Nichtigen ist vorbei. Durch Christus haben wir „Glauben und Hoffnung zu Gott" (V. 21). Seit seiner Auferstehung steht uns die Zukunft bei Gott offen.

3. Wiedergeborene werden hier angeredet, deren neue Lage sich in der Liebe zu den Brüdern auswirken wird. Von Gottes *Geist* ist nicht ausdrücklich die Rede; das ist fast ein Zufall. Der Sache nach sind wir im Bereich des dritten Glaubensartikels. Wir werden hier schon – vgl. 2,5 ff. – in den Raum der Gemeinde gestellt. Zu dem neuen, aus der Taufe entspringenden Leben gehört die Bruderliebe. Wer so geliebt worden ist, der kann, der muß selbst lieben. Es fällt auf, daß das schlichte, einfältige Wort φιλαδελφία durch eine Reihe – soll man sagen: verdeutlichender, soll man sagen: abschirmender – Charakterisierungen umstellt ist. Es muß ein Zustand (Perf.) der Reinigung und Heiligung erreicht sein, wenn es zu dieser Bruderliebe kommen soll (ἡγνικότες, V. 22). Wir müssen dazu im „Gehorsam gegenüber der Wahrheit" stehen. Die Bruderliebe soll „ungeheuchelt" sein. Sie soll „angespannt, anhaltend, beharrlich, eifrig" sein (ἐκτενῶς), also nicht lau und lässig, auch nicht ermüdend und nachlassend. Und sie soll „von Herzen" kommen. Unser Brief weiß offensichtlich, daß es gerade auf diesem Gebiet viel Nachgemachtes und Gefälschtes gibt. Unmöglich eigentlich, wenn man daran denkt, wo die Liebe zu den Brüdern und Schwestern ihre Quelle hat. Wie es scheint, *sind* wir oft nicht dort, wo die Quelle fließt. Es gilt auch hier: was vom Fleisch geboren wird, das ist Fleisch. Unsere Liebe zueinander erstirbt oder verdirbt, wenn sie lediglich die Verlängerung und Auswirkung dessen ist, was wir von uns aus mitbringen. Hier muß schon eine Zeugung aus unvergänglichem Samen stattgefunden haben: aus dem lebendigen Wort Gottes, das uns einen ganz neuen Standort gibt und uns in ein ganz neues Leben ruft. Es bedürfte so nachdrücklicher Ermahnung nicht, wenn das in der Taufe beginnende Leben nicht noch immer hineinverborgen wäre in das Alte, das ja nicht einfach abgetan ist. Das Wort schafft die neue Wirklichkeit und weist uns auf sie. Je ernster wir unsere neu erschlossene Zukunft nehmen, desto mehr wird die Gegenwart mit neuem Leben erfüllt sein.

Laetare. Phil. 2,12-18

Der vielbesprochene Christushymnus 2,5-11 ist in die „Paraklese in Christus" nur eingeschoben, die 1,27 beginnt und sich in unserm Text fortsetzt. Das ὥστε stellt die Verbindung zum Vorangegangenen her, wohl zum Ganzen der Paränese (M. Dibelius). – V. 12: Es ist nicht angebracht, eine tiefsinnige Verbindung zum Gehorsam Christi (V. 8) zu suchen. Gemeint ist einfach der Gehorsam gegenüber dem Apostel, freilich um Christi willen. – V. 13: „Wäre dieser Satz nicht als ein Satz des Apostels für eine urchristliche Gemeinde überliefert, so könnte nicht schärfer, als hier geschieht, Wesen und Art pharisäischer Frömmigkeit bezeichnet werden" (E. Lohmeyer). Vgl. jedoch, was folgend auszuführen sein wird. μετὰ φόβου καὶ τρόμου auch 1. Kor. 2,3; 2. Kor. 7,15; Eph. 6,5. – V. 13: „zu seinem Wohlgefallen" zieht Käsemann, wohl mit Recht, zu „wirkend", nicht zu den Infinitiven; ἐνεργῶν ist Prädikatsnomen (gegen Lohmeyer). εὐδοκία meint einfach den göttlichen Willen. – V. 14: γογγύζειν = unzufrieden sein, sein Mißfallen äußern, da einem Rechtsanspruch nicht Genüge geschieht, darum auch aufbegehren, murren. Entsprechend das Substantiv. An unserer Stelle geht es um die bedingungslose Hingabe an Gott in Christus (ThWNT I, S. 727ff.). διαλογισμός = Bedenken, Zweifel, innerer Zwiespalt. Beide Worte in LXX vom Gottlosen gebraucht. – V. 15: ἀκέραιος = unversehrt, unbeschädigt, unverdorben, lauter, integer (vgl. Röm. 16,19: heilige Naivität). Zu dem Zitat aus Deut. 32,5 vgl. Apg. 2,40; Matth. 17,17; Luk. 9,41. φαίνεσθε ist indikativisch zu verstehen (= strahlen). ἐπέχοντες = festhaltend. „Lichter" = Gestirne. – V. 17: σπένδομαι = ich werde als Trankopfer ausgegossen. Durch λειτουργία wird θυσία eindeutig als Opferhandlung bestimmt (M. Dibelius). Missionsdienst ist Priesterdienst (Röm. 15,16). – V. 18: Freude ist der Grundton des Briefes. Sie herrscht auch, wenn es das Martyrium gilt. – Vgl. bes. Karl Barth, Erklärung des Philipperbriefes, München 1933², S. 63ff., und Ernst Käsemann in: Exeget. Versuche u. Besinnungen I, Göttingen 1965⁴, S. 293ff.

Mitten in die stille Zeit fällt der Sonntag, der Laetare heißt. Man kann sagen, das habe nicht viel zu bedeuten: es ist alter kirchlicher Brauch, daß die Sonntage – als Tage des Ostergedenkens – aus der Fastenzeit ausgespart sind. Es wäre schade, wenn wir uns bei dieser Auskunft beruhigten. Der Text weiß von einem inneren Zusammenhang zwischen dem, was in der auf den Karfreitag ausgerichteten Zeit die Gemeinde beschäftigt, und der Freude, die das beherrschende Thema des ganzen Briefes ist. „Ob ich auch geopfert werde" – die Passion Christi setzt sich merkwürdig fort! Paulus nimmt Jesu Kreuz auf sich und folgt seinem Herrn nach. „Das Leiden ist Bestandteil des christlichen Dienstes und geradezu das Kriterium für dessen Echtheit" (Käsemann). Paulus nimmt das auf sich – und *freut* sich. Freude und Mitfreude – bei ihm und bei den Philippern: hier hat einer wirklich alles, was ihn bedrücken, quälen, untergehen lassen könnte, hinter sich, und er ruft seine Freunde auf, sich auf den gleichen Boden zu stellen. Die Freude, die hier noch standhält, ist wirklich stichhaltig. Wir haben uns, wenn wir mit diesem Text beschäftigt sind, nicht umzuwenden, so daß Jesu Kreuz uns im Rücken und damit unsichtbar bleibt. Umgekehrt: Kreuzesnachfolge ohne solche Freude wäre ein hartes Muß. Was weit auseinanderzuliegen scheint, müßten wir zusammendenken lernen.

Käsemann schlägt als Predigtthema vor: Träger des Lichtes in der Dunkelheit der Welt. Er hebt drei Schwerpunkte heraus: mit Furcht und Zittern, ohne Murren und Zweifel, das festliche Opfer. Das wäre ein Weg für die Predigt. Ich werde das Lichtmotiv lieber einem der Teile zuweisen und die Abfolge der Gedanken des Textes in der Predigt umstellen, damit das m.E. Gewichtigste an den Schluß zu stehen kommt: Freude in Gehorsam! Paulus zeigt es in dreierlei Richtung des Blicks: Denkt an mich! (1) Denkt an die Welt! (2) Denkt an Gott! (3) (Die Teilüberschriften geben wirklich nicht mehr an als die Blickrichtung.)

1. Es ist also erlaubt, daß ein Apostel auch einmal von sich selbst redet. Sein Schicksal und sein Verhältnis zur Gemeinde kommt freilich nur insoweit in Betracht, als er sein Amt als Apostel führt, möglicherweise so, daß er das Martyrium erleidet. Nach 1,20ff. hat er diesen Ausgang seines Prozesses neben der noch immer offenen Möglichkeit des Freikommens ins Auge zu fassen. Es ist erstaunlich, wie wenig ihn der Verlauf des Verfahrens unter dem Gesichtspunkt seines persönlichen Schicksals beschäftigt. Nur dies interessiert ihn, was aus dem Evangelium und was aus seinen Gemeinden, speziell, was aus seiner Gemeinde Philippi wird. „Auf die Frage, wie es *ihm* gehe, *muß* ein Apostel reagieren mit dem Bescheid darüber, wie es dem *Evangelium* geht" (K. Barth zu 1,12). Man könnte parallel formulieren: Die Sorge, was aus dem Apostel wird, kann nur aufgehen in der Sorge darum, was aus der Gemeinde wird. 1,6 war darauf schon eine Antwort. Was Paulus im Zusammenhang unserer Stelle dazu zu sagen hat, ist nun doch noch auf seine Person bezogen, bes. in V. 16. Er will in keinem Stück zuschanden werden (1,20), er will nicht vergeblich gelaufen sein noch vergeblich gearbeitet haben. („Missionssprache äußert sich hier in Anlehnung an Jes. 49,4 und 65,23", Käsemann.) Unsere Stelle beleuchtet in interessanter Weise Gal. 2,2, wo derselbe Ausdruck vorkommt: Paulus mußte sich vergewissern, daß seine Arbeit nicht ein „Lauf ins Leere" war, d.h. aber, daß sie „am Tage Christi" nicht „durchfallen" würde. Paulus wußte schon, daß er als Beauftragter seines Herrn, d.h. aber: als Amtsträger der Kirche, in besonderer Weise zur Rechenschaft gezogen werden würde. Das Feuer wird dann bewähren müssen, „welcherlei eines jeglichen Werk sei" (1. Kor. 3,13). Was auch das Apostelamt an Besonderem hat: darin steht Paulus mit allen anderen Trägern des Amts gleich. Die Sachparallele ist unverkennbar: „Gehorcht euren Leitern und folget ihnen; denn sie wachen über eure Seelen, als die da Rechenschaft dafür geben sollen; damit sie das mit Freuden tun und nicht mit Seufzen" (Hebr. 13,17). An solchen Texten geht uns die poimenische Verantwortung auf, die uns Pfarrern auferlegt ist. Gewiß gibt es auch eine gewisse Verantwortung aller für alle. Aber hier ist von dem die Rede, was dem Amt insbesondere auferlegt ist. Paulus scheut sich nicht, das Thema „Amt und Gemeinde" auch einmal unter diesem Gesichtspunkt durchzusprechen. Es geht offenbar nicht nach der Melodie: Ich tue, was ich kann; im übrigen seht ihr selbst zu! Es will uns nicht leicht in den Kopf, daß ein Amtsträger der Kirche „Gehorsam" verlangen kann – gleich, ob er anwesend oder abwesend ist (V.12). Sollte dies das Vorrecht eines Apostels sein? Es wäre schon verkehrt, von einem „Recht" zu sprechen;

der Text zeigt, wie solche Verantwortung belasten kann. Im übrigen zeigt Hebr. 13,17, daß der Apostel keineswegs ein Sonderfall ist. In jedem Falle freilich gilt, daß der „Gehorsam" nicht dem Apostel oder Bischof oder Pfarrer gilt, sondern dem Herrn, in dessen Namen er – als Unterhirte des Erzhirten (1. Petr. 5,2-4) – spricht und handelt. All sein Werk ist das eines Botschafters an Christi Statt. Aber in dieser Autorität kann, nein muß er so sprechen, wie er es hier tut. Seinen Dienst beglaubigt er so, wie wir alle das aller Wahrscheinlichkeit nicht zu tun haben werden: er rechnet damit, wie ein Trankopfer ausgegossen zu werden. Auch wenn es nicht dazu kommt: sein Lebenswerk ist ein „Opfer", eine „Liturgie": er bringt Gott Menschen dar – nicht als die blutige Ersatzleistung, die das kultische Opfer gewöhnlich ist, sondern so, daß er die Menschen selbst Gott zuführt: Deine Menschen, Gott, die du geschaffen hast und die rechtens dir gehören – hier hast du sie wieder. „Ich soll ein Diener Christi sein unter den Heiden, priesterlich zu warten des Evangeliums Gottes, auf daß die Heiden ein Opfer werden, Gott angenehm" (Röm. 15,16). Sollte Paulus in diesem Prozeß zum Tode verurteilt werden – zuletzt ist es ja wirklich so gekommen –, dann würde er seinen Tod als ein Stück dieses großen Opfers, dieser großen „Liturgie" ansehen, also sinnvoll eingeordnet in ein großes Ganzes, das auf alle Fälle ein Anlaß zur Freude ist. Gott hat seine verlorenen Kinder wieder!
Erst auf diesem Hintergrund wird uns deutlich, was Paulus meint, wenn er den Philippern gut zuredet. Trotz des großen Ernstes, der durch den Zusammenhang dieser Gedanken gegeben ist, wird man einen leisen Hauch freundlichen Scherzens nicht überhören. Paulus hat Anlaß, die Philipper nachdrücklich zu mahnen: zur Einmütigkeit (1,27; 2,2), zu Mut und Leidensbereitschaft (1,28-30), zur Demut, zur Abkehr von Streit und leerem Ruhm (2,3), zum Mitdenken und Mitsorgen für den anderen (2,4) u.a.m. Er hätte gewiß Gesichtspunkte zur Hand, die sein Mahnen durchschlagender bekräftigen. Aber er sagt: Ihr werdet mich, wenn ich am Tage Christi Rechnung legen muß, doch nicht im Stich lassen! Wenn es heißt: tu Rechnung von deinem Haushalten!, und ich werde von höchster Stelle auf meine Philipper angesprochen und muß dann etwa hören: mit ihnen sei ich „ins Leere gelaufen" – was dann? Aber nun doch im Ernst: in Philippi entscheidet sich u.a., wie Paulus einmal durch das Gericht am Jüngsten Tage hindurchkommen wird. Die Gemeinde, der wir diesmal predigen, wird durch das, was sie ist und tut, dafür maßgebend sein, wie ich, ihr Pfarrer, vor dem Herrn bestehen bzw. nicht bestehen werde. Darf der Pfarrer sich so wichtig nehmen, daß er dies der Gemeinde aufs Gewissen legt? Offenbar ja. „Also, meine lieben und ersehnten Brüder, meine Freude, meine Krone (mein Siegerkranz, 1. Kor. 9,25; 1. Thess. 2,19; 1. Petr. 5,4)!" (4,1). (Ähnlich der Empfehlungsbrief 2. Kor. 3,2.) Denkt an mich!, sagten wir; so seltsam das klingt, es trifft das hier Gemeinte.
2. Denkt an die Welt! Hier geht es um die VV. 14f. „Ihr seid das Licht der Welt", sagt der Herr. Paulus wendet es ein wenig anders: Ihr seid in der dunklen Welt schimmernde Lichtpunkte, wie nachts die Sterne. Sind wir das? – Wie hierauf auch zu antworten sein mag, die christliche Gemeinde hat immer an die Welt zu denken, in der sie lebt. Was sie hat, hat sie nicht

für sich, sondern für die Welt. Anders empfängt und anders behält sie die Gaben ihres Herrn nicht. Wir sollen wohl selig sein; aber eine eigensüchtige Seligkeit wäre die Karikatur dessen, was Christus gewollt und geschafft hat. „Ihr seid das Salz der Erde." Ihr seid die 50, die 45, die 40, ja die 10, von denen Gen. 18 die Rede ist. Unser Text urteilt überaus nüchtern über die Beschaffenheit der Welt und der Menschen (V. 15, vgl. die oben beigezogenen Parallelen). Das Neue Testament weiß um die Distanz. Aber dies entlastet die Gemeinde mitnichten von ihrer Verantwortung. Sie müßte sonst nicht die Gemeinde eben dieses Jesus sein (Luk. 19,10). Sie soll sich ja nicht dünkelhaft über die Welt erheben. „Auch ihr waret tot in euren Übertretungen und Sünden, in welchen ihr vormals gewandelt seid nach dem Lauf dieser Welt" (Eph. 2,1). Und was seid ihr jetzt? „Tut alles ohne Murren und ohne Zweifel!" Das wandernde Gottesvolk steht Paulus vor Augen, wie die hier anklingenden Worte erkennen lassen. Auch Christen können offensichtlich gegen Gott aufbegehren, als seien sie die Benachteiligten, die Zu-kurz-Gekommenen; Menschen also, die meinen, Anlaß zur Kritik an ihrem Gott zu haben. Und Zweifel: das ist die Situation, in der einem alles fraglich und ungewiß wird. Worauf hoffen wir eigentlich? Man sieht: „Es gibt gegenwärtig kein Heil und keine Vollkommenheit außer bei den Angefochtenen" (Käsemann). Seltsame Kontrapunkte zum Thema der Freude! Wir sind jedenfalls solchen inneren Gefahren ausgesetzt. – Paulus mahnt. Er rechnet damit, daß die Anfechtungen überwunden werden können. Versuchen wir, das Gesagte ins Positive umzuwenden: Christlicher Gehorsam besteht in der Gewißheit, daß wir nicht nur nicht zu kurz gekommen sind, sondern tausendmal mehr empfangen haben und noch empfangen werden, als wir verdienen. Christlicher Gehorsam zweifelt, räsoniert, diskutiert nicht, weil er dort geschieht, wo man gelernt hat, sich ganz in die Hände des einzigen zu geben, auf den wirklich Verlaß ist: in Jesu Hände. So kommt es zu der heiligen Unkompliziertheit, Einfalt, Lauterkeit, in der Christen in der Welt leben – eben in *der* Welt, wie sie Paulus offenbar kennengelernt hat und schildert. Sind die Christen anders als die Welt (Röm. 12,2), dann jedenfalls nicht in dem Sinne, daß sie sich dünkelhaft von ihr zurückzögen oder sich gönnerhaft zu ihr herabneigten. Die Welt soll wissen dürfen, wie sie mit ihnen dran ist. Sie soll erfahren, daß sie es aufrichtig meinen. Christen sollten sich, wo es anzufassen gilt, von niemandem übertreffen lassen. Wir könnten diese Reihe fortsetzen. Sie *sollten*. – Und die Wirklichkeit? Paulus hat Anlaß zu solchen Ermahnungen. Ob es besser wäre, wenn er sie nicht nötig hätte? Dann müßten wir die Vollkommenen sein. Nur, Paulus selbst wäre dann nicht in unserer Mitte (3,12ff.). Man kann es auch einmal, zugespitzt, so sagen: Die unangenehmste Sorte Mensch sind die, die mit ihrer herausgestrichenen Korrektheit und Vollkommenheit den anderen auf die Nerven fallen. Die Untadeligkeit und Lauterkeit, von der V. 15 spricht, gedeiht nur da, wo wir eingestehen, wie es bei uns fehlt; wo wir also aufhören, uns zur Schau zu stellen und, wenn nötig, uns zu verteidigen; wo wir vielmehr die Freiheit haben, unser Versagen traurig oder auch lächelnd zu bekennen. Gerade so „strahlen" wir als Lichter in der Welt. Es heißt nicht, wir „sollen" (oder „sollten") leuchten; φαίνεσθε ist erstaunlicherweise Indikativ! Wahr wird dieser Indikativ allein durch das Partizip: ἐπέχοντες. Festhalten am Wort – das allein trägt unser Christsein. Menschen, die alles, was sie sind, in dem Wort haben, das Christus in ihr Leben hineinbringt, sind wie funkelnde Sterne am Nachthimmel.

3. Denkt an Gott!, so fahren wir nun – zunächst noch so verallgemeinernd – fort. Der Imperativ bekommt Gehalt und Farbe, wenn wir ihn im Zusammenhang mit dem Oberthema: Freude in Gehorsam! sehen. Es gilt jetzt, die beiden scheinbar unvereinbaren Sätze V. 12c und V. 13 zu verstehen. Daß wir unser Heil schaffen, „erarbeiten" sollen, damit scheint Paulus alles auf den Kopf zu stellen, was wir sonst von ihm hören. Der Satz wird immer wieder so zitiert, als stelle er das notwendige Korrektiv zu der allzu steilen und reichlich einseitigen Gnadenbotschaft des Paulus dar; jetzt endlich käme es heraus, daß der Mensch zu seiner Rettung auch selbst etwas tun soll. Gott auf halbem Wege entgegenkommen? Das wäre das primitivste Mißverständnis. Oder so: alles kommt auf Gott an, aber alles auch auf uns – wie bei der Feldbestellung durch den Bauern und bei dem Segen, durch den allein etwas wächst? Schon besser, aber auch nicht im Sinne unseres Textes. Der Ton liegt, wie man besonders schön bei K. Barth und Käsemann (a. a. O.) lesen kann, auf den Worten: „mit Furcht und Zittern". Die Stellen, an denen der Ausdruck bei Paulus sonst noch vorkommt, lassen es deutlich erkennen. Eph. 6,5 spricht vom Verhalten des Sklaven vor dem Herrn; 2. Kor. 7,15 von der Art, wie die Korinther dem Titus begegneten, als er kam, um das Zerwürfnis zu heilen; 1. Kor. 2,3 von der Haltung, in der allein Paulus den Korinthern den Gekreuzigten hat predigen können. Furcht und Zittern – das ist die Verhaltensweise, in der uns alles Auftrumpfen und Prahlen vergangen ist, in der vielmehr zum Ausdruck kommt, daß wir allen Anlaß haben, in uns zu gehen und – uns helfen zu lassen. Dann ist sofort klar, warum V. 13 mit einem „denn" fortfährt. Gott ist es, der nach seinem Wohlgefallen sowohl das Wollen als auch das Vollbringen bewirkt. Schon wahr: wir sollen nicht untätig sein. Aber alles Tun kann nicht in der Meinung geschehen, daß wir nun mit unserer Eigengerechtigkeit und Selbstgeltung endlich, endlich zum Zuge kommen und aktiv werden. Vielmehr bedeutet „mit Furcht und Zittern" gerade das andere: „in erschrockener Demut, in dem Bewußtsein, daß man nichts geltend zu machen hat". Gerade so soll sich die Gehorsamsforderung an den Gewissen der Philipper bewähren und die daraus sich ergebende Gehorsamsleistung vollziehen (K. Barth z. St.). Es gilt, der göttlichen Allmacht Rechnung zu tragen; sie offenbart sich am stärksten, wenn sie kraft einer creatio ex nihilo die neue Existenz begründet (Käsemann). Dann heißt es nicht: wir wollen, aber er gibt das Vollbringen. Vielmehr ist hier alles, der Anfang und das Ende in seiner Hand. Dann sind wir in der Tat dringlich zum Tun aufgerufen, aber was dabei herauskommt, ist Gottes Werk allein – nach seinem Wohlgefallen. Der Aufruf zum Gehorsam ist hier total umschlossen von dem Gott, der alles bewirkt. Wir sind also ganz und gar in seiner Hand. In wessen Hand? In der Hand des Gottes, der uns in Christus ergriffen hat (3,12) und dessen Friede – höher als alle Vernunft – unsere Herzen und Sinne in Christus Jesus bewahrt (4,7).

Judica. 1. Kor. 4,9-13(14-20)

Wir befinden uns in der großen Auseinandersetzung mit dem korinthischen Parteiunwesen, das mit der Überschätzung bestimmter Personen zusammenhängt und eben darin in gnostischer Irrlehre begründet ist (Walter Schmithals, Die Gnosis in Korinth, Göttingen 1956). Vgl. das in unserer Auslegung zu 2,1-12 (2. S. n. Epiph.) Gesagte. Der große Zusammenhang reicht von 1,10 bis 4,21; wir stehen also mit der Perikope an seinem Abschluß. Zur Abgrenzung der Perikope s. u. – Der Abschnitt VV. 9–13 sagt, was es heißt, in der Nachfolge des Gekreuzigten (1,18; 2,2) zu stehen. Die Gnostiker meinen, die Grenze zum Eschaton bereits hinter sich zu haben: schon satt, schon reich, schon „Könige" (gnostischer Lieblingsausdruck). V. 9: Apostel sind in der Rangordnung hinten dran (ἔσχατοι); ὡς ἐπιθανατίους = wie zum Tode verurteilte Verbrecher, die man in der Arena kämpfen läßt. (Daß der mit seinem Schicksal kämpfende Weise Gott und Menschen ein Schauspiel ist, ist ein beliebtes stoisches Bild, das sich, wo Gladiatorenkämpfe üblich sind, nahelegt; Zusammenhang und Tendenz sind aber in unserm Text total anders!) Paulus meint es wohl sehr wörtlich: 15,30-32; II 1,8-10. – V. 10: Aufgeblasenheit vgl. 5,2. Sofern Paulus sich selbst charakterisiert, greift er Schlagworte der Gegner auf (II 10,10; 11,19), formuliert wahrscheinlich auch selbst im Blick auf die Gegner. Diese sehen in ihm den Nicht-Pneumatiker, also den Sarkiker (II 10,3; 12,11). Beachte den feinen Unterschied in den Präpositionen: διά – ἐν. – V. 11: Vgl. II 4,8-11; 6,4.5; 11,23-29. ἀστατέω = unstet sein. – V. 12: Handarbeit zum Lebensunterhalt (9,6.14; 1. Thess. 2,9; 3,8; Apg. 18,3; 20,34). V. 12b und 13 erinnern an die (nur von der Koine und wenigen anderen Zeugen überlieferte) Langform von Matth. 5,44. περικάθαρμα und περίψημα sind synonym: Auswurf, Abschaum, Kehricht, Unrat, aber auch der stellvertretend Sterbende (s. u.). – V. 14: Milderer Ton. Paulus hat in den VV. 7–13 in der Tat „beschämt" und auch beschämen wollen. – V. 15: παιδαγωγός – da man die Erziehung der Kinder einem Sklaven überließ, meist sogar dem am wenigsten tüchtigen, hat das Wort einen verächtlichen Klang. ἐγέννησα im Sinne von Gal. 4,19; Philem. 10. – V. 16: Vgl. 11,1 und die dort am Nestle-Rand zahlreich vermerkten Parallelen. – V. 17: Zu Timotheus vgl. bes. Apg. 16,1 ff.; 1. Thess. 3,1; 1. Kor. 16,10; Phil. 2,19f.; Hebr. 13,23 und 1. u. 2. Tim. passim. ἀναμνήσει – denn ihr habt sie vergessen. Die „Wege in Christus" sind zwar nicht ein schriftlich vorliegender Katechismus, wohl aber eine geprägte paränetische Tradition, die bei der Christwerdung „überliefert" wird (1. Thess. 4,1), nicht bloß von Paulus (Röm. 6,17; 16,17 werden auch die Römer darauf angesprochen). Paulus lehrt sie „überall in allen Gemeinden" (unsere St.). Vgl. A. Seeberg, Der Katechismus der Urchristenheit, Leipzig 1903; M. Dibelius, Die Formgeschichte des Evangeliums, Tübingen 1965[5], S. 239f.; Michaelis in ThWNT V, S. 91 ff. – V. 18: Vorwurf der Feigheit; die Frage taucht wiederholt auf, vgl. II 1,15-18.23. – V. 19: condicio Jacobea Jak. 4,15, vgl. Röm. 1,10; 15,32. – V. 20: Der vornehmlich synoptische Begriff Reich Gottes ist bei Paulus nicht so selten, wie oft gesagt wird (6,9.10; 15,(24)50; Röm. 14,17; Gal. 5,21; Eph. 5,5; Kol. (1,13;) 4,11; 1. Thess. 2,12; 2. Thess. 1,5).

Man möchte dem Prediger raten, die eingeklammerten Verse in den Predigttext einzubeziehen. Wahrhaftig nicht, um die VV. 9–13 abzuschwächen, wohl aber, um sie in den rechten Zusammenhang zu stellen. Sie sind scharfe Kritik an der gnostisch-spiritualistischen Aufgeblasenheit einiger Korinther, in Schwarz-Weiß-Technik gestaltet. Was gesagt wird, ist in dem hier gegebenen Zusammenhang nötig zu sagen. Aber „das Evangelium" ist das hier Gesagte noch nicht. Die Kommentatoren stellen mit Beginn des V. 14 einen Umschwung in Stimmung und Tonart fest; das ist nur die stilistisch-psychologische Außenseite eines theologischen Sachverhalts. Der Sinn des Kreuzes Christi besteht nicht darin, daß wir zu tragischen Helden werden und lernen, mit zusammengebissenen Zähnen oder auch mit dem Humor dessen, den nichts mehr erschüttern kann, unterzugehen. So hart Paulus reden muß, gerade seine theologia crucis ist *gute* Botschaft. In den VV. 14ff. wird dies, wenn auch in sehr lockerer Weise, deutlich. Vielleicht erkennen wir es um so leichter, da hier nicht lehrhaft, sondern aus der Situation heraus gesprochen ist.

Judica ist der Passionssonntag im speziellen Sinne des Wortes. Von nun an bis zum Karsamstag verstummt auch das „Gloria patri". Die Epistel schildert uns das Werk des Hohenpriesters Jesus. Unser Text spricht nicht von Christus – wohl aber ist Jesu Kreuz anschaulich und wirksam im Leiden des Apostels. Die Passion ist gewissermaßen ins Leben des Paulus und damit der Gemeinde überhaupt hineinprojiziert. Als hörte Paulus seines Herrn Stimme: „Will mir jemand nachfolgen, der verleugne sich selbst und nehme sein Kreuz auf sich und folge mir" (Matth. 16,14). In dem Wort: „Seid meine Nachfolger!" pflanzt sich dieses Vernommene fort. So können wir zusammenfassen: Kirche in der Nachfolge ihres Herrn: nicht in Glanz, sondern in Schande (1), nicht in Worten, sondern in Kraft (2).

1. Was Paulus hier über seine Situation als Christ und Apostel zu sagen hat, interessiert nicht um seiner selbst willen. Die causa loquendi ist die korinthische Gnosis und sind die merkwürdigen Blüten, die sie treibt. Will man exegetisch den Zusammenhang einigermaßen sicher fassen, muß man spätestens bei V. 8 einsetzen: Die Korinther – wir lassen es bei der gewiß nicht ganz korrekten Verallgemeinerung, die Paulus sich im Sinne eines totum pro parte leistet – sind schon satt geworden, sind schon reich, fühlen sich als Könige. Was mag das heißen? Man müßte, etwa so, wie es die Schmithalssche Monographie tut, aus den Aussagen und Anspielungen, aus sicheren oder mutmaßlichen Zitaten und dem, was Paulus erwidert, ein Schaubild der korinthischen Schwärmerei erstehen lassen – eine umfangreiche, freilich für die Predigt nur mittelbar einträgliche Arbeit. Unsere Gemeinden brauchen nicht religionsgeschichtliche Unterweisung, wohl aber Hilfen dazu, daß sie die – in immer neuer Gestalt wiederkehrende – Versuchung erkennen. Hier ist eine Lehre und eine Art Religiosität zu finden, bei der das Kreuz Christi „entleert" wird (1,17). Weisheitsrede, Erkenntnis, ein den schlichten Gemeindeglauben überbietendes und verachtendes Pneumatikertum, ein Pochen auf Vorzüge und Überlegenheit einzelner (z.B. V. 7), ein Sich-Aufplustern (φυσιοῦσθαι 4,6.18.19; 5,2; 8,1; 13,4), eine religiöse Großmannssucht, die sich auf den eigenen Reichtum allerlei zugute tut und, wenn es um das Göttliche geht, aus dem vollen schöpft. Woher dies? Der Gnostiker fühlt sich nicht mehr als Mensch. „Wer die Gnosis hat und ... schon göttlich ist" (Corp. Herm. 10,9): da haben wir den Grund des gnostischen Selbstgefühls. Der Gnostiker ist bereits göttlich geworden. Man muß

noch weiter gehen: er ist es immer gewesen. Denn er ist mit seinem Pneuma in die irdische Welt nur hineinverbannt. Er braucht nichts zu werden, was er noch nicht ist. Er gehört auf die Seite Gottes und hat, sofern er als Gnostiker die Welt der Hyle in seinem Denken hinter sich gelassen hat, nichts mehr von der Zukunft zu erwarten. Da braucht man nicht mehr zu glauben, sondern schaut schon. Da ist die Grenze zum Eschaton bereits überschritten. „Schon satt, schon reich, schon Könige ..." In Glanz und Glorie weiß sich der Gnostiker. Er genießt sein Herausgehobensein aus der Masse der Durchschnittschristen.

Paulus schreibt bitter und ironisch. So, so: ihr seid die reichen, vornehmen, weisen, überlegenen Pneumatiker! Wie anders unsereiner! Wir Apostel sind „die Letzten" in der Rangordnung der Menschen, „der Hefe der menschlichen Gesellschaft gleichgestellt" (Lietzmann z. St.). Wenn hier also schon numerierte Plätze vergeben werden, dann sind wir ganz hinten dran. Wir sind nämlich „töricht", nicht – wie ihr denkt –, weil Christus bei uns noch nicht zum Zuge gekommen ist, sondern gerade um seinetwillen; eure Selbstbezeichnung „klug in Christus" ist von daher mindestens auffällig! Wir sind „schwach". Ihr sagt das ja so: wenn man den Paulus vor sich hat, wirkt er schwach (II 10,10). Ihr habt ja recht (II 11,29): ich habe sogar guten Grund, mich dessen zu rühmen (II 11,30; 12,9). Ihr seid dagegen die Starken. Während ihr berühmte Leute seid, ist unsereiner „ungeehrt", ja „verachtet". Man plagt sich, um sich mit der Hände Arbeit das tägliche Brot zu verdienen – ihr wißt: ich stelle Zelte her (Apg. 18,3) –, und doch reicht es nicht zum Nötigsten: Hunger, Durst, Mangel an Kleidung. Nein, nein, sehr „königlich" – ihr gebraucht doch gern dieses Wort (V. 8) – sieht das alles nicht aus. Ich sagte euch schon: wir gehören zu den „Allerletzten", „wie Todeskandidaten". Das ist ganz ernst gemeint. Wir sind der Welt ein „Schauspiel" geworden – die Engel und die Menschen haben das angesehen! „Jede Stunde in Gefahr": ihr wißt, daß ich in Ephesus in der Arena mit wilden Tieren habe kämpfen müssen (15,30.32); das sind die Situationen, in denen man am Leben verzagt und sich nüchtern eingesteht: nun ist es aus (II 1,8f.). Da lernt man sein Vertrauen auf Gott setzen und stellt sich nur noch auf eines ein: auf die Auferstehung der Toten (II 1,9; I 15,32). Jawohl, als ein „moriturus" kommt man dorthin zu stehen, wo alle menschliche Größe zu Ende ist. Gladiatoren sind ja meist zum Tode verurteilte Verbrecher, die man gegeneinander oder gegen wilde Tiere kämpfen läßt, während auf den Tribünen die Menschen sitzen, um sich an dem grausigen Schauspiel zu delektieren. Da wird man zum Objekt einer abgründigen Menschenverachtung, wenn die Menge darauf wartet, daß sich in das Orgelspiel (! – Lamer-Bux-Schöne, Wörterbuch der Antike, S. 249) der Schrei und das Wimmern des zu Tode Getroffenen und dann von den Bestien Überfallenen mischt. (Ein Wunder, daß ich davongekommen bin, II 1,10.) Man kommt sich überhaupt vor wie einer von denen, die man geschmackvollerweise mit dem schönen Wort „Unrat" bzw. „Abschaum" bezeichnet (V. 13); wie ein solcher armer Mensch also, der sich, weil er vom Leben schlechterdings nichts mehr zu erhoffen hat, der Bürgerschaft einer Stadt als das im nächsten Jahr darzubringende Menschenopfer zur Verfügung stellt und sich dafür ein Jahr lang mit Weißbrot, Feigen und Käse gut verpflegen läßt, bis es dann soweit ist, daß man ihn hinausführt und vor den Augen aller Menschen schlachtet. Und in dem allen gilt es nun: segnen, wo man beschimpft wird; dulden, wo man verfolgt wird; und wo die Leute über uns bloß üble Reden führen, da trösten wir. So hat es der Herr selbst getan, so gehört es sich auch für uns.

Welch ein Kontrast: dort die Korinther, die sich göttlich fühlen und sich entsprechend aufblähen, als sei der Glanz des Himmlischen bereits das Element, in dem sie leben – und hier der Apostel, der ganz einfach in der Spur seines gekreuzigten Herrn geht, verachtet, geschmäht, gepeinigt, als einer, der das Sterben des Herrn Jesu an seinem Leibe trägt (II 4,10). Wir überhören nicht den ironischen Tonfall; wir haben ihn in der Paraphrase ein wenig angedeutet. Die Gegensätze sind scharf, wohl überscharf herausgearbeitet. Es wird gut sein, dies für die Predigt im Auge zu behalten. Die Nachfolge Christi fängt ja nicht erst da an, wo man in der Arena mit hungrigen Bestien kämpfen muß. Übel wäre es, wenn wir, die ein „ruhiges und stilles Leben führen" dürfen „in aller Gottesfurcht und Ehrbarkeit" (1. Tim. 2,2), uns in ein verlogenes Märtyrerpathos hineinsteigerten und damit genau das unglaubwürdig machten, was sich, als „Theologie des Kreuzes", aus unserm Text wirklich für uns ergibt. Das in sehr kräftigen Strichen gegebene Erscheinungsbild apostolischer, ja überhaupt christlicher Existenz bringt ja nur zum Vorschein, was geistlich und darum auch theologisch festzuhalten ist: alles christliche Glauben, Denken, Hoffen, Leben, Leiden steht unter dem Vorzeichen des Kreuzes Christi. Man könnte und müßte dies vielleicht umfassend ausführen. Nur ein paar Gesichtspunkte: Angesichts des Kreuzes muß einem die Illusion vergehen, als sei der Mensch von Hause aus und wesentlich göttlich. Wäre er es, dann brauchte er nur die in ihm vorhandenen Anlagen zu entwickeln bzw., wie der Gnostiker meint, durch Weisheit und Erkenntnis freizulegen, und sein Heil wäre perfekt. Aber es ist nicht so. Die Welt hat durch ihre Weisheit Gott in seiner Weisheit nicht erkannt (1,21). Gottesgeist und Menschengeist sind nicht zu verwechseln und zu vereinerleien (2,10-16). Daß Gott der „Weltgeist" ist, der im Geist des Menschen denkend sich selbst realisiert, ist so bibelfern gedacht wie nur möglich; und in wie hohem Maße hat dieser Irrtum Geschichte gemacht! Der Mensch ist nicht partikulare göttliche Wirklichkeit, nur eben ins Fleisch hinein verbannt und darum zu erlösen, indem man ihn einfach dort wieder herausholt. Darum hat Gottes Offenbarung auch nichts zu tun mit der von den Irrlehrern behaupteten enthusiastischen Direktbeziehung zu Gott. Wir erkennen Gott in seiner tiefen Erniedrigung, in der Schwachheit, in die er sich hineinbegeben hat, in seinem Zuschanden-Werden vor allem, was menschlich groß und imponierend wirkt. Gottes Offenbarung ist ein Geschehen von einer merkwürdigen Gebrochenheit: wir sehen durch einen Spiegel in einem dunklen Wort (13,12). Wohlgemerkt: das ist nicht das Ende der Wege Gottes! Es kommt der Augenblick – das wird kein Augenblick innerhalb dieser Zeit mehr sein –, in dem wir „von Angesicht zu Angesicht" sehen und wirklich „erkennen" werden (ebd.). So ganz falsch ist das nicht, was die Gnostiker meinen. Nur, sie nehmen eigenmächtig voraus, was jetzt, solange die Parusie des Herrn noch aussteht, keinesfalls sein kann; sie überschreiten unbefugt die Grenze zum Eschaton: nichts als Illusion! Sie suchen Glanz und sollten sich doch, solange alles noch „unter dem Kreuz verborgen" ist, vor der Schande nicht scheuen, die die Nachfolge des Gekreuzigten mit sich bringt. Sie sollten wissen daß alles Christenleben in der Unscheinbarkeit, Unkenntlichkeit, Niedrigkeit des Kreuzes gelebt wird. Das neue Leben, das uns gegeben ist, ist keineswegs etwas, was Furore macht. Daß die Christen – nach dem allzuoft zitierten Wort Nietzsches – „erlöster aussehen" müßten, ist ein fundamentaler Irrtum. „Wer ist schwach, und ich werde nicht schwach?" (II 11,29). Man sehe sich doch diesen Paulus an, wie er in unserer Perikope sich selbst beschreibt! Besteht der Glaube etwa darin, daß man alles, was einen belasten, irremachen, bedrängen und in Verzweiflung bringen könnte, hinter sich hat? Heißt glauben denn: die Anfechtung los und schon im Himmel sein? Bin ich erst dann ein Christ, wenn ich nachweisen kann, daß ich über meine Sünden und über mein Versagen längst hinausgewachsen und erhaben bin? Bin ich erst dann ein Kind Gottes, wenn es in mir keine Traurigkeit und keine Depressionen mehr gibt? Und nun an die Kirche als ganze gedacht: Gehören Glanz und Glorie etwa zu den notae ecclesiae – oder erkennt man die Kirche nicht vielmehr – wie Luther in der Schrift „Von den Konzilien und Kirchen" schreibt (WA 50,628ff.) – am „Heiltum des heiligen Kreuzes", so daß „das heilige christliche Volk ... muß alles Unglück und Verfolgung, allerlei Anfechtung und Übel ... vom Teufel, Welt und Fleisch" erleiden, „inwendig trauern, blöde (= verzagt, verschüchtert) sein, erschrecken, auswendig arm, verachtet, krank, schwach sein, leiden, damit es seinem Haupt Christo gleich werde"? Die Kirche, die um die ihr aufgetragene Kreuzesnachfolge, um ihre Unterwegs-Situation, um ihre nicht nur je und dann peinlicherweise zutage tretende Schwachheit, sondern um die Verborgenheit des göttlichen Handelns ins Unscheinbare und Unansehnliche hinein weiß: diese Kirche wird nicht nach Macht streben, in der Welt eine Rolle spielen, sich aufblähen, den Beifall der Welt genießen, sich aristokratisch aufführen und gestalten, sich an das, was menschlich groß und bedeutend ist, anbiedern und unehrliche Geschäfte mit der Welt machen wollen. Sie wird auf das Menschliche so wenig bauen, daß sie nicht einmal mit ihrer Armut protzt (dies wäre wohl die raffinierteste Art pseudo-geistlicher Großmannssucht). Sie soll die Rolle, die ihr nach unserm Text zukommt, nicht ausschlagen wollen; Punkt für Punkt sollten wir die VV. 9-13 unter dem Gesichtspunkt durchmeditieren, was sich für den Weg der Kirche durch die Welt daraus ergibt. Nur so kann die Kirche der Welt dienlich sein, daß sie den Mut des Glaubens hat, Jesu Weg zu gehen.

Wir sprachen davon, die Worte des Paulus klingen bitter. Man darf das nicht mißverstehen. Bitter klingt, was hier gegen die gnostische Überheblichkeit gesagt ist, gegen ihren Dünkel, gegen die Schein-Überlegenheit, zu der man gelangt ist, indem man sich von Jesu Kreuz distanziert. Jedoch gar nicht bitter ist Paulus in bezug auf den Weg, den er geht; weiß er doch, warum er ihn geht. Was er zu sagen hat, sagt er nicht wehleidig. Nicht die Spur einer Anklage gegen die, die den Apostel nicht besser behandeln als

Jesus selbst. Kein Jammern darüber, daß es so ist; nichts von einer Forderung danach, daß es doch endlich anders werden müßte. Es kann für Paulus nicht anders sein, denn es soll nach Gottes Willen nicht anders sein. Man könnte bei dieser Feststellung stehenbleiben. Aber gerade die Gegenüberstellung der beiden Fronten läßt erkennen, warum Gott seiner Gemeinde den Kreuzesweg verordnet hat. Man könnte mit Paulus etwa so antworten: „... auf daß die überschwengliche Kraft sei Gottes und nicht von uns" (II, 4,7). Gott sagt: „Meine Kraft vollendet sich in der Schwachheit" (II 12,9). „Das Verachtete hat Gott erwählt, das da nichts ist – damit er zunichte mache, was etwas ist, auf daß sich vor Gott kein Fleisch rühme" (I 1,28f.). „Wenn sich jemand läßt dünken, er sei etwas, obwohl er doch nichts ist, der betrügt sich selbst" (Gal. 6,3). „Was hast du, daß du nicht empfangen hast?" (I 4,7). Es gäbe noch mehr solcher Stellen. Es kann uns nichts Besseres widerfahren, als daß wir lernen, daß wir vor Gott gänzlich und in jeder Hinsicht auf Barmherzigkeit angewiesen sind. Das lernt sich oft schwer. Aber anders wäre uns nicht geholfen.

2. Wir wenden unsern Blick in eine andere Richtung. „Nicht in Worten, sondern in Kraft", so entnehmen wir dem V. 20, besteht das Reich Gottes. Wieso schauen wir in eine andere Richtung? Das, wogegen sich Paulus wendet, ist dasselbe wie soeben. Das Wort λόγος kommt wiederholt vor, im ersten wie im zweiten Brief, allein oder in der Zusammensetzung λόγος σοφίας oder λόγος γνώσεως o. ä.; manchmal scheinbar unkritisch (etwa 1,5), manchmal so, daß man an der abgrenzenden oder abwehrenden Verwendung dieser Vokabel erkennt: so ganz ohne leicht erhobenen Finger ist sie auch an unpolemischen Stellen nicht gebraucht. Was die Korinther zu bieten haben, worauf sie schwören und sich allerlei zugute tun, hat zum Gegensatz auf der einen Seite die von ihnen so verachtete „Torheit" und „Schwachheit" usw., auf der anderen Seite aber eben, wie man sieht, die göttliche δύναμις. So daß es sich nun herausstellt: Schwachheit und Kraft sind, recht verstanden, keine Gegensätze. Gottes Kraft kommt da und nur da zum Zuge, wo wir aufhören, auf unsere eigene Kraft zu trauen.

So ist denn auch der Übergang zu einer offenkundig milderen Tonart kein Bruch in der Sache. Paulus sieht nur eben die Lage der Gemeinde jetzt von der anderen Seite her. Nicht, daß aus der theologia crucis nun am Ende doch eine theologia gloriae würde! Nichts von dem soeben Gesagten ist hier zurückzunehmen oder auch nur umzubiegen. Es ist nur einem Irrtum zu wehren. Der Satz, daß, wo Schwachheit sei, auch nichts geschehen, nichts von der Stelle bewegt, nichts in Gang gebracht und aufgebaut werden könne, ist schon richtig. Nur paßt er in dieser Allgemeinheit nicht auf die Lage des Paulus und aller seiner Brüder und Schwestern. Gerade wo wir schwach sind, will *Gott* mächtig sein. Gottes Macht kommt nicht da zur Wirkung, wo wir uns aus Schwachheit doch wieder zur Stärke aufraffen. Gottes Kraft „kommt in Schwachheit an ihr Ziel" (II 12,9). Gerade so wirkt sie als *Gottes* „Dynamis". Um so erstaunlicher, daß es in unserm Zusammenhang dann doch heißt, Paulus wolle nicht die „Worte" der Aufgeblasenen kennenlernen, sondern „ihre Kraft": hätten sie wirklich Kraft aufzuweisen, Paulus gedächte sie wohl anzuerkennen. Gott *gibt* Kraft (Eph. 3,16), den *Geist* der Kraft (2.Tim. 1,7). Aber man sehe in der Konkordanz die δύναμις-Stellen durch: sie reden mit großer Einhelligkeit mit Nachdruck von *Gottes* Kraft.

Der Zusammenhang weist klar darauf hin, wie sich die Kraft Gottes, in der Gottes Reich besteht, auswirkt. „Seid meine Nachfolger!" Laßt euch erinnern an „die Wege in Christus (Jesus), wie ich überall in jeder Gemeinde lehre". Wir sahen schon, worum es hier geht: um das, was Paulus in der Missionspredigt und im Taufunterricht gelehrt hat und was meist im Schlußteil seiner Briefe vernehmbar wird. Wie lebt man als Christ? Wie setzt sich die neue Lage, das neue Sein, die Zugehörigkeit zu Christus und zu seinem Reiche in gelebtes Leben um? Es wäre schön, wenn wir diesen urchristlichen Katechismus genau kennten oder doch zu rekonstruieren vermöchten. Wir sahen: ein Büchlein wird es nicht gewesen sein, sondern nur eine mündliche Tradition, die allerdings so fest geprägt war, daß sie – ähnlich wie die Urelemente christlicher Glaubenslehre (1.Kor. 15,3.4) – „überliefert" bzw., von der Seite der Neubekehrten her gesehen, „empfangen" werden konnte (παρελάβετε). Wir sahen auch: das ist nicht ein „Katechismus", wie ihn sich Paulus für seine eigene Missionstätigkeit zusammengestellt hat, sondern es muß sich, da Paulus auch die ihm unbekannten Römer darauf anspricht (noch einmal: Röm. 6,17; 16,17), um gemeinchristliche Lehrtraditionen gehandelt haben. „Die Wege in Christus" – offenbar eine gut eingeführte Bezeichnung für das hier Gemeinte. Wege *geht* man (anhand der Konkordanz kann sich der Prediger leicht das Bedeutungsspektrum des Wortes ὁδός bzw. ὁδοί vor Augen führen). Man geht sie „in Christus", kraft der in der Taufe vollzogenen Einleibung in den erhöhten Christus, der Himmel und Erde erfüllt; man befindet sich geradezu räumlich in ihm und damit in seinem Wirkbereich. In seiner Gegenwart, in der Gemeinschaft mit ihm, begleitet und umschlossen von ihm, „geht" man seine „Wege".

Hat das mit dem Vorangegangenen zu tun? Verklammert sind die beiden Teile der Perikope durch die Aufforderung: „Werdet meine Nachahmer!" Paulus versteht also seinen schweren Weg als ein Gehen in den „Wegen in Christus"; umgekehrt: die „Wege in Christus" sind zu charakterisieren als Kreuzesnachfolge. Wenn Paulus nach Korinth kommt – und er hat sich das vorgenommen, entgegen dem, was böse Zungen tuscheln; er fügt nur im Realismus des Glaubens hinzu: „so der Herr will" –, wir sagen: wenn Paulus nach Korinth kommt, dann will er sich überzeugen, was da wirklich vorhanden ist. „Und wenn ich weissagen könnte und wüßte alle Geheimnisse und alle Gnosis und hätte allen Glauben, so daß ich Berge versetzte, und hätte der Liebe nicht, so wäre ich nichts." Hier liegt der Maßstab! Worte von aufgeblähten Pneumatikern zählen hier nichts; das Reich Gottes steht in Kraft! – Paulus spricht nicht mehr hart. Er ist der Vater der Gemeinde, denn er hat sie gegründet. Sie sollen doch nicht denken, er wolle ihr Prügelsklave sein. Deren können sie haben, soviel sie wollen; zehntausend meinetwegen. Aber sie brauchen sich nur daran zu erinnern, wie Paulus damals nach Korinth kam (2,1ff.). Eben nicht im Vertrauen auf die Kraft seiner Persönlichkeit; nicht so, daß er mit Gelehrsamkeit und Beredtheit zu brillieren suchte; nicht als Apostel einer gesteigerten Menschlichkeit oder als

Repräsentant einer angemaßten Göttlichkeit, sondern: „in Schwachheit und in Furcht und mit großem Zittern" (2,3). Aber seine Predigt geschah „in Erweisung des Geistes und der Kraft". Versteht sich: „auf daß euer Glaube bestehe nicht auf Menschenweisheit, sondern auf Gottes Kraft" (2,5). Eine theologische Rechtfertigung des eigenen Versagens? Paulus setzt sich solchem Verdacht aus. Das ist aber offenbar nicht seine Sorge. Wir wissen, daß Paulus seine Kreuzestheologie nicht vorträgt, um seine Mittelmäßigkeit oder gar sein Versagen zu verbergen. Aber das ist gerade das Befreiende: unter dem Evangelium gewöhnt man es sich ab, ja wird es einem unmöglich, sich selbst zu inszenieren, sich wichtig zu machen, sich nach vorn zu spielen, mit Eigenem zu protzen, selbst immer und immer wieder recht zu haben. „Wege in Christus" – das ist es ja gerade, daß hier nur aus dem gelebt wird, was man „empfangen hat" (4,7). – Ohne daß Christus sein großes Wunder an uns tut, kommt es nicht zu dem, was hier gemeint ist. Täglich entgleisen wir wieder. Aber nicht das ist das Schlimmste, daß dies passiert; das Schlimmste wäre, daß wir es nicht wahrhaben wollten und trotz allem immer wieder „oben" zu sein versuchten. Die „Kraft", in der das Reich Gottes besteht, ist nicht die Energie, mit der wir es zuletzt eben doch wieder glänzend „hinkriegen", sondern die Macht der Gnade, die uns demütigt und erhebt. Man sage doch nicht, daß hier alles, was menschlich schön und erfreulich ist, verfemt und verachtet werde, als mache das Evangelium dieses Eiferers Paulus alles, woran man sich unbefangen freuen möchte, suspekt und stinkend. „Ich habe Timotheus zu euch gesandt, der mein geliebtes und treues Kind ist im Herrn." Paulus kann dies so herzlich und menschlich sagen! Diese Herzlichkeit und Menschlichkeit hat da ihren Ursprung, wo man sich vom hohen Pferd hat herunterholen lassen und nur noch aus Gnade lebt. Im Kreuz liegt eine große Macht. Sie will unser Leben von Grund aus verwandeln.

Palmarum. Sach. 9,9-10

Mit Kap. 9 beginnt Deuterosacharja – ein Buch, das, soweit wir sehen, Material sehr verschiedener Herkunft enthält. Die wichtigsten Stücke aus den Kapiteln 9–11 dürften aus der Zeit des Beginns der hellenistischen Herrschaft stammen. In diese eingesprengt finden sich Stücke wie unsere beiden Verse, die eigenen Charakters und schwer datierbar sind. Die Voranstellung von Ephraim in V. 10 und der gleichzeitig bestehende Zusammenhang mit Jerusalem (nicht Juda!) führt auf die Zeit nach Nehemia (so K. Elliger im ATD). V. 11 schließt an V. 7 an; der die VV. 9–10 umschließende Text differiert in den Vorstellungen vom kommenden Heil erheblich von diesen. Die von der OP vorgesehene Perikope 9,8-12 entspricht nicht unseren exegetischen Einsichten; wir haben darum enger eingegrenzt. – V. 9: „Tochter" in Verbindung mit Länder- und Städtenamen svw. Einwohnerschaft. „Zion" der SW-Hügel von Jerusalem mit der Königsburg und der Davidsstadt. Gattung: Heroldsbotschaft (vgl. die Königspsalmen 2; 18; 20; 21; 45; 72; 89; 101; 110; 132). Zum Königszeremoniell vgl. unten. Merkwürdig ist das ni נוֹשָׁע in V. 9b: „einer, dem Hilfe, Rettung, Sieg zuteil geworden ist"; LXX:

מוֹשִׁיעַ = „einer, der Hilfe, Rettung, Sieg bringt". Auch „gerecht" könnte in passivem Sinne verstanden werden: er hat recht bekommen, ihm ist recht gegeben worden. W. Nowack gibt der LXX-LA den Vorzug; für den masoret. Text spricht, daß er schwerer verständlich ist. Sellin hat das Wort עָנִי zur vorhergehenden Zeile gezogen, mußte dann freilich das הוּא als Zutat ansehen; die Änderung ist nicht zwingend begründet. „Arm" bedeutet in Knechtsstellung befindlich, daher arm, hilflos, aber auch sanftmütig, friedfertig. Vgl. ThWNT VI, S. 38f. und 888ff. Da es sich nur um unverschuldet Arme handelt, also solche von armem Herkommen, ist Jahwe ihr Beschützer. Man spricht geradezu vom „Armen Jahwes". So kommt das Wort auch zu der Bedeutung fromm. חֲמוֹר = Esel (allg.), עַיִר = Eselshengst (in LXX oft das Jungtier), אָתֹנָה = Eselin; selbstverständlich handelt es sich nur um *ein* Reittier (Parallelismus membrorum). – V. 10: Hier dürfte mit LXX die 3. Pers. sing. zu lesen sein: „er" schafft die Kriegsrüstung ab. Vgl. Hosea 2,20; Jes. 2,4; Micha 4,1ff.; 5,9ff.; auch Jes. 9,4f. Zum Schluß des Verses vgl. Ps. 72,8. Der נהר ist der Euphrat (Gen. 15,18; 1. Kön. 5,1).

Zweimal ist diese Sacharja-Stelle im Neuen Testament zitiert: Matth. 21,5 und Joh. 12,15; man hat in Jesu Einzug in Jerusalem das Wort des Propheten erfüllt gesehen. Der Palmsonntag hat seinen Namen von Joh. 12,13 her. Alttestamentliche Messiaserwartung erfüllt sich in diesem Einzug, mehr noch: in der Königsherrschaft, die Jesus ausübt. Im Zeugnis des Alten und des Neuen Bundes erkennt die Kirche das Herrsein Jesu – nicht nur in dem Sinne, *daß* Jesus König ist, sondern auch, *wie* er es ist.

Wahr und gültig wäre dieses Zeugnis von Jesu Herrschaft auch dann, wenn wir urteilen müßten, daß Jesu Einzug, wie die synoptische Überlieferung ihn schildert, nicht oder auch anders stattgefunden habe, als uns geläufig ist. Wir stehen hier, wie überhaupt bei der Passionsgeschichte, vor allerlei Fragen. Bis zum Beweis des Gegenteils – der, soweit ich sehe, nicht erbracht ist – scheint mir die Auffassung noch immer die einleuchtendste, nach der Jesus selbst bewußt Sach. 9,9f. aufgegriffen und gewissermaßen in Szene gesetzt hat. Daß die Weissagung geschichtszeugend wirkt, braucht ja nicht nur im Blick auf die verkündigende und bekennende Gemeinde erwogen zu werden; Jesus selbst könnte sich als der Friedenskönig nach Sach. 9 verstanden und bewußt danach gehandelt haben. Dafür spricht, daß die Jünger nach Joh. 12,16 den Sinn dieser Demonstration zunächst nicht begriffen haben; auch dies, daß Markus und Lukas sich nicht ausdrücklich auf Sach. 9 beziehen, sondern nur die Vorgänge vermelden. Diese sind freilich um so erstaunlicher. Der Prozeß Jesu wird, wenn wir den Einzug für legendär halten, jedenfalls nicht verständlicher. Der Kreuzestitulus (zwar nicht von Bultmann, jedoch von vielen anderen als historischer Festpunkt der Passion Jesu angesehen, vgl. E. Dinkler in: Zeit und Geschichte, ed. Dinkler, Tübingen 1964, S. 147) würde sinnlos, wenn nicht irgendwo ein Anhalt für Jesu messianisches Auftreten zu finden gewesen wäre (vgl. Nils Astrup Dahl, Der gekreuzigte Messias, in: Ristow-Matthiae, Der historische Jesus und der kerygmatische Christus, Berlin 1961², S. 149). Der Einwand, die Römer hätten eine solche Demonstration sofort im Keime erstickt, wird hinfällig, wenn man bedenkt, daß es, um diesen wenig auffälligen Einzug als messianisch gemeint zu verstehen, einer großen Vertrautheit mit der Bibel bedarf. Einer der עֲנִיִּים, sanftmütig, auf einem Esel reitend – und was das Volk ruft, stammt aus dem Hallel, also aus der Liturgie des Passafestes, zu dem die Menschen in großen Scharen nach Jerusalem gekommen sind (Schniewind zu Mark. 11,1-10). Was die Römer zum Einschreiten veranlassen müßte, wäre – da es zu keinem Schwertstreich oder sonstigen Gewaltakt kam – gewissermaßen eine rein dogmatische Angelegenheit. Daß dieser „Gerechte" und „Fromme" auf seinem Esel, dem Reittier des kleinen Mannes, ihnen gefährlich werden sollte, das mußte ihnen, wie die evangelische Überlieferung hinreichend erkennen läßt, erst mühsam plausibel gemacht werden. Jesus ist „ein ‚König' und ‚Gesalbter' in einer gänzlich neuen, durch Gott selbst gesetzten Konzeption" (Dinkler, a.a.O., S. 148). Genau darum geht es in dem Prophetenwort, das in der alttestamentlichen Messiaserwartung in der Tat eine eigene Linie vertritt. Der König ohnegleichen zieht bei uns ein – der König ohne Macht (1), der König des Friedens (2), der König über alle Welt (3).

1. Wir haben jetzt nicht von Jesu Königseinzug zu sprechen, sondern von Sach. 9 – von dem Text also, an den Jesus, wenigstens nach Matthäus und Johannes, durch sein Tun erinnert, freilich nur so erinnert, daß eigentlich nur der Eingeweihte begreifen kann, was da gemeint ist. Was aber ist gemeint? Ist einmal die Erinnerung an unser Prophetenwort beschworen, dann steht vor uns die Situation auf, in die diese Weissagung hineingedacht und -gedichtet ist. Wenn in klassischer Zeit in Jerusalem ein neuer König zur Herrschaft kam, dann spielte sich ein festgeprägtes Zeremoniell ab. Erster Akt: Im Tempel wird der neue König gekrönt und empfängt das Königsprotokoll, das seine Beauftragung von Gott enthält. Zweiter Akt: Der König wird in seinen Palast geleitet und gibt eine Regierungserklärung ab (vgl. Ps. 2 – auch hier bedient man sich fester Vorlagen). Darauf eilen die Boten durchs Land und melden dem Volk den Regierungsantritt. Das Volk bricht in jubelnde Freude aus (1. Kön. 1,40). Vgl. G. v. Rad, Das judäische Königsritual, ThLZ 1947, Sp. 213f.; ders., ThAT I, S. 317. – In unserm Text haben wir den Heroldsruf vor uns, den der Prophet in der Vorausschau auf den Messias verkündigt. So wird eines Tages die Kunde durchs Land gehen: „Juble laut, Tochter Zion, jauchze, Tochter Jerusalem!" Auch Deuterojesaja läßt den Freudenruf des מְבַשֵּׂר (= εὐαγγελιστής) vernehmbar werden (52,7); nur ist es dort Gott selbst, der die Herrschaft antritt, während es an unserer Stelle der Messias ist. Diesmal übrigens der Messias der „Armen", selbst ein „Armer", also einer aus der Schicht der Besitzlosen, ein Habenichts, einer jedenfalls, der aufgrund seines Herkommens nicht dazu ausersehen scheint, den Thron Davids zu besteigen. Freilich gibt ihm das seine besondere Qualifikation, daß er – als ein „Armer" – Gottes besondere Liebe genießt. „Selig sind die Armen!" sagt Jesus selbst; gerade ihnen gehört das Reich Gottes (Luk. 6,20; Matth. 5,3 weicht nur um eine Nuance ab). Die „Armen" sind die Leute, die aufgrund ihrer gesellschaftlichen Lage nicht auf den Gedanken kommen, Hilfe und Heil anderswo zu suchen als bei Gott allein. Lesen wir mit dem masoret. Text נוֹשָׁע, dann paßt dies ausgezeichnet in dieses Bild: einer, dem Hilfe widerfahren ist, der also Jahwes Freundlichkeit, Beistand, Rechtsschutz erfahren hat und eben darum über-

haupt in der Lage ist, den Thron zu besteigen und das Regiment zu führen. Ein König also, der selber machtlos ist und es darum allein auf Gottes Macht und Hilfe ankommen lassen muß. Da vernimmt man nichts mehr von dem Drohen, das nach dem klassischen Königsritual zur Inthronisation gehörte wie Krone und Protokoll (vgl. Ps. 2,9-12, vgl. unsere Auslegung in: Das verheißene Erbe, S. 29). Der Messias, auf den Sacharja weist, verschmäht die Macht. Noch Jeremia konnte sich den König der Heilszeit nicht anders vorstellen als hoch zu Roß (17,25; 22,4). Sacharja sieht ihn auf dem Esel reiten. Man sage nicht, daß damit die Erwartung Israels in jeder Hinsicht verlassen sei. Uralte Überlieferung weiß, daß das Reittier des kleinen Mannes eben doch auch einen gewissen messianischen Nimbus hat. Der Esel war nicht nur das Reittier Bileams (Num. 22,22), sondern auch das der 30 Söhne des Richters Jair sowie der 40 Söhne des Richters Abdon (Richt. 10,4; 12,14): offenbar ein Hinweis auf Vornehmheit und Reichtum dieser Familie. Und wenn der Jakobssegen den Esel das Reittier Judas sein läßt (Gen. 49,11), so bekommt dieser Hinweis – im Zusammenhang mit der Erwähnung der großen Fruchtbarkeit (ebd., VV. 11f.) – messianischen Sinn. Den Rabbinen ist die Weissagung sehr durch den Sinn gegangen: sie haben die Entsprechung zwischen dem ersten Erlöser Mose (Exod. 4,20) und dem zweiten Erlöser (Sach. 9,9) festgestellt – beide reiten auf dem Esel –; aber sie haben sich auch darüber verwundert, wie das zusammenpaßt: er kommt mit den Wolken des Himmels (Dan. 7,13) und reitet doch auf einem Esel (ThWNT V, S. 284). Man sieht: das Spätjudentum lebte in Gedanken dieser Art, wie sie dann im weiteren Verlauf des Prozesses Jesu bestimmend werden (vg. Mark. 11,7 mit 14,62); es macht keine Mühe, sich vorzustellen, daß Jesus selbst in Vorstellungen dieser Art zu Hause war.
Um Jesu willen predigen wir Sach. 9. Selbst wenn Jesus das Prophetenwort wirklich nicht gekannt haben und nicht auf sich bezogen haben sollte: das hier gezeichnete Bild paßte genau auf sein Königtum. Jesus hat sich bestimmt nicht in dem Sinne als Messias verstanden, in dem der Hauptstrang messianischer Überlieferung den König der Heilszeit erwartete. Ein Super-David wollte Jesus nicht sein. Er läßt seine Diener nicht kämpfen. Er sucht nicht die Macht. Er bemüht sich nicht darum, sich in die höchsten Kreise hineinzuspielen. Er nimmt es mit den Römern nicht auf wie seine zelotischen Zeitgenossen, er biedert sich aber auch nicht an sie an wie die Sadduzäer. Weil er es allein auf Gott hin wagt, geht er den Weg der Ohnmacht, der Armut, der Bescheidenheit, der Geduld und Liebe, des Leidens und der Selbstaufgabe. Die Frage ist berechtigt, ob man hier noch von einem König reden kann. Jerusalem soll jubeln und jauchzen – wieso eigentlich? Was ist Israel, was ist der Welt, was ist uns geholfen mit einem, der im Begriff ist, schmählich unterzugehen? Man versteht schon, daß die Forschung immer wieder zu der Meinung kommt, Jesus habe nicht, er habe in keinem Sinne der Messias sein wollen. Wie aber, wenn die nachösterliche Gemeinde, die ihn „Christus" nannte, wie wenn sogar die Verkläger und Richter Jesu, die an sein Kreuz den Zettel hefteten: „König der Juden", doch etwas – für oder auch gegen Jesus – ausgesprochen hätten, was sie ihm nicht angedichtet oder fälschlich angelastet, sondern was er selbst ge-

dacht, gesagt, getan hat? Dann freilich so, daß er keiner der Machtträger ist, wie die bewegte, dramatische, blutige und grausige Geschichte der Menschheit sie ohne Zahl nennt, sondern wirklich als ein „König ohnegleichen".

Wie die Welt einmal ist, kann sie ohne Machtausübung nicht sein. Das weiß auch das Neue Testament (z.B. Röm. 13,4). Es sind nicht alle Menschen in der Welt Gefolgsleute Jesu, und die es sind, sind es leider so, daß auch sie – noch immer peccatores in re – durch weltliche Macht zum Ordnunghalten genötigt werden müssen. Wie die Lage der noch immer sündigen Welt, zu der wir gehören, nun einmal ist, ist Androhung und Ausübung von Gewalt, wo sie recht geschieht, eine „Wohltat" (Barmen V). Dies wird bis zum Jüngsten Tage nicht anders sein. – Aber hier wird der König ohne Macht ausgerufen. Wer, weil Jesus machtlos ist und der Macht grundsätzlich entsagt, über Jesus spottet, dem werden wir diesen König ohnegleichen erst recht verkündigen. Noch einmal: Macht muß sein, solange diese Erde steht. Jesus hat nicht daran gedacht, die weltliche Obrigkeit abzuschaffen. Aber sein machtloses Königtum stellt alle Machtgläubigkeit in Frage und gibt aller Machtordnung den Charakter des Vorläufigen. Uns muß noch anders geholfen werden, als es die gängige Messiaserwartung will. Jesus geht ans Kreuz. Er nimmt Gott so ernst, wie ihn noch keiner ernst genommen hat. Er beugt sich, stellvertretend für uns, unter Gottes Gericht. Er läßt es auf Gottes helfendes Eingreifen ankommen (נוֹשָׁע). Die Legionen, die unter dem Feldzeichen SPQR auch durch die Straßen Jerusalems marschierten, haben die Völker nicht für Rom gewinnen können. Jesus hat Menschen ohne alle Gewalt, ganz von innen her, für sich, damit allerdings zugleich für Gott gewonnen. Wir sind seine Leute. Über uns will und soll er seine sanfte Gewalt ausüben. So herrscht er wirklich! So greift er in unser Einzel- und Zusammenleben regierend ein. So verwandelt er uns. Es geht nach seinem Willen.

2. Er ist der König des Friedens. Hierin wird alte Messiaserwartung aufgenommen. Oft genug hatte freilich auch sie den Charakter einer typischen „opinio Judaica", nämlich der Erwartung eines weltlichen Reiches, durch das alle impii vertilgt werden (in CA XVII ausdrücklich „verdammt"), auch nur eine Variante der sprichwörtlichen „Pax Romana", die darauf beruht, daß alle Völker mit Gewalt unterworfen und unter die Knute des Imperium Romanum gezwungen werden. Es gibt einen alttestamentlichen Chauvinismus, der uns aus Israels Schicksal verständlich ist, jedoch mit Jesus Christus nichts zu tun hat. Für Jesus wird der Friede nicht erst nach Unterwerfung der Heiden gewonnen sein; er fängt mit dem praktizierten Frieden ohne Verzug an. Gerade dies entspricht aber nun unserm Text. „Er schafft ab die Wagen aus Ephraim und die Rosse aus Jerusalem. Die Kriegsbogen werden abgeschafft." Abrüstung – im eigenen Hause! Kriegsbogen (pars pro toto): die gesamte infanteristische Ausrüstung ist gemeint. Wagen und Rosse: gewissermaßen die Panzerwaffe der biblischen Umwelt. Seit Salomo gibt es Streitwagen auch in Israel (1. Kön. 5,6; 10,26 u.ö.). Der Messias, wie ihn Sach. 9 vor sich sieht, verzichtet auf Gewaltausübung. Was Jes. 30,15 für eine bestimmte Stunde galt, das wird hier zum Grundgesetz seines Friedensreiches.

Unsere Predigt soll sich vor allem billigen Schablonendenken hüten. Es wird höchste Zeit, daß die Menschheit lernt, der kriegerischen Gewaltausübung gründlich zu entsagen. Wenn man schon in früheren Zeiten dem Krieg als dem äußersten Grenzfall politischen Handelns ein gewisses Recht hätte zugestehen können: der moderne Krieg hat den Krieg im ganzen ad absurdum geführt. Es ist Sache einer vernünftigen Politik, nicht nur den Krieg, sondern seine Ursachen abzuschaffen. Die Kirche darf sich nicht anmaßen, die internationale Politik klerikal zu steuern. Aber sie hat den Friedensdienst zu predigen, den jeder Christ nach bestem Wissen und Gewissen zu leisten hat. Der Friede kann nur mit der ganzen Kraft der Herzen erhalten werden. Wir brechen von dem allen nichts ab, wenn wir nun freilich hinzufügen, daß, was Jesus Christus meint, ein Friede ist, der „höher ist als alle Vernunft" (Phil. 4,7). Hier dürfen wir wirklich einmal nach V. 8 zurückblenden (die OP wird bei der Textabgrenzung von Überlegungen solcher Art geleitet gewesen sein): Gott selbst lagert sich als Wache um sein Haus, er behütet selbst den Frieden seines Volkes. Hier ist das Gesetz des Kampfes überhaupt aufgehoben. Wir befinden uns in einem neuen Äon. Der Friede, den die Bibel meint, ist die große Wundertat Gottes. Da ist dann wirklich „das Erste vergangen" (Offb. 21,4).

Dilatorische Behandlung der Friedensfrage? Keineswegs! Der arme König, der auf dem Esel reitet, mehr noch: der in wenigen Tagen am Kreuze hängen wird, macht mit dem Frieden sofort Ernst, und zwar in allem, was er tut. Wohl weiß er, daß die Welt zunächst weiterläuft unter allen Gesetzmäßigkeiten, unter denen sie nun einmal steht. Aber Jesus ist kein Konformist. Weil er weiß, was Gott vorhat – nämlich den totalen Frieden –, lebt Jesus als der „Friedensstifter" mitten in einer Welt, die noch voller Kampf und Gewalt ist. Man muß die Bergpredigt unter diesem Gesichtspunkt lesen: ein einziger Protest gegen die sündige Gestalt der Welt – ein Protest, der freilich sein Woher in der Gewißheit vom kommenden Reiche Gottes hat. Man kann auf Erden nicht weitermachen, als überließe Gott die Welt sich selbst, wo er doch vorhat, in ihr sein väterliches Herrenrecht wiederzugewinnen und sie durch die in Christus zur Tat werdende Liebe zurückzuholen. Jesus selbst ist das Reich (autobasileia). Er durchbricht alle unsere Fronten und hebt alle Zwangsläufigkeiten, an die wir uns gewöhnt haben, aus den Angeln (Matth. 5,44ff.). Uns Abtrünnigen geht er nach. Die Unwerten ehrt er, indem er sie seiner Liebe wert erachtet. Wo Menschen Gräben ziehen – man denke an die Verachtung, mit der sich die Pharisäer von den angeblich Verlorenen und Sündern schieden –, da schlägt er Brücken. Er findet sich nicht damit ab, daß Menschen verlorengehen. Für die, die an ihm die Exekution vollziehen, betet er im frischen Schmerz der Wunden: Vergib ihnen! Hier ist das Gesetz des Kampfes, des Widereinander, des Hasses und der Gewaltausübung rücksichtslos durchbrochen. Wir verstehen: das ist viel radikaler gedacht und gehandelt, als es auf der erfolgreichsten Abrüstungskonferenz geschehen kann – sosehr wir uns wünschen, es möchte an den Konferenztischen bereitwilliger und auch erfolgreicher verhandelt werden. Jesus und seine Leute, wenn sie ihm wirklich nachfolgen, halten eine an Gewalt und Krieg gewohnte Welt in Unruhe: seit er da ist, darf sich keiner damit abfinden, daß in der Welt immer noch Unsummen für Rüstung ausgegeben und immer noch Kriege geführt werden. Wir können nicht so tun, als lebten wir schon im Himmel. Aber wir haben auf der Erde das aus der großen Hoffnung erwachsende und darum radikale Zeugnis des Friedens zu geben.

3. Der König über alle Welt. Wir werden an Jes. 2,1 ff. erinnert (vgl. unsere Auslegung zu Epiphanias). „Er verkündet den Frieden den Völkern" (דבר im pi = reden, verkündigen, auch verhandeln, zusagen, versprechen, verheißen, befehlen). Wir übersehen nicht, daß שָׁלוֹם einen umfassenden Sinn hat: der Frieden ist eingebettet in einen Zustand des Heils, der Gesundheit, der Fruchtbarkeit, der Gerechtigkeit, des Nicht-Sorgen-Müssens usw. Dieser König ohnegleichen – wirklich der Herrscher aller Welt. Man stelle sich das alte Weltbild vor: wo das Trockene, die Erdscheibe, zu Ende ist, da ist das Meer, die Urflut, jenseits deren nichts mehr ist. Von einem Meer zum andern, das heißt: diesem Herrn gehört die Welt. („Vom Euphrat bis an die Enden der Erde" besagt dasselbe.) Man könnte sich über einen solchen anspruchsvollen Universalismus lustig machen. Erst recht dann, wenn man daran denkt, mit welchen Mitteln dieser „König" sich durchzusetzen gedenkt. Man kommt noch mehr in Verlegenheit, wenn man sich klarmacht, daß es der Jesus des Palmsonntag ist, der diesen Text auf sich bezieht oder doch wenigstens in ihm wiedererkannt werden soll. Natürlich kann man darauf hinweisen, daß er sich im Leben ungezählter Menschen seitdem durchgesetzt und ihren Weg bestimmt, dabei den ungläubigen Widerstand der Herzen gebrochen, schlimmste Sünden und Gebundenheiten überwunden und die Möglichkeit zu neuem Anfang gegeben hat, wo nach menschlichem Ermessen alles zu Ende war. Man könnte auch sagen: er hat viele andere überlebt, die gegen ihn gestanden haben. Aber dies alles sind keine Beweise. Nur der Glaube wird hier Wirklichkeiten sehen, Siege wahrnehmen. Zunächst geht es in die Passion hinein, nicht durch Zufall. Der „Arme Jahwes" wird zum Allerverachtetsten. Der Karfreitag liegt in der Konsequenz alles dessen, was sich aus unserm Text für ihn ergab. Anders könnte er nicht König sein – nicht so jedenfalls, wie es ihm hier vorgezeichnet ist. Der Ostertag wird es ans Licht bringen, was das letztlich heißt: צַדִּיק וְנוֹשָׁע – von Gott selbst rehabilitiert, also gerecht erklärt, also anerkannt; und von Gott selbst hindurchgerettet. Gott steht hinter Jesus. Darum ist er der König über alle Welt. Zuletzt gilt dann doch auch die Lesart der LXX: er ist der „Heiland", der „Helfer", der „Retter". Das Hosianna, das ja nicht nur Jubelruf, sondern die dringende Bitte der Armen und Elenden ist: „Hilf uns doch!", bleibt nicht unerhört und unerfüllt. Wo Jesus ist, da *ist* der Friede, da *ist* das Heil. Unsere Predigt soll mit den Worten: „kommt zu dir" die ganze Gemeinde („Zion", „Jerusalem") und in ihr einen jeden einzelnen ansprechen.

Gründonnerstag. Hebr. 2,10-18

Die Perikope beginnt mitten in der Erörterung, die Christi Überlegenheit über die Engel und die Notwendigkeit seiner Erniedrigung auszudenken versucht (in V. 16 klingt das Engelthema noch einmal an). VV. 5-9: Durch Erniedrigung zur Erhöhung. V. 10 deutet Ps. 8,5-7 (zitiert in den VV. 6-8 unseres Kapitels) im Sinne der orientalischen Urmensch-Erlöser-Lehre. Zur Pan-Formel vgl. Röm. 11,36; 1. Kor. 8,6; Kol. 1,16; Offb. 4,11. Es ist ungewiß, ob ἀγαγόντα auf Gott zu beziehen (Bleek, Michel, Strathmann) oder mit dem folgenden Akkusativ τὸν ἀρχηγόν zu verbinden ist (Käsemann). (Bei der ersteren Deutung sollte man, an das αὐτῷ anknüpfend, ἀγαγόντι erwarten.) „Herzog", also der Vorangehende, der Bahnbrecher (6,20), auch 12,2; Apg. 3,15; 5,31 wird Christus so genannt. Michel: der Ausdruck gehöre in eine sehr frühe palästinische Christologie. Das Wort τελειοῦν läßt nach M. Dibelius (Th.Bl. 1942, Nr. 1) an ein Weihen im kultischen Sinn denken; es bedeutet: „jemanden in einen Zustand versetzen, in dem er vor Gott treten bzw. vor Gott bestehen kann" (Delling im ThWNT VIII, S. 83). In den Kapiteln 11; 12 bedeutet das Wort: zur Vollendung bringen (vgl. Luk. 13,32; Joh. 19,30). Das Wort steht in enger Verbindung mit ἁγιάζειν (2,10f.; 10,14, vgl. Joh. 17,5f., 16-18). πολλούς semitisch in Sinne von „alle", also wohl nicht, wie Windisch meint, auswählend. – V. 11: „heiligen" heißt aussondern (Jer. 1,5); das ungenannte Subjekt dazu ist Christus; „der Eine" ist Gott (gegen Chr. v. Hofmann, Riggenbach und Procksch, die an Adam denken). Sich nicht schämen (vgl. 11,16; Mark. 8,38; Luk. 9,26; 2. Tim. 1,16) svw. sich bekennen zu ... – VV. 12f.: Schriftbeweis im Vergleich zu Paulus unmethodisch, mehr an Begriffe und Anschauung gebunden; Anspielungen wie in hellenistisch-synagogaler Tradition. „Nach Ps. 22,23 besteht die brüderliche Verbundenheit zwischen Christus und den Menschen darin, daß er Gottes Namen verkündigt" (auffälliges ἀπαγγελῶ statt διηγήσομαι bei LXX) „und mitten in der Gemeinde den liturgischen Hymnus, das Gebet, anstimmt" (Michel). Nach Jes. 8,17 ist auch Jesus im Glauben und Vertrauen an Gott gebunden (vgl. 12,2). Jes. 8,18: So präsentiert Christus sich und die „Kinder" der Welt (wieder nach Michel). – V. 14: „Fleisch und Blut" = das Menschliche (im Unterschied zu Gott). παραπλήσιος = nahe kommend, ähnlich, sich zum „Nächsten" machend. κοινωνεῖν und μετέχειν nahezu sinngleich. Der Satan hat Macht über den Tod; wird er vernichtet oder entmachtet, fällt auch die Todesfurcht dahin. – V. 15: ἔνοχος svw. ἐνεχόμενος = verstrickt in, verfallen an. – V. 16: „Nachkommenschaft Abrahams" sind „alle Menschen, sofern sie Christen sind oder werden – sie sind ja das wahre Israel" (Strathmann). – V. 17: ὁμοιοῦσθαι vgl. Röm. 8,3; Phil. 2,7; die Aussage weist auf 4,15 voraus. ὤφειλεν steigert das ἔπρεπεν von V. 10 im Sinne der logischen Notwendigkeit. Erstmalig fällt der längst angesteuerte Begriff des Hohenpriesters, einer der christologischen Leitbegriffe des Briefes. „Treu" ist Anspielung auf 1. Sam. 2,35; dort ist Zadok gemeint. Man wartet auf den „treuen", zuverlässigen Priester; Jesus ist dieser. In unserem Vers ist die ganze Erörterung über Jesu Hochpriesterdienst (ab 4,14) keimhaft vorhanden. Jesu Lebenshingabe hat sühnende Kraft, vgl. Röm. 3,25. – V. 18: Nur indem Christus selbst angefochten ist, kann er Angefochtenen beistehen.

Die Gründonnerstagstexte sind zumeist mit dem beschäftigt, was sich nach der Überlieferung „in der Nacht, da Er verraten ward", im Abendmahlssaal zugetragen bzw. dort seinen Ursprung hat (1. Kor. 11,23-29; 10,16-21;

Jer. 31,31-34; auch Joh. 13,1-15 – Reihen II, VI, III, I). Nur Matth. 26,36 bis 46 (Reihe V) hat es mit Jesu Kampf um den Gehorsam im Garten Gethsemane zu tun. Dazu wäre Hebr. 5,7-8 ein eindrucksvolles Seitenstück; wir sollten diese Stelle diesmal mit im Auge haben. Aber es ist gut, daß uns dieser Text, nämlich 2,10-18, gegeben ist. Er stellt, was im Gebetskampf der Gründonnerstagnacht auszufechten war, vor uns hin. Für uns wird es ein stilles, gesammeltes, vielleicht betroffenes Nachdenken werden, wie im Text; für Jesus war es ein Ringen in Angst, in Betrübnis bis zum Tode, in Zittern und Zagen, unter Geschrei und Tränen, mit Schweiß wie Blutstropfen. „Wie du willst" – was heißt das? Der Hebräerbrief versucht, das nachzudenken, was Jesus – kein Mensch kann es wirklich wissen – in dieser letzten schweren Auseinandersetzung mit dem Bösen in der Verhaftungsnacht gedacht haben mag. Der Kampf mit dem Widersacher (am Ende von V. 14 wird er erwähnt, im Hb nur hier) kann sich, wie auch bei uns, in sehr klaren Überlegungen vollzogen haben. Denken und Wollen gehören ja nicht verschiedenen Bereichen des Menschlichen an, und auch die große Traurigkeit (Joh. 12,27) gehört mit hinein in das *eine* Personleben, in dem dieser Kampf ausgestanden werden muß. Was der Hebräerbrief hier *nach*denkt, könnte Jesus im Garten Gethsemane so *vor*gedacht haben. Wir fragen: Warum mußte Christus so tief ins Leiden? Er wollte unser Anführer (1), unser Bruder (2), unser Stellvertreter (3) sein.

1. Was zunächst zu bedenken ist, schließt sich an den Begriff: ἀρχηγὸς τῆς σωτηρίας an. Christus geht uns voran, wir brauchen ihm nur nachzufolgen. Der Text läßt deutlich erkennen, daß es um viel mehr geht als darum, daß wir einem Vorbild nacheifern. Man sollte zwar nicht sagen, daß der Vorbildgedanke für den Hebräerbrief vollkommen ausscheide; Cullmann (Die Christologie des N.T., Tübingen 1963[3], S. 92) weist, wie vor ihm schon Windisch, darauf, daß Jesus in allen Dingen versucht ist wie wir, doch ohne Sünde, und daß er Gehorsam hat lernen müssen (4,15; 5,9) – man mag an solchen Stellen erkennen, daß es nicht nur um sittlich-neutrale kultische Vorstellungen geht, sondern um etwas, worin auch wir – in dem uns zukommenden Maßstab – gefordert sind. Aber es zeigt sich an den Texten, daß Jesus zugleich vor einer Aufgabe steht, die er allein zu erfüllen hat – nicht also, damit wir dann seinen Weg gleichfalls gehen, sondern umgekehrt: damit wir ihn *nicht* zu gehen brauchen (dazu unter 3). Schon sein Woher deutet auf die Einmaligkeit des Weges Jesu. Ps. 8 wird von unserm Brief so gedeutet, daß man darin die in Phil. 2,5-11 gezeichnete Linie wiederfindet. Hieß es in Ps. 8,6: „um ein geringes", so deutet Hb: „eine kleine Weile" – damit wird der Psalm zur Beschreibung des Weges, den Jesus vom Himmel auf die Erde und von da wieder zum Himmel nahm. Im Hintergrund steht der gnostische Urmensch-Erlöser-Gedanke: Der Sohn des Höchsten steigt vom Himmel herab, um die in die Hyle verstrickten und in ihr gefangenen Lichtelemente, d.h. aber die Menschen, in denen sie sich befinden, zurückzuführen in ihre himmlische Heimat; indem der Erlöser vorangeht, bahnt er den Weg nicht nur für sich, sondern auch für die Lichtmenschen, die er befreien will. Wir haben hier nicht die Aufgabe, den Unterschied zwischen solchen gnostischen Vorstellungen und denen des Neuen

Testaments herauszuarbeiten. Es genügt, daß uns deutlich wird, wieso das Neue Testament sich – mutatis mutandis – ihrer bedienen kann, um den Sachverhalt sui generis zu beschreiben, um den es in Jesu Heilswerk geht. (Vgl. E. Käsemann, Das wandernde Gottesvolk, 1959[3], S. 61ff., zum Vergleich auch desselben Vfs. Kritische Analyse von Phil. 2,5-11 in: EVuB I, S. 51ff.) Der Weg, den der Vater den Sohn hat gehen heißen, war ein Weg durchs Leiden; gerade so aber wurde uns Bahn gemacht.
Warum mußte Christus so tief ins Leiden? fragen wir. Mußte? Wie ist das im Neuen Testament so häufige δεῖ (s. Konkordanz) zu verstehen, wie das ἔπρεπεν (V. 10) und das ὤφειλεν unseres Abschnittes? Ist Gott in seinem Beschließen und Handeln einer höheren, unserer Ratio einsichtigen Notwendigkeit unterworfen? Kann man also den von Gott eingeschlagenen Heilsweg deduzieren? Ist also, was wir zu predigen haben, auf spekulativem Wege konstruierbar? Es bedürfte nicht erst des Einspruches der spätmittelalterlichen Nominalisten, die im Protest gegen die Übergriffe der spekulativen Vernunft für die Freiheit Gottes gefochten haben, der keiner unserer Normen, ja, sie meinten: nicht einmal seinen eigenen Setzungen und Beschlüssen, unterworfen ist. Das (nicht in Luthers Original-Übersetzung, wohl aber im revidierten Text leider untergegangene) „decuit" (es „geziemte" Gott) hat ja nicht den Sinn, vom theologischen Katheder herab Gott nachträglich vorzuschreiben, wie er, um die Welt zu erlösen, hat handeln müssen; es geht vielmehr darum, nach-denkend zu verstehen, worin der Sinn des von Gott eingeschlagenen Weges liegt. Anselm von Canterbury sprach von der „fides quaerens intellectum", von dem Glauben, der *verstehen* möchte. Genau darum geht es unserer Stelle. Wir wagen uns wohl nicht zu weit vor, wenn wir meinen: um dieses Verstehen ging es auch in der schweren Anfechtung, durch die der Herr selbst kurz vor seiner Verhaftung – als er noch hätte fliehen und sich entziehen können – hat hindurchmüssen. „Vater, ist's möglich ..." – ja, warum *war* es denn nicht möglich, daß dieser Kelch an Jesus vorüberging? „Es ziemte Gott, ... daß er den, der viele (= alle) Söhne zur Herrlichkeit zu führen im Begriff war (ingressiver Aorist), den Anführer ihrer Seligkeit, durch Leiden weihte (oder heiligte oder ans Ziel brächte)." Was für ein Gott das ist, der hier am Werke ist, sagt die Pan-Formel. „An ihn sind alle Dinge gebunden nach ihrem Zweck und nach ihrem Grund. Ihren Zweck haben sie in ihm: ihm dienen sie. Ihren Grund haben sie in ihm: durch ihn entstehen sie" (Schlatter, Erläuterungen z. St.). Eine ihm entfremdete, eine aus seiner väterlichen Herrschaft ausgewanderte, von ihm abgefallene, sich ihm widersetzende Menschheit – wo doch alles „um seinetwillen und durch ihn" besteht und geschieht? Von Gottes Gottheit her wird Jesu Heilswerk verständlich: wir müssen zu dem zurückgeführt werden, „von dem und durch den und zu dem alle Dinge sind" (Röm. 11,36). Dazu war der Weg des Leidens nötig. Unser Brief tastet sich ganz allmählich an dieses Begreifen heran. Der gnostische Erlöser-Urmensch braucht nicht zu leiden (wo man auf christliche Gnosis aus ist und darum das Kreuz nicht einfach leugnen kann, spricht man von einem Scheinleiden!), weil die heimzubringenden Lichtelemente sowieso zur Lichtwelt Gottes gehören, also einer Sühne nicht bedürfen. Auf dem Boden des Evangeliums

weiß man es anders. Es kann nicht nur darum gehen, daß wir einfach wiederkommen, als wäre nichts gewesen; das Amt des Anführers, des Vorausläufers (6,20), des Heils-Urhebers (5,9) kann nur als ein priesterliches Amt verstanden werden. Am deutlichsten sieht man es wohl an 10,20: der „Weg", den wir zu gehen haben, ist ja eben der Weg in das himmlische Heiligtum (9,24), zu dem wir jetzt wirklich freien Zugang haben; es ist ein „Weg durch den Vorhang", und der Hebräerbrief deutet den (zerreißenden) Vorhang als das „Fleisch" Jesu, seine Menschlichkeit, seine Zugehörigkeit zu uns, die das Leiden einschließt. In der Selbsthingabe Jesu wurde der Weg frei gemacht. Wir dürften sonst nicht kommen. Der „Weg" ist Er (vgl. Joh. 14,6). – Die Bildersprache des Hebräerbriefes ist uns nicht leicht zugänglich. Wir würden uns das Werk des „Anführers", des Wegbereiters, des Vorausgängers noch ein wenig anders veranschaulichen: Eine Mannschaft durchquert den unwegsamen Dschungel – der Vorangehende muß mit der Axt Bahn machen, so daß die andern im Gänsemarsch folgen können. Das Bild liegt uns näher – wir dürften nur nicht übersehen, daß das Gestrüpp und ähnliche Hindernisse in dem bestehen, was uns vor Gott belastet, und in dieser Hinsicht ist die (vom großen Versöhnungstag genommene) Bildersprache des Hebräerbriefes angemessener. – Jesus ist vorangegangen. Uns ist der Weg frei gemacht. Wir brauchen uns nur an Christus zu hängen. Er ist in unsere Welt gekommen, um uns dahin zu führen, von wo er selbst ausgegangen ist. Wo er ist, da sollen wir auch sein. (Die Beziehungen unseres Briefes zum vierten Evangelium sind so auffällig, daß man sich nur wundern kann, daß sie noch nicht monographisch behandelt worden sind.)

2. Warum mußte Jesus so tief ins Leiden? Er wollte unser *Bruder* sein. Man versteht unseren Brief nicht, wenn man Jesu Menschsein, d.h. aber: sein Gleichgestelltsein mit uns, zur Ausgangsposition des Heilsgeschehens macht, als wäre Jesus nichts weiter als eben einer von uns, dem es nur – im relativen Unterschied zu uns – gelungen wäre, das Humanum vor Gott und Menschen beispielhaft zu verwirklichen. Man übersähe ja dabei völlig, was für einen Entschluß Jesus gefaßt, was für einen Schritt er getan hat, als er, die göttliche Doxa hinter sich lassend, Mensch wurde (Phil. 2,5ff.). Die Kirchenväter haben das ἐπιλαμβάνεσθαι von V. 16 als die assumptio carnis verstanden (so auch K. Barth, KD IV/2, S. 44). Auch wer sich dieser Übersetzung nicht anschließt, muß vom Ganzen des Hebräerbriefes her an die Inkarnation denken: es geht in unserm Text nicht bloß darum, daß ein Mensch sich darauf besinnt, daß doch eigentlich alle Menschen seine Brüder sind, und sich zu brüderlichem Verhalten entschließt, sondern das ist das Bemerkenswerte, daß „der Sohn" (1,2) sich zum Bruder der Menschen macht. Es geht um die in Phil. 2,5ff. gemeinte Selbst-Erniedrigung Christi. Man versteht sie nur, wenn man das Gott-gleich-Sein als die Ausgangsbasis erkennt. Der Sohn, Abglanz und Ebenbild Gottes, Mittler der Schöpfung und Erbe über alles, der alle Dinge mit seinem Wort trägt, der höher ist als alle Engel (Kap. 1): der schämt sich nicht, uns Brüder zu nennen. Er hätte Grund, sich zu schämen. Er könnte es für unter seiner Würde halten, den Unterschied zwischen Schöpfer und Geschöpf zu überspringen. Er könnte seine Majestät wahren und es vermeiden, sich unter uns zu mischen.

Noch näher liegt das andere: Wir sind ja nicht nur Geschöpfe, mit denen nicht verwechselt zu werden das Interesse eines Gottes sein könnte, der etwas auf sich hält; wir sind ja Sünder, also Abtrünnige, Aufrührer. In was für ein peinliches Licht kommt „der Sohn", wenn er sich uns gleichmacht und uns nachläuft! Verbrüderung Gottes mit den Sündern – schlimmer kann der, der über allen Engeln steht, sich nicht kompromittieren. Der Gottes Ebenbild ist, solidarisiert sich mit Gottes Zerrbild. Er nimmt teil an „Fleisch und Blut" (V.14), d.h. am Menschlichen in seiner ganzen Fragwürdigkeit. Ein Mensch wie wir. Er kennt Hunger und Durst und Müdigkeit. Von den Menschen in Anspruch genommen, bis er nicht mehr kann. Von seinen Gegnern umlauert und auf den Tod gehaßt. Um Jerusalem kann er weinen. Er ist erschüttert und im tiefsten aufgewühlt, als er sieht, welche Macht der Tod über seinen Freund gewonnen hat. Und in dem allen versucht wie wir (4,15). Sollte Schleiermacher recht haben mit der Meinung, daß „ein unendlich Kleines von Kampf" Jesus bereits zum Sünder gemacht hätte, er jedoch davon frei gewesen sei (Glaubenslehre, § 98)? Der Hebräerbrief würde sagen: dann hätte er eben nicht wirklich an unserer Seite gestanden und wäre unfähig, mit unserer Schwachheit mitzuleiden. Aber es ist anders. Immer wieder wird Jesus vom Satan attackiert – der Herr wird ihn nicht anders angetroffen haben als wir auch: als die Stimme, die sich, um vernehmbar zu werden, der Gedanken und Strebungen des eigenen Herzens bedient, vielleicht auch der wohlmeinenden Rede des besten Freundes (Matth. 16,22f.). Jedenfalls war Jesu Erdenleben nicht anders als das unsere ein Kampf mit dem Versucher. In dem Ringen um den Gehorsam kurz vor der Verhaftung, d.h. in dem Augenblick, da das Schwerste unaufschiebbar auf Jesus zukommt, wird der Kampf am heftigsten. Hier muß an 5,7.8 erinnert werden. Wie weit soll Jesus gehen in seiner Solidarität mit uns? Soll er sagen, nun sei es genug? Soll er sagen: Gemeinschaft – ja, Seelsorge – ja, Bemühen um Gescheiterte – ja, unermüdliche Diakonie – ja; aber Leiden – nein? Soll Jesus, wenn es nun ganz bedrängend, wenn es riskant und heiß wird, abschwenken? Sollte er in allem mit uns ausgehalten haben, uns nun aber, da sich die Gewalt des Teufels in unserm Sterben auswirkt, uns im Stich lassen? Es trifft ja genau: die Angst vor dem Tod macht uns zeitlebens zu Sklaven (V. 15). Jämmerlich, wie wir den Gedanken an den Tod von uns wegschieben: nicht dran denken, nicht davon sprechen, nur hoffen, daß es noch viel Zeit damit hat. Dabei verdecken wir uns die eigentliche Problematik des Todes: sie liegt nicht in der Erschöpfung der kreatürlichen Kräfte und im biologischen Verfall und Zerfall, sondern darin, daß in unserm Sterben endgültig die Frage nach unserm Wert, nach unserer Geltung, nach dem Ertrag unseres Lebens, nach unserm Verhältnis zu Gott gestellt ist. Sollte Jesus seine Brüder eben an *der* Stelle, wo es ganz ernst wird, sich selbst überlassen? Würde nicht, bräche er jetzt aus, alles fadenscheinig und unglaubwürdig, was er bisher als Bruder seiner Brüder getan und auf sich genommen hat? „Alle Kinder zur Herrlichkeit führen" (V. 10) – das ist der Auftrag. „Kinder"? Er ist „der Sohn" in unvergleichlichem Sinne (1,2). Aber den Vater hat er mit uns gemeinsam; wir kommen alle von dem „Einen" (V. 11). Also sind wir doch seine Brüder, er will es nicht anders. So hält er bei uns und mit uns durch. Es soll nichts in unserm Leben geben, worin er nicht das Unsere auf sich nähme. Keiner soll sagen, was er auszustehen habe, davon wisse dieser Jesus nichts. Kein Kampf, kein Leiden schwerer als seines. Jesus trägt die Folgen unserer Sünde: also auch dies, daß wir, die Abtrünnigen, an den Widersacher Gottes, an Gottes unsichtbare Gegen-Macht, an den Diabolos ausgeliefert sind. Gott selbst begibt sich in diese Hölle. Dadurch zieht er auf sich, was uns gebührt. Wir ahnen von fern, warum in dem Garten am Kidron die Angst, das Zittern und Zagen, die Tränen und das Schreien. Will er unser Bruder sein und bleiben, muß er unsere Verlorenheit auf sich nehmen.

Der Hebräerbrief legt Wert darauf, daß diese Bruderschaft zwischen Christus und uns nicht aufhört. Jesu priesterliches Werk ist ja nicht zu Ende (7,24). Auch sein Menschsein hört nicht auf; er ist gestern, heute und in Ewigkeit derselbe (13,8). Er ist der Anfänger und Vollender des Glaubens (12,2) – zunächst ganz einfach selbst ein Glaubender (V. 13a – vgl. G. Ebeling, Jesus und Glaube, in: Wort und Glaube, Tübingen 1960, bes. S. 240ff.), Bahnbrecher für uns auch darin, ganzer Mensch eben auch insofern, als er aufs Glauben angewiesen ist: „Ich will mein Vertrauen auf Ihn setzen." Wir finden Jesus – auch heute noch – „mitten in der Gemeinde" (V. 12). Erscheint er für uns bei Gott, dann immer so, daß er uns, seine Gemeinde, dabei hat: „Siehe da, ich und die Kinder, welche mir Gott gegeben hat" (V. 13b). Wir müssen bei unserer Kritik an der katholischen Meßopferlehre sehr vorsichtig sein. Daß der Herr bei seiner unablässig geübten Intercessio nie ohne seinen Leib, die Kirche, vor Gott erscheint, daß wir also immer mit dabei sind – „siehe da, ich und die Kinder ..." –, sollten wir jedenfalls gründlicher bedenken, als das protestantischem Herkommen entspricht. Jesus und seine Brüder sind in alle Ewigkeit nicht mehr auseinanderzudividieren! Wenn der große Fürsprecher dem Vater seine durchnagelten Hände und Füße zeigt, tut er es in der nie wieder aufzulösenden Verbundenheit mit uns: er schämt sich seiner Brüder nicht (Mark. 8,38).

3. Damit sind wir bei dem, was sich im Vorangehenden schon immerzu ankündigte: Jesus muß so tief ins Leiden, weil er unser *Stellvertreter* sein will. Er ist, mit der kultischen Sprache des Hebräerbriefes geredet, der „treue Hohepriester vor Gott, zu sühnen die Sünden des Volkes". Erst durch dieses Dritte werden die beiden ersten Aussagen recht verständlich. Anführer, Vorläufer, Bahnbrecher, Wegbereiter: damit könnte noch immer die Frage offen sein, ob wir den Weg nicht zur Not allein finden und gehen können. Indem wir uns fragten, was für eine Gasse hier zu schlagen sei, kamen wir von selbst auf Jesu Eintritt ins Allerheiligste. Und wenn man vom Bruder spricht: so könnte auch hier die Frage offenbleiben, ob uns damit wirklich geholfen ist. Ergreifend, daß dieser Jesus so an uns festhält, daß er zuletzt mit uns untergeht – etwa wie der Propst Lichtenberg (dem Hochhuth im „Stellvertreter" ein Denkmal gesetzt hat): er gab sein Leben, um am Schicksal der todgeweihten Juden teilzunehmen, aber er konnte dieses Schicksal – vordergründig gesehen – nicht wenden. Ein Verlorener mehr? Nunmehr Gott selbst unter den Verlorenen? Man muß diesem Gedanken schon einmal standhalten. Das Karfreitagsgeschehen hat darin ja seinen

größten Ernst. Daß der tiefe dunkle Stollen, der in den Berg hineinführt, am andern Ende einen Ausgang ins Freie hat, also ein Tunnel ist, weiß der Angefochtene im nächtlichen Garten wahrscheinlich nicht; und wenn er es eben noch weiß (Luk. 18,33b), morgen, am Kreuz, wird er sich von Gott verlassen sehen. Aber die Anfechtung ist nur die – notwendige – Kehrseite des Glaubens. Es überschreitet unsere Kompetenzen, festzustellen, in welchem Maße Jesus, indem er den Leidensweg ging, sich der sühnenden Kraft und Wirkung seines Tuns bewußt war. Er kann Jes. 53 sich im stillen vorgesagt haben, von einer Station zur anderen. Es kann ihm auch alles, was er gelesen, vernommen, durchdacht und durchbetet hatte, in seiner Todesnot zerronnen gewesen sein. Wir haben hier nichts zu behaupten, aber auch nichts zu bestreiten (die sog. kritische Schriftforschung scheint mir ihren eigenen Negationen gegenüber oft auffällig unkritisch). Der Hebräerbrief sieht im ganzen – das Thema wird ja durch mehrere Kapitel hindurch verhandelt – Jesu Werk als ein Werk der Sühnung an, das Jesus in bewußtem Gehorsam auf sich genommen hat (5,8f., vgl. Röm. 5,19; Phil. 2,8). Was am großen Versöhnungstag in strenger liturgischer Form und in großer Feierlichkeit vor sich ging – „Schatten" des eigentlichen Versöhnungsgeschehens (8,5; 10,1; Kol. 2,17) –, das geschieht nun hier im Ernstfall: unfeierlich, grausam, listig, verächtlich, scheinheilig, brutal. Aber es ist doch *die* große Liturgie. Hier wird nicht ein gewebter Vorhang (2. Mose 26,31) beiseite geschoben. Jesus gibt sein Leben hin – das ist der sich öffnende Vorhang (10,20; vgl. 6,19; Matth. 27,51). Jesus setzt sich für uns ein – das ist, wie wir sahen, unser Weg zu Gott. Diese Liturgie hält Jesus, zu ihr bricht er auf, indem er die Jünger anspricht: „Steht auf, laßt uns gehen! Siehe, er ist da, der mich verrät" (Matth. 26,46).

Karfreitag. 2. Kor. 5,14-21

Zusammenhang: Paulus ist von Korinth her schärfster Kritik ausgesetzt. Seine Apologie besteht in nichts weiter als in erneuter Verkündigung der Rechtfertigungsbotschaft mit stärkstem Hinweis auf das „propter Christum". Man wirft Paulus vor, er „überfahre" die Menschen (V. 11), er habe (zuweilen?) „den Verstand verloren" (V. 13). Antwort: Gott hat Einblick in alles, von ihm her ist zu verstehen, was der Apostel ist und tut. Es wäre denkbar, daß die Korinther ihm im (gleichfalls von Gott erleuchteten) Gewissen recht geben (V. 11), ja sogar etwas zu rühmen Anlaß finden. Nur: was ist zu rühmen? Der Christus, von dem her wir uns ganz neu zu verstehen haben. Auf diesem Hintergrund stehen die „dogmatischen" Aussagen unseres Abschnittes. – V. 14: συνέχειν = zusammenhalten, aufrechterhalten, in Ordnung halten, festhalten, gefangenhalten, erfassen, ergreifen, zusetzen, antreiben, in Schranken halten (nach B. Weiß, Kühl, Bousset und anderen träfe letztere Bedeutung hier zu); die übergreifende Bedeutung scheint darin zu liegen, daß zwei Hände nach uns greifen und uns in Beschlag nehmen, vgl. Phil. 1,23. Κρίναντες: hier wird an eigenes Nachdenken appelliert (wie I 10,15). Christus ist für alle (d.h. für die Glaubenden, Kümmel z. St.) gestorben, vgl. Röm. 5,6-9; 14,15; 1. Kor. 15,3; Gal. 3,13; 1. Thess. 5,10 u.ö. So gelten wir alle als gestorben, d.h., wir haben den Gerichtstod hinter uns. – V. 15: Damit sind wir Christi Eigentum und leben für ihn (Röm. 14,7.8). – V. 16: Die Kritik, die die Korinther an Paulus geübt haben, beruhte auf einem Urteil κατὰ σάρκα. So urteilt, wer nicht glaubt. Wer glaubt, sieht seinen Mitchristen so, wie Gott ihn sieht (V. 11: θεῷ δὲ πεφανερώμεθα). Paulus hat vor Damaskus Jesus ganz anders beurteilt als jetzt, nämlich „nach dem Fleisch", d.h., wie der Unglaube ihn sieht. Das zweimalige κατὰ σάρκα gehört jeweils zum Verb, nicht zum erkannten Objekt (Oepke in ThLZ 1952, Sp. 454). Es ergibt sich eine Parallele: Sowenig der jetzt leibhaft vor mir stehende Bruder „nach dem Fleisch", d.h. unter Außerachtlassung dessen, was er von Gott her ist, beurteilt werden darf, sowenig durfte (und darf daher auch heute noch) der ebenso anschaulich vor uns stehende Christus unter Absehen von dem gesehen werden, was er verborgenermaßen von Gott her ist. Weiteres dazu unten. – V. 17: Denn von Gott her gesehen, sind Christen eben neue Geschöpfe. „Das Alte ist vergangen" – in Gottes Augen ist das so (wir selbst „warten" noch „auf unseres Leibes Erlösung", Röm. 8,23 u.ö.). Daß „alles" neu geworden ist, sagt im wesentlichen die Koinegruppe (der der Luther vorliegende Textus receptus folgte); die alten Hss. bieten: „Neues ist entstanden". – V. 18: „dies alles", nämlich die neue Geltung und damit die neue Kreatur. Wieder weist Paulus von dem weg, was wir von uns aus sind (eben daran hatten ja die Korinther bei Paulus Kritik geübt); wir beurteilen den anderen eben dann nicht „nach dem Fleische", wenn wir auf Gottes Werk in ihm schauen. ἀλλάσσειν Grundbedeutung: anders machen (z.B. Gal. 4,20), vertauschen (z.B. Röm. 1,23); κατά = von oben nach unten. Das Verhältnis zwischen Gott und Mensch wird bei Paulus nur durch Gott, d.h. „von oben herab", „verändert" bzw. „vertauscht". Vgl. Röm. 5,10: Hier wird der Feindschaft ein Ende gemacht. Paulus bezeichnet sein ganzes Wirken als einen „Dienst der Versöhnung", d.h. der Überwindung der Feindschaft von Gott her. – V. 19: Nicht dieser Dienst schafft die Versöhnung, sondern das, was Gott in Christus („durch den Tod seines Sohnes", Röm. 5,10) getan hat: eben die Versöhnung der Welt. Versöhnung geschieht durch Nichtanrechnung der Sünden, d.h. durch Rechtfertigung (immer wieder zeigt es sich, daß die verschiedenen Anschauungen, in denen Jesu Werk beschrieben wird, sachlich miteinander zusammenhängen). Gott hat die Versöhnungspredigt „gesetzt", „aufgerichtet", „in Kraft gesetzt". – V. 20: ὑπὲρ Χριστοῦ nicht bloß svw. „für die Sache Christi", sondern „an Christi Statt" (G. Bornkamm in ThWNT VI, S. 682 – gegen Lietzmann), jedoch nicht im Sinne der Stellvertretung für einen Abwesenden, denn Christus selbst ist im Wort des Apostels wirksam. πρεσβεύειν = Gesandter sein bzw. als Gesandter wirken. Gott selbst mahnt vermittels des Wortes des Apostels. δεόμεθα (das „wir" ist, seit 1,4, Bezeichnung für den in diesem Amte handelnden Apostel) dürfte sich ganz direkt an die Korinther wenden: laßt den Konflikt mit *mir* beendet sein, indem ihr euch mit *Gott* versöhnen laßt! – V. 21: der „selige Tausch" (Luther), deutlich im Sinne der Anrechnung (denn Christus ist nicht realiter zum Sünder geworden).

Was soll die Hinrichtung eines Menschen – noch dazu vor so langer Zeit – für unser Leben bedeuten? Es scheint ja, daß Leben nur da ist, wo solches Sterben *nicht* geschieht oder wo es einem gelingt, das Schreckliche zu vergessen. Oder aber man gedenkt in Respekt des tragischen Scheiterns dieses Menschen und vieler anderer, die gleichfalls für eine große Sache gestorben sind, und dieser Respekt hätte seinen Grund darin, daß jener, der sich opferte, von gleicher Überzeugung und gleichem Ethos war wie man selbst, und man bestätigt sich selbst, indem man einen Kranz an seinem Grabe niederlegt. Man probiere es am Zeugnis des Neuen Testaments durch: mit Jesu Kreuz kommen wir eben auf dem Boden dieses Zeugnisses so keinesfalls zurecht. Distanz halten hieße hier: sich der im „Wort vom Kreuz" gemeinten Sache entziehen. Sich selbst bestätigt zu finden, das wäre die Verdrehung dieser Predigt in ihr Gegenteil. Der Karfreitag verlangt von uns, daß wir standhalten, so schwer es auch ist, nicht nur Zeuge eines solchen Sterbens zu sein, sondern, indem man es ist, zu entdecken, daß man in dieses Geschehen selbst verwickelt ist – und zwar eben nun nicht nur als einer, der es erleben muß, wie ein Gleichgesinnter tragisch endet, sondern als einer, der merkt: dieser Jesus stirbt, weil ich gerade *nicht* bin wie er und weil mir aus meiner unseligen Contra-Stellung nicht anders herausgeholfen werden kann, als daß er sich opfert. – Der Text ist dafür eines der aussagekräftigsten Zeugnisse im Neuen Testament; es wäre ein schwerer Verlust, wenn er (wie es bis ins vorige Jahrhundert hinein tatsächlich der Fall war) in der Ordnung der Predigttexte keinen Platz hätte. Ob er uns, die wir ihn im Rhythmus der Kirchenjahre wieder fest angesiedelt haben, als Prediger in Verlegenheit bringt? Wie man auch dazu stehen mag, es wird schon etwas an der Feststellung sein, es sei heute „weithin unverständlich", wenn man z.B. „betont, daß Christus mit seinem eigenen Blut für unsere Sünden bezahlt, uns durch sein Opfer erlöst, den Zorn Gottes für uns erlitten, uns von der Sünde und aller Gewalt des Teufels befreit hat, daß Stellvertretung, Genugtuung und Versöhnung durch Jesu Tod geschehen sind" (Zum Verständnis des Todes Jesu, Theol. Ausschuß der EKU, ZdZ 1968, S. 161). Unverständlich – oder unverstanden? Der Prediger muß sich jedenfalls der Schwierigkeit seiner Aufgabe bewußt sein. Eine Hilfe dürfte bei unserm Text gerade darin liegen, daß er nicht dogmatisch-abstrakt, sondern ganz situationsbezogen spricht, wobei freilich die Situationsbezogenheit exegetische Fragen aufgibt. Die Versöhnungspredigt begegnet uns hier in Anwendung auf das, was zwischen dem Apostel und der korinthischen Gemeinde spielt, also nicht an die Wand gemalt, sondern ins gelebte Leben hineingestellt. Die Auseinandersetzung zwischen Paulus und den Korinthern ist hart. Man hört aus unserm Brief, oft verhüllt, kränkende Anwürfe heraus, die gegen Paulus erhoben worden sind, etwa die: Du bist doppelzüngig (1,13), wortbrüchig (1,15ff.), herrschsüchtig (1,24), du preist dich selber an (3,1), treibst schandbare Heimlichkeit, bist verschlagen, fälschst Gottes Wort (4,2), verkündigst dich selbst (4,5), beschwatzt die Leute (5,11), bist eng (6,12), bist im persönlichen Umgang demütig, spielst aber aus der Ferne den starken Mann (10,11), rühmst dich über alle Maßen (10,15), stehst weit unter den anderen Aposteln (11,5), bist ungeschickt in der Rede (11,6), dir fehlen spirituelle Erlebnisse besonderer Art (12,1ff.), du bist unbekannt, ein Sterbender, ein Gezüchtigter, ein Trauriger, ein Habenichts (6,9f.). Ein stattlicher Katalog von Beleidigungen! Man lese den ganzen Brief unter der Frage: wie redet Paulus mit solchen Leuten? Und wenn man fragt, woher es kommt, daß er sie dennoch ernst nimmt, sie als Brüder behandelt, um ihre Liebe wirbt, ihnen ihr Christsein bescheinigt, sie lobt, sich ihrer rühmt, sie geradezu als einen „Empfehlungsbrief" für sich selbst betrachtet (u.v.a.m.): dann liegt in unserm Text die Antwort. Er predigt die in Christus geschehene Versöhnung. Man könnte so formulieren: Gott hat in Christi Kreuz Frieden gemacht. Das bedeutet: eine neue Lage (1), eine neue Sicht (2), einen neuen Auftrag (3).

1. Das Verhalten des Paulus gegenüber den Korinthern, das uns verwundert, hat seinen Grund in dem Werk der Versöhnung. „Gott hat in Christus die Welt mit sich versöhnt" (V. 19). Wo Versöhnung geschieht, war zuvor Feindschaft (Röm. 5,10), denn Sünde ist keineswegs nur ein Abweichen von den Regeln der Moral und der guten Sitte, sondern „Feindschaft wider Gott" (Röm. 8,7). Sie ist also nicht nur ein Verfehlen des Gewollten, ein Zurückbleiben hinter der geforderten Norm, sondern etwas Aktives, Gerichtetes, etwas systematisch Betriebenes: ein Leben nicht aus Gott, sondern ohne und gegen Gott. Wenn wir es nicht anderswoher schon wüßten, indem die Menschheit Gott, als er leibhaft in unserer Mitte war, ans Kreuz brachte, kam heraus, wie es in Wahrheit zwischen ihm und uns steht. „Die Menschheit"? Wir wären von der Anklage nur dann frei, wenn wir nachweisen könnten, daß wir zu Gott ganz anders stehen als die damals Verantwortlichen und Mitschuldigen und daß Gott, träte er heute in unsere Mitte, nicht mehr umgebracht würde. Sind *alle* schuld? Sind *alle* Gottes Feinde? Bemühen wir uns nicht um ein Alibi, sondern bedenken wir, daß es die damaligen kirchlichen Behörden waren, die – im Namen Gottes! – die Verurteilung und Hinrichtung Jesu betrieben haben. Kann sein, wir verbarrikadieren uns gegen Gott mittels unserer Religion! Kann sein, Gott leidet an unserm Frommsein, mit dem wir ihn uns vom Leibe halten und beleidigen. Das Kreuz klagt uns alle an. – Aber so tief der Graben, so schrecklich das Zerwürfnis, so hoffnungslos die Entfremdung, so erbittert die heimliche Auflehnung, so ungebrochen unser haltloser Stolz vor Gott: Gott hat in Christus Frieden geschlossen, ganz einseitig, ganz ohne Vorleistung unsererseits, auf jede Gefahr hin. In Christus bekennt er sich bedingungslos zu seinen abtrünnigen, ihm völlig entfremdeten, ihm verlorengegangenen Kindern, d.h. aber: zu den Sündern. Er findet sich mit unserer Verlorenheit nicht ab. „Von oben her" (κατά) „verändert" (ἀλλάσσειν) er unsere Lage: er versöhnt die Welt mit sich selbst (sprachlich hat Versöhnung mit Sohnschaft nichts zu tun). Aber wie macht er das?

Er rechnet uns unsere Verfehlungen und Übertretungen nicht zu (V.19). Röm. 5,1 ff. zeigt: Als Gerechtfertigte haben wir Frieden mit Gott. Was unser Verhältnis zu Gott belastete, war eben der Berg von Schuld („auch in dem besten Leben"). Liegt gegen uns bei Gott soviel belastendes Material vor, daß Gott, wenn er nur gerecht ist, uns verurteilen muß, dann ist es nicht verwunderlich, daß die „Feindschaft" nur neue Nahrung erhält. Wie soll mein Verhältnis zu Gott heil werden, wenn ich weiß: hier ist nichts zu retten? Aber Gott schloß Frieden (V. 18a), ganz von sich aus, indem er das Schuldkonto annullierte. Ein Federstrich? Oder eine Handbewegung, die alle Anklagepunkte samt allen Zeugenaussagen und allen Ermittlungsprotokollen „vom Tisch wischt"? Unser Gewissen könnte es nicht glauben, wenn jemand versuchte, uns dies einzureden. Gott beseitigt die Verschwörung gegen sich selbst nicht dadurch, daß er selbst zum Verschwörer wird. Er vergibt die Sünde nicht, indem er sie verniedlicht. Er verzichtet nicht, indem er Barmherzigkeit walten läßt, auf seine Gerechtigkeit und Heiligkeit. Er nimmt nicht einen Standpunkt „jenseits von Gut und Böse" ein. Sondern: *einer* ist für alle gestorben (V. 14). „Gott hat den sündlosen Jesus mit unserer Sünde beladen (und als unsern Stellvertreter an unserer Statt mit dem Tode bestraft Röm. 3,25; 5,8; 1. Kor. 15,3; Gal. 3,13 ...), so daß wir nun die Gerechtigkeit Gottes empfangen können" (so Lietzmann z. St.). Oder lieber noch anders: „Gott selbst unterwirft hier seinen Sohn dem Todesurteil und Todesgeschick, das wir als Feinde Gottes verdient haben. Er offenbart am Kreuz nicht nur, was uns gerechterweise zukäme, sondern er selbst legt hier auf seinen Sohn, was sich jeder Sünder durch seine Schuld zugezogen hat: den Fluch, der ihm jedes Recht vor Gott aberkennt, und den Tod, der sein Dasein auslöscht ... Gott tritt für uns Gottlose ein, indem Jesus Christus an unsere Stelle tritt" (Zum Verständnis des Todes Jesu, ZdZ 1968, S. 164). Das ist der „selige Tausch", das „admirabile commercium", von dem Luther spricht (WA 7,25 u. ö.). Christus ist für uns zur Sünde gemacht, „damit wir in ihm zur Gerechtigkeit vor Gott würden" (V. 21).

Das ist die neue Lage: Gott hat in Christi Kreuz Frieden gemacht. Was aber hat dies nun mit dem zu tun, was zwischen Paulus und den Korinthern steht? Zunächst: auch hier liegt eine Konfliktsituation vor. Welche Anschuldigungen gegen Paulus – und wie reagiert er darauf! Doch sofort zerbricht der Vergleich, denn Paulus spielt nie und nimmer die Rolle Gottes, der seine Feinde liebt und von sich aus Versöhnung schafft. Paulus findet vielmehr Gottes geschehene Versöhnung vor. Es gilt eben, die mit Christi Tod gegebene neue Lage zu bedenken (κρίναντες). Ist der *eine* gestorben, dann sind sie *alle* gestorben. Damit ist, was das Zerwürfnis entstehen ließ, weggeräumt. Soviel ihr Korinther auch gegen mich, euren Apostel, vorzubringen habt: in Christi Versöhnung ist das alles aus dem Wege geschafft. Es kommt nur darauf an, den „wunderbarlichen Wechsel" (Luther) ernst zu nehmen. Alles, was wir uns gegenseitig vorwerfen und womit wir unsere Gemeinschaft zerstören, ist eben das, was Christus auferlegt bekam, indem Gott ihn zur Sünde machte. Paulus verteidigt sich nicht heftig, als müßte am Ende doch herauskommen, daß ihm niemand etwas vorwerfen kann. Aber er hält es für möglich, daß die Korinther Anlaß finden, sich seiner zu rühmen (V. 12), eben weil er von dem, was Christus getan hat, mitbetroffen, weil auch er versöhnt ist. Und umgekehrt: er kann – nach allem, was geschehen ist! – zu den Korinthern ein ungetrübtes Verhältnis haben und ihnen unbefangen gegenübertreten. Nicht, daß er sie nicht zurechtwiese; aber wir finden nicht die Spur davon, daß Paulus „eingeschnappt" wäre. Er steht so stark unter dem Eindruck dessen, was Christus getan hat, daß er sagen kann: Die Liebe Christi hat wie mit beiden Händen nach mir gegriffen und hält mich fest (συνέχει). Nicht nur in dem Sinne versteht er Christi Werk, daß er von sich selbst weiß: ihm werden die Übertretungen nicht mehr zugerechnet (V. 19), sondern er geht davon aus, daß, indem der *eine* gestorben ist, sie *alle* gestorben sind. Der alte Mensch, dem man hätte noch etwas vorwerfen und vorrechnen können, lebt nicht mehr. Gott hat Frieden gemacht.

– Unsere Predigt wird die Aufgabe haben, die Folgerungen für uns, für unsere Gemeinde, Familie, für die Gemeinschaft zu ziehen, in die uns die tägliche Arbeit führt. Versöhnte *Welt* (κόσμος, V. 19)! Wir können die Linien gar nicht weit genug ausziehen. Wenn Gott das ernsteste, umfassendste, das die tiefsten Abgründe aufreißende Zerwürfnis mit dem größten Opfer, von ihm selbst dargebracht, behoben hat: was belasten und zerstören wir dauernd unser Miteinander in der glaubenslosen, törichten Meinung, man müßte noch immer auf dem herumreiten, was für Gott selbst längst aus der Welt ist?

2. Gott hat in Christi Kreuz Frieden gemacht. Daraus ergibt sich auch eine neue *Sicht*. Es ist ja nicht gesagt, daß die neue „Lage" auch sofort die neue „Sicht" mit sich bringt. Die Lage ist insofern neu, als Gott, indem er Frieden machte, das Alte vergehen ließ. Wir sind alle „gestorben". Nur: sehen wir die Dinge wirklich so an (κρίναντες)? Sehen wir im Mitmenschen bereits die neue Kreatur? Merken wir, daß da „Neues entstanden" ist? Oder sehen wir unsere Mitmenschen nach wie vor so, wie der natürliche Mensch seine Mitmenschen eben ansieht, „nach dem Fleische"? (Vgl. Bultmann, ThNT, § 22,3.) Selbstverständlich sehen wir unsere Mitmenschen als die natürlichen Menschen, die sie noch immer sind; und sie sehen uns ebenso. Das ist gerade einer der korinthischen Irrtümer: sie werfen Paulus vor, er „wandle fleischlich" (10,2). Daran ist natürlich etwas Richtiges, und dieses Richtige gilt für alle Christen: wir wandeln tatsächlich im Fleisch – aber nicht nach Fleischesart (wohl ἐν σαρκί, aber nicht κατὰ σάρκα, 10,3). Wenn wir einander so ansehen, daß wir das *Christus pro nobis* außer Betracht lassen, wenn wir einander also so beurteilen, wie der Unglaube urteilt, dann werden wir auch künftig vieles aneinander auszusetzen haben, werden dieses viele ungeheuer tragisch nehmen, werden darüber uneins und um so mehr aneinander schuldig werden. Mit bloßem Auge gesehen, *ist* da auch nichts anderes als eben dieser natürliche Mensch. Jedoch kommt es nun auf die neue Sicht an, eine Sicht, die nicht physikalisch-optisch das Geheimnis des neuen Menschen erspähen will (vgl. V. 7), sondern eben durch das Unansehnliche hindurchschaut (4,7), in dem „verhüllten Evangelium" eben doch „das Leuchten des Evangeliums von der Doxa Christi" wahrnimmt (4,3f.). Man müßte gewissermaßen Röntgenaugen haben: die würden hinter der oft sehr wenig überzeugenden Außenhülle eines Menschen eben „das neue Geschöpf" erkennen, das entstanden ist, indem der Christus pro nobis auch in sein Leben hineingekommen ist und den „seligen Tausch" vollzogen hat. Wir sollten bei jedem Menschen, mit dem wir es zu tun haben, daran denken, daß Christus für ihn einsteht und gutsagt, weil er auch für ihn gestorben ist. Das hieße, ihn nicht mehr „nach dem Fleisch" kennen, obwohl er durchaus noch „im Fleisch" ist (s.o.). Der Glaube sieht die Wirklichkeit, die dem natürlichen Blick verborgen ist.

Wir können den vielverhandelten V. 16 im Rahmen dieser Besinnung nicht übergehen; in der Predigt ist der Christus von V. 16 ein Beispiel, wenn auch das hervorragendste, das, von dem alle anderen Beispiele abgeleitet sind, aber eben doch nicht mehr als dies (anders V. 19). Der Vers hat, mißverstanden, in unseliger Weise Theologiegeschichte gemacht. Hätte Paulus ahnen können, welche Folgerungen von seinen Auslegern aus diesem Vers noch gezogen werden würden! Nicht das ist die aufregendste Frage, ob Paulus Jesus zu dessen Lebzeiten gekannt habe. Man wird mit Lietzmann (und Heinrici) urteilen: da es sich nicht um einen Irrealis (εἰ ἔγνωμεν), sondern um einen Realis handelt, sogar mit dem schwerwiegenden Perfektum ἐγνώκαμεν, dürfte Paulus in der Tat Jesus begegnet sein; Reitzenstein vermutet, Paulus wolle, indem er dahingehend übertreibt, darlegen, daß er in der persönlichen Vertrautheit den Zwölfen nicht nachstehe. Theologisch hängt hieran nicht allzu viel. Wohl aber daran, ob Paulus mit V. 16 sagen will, daß der Deus incarnatus, so wie er auf unserer Erde unter uns gewesen ist, den Glauben nicht zu interessieren habe, daß vielmehr der Glaube es eben nur mit dem Erhöhten zu tun habe. Die Frage kann hier, im Rahmen einer Predigtvorbereitung, nicht ausdiskutiert werden. Nur soviel muß hier, weil sonst im Verstehen des Textes eine Lücke bleibt, gesagt sein. Wer Paulus so verstehen will, als interessiere ihn nur der erhöhte Christus, der muß sich, wenn er kann, auf andere Stellen berufen, nicht auf diese. „Nach dem Fleisch“ gehört zum Verbum (was auch Bultmann für das Wahrscheinlichere hält, a. a. O., S. 239). Die Parallelität der Aussage ist zu beachten: Wir sehen, wenn wir glauben, unsere Mitchristen „nicht nach dem Fleische“, obwohl auch sie noch immer im Fleische leben; der Glaube erblickt hinter der Hülle (s. o.) das, was von Gott ist, in diesem Falle: die neue Kreatur. Wir sehen, wenn wir glauben, auch Christus „nicht nach dem Fleische“, obwohl wir ihn (falls wir Augenzeugen seines Erdenlebens sind) im Fleische vor uns haben; der Glaube erblickt aber hinter der Hülle (s. o.) das, was göttlich ist, in diesem Falle: die Doxa Christi. (Wir haben mit Absicht die beiden Sätze ganz gleichförmig gebaut.) Wer deuten wollte, der irdische Christus interessiere Paulus nicht, sondern nur der himmlische, der müßte dann auch deuten: Paulus interessiert sich nur für das, was die Korinther einmal sein werden, wenn sie nicht mehr „im Fleische“ (10,3) sind. Es kommt im Text aber gerade auf das Gegenteil an: *jetzt* soll das Verhältnis des Paulus zu den Korinthern und deren Verhältnis zu ihm von der neuen Sicht her bestimmt sein! Von daher müßte man dann sagen: Kaiphas hat Jesus nur „nach dem Fleisch“ gekannt und – verurteilt. Petrus hat Jesus im Glauben erkannt – Fleisch und Blut hatte es ihm nicht offenbart, sondern der Vater im Himmel. Beide hatten sie den irdischen Jesus vor sich. Bis zur Stunde von Damaskus hat Paulus geurteilt wie Kaiphas: κατὰ σάρκα. Man kann Jesus auch heute noch fleischlich beurteilen; das ist das „Ärgernis“. Wer den neuen Blick hat, erkennt in Jesus die verborgene Majestät, im Bruder die neue Kreatur. Paulus wünschte sich, die Korinther würden in ihm die verborgene Wirklichkeit des neuen Lebens sehen, so wie Paulus sie offensichtlich in ihnen erkennt.

3. Gott hat in Christi Kreuz Frieden gemacht. Darin liegt ein *neuer Auftrag*. Wir haben es längst gemerkt, aber nun muß es ausdrücklich gesagt sein: die Botschaft von der Versöhnung spitzt sich zu zu einem Zuruf und Aufruf. Es ist wohl wahr: weil Gottes in Christus geschehene Versöhnungstat den Charakter des *Prae* („als wir noch Feinde waren“, Röm. 5,10), des *Semel* („Christus ist ein für allemal gestorben“, Röm. 6,10) und des *Extra*

hat („seliger Tausch", 2. Kor. 5,21), darum geht es zunächst um etwas Vorgegebenes, zu dem wir nichts haben beitragen können, an dem wir auch nichts zu ändern vermögen. Gott hat Frieden gestiftet und bereitet. Aber zum Frieden gehören immer *zwei*. Die Versöhnung ist universal angelegt, aber sie wirkt doch nicht einfach universal (W. Trillhaas, Dogmatik, Berlin 1962, S. 302). Die neue Lage – dieses Stichwort könnte so mißverstanden werden, als sei ein Krieg beendet, ein Friedensvertrag geschlossen, so daß wir alle nunmehr der Segnungen des Friedens teilhaftig würden, selbst wenn wir völlig apolitische Menschen wären, den Frieden also über uns kommen ließen, als gehe uns das alles nichts an. Es ist ganz anders. Man kann von Christi Versöhnungstod nicht reden, ohne sofort auch von dem Dienstamt zu sprechen, das die Versöhnung predigt. „Dienstamt" sagen wir, weil die Sache entstellt wäre, wenn man einen der beiden Wortbestandteile verschwinden ließe. Paulus will und soll nicht herrschen (1,24). Aber um die Anerkennung seiner apostolischen Befugnis muß er kämpfen (I 9,2; II 11,5; 12,11f. u.ö.). Wer vom 1. Kapitel an einmal den Wechsel von „ich" und „wir" studiert, wird merken: bei „ich" geht es um die privaten und äußeren Dinge; bei „wir" um den apostolischen Auftrag. Nicht, daß nicht *alle* Christen ihren Herrn bezeugen sollten. Aber Paulus hat den besonderen Auftrag: er ist der „Gesandte" Christi, der in Christi Vollmacht und unter ständiger Berufung auf ihn die Versöhnung Gottes zu den Menschen bringt. Nichts vermöchte Paulus ohne diesen Herrn, an dessen Statt er zu den Menschen als Botschafter spricht. Sein Reden und Ermahnen ist Gottes eigenes Mahnen und Bitten: „Gott vermahnt durch uns" – eine „erstaunliche Identität zwischen Gotteswort und Predigtwort" (K. G. Steck, GPM 1948). Paulus predigt Gottes Wort: 2,17; 4,2; Kol. 1,25; besonders deutlich: 1. Thess. 2,13. Denn der Dienst der Versöhnung ist, als Gottes eigenes Unternehmen, von ihm selbst „gesetzt", gestiftet. „Wer euch hört, der hört Mich" (Luk. 10,16). Und was hört man da? Es dürfte sich an dieser Stelle nicht um ein Reden ins allgemeine, um ein Dozieren vom hohen Katheder handeln. „So bitten wir nun an Christi Statt: Laßt euch versöhnen mit Gott!" – das ist die Anwendung von V. 20a auf die Korinther und ihr in dem Brief zur Verhandlung stehendes Verhältnis zu Paulus. Weil ich Botschafter an Christi Statt bin, mit eben diesem Auftrag: so bitte ich nun stellvertretend für den bittenden Christus: Laßt euch versöhnen ..., wörtlich: seid solche, denen im Augenblick die Versöhnung widerfährt (Imperativ pass. aor.)! Verwunderlich ist, daß Paulus nicht sagt: reicht *mir* die Hand. Es muß ihm wohl darum gehen, daß sie nichts weiter tun, als *Gottes* Versöhnung ernst zu nehmen; dies schließt dann die Heilung des Zerwürfnisses zwischen ihnen und Paulus ein. Noch verwunderlicher: Paulus *bittet* nur. Auch darin ist er einfach der Botschafter seines Herrn. „Etwas anderes können wir als Kirche nicht tun. Wir bitten wohl eindringlich und legen unsere ganze Seele in das Bitten hinein ... Aber es bleibt beim Bitten. Scheinbar wehrlos, scheinbar arm stehen wir damit in dieser Welt ... Wir bitten – mehr nicht, darum, weil es uns verwehrt ist, größer sein zu wollen als der Herr und Meister ... Wo ihm die Tür verschlossen wurde, hat er sie nicht aufgesprengt, sondern da ging er vorüber als ein Bittender, der abgewiesen war. Wir können und dürfen nicht anders sein" (G. Noth bei seiner Einführung als Bischof). Der ein Recht hätte, mit uns abzurechnen, bittet. Der uns laufen lassen könnte, wohin wir wollen, bittet. Indem er schenken will, bittet er. Darum finden wir ihn am Kreuz.

Ostersonntag. 1. Kor. 15,20-28

OP bezieht den V. 19 in die Perikope ein, obwohl er unverkennbar zum vorhergehenden Abschnitt (negativer Beweis: was wäre, wenn nicht ...?) gehört. Wir lassen ihn besser weg, wenigstens in der Textverlesung, obwohl er als kräftiger Einspruch gegen eine ausschließlich präsentische Eschatologie gerade für uns von höchster Bedeutung ist. Von V. 20 ab wird positiv argumentiert: Christi Auferstehung begründet unsere Auferstehung, ja die gesamte christliche Zukunftshoffnung. Das Perf. ἐγήγερται (so schon in den VV. 4.12.14.16.17) hat präsentischen Sinn: als Auferweckter lebt er. ἀπαρχή = Anbruch, Anfang, Erstling; nach Num. 15,20f. opfert man ein Erstlingsbrot aus dem Korn jedes Jahres, wodurch der ganze Brotteig heilig wird, vgl. Röm. 11,16; auch Kol. 1,18; Röm. 8,23; 1. Kor. 16,15; Jak. 1,18. – VV. 21f.: Vgl. Röm. 5,12ff. (unsere Auslegung zum 4. Advent) und in unserem Kap. noch VV. 45ff. Beide Gestalten gelten als kosmisch-eschatologische Universalpersönlichkeiten, die die πάντες einschließen, natürlich nur, soweit sie sich von dem jeweiligen Ur-Anthropos herleiten (in bezug auf Christus sind „alle" eben die Christen, so Kümmel im Anh. zu Lietzmann, 4. Aufl., u.a.). Beachte die Tempora: ἀποθνήσκουσιν – ζωοποιηθήσονται. – V. 23: „ein jeder in seiner Ordnung" läßt eine Aufzählung erwarten: Christus – danach seine Leute – dann τὸ τέλος, das man nach dem Zusammenhang mit „der Rest" übersetzen wollte (so J. Weiß, Bachmann, Lietzmann, auch Oepke in ThWNT I, S. 371); die spärlichen Übersetzungsparallelen erwiesen sich jedoch als nicht stichhaltig, so daß man übersetzen muß: „danach das Ende" (so auch E. Fuchs, Zum hermeneut. Problem ..., 1965, S. 204). Vgl. G. Delling in ThWNT VIII, S. 56f. Auf doppelte Auferstehung könnten deuten: 1. Thess. 4,14ff.; Joh. 5,29; Apok. 20,5.6. Ein „Zwischenreich" ist aber aus dem Text nicht zu erweisen. K. Barth, Die Auferstehung der Toten, München 1926², S. 96, übersetzt τὸ τέλος in Anlehnung an 1. Petr. 3,8 mit „zuletzt", „endlich". Das Wort παρουσία wird vom Gegenwärtigwerden eines Gottes oder vom Besuch eines Herrschers gebraucht (Past: ἐπιφάνεια), auf dem Boden des N.T. im technischen Sinn die noch ausstehende Ankunft Christi in messianischer Herrlichkeit (1. Kor. 1,8 vl; 1. Thess. 2,19; 3,13; 4,15; 5,23; 2. Thess. 2,1; 2,8 u.ö.). Die schon erfolgte Ausschaltung der Verderbensmächte (z.B. Kol. 2,15) steht in Spannung zu ihrer künftigen Vernichtung; ein Entweder-Oder dieser beiden Anschauungen scheint nicht zu bestehen (vgl. E. Käsemann, Zum Tode der urchristlichen Apokalyptik, in: EVuB II, S. 105ff.). Wo Christus geglaubt wird, ist die Macht der ἀρχαί usw. grundsätzlich gebrochen; aber die Auseinandersetzung geht weiter. – V. 27: εἴπῃ leitet geradezu eine „Erfolgsmeldung" ein: πάντα ὑποτέτακται (der „Meldende" ist Christus!). πάντα: z.B. auch der Tod, nicht jedoch Gott (was ausdrücklich vermerkt ist). - V. 28: Zuletzt regiert Gott allein, vgl. 8,6 und Röm. 11,36. Ob das eine subordinatianische Christologie einschließt, bliebe zu prüfen (vgl. K. Barth, KD IV/2, S. 707, wo 1. Kor. 15,28 und Eph. 1,22 kontrapunktisch einander zugeordnet werden).

Der erste Satz des Textes – wenn wir diesen mit V. 20 beginnen lassen – war in Korinth nicht strittig; Streit war darüber, was aus diesem Satz folge, d.h., was er für unsere Existenz bedeute. Der Prediger wird nicht den Mut haben, den Ausgangspunkt dieses Abschnittes als selbstverständlich vorauszusetzen. Das hat nicht einmal Paulus getan. Obwohl die Kontroversfrage die ist, ob die Toten auferstehen (V. 12), hat auch Paulus das noch einmal bezeugt, was alle Hoffnung trägt und woran zu „erinnern" (V. 1) sich in keinem Falle erübrigt, zumal in der Tat, wenn die Prämisse nicht stichhaltig wäre, alles in sich zusammenfiele, was Paulus noch zu sagen hat. Daß Christus auferstanden ist, kann nicht begründet und bewiesen, es kann nur verkündigt und ausgerufen werden. Hier ist keine Apologetik am Platz – es sei denn diejenige Apologetik, die darin besteht, daß unsere Predigt der Osterbotschaft den rechten Ort gibt. Ein wenig Barmherzigkeit soll die Predigt schon üben, denn sie muß mit Hörern rechnen, die nur im Raum der physikalisch-biologischen Wirklichkeit denken: was soll man sich unter solchen Voraussetzungen vorstellen, wenn von Auferstehung die Rede ist? Wendet jemand ein, Auferstehung habe im Nexus des natürlichen Seins und Werdens keinen Raum, so ist ja nur kräftig zuzustimmen. Auferstehung gehört in den „Raum" Gottes. Auferstehung ist ein Geschehen, auf das keines der uns zur Verfügung stehenden Meßinstrumente reagiert. Der Text für den zweiten Ostertag wird sich darüber noch des näheren aussprechen. Wird der auferstandene Christus von jemandem „gesehen" (VV. 5–8), dann muß Gott es „*gegeben* haben", daß er „optisch erfahrbar wird" (Apg. 10,40) – d.h. aber: das ist dann schon ein Sehen mit neuen Augen. Oder dasselbe nun von ganz anderer Seite aus: Das eigentliche Osterwunder besteht nicht darin, daß Gott jenseits aller unserer natürlichen Horizonte neues Leben schaffen *kann*, sondern daß er es *will*. Hat Gott den, der sich auf Gedeih, nein: auf Verderb, mit den Sündern verbunden hat, am dritten Tage auferweckt, dann sind wir nicht mehr in unsern Sünden, also auch nicht mehr verloren (VV. 17f.). Will man dem, der sich gedanklich mit der Osterbotschaft herumplagt, helfen, dann muß man ihn von seinen falschen, weil gegenstandslosen Skrupeln befreien, indem man ihn dorthin führt, wo nun allerdings das Wunder aller Wunder vor ihm und uns allen steht: der Vater sagt ja zu dem, der in der Tat der Zöllner und Sünder Geselle ist und bleibt. Damit bekommen auch wir eine ganz neue Perspektive. Der auferstandene Christus ist unsere Zukunft. Diese Zukunft hat schon begonnen (1), steht noch aus (2), erfüllt sich in Gott (3).

1. Unser Text beschäftigt uns nicht mit den Ereignissen des ersten Ostertages, deren sprengende und verwirrende Wirkung die evangelischen Zeugnisse festgehalten haben und die den Beteiligten nur allzu leicht als „Märchen" (Luk. 24,11) erscheinen konnten. Uns wird sofort gesagt, was sich aus der Auferweckung Jesu Christi – die Ur-Zeugnisse sprechen bevorzugt von „Auf*erweckung*" als Gottes Tat – für *uns* ergibt. Zunächst denkt Paulus an die, die „schlafen"; er rechnet noch damit, daß nicht alle, die zu seiner Generation gehören, „entschlafen" werden (V. 51). Aber Auferweckt- oder Verwandeltwerden, das kommt zuletzt auf dasselbe hinaus (1. Thess. 4,15). Wenn das geschieht, was mit dem Wort Auferweckung bezeichnet ist, wer-

den wir das Dasein „im Fleische", das „vergängliche Wesen" (φθορά, Röm. 8,21), den „Leib dieses Todes" (Röm. 7,24) hinter uns haben. Seit der Auferstehung Jesu Christi haben wir von Gott her das Recht, auf die Auferstehung der Toten, auch auf unsere eigene Auferstehung zu hoffen.

Es könnte sein, daß der Predigthörer an diese letzte Grenzüberschreitung – „was du säst, wird nicht lebendig, es sterbe denn", V. 36 – nicht erinnert sein will. Es geht uns ja allen so: wir trösten uns damit, daß wir noch Zeit haben; und wenn uns nach menschlichem Ermessen nicht mehr viel Zeit bleibt, dann erwehren wir uns des Todesgeschicks dadurch, daß wir wegsehen. Wir fliehen, obwohl wir wissen, daß wir eingeholt werden. Vielleicht sind wir noch raffinierter: man kann sich auch einreden, man brauche keine Auferstehung nach dem Tode, weil, wer mit Gott im reinen ist, nichts mehr dabei finde, daß er eines Tages ausgelöscht wird. Wir werden indes unsern Tod noch zu bestehen haben, den wirklichen, den bitteren Tod. Er wird in unserm Text als „Feind" bezeichnet, als der „letzte" Feind, mit dem wir es bis auf weiteres noch zu tun haben werden. Wir wollen in diesen Frühlingstagen nicht gern davon hören. Aber die Bibel nimmt diese Wirklichkeit ernst. Sie weiß wohl, daß man sich „alt und lebenssatt" zu den Vätern versammeln lassen kann, wie wenn man abends nach einem schweren Tage sich wohlig in den Schlaf sinken läßt (Gen. 25,8). Sie weiß aber auch, wie ein Mensch am Sterben leiden kann und wie ihm vor dem Abgrund graut (Jes. 38,10-20 u.a.). Hat einer „Lust abzuscheiden", dann deshalb, weil er gewiß ist, danach „bei Christus zu sein" (Phil. 1,23). Bis dahin ist unser Dasein der Vergänglichkeit verfallen. „In Adam" müssen „alle sterben". Die Zeiger rücken. Die uns gegebenen Möglichkeiten – der junge Mensch ist verständlicherweise ausschließlich mit ihnen beschäftigt – erschöpfen sich mehr und mehr. Die Spannkraft läßt nach. Der Atem wird kürzer. Die Glieder werden steif. Organe degenerieren. Wir trösten uns damit, daß der Mensch im Alter reif und weise wird. Es kann auch ganz anders sein. Man sehe doch die Dinge, wie sie sind. „Wenn wir bloß in diesem Leben in Christus Hoffnung haben, so sind wir mehr als alle Menschen zu bemitleiden" (V. 19). – Aber die Toten werden auferstehen: Gott läßt unser Leben noch einmal neu erstehen, unter ganz neuen Bedingungen, in ganz neuer Weise. Selbstverständlich ist diese Hoffnung, wie all unser Glaube, dem Einwand ausgesetzt, hier projiziere der natürlich-kreatürliche Lebenshunger sich selbst in eine imaginäre Auferstehungswelt hinein. Vielleicht sogar so: Statt gottergeben den Verfall, die Schmerzen und die Angst im Glauben zu bestehen, bis Gott es endgültig um uns dunkel werden läßt, statt also das Kreuz, das schändlich-elende Zunichtewerden im Glauben positiv zu bewerten (und dies hieße dann „Auferstehung"!), klammern sich die schlecht beratenen Christen an eudämonistisch-eigensüchtige Paradiesesillusionen. Wir verkennen hoffentlich nicht, was an solchem Einspruch wahr ist: es gibt eine pseudochristliche, in Wirklichkeit sarkische Gier nach einem künftigen Schlaraffendasein, der gegenüber das in V. 32 zitierte Sprichwort aus Jes. 22 vorzuziehen ist, weil zu solcher Hoffnungslosigkeit, selbst wenn sie im Rausch überspielt wird, noch einiger Mut gehört. Aber nun sollte man doch, nachdem solche Verirrung der gehörigen Kritik ausgesetzt ist, nicht

verkennen, daß das Evangelium uns von Gott her zu einer stichhaltigen Hoffnung aufruft und berechtigt, die mit dem Wort „Auferstehung der Toten" bezeichnet ist. Sollte etwa der Grundtenor unserer Predigt am Grabe lauten: „Leute, beugt euch unter Gottes unwiderstehlichen Willen – mit dem Tode ist alles aus!"? Dieser Satz ist leider nicht erfunden. Eine Theologie, die auch nur die Möglichkeit eines in diese Richtung weisenden Mißverständnisses aufkommen läßt, versündigt sich am Evangelium. Jawohl, wer nicht mit Christus sterben will, wird auch nicht leben. Aber Christus ist am dritten Tage auferweckt. Wer alles, was uns Gottes „gute Nachricht" an Schönem und Wünschenswertem zuspricht, als „theologia gloriae" madig macht (vgl. das unter 2 Ausgeführte!), hat 1. Kor. 15 und viele andere Zeugnisse gegen sich. Bis zu Christi großem Tage haben wir das Heil nur unter dem Kreuz verborgen; aber das Kreuz ist *nicht* das Ende der Wege Gottes.
Ich bin meine Zukunft, könnte man in Abwandlung eines bekannten Satzes von J. P. Sartre sagen. Diese Zukunft hat schon begonnen. Man muß diese Aussage, wenn sie unsern Text interpretieren soll, sorgsam bedenken. Daß die Zukunft bereits begonnen hat, kann einfach dies besagen, daß wir in Entwicklungsprozessen stehen, in denen das Heute jeweils das Morgen aus sich selbst gebiert und entläßt. So richtig dies ist, in unserm Text ist etwas anderes gemeint. Daß die Zukunft schon begonnen habe, würden die korinthischen Gnostiker aus einem anderen Grunde behauptet haben: sie meinen, das Leben der künftigen Lichtwelt von Natur aus in sich zu tragen; es bedürfe keines Todes und keiner Auferstehung. Auch dies meint Paulus nicht, vielmehr spricht er gerade *gegen* eine solche Lehre. Unsere Zukunft hat in Jesus Christus, dem „Erstling", begonnen. Was uns allen bevorsteht, Tod und Auferstehung, das hat er hinter sich. Nicht nur in dem Sinne, daß er der erste Fall wäre – wie in der Produktion, noch vor der Nullserie, ein erstes Exemplar eines Erzeugnisses hergestellt wird. Wir werden nicht nur „wie er" das Leben haben, sondern wir werden es „in ihm" haben. Es fällt uns wahrscheinlich nicht leicht, die Adam-Christus-Parallele in einer dem Denken des Paulus angemessenen Weise verstehend nachzuzeichnen. Adam ist nicht nur der erste in einer Stammbaumreihe (vgl. unsere Ausführungen zum 4. Avdent). Wir sind, sofern wir natürliche und sündige, also sarkische Menschen sind, „in Adam" (V. 22). Wir haben teil an ihm. Da in der Umwelt des Neuen Testaments immer konkret gedacht wird, müssen wir uns „Adam" wie einen die ganze Menschheit umgreifenden Riesen-Menschen vorstellen. Das Sünder-Sein Adams und damit auch die Verfallenheit an den Tod ist in uns allen wirklich und wirksam. Was an uns „Adam" ist, muß vergehen. Ostern bedeutet nicht: Adam braucht nicht zu sterben. Aber das heißt es: der *neue* Adam, Christus, ist der Anfang des unverweslichen Lebens. Sind wir „in Christus", haben wir also an ihm teil, sind wir also von diesem die ganze neue Menschheit in sich begreifenden Christus umschlossen, dann gehört uns auch sein Auferstehungsleben. EKG 86,6. Christus ist der „Erstling", *in ihm* hat unsere Zukunft bereits begonnen. Durch diesen *einen* Menschen kommt die Auferstehung der Toten (V. 21). Wieso? Der, den Gott auferweckt hat, ist ja niemand anderes als der, der sich bedingungslos und abstrichlos uns Sündern zugesellt und, indem er das tat,

den Fluch des Kreuzes auf sich genommen hat. Er will hinfort nie mehr ohne seine Gemeinde sein. Hat Gott ihn auferweckt, dann ist damit zugleich über unsere Zukunft entschieden. Man lerne aus Luthers Reihenpredigten über 1. Kor. 15 (1532/33 – WA 36,478ff.; Cl. 7,278ff.; vgl. dazu Robert Frick, Luther als Prediger, in: Lutherjahrbuch 1939, S. 28ff. – die folgenden Zitate in der Fassung von Frick). „Das ist's, daß seine Auferstehung von den Toten gilt mir und dir." „Das Haupt ist auferstanden, so ist das ander Teil nur ein Traum. Christus ist aller Christen Haupt. Der ist herfür, also folgen die Glieder. Der Leib hängt aneinander; wenn das Haupt herfür ist, müssen Schultern, Rücken usw. nach. Es wird sich nicht der Kopf für sich halten, sondern den ganzen Leib (nach sich ziehen), wenn er auch bisher noch in der Erde liegt – wie die Weiber sagen: ist des Kindes Haupt geboren, so hat's nicht not. So ist unser Haupt ein Herr über Tod und Teufel" (Cl. 7,298).

2. Aber diese Zukunft – das ist die andere Seite der Sache – steht noch aus. „Ein jeglicher aber in seiner Ordnung: der Erstling Christus; danach die Christus angehören, wenn er kommen wird" (V. 23). Der Tod ist „der letzte Feind, der vernichtet wird" (V. 26). Es gibt ein heilsgeschichtliches Nacheinander, das wir zu respektieren haben. – Warum spricht Paulus davon? Paulus ist durch Irrtümer herausgefordert, die in Korinth umgehen. „Scheidet sich hier doch ein zweifellos eschatologischer Enthusiasmus nicht nur eindeutig von apokalyptischer Naherwartung, sondern von theologisch relevanter Zukunftshoffnung überhaupt. Es darf heute ja als ausgemacht gelten, daß die dominierende Gruppe in Korinth das Erlösungsziel bereits mit der Taufe erreicht zu haben wähnte und christliches Dasein auf Erden für sie einzig noch bedeutete, himmlisches Wesen zeitlich zu repräsentieren" (Käsemann, a.a.O., S. 120). Es dürfte sich um eine Irrlehre handeln, wie sie auch 2. Tim. 2,18 gekennzeichnet ist: sie behauptet, „die Auferstehung sei schon geschehen". Mit der Taufe, meint man, sei „ein himmlischer Geistleib vermittelt und der irdische Leib zur wesenlosen, vergänglichen Hülle degradiert"; es „wurde ins Anthropologische übersetzt, was vordem primär Weltenwende meinte, und ins zeitlos Typische gewandt, was ursprünglich zeitlich-teleologische Aussage war" (Käsemann, a.a.O., S. 121). Wir brauchen jetzt nicht zu untersuchen, ob die hier abgewehrte Irrlehre sich auch im Neuen Testament angesiedelt hat; Käsemann nennt Eph. 2,5f.; 5,14; Kol. 2,12f., fügt aber sofort hinzu, daß die sich hier niederschlagende Mysterientheologie nicht rein erscheint, sondern im Ausgleich mit einem von der Apokalyptik herkommenden Denken, wie es Paulus vertritt. Wie gesagt, wir können die Frage, wie hier die Akzente zu setzen und wie diese Texte einzuordnen sind, jetzt auf sich beruhen lassen. Was gemeint ist, ist klar: Paulus besteht darauf, daß die Auferstehung nicht bzw. nicht allein sakramental-präsentisch, sondern futurisch zu verstehen sei. Das heißt aber für uns heute, daß wir auf die Auferstehung noch zu *warten* haben. Darin liegt, daß der Tod noch immer unter uns sein Wesen treibt. Ja, er muß mit seinem Werk sogar zu Ende kommen. Er trifft ja nicht die „neue Kreatur", die wir „in Christus" sind, die also in der Taufe ihren Anfang genommen hat. Er trifft ja den alten, den Adams-Menschen. Dieser *soll* ja gar nicht am Leben gehalten werden. Er macht uns noch genug zu schaffen. Das Widereinander

von Geist und Fleisch (Gal. 5,17) muß ja einmal ein Ende finden, indem das Adamitische „ausgeschaltet" wird (καταργέω ist das von Paulus gern verwendete Verbum). In seinem Taufsermon von 1519 hat Luther das allmähliche und dann im Tode endgültige Zunichtewerden des Fleischlichen eindrucksvoll beschrieben. Wenn ich wirklich, wie vorhin gesagt, „meine Zukunft bin", dann werde ich, wie sehr sich mein alter Mensch auch sträubt, das Zu-Ende-Gehen, das „Auslaufen" des Alten doch zugleich wie vom andern Ufer her sehen: wenn ich an der Reihe bin, soll mir das neue, unverwesliche Leben zuteil werden.

Jetzt ist es angebracht, daß wir uns gegen die „theologia gloriae" abgrenzen. Die Auferstehung ist *nicht* „schon geschehen". Das neue Leben ist noch mit Christus verborgen in Gott und wartet auf seine Enthüllung am Tage des endgültigen Offenbarwerdens Christi (so nun auch, trotz des oben Gesagten, der Kolosserbrief, 3,3f.). Alles, was Christus an uns getan hat und tut, ist einstweilen noch „mit dem Kreuz verdeckt". Theologia crucis (Kapitel 1 und 2) und theologia resurrectionis heben sich gegenseitig nicht auf, denn auch der Glaube an den auferstandenen Christus steht unter dem Noch-Nicht, sofern wir an uns selbst, unsere Christuserkenntnis, unser neues Christusleben, die Gestalt der Gemeinde usw. denken. Man darf nur nicht aus dem Noch-Nicht unter der Hand ein Überhaupt-Nicht machen. Christus hat das Kreuz hinter sich; der auferweckte Christus „stirbt hinfort nicht" (Röm. 6,9), er hängt also nicht mehr am Kreuze. Es ist gut, daß durch die τρίτη ἡμέρα (V. 4) der Irrtum abgewehrt ist, als habe sich nach dem Karfreitag an Christus selbst nichts weiter ereignet. Er ist hindurch, wir noch nicht. Darin, daß *wir* es noch nicht sind, liegt, daß seine Doxa noch in der Unansehnlichkeit des Kreuzes verborgen ist, wohlgemerkt: für uns, nicht für ihn. Über ihn kann der Tod hinfort nicht herrschen (Röm. 6,9), während er für uns noch immer der letzte Feind ist (V. 26). Warum das Futur: „sie werden lebendig gemacht werden"? Warum nicht sogleich die große Verwandlung (V. 51)? Das δεῖ von V. 25 deutet nur an, warum es der Geschichte der heimlichen, durch Wort und Sakrament sich realisierenden Herrschaft Christi bedarf. Wo Christus mit seinem mächtigen Wort ist, da wird schon die Macht der Verderbensgewalten gebrochen. Ein unansehnliches Königreich. Dieses Reich besteht im Glauben und Trauen. Ohne die persönliche Zuwendung zu Gott können wir nicht heil werden. In der Geschichte, die sich zwischen Christus und uns abspielt, kommt es zu dieser Heilung. Die sich durchgeglaubt haben, sollen an Jesu Auferstehungsherrlichkeit Anteil bekommen. Glauben – noch nicht schauen! Inzwischen warten „Christi Leute" auf den Tag „seiner Parusie" (V. 23).

3. Unsere Zukunft erfüllt sich in Gott. Paulus gibt sehr deutlich das Wohin an, auf das alles hintendiert. Zunächst müssen alle unsichtbaren Mächte der Zerstörung, der Auflehnung, der Entzweiung ausgeschaltet werden. Sind sie es nicht? Was soll das Triumphlied am Ende von Röm. 8, was meint die Siegesproklamation in Kol. 2,15? Was heißt es, daß die Dämonen bereits dort weichen müssen, wo der Jesus der Evangelien den Kampf mit ihnen aufnimmt? Sind ihm nicht alle Dinge übergeben vom Vater? Wie steht es mit der Königsherrschaft des Pantokrator? Man könnte die neu-

testamentlichen Zeugnisse aufteilen in solche, die die „Herrschaften“ und „Mächte“ schon überwunden, und solche, die sie noch auf dem Plan sehen; wer nur religionsgeschichtlich denkt, mag sich damit begnügen. Der Prediger steht vor der Frage, was er – in der Nachfolge der neutestamentlichen Zeugen – der Gemeinde verbindlich und gültig zu sagen hat. Er ist dieser Frage auch dann nicht enthoben, wenn er die Verderbensmächte als harmlose Kreaturen ansieht, die nur durch unseren Irrglauben zu After-Göttern gesteigert sind; es wäre ein Zeichen von gefährlicher Naivität, wenn jemand meinte, dem sei mit einer kleinen theologischen Aufklärungskampagne abzuhelfen. Rechnet der Tod zu den „Feinden“, dann kann man sich daran sehr schnell klarmachen, in welcher Lage wir uns hier befinden. Es ist nicht schwer, zu einer realistischen Weltdiagnose zu kommen. Dies ist klar: Für den, der sich um Christi willen und in Christus von Gott gehalten und angenommen weiß, kann sogar der „letzte Feind“, der Tod, nichts mehr tun. Wie tief wir auch fallen, wir fallen in Gottes Hand. Damit ist aber die Macht der Zerstörung noch nicht durchaus annulliert. Zuviel an Scheußlichem passiert noch immer in der Welt. Wer glaubt, weiß um das Hintergründige. Christus „muß sein Königtum ausüben, bis er alle Feinde unter seine Füße gelegt hat“ (V. 25). Wir sagten schon: das ist sein verborgenes Regieren im regnum gratiae. Still und unbemerkt geschieht hier Herrschaft. Wo Menschen errettet werden von der Tyrannei der Finsternis und versetzt werden in das Reich des geliebten Sohnes Gottes (Kol. 1,13), da geschieht diese Herrschaft. Aber wir sind damit noch nicht am Ziel. Wir glauben an die Vollendung des Reiches Christi, d.h. aber: wir glauben nicht nur daran, daß wir aus der Welt herausgerettet werden, sondern daß – über das individuelle und das in der Kirche realisierte Heil hinaus – die *Welt* heil wird. Wir warten auf den neuen Himmel und die neue Erde. Darin erfüllt sich Christi Mittlerdienst.

Das Reich Gottes und die Herrschaft Christi sind vorerst nicht einfach identisch. Gott herrscht auch, vorerst noch, vermittels seines Gesetzes, d.h. also: *gegen* uns. Mit seiner Zwangsgewalt fristet er die Welt; indem er straft und richtet, bewahrt er uns vor dem Äußersten, gibt er uns Raum zur Umkehr. Christus regiert nicht mit dem Gesetz, sondern mit dem Evangelium. Am Karfreitag hörten wir: er *bittet*, wir mögen uns doch versöhnen lassen. Erst in seiner Parusie endet dieses Werk. Dann kommt er mit Macht. Dann „meldet“ er dem Vater: Πάντα ὑποτέτακται (V. 27 – man beachte das schöne Perfektum-Präsens!). Dann ist das Werk der Heimholung und der Durchsetzung der Herrschaft Gottes beendet. Dann koinzidieren die Reiche des Vaters und des Sohnes im Heiligen Geiste. „Der neue Kosmos bedarf keiner Erlösung mehr. Das Versöhnungswerk ist vollbracht ... Die Vollendung des Reiches ist der Anfang unendlicher Möglichkeiten Gottes, die von keinem Widerspruch mehr durchkreuzt werden ... Der Anfang der unbestrittenen Möglichkeiten Gottes ist für uns der Anbruch der unendlichen Freiheit.“ Diese Schlußsätze eines dogmatischen Werkes klingen wie ein Hymnus. Das ist unsere Zukunft. Mit Ostern ist sie angebrochen. Wir haben ein Recht, diese Zukunft im Glauben heute schon zu leben, obwohl sie noch unterm Kreuz verborgen ist.

Ostermontag. 1. Kor. 15,35-44a

Die Abgrenzung der Perikope entspricht dem Bedürfnis, die Hörer zu schonen; der Sinnzusammenhang reicht bis V. 50. Paulus hat sich mit denen auseinanderzusetzen, die behaupten, es gebe keine Auferstehung der Toten (V. 12); es könne sie nicht geben, weil ein Leib nach dem Tode unvorstellbar sei. An der Leibhaftigkeit entsteht das Problem; die Unsterblichkeit der Seele hätte griechisch denkenden Menschen kein Beschwer bereitet. Die Gnostiker verachten den Leib, weil er Materie ist und das substantiell Gute gefangenhält. Paulus spricht scharf dagegen. Die Anrede ἄφρων (V. 36) läßt seine Leidenschaftlichkeit erkennen. Der Irrtum der gnostischen Irrlehrer besteht darin, daß sie den Auferstehungsleib, wenn es ihn gäbe, nur als wiederbelebten Erdenleib verstehen können, also seine Konstanz und damit die substantielle Kontinuität annehmen. Dagegen wendet sich Paulus (VV. 36.50). „Nicht dieser irdische Leib steht auf, sondern wir erhalten einen neuen Körper" (Lietzmann z. St.), jedoch wird man nicht sagen dürfen, das σῶμα bleibe, während die σάρξ-Substanz durch eine himmlische πνεῦμα-Substanz ausgetauscht werde (W. G. Kümmel im Anh. zum Lietzmann-Kommentar, dazu auch Kümmel, Römer 7 und die Bekehrung des Paulus, Leipzig 1929, S. 21 f.). Paulus spricht nach Kümmel von einem neuen Leibe. Die Frage nach der Kontinuität muß nachher noch einmal aufgegriffen werden. – V. 37: Weizenkorngleichnis vgl. Joh. 12,24. εἰ τύχοι formelhaft: „zum Beispiel" oder „etwa". Es kommt hier nicht auf das Beharren, sondern aufs Sterben und Neuwerden an. – V. 38 geht zu dem neuen Gedanken über: Es gibt schon innerhalb der erstgeschaffenen Welt Qualitätsunterschiede, die mit der Verschiedenheit der Fleischessubstanz gegeben sind. – V. 41: Was von den Lebewesen auf der Erde gilt, gilt auch von den Himmelskörpern, die Paulus (was freilich für unsere Stelle nicht wesentlich ist) „als lebende, mit einem Lichtleib bekleidete Wesen" ansieht (Lietzmann z. St.). – V. 44: Nach Kümmel (gegen Lietzmann) ist der Auferstehungsleib nicht ein „Leib aus himmlischem πνεῦμα", sondern ein Leib, „der dem Sein ἐν πνεύματι entspricht" (z. St.). Die Gegensatzpaare der VV. 40–44 lassen erkennen, was man sich darunter vorzustellen hat.

Der Text bereitet uns nicht etwa nur deshalb Schwierigkeiten, weil er in den Vorstellungen der Alten gedacht ist, sondern vor allem, weil hier – auf den ersten Blick zumindest – nicht verkündigt, sondern diskutiert und problematisiert wird. Wie soll es aufgrund eines solchen Textes zum Zuspruch, zur lebenschaffenden Anrede an die Gemeinde kommen? Es sieht so aus, daß wir bei sorgsamer Wiedergabe des Textes bestenfalls zu einer Theorie gelangen, die niemandem hilft und niemanden tröstet, also schon in der Fragestellung, sodann aber auch in der Aussageweise, vom Evangelium erheblich verschieden ist. Es geht um „die Denkmöglichkeit der Auferstehung" (K. Barth, Die Auferstehung der Toten, München 1926², S. 109). Aber der Fortgang des Kapitels zeigt es: „Paulus philosophiert nicht, sondern er verkündigt." Gewiß „hat unser Abschnitt ... etwas Vorbereitendes. Es wird Raum gemacht, es wird der Ort bezeichnet, wo die Auferstehung hingehört. Es wird ein großes störendes Mißverständnis aufgerollt und bezeichnet. Apologetik darf man das, was Paulus hier treibt, darum nicht nennen, weil das ganze Kapitel viel weniger Verteidigung des Glaubens als Angriff – und zwar nicht auf die Welt, sondern, um der Errettung der Welt willen, auf die Christenheit ist, Angriff von der Offenbarung aus" (K. Barth, a.a.O., S. 110). Der Angriff kann sich auch einmal in scheinbar stiller Erörterung vollziehen. Lehrpredigt ist nicht notwendig Verirrung – sie kann es werden. Es kann sein, daß Sachverhalte(!) klargestellt werden müssen, und unversehens bricht daraus die Liebe Gottes hervor, die es auf uns abgesehen hat und uns in eben dem, was hier scheinbar aus der Distanz des Zuschauers heraus erörtert wird, die Auferstehung selbst verheißt. Dies zu entdecken, sollte der Prediger bestrebt sein.

Vielleicht sind, wenn es ums rechte Hören geht, diesmal die am besten dran, denen Ostern im Denken die meisten Schwierigkeiten bereitet. Auch für sie ist Christus auferstanden, auch sie sollen auferstehen. Unsere Predigt wird ihnen nicht dadurch helfen, daß sie an der Nachricht von Jesu Auferstehung und an der Verheißung unserer Auferstehung so lange herumdeutelt und -dreht, bis aus dem Unbegreiflichen etwas ganz Normales, Selbstverständliches und Alltägliches geworden ist. Schon im Bereich der natürlichen Welt fängt die Erkenntnis damit an, daß wir auf Unverstandenes aufmerksam werden, daß uns Unbewältigtes zu schaffen macht, daß uns Unerwartetes in Staunen versetzt. Erst recht gilt dies für die Auferstehung, die sich, wenn man sie nur sachgemäß aussagt, gegen alle unsere Vorstellungen und unser Begreifenwollen sperrt und der gegenüber unsere Erfahrung und unser Nachdenken sich resistent verhalten müssen. „Denkmöglichkeit" – das gilt wirklich nur cum grano salis. Es kann nicht am Ende dies herauskonmen, daß wir Auferstehung in unser System von Erkenntnissen und Erfahrungen einpassen, als hätte dieser Gegenstand dort eben gerade noch gefehlt. Es ist gut, daß die neutestamentlichen Osterzeugnisse die Fassungslosigkeit gerade der für uns noch heute unentbehrlichen Gewährsleute nicht wegretuschiert haben und sogar in der Art, in der sie davon sprechen, erkennen lassen, daß man mit der hier bezeugten Sache auch nach Jahrzehnten nicht so fertig geworden ist, daß die Rechnung aufgeht. Eine im Faktischen wie im Gedanklichen auf einen Nenner gebrachte Überlieferung müßte uns bedenklich stimmen. – Und dennoch wird man, wie unser Text zeigt, in der Abwehr von irrigen Deutungen und Einsprüchen um das – soweit es uns möglich ist – angemessene, sachgerechte Verständnis der Auferstehungsbotschaft bemüht sein dürfen und müssen. Die Fremdheit dieser Botschaft wird dadurch nicht behoben, sie wird aber an der Stelle sichtbar, wo sie wirklich liegt, nicht im Bereich der unnötig hindernden Mißverständnisse. Wie soll man sich Auferstehung denken? Wir werden ganz neu (1), ganz anders (2), ganz nach ihm geschaffen sein (3).

1. Die Anrede: „Du Narr" läßt erkennen, daß die beiden soeben gestellten Fragen abwegig sind. Wieso eigentlich? Darf man nicht danach fragen, wie man sich den Hergang der Auferstehung zu denken hat und von welcher Qualität die Leiber der Auferstandenen sind? Ist nicht, was Paulus auszuführen haben wird, eben die vernünftige Antwort auf die eingangs als unvernünftig bezeichneten Fragen? Die Fragen sind nur dann unvernünftig, wenn man sich die Antworten zugleich vorstellt, die der Frager erwartet. Er meint, man könne die Hoffnung der Auferstehung der Toten einfach da-

durch ad absurdum führen, daß man eben so fragt, wie er tut. Die Antwort des Paulus läßt ja hinreichend deutlich erkennen, wie falsch der Frager denkt. Ist etwa das die christliche Auferstehungshoffnung, daß halbverweste Leichname sich aus Gräbern erheben oder der Staub wieder in einen lebendigen Menschen zurückverwandelt wird? Man muß den beißenden Spott des Gnostikers heraushören: die vergängliche, schmutzige, der Verwesung ausgesetzte, ekelhafte Materie soll restituiert werden – welch perverser Gedanke! Keine Frage: für den Gnostiker ist dergleichen unannehmbar. Er denkt sich das Heil ganz anders. Die materielle Welt, in der gewöhnliche Menschen noch verfangen sind, hat er innerlich überwunden: er sieht sie als wesenlos, als unwirklich an, nicht mehr der Rede wert. Er hat das ewige Leben in sich; er hat es nie verloren, es brauchte nur entdeckt und wieder ernst genommen zu werden. Als πνευματικός hat der Gnostiker alle Erdenschwere schon hinter sich. Was nach der Botschaft des Paulus „auferstehen" soll, ist wert, daß es zugrunde geht, ja es ist eigentlich schon zugrunde gegangen. – Eine Lehre dieser Art ist nicht unsere nächstliegende Anfechtung. Wir haben zum Stofflichen eine ganz andere Einstellung. Der Mensch ist in der Welt – wir kennen ihn nicht anders, wollen ihn auch nicht anders. Unsere Leibhaftigkeit beurteilen wir positiv. Doch damit sind wir aus dem unwegsamen Gelände nicht heraus. Es könnte sein, wir verfallen demselben Fehler wie der Gnostiker, nur in anderer Richtung. Wir könnten versucht sein, Auferstehung zu postulieren und vorzustellen als Wiederherstellung des Status quo, während der Gnostiker, sofern er dem Wort Auferstehung einen Sinn abgewinnt (was er wahrscheinlich tut, 2. Tim. 2,18), an die Fortdauer des – nämlich seines, des Pneumatikers – Status quo denkt. In beiden Fällen ist übersehen, daß es, wenn es zur Auferstehung kommen soll, des großen *Bruches* bedarf, des totalen Neuanfangs. „Was du säst, wird nicht lebendig, es sterbe denn." Auferstehung heißt nicht: Prolongation des Bestehenden. Wenn Gott die Toten aus den Gräbern holte, um sie wieder in das zeit-räumliche, physikalischen und biologischen Gesetzen unterworfene, d.h. aber: vergängliche Dasein einzugliedern, dann würde das Alte in seinem Bestand erhalten. Theologisch wichtiger noch: Wenn Auferstehung nichts weiter wäre als Rückkehr unter die Bedingungen des „Fleischlichen", dann wäre uns nicht geholfen. Zum Gnostiker geredet, müßte dasselbe dann etwa so lauten: Wenn du in dem verbleibst, was du „pneumatisch" nennst, verbleibst du in Wahrheit im Bannkreis des Alten, denn menschliche Weisheit ist bei Gott Torheit, und menschliches Rühmen wird vor Gott zunichte. Ohne das Kreuz keine Auferstehung, ohne Sterben kein neues Leben.

Das Bild vom Samenkorn macht uns Schwierigkeiten. Nach unserer biologischen Erkenntnis kann es gerade nicht die Diskontinuität, müßte vielmehr die Kontinuität veranschaulichen. Denn das Samenkorn stirbt ja gar nicht; das Keimen und Wachsen ist vielmehr ein kräftiger Lebensvorgang. Man darf nicht erwarten, daß ein Mann wie Paulus dies schon so sieht wie wir. Es geht auch logisch nicht alles auf. K. Barth „möchte vermuten, daß Paulus einfach an die Erde gedacht hat, in deren verborgenem Schoß der bewußte Wechsel sich vollzieht: Same ist's gewesen, Pflanze wird es nun sein, ohne doch aufzuhören, dasselbe zu sein. Das Subjekt hat beharrt, die Prädikate sind andere geworden" (a.a.O., S. 111f.). Der letzte Satz gilt für den auferstandenen Menschen, er gilt aber nicht für die Pflanze. Für die Pflanze würde man sagen müssen: Es wächst ein anderes Exemplar der gleichen Art. Für den Auferstandenen müßte man sagen: Es ersteht derselbe Mensch in radikal neuer Art. Wir müssen uns freilich klar darüber sein, daß die von uns oben angegebene thematische Zusammenfassung die Identität der Person so wenig lautstark zum Ausdruck bringt, daß mancher sie übersehen bzw. vermissen könnte; sie liegt in dem „Wir". *Wir* werden ganz neu, ganz anders, ganz nach Ihm geschaffen sein! „Das Subjekt ... beharrt!" Wenn ein anderer auferstünde als ich, dann könnte mir das Auferstehungsgeschehen gleichgültig sein; dann käme es im Effekt auf nicht viel anderes hinaus als darauf, daß nach uns andere Generationen sein werden. Jedoch: *ich* weiß mich geliebt, begnadet, berufen, erneuert, zum ewigen Leben bestimmt. Darauf hat Paulus von der Mitte seiner Predigt her den größten Wert legen müssen. Vielleicht hat er sogar das Samenkorngleichnis heimlich noch in einem anderen Sinn verstanden. Man könnte an unserm Themavorschlag auch dies bemängeln, daß wir das Wort „schaffen" gebrauchen. Schöpfung aus dem Nichts? Paulus könnte bejahen (Röm. 4,17: „Gott ... der da lebendig macht die Toten und ruft dem, was nicht ist, daß es sei"). Aber Paulus ist andererseits nicht der Meinung, daß beim Auferstehungsgeschehen der alte Leib (das „Korn") einfach unberührt bleibt, sozusagen auf dem Schrotthaufen der Todeswelt. Christus „wird unsern Niedrigkeitsleib umwandeln (μετασχηματίσει), daß er seinem Herrlichkeitsleib gleichgestaltet werde" (Phil. 3,21). Gott „wird eure sterblichen Leiber lebendig machen" (Röm. 8,11). „Wir werden alle verwandelt" (1. Kor. 15,51), „mit unserer vom Himmel stammenden Behausung überkleidet werden" (2. Kor. 5,2). Das sieht alles nicht danach aus, als habe Paulus sich vorgestellt, das Sterbliche, unsere irdische Leiblichkeit, werde bei der Auferstehung einfach aus dem Spiel gelassen (man müßte exegetische Tatbestände dieser Art mindestens diskutieren, wenn man fragt, ob Paulus das leere Grab Christi voraussetze). Weshalb wir das hier erörtern? Nicht, weil wir der Meinung wären, wir hätten die Vorstellungen des Paulus unbesehen zu übernehmen, sondern weil man, ehe man vergegenwärtigt, möglichst genau vernommen haben möchte, was ein Paulus zu dieser Sache sagt. Soviel ist sicher: auferstehen wird kein anderer als der, der gestorben ist. Aber des Sterbens bedarf es, wenn unser Leben ganz neu werden soll.

So wird uns also ein Ja zum Sterben zugemutet! Denn Fleisch und Blut können das Reich Gottes nicht ererben (V. 50). Das Weizenkorn muß in die Erde. Jedesmal, wenn ein Mensch stirbt, der uns lieb ist, erschrecken wir. Deprimierende Erfahrung: das also ist das Ende. Wir denken an uns selbst: von Gott geliebt und erlöst, und dann so preisgegeben? „Was du säst, wird nicht lebendig, es sterbe denn." Der Preis muß gezahlt werden. Wir sollten uns nicht zu sehr grauen lassen. Gott will nicht unser „fleischliches" Leben verewigen, sondern uns ein neues geben. Er ist, wenn es mit uns zu Ende geht, noch lange nicht am Ende seines Lateins. Für uns sieht es leicht so aus, als seien, wo ein Herz stillsteht, Gottes Möglichkeiten erschöpft. Das Gegenteil ist der Fall. Er will alles neu machen.

2. *Wie* neu machen? Ganz anders, sagten wir. Paulus gibt sich viel Mühe, uns dies anschaulich und begreiflich zu machen. Er entwickelt so etwas wie eine Ontologie des Eschaton, der Auferstehungswelt. Aufs knappste nur – denn uns sind ins einzelne gehende Aussagen darüber nicht erlaubt. Oft müssen wir uns auf Negationen beschränken. In dem Augenblick, in dem uns eine handfeste Beschreibung des Auferstehungsleibes und der Auferstehungswelt gelungen wäre, wären wir auch schon gescheitert, denn das Kommende ist eben ganz anders als das Gegenwärtige. „Was kein Auge gesehen und kein Ohr gehört hat und in keines Menschen Herz gekommen ist, was Gott bereitet hat denen, die ihn lieben ..." (2,9). Paulus bleibt auf seiner Linie! Die natürliche Theologie, die die Gnostiker wider Willen vertreten, muß auch an der Auferstehung zuschanden werden. Auch ein Dimensionswechsel im Denken, der Überschritt von einem cartesianischen Subjekt-Objekt-Bezug zur Geschichtlichkeit sichert uns noch nicht vor der natürlichen Theologie; denn auch mit unserer geschichtlichen Existenz sind wir noch in den Raum eingesperrt, der vom Tode begrenzt und umschlossen ist. Umgekehrt: da Geschichtlichkeit sich immer *in* etwas abspielt, sich also leib- und welthaft realisiert, ist die Eingangsfrage noch immer auf der Tagesordnung: „Wie werden die Toten auferstehen, und mit welcherlei Leibe werden sie kommen?"
Hier macht nun Paulus auf den Qualitätssprung aufmerksam, der zwischen der Auferstehungswelt und der Welt des Vergehenden besteht. Philosophiert Paulus? Man kann hier ja nichts konstruieren und deduzieren. Nicht umsonst setzt unser Kapitel mit der Auferstehung Jesu Christi ein, obwohl sie in Korinth gar nicht strittig zu sein scheint. Die Frage nach *unserer* Auferstehung muß von der Auferstehung Jesu Christi her beantwortet werden. Paulus beruft sich auf die *Zeugen*, die für die Tatsache geradestehen, daß der Herr lebt. Paulus selbst ist in der Reihe, als deren letztes Glied. Ist, was Paulus in unserm Text über den Auferstandenen bzw., von dort ausgehend, über unsere Auferstehung zu sagen hat, „Interpretation"? Wenn Interpretation das Bemühen ist, das Erfahrene sachgemäß nachzudenken und zu verstehen, in aller Begrenztheit stichhaltig und darum mit dem Anspruch auf Geltung, dann ja. Ist Interpretation jedoch der Versuch, sich auf etwas Erfahrenes irgendeinen Vers zu machen, jedoch mit dem Eingeständnis, daß es in das Belieben eines jeden gestellt sein müsse, sich einen anderen Vers darauf zu machen, oder gar in der Meinung, auf Sachgemäßheit komme es deshalb nicht an, weil Auferstehung kein Externum sei, das unserm Interpretieren *vorgegeben* sei, dann nein. Paulus scheint hier die Erfahrungen denkerisch zu verarbeiten, die die Zeugen an Jesu „verklärtem Leibe" (Phil. 3,21) gemacht haben: sichtbar erscheinend und doch dann wieder verschwindend; redend und dann doch wieder verstummend; leibhaft und doch der Berührung sich entziehend. Man könnte meinen, Paulus lasse sich vom Wesentlichen abdrängen: die Emmausgeschichte (altes Evangelium des Ostermontags) zeigt, wie stark die im Wort gegenwärtige Geschichte und das Brotbrechen das Geschehen beherrschen, fast so, daß demgegenüber die Epiphanie in den Hintergrund tritt. Trotzdem: die Frage nach dem Wie der Gegenwart des Auferstandenen drängt sich auf und kann auch nicht

beiseite geschoben werden, ohne daß wir die Auferstehungsbotschaft verderben. Denn was ist Jesu Wort ohne ihn selbst, der es spricht? Was ist sein Sakrament ohne ihn, der sich selbst darin gibt? Paulus irrt nicht ab, indem er nach der Beschaffenheit der himmlischen σώματα fragt. Sooft auch die klassische Dogmatik hier ihre Kompetenzen überschritten hat (vgl. G. Koch, Die Auferstehung Jesu Christi, Tübingen 1959, S. 207ff.): die Frage nach der Auferstehungsleiblichkeit ist legitim.

Paulus zielt auf den im einzelnen nicht zu *be*schreibenden, sondern nur durch Analogie zu *um*schreibenden Qualitätsunterschied zwischen der Welt der Sarx und der kommenden Welt. Daß „ein jegliches nach seiner Art" geschaffen ist, wird für Paulus zum Gleichnis. Er weiß von der unterschiedlichen Beschaffenheit der Wesen im Bereich des Vitalen. Er weiß davon, daß die Gestirne verschieden leuchten, nicht nur im Helligkeitsgrad, sondern auch in der auf die stoffliche Beschaffenheit zurückweisenden Färbung (rötlich der Mars, weiß oder bläulichweiß Sirius und Wega, gelblich Capella, gelbrot Beteigeuze). Man darf nicht vereinerleien, was verschieden ist. „So auch die Auferstehung der Toten" (V. 42). Paulus sagt es nicht ausdrücklich, aber die folgenden Gegensatzpaare lassen es erkennen: hier geht es um Unterschiede, die die uns geläufigen nicht nur quantitativ, sondern in jeder Hinsicht übersteigen. Alle von uns auszumachenden und darzustellenden Differenzierungen sind nur Hinweise. Der Auferstandene, mit dem – als dem „Erstling" – die neue Welt beginnt, ist so anders, daß er weder in unsere natürliche Erfahrung noch in unser natürliches Denken eingeht. Er gehört einem anderen Kontinuum an, dem des neuen Äons. Er ist unserm Zugriff entzogen, denn wir sind nur der Dinge mächtig, die zu unserer Welt gehören. Auch wenn wir ihm als Person begegnen – also nicht als einer Sache, die uns zum Objekt wird –, bedarf es des Wunders: der Epiphanie, des Wiedererkennens im Wort und Sakrament, der Offenbarung. Es braucht sich niemand zu wundern, daß der Auferstandene nicht als eine Größe unter anderen in seiner Gesamtschau der Welt auftaucht. Es braucht sich auch niemand zu wundern, daß das Wort, das er spricht, als das Wort eben dieses Auferstandenen nicht ausgewiesen ist. Weil der Auferstandene ganz anders ist als alles, was uns zur Verfügung steht, bleibt er Geheimnis, solange er nicht selbst sich bezeugt. Darum ist auch unsere eigene Zukunft, sofern sie Auferstehung ist, Geheimnis, das uns als solches bezeugt ist, aber nicht enthüllt werden kann.

3. Wir werden nach Christus geschaffen sein. Wir greifen mit diesem Satz über den Rand der Perikope hinaus. Wir werden das Bild des himmlischen Menschen, Christus, tragen (V. 49 – zur Adam-Christus-Parallele vgl. das zum vorangehenden Text Gesagte). Wir werden seinem Herrlichkeitsleibe gleich werden (Phil. 3,21). Wir werden mit zur Herrlichkeit erhoben (Röm. 8,17). Wir werden Ihm gleich sein (1. Joh. 3,2). Wir werden in erlöster Leiblichkeit leben (Röm. 8,23).

Paulus greift das Bild vom Säen und – nunmehr – Ernten (vgl. V. 36) noch einmal auf. Ernte ist ja „stehendes Bild" für die eschatologischen Ereignisse. Vergänglichkeit, Unehrenhaftigkeit, Schwachheit: der griechisch denkende Mensch empfindet die Last, die damit auf das menschliche Leben gelegt ist. Könnte man den Tod überwinden! In der Suche nach den metaphysischen Hintergründen der Welt, in der Schau der ewigen Ideen, in der sakramental-mystischen Vergottung der Mysterienreligionen, aber auch im Trachten nach dem Andenken der Nachwelt hat man versucht, dem Vergehenmüssen zu entkommen. Daß die Welt der Sarx die Todeswelt ist, wissen die Griechen in besonders schmerzhafter Weise. Korinthische Gnosis ist gleichfalls ein Versuch, ihr zu entkommen; sogar noch mehr: die Illusion, ihr entkommen zu sein. Aber wie Christus uns zur Weisheit, zur Gerechtigkeit, zur Heiligung und Erlösung gemacht ist (1,30), so auch zur Auferstehung. Wir werden die positiven Prädikate der Reihe VV. 42–44 von Christus her zu verstehen haben. Eine von Christus absehende, in sich selbst ruhende Metaphysik liegt Paulus fern. Auferstehungsgewißheit leitet sich von der Rechtfertigungsgewißheit ab. Die Gott gerecht gemacht hat, die hat er auch herrlich gemacht (Röm. 8,30); die durch Christus zu Kindern geworden sind, die sollen auch Erben sein (Röm. 8,17; Gal. 4,7). Wir hoffen nicht deshalb, weil der natürliche Mensch nun einmal darauf bedacht ist, sein Schäfchen und – nicht zuletzt – sich selbst ins trockene zu bringen. Wir hoffen, weil wir in Christus ermächtigt sind, uns der zukünftigen Herrlichkeit zu rühmen (Röm. 5,2).

Unverweslich: denn die Todesgestalt der Welt wird aufgehoben sein. Damit hören nicht nur Stoffwechsel und Zeugung auf – beides verkündet den Tod. Damit hören Leid, Geschrei und Schmerz auf (Offb. 21,4). Denn die Sünde ist weg, deren Lohn der Tod war (Röm. 6,23). Unverweslichkeit ist da, wo unser Widerstand gegen Gott beendet und unser Verhältnis zu Gott heil geworden ist: Geschöpfe, Kinder, Ebenbilder Gottes.

Herrlichkeit: Als Sünder ermangelten wir der Doxa, die wir bei Gott haben sollten (Röm. 3,23). Nun sind wir verherrlicht. Aus dem „stinkenden Madensack" wird der Herrlichkeitsleib, das σῶμα πνευματικόν (V. 44b), der Leib also, der ganz im Dienste des Neuen steht. Ist der Geist im gegenwärtigen Zustand „Anzahlung" auf das Kommende (2.Kor. 1,22; 5,5; Eph. 1,14), so wird die kommende Welt ganz davon bestimmt sein: wo Gottes Geist ist, ist Freiheit (2.Kor. 3,17).

Kraft: Noch ist die Schwachheit der Ort, an dem sich Gottes Kraft vollenden muß (2.Kor. 12,9). Noch muß der Geist unserer Schwachheit zu Hilfe kommen (Röm. 8,26). Gott hat das Schwache erwählt (1.Kor. 1,27). Die Dynamis, in der Gottes Reich besteht (4,20), ist Christi Kraft, die an und durch uns wirksam werden soll. Das ist unsere Zukunft. (Man lese Luthers köstliche Illustration in Cl. 7, S. 339f.)

Lauter Zukunftsmusik? Wir würden allerdings sofort in die Linie der korinthischen Gnostiker einschwenken, wenn wir zu guter Letzt alles, was für Paulus Zukunft ist – „es wird die Posaune schallen" –, vergegenwärtigten, etwa in der Meinung: was wir nicht *heute* aus Christi Hand empfangen, bekommen wir überhaupt nicht. Noch einmal: damit stünden wir bei den Irrlehrern von Korinth. Vgl. V. 19! Und doch: man lebt anders, wenn man so hoffen darf. Wir „rühmen(!) uns der zukünftigen Herrlichkeit" (Röm. 5,2). Der Auferstandene ist unsere Zukunft. Was jetzt unser ist – noch sehr zwielichtig, rückfallbedroht, armselig und wenig überzeugend –, soll vollendet werden. Das im Altern oder gar in fortschreitender Krankheit sich ankündigende Sterben wird zum Weg in das große „Dann aber" (13,12), und der schwerfällige, versagende, anspruchsvolle und eigenwillige Leib sieht sich anders an, wenn man daran denkt, wozu er verwandelt werden soll. Die ganze Welt sehen wir mit neuen Augen, seit Ostern. Denn das Beste hat sie noch vor sich.

Quasimodogeniti. Apg. 3,1-21

Die Perikope besteht aus zwei Teilen: Heilung des Lahmen (VV. 1–11), Petruspredigt auf dem Tempelplatz (VV. 12ff.). Die Predigt des Petrus reicht bis zum Schluß des Kapitels; man kann, da die entscheidenden christologischen Aussagen bis V. 21 zur Sprache gekommen sind, die letzten 5 Verse ohne Schaden weglassen. – V. 1: Johannes bleibt Statist (nachträglich eingeführt?); vgl. Luk. 10,1 und den „zweiten Mann" am Anfang der paulinischen Briefe. ἀνέβαινον Impf. der Gewohnheit? des sich vollziehenden Vorgangs? Neunte Stunde: Gebetszeit um 15 Uhr (Dan. 6,11; 9,21: Zeit des Abendtamidopfers = τὸ δειλινόν, von D eingefügt), vgl. Luk. 23,44. – V. 2: „und" semit. Erzählstil (palästin. Quelle?). Das „schöne Tor" ist nicht sicher auszumachen; man denkt an das Tor des Nikanor, auch das korinthische eherne Tor genannt. – V. 3: τὸ ἱερόν ist der Gesamtkomplex der Tempelgebäude. – V. 5: ἐπέχειν = „daraufhaben", „daraufhalten", sein Augenmerk auf etwas richten. – V. 6: Auch wenn Petrus die Gemeindekasse verwaltet (vgl. 2,44), hat er kein Geld bei sich (gegen Loisy). Im Namen ist die Person wirksam, vgl. 3,16; 4,10. – V. 7: πιάζειν = anfassen, fassen, ergreifen (auch verhaften) – berühren wäre zu schwach. – V. 8: Man sollte den Vers nicht „überladen" nennen (Haenchen); die Fülle der Verben ist erzählerisch gewollt. Daß der Mann nicht nur „aufspringt", sondern „Luftsprünge macht wie ein Hirsch", ist Erfüllung von Jes. 35,6. – VV. 9f.: Chorschluß. Das θάμβος ist die heilige Scheu (tremendum). – V. 11: Daß der Geheilte sich, trotz VV. 7f. an Petrus und Johannes festhält, mindert das Wunder; beachtlich, daß die Überlieferung einen solchen der Wundertopik widersprechenden Einzelzug aufbewahrt! „Halle Salomos": dort trafen sich die Christen (5,12); die Halle liegt freilich außerhalb des Nikanortores; die Handschrift D, die bessere Lokalkenntnis hat als Lukas, läßt den Geheilten (der sich an den Aposteln festhält) „hinausgehen". – V. 12: ἀπεκρίνατο semitisch: er fing an zu reden (עָנָה). – V. 13: Jesus als παῖς θεοῦ nur Matth. 12,18 (= Jes. 42,1) und Apg. 3,13.26; 4,27.30, eine offensichtlich sehr alte christologische Formel (ThWNT V, S. 655–713), nur in wenigen altertümlichen Gebeten der alten Kirche (Didache, 1. Clemens, Mart. des Polykarp) noch verwendet. Die Formel ist wohl in der palästinischen Urkirche zu Hause. Urbedeutung: „Knecht Gottes", auf heidenchristlichem Boden (so auch bei Lukas) im Sinne von „Sohn Gottes" verstanden. In den beiden Verben παρεδώκατε καὶ ἠρνήσασθε wird die besondere Schuld des Judas und des Petrus verallgemeinert. – V. 14: Luk. 23,18ff. – V. 15: „Anführer zum Leben" vgl. unsere Auslegung zu Hebr. 2,10ff. (Gründonnerstag). „Auferweckt" – alte kerygmatische Formel, vgl. 4,10; 5,30; 10,40; 13,30 u.ö., vgl. M. Dibelius, Formgeschichte, Tübingen 1966[5], S. 14ff. – V. 17: milderer Ton („Brüder", „in Unwissenheit"). Vielleicht sollte man nicht von „Entschuldigung" reden, denn auch die Unwissenheit könnte schuldhaft sein; aber eine gewisse Entschärfung liegt darin (vgl. Luk. 23,34 vl; Apg. 13,27; 17,30). – V. 18: Vgl. Luk. 24,27 und die dort vermerkten Randstellen. – V. 19: Bei μετανοεῖν mag mehr an die Abkehr vom Bösen, bei ἐπιστρέφειν mehr an die Zuwendung zu Gott bzw. Christus und damit zum neuen Leben gedacht sein (sonst sind beide Worte fast sinngleich). – V. 20: ἀνάψυξις „Erquickung" (nach Exod. 8,11 LXX), eigentlich: die Möglichkeit, „Atem zu holen". – V. 21: δέξασθαι meint den gegenwärtigen Zustand. ἀποκατάστασις πάντων ὧν ... vgl. ThWNT I, S. 390: πάντων ist neutrisch zu verstehen: „Wiederherstellung des Alls, wovon ..." oder „Herstellung alles dessen, was ..." Vgl. Mal. 3,22f., aber auch Apg. 1,6 (die von Bauernfeind vorgetragene These, es handele sich um einen verchristlichten Eliastext, ist nicht zu erhärten). – Die Petrusrede schließt mit einem Schriftbeweis, der in erneutem Bußruf ausläuft.

Der Text mit seinem großen Umfang und seinem reichen Inhalt verlangt eine genaue Besinnung auf die perspektivische Mitte und auf den von daher sich ergebenden Zusammenhang der einzelnen Aussagen. Man könnte es sich einfach machen: sich für die Heilungsgeschichte *oder* – besser – für die Predigt des Petrus entscheiden und, ohne auf die Beziehungen zu achten, den gewählten Abschnitt für sich nehmen – dies könnte die Prozedur vereinfachen. Aber für Lukas gehört beides zusammen. Die Verklammerung braucht nicht erst nachgewiesen zu werden. Ja, wir sollen, wieder nach Lukas, die Ereignisse bis 4,31 als einen großen Zusammenhang verstehen. Hätte Lukas gewußt, wieviel Ungenauigkeiten und Unstimmigkeiten seine Ausleger ihm nachweisen würden! Vielleicht hätte er sich dann gehütet, uns Anlaß dazu zu geben, das, was er als einen großen Zusammenhang sieht, zu zerlegen. Daß ihm altes Quellenmaterial vorgelegen hat, möchte man trotz gewissen Bedenken einiger Exegeten annehmen; dafür sprechen nicht nur semitische Spracheigentümlichkeiten, sondern auch und vor allem die archaischen, in späterer christlicher Tradition eben gerade anklingenden, ansonsten aber untergegangenen Christusprädikationen (s.o.), offenbar liturgische Wendungen, die Jesu Weg und Werk aus den Ebed-Jahwe-Texten deuten (vgl. noch U. Wilckens, Die Missionsreden der Apg., Neukirchen 1961, S. 163ff., und Ferd. Hahn, Christologische Hoheitstitel, Berlin 1965², S. 385ff.). Daß sich in dem, was Lukas uns überliefert, nicht alles reimt, wird man nicht zu schwer nehmen; obwohl Lukas als Historiker ernst genommen werden will, wird man ihm nicht den Scharfsinn abverlangen, den ganze Forschergenerationen an seine Texte gewandt haben. Wir legen gewiß im Sinne des Lukas aus, wenn wir darauf bedacht sind, sein Erzählen als einheitlichen Zusammenhang zu verstehen.

Die Predigt des Petrus erst läßt recht deutlich werden, was sich bei dem Heilungswunder ereignet hat. Am Werke war nicht Petrus, ebensowenig und noch viel weniger Johannes, überhaupt nicht irgendein Wundertäter, sondern der *Christus*, der von den Menschen „ausgeliefert", „verleugnet", „umgebracht" worden ist, den Gott aber „verherrlicht" und „auferweckt" hat und den er aufs neue „entsenden" wird. Eben dieser Christus ist es, der dem Bettler die Gesundheit geschenkt hat und, wie in V. 8 angedeutet ist, mehr als bloß leibliche Genesung. Der Glaube an Christus hat diesem Menschen ein neues Leben vermittelt (V. 16); es soll auch bei denen, die die

Predigt hören – damals und heute –, zur Buße und Umkehr kommen (V. 19), und es soll sich eben darin die Macht des auferstandenen und – wenn die „Zeit" da ist – wiederkommenden Herrn erweisen, an dem sich für uns und alle Welt alles entscheidet. Das Heil liegt in dem Namen des auferstandenen Jesus Christus. Darum: Mit ihm rechnen (1), zu ihm umkehren (2), auf ihn warten (3).

1. Die Perikope läßt ein eindrucksvolles Crescendo erkennen. Sie fängt sehr unsensationell an. Petrus und Johannes begeben sich zur regelmäßigen Gebetsstunde ins „Heiligtum". Der Herr selbst hat die Gebetsstunden eingehalten, bis in die Passion hinein; die dritte (Mark. 15,25), die sechste und neunte Stunde (Matth. 27,45) sind im Bewußtsein der Frommen als Gebetsstunden verankert. „Spät oder zur Mitternacht oder um den Hahnenschrei oder frühmorgens" will Jesus seine Leute wachend finden (Mark. 13,35) – das sind Gebetsstunden. Die dritte Stunde am Pfingsttag (Apg. 2,15) ist die Stunde des Morgenopfers. Petrus hält das Mittagsgebet ein (10,9). Paulus und Silas halten das Nachtgebet (16,25). Ordnung baut auf, wir haben sie nötig. Aber das ist nur der Hintergrund unserer Perikope. – Unsensationell wirkt auch der Bettler, ein armer Mensch, auf die Hilfe anderer angewiesen, mit einem traurigen Lebensinhalt: Menschen um die in kleine Münze portionierte „Barmherzigkeit" (ἐλεημοσύνη = „Almosen") zu bitten – was für ein grimmiger Hohn, was für eine zur Gewohnheit gewordene Unmenschlichkeit liegt in diesem Sprachgebrauch! Die damaligen gesellschaftlichen Verhältnisse ließen einem Invaliden keine andere Wahl: Betteln war sein Los. So hat der Namenlose, von dem unser Text erzählt, sich einen günstigen Platz gewählt. Freilich läßt eben dieser Platz uns fragen: Soll es dabei bleiben, daß man drinnen Gott verehrt, und für den draußen – denn hinein dürfen die Krüppel nicht (vgl. W. Grundmann zu Matth. 21,14) – hat man bestenfalls ein paar Pfennige? Nichts verlautet darüber, daß der Bettler aus seinem Elend herauszukommen getrachtet habe. Das Neue Testament erzählt uns nicht die innere Geschichte der in ihm auftretenden Menschen. Der Mann ahnt nicht, was die nächsten Augenblicke ihm bringen sollen. Er spricht die beiden Männer, die das Tor passieren wollen, an wie jeden anderen; was sollen sie schon anderes für ihn haben als ein paar Bettelpfennige? –Aber da geschieht, was der Mann nicht erwartet hat. Das Wort des Petrus ist zunächst eine Absage: Ich habe kein Geld, bin selbst ein armer Mann. Was ich aber habe ...: in dem, was nun kommt, liegt die Wende. Petrus muß von seinem Herrn gelernt haben, daß man sich mit dem gegenwärtigen Zustand der Welt nicht abfinden kann. Über dieser Welt, zu der auch jener Tempelbettler gehört, steht Jesu Name! Allerdings muß nun, wenn dieser Name über dem Krüppel gesprochen wird, etwas geschehen, was ihm nicht geläufig ist. Ein Geldstück in die Mütze und dann – kaum schaut er auf, kaum erwacht er aus seiner Stumpfheit – ein mechanisches „Danke"? Hier ist es anders: „Sieh uns an!" In V. 16 wird noch von dem Glauben die Rede sein; zunächst fällt das Wort noch nicht, aber die Sache ereignet sich. „Im Namen Jesu Christi von Nazareth (stehe auf und) geh umher!" Man mache sich klar, was der Augenblick bedeutet, in dem Petrus diesen Befehl ausgesprochen hat! Wie, wenn der Gelähmte jetzt versuchen würde,

sich zu erheben, und sänke kraftlos zurück! Was für ein Grinsen bei den Umstehenden! Was für eine Enttäuschung bei dem Kranken, schlimmer: wie verhöhnt und beleidigt müßte er sich fühlen! Aber wir hätten damit noch nicht den Kern der Sache getroffen. „Im Namen Jesu Christi von Nazareth!" – das ist doch ein Bekenntnis zu dem unlängst Verurteilten und Hingerichteten! Was für ein Wagnis, diesen Namen zu nennen, sich auf diesen Namen zu berufen, diesem Namen, d.h. aber: diesem Mann – dem Hingerichteten! – die Kraft zuzutrauen, daß er dem Gelähmtem hilft! Petrus weiß: Jesus ist auferstanden. Aber solches Glaubens-Wissen könnte auch ein totes Katechismuswissen sein. Was hier vor uns geschieht, ist dies, daß einer mit Jesus *rechnet* – nicht im Sinne eines Kalküls, sondern im Sinne des Wagnisses, das sich selbst gar nicht als Wagnis versteht, sich also des Risikos gar nicht bewußt ist, das hier eingegangen wird, weil, was hier zu wagen ist, im Grunde das Gewisseste des Gewissen ist: Jesus lebt. Im Namen des auferstandenen Jesus Christus liegt das Heil. Wir dürfen mit Jesus rechnen – er versagt nicht, er läßt uns nicht im Stich, wo wir auf seinen Befehl und seine Verheißung hin handeln (vgl. z.B. Luk. 10,9).
Wir werden durch einen Text wie diesen gefragt, wie es mit unserm Glauben steht. Ist er ein weltanschaulicher Standpunkt? Ist er eine Theorie über Gott? Ist er eine bestimmte Variante des Menschseins – die religiöse, meinetwegen auch: die von einem bestimmten Wort her sich verstehende, sagen wir also: vom Evangelium her gestaltete Weise des Menschseins? Meinen wir: Jesus in Ehren – aber was ich selbst nicht zuwege bringe, kann mir niemand geben? Ist Jesus nun da als der Heilbringer, oder sind wir der Überzeugung, er vermöchte uns wohl in der Misere unseres Lebens gut zuzureden und alles umzuinterpretieren, aber wirklich helfen könne er nicht? Wir haben jetzt bewußt zugespitzt. Wir wollen, was z.B. 2.Kor. 12,9 steht, nicht verleugnen. Aber wir sollten uns durch einen Text wie diesen schon fragen lassen, was wir im Ernstfalle unserm Herrn zutrauen: wie konkret wir beten, wie zuversichtlich wir vertrauen, wieviel wir in unserm Alltag tatsächlich seiner Regie unterstellen usw. Für den Petrus von Apg. 3 war es offensichtlich nicht zweifelhaft, daß der auferstandene Herr anwesend sei, daß er an dem Kranken etwas ausrichten könne und wolle und daß man im Reden und Handeln mit dieser Gewißheit Ernst machen dürfe und solle. Wir haben uns daran gewöhnt, daß Heilungen durch Christus nicht mehr geschehen. Selbstverständlich konsultieren wir den Arzt; auch dessen Wissenschaft gehört hinein in die große und wohlgeordnete Schöpfungswelt Gottes; es wird dem Glaubenden nicht einfallen, der ärztlichen Wissenschaft den Rücken zu kehren und sich dafür – der Magie zu ergeben. Aber eben das ist die Frage, ob wir die so geordnete Welt wirklich als die Welt *dieses* Gottes und Herrn ansehen und darum auch in ihr mit ihm zu rechnen bereit sind. Es ist zu fürchten, daß wir, indem wir an seiner Macht zu heilen verzweifeln, ihm auch seine Vergebung nicht mehr glauben. Es ist zu fürchten, daß wir ihm nur noch einen winzigen Bereich zugestehen – den einer jeglichen Weltbezugs entbehrenden Innerlichkeit – und im übrigen zu Zwittern werden, die den Selfmademan und den Fatalisten in sich vereinen. Beide, der Selfmademan wie der Fatalist, rechnen nicht mit dem auferstandenen

Christus. Aber wir sollen weder das eine noch das andere, noch beides in einem sein. Petrus rechnet mit Christus. Wie die Geschichte weitergeht, erzählt der Text. Der eben noch stumpfe, resignierte, um nicht mehr als um ein Almosen bittende Bettler steht auf seinen Beinen, und wir sehen ihn – beachte die Vielzahl der Verben in V. 8 – auf allerlei Weise in Bewegung. Wir sähen die Dinge sehr von außen, wenn wir den Text als Zeugnis für eine kritiklose Mirakelfreudigkeit verstünden. Die Schilderung des sofortigen Heilerfolgs gehört zum Stil der Wundergeschichten. Immerhin läßt Lukas aber das merkwürdige κρατοῦντος (V. 11) stehen (auch die D-Lesart bringt das auffällige Verbum); es kann schlicht bedeuten: der Geheilte ließ die beiden nicht los, sondern hielt sie fest; es kann sich dahinter aber auch verbergen, daß, indem er *sie* festhielt, er zugleich *sich* an ihnen festhielt. Grund zum Verwundern wäre für die Menge und für uns auch dann noch.

2. Zu ihm umkehren! Das wäre die zweite Folgerung, die sich aus der Heilswirksamkeit des auferstandenen Jesus Christus ergibt. Wir verstehen sie nur, wenn wir uns die dramatische Wende verdeutlichen, die die Erzählung des Lukas durch die Rede des Petrus nimmt. Man hat darauf aufmerksam gemacht, daß unsere Heilungsgeschichte nicht nur in 9,32-35, sondern vor allem auch in 14,8ff. auffällige Parallelen hat. Wir sind in solchen Fällen immer sehr schnell bereit, das eine aus dem andern abzuleiten. Dem Verfasser der Apostelgeschichte könnten indes derartige Ähnlichkeiten auch kaum entgangen sein. Die Frage nach dem Woher der Überlieferung braucht uns für die Predigt nicht übermäßig zu beschäftigen. Es kommt auf die Sache an. Diese besteht aber gerade darin, daß – hier wie dort – der eigentliche Auctor des Wunders entdeckt und bezeugt werden muß. Verwundert es, daß dieses Motiv bei Lukas zweimal auftaucht? Wird nicht alles, was die Gemeinde Jesu tut, zurückweisen müssen auf den, der der eigentlich Wirkende ist? Wo man irgend etwas zu rühmen findet, muß es nicht in jedem Falle heißen: „doch nun nicht ich"? Der Glaube, auf den es in dem „Sieh uns an!" abgesehen war, kann sich ja eben gerade nicht auf die richten, die als bloße Werkzeuge Jesu vor dem Manne stehen, sondern nur auf Jesus selbst. „Im Namen Jesu Christi von Nazareth" – damit ist auf den Träger eben dieses Namens verwiesen, der darin gegenwärtig ist. Namenszauber? Wenn es nicht um den auferstandenen, also personhaft gegenwärtigen Herrn ginge, dann könnte man an solche Verirrung denken. Aber es geht ja um den lebendigen Christus. Die Nennung seines Namens macht die Situation eindeutig. – So, wie Lukas die Rede gestaltet und überliefert hat, fällt Petrus nicht gleich mit der Tür ins Haus. Man kann ja nicht annehmen, daß alle, die jetzt angeredet werden, das in V. 6 Gesagte mit gehört haben; man sieht den Geheilten nur umhergehen und Gott loben (V. 9). So weist Petrus zunächst auf den Gott der Väter (V. 13) und damit auf die Kontinuität der Heilsgeschichte. So, wie Petrus beginnt, mag schon manche Verlautbarung begonnen haben, die man im Tempel gehört hat. Aber dann fällt sofort der Name des Gottesknechtes *Jesus*. Die Geschichte unseres Textes ist undatiert; sie hat durch Lukas ihren Ort in den Acta, damit allerdings auch ihre Datierung bekommen: sehr bald nach Pfingsten. Was bedeutet aber dann die

Nennung des Namens Jesu vor allem Volk im Tempel? Sie kann nur schokkierend gewirkt haben. Kapitel 4 zeigt ja auch: man nennt Jesu Namen, den Namen des schändlich Hingerichteten, nicht ungestraft. Denn diesen Namen nennen, das heißt für Jesus Partei ergreifen, sich zu ihm bekennen. Damit aber macht man sich schuldig. Nicht genug damit, daß Petrus sich auf Jesus beruft. Er behauptet, daß Gott ihn – wie Jes. 52,13 gesagt – zur Glorie erhoben hat. Auch damit noch nicht genug. Das Volk wird angeklagt: „Ihr habt ihn ausgeliefert, ihr habt euch von ihm losgesagt; ... von dem Heiligen und Gerechten habt ihr euch losgesagt; und um den Mörder habt ihr gebeten, daß er euch geschenkt werden möchte; den, der zum Leben führt, habt ihr umgebracht." Die Beschuldigungen prasseln auf die Zuhörer hernieder. Es wäre töricht, zu fragen, ob denn im Tempel eben gerade dieselben Menschen versammelt sind, die „Kreuzige!" gerufen haben. Es ist ja auch nicht zu übersehen, daß „ausliefern" und „verleugnen" Verben sind, die Judas und – Petrus selbst anklagen. Hier ist also ganz grundsätzlich geredet. – Die Zuhörer könnten sich noch einen Augenblick lang auf den Standpunkt stellen, es habe mit den Ereignissen des Karfreitags seine Richtigkeit. Aber: „Den hat Gott von den Toten auferweckt." Jedoch auch das brauchte noch niemanden umzuwerfen. Aber da kommt es, worauf die ganze Rede zielt: Die Macht dieses auferweckten Christus hat sich an dem Bettler erwiesen. Ihr wart soeben voll Wunderns und Entsetzens – ihr müßt nur begreifen, wer das war, der euch dermaßen ins Staunen versetzt hat! Es war niemand anderes als eben der, an dessen Tod ihr schuldig seid und den Gott auferweckt hat. Täuscht euch nicht: mit dem, den ihr für vergangen und erledigt haltet, habt ihr es zu tun! (Man werfe einen Blick auf V. 23 und erkenne daraus den Ernst der Lage.)

Petrus nähme das Gericht voraus, wenn er jetzt das Gesetz predigte und nicht das Evangelium. Aber er kann jetzt noch zur Umkehr rufen. Er setzt sich allerdings dem Verdacht aus, alles bisher Gesagte zu entschärfen und zu verharmlosen. Erstens: Was ihr getan habt, habt ihr in Unwissenheit getan. Zweitens: Hat Gott alles zuvor verkündigen lassen, dann wird darin das heilsgeschichtliche Muß sichtbar, dessen Vollstrecker ihr gewesen seid. Wenn Lukas wirklich so zu verstehen wäre, als wolle er verharmlosen, so dürften wir ihm in der Predigt nicht folgen. Es gibt auch schuldhafte Unwissenheit, wie andererseits auch Gottes Heilsplan unser Schuldigsein voraussetzt, aber nicht aufhebt. Hätte also Lukas von beidem nicht reden dürfen? Wir können nur dankbar sein, daß er es getan hat. „Es ist hier kein Unterschied", lesen wir bei Paulus (Röm. 3,23). Und doch kennt Gott die besondere Lage eines jeden. Er kennt unser Böses und weiß, wie es dazu kam, ohne daß wir wußten, was wir anrichten. Und es mag auch geschehen, daß er uns, indem er freundlich mit uns redet, eine goldene Brücke baut. Er hält uns zugute, worin wir unbedacht, unklar, unter fremdem Einfluß, eingeschläfert oder berauscht oder verführt Schuld auf uns geladen haben. Aber davon ist nicht weiter zu reden. Jetzt heißt es: Umkehren! Gott *gibt* Buße (5,31), d.h., er gewährt die Chance zur Umkehr. Dazu hat christliche Predigt aufzurufen.

3. Auf Jesus warten. Wir wünschten uns noch eine etwas farbkräftigere

Formulierung. An der hier gebotenen ist richtig, daß wir zuletzt auf den Christus verwiesen werden, der vorerst – wieder nach göttlichem Muß – im „Himmel“ sein muß, also in der Unsichtbarkeit, die uns aufs Glauben gegen den Augenschein angewiesen sein läßt. Aber Christus wird noch einmal „gesendet“ werden. Israel soll auf keinen anderen Messias warten als auf Jesus, der längst zuvor für dieses Amt bestimmt ist (V. 20). Er mußte zunächst leiden – nicht zufällig, sondern nach Gottes deklariertem Plan. Was der Auferstandene den Emmausjüngern selbst klargemacht hat (Luk. 24,26ff.), ist nun fester Glaubensbesitz der Gemeinde: das Kreuz war nötig. Aber es drängt alles dahin, daß das All wiederhergestellt, mindestens: daß alles Verheißene realisiert wird (s. o.). Wir haben Jesu Werk noch nicht begriffen, wenn wir es nur auf den einzelnen (in unserm Text: auf den Geheilten) oder auch nur auf Gottes Volk (in unserm Text: auf das im Tempel anwesende Israel) bezogen denken. Auferstehung hat umfassende Bedeutung. Ein Quasimodogenitus ist der im Glauben Geheilte, der wie ein Hirsch herumspringt und Gott lobt, weil er jetzt erst zu leben anfängt. Quasimodogeniti können und sollen die sein, die sich aus ihrer immensen Verschuldung heraus Gott wieder zuwenden dürfen. Aber neu geschaffen werden soll die ganze Welt. Wir dürfen nicht mit Origenes die Apokatastasis panton zu einem Lehrgegenstand machen, der uns verführen könnte, die immer neu zu treffende Entscheidung des Glaubens zu vernachlässigen. Wir sahen: πάντων ist Genitiv nicht zu πάντες, sondern zu πάντα. Aber das ist gemeint, daß Gott in kosmischen Ausmaßen denkt. Er will alles wieder heil machen. Was dem Gelähmten widerfahren ist, ist Anbruch und damit Zeichen und Hinweis. Buße ist die Wendung zu Gott hin und damit gleichfalls ein Zugehen auf den Zustand der Vollendung. Das ὅπως, mit dem V. 20 beginnt, deutet darauf hin, daß wir uns in Glauben und Buße dem Kommenden nicht nur öffnen, sondern daß damit selbst das Kommen des Heils beschleunigt wird. Wo der Name Christi laut wird, da atmet alles Zukunft.

Misericordias Domini. Hes. 34,1-2(3-9)10-16.31

Der Text entstammt dem dritten Hauptteil des Prophetenbuches, der mit Kap. 33 beginnt, tröstende Reden enthält und in die Zeit nach 586 gehört. Kap. 34 hat ein einheitliches Thema: Hirt und Herde. Die VV. 2–10 sind ein Schelt- und Drohwort (gekennzeichnet durch das הוֹי V. 2 und das לָכֵן V. 7): die Hirten, d.h. die Regierenden in Israel, haben ihr Amt vernachlässigt und mißbraucht und verfallen dem Gericht Jahwes. Die VV. 11–16 kündigen an, wie Jahwe selbst das Hirtenamt über Israel ergreift und wahrnimmt; auf dem Hintergrund der Exilsituation als Heilsweissagung zu verstehen. Die VV. 17–22 sprechen davon, wie Gott innerhalb der Herde für Recht sorgt. Ein letzter Abschnitt, VV. 23–30 (V. 31 klappt auffällig nach), spricht nicht mehr von Gottes Hirtenamt, sondern von dem eines künftigen David, der als נָשִׂיא („Fürst“) in Israel walten wird, während Jahwe als der Gott seines Volkes bezeichnet ist. Dies ist messianische Weissagung in dem uns geläufigen Sinne (Schilderung der

Heilszeit). V. 31 bindet beide Aussagen zusammen: Jahwe ist der Hirt (VV. 11–16), Jahwe ist der Gott Israels (V. 24). Der Predigtabschnitt wendet sich der ersten der beiden Hauptaussagen des Kapitels zu: Jahwe will der Hirt der vernachlässigten, schmählich ausgenutzten, zerstreuten Herde sein. Als Hintergrund für die zentrale Aussage der VV. 11–16 sind die in () stehenden Verse mit zu berücksichtigen (wenn auch wohl nicht vorzulesen). – Zum einzelnen: In V. 2 lies mit LXX und der arab. Übersetzung statt אֲשֶׁר הָיוּ: הֲיִרְעוּ; so ergibt sich die eindrucksvolle Doppelfrage: „Sollen Hirten sich selbst weiden? Sollen Hirten nicht (vielmehr) das Vieh weiden?“ – V. 3: חלב kann verschieden punktiert werden: MT liest „Fett“ (wohl zu Recht), LXX und Vulg. lesen „Milch“. – V. 4: נַחְלוֹת ist Part. fem. ni von חלה = das Schwache, Kranke, חוֹלָה Part. fem. kal in gleicher Bedeutung. – V. 10 ist wohl mit LXX das feindliche על statt אל zu lesen. – V. 12 Text zweifelhaft; vgl. die Vorschläge der BH. (Soll man lesen: „am Tage der Bedrückung“?). – Zum ganzen Text vgl. bes. Jer. 23,1-8, möglicherweise das Vorbild für unseren Text.

Das Bild vom Hirten war in der alten Welt sehr verbreitet. Auf sumerischen Königsinschriften erscheint der König als der von der Gottheit eingesetzte Hirt. Assyrische und babylonische Könige wurden als Hirten tituliert, und das Verbum „weiden“ bezeichnet die Tätigkeit des Regierens. Die Pharaonen bezeichnen sich gern als „Hirt für alle Leute“ oder als „Hirt, der für seine Untertanen wacht“. Für Kanaan ist der übertragene Gebrauch des Hirtentitels nicht belegt (vgl. zum Ganzen ThWNT VI, S. 485). Jahwe wurde gern als Israels Hirt bezeichnet, jedoch nicht in der kultischen Formelsprache, sondern in der Bilderwelt der lebendigen Frömmigkeit (vgl. etwa Ps. 23; 28,9; 74,1; 77,21). Für Kleinviehhirten bot das Bild sich an. Der Hirtentitel wurde – im Unterschied zur altorientalischen Umwelt – nie auf einen regierenden König Israels angewandt (obwohl seine Regierungstätigkeit mit Verben des Weidens umschrieben werden konnte). Der Messias wird Hirt sein (Hes. 34,23; auf Kyros bezogen: Jes. 44,28). Hirten in der Mehrzahl kommen häufiger vor (Jer. 3,15; 23,1; 25,34; Sach, 11,17 u.ö.); gemeint sind Inhaber von staatlichen Ämtern. Erst in der Damaskusschrift (13,9f.; 19,7f. – bei Bardtke, Handschriftenfunde II, Berlin 1958, S. 270.273) heißt der Gemeindeleiter „Hirt“; von daher führt eine Linie zum Hirtenamt in der neutestamentlichen Gemeinde (Eph. 4,11; Apg. 20,28; 1.Petr. 5,2ff.; Joh. 21,15-17).

Achtet man auf diesen Hintergrund, dann ist damit die Rede vom Hirten sofort entsentimentalisiert, eine Erleichterung für unser Verstehen und Verkündigen. Jedoch stößt das Bild von Hirt und Herde von anderer Seite her auf unsern Widerstand. Der Autoritätsbegriff befindet sich in einer tiefgreifenden Krise. „Führertum“ ist uns in so abscheulicher Gestalt begegnet, daß Mißtrauen gegen jegliche Autorität von daher verständlich ist. Als Ereignis scheint Autorität vertretbar, als gesetzte Vollmacht nicht. Wir denken vom Zusammenspiel der vielfältigen Kräfte im Ganzen her. Wo vom Hirten die Rede ist, wittert unser dem Leitbild der Demokratie verpflichtetes Denken Gefahr. Wir werden uns dies vor Augen halten und weiter ausdenken müssen. – Jedoch darf nun nicht übersehen werden, daß Hes. 34 gegen Autoritäts- und Machtmißbrauch auf schärfste vorgeht. Hier geht es gegen die, die sich selbst „weiden“: gegen die Nutznießer und Ausbeuter, gegen solche, die ihr Regier- und Leitungsamt nicht als Dienst der Fürsorge verstehen, gegen Tyrannen und üble Bosse, gegen solche also, die ihre Aufgabe im Ganzen als Vorzugsstellung verstehen und ausnützen. Gesellschaftskritik – von Gott her! Eine in sich gegründete, sich auf sich selbst berufende und sich selbst dienende Autorität wird hier gerade aufs gründlichste abgebaut. Gott selber wird Israels Hirte sein. Oder nun gleich auf uns angewandt: Gott selbst will *unser* Hirte sein – uneigennützig (1), fürsorglich (2), barmherzig (3).

1. Wenn man sich vor Augen hält, daß hier in die Exilsituation hinein geredet ist, dann wird man annehmen dürfen, daß die Katastrophe von 586 noch nicht allzuweit zurückliegt. Es hat nicht viel Sinn, nach Namen derer zu fragen, die gemeint sein könnten. Genug, die Misere der Verbannten wie der im Lande Gebliebenen wird hier auf das Versagen und Verschulden derer zurückgeführt, deren Aufgabe es gewesen wäre, das Volk so zu leiten, wie es dem Wort vom „Hirten“ entsprochen hätte. Ein Volk ist schnell ins Unglück gestürzt. Die Bibel ist weit davon entfernt, den einen alle Verantwortung aufzubürden und die anderen freizusprechen. Jeder sündigt auf seine Weise. Aber das ist es ja gerade: der Mächtige sündigt in, mit und an seiner Macht. Jedenfalls war es damals so, als sich Israels Geschick erfüllt hatte. Der kleine Mann hatte die Folgen zu tragen. Ja, er war der eigentlich Betrogene. Nicht, daß es überhaupt Hirten gab, war der Fehler. „Da Jesus das Volk sah, faßte ihn der Jammer, denn sie waren abgehetzt und erschöpft wie Schafe, die keinen Hirten haben“ (Matth. 6,36). Es geht in der Welt nicht ab, ohne daß Menschen leitende Funktionen ausüben: der Leiter eines Betriebs und der Hauptverantwortliche in einer Abteilung, der Lehrer in der Schulklasse, der Chefarzt eines Krankenhauses. Wer leitet, wird, wenn er weise ist, die Geleiteten aktivieren, sich ihres Rates ihres Mitgehens, ihres Verständnisses versichern. Aber es wird je nach dem Ort, an dem einer steht, verschieden sein, in welcher Weise er das tut: der Polier auf dem Bauplatz, der Fahrdienstleiter auf dem Bahnsteig, der Präsident eines Parlaments, der Dirigent eines Orchesters. Leitung muß sein. Autorität muß sein. Wenn wir uns geordneter Leitung entzögen, würden wir wahrscheinlich ab sofort der Tyrannei einer nicht-geordneten Leitung um so mehr verfallen sein. Staatsbürgerliche Disziplin z.B. braucht durchaus keine servile Untertanengesinnung zu sein. – Aber nun die andere Seite: Leitung ist – auch wo einer etwas „zu sagen hat“ – legitimerweise immer nur *Dienst*. Genau hier meldet sich Gott mit seinem harten Gerichtswort. Israels Propheten haben es wieder und wieder gesagt. „Weh denen, die ein Haus zum andern bringen und einen Acker an den andern rücken, bis kein Raum mehr da ist und sie allein das Land besitzen“ (Jes. 5,8). Solche und ähnliche Worte müßten den Mächtigen Israels massenweise in den Ohren gellen, seit langem. Sie sind der Versuchung erlegen. Sie haben ihre Machtstellung eigensüchtig ausgenutzt. Sie haben die Herde als Quelle ihrer Bereicherung angesehen. Sie haben zuletzt eben sich selbst gemästet! – Die harten Worte des Textes gelten zunächst den Mächtigen damals. Wir haben uns selbst an ihnen zu messen. Wir sind nicht Großgrundbesitzer, Industriemagnaten, Inhaber von

Macht. Und doch haben die meisten von uns an irgendeiner Stelle auch über andere zu sagen. Werden wir dieser Lage Herr? Soll heißen: Kommen wir uns darin wichtig vor? Sonnen wir uns im Glanz unserer Geltung, unserer Vollmacht, unserer Bedeutung vor anderen? Nutzen wir es gelegentlich aus, daß wir am langen Hebelarm sitzen? Bekommen es die anderen zu spüren, daß sie uns unterstellt sind? Es kommt sehr schnell zum Mißbrauch der Macht, auch in der Gemeinde Jesu. Falsche, eigennützige Hirten!

Gott greift ein. „Siehe, ich will mich meiner Herde selbst annehmen." In der Lage des Exils heißt das: An eben der Stelle, an der das Unheil entstanden ist, setzt Gott an. Wo der König und seine Minister versagt und die Wirtschaftsmagnaten in ihrer Weise das Volk ins Unheil gebracht haben, da ergreift Gott selbst die Initiative. Im Unterschied zu der Gerichtsbotschaft, die auch Hesekiel selbst, einig mit der klassischen Prophetie Israels, gepredigt hat, kann er nun *Heil* verkündigen. Wir wollen uns nicht lange bei der Vorrede aufhalten: hier spricht der Gott, der in *Jesus Christus* selbst unser guter Hirt geworden ist. Ihn jammert des Volks. Die Evangelien zeigen es uns. Da sind die ὄχλοι: „das Menschenvolk als Masse, als Menge, als Haufe, ‚die Leute', das namenlose ‚Man'" (K. Barth, KD IV/2, S. 205). Jeder hat sein Schicksal – es geht unter, denn keiner fragt danach. Wo der Geist des Profits herrscht, wird ein jeder nur nach seiner Brauchbarkeit, Verwertbarkeit, also nach dem eingeschätzt, was an ihm zu verdienen ist. Daß er ein Herz hat, Person ist, sich mit Problemen, mit unvergebener Schuld herumschlägt, das sieht nur der *eine*: Jesus. Der uneigennützige Hirt – um im Gleichnis zu bleiben –, dem es also nicht auf Milch, Fett und Wolle ankommt, sondern der sein Leben läßt für die Schafe. Jesu Regiment besteht im Dienen. Seine Überlegenheit in der grenzenlosen Selbsthingabe. Seine Macht über uns in nichts als Liebe. Zweifellos: er regiert! Es geht nach seinem Willen. Wenn wir ihn „Herr" und „Christus" nennen, so sind das Herrschertitel. Aber hier regiert nun wirklich einer, der nachweislich nicht das Seine gesucht hat. Gerade so ist er der *gute* Hirte.

Wenn in der Gemeinde Hirtendienst geschieht – und es *gibt* ihn: „Weide meine Schafe!" –, dann darf dies nur in dem Sinne geschehen, daß der Hirt, der „Pastor", das Instrumentum des Hirtendienstes Jesu ist. Uneigennützig – der 1. Petrusbrief trifft es genau: „nicht um schändlichen Gewinns willen" (5,2). Daß das Wort Amt vielen so unerträglich ist, haben wir verschuldet; wir haben das Amt nicht so verwaltet, daß man Jesu Art darin wiedererkennen konnte. Der Herr braucht seine Leute, der „Erzhirte" (1. Petr. 5,4) seine Unterhirten. Aber er kann uns nicht gebrauchen, wenn wir das Unsere suchen. Ein Text wie dieser sollte uns an die Nieren gehen.

2. Hirtendienst ist *Fürsorge*. Das Schwache stärken, das Kranke heilen, das Verwundete verbinden: das eben haben die falschen Hirten nicht getan. Nicht nur, daß sie sich nicht hätten bereichern und auf Kosten der anderen leben sollen; sie hätten, umgekehrt, dafür sorgen sollen, daß denen, über die sie gesetzt sind, geholfen wird, wo nötig und möglich. Eben dies haben sie unterlassen. Nun hat es sich in der Geschichte des Gottesvolkes furchtbar gerächt: das Exil ist Gottes Antwort. „Siehe, ich will an die Hirten" – das עַל bedeutet ja „über" und „gegen": Gott überfällt sie, er stürzt sich

auf sie – „und will meine Herde aus ihrer Hand fordern" (V. 10). „Das Fette und Starke will ich vernichten" (es besteht kein zwingender Anlaß, mit LXX, der syr. und lat. Übers. das אַשְׁמִיד in אֶשְׁמֹר zu ändern) „und weiden" (d.h. mein Regieramt über ihnen ausüben) „mit Gericht." (Bei „weiden" denkt man auch an den auffälligen Sprachgebrauch in Apok. 2,27. Dort dürfte (wie schon Ps. 2,9 LXX) eine Verwechslung von רעע mit רעה vorliegen; doch wie alt könnte eine solche Verwechslung sein?) – Gottes Gericht hat, wenigstens in den Katastrophen von 597 und 586, nicht nur die Oberschicht betroffen, obwohl vornehmlich sie es ist, die ins Exil hat gehen müssen. Das ganze Volk ist nunmehr die schwache, kranke, verwundete Herde. Ist dieser Zustand das Ende der Wege Gottes?

Auch diesmal ist, was hier zu lesen ist, eine Gewissensfrage an uns. „Ich bin hungrig, durstig, ein Fremdling, nackt, krank, gefangen gewesen, und ihr ..." (Matth. 25,42). Was heißt das, wenn man über den individuellen Bereich hinausschaut und, wie das hier im Text geschieht, an das Ganze der Gesellschaft denkt? Gott hat alle verpaßten Gelegenheiten, alle nicht wahrgenommenen Möglichkeiten zu diakonischem Wirken genau registriert. Wir finden ihn, gerade in der prophetischen Botschaft, aber auch in Israels Gesetz, immer wieder auf der Seite der Minderberechtigten, der Ausgebeuteten und Unterdrückten. Er ergreift Partei für das Schwache und Benachteiligte. Er kennt also unser Versagen in jedem Einzelfall. Ihn interessiert aber keinesfalls weniger der Zustand der Gesellschaft im ganzen. Es ist beschämend, daß – im großen Maßstab gedacht – die nichtchristliche Welt uns erst hat klarmachen müssen, was zu tun war und ist, um eine Ordnung zu schaffen, die allen ihre Ehre, ihr Recht und ihren Anteil an den Gütern der Erde („Weide") gibt. Wir haben keine Veranlassung, uns mit der Rede von christlicher Liebe und Verantwortung der Welt aufdringlich zu machen. Das Schelt- und Drohwort trifft auch uns.

So ist es, wie für die Menschen damals, auch für uns ein Wunder, wenn Gott nicht nur da zupackt, wo wir versagt haben, sondern uns, den Versagern, seine Fürsorge zuwendet. „Siehe, ich will mich meiner Herde selbst annehmen" – in der Fürsorge für sie. In der Situation Hesekiels bedeutet die Fürsorge Gottes zunächst die Wende in Israels Geschick. V. 14 läßt erkennen, daß an die Heimkehr der Verbannten gedacht ist. Das Land der Verheißung mit seinem Reichtum soll ihnen aufs neue geschenkt werden: der Hirt führt die Herde auf die gute Weide. Was Menschen einander schuldig geblieben sind, vollbringt nun Gott. Er nimmt sich aller an, auch der Schuldigen und nunmehr Entmachteten. Die Heilsgeschichte endet nicht in der Katastrophe Judas. – Wir tun auch an dieser Stelle gut, sofort den Blick auf *Jesus Christus* zu richten, in dem sich, was hier zugesagt ist, erfüllt hat und noch erfüllen wird. Er predigt den Armen das Evangelium. Um ihn drängen sich die Heilungsuchenden. Man findet ihn bei denen, mit denen die gesellschaftliche und religiöse Oberschicht nichts zu tun haben will. Ihn interessiert der einzelne Mensch mit seinem verpfuschten, ungeordneten, mit Schuld belasteten und durch Schuld zerstörten Leben. Er stellt hier keine Bedingungen. Er liebt einfach. Seine voraussetzungslose, durch nichts als durch das Elend der Elenden provozierte, also in jedem

Falle unverdiente Liebe weckt das Neue im Leben der Betroffenen. So kommt das Heil in die Welt. Nicht: bist du es wert?, sondern: hast du es nötig? Der Hirt sorgt für die Herde. Es wäre gut, wir überwänden die Bedenken, die wir gegen das Gleichnis haben. Denn gerade in dem, was uns bedenklich macht, will es uns helfen. Der Hirt weiß, was das Tier braucht, nicht das Tier selbst. Der Hirt weiß, wo nahrhaftes Gras ist, wo es zum Wasser geht, wo Gefahren lauern. Ohne Bild: Es zeigt sich immer wieder, daß wir gerade an der Stelle, an der es mit uns am bedenklichsten steht, am törichtsten und kurzsichtigsten sind. Wir müssen uns gut überlegen, an welchen Stellen es sinnvoll ist, uns auf unsere „Mündigkeit" zu berufen; es gibt andere Stellen, an denen wir notorisch unmündig sind. Keine Sorge: Christus hält uns nicht kurz, er hat kein größeres Interesse als dies, daß wir wirklich frei werden. Aber diese Freiheit *haben* wir nicht, wir *empfangen* sie. Unsere Ausgangsposition ist mit Matth. 9,36 realistisch beschrieben. Aber der Hirt ist da. Unsere Predigt soll dies verkündigen. Sie wird dazu aufrufen müssen, daß wir uns den Dienst dieses Hirten auch gefallen lassen. Wer Christus an die schwachen und dunklen Stellen in seinem Leben nicht heranlassen will, kann auch nicht erfahren, daß hier wirklich Fürsorge waltet. Wer dagegen die Erfahrung geltend machen will, daß er sich, obwohl doch Christ, verraten und verkauft vorkomme, möge Geduld haben. Hirt ist Jesus, nicht wir selbst. Wir werden noch das zur Zeit Unbegriffene, Unverarbeitete, scheinbar Unerträgliche als ein Stück seiner Fürsorge begreifen. „Wir rühmen uns auch der Trübsale" (Röm. 5,3) – „ob ich schon wanderte im finstern Tal" (Ps. 23,4).
Wir können von der Fürsorge des guten Hirten nicht sprechen, ohne nun doch auch auf den Hirtendienst zu kommen, der in seinem Auftrag geschieht und in dem er, der gute Hirte, selbst wirksam sein will. „Gott regiert das Volk Gottes nicht unmittelbar, sondern mittelbar durch die von ihm zur Leitung Bestimmten" (V. Herntrich, GPM 1949). Den Grenzfall, daß Gott wunderbar eingreift, ohne das Vorhandensein eines Hirtenamts, bezeichnet unser Text. Aber die Regel wird sein, daß Gott in Christus sein Werk durch Menschen tut. „Gleichwie mich der Vater gesandt hat, so sende ich euch" (Joh. 20,21). „Weide meine Schafe!" (Joh. 21,15-17). Dies geschieht in der Verkündigung, speziell Predigt, Seelsorge, Diakonie, Erziehung. Sorge um die Herde! Sorge für den einzelnen Menschen! Die zur Leitung Berufenen (im Hebräerbrief ἡγούμενοι genannt, 13,7.17.24) haben für die ganze Gemeinde zu sorgen, die ihnen anvertraut ist, in einer kaum zu tragenden Verantwortung (Hebr. 13,17). Unbeschadet dieses – im Gegenüber Christi zur Gemeinde gründenden – besonderen Auftrags sind wir *alle* zur Fürsorge füreinander verpflichtet. Das Bild von Hirt und Herde will dies gewiß nicht hindern, aber es drückt aus, daß Hirtendienst, wo er geschieht, nicht reziprok, sondern einsinnig vor sich geht: der Erzhirte sorgt durch den Unterhirten (s. o.) für die Herde bzw. für das einzelne Tier, das der Fürsorge bedarf. Die Predigt hat viel zu tun, wenn sie der Gemeinde den Sinn, die Verantwortung und die Verheißung solchen Dienstes klar und dringlich machen will.
3. *Barmherzig* ist der Hirt, der sich der Herde annimmt. Wir preisen an

diesem Tage die misericordia Domini. „Wie ein Hirt seine Schafe wenn sie von seiner Herde verirrt sind, so will ich meine Schafe suchen und will sie erretten von allen Orten, wohin sie zerstreut waren zur Zeit, als es trüb und finster war." Das Wort Barmherzigkeit, Erbarmen kommt im Text nicht vor, wohl aber die Sache. Was Gott als der gute Hirte tut, hat keinen Anlaß im Verhalten derer, deren er sich annimmt. Man muß die Gerichtsworte Hesekiels im Hintergrund sehen. Israel hat sich unrein gemacht, hat Ordnungen verletzt und mißachtet, den Bund gebrochen, sich der Buhlerei ergeben. Der Prophet hat gesehen, wie Gottes Lichtherrlichkeit den Tempel verließ, sich erst eine Weile darüber sehen ließ und dann nach Osten hin verschwand: Israel hatte seitdem Gott nicht mehr in seiner Mitte (10,18ff.; 11,22ff.). Ist das das Ende, das Amos (8,2) vorausgesagt hat und das nun, unter ganz anderen Bedingungen, eingetroffen ist? Gott hätte Grund, Schluß zu machen, aber er tut es nicht. Das Prophetenwort ist reines Evangelium. Gottes in alle Welt zerstreutes Volk wird von Gott gesucht und gesammelt.

Wenn wir nun abermals sofort auf *Jesus Christus* zu sprechen kommen, so ist dies wiederum nicht Willkür. Wir denken nicht nur an den guten Hirten von Joh. 10. Jesus knüpft, wie es scheint, sehr direkt an unseren Text an. Von Matth. 9,36 war schon die Rede. Jesus weiß sich speziell zu den verlorenen Schafen aus dem Hause Israel gesandt (Matth. 15,24) und begrenzt auch die Sendung der Jünger zunächst auf diesen Bereich (Matth. 10,6). Er versteht sich als den Hirten, der (nach Sach. 13,7) geschlagen wird, so daß die Schafe sich zerstreuen (Matth. 26,31). Der Hirt läßt das Leben für die Schafe (Joh. 10,11). Gerade so sucht er das Verlorene. Sein ganzer Dienst an den Menschen kann so beschrieben werden: das Verlorene suchen (Matth. 18,12-14; Luk. 15,4-7). An zahlreichen Szenen der synoptischen Überlieferung kann man es ablesen. Er hat das „Elend" („Ausland", also Heimatlosigkeit, Ausgestoßensein) nicht nur in seinem Erbarmen mitempfunden, sondern zu seinem eigenen Elend gemacht; die Verlorenen holte er zurück, indem er selbst zum Verlorenen wurde. Hier wird das Hirtengleichnis von der Christuserfahrung her geradezu überdeutet und überzogen: solche Hirtentreue ist nur bei ihm.

Keiner wäre bei Jesu Gemeinde, wenn Jesus nicht das Verlorene gesucht hätte. Das *eine* aus der Zahl hundert? Man darf hier nicht statistisch denken. Es geht darum, daß ihm jeder (!) einzelne (!) so wichtig ist, daß er ihm nachgeht. Nachgehen muß Jesus uns, weil wir sonst verirrt und zerstreut blieben. Jesus findet sich damit nicht ab. Er könnte sich damit abfinden; er brauchte uns nicht. Hesekiel versteht den Fortgang der Geschichte des Gottesvolkes als reinen Gnadenakt: „Ihr sollt meine Herde sein, die Herde meiner Weide, und ich will euer Gott sein, spricht Gott, der Herr." Der Bund wird neu geschlossen. Das tote Israel wird zu neuem Leben erweckt (Kap. 37). Die christliche Gemeinde erkennt darin sich selbst wieder. Sie besteht aus lauter solchen Gesuchten und Wiedergefundenen. Durch sie, durch den an ihr und in ihr geschehenden Hirtendienst sucht der Eigentümer der Herde (Joh. 10,12) die Verlorenen, die Abgehängten, Aufgegebenen. Wir müssen korrigieren: es *sollte* so sein. Wir haben viel Arbeit, an

Alten, Jungen; an denen, die in ihrer Einsamkeit verloren sind, wie an denen, deren Verlorenheit darin besteht, daß sie sich im großen Menschengewühl des Alltags selbst noch nicht gefunden haben; an denen, denen die Hilfsbedürftigkeit auf die Stirn geschrieben ist, wie an denen, bei denen sie ganz tief versteckt ist, so daß keiner etwas merkt; an denen, die wissen, daß sie den Weg verfehlt haben, wie an denen, die in der Irre sind, ohne es auch nur zu ahnen. Entscheidend wird sein, daß wir nicht selbst wieder versuchen, auf unsere Weise „Hirten" zu sein. Jesus will Hirtendienst - aber er will ihn so, daß wirklich ER dabei „der große Hirte" ist (Hebr. 13,20). „Ich will mich meiner Herde selbst annehmen und sie suchen."

Jubilate. Apg. 17,16-34

Vgl. M. Dibelius, Paulus auf dem Areopag, in: Aufsätze zur Apg., Berlin 1951, S. 29ff.; auch A. Oepke, Die Missionspredigt des Apostels Paulus, Leipzig 1920, S. 178ff.; weitere Literatur bei Haenchen z. St. – So, wie die Areopagrede hier zu lesen ist, ist sie von Lukas formuliert. Ob und in welchem Sinne und Maße Paulus darin wiederzuerkennen ist, ist eine andere Frage, übrigens noch nicht einmal die wichtigste. Wichtig ist, ob die Rede das Evangelium von Christus enthält, also als Text für eine christliche Predigt brauchbar ist; die Auslegung allein kann diese Frage entscheiden. Ähnlich wie die Rede in Lystra (vgl. 14,15-17 mit 14,9), so hat auch die Areopagrede ihre Vorgeschichte (17,17-18), wir deuten sie falsch, wenn wir vergessen, daß Jesus und die Auferstehung (von den griechischen Hörern wurde „Anastasis" vielleicht als Name einer Göttin aufgefaßt) bereits verkündigt sind, die Areopagrede also keinesfalls das Ganze des Evangeliums bringen will, sondern gewissermaßen einen Kommentar für griechische Zuhörer (wie es denn eine unbillige Zumutung an den Schriftsteller Lukas wäre, wollte man ihm in jeder Rede, die er mitteilt, die ganze Botschaft abverlangen). Paulus in Athen: vgl. 1. Thess. 3,1. Trotz des inzwischen eingetretenen Niedergangs ist Athen noch immer ein Symbol: Zentrum des Heidentums, aber auch der Bildung, bes. der Philosophie. Zunächst Synagogenpredigt wie 9,20; 13,5.14.42; 14,1; 17,1.10; 18,4.7.19.26; 19,8; 24,12; aber auch Predigt auf dem Markte. V. 18: σπερμολόγος („Körnerpicker", Saatkrähe, dann: der den Markt nach Brocken absucht, Unverstandenes aufliest und weitersagt, also: Klugschwätzer), attisches Wort (wie nachher καινότερον λέγειν ἤ ἀκούειν). „Fremde Götter verkündigen" (V. 18) bzw. „Fremdes einführen" (V. 20): das kennzeichnet Paulus als einen „zweiten Sokrates". Ἐπιλαμβάνεσθαι (V. 19) kann heißen: verhaften (vgl. 21,30.33); dann wäre die Szene eine Gerichtsverhandlung (Areopag: Tagungsort des Ältesten-Rats von Athen, Mittelpunkt der Staatsverwaltung, später Gerichtsstätte für schwere Verbrechen, in neutestamentlicher Zeit vielleicht Tagungsort der Aufsichtsbehörde über das Unterrichtswesen; die Ortsbezeichnung geht dann jeweils auf die Behörde selbst über), die Rede eine Apologie. Aber man kann auch zur Diskussion einen ruhigen Ort aufgesucht haben; „vielleicht wurde der Hügel auch sonst zum Lehren benutzt" (Oepke, a. a. O., S. 191, Anm. 2); dann hätte die Szene akademischen Charakter. – V. 21: Neugier der Athener war sprichwörtlich. – V. 23: Philostratus läßt Apollonius von Tyana sagen, daß in Athen „auch unbekannter Götter Altäre errichtet werden" (VI 3,5); daß es keinen Altar des „unbekannten Gottes" (bzw. „unbekannter Götter") in Athen gegeben habe, wird man so sicher wie Haenchen nicht behaupten dürfen, wenn auch kein solcher Altar erhalten ist. Immerhin: Lukas könnte die Rede aufgrund literarischer Kenntnisse so eingeleitet haben. – V. 26: πᾶν ἔθνος ἀνθρώπων kann heißen: „jedes Volk der Menschen", aber auch „das ganze menschliche Geschlecht". So ist (nach M. Dibelius) nicht an Völker, deren Grenzen und geschichtliche Epochen und „Stunden", sondern an die Menschheit und (im Sinne der antiken Zonenlehre) an deren Siedlungsraum zu denken; es ist also nicht geschichtlich, sondern philosophisch gedacht. ποιεῖν wie in LXX für ברא. – V. 28: Der Plural der Zitationsformel entspricht einer literarischen Konvention (Dib. 160) es brauchen also nicht zwei Dichterzitate vorzuliegen. – V. 31: Daß πίστις hier singulär „Beweis, Beglaubigung" bedeute (Dib. 54), ist möglich (W. Bauer, WB πίστις 1c), aber nicht zwingend. – Die Szene schließt ähnlich wie Luk. 4,30. – V. 33: 1. Kor. 16,15 nennt andere Namen für die „Erstlinge Achajas". Lukas interessiert sich für den hohen Beamten Dionysios; hat Paulus gar einen seiner Richter gewonnen?

Martin Dibelius (a.a.O., S. 30) bietet folgenden Aufriß der Areopagrede: „... Einleitung (V. 22.23) ... Anerkennung der Athener als religiöser Leute ... Den unbekannten Gott ihnen bekannt zu machen ist der eigentliche ‚Vorsatz der Rede ... Ausführung mit den drei Hauptmotivgruppen:

I. Gott, Schöpfer und Herr der Welt, braucht keine Tempel, denn er ist bedürfnislos (V. 24.25);
II. Gott hat die Menschen mit der Bestimmung erschaffen, daß sie ihn suchen sollten (V. 26.27);
III. die Gottverwandtschaft des Menschen – sie ‚sind seines Geschlechts' – sollte jede Bilderverehrung ausschließen (V. 28.29).

... Schluß: Gott läßt den Menschen jetzt Buße predigen, weil der Gerichtstag bevorsteht. Da wird Gott die Welt richten durch einen Mann, den er von den Toten hat auferstehen lassen (V. 30.31)."

Dieser Aufriß empfiehlt sich durch seine Übersichtlichkeit und durch die Präzision, mit der hier am Text entlanggegangen wird. Dennoch scheint er mir das, was in der Areopagrede gemeint und gewollt ist, gerade nicht sichtbar zu machen. Christlich, meint Dibelius, sei nur der Schluß der Rede. Es mag dann so scheinen, wenn man die einzelnen Gedanken und Aussagen nebeneinandersetzt wie Pflastersteine. Anders stellt sich die Rede dar, wenn wenn man ihre Tendenz, ihr „Gefälle" im Blick hat. Christlich ist nicht nur der Schluß, sondern bereits alles Vorhergehende, weil und insofern es diesem Schlusse zustrebt. Paulus umkreist die Hörer in weitem Bogen, aber von Vers zu Vers erkennt man deutlicher, daß er in Wirklichkeit doch nicht eine Kreislinie beschreibt, sondern eine sich immer stärker verengende *Spirale*. Immer weniger kann der Hörer in die Unverbindlichkeit ausweichen; immer stärker fixiert ihn die Rede auf den Gott, der den „einen Mann" (V. 31) zur Schlüsselfigur seines Offenbarungshandelns gemacht hat. Was zuletzt bleibt, ist nur der ablehnende Spott oder aber das Verlangen, Weiteres zu hören (V. 32), ja, den hier verkündeten Glauben anzunehmen (V. 34).

Die Auslegung hat sich immer wieder stark davon bestimmen lassen, daß der Redner nicht nur im Stil (Litotes, Parechese, Paronomasie, Alteration in den VV. 27.25.30.31, vgl. Haenchen, a.a.O., S. 474), sondern auch im Gedanklichen sich ganz griechisch gibt. In der Tat, der Paulus von Apg. 17 ist den Athenern ein Athener geworden (1. Kor. 9,20ff.). Ein neuer Sokrates (s. o.). Ein Kenner griechischer Philosophie und Dichtung. Athenisch ist schon die Anknüpfung: die Altarinschrift wird als Frage ernst genommen, auf die Paulus antwortet. Griechisch ist das Wissen um die Bedürfnislosigkeit Gottes, griechisch der Gedanke von dem den Menschen zugewiesenen Siedlungsraum und von der Ordnung der Jahreszeiten, auf deren verläßlichem Rhythmus die Fruchtbarkeit der Erde und damit das Leben aller Menschen beruht, für antikes Denken ein Hinweis auf Gott; stoisch der Pantheismus und auch die Gottverwandtschaft des Menschen, wie der Dichter Aratos sie behauptet (V. 28). Fast könnte man meinen, Paulus wolle seinen Hörern einreden, sie seien bereits heimliche Christen, da griechisches Denken eine so starke innere Affinität zum Evangelium habe (oder das Evangelium eine so griechische Sache sei!), daß der Vorwurf: „fremde Götter" dadurch hinfällig wird. Eine Predigt, die heute in den Spuren des Areopagredners ginge, hätte dann Apologetik der Art zu treiben, daß sie nachwiese, wie gut sich der christliche Glaube mit dem reimt, was die Menschen über Gott je und je gedacht, wie sie ihm gedient, was sie von ihm erwartet haben. Apologetik ist natürliche Theologie, und natürliche Theologie ist Heidentum; die Areopagrede wäre, so verstanden, ein äußerst fragwürdiges Dokument: Evangelium wäre Bestätigung des natürlichen Menschen, und Mission wäre Gimpelfang durch Anbiederung. Hätte Lukas dies gemeint, dann wäre er in der Tat ein gräßlicher Verfälscher des paulinischen Evangeliums. Denn 1. Kor. 9,20ff. hat Paulus nicht gehindert, Sätze wie 1. Kor. 1,18-25 zu schreiben.

Aber Lukas gibt deutlich zu erkennen, daß er ganz anders verstanden sein will. Jawohl: der Paulus der Areopagrede ist zum Dialog bereit und geht in die Sprach- und Denkgewohnheiten seiner Hörer ein (wie z.B. der Paulus des Kolosserbriefes die Christusbotschaft in die Sprache der Gnosis umgießen kann). Aber er tut es im höchsten Maße kritisch! Friedlicher Ausgleich, Paganisierung des Evangeliums? Bereits V. 16 wird das Vorzeichen gesetzt: Paulus ist „aufgebracht", „scharfgemacht" durch das, was er sieht. V. 18: Seine erste Predigt hat denn auch Widerspruch hervorgerufen, gerade von seiten derer, die er in der Areopagrede ansprechen wird. Das Schimpfwort „Klugschwätzer" verletzt; die Anklage „fremde Götter" ist für Paulus sogar gefährlich. Dennoch spricht Paulus auf dem Areopag ruhig und zuchtvoll: nicht gereizt oder feindselig, sondern ἐν χάριτι (Kol. 4,6), was aber bekanntlich nicht ausschließt, daß die Rede „gesalzen" ist (ebd.). Wir werden sehen.

Wie anders die Welt, in die hier hineingesprochen ist, als die unsere! Das Evangelium wird in eine Welt hinein verkündigt, die voller Religion ist. Eine „Stadt voller Götzenbilder" (V. 16)! Paulus hat die „Heiligtümer" bzw. die „heiligen Gegenstände" „genau besichtigt" (V. 23). Er muß den Athenern bezeugen: sie sind „überaus religiös" (der Komparativ hat in der Koine auch superlativischen Sinn; freilich könnte für klassisch gebildete Griechen auch der kritische Nebensinn des Komparativs herauszuhören sein: „*allzu* religiös finde ich euch durchweg"). Tempel und Altäre für alle Götter! Ahnen die Heiden, daß alles, was sie wissen und haben, nicht hinreicht? „Einem unbekannten Gott" ist der Altar geweiht, der Paulus zu denken gibt. Hier gesteht heidnisches Wesen die offene Stelle ein: „man kann nie wissen ..." – Für uns liegen die Dinge eher umgekehrt: Man glaubt mit Sicherheit zu wissen, daß es müßig ist, sich mit der Frage nach Gott herumzuplagen. Das von Bonhoeffer diagnostizierte religionslose Zeitalter könnte dasein (ganz sicher bin ich dessen nicht). Wir können nicht mehr so „anknüpfen" wie Paulus, jedenfalls nicht, sofern wir den modernen Menschen auf das ansprechen, was ihm bewußt ist. Altäre errichtet er nicht; ob er nicht insgeheim namenlose Götter fürchtet, ist eine andere Frage. Aber es geht nicht nach unserm Bewußtsein, also auch nicht danach, ob wir einem unbekannten Gott „unwissend kultische Verehrung darbringen" (V. 23) oder nicht. Ob Gott weltanschaulich bei uns inventarisiert ist oder nicht, ob wir bisher für ihn „Raum" gehabt haben oder nicht: uns wird er jetzt verkündigt – zunächst als der *schaffende* Gott. Die „Welt" hat er gemacht – so spricht der Grieche; „Himmel und Erde" – so sagt es das Alte Testament. Die Sache ist biblisch. Man übersehe nicht die Zuspitzung, die die vielleicht eben noch theoretisch aufgefaßte Aussage vom Schöpfergott sofort empfängt: er ist der „Herr über Himmel und Erde", und er übt offenbar diese Herrschaft aus, auch wenn die Menschen ihn als unbekannten Gott verehren oder als abwesenden Gott von der Tagesordnung absetzen. Es wird sich im Laufe der Rede noch zeigen: Gott ist nicht die prima causa der Welt oder, mit Aristoteles zu sprechen, der unbewegte Beweger; dieser Herr wird sich nämlich melden und sein Herrenrecht als Richter geltend machen. Glaube an den Schöpfer ist nicht, wie der Grieche leicht meint, eine Sache des Denkens, der Weltanschauung; es geht um etwas eminent Praktisches. Mag griechische Philosophie die weise Ordnung preisen, die der Menschheit den Lebensraum gewährt und den weise eingerichteten Ablauf der Jahreszeiten – Wirkung kosmischer Gesetzmäßigkeiten –: für den biblisch geschulten Prediger ordnet sich dies ein in die Heils- bzw. Unheilsgeschichte seit den Tagen des „einen", in dem die Menschheit ihre Einheit hat (Röm. 5,12ff.; 1. Kor. 15,45). Nicht, daß wir den Gedanken unserer Adamskindschaft genealogisch nachvollziehen könnten. Aber es gibt eine Gemeinsamkeit „in Adam" (vgl. unsere Auslegung zum 4. Advent). Mußte in unserm Zusammenhang an diesen „einen" erinnert werden? Ist die Zwielichtigkeit der Aussage gewollt? Wie dem auch sei: in den Ordnungen, in denen die Welt verfaßt ist, erfahren wir Gottes Schaffen und Erhalten an uns selbst. Gott gibt „jedermann" Leben und Odem (V. 25). Nicht ein Augenblick, in dem, nicht eine Lebensregung, in der wir nicht von diesem Gott abhängig wären, unwissend oder auch – dazu wird es uns heute gepredigt – wissend! Wiederum vermerken wir: es geht nicht um theoretisches Wissen. Das Verbum ζητεῖν bedeutet zwar, gut griechisch, „das Aufsuchen und Untersuchen des Wahren" (Dib. 34), und der vorsichtige Optativ: „ob sie ihn wohl ertasten und finden möchten", deutet an, daß solche vom Menschen ausgehende, von ihm „gesuchte" Gotteserkenntnis nicht weit führt. Aber weshalb rührt Paulus dies alles an? Weil er vorhat, uns diesem Gott noch in sehr direkter Weise gegenüberzustellen. Er kann es einstweilen noch ganz griechisch ausdrücken: dieser Gott ist „nicht ferne" (Litotes hat steigernden Sinn!) „von einem jeglichen unter uns"; das heißt aber, bei Licht besehen: er ist uns näher als unsere Haut. Damit sind wir im „Gefälle" des Ganzen, für den Griechen nicht ganz leicht zu verkraften, bei dem Gott von Ps. 139. Oder (V. 28) bei dem Gott von Röm. 11,36, vgl. 1. Kor. 8,6. Nicht ein Fleckchen im All, das nicht „von, durch und zu ihm" wäre. Hier gibt es kein Ausweichen, kein Sich-Entziehen, keine Möglichkeit, sich selbständig zu machen. Sind wir „seines Geschlechts", so heißt das nicht, daß wir selber Götter wären, in deren Hand es gegeben ist, ob sie den anderen Gott, ihresgleichen, gelten lassen oder nicht – der ganze Text sagt, daß wir Gottes weder im Erkennen noch im Wollen und Tun mächtig sind –, sondern dann kann das nur ein griechischer Ausdruck unserer Gottebenbildlichkeit sein: als Gottes Gegenüber haben wir es mit ihm zu tun – Paulus wird noch ausführen, in welcher Weise.

Aber der Text ist schon längst einen Schritt näher auf die spezifisch biblische Gottesbotschaft zugegangen: er redet von dem *schenkenden* Gott. Wir versuchen mit diesem Partizip zusammenzufassen, was der Text zur Kritik der heidnischen Religion und – positiv – zu unserer Lage vor Gott zu sagen hat. Der ganze heidnische Kult ist dem Paulus von Apg. 17 im höchsten Maße fragwürdig. Die vielen Heiligtümer, die er gesehen hat – aber Gott wohnt nicht drin (V. 24, vgl. 1. Kön. 8,27). Der viele Kult (θεραπεύειν, V. 25) – aber Gott hat ihn nicht nötig. Die vielen goldenen, silbernen und steinernen Bilder, „Gebilde menschlicher Kunstfertigkeit und Überlegung" – aber Gott gleicht keinem von ihnen (V. 29). Über den artifiziellen Gott aus Holz, Stein oder Metall haben sich die alttestamentlichen Propheten schon lustig gemacht (s. bes. Deutjes. 40,20; 41,7; 46,7, vgl. ThWNT II, S. 41). Was ist das für eine Entstellung Gottes! Wie wird hier das Verhältnis zwischen Gott und Mensch verkehrt! Wer schafft wen? – Man sage nicht, hier werde nur das massive Heidentum getroffen und statt dessen lediglich im Sinne griechischer Philosophie für einen geistigen Gottesdienst plädiert; gerade auch die (in den Götterbildern sich nur manifestierende) menschliche ἐνθύμησις, auf die der Grieche stolz ist, ist hier nicht stichhaltig. „Ob sie ihn wohl ertasten und finden möchten" – die Absicht ist unverkennbar, aber zu mehr kommt es nicht. In den Götterbildern drückte sich die grundsätzlich *gegebene*, praktisch jedoch *verspielte* Möglichkeit menschlicher Gotteserkenntnis aus (Röm. 1,18-25). – Die Bedürfnislosigkeit Gottes ist freilich gerade ein griechischer Gedanke (Dib. 42). Jedoch, es ist zweierlei, diesen Gedanken zu denken – und daraus die Erkenntnis zu gewinnen, daß wir überhaupt und in jeder Hinsicht auf Gottes Schenken angewiesen sind. Aller Kult, heidnisch verstanden, will Gott etwas bringen. Wir haben ihm aber nichts zu bringen. „Was hast du, das du nicht empfangen hast?" (1. Kor. 4,7). „Wer hat ihm etwas zuvor gegeben, daß ihm werde wiedervergolten?" (Hiob. 41,3; zit. Röm. 11,35 – also dicht neben dem oben zitierten Vers). Gott gibt Leben und Odem „und alles" – man möge diese letzten beiden Worte nicht stiefmütterlich behandeln (M. Dibelius), sich vielmehr verdeutlichen, wie Jes. 42,5c ausgeweitet wird (Haenchen). Griechisch geredet, jawohl; aber wenn die in dem καὶ τὰ πάντα liegende letzte „Stufe" zündet, dann sind wir aus der Propädeutik heraus – dann kann sich kein Fleisch mehr rühmen (1. Kor. 1,29; 4,7; Röm. 3,17 u. ö.). Macht man damit Ernst, daß Gott in jeder Hinsicht der Schöpfer ist, dann ist aller Kult im herkömmlichen (d. h. heidnischen) Sinne unmöglich. Aber das alles war doch nur Vorspiel oder Anlauf. Bisher konnte man in der Tat meinen, der Redner bringe vor, was auf dem Areopag möglicherweise schon oft ausgesprochen worden ist: eine neue, eine philosophische Variante griechischen Heidentums. Selbstverständlich kann man unserer Auslegung vorwerfen, sie habe die kritischen Bemerkungen über die Frömmigkeit der Athener überspitzt und im biblischen Sinne umgedeutet. Wer das meint, muß annehmen, daß Lukas bzw. der Paulus, den er uns vorführt, in den VV. 30f. sich mit einem Male auf einen ganz anderen Boden stellt als zuvor, d. h. unversehens einen anderen Gott meint, als er in VV. 22-29 gemeint hat. Wer den Text jedoch nicht so versteht, muß annehmen, daß im bisherigen wirklich versucht ist, auf neue Weise alte Wahrheit zu lehren (v. Hofmann), d. h. die evangelische Botschaft im Gespräch mit Griechen griechisch umzusprechen. Mag sein, daß an diesem Versuch des Lukas abgelesen werden kann, wie bedenklich es ist, diese Transformation vorzunehmen; es dürfte gerade uns Heutigen guttun, dieses Risiko wohl zu bedenken. Aber die Aufgabe des Übersetzens bleibt. Uns wäre wohler, wenn sie uns immer so gelänge wie dem Prediger auf dem Areopag. Die Spirale verengt sich. Konnte man bisher noch meinen, man könne, wenn es wirklich um Gott geht, ungeschoren davonkommen, nun kann man es nicht mehr. Zugleich wird deutlich, wie das bisher Gesagte im Grunde gemeint ist. Jetzt wird der *richtende* Gott gepredigt.

Gott gebietet den Menschen, daß alle an allen Enden *Buße* tun. Jetzt wird es ernst. „Die Zeit ist erfüllt, und das Reich Gottes ist herbeigekommen. Tut Buße, und glaubt an das Evangelium" (Mark. 1,15). Für den Griechen war Gott ein Gegenstand der Erkenntnis. Jetzt erfahren die Hörer, daß man in demselben Augenblick, da man es mit Gott zu tun bekommt, anders werden, ein neues Leben beginnen muß. Man lese Eph. 4,17ff. oder ähnliche Stellen. „In ihm leben, weben und sind wir"; „wir sind seines Geschlechts." Man kann solche Sätze auf dem Boden der biblischen Gottesbotschaft nicht aussprechen, ohne daß man merkt: hier geht es nicht um einen Gott, der, sich selbst ewig gleich und unbeweglich wie ein Gemälde, sich bloß anschauen oder gar genießen läßt. Hat man es wirklich mit Gott zu tun, dann müssen Entscheidungen fallen, Brücken nach rückwärts zerstört, dann muß Tritt gefaßt und ein Neues begonnen werden. – Schade, daß man nacheinander sagen muß, was in der Rede in einem Atem ausgesprochen wird. Haben wir recht gehört? Von *Unwissenheit* spricht Paulus (übrigens auch der Epheserbrief 4,18). Es klingt nicht angenehm in den Ohren dieses Publikums. Also ist doch die philosophische Gottesweisheit, deren Formeln die Rede benutzt hat, im tiefsten Grunde „Unwissenheit" gewesen – eben deshalb, weil, wo es nicht zur Buße kommt, solche Weisheit nicht stichhaltig ist (1. Kor. 1,21; Röm. 1,19ff.), solche Gotteserkenntnis in Wirklichkeit

Unkenntnis Gottes ist (Gal. 4,8; Eph. 2,12; 1. Thess. 4,5b). – Und sofort ein weiterer Schock für griechisches Denken. Wir haben Mark. 1,15 zitiert; daß die „Zeit erfüllt" ist, drückt sich hier in dem „Nun aber" (τὰ νῦν) aus. Ist Gott das sich selbst in Ewigkeit gleichbleibende Sein, dann gibt es nicht die entscheidende Stunde Gottes; zeitlose Wahrheiten sind immer zugänglich. Jetzt aber gilt es umzulernen. Das Bisherige hat Gott „übersehen"; er ließ, was zwischen ihm und uns stand, einstweilen hingehen, er ließ es unbereinigt (Röm. 3,25b). Das war kein Verzicht, sondern nur ein Aufschub. Jetzt ist die „kritische" Zeit angebrochen. Alle christliche Predigt ist von daher qualifiziert (2. Kor. 6,2; Hebr. 3,13). Die Zeit drängt (1. Kor. 7,29; Röm. 13,12; 1. Petr. 4,7; Apok. 1,3 u.ö.). Der Gott, der für die Griechen eben noch Wahrheit im Sinne eines stehenden Bildes war, wird auf einmal zur begegnenden, handelnden, Geschichte in Gang setzenden personalen Wirklichkeit. *Aus* ist es mit dem Gott, über den sich im Hörsaal oder auf dem Areopag oder auch in irgendeinem Salon in Ruhe diskutieren läßt; aus ist es auch mit der „Kanzelrede", die im Unverbindlichen bleibt, übrigens auch mit einer Predigt, die sich als Diskussionsbeitrag versteht. Ein „Tag" ist gesetzt – wir wissen ihn nicht –, an dem Gott *Gericht* halten wird (vgl. das reiche Stellenmaterial bei Bultmann, ThNT, S. 78f.). Jetzt bekommt der Satz, daß Gott uns näher ist als unsere Haut (V. 27), einen ganz neuen Sinn. Jetzt klingt es auch ganz anders, daß Gott „Herr ist Himmels und der Erde" (V. 24). „Wir sind seines Geschlechts" (V. 28) – das mag man jetzt an Matth. 5,48 einmal konkretisieren, und man wird merken: das ist keine Wahrheit mehr, in der man sich sonnen kann. „Wir müssen alle offenbar werden vor dem Richterstuhl Christi" (2. Kor. 5,10). Der „eine Mann", in dessen „Zuständigkeit" das Gericht nunmehr fällt (ὥρισεν), braucht nicht mehr mit Namen genannt zu werden; nach V. 18 kennen ihn die Hörer. Eben er ist es, den Gott von den Toten auferweckt hat (zum Sprachgebrauch: H. Braun, Zur Terminologie der Acta von der Auferstehung Jesu, in: Gesammelte Studien zum NT ... Tübingen 1697², S. 173ff.), und das wäre dann seine Beglaubigung (πίστιν παρασχών). Möglich auch, daß man (wie der revidierte Luthertext) diese Worte anders übersetzt: in der Auferweckung Jesu „gewährt" Gott „Glauben" (ähnlich, wie er 5,31 Buße und Sündenvergebung „gibt"). Es wäre zuviel gewollt, wenn man aus dieser kurzen Bemerkung das ganze paulinische Evangelium vom „Glauben" herauszudestillieren versuchte. Das ist auch nicht nötig, um den evangelischen Sinn der Perikope sicherzustellen. Der Ruf ergeht, weil Gott unsere Rettung will. Wer die Rede verstanden hat, wird danach weiterfragen (V. 32b – etwa im Sinne von 2,37 und 16,39; Lukas wird sich nicht endlos wiederholen). Und unsere Predigt wird auf diese Frage aller Fragen eine klare Antwort geben, die Antwort des Evangeliums.

Cantate. Apg. 16,16-34(35-40)

In dem Kapitel scheinen (nach Haenchen) verschiedene Stücke zusammengearbeitet zu sein. VV. 11–15 ein Stück Itinerar. VV. 16–18 eine Dämonenaustreibung. VV. 19 bis 24 Fortsetzung des Itinerars (Anlaß für die Maßnahmen ist freilich die Exorzisation, also Verzahnung mit VV. 15–19!). VV. 25–34 die wunderbare Befreiung durch das Erdbeben und die Bekehrung des Gefängnisaufsehers. VV. 35–40 könnten unmittelbar an V.24 anschließen, setzen also das Itinerar fort (D und die Randlesarten von sy^h verklammern VV. 35ff. mit dem Erdbeben und motivieren so die Umsinnung der στρατηγοί). Aus disparaten Stoffen scheint Lukas einen geschlossenen Handlungsablauf geschaffen zu haben, nicht ohne Benutzung verbreiteter Motive hellenistischer Erzählkunst. Wenn es sich so verhält, wird man Lukas dafür loben dürfen, daß er zwar nicht so vollständig und nicht so pedantisch erzählt hat, wie seine Ausleger gewünscht hätten, jedoch einen Erzählungsfaden gesponnen hat, der kaum Knoten erkennen läßt. Das „Nest von Unwahrscheinlichkeiten" ergibt sich zumeist aus Lücken, die Lukas gelassen hat, und aus Eintragungen der Exegeten. – V. 16: Täglich zweimal mindestens (zur Stunde des Opfers im Tempel) betet man in der Synagoge (H. Goltzen, Leiturgia III, S. 126; G. Harder, Paulus und das Gebet, Gütersloh 1936, S. 35f.). πύθωνα (Apposition oder Eigenname), nach den Kvv. der aus einem ventriloquus = ἐγγαστρίμυθος = Bauchredner sprechende Dämon. – V. 17: Dämonen wissen mehr als Menschen, aber ihr Geschrei ist keine angemessene Darstellung christlichen Glaubens. Das „wir" verschwindet fortan (bis 20,5). – V. 19: ἑλκύω = zerren, schleifen (wie man ein Fischnetz „zieht", Joh. 21,6.11). – V. 20: στρατηγοί = Prätoren = duumviri, vielleicht identisch mit den ἄρχοντες V. 19. Der wirtschaftliche Schaden wäre als Anklagegegenstand nicht in Frage gekommen; der Vorwand ist geschickt, denn das Judentum war religio licita, durfte aber unter Römern nicht missionieren. – V. 22: Die kritische Menge läßt sich schnell aufbringen. Vgl. 2. Kor. 11,23.25. Kein Verfahren, also ungesetzliche Maßnahme (vgl. V. 37). – V. 24: Der Komparativ hat in der Koine auch superlativische Bedeutung: innerste Zelle. - V. 25: Leviten üben im Tempel nächtliches Gebet (Ps. 134), dem sich einzelne Beter von ferne anschließen (Goltzen, a.a.O., S. 118); nach 12,12 ist man nachts zum Gebet versammelt. – V. 26: Ein kausaler Zusammenhang zwischen Gebet und Erdbeben wird nicht behauptet. Außer dem Aufgehen der Fesseln ist nichts unwahrscheinlich. Ein einziger Erdstoß würde genügen, die Türen aufspringen zu lassen. Wellhausen irrt, wenn er spottet, der Gefängnisinspektor sei der einzige, der geschlafen habe; warum soll nicht alles gleichzeitig aus dem Schlaf hochgefahren sein (das ἄφνω besagt doch nicht, daß der erste Erdstoß mit dem Amen des Nachtgebets synchronisiert war)? Lukas war so nachlässig, nicht anzugeben, daß der Kerkermeister, ehe er die Türen offen sieht, sich erst in den Gang des Gefängnisses hat begeben müssen; so meint Haenchen, den Ruf des Paulus (V. 28) habe er im Schlafzimmer vernommen bzw. dort schwerlich vernehmen können. – V. 27: Er will sich umbringen, „ohne auch nur einen Blick in die Zellen zu werfen"; Haenchen setzt voraus, daß man auch in solchen Situationen nur überlegt handelt. – V. 30: Eine psychologische Aufhellung der Bekehrungsmotive darf man nicht erwarten (vgl. etwa Luk. 5,8). – V. 33: Der „Brunnen im Hofe" (Haenchen) ist ebenso erdichtet wie das „Badezimmer im Keller" (Zahn). – V. 34: „freute sich" ist für ἠγαλλιάσατο zu schwach. VV. 33f.: alle die Seinen = sein ganzes Haus (οἶκος-Formel). – V. 35: Auf Erdbeben kein Bezug genommen. Waren die στρατηγοί, ist der Erzähler verpflichtet,

Motive anzugeben? Was kann sich, „bis es Tag ward", alles abgespielt haben! – Der Ausklang der Geschichte war Lukas aus apologetischem Interesse wichtig. Für die Predigt sind die in () stehenden Verse entbehrlich, wie auch die Geschichte von der Dämonenaustreibung (VV. 16–22) als Exposition zu VV. 23–34 aufgefaßt werden kann, in der Predigt also kein eigenes Gewicht bekommen muß.

Auch diese Erzählung bzw. Komposition von Erzählungen des Lukas steht im Dienste der Verkündigung. Wir haben also kein chronistisches Interesse vorauszusetzen, wenigstens nicht in dem Sinne, daß es im Vordergrunde stünde. Der Herr selbst bahnt in allem Ab und Auf dem Evangelium den Weg. Wer unsern Text liest, soll dessen gewiß gemacht werden. Wir werden es sogar noch spezifischer zu sagen haben, was Lukas uns hier auf den Weg mitgeben will. Was es auch sei, es ist von Lukas auf Predigt abgesehen. – Wie viele Einzelheiten dabei den Verlauf der Dinge wiedergeben, wie vieles die mündliche Überlieferung, bis sie zu Lukas gelangte, umgeformt und wohl auch legendär vergoldet hat, in wie vielem Lukas selbst, um alles in rechte Ordnung zu bringen, gebogen und geglättet hat, wissen wir nicht. Unebenheiten, die die kritische Forschung aufdeckt, mögen darauf deuten, daß Lukas nicht viel Mühe daran gewandt hat, das überkommene Material schriftstellerisch umzugießen. Daß er seine in Luk. 1,1-4 dargelegte Absicht und Methode auch hier angewandt hat, darf angenommen werden. Die Stoffe fügen sich nicht schlecht zusammen; besser wohl, als mancher Ausleger meint. Daß Gott große Dinge tut, kann man im übrigen nicht gut predigen, wenn man dafür in dem, was wirklich geschehen ist, keinen Anhalt hat. Ein halbes Jahrhundert ist vergangen, bis es zu der uns vorliegenden schriftlichen Fixierung kam. Man wird in der Urchristenheit, in unserm Falle besonders in Philippi, nicht alle denkwürdigen Machterweise des Herrn in der Geschichte seiner Kirche vergessen haben, zumal das, was Paulus mit den Philippern „vom ersten Tag an" (Phil. 1,5) erlebt hat und was er selbst in ihrer Stadt erlitten hat (Phil. 1,30; 1. Thess. 2,2), in seinen Briefen des Andenkens für wert erachtet war. Gewiß, Lukas könnte die hier niedergelegten Erfahrungen der urchristlichen Gemeinde mit ihrem auferstandenen Herrn auch von ganz woanders her genommen haben; warum soll man sich dafür nicht offenhalten? Bis dies erwiesen ist, dürfen wir uns aber, vor allem für die Predigt, unserm Erzähler getrost anvertrauen. – Wir haben vorgeschlagen, die VV. 23–24 der Predigt zugrunde zu legen; selbstverständlich soll damit niemandem eine Fessel angelegt sein. Auch die Dämonenaustreibung könnte unter dem Gesichtspunkt der Machtwirkung des Auferstandenen gepredigt werden. Die VV. 35–40 stünden freilich unter einem anderen Thema: trotz der Wundermacht Jesu Christi, der nichts zu schwer ist, beharrt die Gemeinde auf dem ihr zustehenden Recht in dieser Welt, nach den in der Welt geltenden Gesetzen: daß dies gerade in der römischen Kolonie Philippi exemplarisch durchgezogen wird, ist wohl nicht ohne grundsätzliche Bedeutung. – Für unsere Besinnung ergäbe sich, unter der genannten Beschränkung, etwa folgende Gliederung: Der lebendige Herr setzt sich durch, indem der Lobgesang erklingt (1), indem die Türen aufspringen (2), indem sein Heil ergriffen wird (3).

1. Als die Zellentür im „innersten Gefängnis" hinter Paulus und Silas verriegelt wurde und deren Füße in den Block eingeschlossen waren, war der kurzen, aber verheißungsvollen Missionstätigkeit des Paulus und seiner Begleiter zunächst ein Ende gesetzt. Gott hatte gerufen (VV. 9ff.). Man war mit günstigem Winde gesegelt (V. 11). Gott hatte Lydias Herz und Haus geöffnet (VV. 14f.). Eine arme junge Sklavin war von ihrer okkulten Besessenheit frei geworden (V. 18). Daß Paulus und Silas öffentlich gepredigt hatten, verlautet fast nur nebenbei (V. 21). „Wo Christus seine Macht erweist, ist der Widersacher Gottes sofort auch da" (W. Tannert, ZdZ 1964, Pr.H., S. 45). Der wahre Anstoß der wirtschaftlich Geschädigten – was für ein menschenunwürdiges Geschäft! – kommt nicht zur Sprache: „Aufruhr!" heißt es. Die Boten Christi werden mißhandelt (V. 22, vgl. 2. Kor. 11,23). Nun sind sie in der Zelle. Das ist der Anfang der christlichen Mission auf dem Boden Europas. Es ist nicht anzunehmen, daß die wenigen bisher gewonnenen Menschen das Zeug dazu haben, die Predigt des Evangeliums weiterzutreiben. Vielmehr ist anzunehmen, daß, was da eben zu keimen begonnen hat, erstickt. Später wird Paulus in ähnlicher Situation an die Philipper schreiben können: „Ich bin desselben in guter Zuversicht, daß, der in euch angefangen hat das gute Werk, der wird's auch vollführen bis an den Tag Jesu Christi" (1,6). Aber jetzt – so in den Anfängen? Wenn die Erstgetauften und die, bei denen ein erstes Ahnen, vielleicht sogar Verstehen aufdämmert, sehen, wie dieser Christus seine Leute im Stich läßt; wenn sie die Überbringer der „guten Nachricht" nackt und brutal mißhandelt sehen: was für eine deprimierende Wirkung muß das haben! Und die Gefangenen selbst: zerschunden, gefesselt, unbeweglich gemacht. Da wird es Mitternacht. Gebetszeit. Betend singen die beiden Männer Hymnen. Ein seltsames Cantate, scheinbar so unmotiviert, ja sinnlos, wie nur möglich. Der Text spricht sich über das Wieso nicht aus, er stellt nur fest, berichtet nur. Unsere Predigt muß, was sich hier zuträgt, zu durchleuchten suchen.

Da fällt zunächst das Festhalten an der Gebetssitte auf. Sie sollte uns keine Last sein. Je sorgfältiger wir an ihr festhalten, desto mehr wird sie uns helfen. Wer auf die Augenblicke wartet, in denen er zum Beten Lust hat, lernt nie beten. Wir brauchen Ordnung, Regelmäßigkeit, Einübung. Wir müssen uns von der Gewöhnung tragen und über Krisen hinweghelfen lassen. Jesus hat am Kreuz den Psalter gebetet! Paulus und Silas beten in denkbar mißlicher Lage. Die Gebetsordnung veranlaßt sie, ihre Betretenheit und Verzweiflung, die körperlichen Schmerzen und seelischen Depressionen nicht zu achten und sich dafür auf den Boden zu stellen, auf dem Gebet und Hymnus erwachsen sind. Zweifellos soll es auch das geben, daß wir unserm Herrn und Gott geradeheraus sagen, wie es uns ums Herz ist. Aber hier geschieht noch etwas anderes! Wer in dieser Lage Hymnen singt, also fest formuliertes Gebetsgut und vorgegebene Melodien sich zu eigen macht, läßt sich damit von der ecclesia orans auffangen und tragen. Gerade in Stunden äußerster Anfechtung kommt es darauf an, daß wir aus der Verstrickung in die eigenen Nöte herauskommen und in den Raum der Glaubenserfahrung der gesamten Kirche eintreten, daß wir also die eigene Situation und die ihr zugehörige innere Verfassung transzendieren, nicht, weil wir uns auf diese Weise ins Vergessen flüchten sollten, sondern – umgekehrt – weil es gerade gilt, der Gott-Vergessenheit beizukommen und sich von der Gemeinde im Gebet umschließen zu lassen. – Die Glaubenserfahrung der Gemeinde weist aber zurück auf den Herrn, mit dem die Gemeinde zu rechnen hat. Wer betet und Gott lobt, gibt damit zu erkennen, wo er auch in solcher Lage, ja gerade erst recht in ihr, Hilfe und Halt hat. Es geht doch nicht darum, sich irgend etwas Freundliches und Tröstliches einzusuggerieren. Der auferstandene Herr ist ja da! Er will in seinem Wort nur wahrgenommen sein – all unser Singen und Beten ist Ant-Wort auf sein Wort – und bei uns mit seinem unsichtbaren Tun zum Zuge kommen. Es ist ja nicht gesagt, daß seine Hilfe sich in jedem Falle so bemerkbar machen müßte, wie wir uns das wünschen und einbilden. Vielleicht stecken wir genauso tief drin wie jeder andere. Man sage doch nicht, die Striemen (V. 33) schmerzten bei Christen weniger als bei anderen Leuten. Aber wer glaubt, hat seinen Halt „außerhalb" – das archimedische ποῦ στῶ. Er weiß, daß Christus auch diese Situation fest in seiner Hand hat. Er weiß auch, „daß wir durch viel Trübsal müssen in das Reich Gottes gehen" (14,22); nur eben, auch das ist in Christi Tun und Führen eingeschlossen! Wer glaubt, erkennt die Hand, die so führt. Er hat alle Schmerzen und Demütigungen, Jammer, Wut und Verzweiflung heimlich schon überwunden, weil sie für ihn niemals den Rang eines Letztgültigen und Unabänderlichen haben, sondern umgriffen sind von der letzten großen Hoffnung (2. Kor. 4,10.16.17). – „Und es hörten sie die Gefangenen." Lukas hätte diese knappe Bemerkung wohl unterlassen, wenn sie ihm nicht unter missionarischem Gesichtspunkt wichtig wäre: auch so können, wenn Gott will, Menschen auf ihn aufmerksam werden. Vielleicht waren in der Antike – es gab nur Untersuchungs-, selten Strafgefangene – die Techniken der Verständigung von Zelle zu Zelle (Klopfzeichen) nicht so ausgebildet wie in der Neuzeit. Hymnengesang dürfte im Gefängnis zu Philippi etwas schlechthin Neues gewesen sein. Seltsam, diese „Neuzugänge"! Lukas wird wohl sagen wollen: Auch die behinderten Sendboten Christi konnten und können wirken, wenn Gott es will. Auch die, zu denen das Evangelium sonst nicht gekommen wäre, sind von Christus gemeint. Vielleicht wird das Lob Gottes gerade dort am glaubhaftesten gesungen, wo es aus der Tiefe kommt.

2. Der lebendige Herr setzt sich durch, indem die Türen aufspringen. Daß das Erdbeben nur das Gefängnis bzw. seine Fundamente betroffen haben soll, ergibt sich bestenfalls daraus, daß sonst nicht davon die Rede ist. Wäre Lukas dazu verpflichtet gewesen, mehr davon zu erzählen, als er für seinen Bericht braucht? Hätte er ausdrücklich sagen müssen, daß der Gefängnisinspektor nicht am andern Morgen durch die Sonne, sondern gleichfalls durch den Erdstoß oder die Erdstöße geweckt wurde (usw.)? Wir sehen den pflichtbewußten Beamten kopflos durch den dunklen Zellengang stürzen. Lauter aufgesprungene Türen! Man braucht nicht erst einzeln nachzusehen – als ein Mann dieses Metiers weiß man: kein Gefangener wird eine solche Gelegenheit ungenutzt lassen. Ist dem Mann zuzutrauen, daß sein subalterner Verstand sofort weiß: höhere Gewalt – ihn trifft kein Verschul-

den? Und *wenn* er es wüßte, würde er es sich auch in dieser Paniksituation klargemacht haben? Wir wollen nicht die historische Stichhaltigkeit des lukanischen Berichts retten, aber wir bescheinigen dem Lukas gern, daß er dieses seltsame Vorkommnis sehr nüchtern und echt erzählt. Auch das ist echt, daß aus einer der Zellen die Stimme des Paulus hörbar wird, der offenbar bemerkt hat, was der Mann in seiner Kopflosigkeit zu tun im Begriff ist. Schauplatz dieser kleinen Szene ist selbstverständlich der Zellengang und dann sofort die Zelle der Missionare, in die der Gefängnisaufseher, nun mit Fackellicht, eintritt. Wir wollen nicht versuchen, herauszubekommen, was den Mann bestimmt, Paulus und Silas zu Füßen zu fallen. Er wird gewußt haben, weshalb sie „sitzen"; dies und die Vorkommnisse der letzten Minuten machen verständlich, wieso er seine Einstellung zu den Gefangenen ändert. Das Weitere ist, wie etwa auch in V. 14, Gottes Sache.

Ob wir recht daran getan haben, den aufspringenden Türen unsere Aufmerksamkeit zuzuwenden? Ist das Erdbeben nicht nur zu dem Zwecke erzählt, die Bekehrung des Kerkermeisters verständlich zu machen? Wenn die Gefangenen danach „alle hier" sind, bleibt ja diese seltsame Befreiungsaktion Gottes ohne alle Folgen, es sei denn, man denkt eben an das Christwerden dieser einen Familie. Es scheint doch anders. Die offenen Zellentüren haben Zeichencharakter. Der Herr, der das Erdbeben – übrigens ein keineswegs naturwidriges Geschehen – hat kommen lassen, gibt zu erkennen: er will nicht, daß seine Boten festgehalten werden. Er gibt „offene Türen" (vielleicht ist der Sprachgebrauch des Paulus von solchem Erleben bestimmt: 1. Kor. 16,9; 2. Kor. 2,12; Kol. 4,3). Für Paulus ist dies aber nicht nur eine Machtfrage – sonst wären Paulus und Silas ihrer Wege gegangen –, sondern auch eine Rechtsfrage (VV. 35ff.). Hier wird wieder einmal der apologetische Zug des lukanischen Werkes deutlich: in Rechtsfragen gilt es sehr grundsätzlich zu denken. Aber mehr und wichtiger ist dies: Der lebendige Herr setzt sich durch. Auch das „innerste Gefängnis" ist ihm nicht zu fest verschlossen. Die Missionierung Europas sollte in Philippi nicht zum Stehen kommen. Soviel Hindernisse es auch gab – immer neue, immer andere, äußere und innere, weltliche und christliche –, Christus vermochte sie wegzuräumen („läßt Schloß und Riegel springen", EKG 224,3). Ich vermag nicht zu erkennen, daß das plötzlich eintretende Erdbeben – auf dem Übergang von V. 25 zu V. 26 – nach Lukas die prompte Reaktion Gottes auf das Gebet und den Lobgesang sein soll. Aber es besteht ein tieferer Zusammenhang. Wer so betet und lobt, der ist gewiß, daß der lebendige Herr zu seiner Zeit und Stunde – so oder anders – die Seinen erretten und zu weiterem Dienst frei machen wird. Aus solchem Vertrauen entsteht das Lob der Gemeinde.

3. Der lebendige Herr setzt sich durch, indem sein Heil ergriffen wird. Das Erdbeben war das *kleine* Wunder; was an dem Mann jetzt geschieht, ist das *große* Wunder (J. Hamel, ZdZ 1958, Pr.H., S. 45). Nun erweist sich doch alles Vorherige als ein merkwürdig kompliziertes Vorspiel zu dieser Bekehrung. Billiger ging es, wie es scheint, nicht. Was Gott alles in Bewegung setzen kann, was für Umwege hier ggf. nötig sind, was für Opfer gebracht

werden, wie Gott seinem Wort den Weg zu irgendeinem Menschen bahnen muß: man kann es an einer solchen Geschichte ablesen. Soviel ist *ein* Mensch bei Christus wert. Lukas meint nicht, es müsse in jedem Falle so um den einzelnen gekämpft werden (2,41). Aber er weiß, daß es so sein kann. Vielleicht wäre es uns gut, wir sähen deutlicher, was Christus alles aufgeboten hat, um uns zu gewinnen.
Die ehrerbietige Anrede zeigt, wie sich in Kürze die Lage gewandelt hat: Kyrioi! (In Apok. 7,14 wird ein – allerdings himmlischer – Presbyter so angeredet. Wird solches um 95 üblich?) Wichtig ist aber nicht dies, sondern das andere, daß es bei dem Manne offensichtlich „gezündet" hat. Den Sinn seiner Frage soll unsere Predigt verdeutlichen. Es geht beim Christwerden nicht darum, daß man eine neue Vorstellung über Gott, Welt und Mensch übernimmt oder sich einem neuen Ritus der Gottesverehrung verschreibt, in solchem Falle könnte man alle missionarische Bemühung getrost einstellen. Es geht um die „Rettung". Daß einer schon so fragt! Wir halten uns erneut vor Augen, daß Lukas skizzenhaft erzählt. Wir sollen nicht versuchen, die Lücken zu füllen, die er gelassen hat. Aber die – katechismusartige – Kernfrage gilt es in ihrer Tragweite ebenso zu erfassen wie die so überaus schlichte Kernantwort: „Glaube an den Kyrios Jesus, und gerettet wirst du und dein Haus!" Mehr nicht? Jawohl, so einfach ist das Evangelium. Was es im einzelnen heißt, davon ist dann freilich noch zu reden (V. 32).
Die ganze Hausgemeinschaft nimmt teil. Daß der Hausvater über den Glauben der ganzen Familie entscheidet, wird nicht als anstößig empfunden (vgl. G. Delling, Die Taufe im N.T., Berlin 1963, S. 72). Es war bei Lydia nicht viel anders (V. 15). Man weiß damals noch mehr von dem Miteinander und Füreinander, als das bei uns der Fall ist. So wahr dem einzelnen die Entscheidung des Glaubens nicht abgenommen werden kann, so wahr ist, daß unsere Zugehörigkeit zu Christus viel mehr vom Ganzen einer Familie und, im größeren Maßstab, von der Gemeinde zu verantworten ist. In der Dienstwohnung des Gefängnisinspektors in Philippi – zwei Minuskeln wollen seinen Namen wissen: „der gläubige Stephanas" (vgl. zu V. 27) – tut sich einiges: Die zerschundenen Leiber der Christusboten werden – offenbar erstmalig – einer pflegerischen Behandlung unterzogen. Dann kommt es zur Taufe des Kerkermeisters und der Seinen. Ist der gedeckte Tisch nur ein Erweis der Gastfreundschaft (V. 33: παραλαβὼν αὐτούς) – oder wird bei dieser Gelegenheit zum ersten Mal das Herrenmahl gefeiert? „Jubel" (vgl. 2,47) deutet darauf, daß sich hier der Himmel geöffnet hat. Diesem Hause ist Heil widerfahren. Was Ende schien, wurde zum neuen Beginn. Denn der auferstandene Herr läßt sich nicht aufhalten.

Rogate. Kol. 4,2-6

Der Haustafel folgen Ermahnungen an alle. Den von Lohmeyer für unseren Abschnitt behaupteten Unterschied von zwei- und dreizeiligen Stücken (die ersteren allgemein die Gemeinde, die anderen bes. Paulus betreffend) vermag ich nicht zu erkennen. –

Sowohl Dank und Bitte als auch der Hinweis auf die Gefangenschaft des Paulus und der bleibende Missionsauftrag bestimmen auch das 1. Kapitel. – V. 2: Mahnung zu Gebet und Fürbitte ist fester Bestandteil paulinischer Paränese (Röm. 12,12 fast wörtlich wie in unserem Text; vgl. ferner Röm. 15,30; Eph. 6,18-20; Phil. 4,6 u.ö.). Das sofort assoziierte γρηγοροῦντες mag auf (Paulus selbstverständlich geläufige) synoptische Tradition anspielen (Matth. 24,41), übrigens ein Wort, das eschatologisch gespannt ist (Matth. 24,42.43; 25,13; Luk. 12,37 u.ö., bei Paulus bes. 1. Thess. 5,6.10), zur Sache vgl. Röm. 13,11. Die ursprüngliche LA von D und der Ambrosiaster lassen ἐν εὐχαριστίᾳ weg und verknappen und glätten damit den Text. - V. 3: Timotheus ist nicht mit in Haft (δέδεμαι), aber die Fürbitte soll wohl auch ihm mit gelten, wenn man nicht annimmt, es handele sich um das „Wir", mit dem Paulus im Unterschied zu dem rein persönlichen „Ich" sein Handeln im Amt des Apostels markiert (vgl. etwa 2. Kor. 1,4-14.18.20; 2,14-17; 3,1ff.; 4,1ff.; 5,16ff. mit 1,15.16; 2,1-13 u.ö.), wozu der Übergang vom Plural zum Singular an unserer Stelle trefflich paßt. Zu μυστήριον vgl. wieder 1,26f.; 2,2, aber auch Röm. 11,25; 16,25; 1. Kor. 2,1.7; 4,1; 13,2; 14,2; 15,31; 2. Thess. 2,7. – V. 3: Im Unterschied zu 1. Kor. 16,9; 2. Kor. 2,12; Apg. 14,27 ist hier wohl nicht die Tür gemeint, deren Öffnung dem Apostel bei den Empfängern des Evangeliums Zugang gewährt, sondern wahrscheinlich die Tür, die sich beim Apostel selbst auftut, damit er überhaupt reden kann (λαλῆσαι). – V. 4: φανεροῦν sonst bei Paulus nicht als Wort für sein Verkündigen gebraucht: fast erscheint Paulus hier selbst als Spender der Offenbarung; als habe er fast zuviel gesagt, fügt er noch ein erläuterndes Sätzchen an (Lohmeyer). – V. 5: οἱ ἔξω heißen bei den Juden die Gojim, für neutestamentliche Auffassung vgl. 1. Kor. 5,12f.; 1. Thess. 4,12. Daß die „Zeit", „jene kurze Spanne, die von dem ‚Jetzt' der Offenbarung zu dem nahenden Tage völliger Offenbarung hinführt" (Lohmeyer z. St.) „ausgekauft" werden soll (vgl. Eph. 5,76), heißt, die in ihr liegenden Möglichkeiten mögen „restlos ausgenutzt" werden (ThWNT I, S. 128). – V. 6: „Auch diese Notwendigkeit rechter ‚Antwort' ist ein Stück traditioneller Paränese; vgl. Sir. 5,11f.; Pirke Aboth 2,18: ‚Sei eifrig, die Thora zu lernen, was du einem Epikureer zu antworten hast'" (Lohmeyer z. St.). Vgl. 1. Petr. 3,15. – Rede ἐν χάριτι: gewinnend, mit dem Charme echter Liebe. – Salz: das Treffende und Packende der Rede oder ihre aus dem Worte Gottes hervorgehende Kraft (so in spätjüdischer Tradition).

Der Aufruf zum Gebet, der den Kern der Perikope ausmacht, betrifft nicht ein zur Not vielleicht auch verzichtbares Specialissimum des Christseins, sondern das Ganze. Indem wir beten, sind wir Gottes Gegenüber, sein Ebenbild. Indem wir – für uns und für andere – bitten, bringen wir zum Ausdruck, daß wir aufs Empfangen angewiesen sind und auch tatsächlich empfangen (1. Kor. 4,7b; Joh. 3,27) und uns darin mit unseren Mitmenschen zusammengeschlossen und in gleicher Lage wissen. Daß wir, was Gott gibt, nicht einfach auf uns herniederregnen lassen, sondern es, indem wir beten, bewußt aus seinen Händen nehmen, es geradezu bei Gott abholen, macht den personalen Charakter des Christseins aus. Daß Gott dabei nicht ein unfaßbares großes X, sondern der in Christus uns greifbar und anschaulich gewordene, sich uns zu persönlicher Gemeinschaft erschließende und anbietende Gott ist, ist wiederum nicht etwas, was an den Rand gehört; unser Glaube steht und fällt damit. Und über dem allen das, was die Mitte des

Evangeliums ist: Beten ist kein frommes Werk, mit dem wir uns vermäßen, das Unmögliche zu vollbringen – nämlich den Gott, bei dem wir verspielt haben, für uns zu gewinnen; Beten ist vielmehr um Christi willen unser Recht, so daß Gott in seiner allem unserm Beten vorausgehenden gnädigen Offenheit für uns, ja in seinem Entschiedensein für uns, nur darauf wartet, daß wir kommen und uns in das von ihm eröffnete Gespräch hineinziehen lassen.

Dennoch bedarf es der immer neuen Mahnung zum Gebet, nicht etwa nur für uns, sondern schon für die Urchristenheit. Sie hat es zur Sache nicht näher gehabt als wir, wir haben es nicht weiter als sie. Für die Predigt wird es wichtig sein, es nicht mit der bloßen Aufforderung zum Beten bewenden zu lassen; wir würden damit denen nicht helfen, die gern wollen, aber nicht können, und erst recht nicht denen, die deshalb schon nicht wollen, weil sich ihnen das Evangelium noch nicht erschlossen hat. Der Quellort unseres Betens – Gott in Christus für uns – ist im Text nicht ausdrücklich bezeichnet; wie dieser Text im Ganzen des Briefes steht und von daher begriffen werden muß, so muß die Predigt das Ganze des Evangeliums im Hintergrund haben und damit auf das Woher unseres Betens weisen.

Die Gedanken des Textes sind lose miteinander verknüpft. Man könnte meinen, daß ein – etwa gar thematisch formulierbarer – innerer Zusammenhang kaum auffindbar ist. Das Rogate-Thema scheint nur in den Versen 2–4 verhandelt zu sein. Indessen mag es zu denken geben, wie das Reden mit Gott und das mit dem Mitmenschen, in diesem Falle: mit dem „Draußenstehenden", aufeinander bezogen sind. Die Kontaktfähigkeit auf der einen Seite scheint die nach der anderen mitzubestimmen. Ja, es wird in den scheinbar losen Assoziationen dieses kleinen Abschnittes eine bestimmte Tendenz erkennbar: das Beten, das einen Augenblick lang unter dem Verdacht, vielleicht sogar in der Versuchung stehen könnte, in dem Verhältnis zwischen „Gott und Seele" das fromme Eigeninteresse des Beters zu kultivieren, muß sich, wenn es recht geschieht, sofort auch in den Dienst des anderen stellen, und da der andere – in diesem Falle Paulus – vor allem anderen an der Ausbreitung des Wortes, an der Verkündigung des Christusmysteriums interessiert ist, muß sich diese Tendenz darin fortsetzen, daß auch die Beter bzw. Fürbitter selbst in dieses Zeugnis-Geben und Kundmachen aktiv einbezogen werden. Der Text läßt erkennen, daß diese drei: Gebet, Fürbitte und Zeugnis, verschiedene Gestalten bzw. Wirkungen des einen sind: daß wir mit Gott im Kontakt und diesen Kontakt unsererseits auch zu halten bestrebt sind.

1. Der erste Vers der Perikope handelt vom *Gebet* im allgemeinen. Προσευχή kann (nach ThWNT II, S. 806ff.) nicht nur den einzelnen Gebetsakt (Luk. 22,45; Röm. 1,10 u.ö.), sondern auch das Gebet im Sinne einer „regelmäßig geübten Gewohnheit" meinen (vgl. Apg. 2,42; 6,4; Eph. 6,18) – so auch hier: das Wort „bezeichnet das Gebet im umfassendsten Sinne" (ebd.). Der Satz V. 2 ist sehr gedrängt; wir können, was in einem Atem gesagt ist und komplex verstanden sein will, nur nacheinander zum Ausdruck bringen. Wie in den schon genannten Stellen steht auch hier das Verbum προσκαρτερεῖν: festhalten an ..., beharren bei ..., ausdauern in ..., dauernd be-

dacht sein auf ... Das Gebet kann also nicht nur Sache weniger Augenblicke (der Konzentration, der Erhobenheit, etwa gar der frommen Stimmung), es will eine Sache von Dauer bzw. eine Sache regelmäßiger Übung sein. Man soll das ἀδιαλείπτως von 1. Thess. 5,17 nicht pressen. Das in Klöstern geübte, nur durch regelmäßige Ablösung ermöglichte kontinuierliche Gebet kann nur Zeichencharakter haben. Dranbleiben! mahnt der Text. Will die Predigt Hilfen geben, so kann sie zunächst nur zur Regelmäßigkeit in der Gebetspraxis, d.h. aber zu einer festen Gebetssitte, mahnen. Wir haben in der Gemeinde (und bei uns selbst) mit einer Abneigung gegen die leicht zum Leerlauf, d.h. aber zugleich: zum bloßen Schein, entartende Gebetssitte zu rechnen; das Wahrheitsmoment solcher Abneigung ist unverkennbar. Dies darf uns nicht hindern, es dem Text nachzusprechen, daß das Gebet Dauer und Regel braucht. Wer sich von seiner je und dann vorhandenen inneren Bereitschaft zum Beten abhängig macht, lernt es nie oder verlernt es gewiß. Gott weiß, daß es bei uns oft nicht gehen will. Gerade der Angefochtene soll wissen: den von ihm gefürchteten Leerlauf gibt es vor Gott gar nicht! Auch in den Zeiten der inneren Dürre und Unfähigkeit hat das Gebet Kraft (Röm. 8,26f.). Die kläglichste Stümperei gerade beim Beten ändert nichts daran, daß Gott für uns ist. Sollte das (von zwei Zeugen weggelassene, s. o.) ἐν εὐχαριστίᾳ etwa gar ein Hinweis auf die Sakramentsfeier sein (vgl., was Gottfried Holtz in seinem Kommentar zu 1. Tim. 2,1 schreibt), dann ergäbe sich von daher nicht nur ein Anhaltspunkt für die Regelmäßigkeit und Häufigkeit (!) der bei dieser Gelegenheit geübten Gebete, sondern auch ein Hinweis auf das Verständnis des Betens: es ist ein Beten „in Christus", in der Kraft seiner Gegenwart und seiner hochpriesterlichen Intercessio, ein Beten also, das von seinem Beten getragen ist. Es sei dahingestellt, ob εὐχαριστία hier wirklich schon diesen speziellen Sinn hat (andere Deutung s. u.). Ihren Namen hat die Eucharistie von daher, daß Jesus selbst beim Mahle „danksagte", Mark. 8,6; Joh. 6,11; 1. Kor. 11,24 und die anderen Abendmahlstexte (z.T. lectio varia). In Did. 9 heißt die Sakramentsfeier so (vgl. 1. Kor. 10,16 Apparat). Genug: wir beten „in Jesu Namen", also unter Berufung auf ihn, mehr noch: eingeschaltet und einbezogen in sein Beten. – Die Stetigkeit unseres Betens könnte aber, über die regelmäßige Übung hinaus, darin bestehen, daß wir uns immerzu im wortlosen, zumeist also unartikulierten Kontakt mit dem dreieinigen Gott befinden. Wie man mit dem liebsten Menschen auch dann im Gespräch ist, wenn man ihn nicht unmittelbar vor sich hat, so erst recht mit dem Herrn, der uns allezeit begleitet und umgibt.

Das Partizip „wachend" beschreibt unser Beten des näheren. Die Beziehung auf die Gethsemane-Szene fiel uns schon auf. Einschlafen am Lenkrad bedeutet eine Katastrophe; man halte es nicht für allzu harmlos, wenn uns im Geistlichen die Müdigkeit überwältigt. Im Gespräch mit der höchsten Stelle: das erfordert nicht nur Wachheit, das macht auch wach. Wer betet, kann nicht in Dumpfheit und Verschlafenheit, im Dösen und Dämmern verharren, er wird vielmehr aus seiner Entscheidungslosigkeit und Unansprechbarkeit herausgeholt, er erwacht zu personhaftem Leben und findet sich, indem er mit Gott redet, als den vor, der zu sein er bestimmt ist: Gottes

Ebenbild. Beter sollten also die sein, die wachen, wenn auch alle anderen in ihrer Umgebung träumten. Der eschatologische Einschlag in diesem Wort (s. o.) sei nicht übersehen: der Tag Christi ist nahe, ist schon im Anbruch und Aufgang (Röm. 13,11ff.), also wissen wir uns in dem καιρός, in der qualifizierten Zeit, die auf die Zukunft Christi zugeht und die es „auszukaufen" gilt (s. u.). Das ständige Gebet ist dann die Weise unseres Wachens (Mark. 13,37), unseres Bereitseins (Matth. 25,13), unseres Fertig- und Offenseins für Christi Kommen. Wer sich gerade mit dem Herrn im Gespräch befindet, wird nicht erschreckt auffahren, wenn er plötzlich in Herrlichkeit auf ihn zukommt.

Und nun doch noch einmal die Worte „mit Danksagung", falls sie nicht im technischen, sondern im nächstliegenden Sinn zu verstehen wären (wobei eines das andere keineswegs zu verdrängen brauchte). Es heißt nicht: Betet, aber vergeßt auch das Danken nicht! Sondern: Betet, indem ihr in Danksagung wacht. Dank ist auf Gott zurückgewendete, ihm gegenüber ausgesprochene Gebetserfahrung. Dank ist zugleich die Weise des Entgegennehmens dessen, was Gott gibt. Dank und Bitte sind eng verschlungen. Auch das Danken will eingeübt sein. Wer träumt und döst, kassiert Gottes Segnungen gedankenlos ein. Umgekehrt: wer sich im Danken übt, darin also „wachsam" ist, betet aus der Erfahrung heraus, also wissend und desto mehr vertrauend. Fehlt das Danken, dann wird unser Gebet krank. – Der kurze Vers könnte eine Menge Schäden unseres Gebetslebens aufdecken – und beheben.

2. In der *Fürbitte* wendet sich das Gebet sofort dem anderen zu. Das Gebet entartet, wenn der Beter bei sich selbst bleibt. Mancher „Fromme" ist in seinem religiösen Egoismus in der Tiefe unerlöst; ihm wäre geholfen, wenn er, auch in seinem Beten, zum andern fände. Es könnte sein, die eigenen Probleme und Schmerzen lösen sich in dem Augenblick, da man lernt, sich bei Gott für den anderen stark zu machen. „Betet zugleich für uns." Einen Augenblick lang könnte es so scheinen, als ob Paulus zwar die Kolosser aus der egozentrischen Einengung – falls eine solche zu konstatieren wäre – herausholt, indem er sie zur Fürbitte aufruft, sich selbst aber eben damit den Gewinn sichert. Er sagt ja nicht: Betet für die anderen Gemeinden Kleinasiens und für die „Heiligen" in Jerusalem und für die unter euch, die es am schwersten haben, sondern er fordert zur Fürbitte „für uns" (s. o.) auf. Aber unser Verdacht ist sofort behoben. Dächte Paulus an sich, dann müßte es heißen: Betet darum, daß ich so schnell wie möglich freikomme! (Wahrhaftig, eine solche Bitte wäre nicht verboten, und es wäre nicht unter der Würde des Paulus, die Kolosser um solche Fürbitte anzugehen.) Aber sie sollen anders beten. Die „Tür des Worts" soll ihm aufgehen. Der Ausdruck ist nicht ganz eindeutig. Es könnte schon an die Kerkertür gedacht sein; in dem Augenblick, da Jesu Sendbote die Zelle verlassen könnte, ginge der Wortdienst in der Weite der Welt weiter. Aber wahrscheinlich ist etwas anderes gemeint. Ihm selber soll der Mund aufgetan werden. Man braucht nicht einmal auf des Apostels besondere Lage hinzuweisen („kein Märtyrer redet aus sich selbst, sondern es ist nach einem berühmten Worte Jesu ‚der Geist, der in ihm redet'", Lohmeyer z. St.).

Was hier gemeint ist, gilt auch außerhalb der Gefängnismauern (etwa 2. Kor. 3,5 f.). Aber vielleicht ist Paulus in einer Lage, in der er tatsächlich gehemmt ist, auszusprechen, was auszusprechen ihm sonst nicht schwerfällt. Auch hier, im Gefängnis, gibt es Gelegenheiten, das Evangelium unter die Leute zu bringen. Aber die παρρησία, die innere Verfassung also, in der man „alles sagt", ist alles andere als eine Selbstverständlichkeit. Man bedenke doch: eben das, weshalb Paulus in Gefangenschaft gekommen ist, das bleibt sein Auftrag: er muß „das Geheimnis Christi" verkündigen. Das Wort μυστήριον hatte für den Menschen der griechischen Welt einen faszinierenden Sinn. Es deutete auf die geheimgehaltenen feierlichen Kulthandlungen, die die Geschicke irgendeiner Gottheit rituell vergegenwärtigten und den Gläubigen zueigneten, damit diese Anteil am Heil bekämen. Die Philosophie nahm den Begriff gern auf, um damit tiefsinnige Geheimlehren zu kennzeichnen (so auch Plato). Die Gnosis bezeichnete damit ihren Erlösungsmythos; „μυστήριον ist alles, was sich auf die jenseitige, verborgene Himmelswelt, den Ursprung und die Erlösung der Menschen bezieht" (ThWNT IV, S. 818). Paulus nimmt den Begriff polemisch auf: eben das, worauf die Irrlehrer in Kolossae sich soviel zugute tun, ist das Thema seiner Verkündigung, nur eben so, daß das Mysterium durch den Genitiv „des Christus" ganz neu gefüllt ist. Man vergleiche 1,25ff.; 2,2; aber auch 1. Kor. 1,23; 2,1.6ff. Das Mysterium, das Werk der geheimnisvollen Weisheit Gottes, ist bereitet, ehe die Welt war (1. Kor. 2,7), verborgen vor den Äonen (1. Kor. 2,8; Eph. 3,9; Kol. 1,26; Röm. 16,25) in Gott (Eph. 3,9); so unweltlich es seinem Ursprung nach ist, es ereignet sich in der Welt: „Christus in euch" (Kol. 1,27), es offenbart sich in ihr gerade als Mysterium und wird vom (apostolischen) Amt verwaltet (1. Kor. 4,1; Eph. 3,2; Kol. 1,25). Paulus ist auch im Gefängnis von der Verpflichtung dieses apostolischen Amts (1. Kor. 9,16) nicht entbunden. Keine Macht dieser Welt kann ihn davon entbinden. Nur: hat er die Kraft, die innere Freiheit, den Mut, seines Amts auch in der gegenwärtigen Lage zu walten? Es müßte ihm gegeben werden – aber es *soll* ihm ja auch gegeben werden (Matth. 10,19). Die Kolosser werden mit ihrem Gebet hinter ihm stehen, wie es denn in jeder Lage nötig ist, daß die Gemeinde den Verkündigungsdienst der Boten in der Fürbitte trägt (Röm. 15,30 u.ö.). Es geht um die freie Bahn für das Evangelium. Das Gebet dafür ist nicht leere Geste oder bloße Demonstration. Die Gemeinde muß das wissen. Sie leistet, indem sie betet, ernsthafte Arbeit. Sie bringt und hält etwas in Gang. Versagt sie im Beten, dann laufen die Dinge anders, als sie sonst laufen würden. Die dunklen Stunden der Kirchengeschichte sind auch Stunden des versagenden Gebets. Umgekehrt: auf dem Gebet liegt große Verheißung.

3. Was durch das Gebet in Gang gebracht und gehalten wird, ist das *Zeugnis*, das Inhalt der apostolischen Sendung, aber auch – in der hier beschriebenen charakteristischen Weise – Aufgabe der ganzen Gemeinde ist. Auf letzterem liegt hier der Ton.

Wir verstehen die VV. 5f. nur dann recht, wenn wir die Spannung empfinden, die in der Unterscheidung von „Drinnen" und „Draußen" einerseits und der Verpflichtung gegenüber der Welt andererseits liegt. Oἱ ἔξω scheint ein gängiger Begriff zu sein (Mark. 4,11; 1. Kor. 5,12f.; 1. Thess. 4,12; vgl.

auch 1. Tim. 3,7). Das Heil ist nach neutestamentlicher Auffassung nicht diffus in aller Welt verbreitet, so daß es des „Offenbarmachens", des „Sagens" und der „Antwort", d.h. also der konkret geschichtlichen Vermittlung, gar nicht bedürfte. Es ist ein gewaltiger Unterschied, ob man „drinnen" ist oder „draußen". Es wird auch am Ende ein „Draußen" geben, wie man auf dem letzten Blatt der Bibel lesen muß (Offb. 22,15) und wie auch aus dem Munde des synoptischen Christus zu hören ist (Matth. 25,1f.; Luk. 13,25). Der Enthusiast denkt nicht leibhaft, kennt darum auch keine Konturen und Grenzen, greift in die Luft und holt sich das Heil. Die Zeugen des Neuen Testaments wissen es anders. Sie empfinden auch den „ungeheuren Bruch" zwischen dem Einst und Jetzt, das ja für sie mit dem Draußen und Drinnen gleichbedeutend ist (z.B. Röm. 6,19ff.; 1. Kor. 6,11; Eph. 2,2.11.13; 4,17ff.; 5,8; 1. Petr. 1,14f.). Nicht, daß Christus nicht überall gegenwärtig und wirksam sei; aber sein Heil kommt zu uns in leibhafter Gestalt. – Jedoch: die Gemeinde Jesu Christi ist denen, die „draußen" sind, im höchsten Maße verpflichtet. „Wandelt weise gegenüber den Draußenstehenden" – was könnte das heißen? Eine Spitze gegen die kolossischen Gnostiker mag im Gebrauch ihres Lieblingswortes σοφός liegen: ihre „Weisheit" äußert sich in dünkelhafter Erhebung über die Nichteingeweihten, hingegen die aus Gott stammende Weisheit wendet sich ihnen gerade zu, weil sie sich ihnen verpflichtet weiß. Was heißt in diesem Zusammenhang „Weisheit", was „Erkenntnis des Willens Gottes" (1,9), „Wandel, des Herrn würdig" (1,10)? Röm. 16,19 mag es kommentieren: „weise in bezug auf das Gute, naiv in bezug auf das Böse". In Christus sind alle Schätze der Weisheit verborgen (2,3). Die Weisheit, die wir gegenüber der Welt einnehmen sollen, ist nicht eine dem Glauben gegenüber sachfremde Einstellung, sondern eben die Bewährung dessen, was wir in und von Christus haben. Denn diese Weisheit schließt die ganze Welt ein: die in Christus geschaffene und für ihn bestimmte Welt (1,16f.), die gesamte Kreatur, der das Evangelium gilt (1,23), die Welt, in der seit Christi Triumph die Mächte der Zerstörung angeprangert und unterworfen sind (2,15). Die „Weisheit", die den Christen gegeben ist, weiß das; sie sieht die Welt mit neuen Augen, und sie begegnet einem jeden Menschen in solchem Wissen und solcher Hoffnung. – Nun gilt es, die uns gegebene Zeit – sie ist für jeden von uns, sie ist für die Kirche als ganze terminiert – „auszukaufen". Der Zusammenhang deutet auf die evangelistische Wirksamkeit der Christen. Oder soll man darüber hinaus daran denken, daß wir im Wissen um den eschatologischen Stundenschlag gerade unser weltliches Werk im Sinne des Dienstes zuverlässig tun, d.h. im Wissen darum, daß sich im Zeitlichen das Ewige entscheidet? Zeugnis und Dienst gehören sowieso zusammen. Niemand meine, das Warten und Wachen auf den Tag Christi hin mache untätig. Wer weiß, daß die Uhr abläuft, nutzt die Stunde, erst recht der, der weiß, welche Chance im Kairos des Heils liegt. Insbesondere wird er wissen, daß er sich mit der Ausbreitung des Evangeliums nicht Zeit lassen darf – „sie sterben sonst darüber". – Über Substanz und Tonart unserer Rede mit unseren nichtchristlichen Mitmenschen erhalten wir gute Hinweise. Daß man zu antworten, daß man Auskunft zu geben versteht, verlangt ein wachsames Christsein. Die Christenheit hat hier noch viel zu lernen. 1. Petr. 3,15 zeigt: die Christen der neutestamentlichen Zeit haben es besser gewußt, daß das Christsein von jedem von uns der Welt gegenüber zu vertreten und zu verantworten ist. Gewiß, in seinem Kern wird das Evangelium einfach zugesprochen und angenommen, ohne Diskussion, ohne eigenes Zutun. Aber damit ist eine denk- und maulfaule Scheinchristlichkeit nicht gerechtfertigt, die sich aufs mehr oder weniger genüßliche Zuhören und aufs Amen-Sagen beschränkt. Zur „Diasporafestigkeit" (Hoekendijk) gehört die Bereitschaft zum Bekennen, Bezeugen und Verantworten. Dazu gehört freilich, daß unsere gemeindliche Arbeit die Glieder der Gemeinde fähig macht, diese Verantwortung wahrzunehmen; unser herkömmlicher kirchlicher Betrieb läßt bislang darin erhebliche Lücken offen. Über das Wie unseres Zeugnisses bekommen wir gesagt, daß unsere Rede durchweg ἐν χάριτι geschehen solle; es wird gut sein, sich den Bedeutungsspielraum dieses Wortes deutlich zu machen: Anmut, Lieblichkeit, gewinnendes (charmantes) Wesen, Wohlwollen (man „meint es" mit dem andern „gut"), auch Dank und Gnade. Lieblich, übersetzt Luther; jedenfalls nicht bitter, nicht verletzend, nicht fanatisch. Daß die Heiterkeit unseres Wesens, die Umgänglichkeit und Freundlichkeit – dies alles liegt in dem Wort – ihren Ursprung in der uns widerfahrenen „Gnade" hat, wird gerade im paulinischen Sprachgebrauch nie zu vergessen sein. Es ist gut, daß noch hinzugefügt ist: „mit Salz gewürzt", was zunächst auf den Gehalt unserer Rede hinweisen dürfte (s. o.), dann aber doch wohl auch einen Schutz vor einem Mißverständnis darstellt: „lieblich" darf keinesfalls heißen: parfümiert, „gesalzen" freilich wiederum nicht: gepfeffert. Paulus scheint etwas davon gewußt zu haben, daß der Mangel an Geschmack dem Evangelium schon viel Abbruch getan und seine Wirkung gehindert hat. Peinlich wirkt immer das Gemachte, Unechte, das Wirklichkeit vortäuscht, statt aus ihr zu leben. Kein Mensch wird uns glauben, wenn wir mit unserm Zeugnis nicht aus der Begegnung mit dem lebendigen Gott kommen.

Himmelfahrt. Kol. 1,15-20(21-23)

Die Stelle hat den Exegeten viel Kopfzerbrechen bereitet, vgl. besonders: E. Käsemann, Eine urchristl. Taufliturgie. Festschr. R. Bultmann, Stuttgart 1949, S. 133 ff., aufgen. in EVuB I, Göttingen 1965[4], S. 34 ff.; E. Schweizer, Die Kirche als Leib Christi in den paulinischen Antilegomena, ThLZ 1961, Sp. 241 ff.; G. Schille, Frühchristl. Hymnen, Berlin 1962, S. 79 ff.; H. Hegermann, Die Vorstellung vom Schöpfungsmittler ..., Berlin 1961, S. 88 ff. Die Verschiedenheit der Ergebnisse könnte den Prediger von vornherein entmutigen. Ist der Hymnus von der Liturgie des Versöhnungstages (Lohmeyer), ist er als Taufliturgie (Käsemann), speziell als „Initiationslied", d. h. aber als „Taufdanklied", (Schille) aufzufassen? Ist der Grundstock dieses Hymnus der gnostische Urmensch-Erlöser-Mythos (Käsemann), oder handelt es sich um einen genuin-christlichen Text (mit bes. alexandrinisch-jüdischen Hintergründen), den Paulus zitiert und in den er, frei formulierend, eigene Interpretamente einfügt (Hegermann, ähnlich Schweizer)? Soll man mit Lohmeyer zwei 7zeilige Strophen konstatieren, die jeweils durch einen Dreizeiler eingeleitet werden? Oder sind die Sätze ὅς ἐστιν εἰκών (V. 15) und ὅς ἐστιν ἀρχή (V. 18b) die Strophenanfänge? So Käsemann, ähnlich M. Dibelius/Greeven und Hegermann. Soll man sich mit der Ungleichheit der Gewichte der Strophen abfinden und nur 8 von den 112 Worten als spezifisch christliche Addimenta zum gnostischen Hymnus ansehen („der Kirche", V. 18, und „seines Kreuzes Blut", V. 20, so Käsemann)? Oder ergeben sich zwei gleichgewichtige Fünfzeiler, wenn man – mit Hegermann – annimmt, Paulus habe in den vorgefundenen Hymnus als Eigenes eingefügt: von „in den Himmeln" (V. 16) bis „er ist vor allem" (V. 17), ferner: „sei es auf Erden oder sei es in den Himmeln" (V. 20), dazu die von Käsemann genannten Einschiebsel? Dies alles bleibt nicht ohne Folgen für das Verständnis. Eine Predigtvorarbeit kann nicht erbringen, was unter den Zunft-Exegeten noch so stark in der Diskussion ist.

Die VV. 9–20 sind eine einzige Periode. Die nach der Briefsitte dem Dank nachfolgende Bitte (VV. 9–11) bezieht sich auch darauf, daß die Empfänger für ihr Heil danken möchten (VV. 12–14). In einem gewaltigen relativischen Anbau schließt sich daran das erweiterte Hymnuszitat mit den christologischen Aussagen. In das Heilswerk Christi sind die Briefempfänger eingegliedert (VV. 21–23): das Versöhnungswerk Christi wird für uns Menschen verwirklicht im geschichtlichen Vollzug der Völkermission (bes. E. Schweizer, a.a.O.). – V. 15: In der kosmologischen Begrifflichkeit Platos und bes. Philos ist die Welt bzw. der Logos Gottes Eikon. Indem Adam (Gen. 1,27) als Urmensch aufgefaßt wird, kann sich damit der gnostische Erlösergedanke verbinden (Käsemann, dagegen Hegermann). Nach griechischem Verständnis ist das Bild nie bloß Abbild, sondern es hat am Wesen des Dargestellten teil (ThWNT II, S. 386). Vgl. 2. Kor. 4,4, aber auch Joh. 14,9; 12,45. πρωτότοκος, vgl. Röm. 8,29; Hebr. 1,6. Die Spitze des Gedankens liegt in der schöpferischen Urbildlichkeit Christi, nicht darin, daß er das erste Geschöpf wäre (Arius). Mit dem Erstgeborenen gehört die ganze Nachkommenschaft Jahwe. – V. 16: Antignostisches Bekenntnis zu Christus als Schöpfungsmittler. Es gibt keine Mächte, die Christus nicht unterworfen wären. Pan-Formel von Paulus gern verwendet. – V. 17: συνέστηκεν = hat seinen Bestand in ihm (creatio continua); oder soll gesagt sein: besteht aus ihm, so daß er das All, als der Riesen-Urmensch, in sich enthielte? – V. 18: Die letzte Möglichkeit des Verständnisses könnte in einer Urform des Hymnus vorausgesetzt sein; sie wird durch die (etwas schwerfällig wirkende) Hinzufügung von τῆς ἐκκλησίας ausgeschlossen: die Kirche ist Christi Leib, nicht das All. Damit ist der Übergang zur zweiten Strophe geschaffen: auf die protologische folgte die eschatologische Bedeutung Christi. Wieder πρωτότοκος – diesmal ἐκ τῶν νεκρῶν, was ganz antignostisch ist, denn kein Gnostiker sieht sich als dem Tode verfallen an (er hält sich für φύσει σωζόμενος). – V. 19: „Der Ort, da Gott in Ewigkeit ‚wohnt', heißt Christus" (Lohmeyer, z. St.). πλήρωμα = „die volle Summe, die Fülle, ja der Überfluß" von etwas (Bauer, WB); vgl. 2,9. – V. 20: Das Heilswerk Christi meint das All. Schweizer legt Wert darauf, daß die Versöhnung nicht einfach ein physisches oder metaphysisches Ereignis ist (a.a.O., Sp. 246). Auf die Negation kommt es an: die geschaffene Welt ist nicht ausgeschlossen, wie die Gnosis meint. Indem er das Kreuz interpoliert, gibt Paulus dem Text einen eindeutig antignostischen Sinn. Versöhnung bedeutet Friedensschluß (vgl. den Karfreitagstext). – VV. 21ff.: Wie VV. 12–14, so deuten auch diese Verse auf den mit dem Herrschaftswechsel verbundenen Existenzwandel.

Von Himmelfahrt ist in unserm Abschnitt nicht die Rede. Das neutestamentliche Zeugnis von einer Himmelfahrt Christi ist überhaupt schmal. Himmelfahrt ist nur der (für das Erleben der Jünger) sinnenfällige Ausdruck der Tatsache, daß der erhöhte Christus beim Vater ist, gleicher Macht und Ehren mit ihm, und so in Ewigkeit an allem teil hat, was der Vater tut. Daß der erhöhte Herr an der Herrlichkeit des Vaters, an seiner Macht und Ehre und an seiner Herrschaft Anteil hat, dafür bietet das Neue Testament viele Zeugnisse. Es dürfte von daher nicht nötig sein, sich durch Fragen ablenken zu lassen, die uns das veränderte Weltbild aufgibt; worauf es dem Neuen Testament ankommt, das wird durch den Wandel in der Auffassung des Kosmos nicht berührt. Der Prediger sehe zu, daß er mit der hier etwa nötigen begrifflichen Aufräumarbeit schnellstens zu Ende kommt. Mehr könnte ihm die Frage zu schaffen machen, ob er überhaupt darin mit dem Neuen Testament mitgehen soll, daß er die kosmische Bedeutung Christi verkündigt. Daß die Botschaft des Textes in direkte Anrede an die Gemeinde, also an uns, ausläuft, darin ihren Pro-nobis-Charakter ausweisend, sollte uns Mut machen, ihr auch da zuzuhören, wo wir Bedenken haben möchten. Es wird sich freilich gerade darum empfehlen, die eingeklammerten Verse nicht beiseite zu lassen, vielmehr in ihnen die unsere Existenz angehende applicatio der hymnischen Aussagen zu sehen. Man könnte etwa so gliedern: Christus ist der König des Alls (mit diesem Wort müssen wir wohl die reich variierte Pan-Formel wiedergeben). Der ganze Gott in ihm (1). Die ganze Welt durch ihn (2). Wir alle bei Gott durch ihn (3).

1. Wir müßten, um recht zu verstehen, die Dogmatik und die Lebenspraxis der kolossischen Irrlehrer genau kennen (vgl. G. Bornkamm, Die Häresie des Kolosserbriefes, ThLZ 1948, Sp. 11ff., aufgenommen in: Das Ende des Gesetzes, München 1963, S. 139ff.). Freilich bestünde dann auch sofort die Gefahr, daß wir die Gemeinde nur religionsgeschichtlich unterweisen. Wir sollen aber so verkündigen, wie die Botschaft des Textes *heute* bei uns auftritt. Versuchen wir, dazu einige Gesichtspunkte zu gewinnen.

Wir haben vielleicht Mühe, unseres Herrn als des Pantokrator gewiß zu werden. Der Bauarbeiter aus Nazareth, der wandernde Rabbi, der Freund der Armen und Verkommenen, der Seelsorger der Sünder, der das Opfer seiner Gegner wurde und schmählich zugrunde ging: wie sollen wir uns den auf dem Thron Gottes vorstellen? Immerhin: „Alle Dinge sind mir übergeben von meinem Vater", läßt Matthäus ihn schon in seinen Erdentagen aussprechen (11,27). Wie kommt er dazu, dies zu sagen? Man könnte von anderer Seite kommen: Mag sein, Jesus hat viel Macht, viel mehr, als seine Gegner meinten und meinen. Aber doch nur bei denen, die an ihn geglaubt haben und glauben. In einem privaten seelischen Intimbereich mag man ihn etwas ausrichten sehen: wo Menschen von Sünden lassen, mit anderen Frieden schließen, von den Dingen der Welt frei werden, ihr Leben neu verstehen. Aber Herr des Kosmos? Hier scheint ihm die christliche Dogmatik zuviel Macht und Ehre beizulegen. – Die Antwort liegt in den hymnischen Aussagen, die als solche ja keine Augenblickserzeugnisse, sondern liturgisches Gut sind und damit den Glauben der Gemeinde ausdrücken, nicht nur der kolossischen Gemeinde (1. Kor. 8,6; Hebr. 1,2.3.10; Joh. 1,1ff.). Wie

immer wir dazu stehen mögen, die neutestamentliche Gemeinde bekennt sich zum Christos Pantokrator.
Christus ist „die Ikone des unsichtbaren Gottes". Es kann uns helfen, wenn wir eine Vorstellung davon haben, was Bilder in der orthodoxen Kirche bedeuten. Wir sahen schon: für die griechische Welt ist die εἰκων sehr viel mehr als eine Darstellung, die in Form und Farbe lediglich die physikalische Außenseite irgendeiner Person festhält. Man hat sich an der Paradoxie gestoßen: „Abbild des unsichtbaren Gottes": wie kann Unsichtbares bildlich dargestellt werden? Aber es geht ja gar nicht um ein Konterfei, sondern eher um ein Sakrament, also um die reale Vergegenwärtigung des Dargestellten im Bildnis. Wer Jesus sieht, der sieht den Vater, denn der Vater ist in ihm gegenwärtig. Durch Jesus und in ihm wendet sich der Vater uns und aller Schöpfung zu. – „In ihm geruhte das ganze (göttliche) Pleroma zu wohnen" (wir fassen Pleroma als Subjekt auf). Pleroma: das, was einen Raum erfüllt, ausfüllt (das Pleroma eines Kruges z. B. könnte Wasser sein). Gott ist es, der alles in allem erfüllt (Eph. 1,23). Der unermeßliche Gott „wohnt" nun in Christus. Alttestamentliches Denken bezeichnete mit dem Verbum „wohnen" die gnädige Gegenwart Gottes. Hellenistisch-jüdische Vorstellungen denken daran, daß die die Welt durchwaltenden Gotteskräfte den Logos, den Schöpfungsmittler, ganz erfüllen. Indem Paulus den Hymnus zitiert und zugleich interpretiert, bekommt die Aussage heilsgeschichtlichen Sinn. Der, in dem die Fülle der Gottheit wohnt, ist kein anderer als der Jesus Christus, an den die Gemeinde glaubt. Die Kolosser werden nicht bestritten haben, daß Gott in Jesus Christus gegenwärtig ist, aber sie haben dies auch von anderen Mächten gesagt: Gott sei in den „Weltelementen" (2,8.20), personhaften engelischen Mächten, die auch als „Mächte" und „Gewalten" bezeichnet werden (2,8.10.15.18), „Kräfte und Gewalten des Kosmos, die in den Erscheinungen der Natur und den Schicksalen der Menschenwelt geheimnisvoll und gebieterisch, lebenbedrohend und lebenspendend walten" (G. Bornkamm, S. 141). Man muß und darf an Christus glauben, aber man ist daneben auch diesen Mächten Respekt schuldig und muß versuchen, sie durch Weihen, denen man sich unterzieht, und durch eine bestimmte Gesetzesobservanz sich gewogen zu machen. Paulus widerspricht dem. Ihr habt Christus und in ihm die ganze Gottesfülle. Ihr braucht niemand anderen und nichts außer ihm. Es gilt das Wort, mit dem später Tatian die Lage der Christen gekennzeichnet hat: „Wir aber haben unsern Platz oberhalb der Heimarmene (der Schicksalsmacht), und an Stelle der Planetengeister haben wir den unbeweglichen (Wortspiel mit πλανεῖσθαι) Herrn kennengelernt und brauchen nicht mehr als vom Schicksal Getriebene um die Gunst derer zu bitten, die uns den Gesetzen des Schicksals unterwerfen wollen" (Or.Graec. 9,2, in Übersetzung zit. n. Dibelius-Greeven z. St.). Christus muß in unserm Glauben und Denken nur den ihm gebührenden Platz bekommen. Ist der doch als Schöpfungsmittler „der Erstgeborene vor allem Erschaffenen" (V. 15), zeitlich und daher auch rangmäßig „vor allen Dingen" (V. 17), der πρωτεύων, allen Dingen und Mächten überlegen und übergeordnet. In Christus der ganze Gott! Widerfährt uns durch ihn die Versöhnung – es wird davon noch zu reden sein –, dann ist

dies der Friedensschluß Gottes, ohne Wenn und Aber. Es streiten sich um uns nicht mehrere Götter höheren oder minderen Ranges. Wir sind auch nicht heute in der Hand des Vaters Jesu Christi und morgen in der Hand anderer göttlicher oder pseudogöttlicher Mächte. Der Hymnus preist Christus als den Gott, den das erste Gebot meint: ihn gilt es über alle Dinge zu fürchten und zu lieben, ihm allein zu vertrauen. (Es versteht sich von selbst, daß wir in solcher Auslegung nicht nach einem vor-christlichen Ur-Sinn des Hymnus fragen, sondern ihn von dem Zusammenhang her verstehen, in dem er sich im Kolosserbrief findet und den er dadurch gewinnt, daß er der Gemeinde heute zu predigen ist.)

2. Der Blick wendet sich. Wir schauen auf die Welt. Die ganze Welt durch ihn, sagten wir zusammenfassend. „In ihm ist das All geschaffen – das, was im Himmel und auf Erden ist, das Sichtbare und das Unsichtbare, seien es Throne oder Herrschaften oder Mächte oder Gewalten" (V. 16). „Alles hat seinen Bestand in ihm" (V. 17 – das „in" ist lokal aufzufassen, es ist an den das All durchwaltenden riesigen Christus zu denken; Luthers Ubiquitätslehre ist keinesfalls eine dogmatische Zweck-Theorie). Im Grundbestand des Hymnus dürfte es geheißen haben: „Er ist das Haupt des Leibes" – d.h. aber: der geschaffenen Welt. Was ist mit dem allen gesagt? Wir achten zunächst darauf, daß die beiden Teile des Hymnus – gleich, wie wir seine Urgestalt bestimmen und wie wir ihn im einzelnen gliedern – parallel sind in ihren Aussagen und in ihrer Absicht. Kosmische Christologie in der ersten, kosmische Soteriologie in der zweiten Strophe. Oder, von anderer Seite her gesehen: Die protologische und die (im weiteren Sinne) eschatologische Bedeutung Christi. Was besagt diese Parallelität? Der die Welt geschaffen hat, ist kein anderer Gott als der, der sie versöhnt und heimführt. Johann Tobias Beck: „Die ganze Weltentwicklung hat ... nicht nur ihre teleologische Spitze oder ihren letzten Zweck in Christus, sondern hat in ihm auch ihren Grund und ihren Anfang, ihre ideale und reale Ursache" (zit. n. P. Brunner, Pro ecclesia II, Berlin u. Hamburg 1966, S. 35). – Darin liegt sofort das andere: Die geschaffene Welt ist nicht vom Teufel oder – gebildeter gesagt – nur das Werk des bösartigen Demiurgen, der, selbst zum Reich der Finsternis gehörig, die Welt finster gemacht hat. Die Welt ist nicht Gefängnis oder gar Grab. Daß wir Sünder sind, liegt nicht daran, daß wir Geschöpfe sind und mit allen anderen Kreaturen in einer Welt leben. Wir werden darum auch nicht *aus* der Welt erlöst, sondern *mit* ihr. – Es läßt sich kein Grund dafür angeben, daß Gott nicht mit sich allein geblieben ist, vielmehr die Welt gewollt und erschaffen hat. Man kann die Schöpfung nicht aus einer höheren Notwendigkeit ableiten, der auch Gott unterworfen wäre. Aber wir können nachträglich erkennen, wie es gemeint ist, daß Gott das All erschuf. Denn wir kennen Christus: das persongewordene Ja der Liebe Gottes zu seinen Geschöpfen. In der Begegnung mit Christus erfahren wir, daß Gott uns samt allen Kreaturen *will*, daß er uns für wert hält, daß er uns unsere Würde gibt, indem er sich liebend uns zuwendet. Die Welt ist nicht durch Zufall, was sie ist. In ihr waltet nicht herzlose, gedankenlose, sinnlose Macht. Gott meint es gut mit seiner Welt. „In Christus" geht die Sonne auf, „in ihm" verlaufen die Jahreszeiten nach

der planetarisch festgelegten Ordnung; „in ihm" hält der Erdball zusammen, schwingt er durchs All; „in ihm" blühen die Pflanzen und lieben sich Mann und Weib; „in ihm" wird uns der Tisch gedeckt (usw.). Die ganze Kreatur ist voll des gewaltigen Ja, das Gott in Christus zu ihr spricht.

Wir werden noch sehen, daß es des Friedensschlusses zwischen Gott und seiner Welt bedurfte und bedarf. Daß alle Dinge durch Christus sind, bedeutet ja nicht, daß die Welt so, wie sie ist, in Ordnung wäre. Die der Kreatur gegebene Freiheit – sie ist die schönste, aber auch die gewagteste Gabe des Schöpfers an uns – hat sich leider gegen Gott gewendet. „Throne, Prinzipien, Gewalten, Herrschaften, Engelmächte": die Sprache der Bibel bringt mit solchen Worten zum Ausdruck, daß das Aufbegehren der Schöpfung gegen den Schöpfer nicht Sache der einzelnen allein ist, die – jeder für sich und dann auch summiert – die Herrschaft Gottes negieren. Es gibt Gebundenheiten des Menschen, die wir nicht erklären, nur konstatieren können, mit denen wir aber bei nüchternem Blick in unsere eigene Geschichte und in die der Menschheit rechnen werden. Menschliches und übermenschliches Böses in der Auflehnung gegen Gott. – Erst auf diesem Hintergrund wird verständlich, was der Hymnus sagt. Wie der Mensch, indem er Sünder ist, nicht aufhört, Gottes Geschöpf zu sein, so bleiben es auch die unsichtbaren Mächte, wie sie es immer waren. Es gibt keine Gegen-Götter. Es gibt nur den Schöpfer und die Schöpfung, nichts Drittes. (Daß es den Schöpfer freilich nicht „gibt", wie es Dinge der Gegenstandswelt „gibt", sei, um Mißdeutungen abzuwehren, ausdrücklich gesagt.) Die allumfassende Schöpfermacht, die der Vater im Sohn vermittels des „lebendigmachenden Geistes" (P. Brunner, a.a.O., S. 45) einsetzt und wirken läßt, läßt „Göttern" und quasigöttlichen „Mächten" keinen Raum. Nichts ist Gott entzogen: nicht das Schicksal; nicht die Gestirne, die die Alten fürchteten; nicht das Naturgesetz, das uns nicht nur erhält, sondern auch vernichten und uns darum wie eine Schicksalsmacht erscheinen kann, hinter die man nicht zurückfragen darf; nicht die technische Entwicklung, die uns davonzulaufen scheint und über die auch Gott, wie es manchmal aussieht, die Gewalt verloren hat. Alles ist Christus in die Hand gegeben, weil es von allem Anfang an ihm gehört. Umgekehrt: Der die höchste Macht im All hat, im Himmel wie auf Erden, in der Zeit wie in der Ewigkeit, ist kein anderer als der, der sich, ans Kreuz genagelt, so geduldig, so beharrlich, so über alle Widerstände hinweg und durch alles Leiden hindurch zu uns bekannt hat. Alle Dinge müssen uns nun zum Besten dienen. Seine Herrschaft ergeht über alles. Es gibt keine von ihr unbesetzten Räume. Was ihm nicht dienen *will*, das *muß* ihm dienen (2,15). Er ist der Pantokrator.

3. Wir alle bei Gott durch ihn – so versuchen wir, die noch übrigen Textaussagen zusammenzufassen. Wir sahen schon: der Hymnus schreitet von der protologischen zur eschatologischen Christusschau, vom Sein der Welt zum Heil der Welt weiter.

Den Exegeten ist aufgefallen, daß in V. 18 die Worte τῆς ἐκκλησίας auffällig nachklappen; sie werden eine in Parenthese hinzugefügte Klarstellung des Paulus sein. Man könnte auch sagen, eben damit werde die Aussage des Hymnus verfälscht, sein formales Gefüge gestört. Da es uns auch hier nicht

um die religionsgeschichtlichen Hintergründe geht, sondern um die Erfassung dessen, was der Text in seiner Jetzt-Gestalt sagen will, wird uns die paulinische Verbiegung gerade wichtig sein. Mag sein, hier wird aufgegriffen, was die Häretiker in ihrer Liturgie zum Ausdruck bringen, aber doch eben nur, um an der entscheidenden Stelle aufzuzeigen, wo Wahrheit und Irrtum sich voneinander scheiden. Worin könnte der Irrtum bestehen?
Käsemann hat (EVuB II, S. 122f.) sehr scharf vom „Theologoumenon des erhöhten Christus" gesprochen: „An die Stelle des verborgenen, in Wahrheit erst designierten Weltenherrn, auf dessen Wiederkunft in Herrlichkeit zur irdischen Machtergreifung die Gemeinde noch wartet, tritt der, welcher bereits jetzt über die Mächte und Gewalten und so über die bislang von diesen beherrschte Welt regiert." Ein – der hellenistischen Gemeinde zugehöriges – Theologoumenon? Wir verstehen die Sorge. Es könnte hier – an dem Geschehen der Rechtfertigung und Versöhnung vorbei – eine Pauschalverchristlichung des Kosmos herauskommen, die dem Evangelium in seiner klassischen Gestalt zuwider ist. „Die Einführung von τῆς ἐκκλησίας V. 18 hat dogmatisches Gewicht ... Christus ist auch Haupt der Mächte und Gewalten. Aber sie sind nicht sein Leib im eigentlichen Sinne" (Käsemann, EVuB I, S. 50). Alles ist durch Christus mit Gott versöhnt, Irdisches wie Himmlisches. Aber man kann dies nicht (protologisch) auf die gegenwärtige adamitische Welt beziehen, sondern man muß in eschatologischer Raum- und Zeittiefe denken. Allen Menschen gilt die Versöhnung, und was am Kreuz geschehen ist, davon ist grundsätzlich keiner ausgeschlossen. Aber Christus muß – nicht trotzdem, sondern gerade deswegen – seine Botschafter aussenden: Laßt euch versöhnen mit Gott! Denn das ein für allemal in Jesu Kreuz und Auferstehung Geschehene gilt für Gott unwiderruflich und verbindlich, muß aber in gläubiger Annahme durch uns geschichtlich realisiert werden. Gott macht Frieden. Nichts wird er uns noch vorhalten, nichts gegen uns geltend machen, nichts gegen uns unternehmen, wenn wir nur „in Christus" sind. Aber eben das Sein „in Christus" ist unser Glaubensstand. – Es ist nicht anders mit den „Mächten". Es bleibt dabei: „das All" ist mit Gott versöhnt, wie auch alle Menschen. Die ganze von ihrem Schöpfer abgefallene und damit in den Status corruptionis geratene Welt steht unter Gottes gültigem Friedensangebot, und dieses Angebot sieht nicht nur eine Bereinigung für die Zukunft vor, sondern besteht in der „durch das Blut an seinem Kreuz" gegebenen Vorleistung. Aber soweit das All sich nicht versöhnen lassen will, übt Christus seine Herrschaft ohne es und gegen es aus. Schon wahr, die Aussagen sperren sich etwas gegeneinander, sind aber eben darum so bezeichnend und sprechend. Gott „hat uns errettet von der Macht der Finsternis und hat uns in das Reich des Sohnes seiner Liebe versetzt" (V. 13). Wir sind durch die Taufe in Christi Herrschaftsbereich eingegliedert und tüchtig gemacht zum Erbteil der Heiligen im Licht (V. 12). Insofern bleibt – einstweilen – die Macht der „Finsternis" (V. 13) bestehen, so wie der Herr auch, sofern wir uns gegen ihn sperren, unsern Unglauben – einstweilen – gewähren läßt. Versöhnung heißt nicht Zwangseingliederung. Der Versöhner bittet durch uns, wir möchten Frieden sein lassen.

So wird der Herrschaft des noch immer verborgenen Pantokrator Rechnung getragen, indem wir, wie in VV. 21ff. ausgeführt, mit ihm verbunden werden. Einst ihm fremd und feindlich, jetzt versöhnt. Einst böse Werke, jetzt ein neues Leben: heilig, unsträflich, ohne Tadel. Von der Königsherrschaft Jesu singen und predigen ist nur dann sinnvoll, wenn wir uns ihr unterstellen. Dies geschieht in der Gemeinde, die „sein Leib" ist (V. 18), indem wir „im Glauben" bleiben, „gegründet und fest". Daß die Herrschaft Christi die ganze Welt meint, ist damit nicht geleugnet; wird doch – eben, weil Christus der König des Alls ist – das Evangelium „gepredigt unter aller Kreatur" (V. 23). Wir werden auch diese Predigt halten, damit der, der die Welt geschaffen und versöhnt hat, die Menschen wieder gewinne und über sie Herr werde, die ihm gehören.

Exaudi. Apg. 1,10-14(15-26)

Der Einsatz der Perikope schließt sich nicht dem Sinnabschnitt an, sondern entspricht homiletischen Überlegungen, die man billigen wird. – V. 10: Die conjugatio periphrastica berührt sich mit der englischen progressive form („they were gazing ..."): ἀτενίζειν, von Lukas gern gebraucht, = gespannt ausschauen, unverwandt hinblicken. ἰδοῦ = הִנֵּה (Lukas benutzt die LXX, weist jedoch bzw. manchmal gerade deswegen viele semit. Spracheigentümlichkeiten auf). Weiße Kleider deuten auf himmlische Herkunft (Matth. 17,2; 28,3; Joh. 20,12; Offb. 3,4f.; 7,9): angeli interpretes. – V. 11: ἄνδρες Γαλιλαῖοι ist griechische Anrede; ob diese die Jerusalem-Tradition unterstreichen soll? ἐλεύσεται – das N.T. redet nicht von einer „Wieder"-Kunft Jesu. Vgl. Luk. 21,27 Par. – V. 12: Die Ortsbestimmung (Ölberg) wird nachgetragen; dort soll nach Sach. 14,4 LXX der Messias vom Himmel herniederkommen. Sabbatweg: 880 m – hier ist wieder judenchristlich-palästinisch gedacht. – V. 13: Das „Obergemach" (עֲלִיָּה) wurde gern als Versammlungsraum, Studierzimmer und Gebetsstätte benutzt. Ist hier der in Luk. 22,12 gemeinte Raum gemeint, in dem wir vielleicht auch Apg. 12,12 die Gemeinde finden? ἦσαν καταμένοντες wieder die von Lukas in „Summarien" gern verwendete conj. periphrastica. Jüngerliste vgl. Luk. 6,14-16, Reihenfolge etwas verändert. Die Voranstehenden werden in 3,1; 8,14; 12,2 noch eine hervorgehobene Rolle spielen. Petrus steht wie in allen Jüngerlisten auf dem ersten Platz. – V. 14: Wieder die charakteristische Verbform (s. o.). Im Gebet beharren: Vgl. Röm. 12,12; Kol. 4,2; 1. Thess. 5,17. „Frauen" ohne Artikel; gemeint wohl die Luk. 8,3; 23,55 erwähnten, die dann 24,1 auch zum Grabe kommen (ihre Namen werden 24,10 nachgetragen). Jesu Mutter: Vgl. Mark. 3,21.31ff.; Luk. 8,19; 11,27f.; Maria wird hier letztmalig im N.T. erwähnt. Jesu Brüder: Vgl. nochmals Mark. 3, auch Joh. 7,5. Nach 1. Kor. 15,7 hat Jakobus, der Herrenbruder, eine Erscheinung des Auferstandenen erlebt. – V. 15: Hinter der Zahl 120 wird man keinen Tiefsinn zu suchen haben. – VV. 16ff.: Lukas erkennt auch hinter menschlicher Schuld ein göttliches Muß, das im Schriftbeweis aufgedeckt wird. Indem Judas ein „Amt" bekommt, ist dies sein „Los"; er bekommt keinen Landanteil wie die Leviten (Jos. 13,14; 14,2.4). Nun hat er mit dem Lohn der Ungerechtigkeit doch den „Blutacker" erworben, den man vielleicht später noch zeigte. Es handelt sich aber nicht nur um ein Feld, sondern um ein „Landgut". Judas dürfte vom Dach des Hauses gestürzt sein. Matth. 27,3-10 andere Tradition, mit dieser selbstverständlich nicht ausgleichbar. – VV. 21f.: der lukanische Apostelbegriff, vgl. 10,37, aber auch Joh. 15,27. Man tut nicht gut, den an 1. Kor. 9,1; 15,8f. gewonnenen Apostelbegriff allein gelten zu lassen, zumal Paulus weiß, daß er selbst Ausnahme ist (ebd.), und darüber hinaus einen erweiterten Apostelbegriff kennt (Röm. 16,7; 1. Kor. 4,9 u.a.). – V. 23: Die beiden Kandidaten sind sonst nicht bekannt; da sie den genannten Bedingungen entsprechen, dürften sie etwa zu dem Luk. 10,1ff. gemeinten Kreis gehören. – V. 26: Gott selbst trifft die Wahl. – Lukas dürfte hier altes Traditionsgut in einiger Freiheit gestaltet haben (Haenchen, a.a.O., S. 131).

Wir wollen uns für die Kurzform der Perikope (VV. 10–14) entscheiden. Über die Ersatzwahl im Apostelkreise eine besondere Predigt zu halten würde sich lohnen. Die Gemeinde weiß zu wenig von der Bedeutung des Amtes im Neuen Testament. Daß ein besonderer Auftrag – nach der von Gott selbst getroffenen Wahl – nötig ist, daß der Begriff des Apostolischen so definiert wird, wie hier geschehen, daß über den Sinn der Zwölfzahl nachgedacht werde usw.: das täte uns schon einmal gut. Die Zeit, in der man über Lukas den Stab bricht oder doch wenigstens ihn an den Rand des Kanons schiebt, dürfte sowieso zu Ende sein oder gehen. Wir haben dies jetzt nicht zu diskutieren. Der Abschnitt über die Einsetzung des Matthias ist ekklesiologisch von einigem Gewicht. Gerade deshalb dürfte es sich nicht empfehlen, die eingeklammerten Verse nebenher zu behandeln. Wer es dennoch täte, könnte ihre Aussage nur in den Jüngerkatalog V. 13 einblenden (s. u.).
Die VV. 10–14 enthalten – von dem Schluß der Himmelfahrtserzählung abgesehen – ein „Summarium" (M. Dibelius, Aufsätze zur Apg., Göttingen und Berlin 1951, S. 111f.), d.h. ein Übergangsstück, das im wesentlichen einen Zustand schildert und so die erzählenden Einzelgeschichten wirkungsvoll trennt und verbindet (vgl. bes. 2,42-47; 4,32-37; 5,12-16). Die nachösterliche, aber noch vorpfingstliche Gemeinde wird uns geschildert, speziell in der Lage, in der sie sich nach Jesu Himmelfahrt befindet. Eine einmalige Situation? Wenn es so wäre, würde uns der Text nicht viel angehen. Wir werden sehen, daß die Aussagen des Textes von einer den damaligen Augenblick weit übergreifenden Bedeutung sind. Denn Ostern und Himmelfahrt sind grundsätzlich datierbare Ereignisse; Pfingsten muß für die Kirche Jesu Christi immer wieder kommen. Die seltsame Interimssituation von Apg. 1 ist nicht vergangen. Die Zeit der Kirche ist überhaupt „letzte Zeit" (2,17) und insofern Zwischenzeit. Der Text sagt nicht alles, was uns für den Weg der Kirche not tut. Wie könnte man auch immer *alles* sagen wollen? Diesmal geht es um das, was man so zusammenfassen könnte: Was soll die Kirche im Interim? Sie soll vorwärtsschauen (1), beisammenbleiben (2), beharrlich beten (3).
1. Die hier auf dem Ölberg versammelt sind und unverwandt dahin blicken, wo ihr Herr in der Wolke ihren Blicken entschwunden ist, mögen für eine Weile vergessen haben, wozu sie da sind. Sie haben soeben aus dem Munde des Herrn den Missionsauftrag vernommen (V. 8). Man sollte meinen, der ließe ihnen keine Zeit zum Nachschauen. Ein Kapitel der Geschichte Gottes mit den Menschen ist abgeschlossen. Das neue ist sofort zu beginnen.

Die Gemeinde Jesu sollte sich auf den Weg machen. – Wir sind viel zu lange eine ruhende, verharrende, in sich selbst verschlossene Kirche gewesen, als daß wir den Ruf zur missionarischen Bewegung überhören dürften. Aber ein Text wie dieser kann uns immerhin klarmachen, daß es mit dem Aktiv- und Mobilwerden allein auch wieder nicht getan ist. Es könnte sein, wir werden auf falsche Weise und in falsche Richtung aktiv. Ganz richtig: es gibt ein unangebrachtes Hinaufstarren und Hinaufglotzen in den Himmel. Die beiden Männer in weißen Kleidern kritisieren es. Man muß nur sehen, in welche Richtung ihre Kritik geht! Sie sagen nicht: Laßt den Himmel, erkennt eure Aufgabe auf der Erde! Sondern: Jesus wird so kommen, wie ihr ihn habt auffahren sehen. *Darauf* sollt ihr eure Aufmerksamkeit richten. Wir müssen schon genau hinhören, um die Aussage des Textes nicht zu verfehlen. Gestehen wir es uns ein: Uns ist das Reden vom Himmel unbequem geworden. Keineswegs nur in dem Sinne, daß der Himmel für uns kein gegenständlich ausmachbarer Raum im All mehr sein kann; keiner empfindet darüber eine Spur des Bedauerns. Anders jedoch wäre es, wenn wir die These verträten, das Evangelium habe es nicht mit einem Eschaton zu tun, das sich – von Angesicht zu Angesicht (1. Kor. 13,12) – erst mit Jesu Parusie voll enthüllt, sondern meine lediglich das in unserm Raum und unserer Zeit neu qualifizierte geschichtliche Leben des Glaubens, ohne daß es je zu einer Ankunft des Herrn in Herrlichkeit komme. Aber das wäre nicht mehr das Evangelium. Es mag zu denken geben, daß der neutestamentliche Zeuge, der am stärksten über den Weg der Kirche durch die Welt und ihre Geschichte nachdenkt, eben die Zeit der Kirche als das Interim zwischen Jesu Erhöhung und Wiederkunft versteht. Es ist ein verbreitetes Vor- und Fehlurteil, daß eschatologische Naherwartung und ekklesiologisch-heilsgeschichtliches Denken einander ausschlössen. (Testfrage: Kann Jesus die Kirche gewollt haben?) Für Lukas gehört dies eben zusammen: die Sammlung des eschatologischen Gottesvolkes, also Mission und Kirche, und das Warten auf die Vollendung dieses Gottesvolkes im Eschaton. Wir sind in der Interpretation der lukanischen Texte – und nicht nur dieser – unter dieser Fragestellung noch nicht am Ziel.

Was steht ihr wie gebannt da und schaut eurem entschwindenden Herrn nach? Ihr sollt nicht am Zurückliegenden, am Vergangenen hängenbleiben, sondern nach vorn schauen! – Auch dies könnte mißverstanden werden. Lukas ist nicht der Meinung, daß der Zeitraum, der mit Jesu Auffahrt abgeschlossen ist, der Vergessenheit anheimfallen dürfte. Lukas hätte sonst kein Evangelium, sondern eine Apokalypse oder meinetwegen Diktate der unhörbaren Stimme Jesu geschrieben. Die VV. 21f. unseres Kapitels können deutlich machen, daß es nie und nimmer so gemeint sein kann, wenn wir nach vorn gewiesen werden (s. u.). Aber das ist richtig: das Christsein besteht nicht darin, daß man Erinnerungen nachhängt. Denn eben diesen Christus, den wir von Angesicht kennen, weil er unter uns war, haben wir *vor* uns. Die Zeit des weltweiten Christuszeugnisses der Kirche (V. 8) ist im voraus qualifiziert durch den Kommenden. Käme er nicht, dann wäre unsere Verkündigung sinnlos. Gerade weil er kommt, wird sie nötig, dringlich. Das Reich ist in Jesus schon mitten unter uns (Luk. 17,21). Aber der

Herr wird eben so in Herrlichkeit kommen, wie wir ihn haben ins Unsichtbare entschwinden sehen. Von „drüben" her wird die Grenze zwischen Glauben und Schauen überschritten, ja aufgehoben werden. Darauf gehen wir zu. Unter diesem Vorzeichen steht die Geschichte der Kirche.

2. Beisammenbleiben! Die kleine Keim-Gemeinde hat schon ein Zuhause, eine Herberge: „wo sie sich aufzuhalten pflegten". Es gehört zur Leibhaftigkeit der Kirche Jesu Christi, daß sie in der Welt Raum einnimmt. Es kann ein bescheidener Raum sein. Man muß wohl kein romantischer Träumer sein, wenn man annimmt, daß das befreundete Haus, das Jesus fürs letzte Passamahl gastlich offenstand, nun auch der kleinen Gemeinde als Herberge dient (s. o.). Die die Katastrophe der Verhaftung und Hinrichtung ihres Herrn auseinandergejagt hat (Matth. 26,31.56b), die sind nun wieder beisammen.

Es ist der Kreis der Elf – denn einer fehlt. „Die Zwölf" sind nach 1. Kor. 15,5 ein fester Begriff (vgl. Matth. 10,2; Mark. 6,30; Offb. 21,15f.). Indem Jesus sie berief, brachte er zum Ausdruck, daß er ein Gottesvolk um sich sammeln will, das in den Zwölfen jetzt schon seine Repräsentation hat. In der kommenden Welt werden sie ihre besondere Funktion haben (Matth. 19,28; Luk. 22,30). Auf Apostel und Propheten ist die Kirche gegründet (Eph. 2,20). Sie haben ihren besonderen Auftrag. Es kann einem Apostel nicht gleichgültig sein, ob dieser Auftrag gilt oder nicht (man denke an Paulus und die Korinther). Jedenfalls bilden die Zwölf den Kernbestand der Urgemeinde. Aber da sind noch mehr. Die Frauen. Wenn es etwa die von Luk. 24,10 sind, dann müssen es ihrer wenigstens fünf sein; denkt man noch an Luk. 8,2f., dann kehren zwei Namen wieder, Maria Magdalena und Johanna, aber dazu kommen Susanna „und viele andere". Zeuginnen des Auferstandenen! Schon Luk. 24,33 erwähnt die Elf „und die mit ihnen waren"; der Maskulin-Artikel deutet darauf hin, daß – soweit Lukas weiß – bereits in der Nacht nach dem Ostertage auch weitere Männer zugegen sind. Nun finden wir die Gemeinde wieder beisammen. Jesu Brüder und seine Mutter sind dabei. Die vorhin angeführten Stellen zeigen, daß die Brüder ihrem großen Bruder, die Mutter dem Sohne zunächst nicht gefolgt sind. Inzwischen aber ist der Auferstandene dem Jakobus in den Weg getreten (1. Kor. 15,7). Einzelheiten wissen wir nicht. Wie es scheint, liegt Lukas doch einiges Material vor. Das Vorwort, das Lukas seinem Evangelium beigegeben hat (1,1-4), ermutigt dazu, die Frage nach Überlieferungssträngen und Gewährsleuten zu stellen (vgl. hierzu W. Grundmann, Das Evangelium nach Lukas, S. 443). Kann Lukas sich – unmittelbar oder mittelbar – auf Überlieferungen aus dem Verwandtenkreis Jesu berufen? Der Luk. 24,18 genannte Kleopas (wohl identisch mit dem Kleopas von Joh. 19,25) ist nach Hegesipp (bei Euseb, Hist. eccl. III, 11) ein Bruder Josephs, des Vaters Jesu. Dessen Sohn hat nach dem Tode des Jakobus die Urgemeinde geleitet, Origenes will wissen, er sei der ungenannte Zweite in Luk. 24,18. Man hat gemeint, Kleopas sei der Gewährsmann für die lukanische Sonderüberlieferung. Auch auf das Woher der ersten beiden Lukaskapitel könnte von hier aus ein Lichtstrahl fallen; es ist immer wieder vermutet worden, Luk. 2.19.51b wollten auf die Informationsquelle für die so merkwürdig palästinisch anmutenden Texte der Vorgeschichte deuten. Es würde dazu passen, daß Maria nach dem Zeugnis des Lukas in den ersten und engsten Kreis der nachösterlichen Urgemeinde gehört. Wir vernehmen danach nichts wieder von ihr, es sei denn, in Joh. 19,25-27 (s. dort die Hinweise auf die Verwandtschaft) spiegelt sich ein Stück frühester Kirchengeschichte. Doch mit dem allen bewegen wir uns in Vermutungen, deren Wahrscheinlichkeitsgrad man verschieden beurteilen wird.

Für unsere Predigt viel wichtiger ist das Grundsätzliche. Die Gemeinde ist beisammen. Dessen bedarf es immer wieder. Man könnte dies schon von menschlicher Art her begründen. Wir brauchen einander. Man kann nicht allein glauben und durchhalten. Ich brauche die Mitchristen; sie brauchen mich. Wer sich der Gemeinde entzieht, leidet nicht nur selbst Schaden am Glauben, sondern gefährdet auch den Glauben der anderen. Wer andere stärkt, erstarkt selbst. Je mehr einer gibt, desto mehr wird er selbst empfangen. Je wichtiger uns die Brüder und Schwestern werden, desto besser begreifen wir auch, was Christus uns ist. Unsere Gemeinde hat solche Überlegungen nötig. Es will bedacht sein, ob die Formen unseres gemeindlichen Miteinander der gliedhaften Interdependenz angemessen sind. Kennen wir uns gegenseitig? Auch von dem mir unbekannten Mitchristen weiß ich in jedem Falle das Wichtigste: Christus ist sein Herr und steht für ihn ein, und dieser „vertikale" Bezug bedeutet im Ernstfall noch immer mehr als die zwischenmenschliche Direktverbindung. Dennoch dürfen wir uns nicht damit abfinden, daß wir noch immer in der Gemeinde so nebeneinander herlaufen. Sind wir immer noch zu viele? Sollten wir – ohne die Gesamtgemeinde zu verlassen oder gar zu verraten – uns in kleineren Gruppen zusammenfinden, in denen, wie in unsermText, Namen genannt werden können? Gott hat den andern Christen bei seinem Namen gerufen; dieser Name sollte auch mir wichtig sein. Der Name verbürgt die Personidentität. Mit ihr ist auch gegeben, was einer ist, welches Schicksal er hat, wo er Hilfe braucht und wo er helfen kann.

Das Beisammenbleiben wird uns hier auf eine geradezu einseitige Weise demonstriert. Die Gemeinde ist gewiß das Instrument Gottes zur Wirksamkeit an der Welt. Die Stunde dafür ist – was das Missionarische angeht – aber noch nicht gekommen. Die Gemeinde verliert damit keineswegs ihren Sinn. Ist sie – wenn auch im keimhaften Anfang – die neue Menschheit, dann ist sie nicht nur Mittel zum Zweck, sondern Zweck. Es wäre alles verdorben, wenn sie dies so verstünde, als dürfe sie sich ihrer Seligkeit genießerisch erfreuen und die „massa perditionis" ihrem Geschick überlassen; die in unserm Text uns vorgeführte kleine Schar wird noch Gelegenheit haben, im Namen ihres Herrn auszuziehen – im Dienst an der Welt. Sie ist versammelt, um sich senden zu lassen. Aber gesandt wird sie, damit sie sammle. Der Text spricht nicht ausdrücklich davon, aber dahinter steht, daß die Gemeinde die Menschen sind, unter denen – paradoxerweise – der zum Himmel Aufgefahrene real präsent ist. Wir können es durch zwei Aussagen des vorigen Textes verdeutlichen: Die Gemeinde ist sein Leib, und er stellt sie dar vor seinem Angesicht (Kol. 1,18.21).

3. Beharrlich beten. Der Textgrund für diese Parole ist auf den ersten Blick

nichts weiter als die erste Hälfte des V. 14. Einige Koine-Handschriften haben durch καὶ τῇ δεήσει diese Basis noch etwas verstärkt, kaum verbreitert. Man muß V. 14a im Kontext der Situation dieser winzigen Erstlingsgemeinde sehen. Dann ist das Gebet nicht etwas, was u.a. „auch" seinen Platz im Gemeindeleben hat. Die am Sonntag Exaudi besonders zu bedenkende Interimssituation macht deutlich, warum Beten jetzt – und nicht nur jetzt – die erste Christenpflicht ist.

Sie verharrten einmütig im Gebet. Wir haben zum Sonntag Rogate bereits über das anhaltende, ausdauernde Gebet gesprochen. Darauf kann heute einfach verwiesen werden. Lukas liebt das Wort ὁμοθυμαδόν (auch 2,46; 4,24; 5,12; 8,6 u.ö.). Wir brauchen das gemeinsame Gebet. Die Formen des gemeinsamen Betens müssen seiner Art angemessen sein. Der Wille zur Gemeinsamkeit braucht Unterstützung, Anregung, Hilfe. Die Gemeinde sollte lernen, daß ihr Beten Dienst ist, ernsthafte Arbeit. Hier betätigt sie ihr allgemeines Priestertum in seiner Mitte. Gemeinsam mit ihrem unablässig bittenden Herrn (Hebr. 7,25 u.ö.) bittet sie selbst unablässig. Darin befindet sie sich im exzellenten Sinne im Dienst an der Welt. Niemand sage, eine betende Gemeinde sei untätig.

Sie weiß, daß sie selbst aufs Empfangen angewiesen ist und darum nichts Besseres tun kann als beharrlich beten. Welche Aufgabe, das Zeugnis von Christus „bis an das Ende der Erde" zu tragen (V. 8)! Und wer sind die hier Versammelten? Das Mißverhältnis zwischen Aufgabe und Vermögen provoziert das Beten. Wir sind ja die Gemeinde der „geistlich Armen". Wer alles selbst zu schaffen meinte, brauchte nicht zu beten. Wir sind das armselige Häuflein. Die Armen, die viele reich machen sollen. Die Gott vor der Welt verkündigen und bezeugen sollen und durch ihre Art Gott immerzu widerlegen. Die sich als die Erlösten des Herrn verstehen und immer wieder so leicht umzuwerfen sind. Wir sind auf Gottes Geist angewiesen. Wir haben ihn nur, indem wir ihn empfangen. Es hat ein erstes Pfingsten gegeben, aber Pfingsten muß immer wieder geschehen. Die kleine Schar in dem Obergemach wartet. Es ist, wie man an dem unablässigen Beten sieht, ein unerhört aktives Warten. Sie schauen nicht der Wolke nach. Indem sie beten, schauen sie nach vorn.

Pfingstsonntag. Röm. 8,1-11

Kap. 8 „schildert den Einbruch der neuen Welt in die Welt des Fleisches, der Sünde und des Todes" (Michel z. St.). „Die Sendung des Sohnes ist die Voraussetzung für den Wandel im Geist. Es folgen die harten Gegenüberstellungen von Fleisch und Geist in V. 5–6.7–8.9–11. Die Schlußgruppe V. 9–11 spricht der Gemeinde paränetisch die Gabe des Geistes zu ... und schließt mit der durch den Geist verbürgten eschatologischen Hoffnung" (ebd.). – Nach Fr. Müller (ZNW 1941, S. 249ff.) müßte in folgender Reihenfolge gelesen werden: 7,22.23.25b.24.25a; 8,2.1.3; die Verse 7,24.25a; 8,2 seien Randnachträge, die später falsch eingeordnet worden sind. So der Sache nach auch Michel (etwas anders Bultmann, Glossen zum Römerbrief, ThLZ 1947, Sp. 197ff.). Kuss: V. 1

ist zusammenfassende Konklusion aus den vorhergehenden Darlegungen. – V. 1: Luthers Übersetzung, durch den revidierten Text beseitigt, brachte den rechtlichen Charakter der Aussage nicht heraus: Wohl ist alles verdammlich, aber in Christus Jesus findet die Verdammung nicht statt. – V. 2: νόμος hier „Ordnung", ähnlich wie 3,27. Zwei Ordnungen stehen also gegeneinander. – V. 3: hier „Gesetz" wieder im engeren Sinne: Das (mosaische) Gesetz konnte kein Leben schaffen (Gal. 3,21). ἠσθένει nicht relativ, sondern absolut zu verstehen; also nicht: es vermochte zu wenig, sondern: es vermochte gar nichts. ἐν ὁμοιώματι σαρκὸς ἁμαρτίας = in der Gestalt des Sündenfleisches. Soll durch ἐν ὁμοιώματι die Folgerung abgebogen werden, daß Jesus Sünder war? Doch darf man Paulus keinesfalls doketisch verstehen. „Der Zweck der Christussendung durch Gott ist die Verurteilung und damit die Vernichtung der Sünde" (ThWNT I, S. 315). Sie geschieht „in dem dramatischen ‚Gerichtsakt' des Todes (und der Auferstehung) Jesu" (Kuss z. St.). Vgl. Gal. 3,13. – V. 4: Der Rechtsanspruch des Gesetzes muß erfüllt werden, 3,31; 6,13. Gerade dies geschieht durch das neue Leben im Geist. „Fleisch ist die Machtsphäre des Menschen, in der er sich dem Willen Gottes entzieht und sich gegen ihn auflehnt; Geist dagegen ist die Umschreibung der Herrschaft Gottes, die dem Wort und Werk Jesu gemäß ist" (Michel). Das Partizip περιπατοῦσιν ist nicht konditional, sondern in Sinne einer Feststellung wiederzugeben. – V. 5: Der jeweiligen Sphäre entspricht das Trachten, die innere Tendenz unseres Wesens. Veranschaulichung Gal. 5,19-23. – V. 6 gibt an, wohin das Streben führt, worauf es bei dem jeweiligen Trachten hinauskommt (so wird auch das problematische γάρ verständlich). – V. 7: Es geht nicht nur um nicht-erfüllte Vorschrift, sondern um die feindselige Grundhaltung (5,10). – V. 9: Die Römer haben nicht erst zu wählen. Seit der Taufe wohnt der Geist in ihnen (1. Kor. 3,16 – „altes katechetisches Wissen, das Paulus gelegentlich in Erinnerung bringt", Michel). Hinter V. 9b vermutet man eine Anathema-Formel, vgl. etwa die Umkehrung 1. Kor. 12,3. „Χριστοῦ εἶναι drückt rechtlich die Hörigkeit, theologisch die Abhängigkeit aus (vgl. 1. Kor. 1,12; 3,23 u. ö.)" (Michel). – V. 10: πνεῦμα ist nicht „das vom Körper zu unterscheidende Innenleben des Christen" (wie Zahn u.a. meinen), sondern das eschatologische Leben aus Gott. – V. 11 wendet das Bekenntnis 4,24f. auf die künftige Heilstat Gottes an (1. Kor. 6,14; 2. Kor. 4,14; Phil. 3,21; 1. Thess. 4,14). εἰ δέ gibt, wie schon VV. 9b.10, die unbezweifelte Prämisse für die nun zu ziehende Folgerung an. ζωοποιήσει meint die eschatologische Totenerweckung, nicht, wie Lietzmann meint, die ethische Erneuerung. Seit alters umstritten ist, ob man διὰ τοῦ ἐνοικοῦντος αὐτοῦ πνεύματος (א, A, C) oder διὰ τὸ ἐνοικοῦν πνεῦμα (B, D, Koinegruppe, Lateiner, Syrer) zu lesen hat. Die erste LA sieht im Geist schon den Anbruch des neuen Lebens, die zweite den Rechtsgrund und das Pfand dafür.

Keine Auslegung, auch keine Predigt kann das, was hier verkündigt wird, so angemessen ausdrücken wie Bachs Motette: „Jesu meine Freude". Der Text ist schwer. Es ist mißlich, ihn unbedingt leichter, müheloser predigen zu wollen, als er selbst spricht. Die Sache ist nun einmal nicht einfacher. Die Gefahr ist groß, daß die Botschaft vom Geist für uns zu einer Denkaufgabe wird. Dabei ist diese unerhörte und geheimnisvolle Wirklichkeit uns so nahe! „Wer aber Christi Geist nicht hat, der ist nicht sein." Welche Selbstverständlichkeit, mit der hier geredet ist! Ein Satz von axiomatischer Gültigkeit! Und wenn wir nun sagen müßten: wir wissen nicht, was hier gemeint ist? In Bachs Motette wird es verkündigt und bekannt, und sie bricht darüber in Jubel aus. Wenn man sie hört, hat man die exegetischen und dogmatischen Probleme hinter sich. Nicht, daß sie gelöst wären, sondern man hat den Standort gewonnen, an dem man sie fürs erste getrost auf sich beruhen lassen kann. Wahrscheinlich ist mit diesem Positionswechsel genau das bezeichnet, worauf es im Text ankommt. Gerade dies aber müssen wir nun doch auch in verständlicher Rede zu sagen versuchen. Pfingsten – Gottes Leben für die Menschen! In unserm Rücken: Jesu Werk (1). In uns: Jesu Geist (2). Vor uns: Jesu Leben (3).

1. Soll man sich das wünschen, daß die Wirklichkeit Gottes im eigenen Leben wirksam wird – unverhüllt, ohne einen Strahlenschutz? Das Bild vom Strahlenschutz ist nicht abwegig. Gott ist verzehrendes Feuer, sagt die Bibel; das meint etwas ganz Ähnliches. Wir wissen es auch. Auch wenn Gott in unserm Denken vorkommt, sogar, wie wir meinen, an bevorzugter Stelle, bringen wir uns vor ihm in Sicherheit oder versuchen es doch wenigstens. Wie, wenn das Feuer, das man zu Pfingsten auf die Menschen fallen sieht, vernichtendes Feuer wäre? „Der wird euch mit dem heiligen Geist und mit Feuer taufen", kündigt der Täufer an (Matth. 3,11). Worauf soll man sich da gefaßt machen?

Das große Geist-Kapitel des Römerbriefs beginnt damit, daß es uns an Jesu Werk erinnert. „Es gibt nun keine Verurteilung mehr für die, die in Christus Jesus sind." Es fällt uns schwer, einen solchen Satz so aufzunehmen, wie er gemeint ist. Vielleicht könnte ihn einer verstehen, der aufs schwerste schuldig geworden ist und der Urteilsverkündung entgegensieht – und dann auf einmal hört: Keine Verurteilung – Freispruch! Genau das ist aber unsere Lage. Wir können sie nur rückschauend begreifen, als die es hinter sich haben. Nachträglich, wenn man erst einmal das Wunder entdeckt hat, das unbegriffen an einem geschehen ist, wird man sich fragen, wie das möglich war, daß Gott seine Feinde durch Liebe zurückgeholt und ihnen alles vergeben hat. „So ist nun nichts Verdammliches an denen, die in Christo Jesu sind" – wir haben Luthers Übersetzung noch im Ohr. Unvergeßlich das dreimalige „Nichts" in Bachs Motette – für den, der hören kann, in einem spannungsreichen Dialog gestaltet. „Nichts!" wird uns gesagt. Im Piano, mit einem Dominantseptakkord, der durch die doppelte Leittonbeziehung so eindringlich *fragt*, wird das „Nichts" geradezu zweifelnd zurückgegeben und sodann durch das entschlossene dritte „Nichts" vergewissernd bestätigt. Weg ist alles, was uns belastet hat. Wie kam es dazu?

Noch einmal durchdenkt Paulus die Frage nach der Bedeutung und Wirkung des Gesetzes Gottes. Paulus kennt es ja aus seiner eigenen Geschichte. Wie hatte er es gelernt? Ansehen bei Gott und darum ein Recht auf das Heil hat der fromme, der gerechte, korrekte, erfolgreiche, disziplinierte, normgerechte Mensch, der mit seiner Sünde selbst fertig geworden ist. Das Heil – der Triumph (καύχημα) des Menschen, der sich von Gott nichts braucht schenken zu lassen. So, wie dieser Mensch ist, unter den normalen Bedingungen des Menschseins, kraft eigenen Vermögens, als „Fleisch", d.h. in der geschichtlichen, moralischen, religiösen Existenz, getraut er sich vom Bann der Sünde loszukommen. Es gibt diesen Gesetzesmenschen in vielen

Varianten. Paulus hat die phärisäisch-nomistische Variante durchgespielt – nicht einmal schlecht (Phil. 3,4-6). Bis er in der Begegnung mit Christus gemerkt hat: sein „Ruhm" war ein einziger großer Irrtum. Paulus meinte, Gott zu lieben und zu gehorchen; in Wirklichkeit ist er darüber zum Verfolger Gottes geworden (Apg. 9,4). Gerade da, wo der Gesetzesmensch, unter Ausschöpfung aller dem „Fleisch" zu Gebote stehenden Möglichkeiten, sein Größtes leistet, löst er sich in hybrider Weise von Gott, macht er sich von ihm, seinem Schöpfer, unabhängig, triumphiert er ihm ins Angesicht: Sieh, es geht *ohne* dich! „Feindschaft wider Gott!" In Wirklichkeit sind wir, auf uns gestellt, in unserer Sünde gefangen, denn auch wo der Sünder sein Bestes tut, ist und bleibt es doch immer wieder Sünde. Am Gesetz liegt es nicht (7,12). Es liegt am „Fleische". Fleisch ist aber der ganze Mensch in seiner sündigen Verfassung, mit Leib und Seele. Was kann das Gesetz ausrichten, wenn es Menschen gesagt wird, die durch eigene Anstrengung ebensowenig ausrichten wie der, der in den Sumpf geraten ist und es durch verzweifeltes Strampeln zu schaffen sucht? „Es sprach vom Leben zu Sterbenden und vom Willen Gottes zu denen, die ihrer Begier gehorchen müssen" (A. Schlatter). Das Gesetz konnte uns nicht weiterbringen.
Aber Gott hat unsere verzweifelte Lage nicht weiter mitansehen können. Er hat sich entschlossen, einen anderen Weg zu gehen. Die Sünde mußte da getroffen werden, wo sie ihre Operationsbasis hat: in dieser verlorenen und mit sich selbst nicht fertig werdenden Menschlichkeit. Gottes Sohn im Sündenfleisch! Mit dem gewagtesten Ausdruck bezeichnet Paulus dieses Wunder der Inkarnation. Der Sohn begibt sich dahin, wo wir mit allen Bemühungen scheitern und schuldig sind: ins „Fleisch". „Die Sünde in ihrer unheimlichen Macht deckt seine Gestalt zu, so daß niemand in ihm noch den Sohn Gottes zu erkennen vermag (Jes. 53), bricht über ihn herein, aber sie bricht gerade so über ihm – unter ihm zusammen" (G. Bornkamm, GPM 1948). So wurde, indem Jesus Christus für uns zur Sünde wurde, die Sünde im Fleisch verdammt. Darum: keine Verurteilung. Christus wurde verurteilt. Dafür sind wir frei. Das ist es, was wir im Rücken haben: Jesu Werk.
2. In uns aber haben wir Jesu Geist. „Ihr aber seid nicht fleischlich, sondern geistlich, wenn wirklich Gottes Geist in euch wohnt." Es ist wichtig, daß uns dies so direkt zugesprochen wird; die Predigt hat es ebenso unmittelbar der Gemeinde zuzusprechen. Es könnte sonst geschehen, daß wir gerade an dieser Stelle das Evangelium verfehlen. Das wäre der Fall, wenn wir die Gegenwart des Geistes Jesu an bestimmten Merkmalen, an konstatierbaren Tatbeständen ablesen wollten. Alles, was man greifen, messen, registrieren kann, ist „Fleisch". Der Geist ist gerade das Unmeßbare, Unkontrollierbare. Er ist das geheimnisvolle neue Leben, das gar nicht mehr diesem Äon angehört, obwohl es unter den Gegebenheiten des alten Äons gelebt wird. „Das Pneuma haben heißt: die Heilsfrucht so besitzen, wie sie eben jetzt – in dem Interim zwischen Auferweckung und Parusie Jesu – besessen werden kann" (O. Kuss z. St.). Wenn wir an uns Mängel, Verkehrtheiten, Versagen, deprimierende Kennzeichen des Alten, doch eigentlich Überwundenen und Verlassenen bemerken, so soll uns das nicht wundern. Der Leib ist tot um

der Sünde willen, der Geist aber ist Leben um der Gerechtigkeit willen (V. 10). Das heißt, wie Bultmann (ThNT, § 18, S. 209) deutlich macht: „das von der σάρξ beherrschte Ich ist tot, weil die Sünde gerichtet ist ..., das neue, durch das göttliche πνεῦμα regierte Ich ist lebendig, weil die Gerechtigkeit ... jetzt wirklich geworden ist. Dabei meint aber πνεῦμα nicht einfach das Ich, die Person, sondern – wie es der Gegensatz zum σῶμα als dem σῶμα τῆς ἁμαρτίας erfordert – das göttliche πνεῦμα, das gleichsam zum Subjekt der Gläubigen geworden ist. Es liegt also rhetorische Umschreibung des einfachen Gedankens vor: ‚Wohnt Christus in euch, so wohnt auch das πνεῦμα in euch, das Leben schafft'." Auch an den Geist glauben wir gegen den Augenschein. Darin liegt gerade die Befreiung, daß wir uns nicht mehr selbst zu kontrollieren und den Grad der inzwischen erreichten Vollkommenheit festzustellen brauchen. Ich lebe gar nicht mehr – Christus lebt in mir (Gal. 2,20); das ist das einzige, was es noch ernst zu nehmen und allerdings so beharrlich wie möglich zu bedenken gilt.
Hat jemand Sorge, auf diese Weise könnte nun doch unser Leben in eine gefährliche Freiheit und Unverbindlichkeit entlassen sein? Die Kirchengeschichte ist voll von Beispielen dafür, wie diese Freiheit des Geistes immer wieder an pseudochristliche Moral und gesetzliche Religiosität verraten worden ist. Es bedarf der ständigen Wiederentdeckung und Wiederfreilegung des reinen Evangeliums. Das Leben im Geist geht immer von der befreienden Botschaft aus: Keine Verurteilung! Jedes Wenn und Aber, das sich davor oder daneben aufbaut, verdirbt alles. Die Heiligung wird nicht da verfehlt, wo man die Rechtfertigung allzu ernst nimmt, sondern dort, wo man sie *nicht* ernst nimmt. Gerade darum ist es so wichtig, daß die Predigt den Zuspruch V. 9 nicht nachträglich mit Bedingungen und Auflagen belastet. Was dabei herauskommen könnte, wäre immer wieder das „Fleischliche". – Wenn das klar ist und ungeschmälert bleibt, dann wird es auch richtig verstanden werden, daß Paulus nun doch von einer „Ordnung des Geistes" spricht und dabei sogar das Wort νόμος gebraucht. Wie kann er das? Der Geist Jesu wohnt in uns, sofern wir in Christus sind. Scheuen wir uns nicht vor dem beiderseitigen ἐν, das lokal aufzufassen ist. Wir sind „in" den auferstandenen, an keine Raumgrenzen gebundenen Christus eingegliedert (vgl. etwa 1. Kor. 12,13). Umgekehrt: der Geist Christi wohnt in uns. Wir sind mit Christus „ein Kuche" (Luther). Er „wohnt" in uns, d.h., er streift uns nicht nur einmal flüchtig in einem Augenblick der Gnade, sondern wir sind seines Geistes Tempel (1. Kor. 3,16). Wir dürfen mit seiner dauernden Gegenwart rechnen. So geheimnisvoll und unanschaulich diese Gegenwart ist, sie will respektiert sein. In mir wohnt der Herr oder, was auf dasselbe hinauskommt, sein Geist: nicht als lästiger Aufpasser wie das Gesetz, sondern als „Leben und Friede" (V. 6), nicht als mein Verkläger, sondern als mein Fürsprecher und Beistand. In mir ist schon das neue, künftige Leben. Jetzt ist schon Gegenwart, was Christus aus mir machen wird. Ich bin meine Zukunft, sagten wir früher einmal (zu 1. Kor. 15,20ff. – Ostersonntag). Man könnte auch umgekehrt sagen: Christi Geist ist meine Gegenwart.
Es bleibt bei den scharfen Antithesen. Es gibt kein friedliches Miteinander

von Fleisch und Geist (Gal. 5,17). Jede der beiden „Sphären", die Pneumasphäre wie die Sarxsphäre, haben ihr φρόνημα, ihr Trachten, Begehren, Streben, Sinnen, eine Generaltendenz des Wesens. Wir kennen es, denn wir sind, empirisch gesehen, *zwischendrin*, so daß wir ständig Anlaß haben, zu vergessen, was dahinten ist, und uns nach dem zu strecken, was vorn ist (Phil. 3,13). Wir brauchen es gerade als Christen nicht ängstlich zu vertuschen, daß wir's noch nicht ergriffen haben (ebd., V. 12). Das „Fleisch" strebt dabei durchaus nicht immerzu zum Gemeinsten und Unappetitlichsten hin. Wahrscheinlich macht es uns gerade da am meisten zu schaffen, wo es sein vermeintlich edelstes Pathos entwickelt: wo wir auf Korrektheit und Untadeligkeit bedacht sind, wo wir nach Ansehen und Beifall gieren, wo wir uns nach vorn drängen, uns widerfahrende Kritik nicht verwinden, empfindlich sind, an Mißerfolgen verzweifeln, darüber die Unbefangenheit anderen Menschen gegenüber verlieren und krank werden usw. Es liegt auf der Hand: alles Symptome der nomistischen Eigengerechtigkeit und Selbstbehauptung. Das andere, was wir vielleicht als Sünde im speziellen, d.h. aber im moralischen Sinn zum Trachten des Fleisches rechnen, ist nur Konsequenz: wir rutschen ab, nachdem wir auf der „oberen Ebene" gescheitert sind. – Umgekehrt: Das wirklich neue Leben entsteht gerade da, wo man nicht mehr um seine Position zu kämpfen braucht. Nichts Verdammliches – also können wir unbefangen und ohne Gier nach Beifall tun, was uns vor die Hand kommt, können unserm Herrn und den Mitmenschen dienen, unabhängig von Kritik und Lob, im Wissen um die eigene Fehlsamkeit und bereit, die Fehlsamkeit der anderen zu ertragen. In allem: Christus ist da: „*mein* Leben, *meine* Freiheit, *meine* Kindschaft, *meine* Hoffnung, *meine* Erlösung, *meine* Geborgenheit in Gottes Liebe ... Darum kann auch die von uns allen sinnlich wahrnehmbare geschichtliche Existenz (σῶμα) nun für tot erklärt werden, obwohl sie uns als überaus lebendig erscheint ... Die neue Existenz im Geist, von der wir nichts sehen, die wir nur als uns zugesprochen glaubend hinnehmen können, ist das echte Leben – in ihm ist ja der Gerechtigkeit, d.h. der Lebensgesetzlichkeit Gottes Genüge getan" (H. Benckert, ZdZ 1958, Pr.H., S. 51). Die vom Gesetz erforderte Gerechtigkeit (V. 4) ist gerade nicht durchs Gesetz erfüllt worden; sie ereignet sich – höher als alle Vernunft – dort, wo wir uns der Wirkung des in uns wohnenden Christusgeistes überlassen.

3. Vor uns: Jesu Leben. „Geistlich gesinnt sein ist Leben und Friede" (V. 6). „Die Lehre vom Geist Gottes wahrt die Botschaft von der Rechtfertigung ‚extra nos', aktualisiert sie aber im konkreten irdischen Leben" (Michel, S. 164). Es wäre falsch, Jesu Leben nicht schon in der Gegenwart wirksam zu sehen. Jedoch liegt es im Zuge des ganzen Kapitels, über den Status quo nunc hinauszuschauen. Es ist von der Herrlichkeit zu reden, die an uns noch soll geoffenbart werden (V. 18). Der Geist ist eschatologische Wirklichkeit. Indem wir den Geist haben, ragt der kommende Äon schon in diesen herein. Noch anders: Das Pneuma macht das Auferstehungsleben Jesu Christi in unserm Leben so gegenwärtig, daß das, was böse, gottfern, gottfeindlich an uns ist, nicht mehr ins Gewicht fällt. Man darf das wieder nicht falsch verstehen. Wir haben das Alte nicht *so* hinter uns, daß es uns nicht mehr

zu schaffen machte. Das gilt auch von unserm Sterbenmüssen. Wieder bestätigt sich, was wir aus 1. Kor. 15 wissen. Wir haben den Übergang noch vor uns. Aber „der peinliche Rest, daß wir trotzdem sterben müssen, erscheint in neuem Licht, wenn man bedenkt, daß Gott Christus von den Toten erweckt hat und daß derselbe Gott als der Geist des Lebens in Christus unsere Lebensmacht geworden ist" (Benckert, a. a. O., S. 52). Im Unterschied zu dem in V. 10 vorliegenden Sprachgebrauch (vgl. das Bultmann-Zitat) sind die Leiber nicht mehr einfach Symbol für das Subjekt der fleischlichen Existenz. *An* ihnen geschieht etwas am Tage der Auferstehung: der Christus auferweckt hat, wird auch sie lebendig machen. Die Stelle ist für das Auferstehungsverständnis des Apostels wichtig; wir sprachen früher davon. Ist Christus in uns, dann ist die Auferstehung in uns. Das pneumatische Leben ist – als Leben der kommenden Welt – Auferstehung im Anbruch. Auch dies glauben wir gegen den Augenschein. Wir werden es noch von Angesicht zu Angesicht sehen, was hier im Verborgenen begonnen hat (1. Kor. 13,12; Kol. 3,1-4). Der Geist ist „Erstlingsgabe" (V. 23): gerade weil das Kommende schon in uns angefangen hat, *sehnen* wir uns nach dem Kommenden (ebd.). Umgekehrt: wem in dieser Weise der Raum der Zukunft eröffnet ist, von dem weichen die Trauergeister. Im Geist ist Jesus da.

Pfingstmontag. Eph. 4,11-16

Die mit 4,1 beginnende Paränese hat es zunächst mit der Einheit und inneren Lebendigkeit der Kirche zu tun. Von V. 7 an geht es um die Mannigfaltigkeit der Gaben innerhalb der einen, vom Ganzen des Leibes des himmlischen Christus umschlossenen und ihm entgegenwachsenden Ekklesia. Die VV. 7–10 enthalten bereits die für unsern Abschnitt entscheidenden Grundgedanken: In der Kirche sind die Gaben des erhöhten Christus in ihrer Vielheit und in ihrem Zusammenspiel wirksam. Und: Dieser Christus erfüllt das All und will, daß die Kirche qualitativ und quantitativ ihm entgegenwachse. – V. 11: Apostel schon 2,20; 3,5; ebenso die Propheten, bei denen wohl nicht an alttestamentliche, sondern an neutestamentliche Offenbarungsträger zu denken ist (1. Kor. 12,28; 14; Apg. 8,1 ff.; 11,27 u. ö.; auch Apok. 16,6; 18,20.24; 22,6.9). Nach 2,20; 3,5 kommt diesen beiden Gruppen kirchengründende und heilsgeschichtlich epochemachende Bedeutung zu. Evangelisten vgl. Apg. 21,8; 2. Tim. 4,5, missionarische Verkündiger des apostolischen Evangeliums, insofern Botschafter zweiter Hand. Hirten nur hier genannt, ihre Tätigkeit jedoch auch anderwärts: Joh. 21,16; Apg. 20,28; 1. Petr. 5,2-4 (vgl. 2,25). (Hebr. 13,7.17 spricht von „Leitenden".) Lehrer sind 1. Kor. 12,28f.; Apg. 13,1 erwähnt; 1. Tim. 2,7; 2. Tim. 1,11 nennt Paulus sich selbst so. Das Wort ἔδωκεν weist auf das Psalmzitat in V. 8 (in der von Paulus dargebotenen Gestalt) zurück: die hier aufgezählten Amtsträger (s. u.) sind „Gaben" des erhöhten Christus an seine Gemeinde. An V. 7 ist zu erinnern! – V. 12: καταρτισμός = Festigung, Zurüstung. Es ist nicht sicher, daß εἰς ἔργον διακονίας den Zweck der „Zurüstung" angibt; hinter ἁγίων lesen manche Kommentatoren ein Komma, verstehen V. 12 also dreigliedrig („zum Werk des Dienstes" würde dann die Amtsträger zum sachlichen Subjekt haben). Eine Mittelstellung nimmt M. Dibelius ein. Die Aussagen von V. 16 scheinen mir darauf zu deuten, daß es um die Aktivierung *aller* Glieder zum Dienst geht; vgl. Röm. 12,7; 1. Kor. 12,5. – V. 13: καταντάω = sich wenden, hinkommen, hingelangen. Der Aufbau der Gemeinde vollzieht sich darin, „daß wir alle zur Einheit des Glaubens und zur Erkenntnis des Sohnes Gottes gelangen". Der „vollkommene Mann" ist nach V. 15 Christus. ἡλικία = Lebensalter, Körpergröße, Ausmaß. Die Gemeinde soll, indem sie sich Christus nähert, den Raum zunehmend ausfüllen, den er selbst einnimmt (vgl. 4,10 Ende mit 1,22f.). – V. 14: Ähnlich wie in Kol. 2,6ff. bedeutet das „Verwurzeltsein" in Christus (Taufe!) Feiung gegen Menschentrug. Der νήπιος, der Novize (Taufbewerber), war dem noch ausgesetzt. – V. 15 nach Käsemann (EVuB I, S. 292) eine „viel mißhandelte Losung". „Nicht vom Reden des Wahren oder (vom) aufrichtigen Verhalten wird hier gesprochen und nicht von jener Liebe, die persönliche und sachliche Spannungen überbrückt, sondern vom Verbleiben in der Wahrheit des Glaubens, die allein Voraussetzung echten Christusdienstes sein kann. So nur wachsen wir selbst in allen Stücken auf ihn hin" (ebd.). – V. 16: ähnlich das Bild vom Bau. Zum Leib Christi vgl. Röm. 12,4ff.; 1. Kor. 10,16f.; Kol. 1,18.24; 2,10; Eph. 1,22f. Die Begrenztheit der Gnadengaben (wie V. 7) macht den Zusammenhalt und das Zusammenwirken in der Liebe erst recht nötig. – Zur Literatur: H. Schlier, Der Brief an die Epheser, Düsseldorf 1962[3]; E. Käsemann, Das Interpretationsproblem des Epheserbriefes, ThLZ 1961, Sp. 1ff.; ders., Eph. 4,11-16 in GPM 1949, enthalten in: EVuB I, S. 288ff.; Petr Pokorný, Der Epheserbrief und die Gnosis, Berlin 1965, S. 76ff.; K. Barth, KD IV/2, S. 705ff. Die Meinungen weichen nicht unerheblich voneinander ab; wir können in dieser Kürze nicht Schiedsrichter sein, man befrage darum nötigenfalls die „Säulen" selbst.

Man hat die Kirche als Mysterium bezeichnet. Sie wäre das nicht, wenn wir in ihr lediglich ein soziologisches Gebilde zu sehen hätten: Menschen, die durch irgendein Gemeinsames miteinander von Hause aus verbunden sind oder sich auf ein Gemeinsames hin miteinander verbunden haben. Pfingsten sagt uns, daß die Kirche von „oben" her verstanden werden muß, weil sie dort ihren Ursprung hat. Eben dieses „Oben" ist Geheimnis (vgl. 3,3ff.). Der in seinem Geiste gegenwärtige erhöhte Herr macht uns zu dem, was wir sind. Ihm wachsen wir entgegen. Es ist schwer, sich das vorzustellen. Der Gemeinde sollten wir es beizeiten sagen, daß es ihr (auch) diesmal nicht leicht gemacht werden kann. Der allgegenwärtige Christus wirkt in seiner Kirche in Gaben und Diensten (1), im Leib und den Gliedern (2), in Wahrheit und Wachstum (3).

1. Um die Einheit der Kirche geht es. Nicht um eine ruhende Einheit. Denn in der Kirche, die unser Text meint, geschieht etwas. Es wäre falsch, die Kirche überhaupt nur als ein Geschehen zu definieren. Aber der erhöhte Herr *wirkt* in ihr, das ist ihr Geheimnis. Man tut gut, von dem Psalmzitat auszugehen, wobei wir für Textgestalt und Auslegung dieses Zitats getrost Paulus (oder „Paulus") die Verantwortung zuschieben können. In dem διό der das Zitat einleitenden Formel steckt das Problem des Verstehens. Daß Christus den Menschen Gaben gibt, was hat das mit seiner Herabkunft (gemeint ist die Menschwerdung) und seiner Auffahrt zu tun? Es hängt damit zusammen, daß der, der alle Räume des Alls durchschritten hat, eben damit auch von ihnen Besitz ergriffen hat und in ihnen

allgegenwärtig geworden ist. Der allgegenwärtige Christus ist der überall *wirksame* Christus! Er wirkt aber nicht, indem er befiehlt oder gar nötigt, sondern indem er *schenkt* (ἔδωκεν). „Einem jeglichen unter uns ist gegeben die Gnade nach dem Maß der Gabe Christi", d.h. aber: eben so und in eben dem Umfang, in dem der Herr selbst seine Gaben uns zugeteilt hat. Daß das Bekenntnis zur Ubiquität des Erhöhten auch den ekklesiologischen Folgerungen ökumenischen Maßstab verleiht, sollten wir nicht übersehen. Die Christenheit ist eine, weil ihr Herr einer ist, über alle Räume, Grenzen und Dimensionen.
Es überrascht vielleicht, daß auf die Frage, wo denn nun die Gaben Christi seien, wir auf bestimmte *Menschen* verwiesen werden: Apostel, Propheten, Evangelisten, Hirten, Lehrer. „Auf gar keinen Fall darf man damit den Kreis der zur Arbeit in der Gemeinde Berufenen umschrieben wähnen", schreibt Käsemann (EVuB I, S. 289). Es wird in der Tat von der Vielfalt der Gaben noch zu sprechen sein (V. 7: einem jeglichen; V. 16: ein jegliches Glied). Dies darf uns freilich nicht in der Einsicht hindern, daß hier in der Tat von Menschen in einem bestimmten *Amt* die Rede ist. Damit wir ohne unnötige Aufregung miteinander reden können: Amt ist immer *Dienst*, nicht Herrschaft. Und dann: Amt beruht auf *Gabe*. 1. Kor. 12,28 erscheinen die (sogar in einer betonten Reihenfolge – „erstens, zweitens, drittens, sodann ..." – angeordneten) von Gott „gesetzten" Amtsträger unter den Charismatikern. Nicht jedes Charisma ist im Sinne unserer Stelle „Amt", aber das Amt kann das Charisma nicht entbehren. Aber, wie gesagt, der Blick geht nicht auf ein abstraktes Amt, lediglich als Funktion verstanden (wie man sagen kann: hier wird „Musik" gemacht – wer sie macht, interessiert nicht), sondern hier können die Christen sagen: Der erhöhte Herr hat uns Apostel, Propheten, Evangelisten, Hirten, Lehrer, er hat uns auch den Hirten unserer Gemeinde, unsern Pfarrer, „gegeben", geschenkt. (Wir leugnen nicht, daß es Gemeinden gibt, die das schwerlich zu sagen vermögen, weil sie unter ihrem Pfarrer leiden. Auch davon weiß das Neue Testament.) Wir werden aus unserer und aus anderen Stellen nicht „die" gottgewollte Ämterordnung ablesen. Es wäre auch abwegig, nach der Rechtsgestalt des Amtes in der Gemeinde zu Ephesus (?) oder in anderen neutestamentlichen Gemeinden zu fragen. Warum auch? Die „Zwölf" sind nach 1. Kor. 15,5 bereits zu Ostern ein festumrissener Kreis. Ein „Apostelgesetz" hat der Herr nicht erlassen, aber er hat sie berufen und bevollmächtigt. Die auf Christus zurückgehende geistliche Exousia (Matth. 10,1) ist noch nicht in einer Rechtsvorschrift und in einer Ordinationsurkunde Papier geworden; aber dies bedeutet ja keineswegs, daß sie nicht in Geltung und Ansehen stünde. Paulus begründet sein Mitreden und Mittun, ja sein Handeln in Autorität, mit dem Hinweis auf sein Apostelamt, das er (von den anderen Aposteln haben wir leider keine Direktzeugnisse – sie mögen sich zuweilen sogar wie „Superapostel" benommen haben, 2. Kor. 11,5) geltend macht (z.B. Röm. 1,1.5; 1. Kor. 1,1; Gal. 1,1.12ff.), nötigenfalls verteidigt (1. Kor. 9,1; 2. Kor. 11,5; 10,8), in Lehre und Zucht autoritativ wahrnimmt (1. Kor. 4,15; 5,3ff.; 9,1ff.; 11,1ff.17ff. – Käsemann spricht von dekretalem Stil, EVuB I, S. 125), nicht einmal der Kritik der Gemeinde unterwirft (1. Kor. 4,3;

2. Kor. 12,19 – „Der A. besitzt eine einzigartige Berufung und steht mit seiner überragenden Vollmacht über der ganzen Gemeinde", H. Frhr. von Campenhausen, Kirchl. Amt u. geistl. Vollmacht in den ersten drei Jahrhunderten, Tübingen 1953, S. 65). Ich will niemanden ärgern. Es gibt genug Stellen, die gegen den Mißbrauch der Amtsvollmacht sprechen; diese dürfen nicht entwertet werden. Mit Amtshybris verderben wir mehr, als wir mit Amtstreue aufbauen können. Aber es *gibt* das Amt, als Gabe des erhöhten Herrn! Man darf dies auch nicht auf den Apostel beschränken. Neben ihm sind die Propheten (wir würden sagen: die Verkündiger des Wortes Gottes, vgl. den Zusammenhang Röm. 10,6-8.14-15; auch 12,6) von „fundamentaler" Bedeutung (2,20 – angesichts 1. Kor. 3,11 ein gewagtes Wort!). Die anderen Amtsträger werden im selben Atem genannt. Gemeindeleitung mit dem Wort – so könnte man alle fünf verbinden, vorausgesetzt, daß deutlich ist: das verkündigte Wort bestimmt den Weg der Gemeinde, nichts anderes. So ist auch der Hirtendienst zu verstehen (vgl. das zu Misericordias Domini Gesagte). Botschafter an Christi Statt! So wahr jedes Amt charismatischen Charakter hat, so wahr ist es, indem es verkündigt, Quellort der Charismata. Denn alle Charismata sind an ihrem Woher zu messen und danach zu beurteilen: an der Offenbarung Gottes im Fleische (vgl. bes. 1. Joh. 4,1-3). (Vom Amt kann man eigentlich in der gegenwärtigen Situation nicht so kurz sprechen, wie hier geschieht. Wir müssen darüber ferner in Geduld und ohne Leidenschaft weiterarbeiten.)

Worin besteht die Aufgabe derer, die in V. 11 aufgezählt sind? „Zur Festigung (Zurüstung) der Heiligen(,) zum Werk des Dienstes, zum Aufbau des Leibes Christi." (Über das eingeklammerte Komma s. o.) Das Ziel ist – nach dem von uns akzeptierten Verständnis – die (im weitesten Sinne des Wortes:) diakonische Aktivierung, d.h. aber zuvor: Ertüchtigung der Gemeinde. Die Betonung des Amts in unserm Text bedeutet also mitnichten die Zurruhesetzung der Gemeinde bzw., im Blick auf manche heutige Gemeinde gesagt, das Prinzip, die Gemeinde aus Schlaf und Passivität nicht aufzustören. Wie Leitung der Gemeinde und Aktivität aller zusammengehören, mag man nicht nur an Paulus und den Korinthern (vgl. etwa 1. Kor. 11,17ff. mit 12,1ff.), sondern auch am 1. Petrusbrief ablesen (vgl. 5,2 mit 4,10f.). *Gaben* gibt es in der ganzen Gemeinde. Also ist die ganze Gemeinde eine *Dienstgemeinschaft*. In der Gemeinde hat jeder etwas zu tun – für Christus, für seine Gemeinde und für die Menschen, die noch nicht zu ihr gehören. Jesu ganzes Werk war Dienst. Das seiner Gemeinde kann in nichts anderem bestehen. Jeder tut etwas zur Ausbreitung der guten Botschaft an Alte und Junge, Gesunde und Kranke usw. Unmittelbar, indem er selbst den Mund aufmacht. Mittelbar, indem er einlädt, Verbindung herstellt, Mut macht. Gottesdienst – Sache aller. Christlicher Lebensstil in der Familie – eine Angelegenheit eigener Initiative. Nachbarschaftliche Kontaktaufnahme – wo sind Menschen, die das Wort, die Hand, die tätige Hilfe brauchen? Wir geben nur ein paar Stichworte an; die Predigt muß konkret werden und gerade da ansetzen, wo in der jeweiligen Gemeinde noch die schwersten Mängel liegen.

Predigt aktiviert, wenn sie nicht ins Leere geht. Eine Predigt ohne missionarisch-diakonisch-seelsorgerliche Zielsetzung ist vergeblich. Umgekehrt: wo das Evangelium so gepredigt wird, wie es seiner Intention entspricht, da löst es Wirkungen aus. In Gaben und Diensten ist der allgegenwärtige, Himmel und Erde erfüllende Herr auf dem Plan. Was wir tun, tun wir nicht aus eigenem Antrieb, aus eigenem Vermögen, auf eigenes Risiko. Er ist da. „Die Ubiquität des Erhöhten stellt sich auf Erden als totale Mobilmachung der Christenheit dar" (Käsemann, a.a.O., S. 290).

2. Der Herr wirkt in Leib und Gliedern. Wir denken besonders an V. 16. „Die Bewegung der Erbauung des Leibes ist eine Sache des ‚ganzen Leibes'... Sie ist nicht nur Sache der zurüstenden Dienste" (Schlier z. St.). Der Leib ist zusammengefügt, ein Glied hängt am andern durch Bänder und Gelenke. Diese Einheit ist wirksam, funktionstüchtig; ἐπιχορηγία ist die Finanzierung und damit auch (mittelbar) Inszenierung eines Reigens im alten Theater, der springende Punkt ist das Zusammenspiel der vielen. Es gibt kein isoliertes Christsein. Es ist nichts mit einer bloßen Kämmerlein-Zugehörigkeit zu Christus. Amputierte Glieder sind lebensunfähig. Das Wohlbefinden der Glieder hängt vom Wohlbefinden des Leibes ab, es besteht in ihm. Hier gilt es, ganzheitlich zu denken. Die Differenzierung innerhalb des Leibes – jeder nach dem vom Herrn ihm zugeteilten Maß! – läßt uns aufeinander angewiesen sein. Entziehe ich mich, dann trage ich die Folgen nicht allein; die anderen trifft es mit. Versage ich im Kampf gegen die Sünde, dann schwäche ich den ganzen Leib. Bin ich treu im Beten, kommt es – ohne daß sie dessen unmittelbar gewahr werden – auch den anderen zugute. Wenn ich schon der Meinung sein dürfte, ich käme mit meinem Christsein allein zurecht: die anderen darf ich nicht im Stich lassen.

Es ist gut, sich Gedanken dieser Art anschaulich zu machen. Freilich wären wir noch nicht bei dem, was der Text meint, wenn wir es dabei bewenden ließen. Zur Not könnte man das eben Dargelegte auch von jeder nichtkirchlichen Gemeinschaft sagen. Bleiben wir dessen eingedenk, daß unser ganzer Abschnitt eigentlich eine Auslegung des διό in V.8 ist! Die Kirche ist der Leib *Christi*. Der Erhöhte ist ihr Haupt. Vom Haupt her hat der Leib seine Lebendigkeit, von daher wird er gesteuert. Der leibhaft Auferstandene und den Himmel Einnehmende macht uns kraft seiner leibhaften Gegenwart in den Gnadenmitteln (1. Kor. 10,16f.; 12,13) zu seinem Leibe. Soll man von seinshafter Gegenwart Christi oder von einer durchs Wort hergestellten personalen Verbundenheit des Herrn mit seiner Gemeinde sprechen? Falsch gefragt! Niemals will Christus auf uns einwirken wie eine Naturkraft – etwa die sommerliche Wärme – oder wie ein Geschehnis, das ungefragt über mich kommt – etwa die Erreichung der Altersgrenze und die damit verbundene Versetzung in den Stand eines Rentners. Andererseits: der „alles erfüllt", begegnet uns im Leibhaften, wie es auch sonst keine Ich-Du-Beziehung gibt, die sich nicht in irgendeiner Weise leibhaft verwirklicht. So sind wir Jesu Leib kraft seiner leibhaften Einwohnung in uns. Daß Christus „Gaben gegeben hat" und noch gibt (V. 8), hängt mit seiner das All erfüllenden Realpräsenz zusammen. Was uns auf diese Weise widerfährt – Christus schafft sich in der Kirche seinen Leib –, ermöglicht, daß der Leib in Richtung auf sein eigenes Wachstum aktiv wird (V. 16 Ende).

3. In Wahrheit und Wachstum ist der allgegenwärtige Herr unter uns wirksam. Der Gedankengang des Textes ist für uns an dieser Stelle besonders schwierig. Der Leib Christi soll aufgebaut werden, „bis alle zur Einheit des Glaubens und der Erkenntnis des Sohnes Gottes hingelangen, zum vollkommenen Mann, zum vollen Ausmaß der Fülle Christi" (V. 13), der bekanntlich (nach V. 10) das All ausfüllt. Man könnte kurzschließen und sagen: Weltmission! Da die Kirche eine Gemeinschaft von Menschen ist und es Menschen nur auf der Erde gibt, darum kann die „Fülle Christi", die die Kirche erreichen soll, nur darin bestehen, daß die ganze Menschheit seine Gemeinde wird. Es ist gar keine Frage: unser Abschnitt ist ein Missionstext par excellence. Mission ist dann gewissermaßen die Beseitigung einer Differenz, der zwischen der kosmischen Allherrschaft Christi, die umfassend gegeben ist, und seiner Herrschaft über die Kirche, die noch ein kleines Häuflein ist und insoweit hinter dem, was eigentlich sein müßte und könnte, noch weit zurück ist. – Aber der Text beschränkt sich nun eben doch nicht auf die Erdoberfläche, wenn er an das Wachstum des Leibes Christi denkt. Der in der Umwelt des Neuen Testaments anzutreffende Urmensch-Gedanke leistet Hilfsdienst. Die Kirche hat ja außer der ökumenischen noch eine eschatologische Dimension. Der „Erstling" ist die neue Welt; kraft unserem Anteilhaben am „Erstling" sind wir es auch schon. Die Kirche umfaßt, da sie Christi Leib ist, grundsätzlich ebensoviel Raum, wie der allgegenwärtige Christus umfaßt. Im alten Weltbild mag man sich dies naiv-räumlich vorstellen. Das können und wollen wir nicht mehr tun. Wir denken nicht mehr in Stockwerken. Wir können den Raum nicht angeben, in dem der Auferstandene sich befindet und den er, indem er ihn erfüllt, für sich aufspannt und entfaltet. Ja, wir tun gut, in diesem Zusammenhang das Wort Raum – wir haben kein anderes Wort – in „..." zu setzen. Die Sache ist damit nicht abgetan. Die Kirche auf Erden und die vollendete Kirche haben in diesem übergreifenden Christus-„Raum" miteinander Platz, ja sie bilden die *eine* Kirche derer, die „im Himmel und auf Erden und unter der Erde" sind (Phil. 2,10). Es geht dann, wenn wir an diesem „Raum" Anteil gewinnen wollen, nicht mehr bloß um eine extensive Bewegung. In dem Maße, in dem wir an Christus Anteil gewinnen, nähern wir uns den „Ausmaßen" des Christus, der – gewissermaßen als der kosmische Urmensch-Erlöser – unser neues Sein trägt und – ist. Das quantitative Mehr-Werden („wachsen") ereignet sich dann auf dem Wege zu einem qualitativen Neu-Werden. Je mehr wir uns in Glauben und Erkenntnis (V. 13) dem Sohne Gottes nähern, desto mehr werden wir mit ihm eins und gehen damit auch als Gemeinde in seine kosmischen Ausmaße ein. Er hat die Himmel durchschritten, er ist über die Erde gegangen: so ist alles sein. Indem wir – den Novizenstand und damit auch die Anfälligkeit für alle möglichen verführerischen Lehren hinter uns lassend – mit ihm verbunden werden, gehen wir in seine All-Herrschaft ein. Gott wird zuletzt „alles in allem" sein (1. Kor. 15,28).

Trinitatis bis Letzter Sonntag des Kirchenjahres

Trinitatis. Jes. 6,1-8(9-13)

Daß die Berufungserzählung erst in Kap. 6 erscheint, erklärt sich daraus, daß unser Jesajabuch aus mehreren fertigen Sammlungen von Texten besteht. Der Traditionskomplex 6,1–9,6 enthält außer der Berufung Texte aus der Zeit des syr.-ephr. Krieges. Prophetenberufungen stellen eine eigene Gattung dar (G. v. Rad, ThAT II, S. 62ff.). Im Unterschied zum kollektiven, inklusiven, gewissermaßen übertragbaren Ich der Klage- und Dankpsalmen spricht hier das exklusive Ich des Propheten, ein geistesgeschichtliches Novum. Am nächsten verwandt die Berufungen 1. Kön. 22,19ff. und Hes. 1–3. In der Berufungserzählung macht der Prophet den ihm widerfahrenen Auftrag seiner Umwelt gegenüber geltend. – V. 1: Das Todesjahr Ussias ist nur annähernd zu bestimmen, nach J. Begrich, Die Chronologie der Könige von Israel und Juda, 1929, S. 155, ist es das Jahr 747/46 (vgl. M. Noth, GI, S. 229). Gemeint ist der Tempel in Jerusalem (הֵיכָל bedeutet gleichzeitig Tempel und Königspalast); die im Debir stehende Lade war Gottes Thron; „hoch und erhaben" deuten darauf, daß die Vision alle Maße des Irdischen übersteigt. Der Blick haftet nicht an Gott selbst, sondern senkt sich, so daß nur der den Tempel ausfüllende Gewandsaum sichtbar bleibt. – V. 2: Saraphen sind ursprünglich geflügelte schlangenartige Wesen (14,29; 30,6; vgl. Num. 21,8f.); ein Saraphenbild, mit dem der Mosezeit für identisch gehalten, befand sich noch im Tempel (2. Kön. 18,4). In unserm Text nähert sich die Vorstellung dem Menschlichen. Die Saraphen stehen, also überragen sie den sitzenden Gott. Sie bedecken das Gesicht, denn Diener dürfen den Herrn nicht anschauen. „Füße" svw. die unteren Partien des (nackten) Körpers. Man sieht nicht viel mehr als Flügel. Die Sprache kennzeichnet die Saraphen als Personwesen. Das Metrum würde nur einmaliges „Heilig" fordern. יהוה צבאות nach 1. Sam. 17,45 auf die irdischen Heerscharen Israels, später jedoch meist auf himmlische oder astrale Wesen bezogen (z.B. Gen. 2,1); צבאות wird u.a. von Eißfeldt als (attributiver) Abstraktplural verstanden: „Mächtigkeit", vgl. G. v. Rad, ThAT I, S. 28. – V. 4: „die Zapfen (Angeln, vielleicht auch: Grundfesten) der (Ober-)Schwellen" zittern: ungeheuer lautstarkes Dröhnen. Das Bild verschwimmt im Rauch. – V. 5: דמה im qal = vertilgen; ni = vernichtet sein. – V. 6: Jesaja hat also entfernt gestanden (Duhm: „etwa am Eingang des inneren Vorhofs", wo man zum Debir sehen kann). רִצְפָּה wohl = Glühstein. מֶלְקָחַיִם = „zweiteiliges" (Dual) „Ding" (מ) „zum Zugreifen" (לקח) = Zange. – V. 7: Entsündigungsakt sakramental zu verstehen. Ohne eigens ergehenden Auftrag scheint der Saraph dazu bevollmächtigt. – V. 8: Jetzt erst vernimmt Jesaja Gott selbst. Tut Gott so, als habe er Jesaja nicht bemerkt, um diesem alle Freiheit zu lassen? So Duhm. Der Begriff des Sendens wird

hier „merkwürdig absolut gebraucht" (v. Rad, a.a.O., S. 76). – V. 9: „diesem Volk da" soll verächtlich klingen (vgl. 8,6.12; 28,11.14; 29,13f.). Absolute Infinitive verstärken: hören und sehen sollen sie durchaus, aber ... Zur Verstockung vgl. v. Rad, a.a.O., S. 162ff. Keinesfalls Theorie zur nachträglichen Erklärung des Mißerfolgs des Propheten, nach v. Rad auch nicht die Erfahrung, daß Nichtwollen mit Nichtkönnen bestraft wird, sondern Zeugnis von Gottes Freiheit. Man darf freilich auch daraus nicht eine allgemeine dogmatische Theorie machen (trotz Mark. 4,12). Jesaja will sagen: Jetzt ist die Stunde des Gerichts; was Gott ferner tut, steht auf einem anderen Blatt. Davon hat der Glossator etwas gewußt, der die drei letzten Worte des Kapitels hinzufügte (noch nicht in LXX und Vetus Latina zu finden).

Je nachdem, ob der Prediger die in () stehenden Verse in seine Predigt – gleichberechtigt mit den anderen – einbezieht oder nicht, werden Thematik und Anlage der Predigt gestaltet sein: zwei erheblich voneinander abweichende Möglichkeiten. Wer die Predigtaufgabe in einer von der Situation absehenden Reproduktion der Textaussagen oder gar in einem historischen Referat über den betreffenden biblischen Zeugen, in unserm Fall: über Jesaja, sähe, müßte sich gegen die Weglassung der den Auftrag Jesajas besonders kennzeichnenden VV. 9–13 zur Wehr setzen. Er müßte sich freilich fragen lassen, ob er wirklich meint, wir hätten heute nicht das Heil, sondern das Gericht zu predigen. Vielleicht würde er – etwa unter Berufung auf K. Barth – entgegnen: es gebe kein Heil ohne das Gericht und in allem Gericht sei das Heil verborgen. Darin liegt Richtiges. Unser Heil in Christus bedeutet zugleich das Ende, das „Ausgeschlossensein" alles selbstherrlichen „Ruhmes" (Röm. 3,27), d.h. das Gericht über den alten Menschen und seinen Tod. Sterben und auferstehen! Das Heil schließt insofern das Gericht ein. Nicht aber schließt das Gericht eo ipso das Heil ein! Im Gegenteil: die letzten Verse unseres Kapitels lassen keinen Lichtstrahl mehr erkennen. Und wenn ein Zehntel übrigbliebe: es müßte verbrannt werden, wie man – um sich Mühe zu sparen – die Wurzelstöcke der gefällten Bäume ausbrannte. Der Glossator, der die drei letzten Worte dazuschrieb, hat nicht interpretiert, sondern das Wort Wurzelstock – ähnlich wie in 11,1 – positiv aufgenommen. Man muß ihn liebhaben – er hat etwas vom Evangelium gewußt und sich, mit Luther zu reden, vom zornigen Gott zum gnädigen geflüchtet. Aber damit ist er über unser Kapitel hinausgegangen, das – wir dürfen daran nicht deuteln – von Verstockung und Gericht spricht. Der „Erfolg" der warnenden, aufrüttelnden Predigt Jesajas soll paradoxerweise die Totalvernichtung des Gottesvolkes sein. „Hört nur – immer hört!, aber zur Einsicht kommen sollt ihr nicht. Seht nur – immer seht!, aber begreifen sollt ihr's nicht" (V. 9). Es wäre eine Frage für sich, in welches Licht unser Wort rückt, wenn Jesus es aufnimmt (Mark. 4,12 Par.). Wo sind die in unserm Text, denen man sagen könnte: „Euch ist das Geheimnis des Reiches Gottes gegeben" (Mark. 4,11)? – Wir entscheiden uns für die Weglassung der eingeklammerten Verse. Dies wird freilich nicht heißen, daß sie untergehen dürften. Sie sind für den heilsgeschichtlichen Ort, an dem wir stehen, nicht einfach aus dem Blick; sie sind aber in einen anderen Zusammenhang gerückt. Wir können auch diesen Text nicht

predigen, als sei Jesus Christus noch nicht für uns gestorben und auferstanden.
Damit sind wir sofort bei der Frage, ob (und wenn ja, wieso) unser Text ein Trinitatistext ist. Man hat das Trishagion auf die Heilige Dreifaltigkeit deuten wollen. Auch den merkwürdigen Plural „unser" (V. 8) hat man trinitarisch verstanden. Aber das sind Spielereien. Das Alte Testament kennt Gott noch nicht als den Dreifaltigen. Es weiß von mehrfachen Wirkungen Gottes: Gott ist Schöpfer, er ist König in seinem Reiche, Gott richtet und vernichtet, aber er vergibt auch Sünde, und er läßt, wie andere Texte zeigen, sein Volk wie aus dem Nichts neu erstehen. Aber die Trinität Gottes kennt das Alte Testament noch nicht. Eine andere Frage ist die, ob der Gott des Alten Testamentes unerkanntermaßen schon der Dreieinige *ist*. Wem es verboten scheint, hinter die vorgefundenen Gottes*vorstellungen* zurückzufragen nach der in ihnen oft nur vorläufig und verhüllt zum Ausdruck kommenden Gottes*wirklichkeit*, dem werden sich die Haare sträuben, wenn wir sagen: Der, den Jesaja auf hocherhabenem Thron sitzen sah, war – ob Jesaja dies auch nicht hat erkennen können – der dreimal-eine Gott. Uns ist die Decke von den Augen weggezogen, die damals noch über dem Alten Testament lag; uns spiegelt sich die Herrlichkeit des Herrn in unserm aufgedeckten Angesicht (2. Kor. 3,14.18). Das heißt nicht, daß Gott nicht auch jetzt noch für uns *Geheimnis* wäre. Jes. 6 liegt nicht hinter uns, aber der majestätische Gott von Jes. 6 hat in seiner Erniedrigung für uns bestimmte Gesichtszüge angenommen. „Er heißt Jesus Christ, der Herr Zebaoth" (EKG 201,2). Oder, damit ein modalistisches Mißverständnis ausgeschlossen sei: Jesus Christus versöhnt uns im Heiligen Geist mit dem Vater. Durch keinerlei theologische Schulmeinung lassen wir es uns verbieten, das nachzusprechen, was die Bibel selbst von diesem Gott verkündigend aussagt. Gott offenbart sich im Geheimnis als der dem Menschen unnahbare Gott (1), als der den Menschen entsündigende Gott (2), als der den Menschen sendende Gott (3).
1. Wir können Gott nicht anders predigen als so, wie er sich uns zu erkennen gibt. Alles, was die Vernunft von Gott weiß oder zu wissen meint, ist der Krisis der Offenbarung unterworfen. Die Theologie des Kreuzes erkennt Gott in seiner tiefsten Erniedrigung. Dies heißt aber nicht, daß die biblische Rede von Gottes Heiligkeit, Mächtigkeit und Herrlichkeit sinnlos würde. Der in die Niedrigkeit einging, ist eben dieser majestätische Gott von Jes. 6, und als dieser majestätische Gott *offenbart* er sich auch! Wir werden durch einen Text wie diesen deutlich genug aufs Kreuz hingewiesen. Aber nicht so, daß der hier geschaute Thron leer bliebe und die Doxa Gottes lediglich die andere Seite seiner Ohnmacht, Schande und Häßlichkeit wäre. Hört's und begreift's nicht, seht's und versteht's nicht! – aber gleichzeitig sitzt Gott auf erhabenem Thron, und alle Lande sind seiner Ehre voll. Suchen wir dafür nach einer erkenntnistheoretischen Begrifflichkeit, dann muß es – sie sehe meinetwegen aus, wie sie wolle – eine solche sein, die diesen biblischen Sachverhalt nicht totschlägt, sondern ihm Rechnung trägt. Die Predigt tut Menschen, deren Denken für den Gott von Jes. 6 keinen Raum mehr hat oder zu haben meint, keinen guten Dienst, wenn sie sie bei ihrer

verengten Bewußtseinslage läßt. Die Wirklichkeit Gottes – die unvergleichliche, die Wirklichkeit sui generis – erschließt sich, indem Gott verkündigt, indem auf diesen Gott hingewiesen wird: „Ich sah den Herrn sitzen auf einem hohen und erhabenen Thron."

Man wird sich hüten müssen, die Theophanie bis ins einzelne nachzuzeichnen ober gar psychologisch aufzuhellen. Es kommt auf die Botschaft an, nicht auf das Erlebnis. Es ist zudem beachtenswert, daß die Schilderung der großartigen Vision sich aufs Allernötigste beschränkt; wir wollen nicht breit ausmalen, was sie nur keusch andeutet. Aber was ausgesprochen ist, dürfen wir schon nachsprechen. „Ich sah den Herrn" (VV. 1.5). Bezeichnend, daß nicht gesagt ist, wie Gott aussieht. Füllt nur der Saum, die Schleppe des Gewandes Gottes, den ganzen Tempel – gemeint ist der irdische Tempel, doch in der Vision mögen sich die Bilder ins Himmlische weiten –, so geht daraus hervor, daß der Prophet Gott in riesiger, alle irdischen Maße überschreitender Größe vor sich sieht. Der hohe und erhabene Thron unterstreicht das nur. Die Lichtherrlichkeit Gottes füllt ja, wie die Seraphim rufen werden, alle Welt aus. Auch in seiner Erscheinung bleibt Gott Geheimnis. Unnahbar, fremd, übergroß und -mächtig. Vielleicht muß man überhaupt nur an die überwältigende Lichterscheinung des כָּבוֹד Gottes denken: dieser blendende überirdische Lichtglanz ist die äußere Erscheinungsweise der Majestät Gottes. „כָּבוֹד ist die ausstrahlende und so Erscheinung werdende Wucht oder Mächtigkeit eines Wesens", hier also Gottes (M. Buber). Daß die Seraphim Gott umgeben, ist nur ein Hinweis mehr auf diese Lichterscheinungen, wenn man die Urbedeutung der Wurzel שׂרף = brennen mithört. Jesaja sieht das himmlische Strahlengewand der Heiligkeit Gottes (Ps 104,2; Dan. 7,9; Jak. 1,17; 1. Tim. 6,16). Aber auch diese überirdische Lichterscheinung vergeht vor den Augen des Propheten, indem sich das Haus mit Rauch füllt (V. 4), Hülle des Geheimnisses Gottes. Nur das dröhnende Rufen der Saraphen weist noch auf Gott: „Heilig, heilig, heilig ...!" „Sanctus Dominus Deus Sabaoth" – wir haben es von Bachs Hoher Messe her im Ohr. Der Tempel erzittert davon. Das Wort „heilig" bezeichnet die Sphäre des Göttlichen, von der unsere Welt tief geschieden ist. Hier wird eine Grenze gezogen, die der Mensch nicht ungestraft überschreitet. Das Schauerlich-Abstoßende und das Wunderhaft-Anziehende (R. Otto) sind darin in geheimnisvoller Weise verbunden. Die allem Geschöpflichen entgegengesetzte Andersartigkeit Gottes und seine von allem Sündlichen geschiedene Reinheit und Makellosigkeit gehören zusammen. Dabei war ursprünglich stark ans Kultische gedacht: in קָדוֹשׁ steckt das Element קד = scheiden; „heilig" ist das dem Profanen entzogene Gebiet (ThWNT I, S. 88). Vom Dinglichen rückt der Begriff „heilig" mehr und mehr zum Persönlichen hin: Gottes „Name" tritt an die Stelle heiliger Gegenstände. So „geht der Begriff der Heiligkeit in den der Göttlichkeit über" (ebd., S. 91). Heiligkeit ist Gottes innerstes verborgenes Wesen, im Unterschied zu allem, was Nicht-Gott ist. „Sagt nicht heilig" (s. Apparat) „zu allem, was dies Volk heilig nennt! Was es fürchtet, das scheut und fürchtet nicht! Jahwe der Heerscharen, ihn haltet heilig, er sei eure Furcht, er euer Schrecken" (8,12f.). Heiligkeit ist die mit menschlichen Worten und nach menschlichen Maßstäben nicht aussag-

bare Wesensart Gottes. Die ist Jesaja offenbart. Gerade im Offenbarwerden Gottes gewinnt ja die Heiligkeit ihren Sinn: die Grenze zwischen Gott und uns wird sichtbar. Heiligkeit ist aber nicht die schweigende, sich entziehende Transzendenz Gottes, sondern Gottes unheimliche Andersartigkeit in ihrem Offenbarwerden. Der unnahbare Gott gibt sich zu erkennen!
Was ein Mensch nur in besonderer Begnadung sehen kann, verkündigen die Saraphen so, daß wir es aufnehmen können. Es soll uns nicht allzulange aufhalten, wenn wir der Gemeinde erklären, was Seraphim sind. Engel haben im Alten Testament niemals Flügel, im Neuen höchstens Offb. 14,6 (vgl. 8,13). Die Religionsgeschichtler lehren uns unterscheiden. Tierwesen sind die Seraphim hier freilich nicht mehr: sie haben Hände, Füße, sie sprechen, sie haben Angesichter, umstehen den Thron Gottes als Diener. Umgekehrt: müssen denn Engel immer Menschengestalt haben (Ps. 104,4 = Hebr. 1,7)? Die Apokalypse sieht sich durch die vier „Lebewesen" – Löwe, Stier, Mensch, Adler – an die Seraphim erinnert: jedes hat sechs Flügel, unaufhörlich rufen sie das Dreimal-Heilig (4,7f.). Die vier Wesen aus der Hesekielvision „sind zu Engeln geworden, die nun mit den Seraphen von Jes. 6,2 identifiziert werden", schreibt Eduard Lohse zu Apok. 4,8. Man sieht: an der Klassifikation der himmlischen Diener Gottes liegt nicht viel. – Wichtig ist aber, was sie *sagen*. Die Herrlichkeit dieses dreimal-heiligen Gottes erfüllt alle Lande. Man müßte nur Augen haben, es zu sehen! Gottes gravitas und gloria – beides liegt in כָּבוֹד – kommen in der ganzen Welt wie in einem Transparent zur Erscheinung (Procksch in ThWNT I, S. 93). Der die Welt geschaffen hat, „erfüllt" sie zugleich, ist ihr Pleroma (vgl. unsere Auslegung zu Kol. 1,15ff.). „Alle Lande": nicht nur die Bereiche der Welt, in denen Gott angebetet wird, sondern auch die, in denen die Menschen ihn noch nicht oder nicht mehr kennen; eine für Jesajas Zeit, schon religionsgeschichtlich gesehen, unerhörte Einsicht. Gott ist nirgends „abwesend"! Nur: wir sind gottblind – darum muß es uns gesagt werden. Auch wenn wir das Wort annehmen, bleibt die göttliche Doxa uns verborgen. „Wer hat des Herrn Sinn erkannt?" (Röm. 11,34 – alte Epistel). Nicht einmal die himmlischen Diener wagen zu ihm aufzuschauen. Aber sie beten ihn an. Sie haben keine Ruhe Tag und Nacht; sie müssen unablässig das Trishagion singen (noch einmal Apok. 4,8). Wir erinnern an das, was zum Text des Letzten Sonntags nach Epiphanias über das Wesen des Gottesdienstes zu sagen war. Unser Dreimalheilig ist ein Einstimmen in die himmlische Liturgie. Über das Wesen Gottes zu spekulieren ist fruchtlos; wir lassen uns dies gerade an diesem Tage sagen, dessen Thema uns verführen könnte, mehr wissen und sagen zu wollen, als sich aus Gottes Reden und Handeln ergibt. Aber Gott anbeten können und wollen wir. „Gottes Name ist zwar an sich selbst heilig; aber wir bitten ..., daß er auch bei uns heilig werde."
2. Gott ist unnahbar – das ist nicht nur ein Satz zum Thema der Erkenntnis Gottes. Theologische Gnoseologie und Soteriologie hängen untereinander aufs engste zusammen. Der Text könnte nicht mit V. 4 schließen. Man kann auch sagen: die Bibel könnte nicht mit Jesaja schließen. Sobald Gott in den Blick kommt, wird klar, wer wir sind und wo wir stehen. „Weh mir – ich bin vernichtet!" Erst in der Begegnung mit Gott erfahren wir, daß wir

unrein und sündig sind. Es sollte niemanden wundern, daß man über die Sünde nicht erschrickt, solange Gott noch nicht gesichtet ist. Moralische Mängel, Versäumnisse, Fehltritte – wer wollte sie leugnen?, wer wollte sie aber auch zu schwer nehmen? Das nächste Mal will ich's besser machen! – Ganz anders, wenn es um die Sünde geht: meine Beschaffenheit und mein Verhalten werden an Gott gemessen – vor dem Heiligen bin ich unrein. Sünder bin ich nicht etwa bloß darin, daß innerhalb des in sich abgeschlossenen „Systems", das ich bin, etwas nicht stimmt und nicht funktioniert; Sünder bin ich gerade darin, daß meine Beziehung zu Gott gestört ist. Denn was ich bin, das bin ich „vor Gott". So gilt beides: Wie es mit mir steht, erkenne ich nur, indem ich Gott erkenne; und: sobald ich Gott erkenne, ist sofort die Frage nach meiner „Gerechtigkeit", nach meiner Verfassung im Gegenüber zu Gott, damit aber auch nach meiner Geltung, nach meinem Sein-Können und Sein-Dürfen vor Gott gestellt. – Der Begriff des Unreinen gehört wiederum zunächst in den Kultus. Aber Jesajas Prophetie zeigt, daß mit der Einschätzung des Kultischen überhaupt auch das Verständnis der Unheiligkeit des Menschen sich wandelt (vgl. etwa 1,16f.). Ging es in dem, was der Priester unter unrein verstand, verborgenermaßen bereits um etwas Ernsteres als um den Verstoß gegen äußere kultische Formen, nämlich um das erste Gebot, so nun erst recht bei Jesaja. Unter dem verbrennenden Feuer Gottes wird er sich seiner und seines Volkes Unreinheit bewußt. Er kann jetzt nicht mehr der Meinung sein, daß es mit der menschlichen Unheiligkeit so schlimm nicht sein könne. Der Sünder erträgt die Nähe Gottes nicht (vgl. Luk. 5,8). Die Lippen sind pars pro toto; es könnte freilich daran gedacht sein, daß unsere Verderbnis sich gerade da am fürchterlichsten auswirkt, worin das Humanum am eindeutigsten zum Ausdruck kommt: in unserer Sprache. Und überdies: Jesaja soll Prophet werden, Sprecher Gottes. Vielleicht ist auch daran gedacht, daß es unsere Bestimmung wäre, uns einfach in das „Rufen" der Seraphim einzuschalten; aber mit unreinen Lippen können wir das nicht.

Der Fortgang der Szene zeigt, daß dem Propheten Angst und Schuldbewußtsein nicht ausgeredet werden, als bedürfte er nur besserer Belehrung. Was der Saraph mit Zange und Glühstein tut, hat nicht nur zeichenhaften Sinn. Feuerglut von Gottes Altar, aus dem Bereich des Heiligen, entsündigt ihn. Man kennt das Alte Testament schlecht, wenn man in dem Reinigungsakt nur eine symbolische Handlung sieht. So wie irgendein Gegenstand, der der profanen Sphäre entstammt, etwa ein Leuchter oder ein metallener Kessel, dem Dienste Gottes durch Feuer geweiht wird (Num. 31,22f.), so wird Jesaja durch die ihm widerfahrende Reinigung in den Dienst des Heiligen gestellt. „Bloß aus Vergnügen am symbolischen Spiel haben sich die Alten nicht mit so vielen ‚Zeremonien' geplagt" (Duhm). Die Missetat wird wirklich von Jesaja genommen und die Sünde zugedeckt (V. 7).

Alle Reinigung, alle Vergebung und Versöhnung, die im Alten Bunde geschieht, hat proleptischen Sinn: sie geschieht im Blick auf Christus bzw. – vorausschauend – von Christi Kreuz und Auferstehung her. Wir zögern nicht zu sagen: um Christi willen wurde Jesaja entsündigt. Alles, was im Alten Bunde zum Heil geschieht, ist „Schatten des Kommenden" (Kol.

2,17; Hebr. 10,1): die Wirklichkeit, die den Schatten wirft, ist Christus. Dies wäre dann auch die Stelle, an der die VV. 9–13 zu ihrem Recht kommen müßten. Die Unheilspredigt Jesajas soll nicht gemildert und freundlich zurechtgebogen werden. Die Verse sagen es mit grausigem Ernst: Gottes Gericht macht ganze Arbeit. Also nicht Evangelium, sondern Gesetz? Das Evangelium sagt nicht: das Gericht fällt aus. Vielmehr: es wird vollstreckt. Nur eben nicht an uns, sondern an Christus. Die VV. 11b–13 meinen gewiß zunächst Israels historisches Schicksal; zum Äußersten kommt es aber erst am Karfreitag (Matth. 27,45.46.50). Und in bezug auf jeden von uns: Aussichtslos, aus diesem Gericht noch etwas von der selbstgeleisteten „Gerechtigkeit", vom eigenen Ruhm und Ansehen retten zu wollen. „Weh mir – ich vergehe!" „Er ... hat vollbracht die Reinigung von unseren Sünden und hat sich gesetzt zu der Rechten der Majestät in der Höhe" (Hebr. 1,3). Er hat seine Gemeinde „gereinigt durch das Wasserbad im Wort" (Eph. 5,26). Taufe ist Sterben und Auferstehen. Um Christi willen haben wir den Zugang zu Gott (Röm. 5,1f.; Eph. 3,12; Hebr. 10,19). Dieselbe Huldigung, die in Apok. 4 dem Vater gilt, wird im folgenden Kapitel dem Sohn dargebracht.

3. Gott offenbart sich als der den Menschen sendende Gott. Tun wir recht, so zu verallgemeinern: „den" Menschen? Wir sahen, daß unser Kapitel aufgeschrieben ist, um Jesaja in seiner prophetischen Sendung zu legitimieren. Nach v. Rad ist es angemessen, geradezu von einem „Amt" zu sprechen (ThAT II, S. 62 und 69). Nicht jeder ist, was Jesaja ist. Auch in der neutestamentlichen Gemeinde gibt es solche, die in einem besonderen Sinne „Abgesandte" sind. Das gemeindeleitende Amt, wie es die Pastoralbriefe zeigen, kommt vom Apostolat her. Wir wollen nicht vermischen, was die Bibel unterscheidet. Kein Zweifel: hier ist zunächst von dem die Rede, der den besonderen Auftrag bekommt. Das braucht aber nicht zu heißen, daß es nicht – mutatis mutandis – für jeden gelten könne, der zu irgendeinem Dienst bestellt wird; wie denn auch die an Jesaja soeben vollzogene Entsündigung – mutatis mutandis – allen widerfährt.

In dem dritten Teilstück der Szene (V. 8) hört Jesaja erstmalig Gottes eigene Stimme. Nur als Entsündigter kann er das. Noch wendet sich Gott nicht unmittelbar an ihn, sondern an seinen himmlischen Hofstaat. Mit diesem schließt er sich durch das „unser" zusammen. Vgl. 1. Kön. 22,19ff. Aber Jesaja hört es. Gott scheint das zu wollen. Jesaja soll sich wohl freiwillig zum Dienst melden. Es kann in anderen Fällen anders gehen – man denke an die Berufung des Mose und an die Jeremias. Der Gott, der uns verschieden erschaffen hat, verfährt mit uns nicht nach Schablone, sondern behandelt uns so, wie es unserer Art entspricht. Allerdings: sosehr diese Indienstnahme auf Jesajas Spontaneität angelegt ist, ohne den ausdrücklichen Auftrag Gottes geht es nicht ab. Wir sahen: das Wort „senden" ist besonders gefüllt und betont gebraucht, und es heißt ausdrücklich: „Geh hin!" (V. 9). Wir hätten die ganze Perikope nicht, wenn sie nicht so etwas wäre wie eine Ordinationsurkunde. – Eben noch ein Verlorener – jetzt Gottes Bote. Eben noch ein im Bewußtsein seiner Schuld zu Boden Geworfener – jetzt befreit und ermächtigt zu prophetischem Dienst. Gott tut, was es zu tun gibt, durch Unwürdige, Untaugliche, Unreine, die er durch sein freisprechendes Wort an einen neuen Ort stellt. Wir sagen nicht: verwandelt. Denn daß die geschehene Entsündigung aus Jesaja einen Menschen machte, der künftig der Vergebung nie mehr bedürfte, ist nicht gesagt. Den vornehmsten Sünder macht Christus stark und achtet Christus treu, d.h., er sieht ihn als vertrauenswürdig und zuverlässig an, und so nimmt er ihn in seinen Dienst (1.Tim. 1,12-16). Jeder, der in Jesu Dienst steht, ob ordiniert oder nicht, kann sich nur wundern, daß er als taugliches Instrument Gottes angesehen wird. Es ist ein Wunder, daß es eine Christenheit gibt, die in der Welt Gottes Sache treiben darf. Sie hat der Welt nichts voraus außer dem einen, daß sie im Glauben dieses Wunder an sich hat geschehen lassen, sich also auch auf die Gültigkeit ihrer Sendung verläßt. Eben dies ist ihr neues Leben: die Heiligkeit, die sich von Gottes Heiligkeit ableitet und von ihm her auf uns übergehen will (Lev. 19,2; 1.Petr. 1,15f.). Das Werk Gottes, des Heiligen Geistes! Das Trishagion bekommt von hier aus noch einmal neues Licht. Christi Leib soll die Welt erfüllen (Eph. 1,23; 4,13), damit dann auch im Vollzug, im Geschehen des Heils, „alle Lande seiner Ehre voll" seien.

1. Sonntag nach Trinitatis. Eph. 2,17-22

Keine natürliche Perikope. Die VV. 14–18 sind „eine Einlage hymnodischer Art über Christus, den Frieden und Friedensbringer" (H. Schlier z. St.), ein „Erlöserlied" (P. Pokorný: ursprünglich gnostisch, dann christlich überarbeitet; ähnlich G. Schille). Zugrunde liegt die Vorstellung von der Thora als Zaun zwischen Juden und Heiden, ferner die von der Welten- und Himmelsmauer zwischen der Sphäre Gottes und der der Menschen, auch die von der Thora als einem solchen Weltenzaun (Schlier, a.a.O., S. 129). Auf diesem Hintergrund ist zu verstehen, was man vom Erlöser erzählt: er habe das μεσότοιχον, den φραγμός durchbrochen und niedergelegt, nämlich „das Gesetz, das Gott und Mensch, Völker und Juden zugleich trennt" (ebd., S. 132); er habe Frieden zwischen Gott und Menschen und damit auch Frieden unter den Menschen hergestellt und so den „neuen Menschen" geschaffen. Das Gesetz ist abgetan, der Zugang zu Gott ist frei. – V. 17: ἐλθών versteht Schlier als das Aufsteigen Christi zur Herrlichkeit, εὐηγγελίσατο auf dem Hintergrund von 1.Tim. 3,16; 1.Petr. 3,18ff. Es scheint jedoch schlicht an das Ganze des Werkes Jesu gedacht zu sein, ohne daß auf eine bestimmte Phase reflektiert wäre. – V. 18: „in einem Geiste" entspricht dem „in einem Leibe", V. 16; es ist der Geist des erhöhten Christus. Zu προσαγωγή, vgl. Röm. 5,2; Eph. 3,12; Hebr. 10,19f.; 1.Petr. 3,18; Joh. 14,6. – Mit V. 19 beginnt ein neuer Abschnitt. Ein „Tauflied"? So W. Nauck, EvTh 1953, S. 362ff.; P. Pokorný, Der Epheserbrief und die Gnosis, Berlin 1965, S. 116. E. Käsemann (EVuB I, S. 282) bestreitet dies; Taufterminologie jedoch zugestanden. Ξένος ist der Nichtansässige, der Fremdling, der nur für kurze Zeit anwesend ist; πάροικος gleichfalls der Fremde und Nichtbürger, aber mit gewissen Rechten. Für beide kommt es hier auf das Nicht-Beheimatetsein an, vgl. 1.Petr. 2,11. Die „Heiligen" sind wohl die Judenchristen (Anlehnung an Selbstbezeichnung der Urgemeinde, 1.Kor. 16,1; 2.Kor. 8,4; 9,1) oder überhaupt die Glieder der christlichen Gemeinde (Röm. 1,7; 8,27; 1. Kor. 6,2; Eph. 1,15 u.ö.). Zum ganzen Gedanken vgl. Phil. 3,20; Hebr. 12,18ff. – V. 2c. Kirche als Bau, vgl. 1. Kor. 3,10.12.14; 14,5.26; 2. Kor. 10,8; 12,19; 13,10; 1. Petr. 2,5. Apostel und Propheten (wie 3,5; 4,11 in einem Atem genannt) als „Fundament": damit soll kaum 1. Kor. 3,11 widersprochen werden, vgl. auch V. 10 und Joh. 21,14, zumal Christus auch in unserm Text als der den gesamten Gewölbedruck auffangende und damit das Ganze zusammenhaltende „Schlußstein" bezeichnet ist. – V. 21: „Der Himmelsbau wird ‚in' Christus in seinen Fugen gehalten" (Schlier). Vom Wachstum des Baus (bzw. Leibes) sprechen auch 4,15.16 (vgl. unsere Auslegung zum Pfingstmontag) und Kol. 2,19. Christus ist der himmlische (eschatologische) Anthropos, in dem und dem entgegen die Kirche, sein Leib, wächst. Die Bilder von Leib und Bau (Tempel) gehen ineinander über. – V. 22: Wir werden als Steine in diesen Tempel „eingebaut" (vgl. 1. Petr. 2,5). – Zum Gespräch zwischen Schlier und Käsemann vgl. ThLZ 1961, Sp. 1ff.; das letzte Wort in dieser Sache dürfte noch nicht gesprochen sein.

„Apostel und Propheten" ist nach R. Spieker das Thema dieses Sonntags. Die Formel ist unserm Text entnommen. Sie bedeutet im Text freilich nur einen Baustein zum Ganzen, dessen Schwerpunkt an anderer Stelle liegt. Man muß mindestens von 2,11 an lesen, besser noch weiter vorn beginnen, wenn man die Absicht des Textes erkennen will. Da sind Menschen, die ihre heidnische Vergangenheit hinter sich gelassen haben und nun zur Kirche Jesu Christi gehören. Ihnen wird deutlich gemacht, was es mit diesem „Eingebautwerden" (V. 20) auf sich hat. Sie waren Heiden, die einst vom Heil ausgeschlossen gewesen sind, die „Unbeschnittenen" (V. 11), „ohne Christus", in einem Zustand der Fremdheit gegenüber der „verfaßten Gottesgemeinde" (πολιτεία) Israel, nicht eingeschlossen in die Bundesverheißungen, ohne Hoffnung, ja ohne Gott in der Welt (V. 12), also „Kinder des Unglaubens" und damit auch „Kinder des Zornes" (VV. 2f.). Jetzt ist alles anders. Wieso und worin die Situation jetzt ganz anders ist, dies gilt es zu bedenken.
Die Ausleger machen sich viel Mühe, den – gnostischen – Hintergrund der hier gesprochenen Sprache aufzuzeigen. Es ist nicht unsere Sache, darin mitzureden. Handelt es sich etwa in den VV. 14–18 wirklich um ein gnostisches Erlöserlied (s. o.), dann doch so, daß es „getauft", also verchristlicht worden ist. Vielleicht ist es sogar von Hause aus ein christlicher Hymnus, der sich nur, soweit angängig, gnostischer Sprache bedient. Soll man sagen, die Vorstellung, daß der Urmensch-Erlöser Himmel und Erde eint und befriedet, sei hier historisiert, so daß nun an die Zusammenführung und Einung von Juden und Heiden gedacht sei? Es wird darauf ankommen, sich deutlich zu machen, wie dies zweite aus dem ersten folgt! Dabei darf freilich wieder nicht vergessen werden, daß die Herstellung des Friedens zwischen Himmel und Erde nicht allein in einem „Durchschreiten" der Räume besteht – so die gnostische Vorstellung –, sondern vom Kreuz her (V. 16) verstanden sein will. Mehr ist für uns im Augenblick in dieser Hinsicht nicht zu erörtern. – Gerne wüßten wir, ob hier wirklich die Initiationssituation angesprochen ist, unser Brief seinen Sitz im Leben also im urchristlichen Taufgottesdienst hat. In der Kolosser-Parallele (2,1ff.) ist die Taufterminologie spezifischer

als hier; dennoch ergibt ein Blick auf den Zusammenhang, daß es keinen Situationsbezug geben dürfte, der hier näherläge als der der Taufe. Für unsere Predigt wird es gut sein zu bedenken, daß alle Verkündigung der Kirche Tauferinnerung ist. „Der Raum, den die Taufe und die Taufpredigt im N.T. einnehmen, ist ungleich größer als in der heutigen Verkündigung"; man sollte „bei der Auslegung der gebräuchlichen Perikopen darauf ... achten, daß die Taufe in der gottesdienstlichen Predigt zu Ehren kommt ... Soll die Taufe in der Gemeinde lebendig sein, so muß sie in der Verkündigung zu ihrem Recht kommen" (M. Mezger, Die Amtshandlungen der Kirche, Bd. 1, München 1957, S. 149–151). Der Text zeigt deutlich, daß die Taufe Eingliederung in die Kirche, in das Volk Gottes, ist. Das Bild vom Leibe Christi (vgl. 1. Kor. 12,13) ist hier durch das vom Bau ersetzt - der Vergleich der VV. 16 und 22 zeigt, wie leicht beides ineinander übergeht. Der Text will uns vor einem individualistischen Mißverständnis der Taufe und damit auch des Christseins bewahren. Wir können wohl, indem wir auf die logische Verknüpfung der einzelnen Aussagen achten (vgl. bes. das ἄρα οὖν V. 19), so gliedern: Christus, unser Friede, vereint das Getrennte. Er gibt uns das Zuhause bei Gott (1). Er macht uns selbst zur Behausung Gottes (2).

1. Das Thema „Juden und Heiden" drängt sich uns nicht so unmittelbar auf wie der Christenheit des ersten Jahrhunderts. Abgetan ist es für uns keineswegs. Man braucht sich nur in das bohrende Nachdenken der Kapitel 9 bis 11 des Römerbriefes einzuschalten, und man wird merken, daß für den Heidenapostel Paulus die besondere heilsgeschichtliche Rolle des alttestamentlichen Gottesvolkes nicht ausgespielt ist, vielmehr in neuer Weise wahrgenommen werden soll. In unserm Text ist jedoch nicht Israel angeredet, sondern wir, die einst Fernen, die nun ein Heimatrecht bei Gott und damit auch in seinem Volke, der Kirche Jesu Christi, haben. Wir gehen darüber, daß uns dieses Zuhause gegönnt ist, viel zu schnell hinweg. Und wir übersehen zu leicht, daß die jetzt noch immer Fernen leider von uns gern so angesehen werden, wie Israel, in Verkennung seines Auftrags für das Heil der Welt, die „Heiden" angesehen hat: als die Ausgeschlossenen, Verworfenen, Preisgegebenen. In dieser abgeleiteten Form scheint uns die Frage unseres Textes näherzuliegen; wir müssen nur sehen: die Urform der Frage lautet anders. Wir sollten über das Wunder nachdenken, das in unserm Beheimatetsein in Gottes Volk besteht.

Im Tempel von Jerusalem hat es eine Absperrung gegeben, die den inneren Tempelbezirk für Heiden unzugänglich machte. Paulus ist nach Apg. 21,27ff. deswegen verhaftet worden, weil man ihm nachsagte, er habe den Trophimos, einen Unbeschnittenen, ja überhaupt Griechen in den Bereich des Heiligen eingeschleust und damit den Tempel entweiht. Unser Text spricht vom μεσότοιχον (Zwischen- oder Scheidewand), das durch den Genitivus epexegeticus τοῦ φραγμοῦ (Umfriedung, Einhegung, Zaun, Mauer) erläutert ist. Denkt unser Kapitel an diese Absperrung im Tempel (Josephus, Bellum Judaicum 5,193f.; 6,124-126; Antiquitates 15,417, vgl. auch Strack-Billerbeck II,761f., ferner ThWNT III, S. 233), so handelt es sich um den „Soreg" (von שׂרג = flechten), von J. Jeremias (Jerusalem zur Zeit Jesu I,

Berlin 1958², S. 91) als „Gitterwerk" bezeichnet. Eine griechische und lateinische Warnungsinschrift bedrohte den ἀλλογενής, falls er die Absperrung überschreite, mit dem Tode (Dittenberger, Orientis Graeci Inscriptiones Selectae II, S. 598 – 1. Jh. n. Chr.).

Wir dächten nicht im Sinne unseres Kapitels, wenn wir die hierin anschaulich werdende Scheidung als Ausdruck eines bornierten Dünkels ansähen, dem man etwa mit dem aufklärerischen Gedanken von der Gleichheit aller Menschen – die, im rechten Zusammenhang gesehen, von der Bibel nicht geleugnet wird, man denke etwa an Apg. 17,26 – beikommen könnte. Es gibt auch genug Stellen in der Schrift, die einer prätentiösen Selbsteinschätzung Israels aufs härteste widerstehen. Aber damit ist die besondere Rolle des alttestamentlichen Gottesvolkes nicht bestritten: es ist das Volk der Erwählung. Etwa deshalb, weil es größer wäre als die anderen Völker? Nein, sondern einfach, weil Gott es geliebt hat (Deut. 7,7f.). Oder weil es besser wäre als sie? Nein, „nicht um deiner Gerechtigkeit und um deines aufrichtigen Herzens willen", vielmehr, obwohl „du ein halsstarriges Volk bist" (Deut. 9,5f.). Gott ist in seinem Wählen souverän. Niemand wird zu dem Gerechten, der er vor Gott und in Gottes Augen ist, durch das, was er selber ist und kann und tut. – Damit hängt ein Weiteres zusammen. Gottes Heil wird auf geschichtliche Weise verwirklicht. Allgemeine Wahrheiten sind ohne weiteres einem jeden zugänglich. Das Apriori ist notwendig und allgemein. Die Herstellung der Gemeinschaft Gottes mit uns vollzieht sich geschichtlich: eben da, *wo* er es tut; eben so, *wie* er es tut; eben darin, *daß* er es tut. Gott geht mit seinem Volke einen bestimmtem Weg – so vollzieht sich Heilsgeschichte: nicht eine solche, die man a priori konstruieren oder auch nur nachträglich in ihrer Notwendigkeit oder gar Zwangsläufigkeit erklären könnte, – vielmehr eine Geschichte, die durch immer neues kontingentes Geschehen von Gott her in Gang gehalten wird und ihre Kontinuität in der Treue Gottes hat, der in aller Freiheit die Pläne verwirklicht, die er mit uns hat, und die Verheißung einlöst, die er uns gegeben hat, damit wir im Glauben an ihm festhalten und auf ihn zugehen. Steht Israels Erwählung auch von vornherein im universalen, menschheitlichen Horizont (Gen. 1,3), zunächst war allein Israel das Volk der Verheißung, wir anderen waren „fremd", „fern", „ausgeschlossen", „ohne Christus", „ohne Gott". „Aber jetzt" (V. 13)! Christus hat uns das Zuhause bei Gott gegeben. Wir verstehen den Gedankengang nicht, wenn wir dieses Heimatrecht nicht als das schlechthin Unverdiente, darum von Gott her auch Ungeschuldete, das demzufolge auch keineswegs Zu-Erwartende ansehen, gar nicht davon zu reden, daß wir kein Recht hätten, dieses Heimatrecht bei Gott zu verlangen oder, wenn es uns nicht gewährt wäre, einzuklagen. „Aus Gnade seid ihr gerettet worden durch den Glauben – und das nicht aus euch: Gottes Gabe ist es" (2,8). Es wäre nicht angebracht, so zu tun, als täten wir Gott nur einen Gefallen, wenn wir uns wieder bei ihm einfinden. Unerhört: Gott zieht uns in das Gnadengeschehen hinein, das seit Abrahams Berufung im Gange ist! Das, was das Volk der gnädigen Wahl Gottes den anderen Menschen voraus hat – und das ist „viel in jeder Hinsicht" (Röm. 3,2 – leider läßt sich Paulus nach dem „erstens" durch andere Gedanken ablenken, vgl.

aber Röm. 9,4f.) –: eben das gehört uns von nun an gleichfalls. Wir befinden uns in dem Strom des Geschehens, in dem Gott den „Frieden", sein „Heil" verwirklicht. (Das schöne Wort Schalom gebrauche ich nur deshalb nicht weil es nicht nur verschlissen, sondern darüber hinaus zum Schlagwort auch für immanente Heils-Hoffnungen geworden ist, in denen ich die neutestamentliche εἰρήνη und σωτηρία nicht wiederzuerkennen vermag.) Ein Wunder, daß wir „dabei" sind!

Die eine Kirche aus Juden und Heiden! Wir können das nicht aussprechen, ohne sofort über die konfessionelle Zertrenntheit eben dieser Kirche zu erschrecken, vielleicht auch darüber, daß das Christsein der Christen immer wieder auch zu Konflikten geführt hat und führt, wo eben an der Stellung zu Christus sich die Menschen scheiden. Wir können solche Erfahrungen nicht einfach aus der Geschichte der Kirche und – vielleicht – aus unserer eigenen Geschichte wegwischen. Um so dringlicher ist es, herauszufinden, wie es dazu kommt, daß die bisher Getrennten nun zueinandergehören. Christus hat die Absperrung beseitigt. Aber wie?

Die „Schranke" bestand darin, daß das Gesetz galt (VV. 14f.), die Ordnung also, die geradezu darauf abgestellt war, daß die Leistung der Frommen entschied. Man kann diesen Gedanken gar nicht grundsätzlich genug fassen. Nichts zertrennt Menschen untereinander mehr als dies, was die einen gegenüber den anderen vor Gott voraushaben bzw. vorauszuhaben meinen. Wo Gemeinschaft zerbricht, liegt es – zumeist? immer? – daran, daß der vermeintlich Überlegene dem vermeintlich Unterlegenen Vorwürfe macht, ihm sein Versagen und seine Verschuldungen vorrechnet oder sich sonst auf irgendwelche Weise über ihn erhebt; umgekehrt: daran, daß der, der nicht so kann wie der andere oder gar schuldig geworden ist, es in seiner Inferiorität nicht aushält und sich zu wehren versucht: durch Gegenbeschuldigungen, durch Auftrumpfen, Selbstruhm, Empfindlichkeit, Geltungssucht usw. Woher das alles? Wer unter dem Gesetz lebt, befindet sich unter dem schrecklichen Zwang, seine Vorzüge sich selbst, anderen, zuletzt aber dem lieben Gott immerzu vorzurechnen. Die Schranke im Tempel konnte ein Zeichen sein, das die Erwählung Israels und damit Gottes merkwürdigen und geheimnisvollen Weg durch die Geschichte andeutet. Sie konnte aber auch zum Symbol der gegen die „Unbeschnittenen" ausgespielten Selbstgerechtigkeit werden. Man braucht sich nur vor Augen zu halten, wie ein gesetzestreuer Jude zu Jesu Zeit über die „Gojim" dachte. – Aber Christus macht aus zweien einen neuen Menschen (V. 15): zugleich aus dem Jünger, der ihm nachfolgt, und dem heidnischen Hauptmann (Matth. 8,10); zugleich aus dem Pharisäer, sofern er noch lernt, an seine Brust zu schlagen, und dem Zöllner, der von vornherein an nichts anderes denkt (Luk. 18,13); zugleich aus den „Kindern" und den „Hündlein" (Matth. 15,26f.). Wie macht Jesus aus zwei Menschen *einen*? Die gnostische Anthropos-Vorstellung dürfte hier Hilfsdienst geleistet haben. Wenn wir getauft sind, dann lebt keiner mehr: der Jude nicht, der Heide nicht; alle sind gestorben und „in Christus" auferstanden, so daß Christus, der auferstandene himmlische Herr, unser neues Leben lebt und wir in ihm sind (vgl. Gal. 2,20 Urtext). Sein Kreuz ist das Ende unserer sarkischen Existenz, damit auch das Ende

alles dessen, was der eine vor dem anderen voraushatte. Christus relativiert damit schon im Heute, was, wo sein Auferstehungsleben ist, nicht mehr gilt und, wenn alles vollendet sein wird, endgültig dahin sein wird.
Darin liegt aber dies, daß wir alle in einem Geist den Zugang zum Vater haben. Wieder sagen wir: man kann sich nur wundern. Man meditiere Stellen wie Ps. 15; 24,3-6; Matth. 5,8. Nein, hier versteht sich nichts von selbst. Aber mit Christus, unserm Hohenpriester, unserm Vorbeter und Fürsprecher dürfen wir kommen. Christus wird vor Gott vorstellig, man kann auch sagen: sein Geist, der uns vertritt (Röm. 8,26.34). Keiner betet aufgrund seines eigenen Rechtes und unter Geltendmachen eigener Ansprüche. Wir beten „durch Jesum Christum, unsern Herrn". Der zwischen Gott und uns in Christus hergestellte Friede, der Friede also, den Christus nicht nur gebracht oder gemacht hat – wie ein Schlosser einen Schlüssel macht oder der Chirurg eine Plastik –, sondern der er selber *ist* und den er darum auch *verkündigt*, gehört den Fernen und den Nahen und schließt sie zusammen. Der Zaun (V. 14) ist abgebrochen. Wir leben alle von *einer* Gnade.
Heimatrecht: das bedeutet nun, daß wir nicht nur nicht mehr fremd und ausgeschlossen sind, sondern ebensowenig nur geduldet. Wir werden 5,1 als die „geliebten Kinder" angesprochen. Durch den ganzen Text klingt ein ermutigendes Willkommen. Daß wir Mitbürger mit den Heiligen sind, besagt ohne Einschränkung, daß wir gleiche Rechte haben, nicht – als wären wir nur πάροικοι – Mitbewohner zweiten Ranges. Hier werden aus dem, was etwa der Galaterbrief erbracht hat, die ekklesiologischen Folgerungen gezogen. Gleichberechtigte Bürger in der eschatologischen πόλις. Noch mehr: Hausgenossen Gottes, d.h. Mitglieder der großen Familie Gottes. Wir vernehmen auch dies vielleicht weniger als eine empirische Feststellung: so ist die christliche Gemeinde, so wissen sich ihre Glieder zusammengehörig, sondern als ein Angebot. Alle christliche Paränese hält uns etwas hin, bietet etwas an, was wir nicht einfach *haben*, sondern was wir *empfangen*, oft gegen alle Erfahrung. Das soll uns nicht beruhigen. Es geht in unseren Gemeinden vielerorts noch recht wenig familär zu. Wir bekommen allmählich Sinn dafür, daß die Formen unseres gemeindlichen Zusammenlebens und -wirkens dem Wesen der Gottesfamilie besser entsprechen müssen als bisher. Daß die Massengemeinde sowieso nicht mehr die Zukunft hat, kommt dem entgegen; nur wird, was hier nötig ist, nicht von allein kommen. Dazu wird gehören, daß wir der Versuchung widerstehen, uns einzuigeln. Sollen die, die jetzt noch „Fremde" sind, uns, die einst „Fremden", als das neue Volk der Erwählung antreffen, das neue „Absperrungen" und „Schranken" errichtet? Benehmen wir uns so, daß jemand zu dem Schluß kommen muß, er sei zu „fern" und „fremd", als daß er ins Heilige eintreten dürfe? Wollen die Heiligen etwas anderes sein als Sünder, die trotz allem willkommen geheißen worden sind?
2. Auffällig, wie sich jetzt die Blickrichtung umkehrt: die ihr Zuhause bei Gott gefunden haben, werden nun selber zur Behausung für Gott – wiederum dadurch, daß Christus, der selbst der Friede ist, das Getrennte vereint. Es wird durch Christi Werk an uns nicht nur – in der Horizontalen – das zusammengebunden und vereint, „was die Mode streng geteilt" bzw. was unter

den Bedingungen des Alten Bundes nicht zueinanderfinden konnte. Jetzt baut sich von unten her ein Bauwerk auf, in dem die einzelnen Baukörper fest zusammengefügt und unlöslich miteinander verbunden werden. Seit Matth. 16,18 wird die Kirche immer wieder einmal mit einem Bau verglichen (s. o.). Vielleicht, weil Jesus selbst Baufachmann gewesen ist (Mark. 6,3; vgl. Matth. 13,55); aber auch ohnedies würde sich das Bild nahelegen. Wir müssen der Gemeinde sagen, was das heißt, daß wir allesamt Bauelemente in einem Gebäude sind. Ein Baustein für sich ist so gut wie nichts. Im Verband des Mauerwerks wird er getragen und trägt er. Die Steine geben einander Halt. Nur im Miteinander der unzähligen Bauteile besteht das ganze Gebäude in seiner Struktur, in seinen Proportionen, in der Aussagekraft seiner Gestalt. Wer die Taufe empfängt, wird in den großen Bau eingefügt (V. 22). Wer Christ sein will, braucht die Kirche; und die Kirche braucht alle, die zu ihr gehören. – Es wird nicht überflüssig sein, sich anhand dieses Textes klarzumachen, daß der Friede, der Christus heißt, als Gemeinde, als Kirche Gestalt werden will. Es ist wahr: der Macht des erhöhten Christus sind keine Grenzen gesetzt, und es ist auf eine neue Welt abgesehen, nicht auf weniger. Aber das bedeutet keinesfalls, daß die pax Christi sich pauschal und entscheidungslos in aller Welt verwirklicht hätte. Das Heil ist aller Welt angeboten. Gott „bittet" alle Welt, sich versöhnen zu lassen. Er sorgt sich nicht um sein Prestige. Aber wer sich versöhnen läßt, wer den angebotenen Frieden annimmt, tut es, indem er sich in die Ekklesia einfügen läßt. Die Freiheit der Entscheidung dazu wird niemandem geraubt, aber die Notwendigkeit der Entscheiduung wird auch niemandem abgenommen. Es wäre schlimm, wenn wir aus dem Glauben wieder ein Werk machten: so und so mußt du sein, getan und durchgehalten haben, ehe du kommen darfst; das wäre wieder die „Schranke". Aber das ist klar: Der „eine neue Mensch" (V. 15), man darf auch sagen: die neue eschatologische Menschheit, ist die Gemeinde Jesu. Extra ecclesiam nulla salus. Gott baut ein Haus! Dasselbe ergibt sich vom Erwählungs- und Bundesgedanken her. Gott verzichtet nicht auf seine Gemeinde, indem er kurzerhand alle Völker als seine reintegrierte Menschheit betrachtet und behandelt; sondern er macht die Türen weit auf, daß alle, die glauben, zu Gliedern seines Volkes werden.

Dieser Bau hat ein Fundament. Wir sahen: 1. Kor. 3,11 soll durch das hier Gesagte nicht geleugnet sein. Der krönende Schlußstein, der der Kuppel Halt gibt, ist Christus - er ist nicht vergessen in diesem Bildmodell der Kirche, und er darf nicht vergessen sein. Eine Kirche, die in sich so heilig und fest gefügt wäre, daß sie seiner nicht mehr bedürfte, wäre die des Antichrists. Aber eben darum ist die Kirche erbaut auf dem Grunde der Apostel und Propheten. Apostel: autorisierte Sendboten Jesu, Augenzeugen seiner Auferstehung (1. Kor. 9,1; 15,8), ja auch seiner ganzen Wirksamkeit in seinen Erdentagen (Apg. 1,21f.; 10,37-39; Joh. 15,27). Der Augenzeugenschaft bedarf es, weil Jesu Menschwerdung nicht episodischen Charakter hat, sondern die Weise ist, in der er – und in ihm der Vater – uns anschaulich geworden und persönlich begegnet ist. So behält die apostolische Predigt und damit auch das apostolische Amt gründende Bedeutung. Auch die Propheten, durch deren Mund sich das Christuszeugnis als viva vox evangelii

ausbreitet, sind an die Norm des Credo der Kirche gebunden (wenn nicht in Röm. 12,6, etwa mit Michel, anders auszulegen ist), jedenfalls daran zu messen, daß sie die Inkarnation Jesu Christi bekennen (wir sind wiederholt auf diese Zusammenhänge gestoßen). Es sei wenigstens angemerkt, daß H. J. Iwand (Predigt-Meditationen, Göttingen 1966[3], S. 22) mit Calvin an die alttestamentlichen Propheten denkt; eben darin wiederhole sich der Zusammenklang, auf den es in der Einheit von altem und neuem Gottesvolk ankam. Wir brauchen uns hier nicht zu entscheiden. – „Eben in der Erinnerung an den Ursprung, die allein im Rückgriff auf das apostolische und prophetische Zeugnis bewahrt werden konnte, verharrt die Kirche unter der Herrschaft Jesu Christi" (Käsemann, a.a.O., S. 282). Rückwärtsgewandte Kirche? Ja, sofern sie von der in Christus ein für allemal geschehenen Offenbarung „im Fleische" lebt (hier der legitime Ansatz für den Skopus des 1. S. n. Trin.: „Apostel und Propheten"). Nein, sofern diese Kirche dem wiederkommenden Herrn entgegenwartet und, indem der „Bau" errichtet wird und immer zunimmt, ihm entgegenwächst.
Dieser Bau ist eine „Behausung Gottes im Geist". Wir bei Gott zu Hause – Gott bei uns zu Hause. Beide Sätze sind notwendig. Die Kirche *ist* nicht Gott, sie *ist* nicht Christus. Aber sie ist „heiliger Tempel in dem Herrn". Ist Gott nicht allgegenwärtig – auch extra ecclesiam? Gewiß. Die Bibel bezeugt es oft. Aber sie weiß von zweierlei Gegenwart Gottes. „Der Himmel und aller Himmel Himmel können dich nicht fassen" – und doch: „so habe ich nun ein Haus gebaut dir zur Wohnung, eine Stätte, daß du ewiglich da wohnest" (1. Kön. 8,27 und 13). Soll man sich damit aus der Affäre ziehen, daß man sagt: zwei verschiedene Auffassungen – nicht auf einen Nenner zu bringen? Mindestens hat der, der 1. Kön. 8 in die jetzige Form gebracht hat, beides doch zusammendenken zu müssen gemeint, und damit erwies er sich als guter Theologe. Die Kirche ist auch nicht nur der Ort, an dem man von der Allgegenwart Gottes *weiß*. Die Kirche ist der Ort, an dem Gott anders gegenwärtig ist als anderswo. Anderswo ist er da – hier ist er *uns* da; so würde es Luther sagen. Hier läßt er sich finden. Was einst sein wird – „siehe da: die Hütte Gottes bei den Menschen!" (Offb. 21,3) –, ereignet sich im Verborgenen schon hier. Im Wort und Sakrament gibt der dreieinige Gott sich uns zur Gemeinschaft; indem wir ihn aufnehmen, werden wir das Gehäuse für seine Realpräsenz. Die Kirche hat Grenzen und Konturen – das steht im Neuen Testament immer wieder zu lesen. Aber sie hat offene Türen. Sie *sollte* sie jedenfalls haben. Wir werden die Kirche denen, die noch draußen stehen, nicht anziehender machen, wenn wir das Sanctum verschweigen oder verleugnen. Da ist wirklich eine Schwelle zu überschreiten. Aber die Schranke ist weg. Der in diesem Tempel wohnt, freut sich über jeden, der kommt.

2. Sonntag nach Trinitatis. 1. Petr. 2,1-10

Die Vermutung, daß es sich in 1,3 bis 4,11 um eine in die Enzyklika aufgenommene Taufpredigt handelt (Bornemann, Windisch, mit Fragezeichen auch F. Hauck im

NTD), wird durch unseren Abschnitt eher bestätigt als widerlegt. Gehäufte LXX-Zitate. Assoziativer Denkstil. – V. 1: Vorstellung vom Ablegen der alten Kleidung wie Röm. 13,12; Kol. 3,9; Eph. 4,22.25; Jak. 1,21; Hebr. 12,1. Positive Entsprechung der aufgezählten Laster wären Güte und Lauterkeit. – V. 2: Milch in Mysterienkulten sakramental zur Mitteilung der Unsterblichkeit, in der Gnosis symbolisch als Erkenntnis, in christlichem Bereich bei der Taufe zusammen mit Honig als Unterpfand des Heils dargereicht, vgl. ThWNT I, S. 644. Verwendung des Bildes hier anders als 1. Kor. 3,1 und Hebr. 5,11f. Worin die Milch besteht, sagt 1,25b; sie wird als λογικόν und ἄδολον bezeichnet: „geistig" (oder auch „im bildhaften, übertragenen Sinne zu verstehen") und „ungepanscht". – V. 3: LXX-Zitat (Ps. 33,9; deutsche Bibel: 34,9), κύριος (Jahwe!) auf Christus bezogen (Wortspiel: Χρηστός – Χριστός), ein auch sonst zu beobachtender christologisch höchst bedeutsamer Sachverhalt. – In προσερχόμενοι könnte sich eine Anspielung auf den Begriff des Proselyten verbergen; der Begriff hat kultische Bedeutung: zu Gott herzutreten, im Heiligtum (Jer. 7,16; Sir. 1,28; 1. Tim. 6,3 – „wie man dem Altar naht, so den Worten unseres Herrn", G. Holtz z. St. –; Hebr. 4,16; 7,25; 10,1.22; 12,18.22). – VV. 4ff.: προσερχόμενοι ... οἰκοδομεῖσθε gehört zusammen; wahrscheinlich indikativisch zu übersetzen. Der „verworfene Stein" spielt auf Ps. 118,22 (LXX: 117,22) an; „ausgewählt" und „wertvoll" auf Jes. 28,16, was dann in V. 6 ausführlich zitiert ist. – V. 7: Das Psalmzitat nun ebenfalls ausführlich, vgl. Matth. 21,42; Apg. 4,11. – Zurück zu V. 5: Gemeinde als Bauwerk vgl. 1. Kor. 3,9-11.16f.; 1. Tim. 3,15; 2. Kor. 6,16; Eph. 2,19; Matth. 16,18; auch Mark. 14,58. Geistliche Opfer: Röm. 12,1; Hebr. 13,15f.; Offb. 1,6; 5,10. – V. 8: Das Stichwort „Stein" führt, wie übrigens schon Röm. 9,33, zur Assoziation von Jes. 8,14 (hatte Silvanus den Römerbrief vorliegen?). – VV. 9f.: Zitat aus Exod. 19,6, ohne Verbum, und Jes. 43,20f. In Exod. 19,6 (Mas) bedeutet „Königtum" svw. „Staat"; daß die Christen nicht nur einen König haben, sondern selbst „Könige" sind, sagt die LXX-Version dieser Stelle und klingt im N. T. nicht selten an (Matth. 19,28; 1. Kor. 4,8; Apok. 1,6 u. ö.). Zum Sinn dieses Zitates s. u. Zur technischen Bedeutung des Ausdrucks τὰς ἀρετὰς ἐξαγγέλλειν vgl. E. Käsemann, ThVuB I, S. 123 (s. u.). – V. 10: Hosea 1,6.9; 2,25, wo ursprünglich das abgefallene Israel gemeint war, hier auf die Heiden bezogen, so daß der Sinn ähnlich ist wie Eph. 2,11ff.

Es ist nicht leicht, das architektonische Prinzip dieses Textes zu erkennen und daraufhin Thema und Gliederung für eine Predigt zu formulieren. Denn der Text denkt assoziativ, läßt sich also durch Gedanken, Begriffe und Zitate von einer Aussage zur anderen treiben. Hier wäre – was einen aus der Ev.-Luth. Landeskirche Sachsens kommenden Lehrer der Homiletik nicht geringe Überwindung kostet – zuzugeben, daß eine Homilie diesmal die angemessene Form ist. Es sei denn, man beschränkt sich auf eine nicht inhaltlich gesättigte, sondern nur formale Disposition, etwa so: Zu Jesus Christus gehören, das bedeutet einen neuen Lebensstil (1), einen neuen Standort (2), eine neue Aufgabe (3). Die Predigt müßte in den Rahmen jeweils das zugehörige Bild einzeichnen.

Eine weitere Schwierigkeit kommt hinzu. Dieser Text hat mit dem vom vorigen Sonntag soviel Gemeinsames, daß Wiederholungen gerade dann nicht zu umgehen sind, wenn man in der Verteilung der Gewichte dem Text genau folgt. Schon darin, daß es auch hier um Taufparänese geht.

Ganz stark wird in diesem Text der Gedanke des Baues und des Eingefügtwerdens der Christen in diesen Bau wiederholt. Und endlich nimmt V. 10, indem er die Hoseastellen auf Heidenchristen anwendet, den Gedanken des freien Zugangs und damit des Eingegliedertwerdens in die eine Gemeinde Christi erneut auf. Diese Überschneidungen sind ein Mangel in unserer Perikopenordnung. Man kann aus dieser Not herauskommen, indem man beherzt und entschlossen den Schwerpunkt anders setzt, als eine sorgsame Ableuchtung aller einzelnen Partien des Textes es erbringen würde. Man würde die Gelegenheit benutzen können, einmal im Zusammenhang vom *Priestertum aller Gläubigen* zu sprechen. Hier ginge es vor allem um die Verse 5 und 9. In dem vorhin für den ganzen Text angebotenen Schema käme das hier Gemeinte als Punkt 3 vor. Wir wollen so vorgehen, daß wir zunächst in verknappter Form diesem Schema folgen, dann aber Punkt 3 so behandeln, daß, wer will, aus diesem eine ganze Predigt machen kann.

1. Was das heißt: zu Christus gehören, das wird in unserm Brief denen, die – als neue oder „alte" Christen – aus ihrer Taufe leben sollen und wollen, vielfältig klargemacht. Ein neuer Lebensstil – das beschreibt das, worauf es hier ankommt, nur sehr unverbindlich und unspezifisch. Die Christen sind Wiedergeborene, vgl. 1,3.23. Seit sie zu Christus gehören, hat ein neues Leben angefangen. Wir verbauen uns den Zugang zu dieser Aussage, wenn wir sie nicht ganz radikal verstehen. Mit dem in der Taufe sich ereignenden Sterben und Auferstehen ist ein neuer Träger meines Namens entstanden, „nicht aus vergänglichem, sondern aus unvergänglichem Samen, nämlich aus dem lebendigen Wort Gottes" (1,23). Dieser neue Mensch ist ebensowenig anschaulich wie der auferstandene Christus, aber er ist ebenso „wirklich" – nicht im Sinne der Wirklichkeit unserer Raum-Zeit-Welt, sondern ganz anders. Das neue Leben ist „mit Christus verborgen in Gott" (Kol. 3,3). Aber es ist so ernst zu nehmen, heute schon, daß der alte Lebensstil nun wirklich abgelegt werden kann und muß – wie alte, verschlissene, zerrissene, speckige und dreckige Klamotten. „Bosheit, List (auch Betrug), Heuchelei, Neid, üble Nachrede (das Schlechtmachen, Herunterputzen, der ‚Rufmord' am andern)": dies alles sind sprechende Symptome für das Alte, mit dem nun Schluß sein muß. „Sündig" ist keineswegs nur die Zuchtlosigkeit und Verfallenheit im Bereich des Sexuellen, an die ängstliche Gemüter in solchen Zusammenhängen meist zuerst denken. Wahrscheinlich richtet, was hier genannt ist, in der Welt und im Umkreis meines kleinen Lebens *mehr* Schaden an. Unehrlichkeit, Verstellung, falsches Spiel gegenüber dem Mitmenschen, böse, giftige Gedanken gegen ihn, liebedienerische Heuchelei, feiges Aburteilen hinter seinem Rücken: dies alles will nicht dazu passen, daß wir – neugeborene Kinder sind. „Wer nicht das Reich Gottes annimmt wie ein Kind, der wird nicht hineinkommen" (Luk. 18,17). Von βρέφη redet Lukas in der zitierten Perikope wie unser Text; fast scheint es, als ob dieser, indem er an die Taufe erinnert, an der Kindersegnung oder gar Kindertaufe Maß nimmt. Sicher liegt der Gedanke fern, daß kleine Kinder sündlos sind. Aber arglos sind sie. Ein Christ ist ein großes Kind: nichts von Berechnung, Verstellung, Taktik, Verschlagenheit, nichts auch von der Sucht, sich selbst zu erhöhen, indem man den anderen hinter seinem Rük-

ken moralisch vernichtet. – Wie gut, daß uns gesagt ist: Weg mit dem allen! Wir haben diese Mahnung nötig, weil wir uns – zur Schande und zum Schmerz unseres Herrn – immer wieder anders verhalten. Etwa deshalb, weil es mit der Wiedergeburt nichts ist? Nein, weil wir sie immer wieder vergessen! Nicht, daß Christus es an irgend etwas hätte fehlen lassen! Für uns käme es nur darauf an, daß wir nach dem, was Christus uns anbietet und bereithält, ebenso triebhaft gierig sind wie der Säugling nach der Milch. Welche Mutter, welchen Vater hätte das nicht gerührt, wenn sie es bei ihrem Kinde erlebten? So etwa, meint der Text, müßte uns nach dem verlangen, was Christus für uns getan hat und tut. Oder ist uns noch gar nicht aufgegangen, wie das ist, wenn man einfach seine Freundlichkeit erfährt? die Liebe, die uns unerwartet einen ganz neuen Wert gibt? die Unbeirrbarkeit, in der er so zu uns hält, ohne Wenn und Aber? daß er uns ernst nimmt wie niemand sonst? Dies etwa meint V. 3. Der neue Lebensstil, von dem wir sprachen, hat einen immer neu sichtbar zu machenden, ins Bewußtsein zu hebenden unerhörten geheimnisvollen Hintergrund: Wir sind „berufen von der Finsternis zu seinem wunderbaren Licht" (V. 9). Von daher entscheidet sich alles. Daraufhin, daß uns dieses „Heil" zugedacht ist, sollen wir „zunehmen", wie man bei Säuglingen hofft und auch genau zusieht, daß sie „zunehmen" (V. 2). Dies alles liegt darin, daß wir zu Jesus gehören.

2. Unsere Zugehörigkeit zu Jesus bedeutet aber auch einen neuen Standort. Auch diese Formel ist blaß. Sie umschließt aber zweierlei, was unser Text betonen möchte: einmal dies, daß wir Christus von einer neuen Position, von der des Glaubens her, sehen; zum andern dies, daß wir unser Leben an einem neuen Ort führen, indem wir wie Steine in den Bau Gottes eingefügt werden. – Zu dem ersten: Wie man über Jesus denkt, hängt in der Tat davon ab, wo man steht. Man kann Jesus ansehen wie einen Stein, der sich nicht dazu eignet, vermauert zu werden. Dieser als untauglich befundene Stein wird, wenn das Haus fertig ist, mit dem Bauschutt zugleich abgefahren werden. Kein Wunder, wenn sich jemand aus Jesus nichts macht. Dennoch wird man die Dinge nicht leichtnehmen dürfen. Der Text läßt keinen Zweifel daran, wie ernst sich unsere Entscheidung *gegen* Jesus auswirken würde. Das Evangelium ist ein universales Angebot, freilich eben damit eine Herausforderung, ja geradezu eine unausweichliche Nötigung zum Wählen. Man kann die Botschaft von Christus nicht behandeln wie eine Liebhaberei, der man sich widmen, die man aber auch, ohne daß sich Folgen ergeben, sein lassen kann. Wir brauchen die Aussagen des Textes nicht auszuführen. Um so dringlicher ist der Ruf zum Glauben. In Jes. 28,16 ist dieser „verläßliche" Grundstein Gegenstand des Glaubens; mag sein, daß dahinter noch die Vorstellung von dem heiligen Felsen steht, auf den der Tempel gegründet ist und in dem man die Verläßlichkeit Gottes wiedererkennt: „Herr, mein Fels, meine Burg" (Ps. 18,3; vgl. 31,3; 40,3; 42,10; 62,8). Dieser Fels ist – Christus! „Wer an ihn glaubt, der soll nicht zuschanden werden." Von den Menschen ist er verworfen, bei Gott ist er auserwählt und wertvoll (V. 4). Zu ihm „kommen" wir, treten wir heran, nahen wir uns in der Anbetung. Hier gewinnen wir den Standort für unsern Glauben und da-

mit das Heil. – Zum zweiten: Auf diesem Grundstein ist Gottes Haus errichtet. Als lebendige Steine lassen wir uns in dieses Haus einfügen (Indikativ). „Erbauung" ist nicht – individualistisch – die Pflege des inneren Menschen, der sich gern streicheln läßt. Erbauung heißt: wir lassen uns mit vermauern zu dem Tempel, der nicht mit Händen gemacht ist und den Christus in drei Tagen aufgebaut hat (Mark. 14,58). Kein Christsein ohne Kirche. Kein Stein für sich allein. (Wir verweisen auf die vorangehende Predigthilfe.) Sofern sich in dem οἰκοδομεῖσθε doch ein Imperativ verbirgt, ist es eben ein solcher des Passivs: laß es an dir geschehen, was Christus selbst tut.

3. Zu Jesus gehören – das bedeutet eine neue Aufgabe. Wieder verlangt unser Stichwort eine inhaltliche Füllung. Wir geben sie, indem wir im Sinne der einleitenden Überlegungen eine mögliche Gliederung für eine Predigt anbieten, die sich eben auf diesen Auftrag der zu Jesus Gehörenden konzentriert: Alle Christen sind Priester: sie kommen (a), sie opfern (b), sie verkündigen (c).

a) Unser Text ist die Magna Charta des Priestertums aller Gläubigen. Die Stellen des Neuen Testaments, die davon sprechen, sind nicht zahlreich. In den lutherischen Bekenntnisschriften kommt der Begriff nicht vor (wohl aber die Sache). Wir haben Anlaß, darüber gründlicher nachzudenken, denn wir reden wohl immer wieder vom allgemeinen Priestertum als einer Errungenschaft der Reformation, aber es ist die Frage, ob wir es wirklich haben oder gar besser haben als die röm.-kath. Kirche. Priester sind Menschen, die sich bei Gott für andere einsetzen. Die Kirche ist ein ganzes Volk von solchen Leuten. Gehen wir von dem aus, was M. Noth zu Exod. 19,6 sagt, zu der Stelle also, die hier aufgenommen ist, um den priesterlichen Auftrag der Christenheit zu beschreiben: „Israel soll für Jahwe ... ein ‚heiliges', d.h. aus dem Völkerkreis ausgesondertes Volk ... sein. Dieser Sachverhalt ist offenbar auch mit dem singulären Ausdruck ‚Königtum von Priestern' ... gemeint ... In der Reihe der irdischen Staaten soll Israel die Rolle des priesterlichen Gliedes haben. Es soll Gott ‚sich nahen' dürfen, wie es das besondere Vorrecht der Priester ist, und soll für alle Welt den ‚Gottes-Dienst' tun (vgl. auch Jes. 61,5.6)" (ATD z. St.). „Sich nahen" (נגשׁ) hat kultischen Sinn (Exod. 30,20; Num. 4,19; Jes. 29,13; Hes. 44,13). So auch προσέρχεσθαι in unserm Text (V. 4). Wir haben hier einiges neu zu entdecken. Unsere Teilnahme am Gottesdienst ist nicht eine Angelegenheit unseres frommen Bedürfnisses – falls ein solches überhaupt besteht –, erst recht nicht des ästhetischen oder intellektuellen Genießens – falls Liturgie und Predigt solches wirklich versprechen –, sondern ganz einfach das Wahrnehmen des der ganzen Gemeinde eigenen priesterlichen Amtes: vor Gott erscheinen, bei ihm vorstellig werden, bei ihm in Audienz vorsprechen (alttestamentlich gesprochen: „das Angesicht Gottes sehen"). Gewiß liegt darin, daß dies auch ein Recht ist, das uns für uns selbst gegeben ist. Durch Christus „haben wir im Glauben den Zugang (προσαγωγή, vgl. Eph. 2,18; 3,12) zu der Gnade, in der wir stehen" (Röm. 5,2); „wir haben die Freiheit und Unbefangenheit (παρρησία) zum Eingang ins Heilige" (Hebr. 10,18). Sind wir durch das, was Jesus für uns getan hat, wirklich solche, „die reines

Herzens sind", dann dürfen wir auch „Gott schauen" (Matth. 5,8). Aber das spezifisch Priesterliche liegt nun gerade darin, daß wir es *für andere* tun. „Indem ihr zu ihm herantretet ... werdet ihr aufgebaut ... zur heiligen Priesterschaft" (VV. 3.5). Wir sprechen gern von der Pro-Existenz der Kirche Jesu Christi für die Welt. Es gibt zwei Gestalten von Pro-Existenz: praktischer Dienst im tätigen Leben und priesterliches Einstehen für die Welt vor Gott. Das erste kommt in zahlreichen anderen Texten zur Geltung; in diesem Text geht es um das zweite. Im Gottesdienst, im Erscheinen vor Gott, wird Pro-Existenz praktiziert. Noch einmal: wir meinen nicht, daß die Gemeinde Jesu nichts für die Welt *tun*, nur für sie *beten* solle. Dies hieße ja: Herr-Herr rufen und nicht tun, was er sagt (Luk. 6,46). Aber die diakonische Seite unseres Christseins kann nicht auf Kosten der liturgischen verabsolutiert werden. Auch die Liturgie ist ein Tun. Gebet ist Arbeit der Herzen. Weil es den Arm Gottes bewegt, bewirkt es etwas in der Welt. Ohne es zu wissen, lebt die Welt von der Fürbitte Christi (Röm. 8,34; Hebr. 7,25; 1. Joh. 2,1), in die die Gemeinde sich einschaltet: wir „kommen durch ihn zu Gott" (wieder: προσέρχεσθαι, Hebr. 7,25). Wir beten im Namen Jesu, wir beten durch Jesum Christum, unsern Herrn: indem wir beten, tun wir nichts Eigenes, sondern nehmen an Jesu hochpriesterlichem Werk teil. Wie er betet, so sollen auch wir beten: Dein Glaube soll nicht aufhören! – Laß ihn noch dies Jahr! – Vergib ihnen, denn sie wissen nicht, was sie tun! (Luk. 22,32; 13,8; 23,34). Der Priesterdienst der Gemeinde hat sein Symbol in den aufgehobenen Händen des Mose (Exod. 17,11f.); es ist für den Lauf der Welt nicht gleichgültig, ob wir die Hände sinken lassen oder nicht. Vielleicht wären wir beim sonntäglichen großen Fürbittgebet mehr bei der Sache, vielleicht empfänden wir es auch nicht als zu lang, wenn wir uns klarmachten, was wir damit in Bewegung setzen, was wir abwenden, was für Lasten wir mit unsern Schultern ausstemmen. Vielleicht denken wir zu wenig darüber nach, wer alles es nötig hat, daß wir uns an höchster Stelle zu seinem Anwalt machen. Es gibt ein stellvertretendes Einstehen für solche, die aus irgendwelchen Gründen nicht selbst zu Gott „kommen" können. Gottes Geist selber steht für uns ein, wenn uns geistlich der Atem ausgeht (Röm. 8,26f.); er wird geradezu der „Anwalt" genannt (Joh. 14,16.26; 15,26; 16,7). Solche Stellvertretung pflanzt sich in den menschlichen Bereich hinein fort. Wie einzelne Christen für einzelne Christen beten (Eltern für ihre Kinder, Paten für die Täuflinge, Familie X für den „kranken Nachbar" Y usw.), so die ganze Gemeinde für ihre einzelnen Glieder und für die Welt. Das ergibt eine ganz neue Einstellung zur Welt: die, für die ich bete, können mir nicht gleichgültig sein, ich kann sie erst recht nicht hassen. Für-Sprache und Für-Bitte ist zugleich ein Für-Denken und Für-Glauben.

b) Alle Christen sind Priester: sie opfern. Wir Protestanten sind an dieser Stelle – bekennen wir es offen – befangen und ängstlich. Die – notwendige – Polemik gegen ein werkerisches Mißverständnis des Meßopfers hat uns blind gemacht für das, was daran neutestamentlich ist, vielleicht überhaupt für das, was das Neue Testament vom geistlichen Opfer sagt. „Fragt man nach der Bestimmung der Priesterlichen, so ist ausdrücklich genannt die Darbringung des pneumatischen Opfers durch die Gemeinde. Als eine pneumatisch opfernde ist sie ἱεράτευμα. Und sie opfert Gott durch Jesus Christus" (ThWNT III, S. 250 mit Bezug auf unsere Stelle). Vom „geistlichen" Opfer wird deshalb geredet, weil die alttestamentlichen Opfer im Opfertod Christi „aufgehoben" sind. Auch der Opfertod Christi ist ein für allemal geschehen (Hebr. 10,10), kann also nicht wiederholt werden, bedarf auch keiner Wiederholung. So kann vom Opfer nur in einem neuen Sinn die Rede sein. Aus den Erbarmungen Gottes leben heißt: sich bis ins Leibhafte Gott als lebendiges, heiliges und gottgefälliges Opfer zur Verfügung stellen (Röm. 12,1). „Der Glaub muß alles tun. Er ist allein das recht priesterlich Amt" (Luther, WA 6,370). Priester sein ist für Luther dasselbe wie „an Christus glauben" oder „Christ sein" (V. Vajta, Die Theologie des Gottesdienstes bei Luther, Berlin 1958, S. 272). „Das Opfer ist also ein Realisieren der Taufe" (ebd., S. 279). Es gibt aber auch ein spezifisch gottesdienstliches Opfer: das Lobopfer, das Bekenntnis des Namen Gottes, das Wohltun und Mitteilen (Hebr. 13,15f.). Hierbei ist nicht nur daran zu denken, daß das Opfer „bloß" in solchen uns geläufigen Dingen besteht, sondern umgekehrt: daß diese uns so geläufigen (und daher leicht „leerläufigen") Dinge die Bedeutung eines Opfers haben! Im Opfer gibt der Mensch Gott, was Gott gehört. Ich schulde Gott nicht dies und das, sondern *mich*. Schon in der Darbringung des Opfertieres im Alten Bunde lag der Gedanke der Stellvertretung. Erst recht gilt dies für das Opfer Christi (z.B. Eph. 5,2). Aber gerade, indem wir „in Christus" sind, bekommt Gott uns wieder. So wird alles, was wir sind und tun, „in Christus" zur Hingabe an Gott: der tägliche Gehorsam und Dienst, unser Loben und Bekennen, unsere Kollektengabe wie unser diakonisches Zufassen, auch unser Leiden. Alles so, als wollten wir zu Gott dabei sagen: Da hast du mich! – Auch die Feier des Herrenmahls lernen wir wieder mehr vom Opfer her verstehen. (Das Gespräch mit der Eucharistie-Lehre des Vaticanum II können wir in diesem Rahmen nicht führen, vgl. etwa die knappen, wohlinformierenden Ausführungen von U. Kühn, Die Ergebnisse des II. Vatikanischen Konzils, Berlin 1967, S. 30ff., und meinen Aufsatz „Christus sacerdos", ThLZ 1965, Sp. 481ff.) „Solches tut ... zu meinem Gedächtnis" (1. Kor. 11,25) heißt nicht bloß: erinnert euch an den Karfreitag des Jahres 30, sondern meint eine Vergegenwärtigung (repraesentatio), die das einst Geschehene heute wirksam macht. Keine Rede davon, daß Christi Kreuzesopfer einer Wiederholung oder gar Ergänzung bedürftig oder auch nur fähig wäre. Aber der erhöhte Christus, im Abendmahl unter uns leibhaftig gegenwärtig, hört nicht auf, indem er für uns spricht, dem Vater seine Nägelmale zu zeigen. Da er aber, wie wir sahen, mit uns, seiner Kirche, so fest verbunden ist, daß er nie ohne uns zum Vater geht, sind wir, wie in seine Fürbitte, so auch in dieses Geltendmachen seines Kreuzesopfers, in dieses ständige Hinweisen auf sein Blut einbezogen – eben sofern und weil wir „in Christus" sind. Durch das Blut Christi haben wir die Freiheit zum Eingang in das Heilige, durch den Vorhang hindurch (Hebr. 10,19f.). Haben wir kommuniziert, dann redet *aus uns* das Blut, das besser redet als Abels Blut (Hebr. 12,24). Wir haben kein sühnendes Opfer zu bringen, nachdem Christus das seine gebracht hat; aber wir sind der Leib dessen, dessen priesterliches Werk nie aufhört (Hebr. 7,24). Wo Christus ist, da geschieht dieses Werk. Und unter uns *ist* er! Im Gottesdienst passiert etwas! Wüßten wir dies besser, dann wären wir auch noch anders dabei.

c) Alle Christen sind Priester: sie verkündigen. Es ist hier der Ort, eine kritische Zwischenbemerkung einzufügen, die sich erübrigte, wenn im Verständnis des Amtes unter uns nicht soviel Verwirrung wäre. Man ist versucht, den Abriß einer Theologie des Amts einzufügen; dies geht nicht an. Sowenig Paulus sich veranlaßt sah, aufgrund von 1. Kor. 12,14 auf sein Apostelamt nicht mehr zu bestehen, sowenig schließt unser Brief aus V. 9 unseres Textes, daß in der Gemeinde das vom „Erzhirten" hergeleitete und diesen repräsentierende Amt hinfällig werde (5,2-4). Der Priester ist der „Christ für andere". Der Träger des öffentlichen Amtes der Kirche ist der „Botschafter an Christi Statt". Wir sagen das nicht, um dem Amtsträger Privilegien zu sichern, sondern um wenigstens anzudeuten, daß das Gegenüber von Christus und Gemeinde im Gegenüber von Amt und Gemeinde sichtbar Gestalt gewinnt. Wie aber, wenn nun *alle* Glieder der Gemeinde, als Träger des allgemeinen Priestertums, ermächtigt und aufgerufen sind, die Wohltaten Gottes zu verkündigen (V. 9)? Wir dürfen dies nicht leugnen oder abschwächen. Das Wort ἀρετή ist von Jes. 43,21 LXX her zu verstehen, wo es als Äquivalent für תְּהִלָּה steht, also: Lob, Ruhm. Das Verbum ἐξαγγέλλειν, nur hier, bedeutet: weit hinaus verkünden, ähnlich wie das häufigere ἀναγγέλλειν, das gern im Danklied-Bekenntnis verwendet wird (z.B. Ps. 70,15 LXX, 91,16 LXX). Käsemann (a.a.O.) weist darauf hin, „daß τὰς ἀρετὰς ἐξαγγέλλειν technischer Terminus jener Exhomologese ist, mit welcher der Geheilte oder Errettete oder der, dem Schuld vergeben ward, pflichtgemäß und öffentlich die gnädige Macht der Gottheit in einer Epiphanie als von sich erfahren bekennt" – der Tatbestand der Aretalogie. Für uns heißt das: Eben die „Exhomologese", das „Lobopfer ... die Frucht der Lippen, die seinen Namen verkündigen", gehört zum allgemeinen Priestertum. Kein Christ soll für sich behalten, was Gott an ihn gewendet hat. „Weit hinaus verkündigen" – ein jeder soll es hören. Es bleibt dabei, daß sich der besondere Auftrag der Apostel im Amt der öffentlichen Wortverkündigung fortsetzt (die Entwicklung des Amtes in den Pastoralen ist nicht Abfall, sondern sachgemäßes Ausziehen der Linien); so geschieht in der Gemeinde auch der in Kap. 5 bezeugte Hirtendienst. Aber wir wollen keine mund-tote Gemeinde, sondern eine solche, die Gottes Ruhm weitersagt und sich, damit sie dies könne, auch innerhalb ihrer eigenen Mauern in solches Weitersagen einübt, indem sie es – tut.

3. Sonntag nach Trinitatis. Hes. 18,1-4.21-24.30-32

Ein Disputationswort, ähnlich 12,21 ff., das ein gängiges Sprichwort (auch Jer. 1,29) zum Gegenstand hat. Vgl. 33,10 ff., wo eine der (im Hesekielbuch zahlreichen) Parallelen vorliegt; wir verweisen zur Deutung dieses Tatbestandes auf die Einleitungen.

Die Perikope (bzw. Ekkope) hebt die wesentlichen Gedanken des Kapitels heraus. Zu empfehlen ist, daß man V. 20b (Anschluß an V. 4 Ende) dazunimmt. – In V. 3 ist vielleicht מְשַׁל zu punktieren, da ein Infinitiv als Subjekt ungewöhnlich ist. – V. 21: Lies mit dem Qere: חַטֹּאתָיו. – V. 23: בְּמוֹת vgl. בְּשׁוּבוֹ in der zweiten Vershälfte und die Parallelen V. 32 und 33,11. – V. 24: יַעֲשֶׂה וָחָי sprengt den Zusammenhang und wird auch von den Übersetzern nicht gelesen. – V. 31 lies mit LXX u.a. בִּי. Sonst kann es durchweg beim masoret. Text bleiben (einzelnes s. BH).

Die Prophetie Hesekiels hat darin ihr Besonderes, daß sie in hohem Maße seelsorgerlicher Zuspruch ist. Sie muß, will sie das sein, den Fragen und Anfechtungen des einzelnen nachgehen. Hesekiel nimmt darin das ihm befohlene Wächteramt wahr (3,16-21; 33,1-9). Es soll keinen geben, dem nicht, was nötig ist, gesagt würde; ein jeder muß dann selbst zusehen, was er aus dem an ihm ergangenen Worte macht. In seiner Mitte wird dieses Wort immer wieder Ruf zur Umkehr sein müssen. Daß solche Umkehr überhaupt noch möglich und sinnvoll ist, das ist in der Lage des Volkes zu Hesekiels Zeiten ein gewaltiges Evangelium. Gott will nicht, wie er wohl könnte und, ginge es allein nach seiner Gerechtigkeit, auch müßte, den Untergang seines Volkes. Gott will neu beginnen! Aber dies kann nur in persönlicher, bewußter Entscheidung, in der Umkehr angenommen werden. Kehrt um – Gott meint es gut. Beugt euch unter eure eigene Schuld! (1) Stellt euch eurer unvertretbaren Verantwortung! (2) Bekehrt euch zu dem euch zugedachten neuen Leben! (3)

1. Kehrt um? Dem steht entgegen – und damit bildet unser Text eine eindrucksvolle Gegenmelodie zum Evangelium des Sonntags –, daß die Glieder des Volkes Gottes die Notwendigkeit der Umkehr einfach nicht einsehen. Die Katastrophe ist über Juda hereingebrochen. Das Ende ist da. Aber niemand begreift seine eigene Schuld. Im „Lande Israel" – also in der Heimat, mit der Hesekiel, wahrscheinlich seit 597 in der Verbannung, immer noch in Verbindung steht – geht eine sprichwörtliche Redensart um, die in unserer Sprache lauten würde: Was die Väter uns eingebrockt haben, das müssen wir nun auslöffeln. „Mag das ‚Stumpfwerden der Zähne' dabei auf einen populären Aberglauben zurückgehen, nach welchem die Zähne desjenigen, der unreife, säuerliche Trauben ... ißt, rascher abgenützt werden (Qoh 10,10 קהה pi vom Stumpfwerden der Axt), oder im übertragenen Sinn das Herbwerden der Zähne meinen (jüd.-aram. קהה vom Herbwerden der Trauben), deutlich ist darin auf jeden Fall der Hohn über eine göttliche ‚Gerechtigkeit' zu vernehmen, welche die Schuld der Väter bei den Kindern einkassiert" (Zimmerli z. St.). Man sieht an einem solchen Maschal (Sentenz, Gnome, Sprichwort), wie „individualistisches" Denken (wir müssen uns nachher gleich noch präziser ausdrücken) sich gegen den Gedanken ererbter Schuld auflehnt – zweifellos ein bedeutungsvoller Schritt in der Entwicklung israelitischen Denkens. Man wird sich nur hüten müssen, mit dieser Entdeckung für endgültig abgetan und überholt anzusehen, was etwa Exod. 20,5f.; 34,7; Num. 14,18, in der Umkehrung des Sinnes auch Deut. 7,9f. steht. In der Tat, das gibt es, daß einer um des andern willen leidet, daß Kinder an dem zu tragen haben, was die Väter sündigten, daß

die Schuld der einen auch die anderen mit ins Unglück zieht. Wie es denn wahr ist, daß Väter auf ihre Nachkommen Segen „bis ins tausendste Glied" vererben können. Man könnte in dem hier zitierten Sprichwort schon etwas ausgedrückt finden, was immer wieder beobachtet werden kann. Es gibt Stellvertretung, es gibt Solidarität, es gibt auch ein ungewolltes und ungesuchtes Mitbetroffensein. Wir haben solche Fragen nach der Katastrophe des Nazismus immer wieder einmal bedacht. Es geht jetzt nicht darum, etwa das Wort Kollektivschuld zu retten – oder auch zu verwerfen. Es geht nur darum, aufzuzeigen, was sich immer wieder ereignet, sichtbar vor aller Augen. Es ist leider so: was eine Generation frevelhaft zerstört, daran müssen gewöhnlich die folgenden in Entbehrung und mit Ausdauer aufbauen. Es sollte uns bei allem, was wir tun, beschäftigen: die Entscheidungen, die wir fällen, die Arbeit, die wir leisten, die Tatsachen, die wir schaffen, bestimmen das Leben unserer Nachkommen.

Es scheint in diesem Augenblick so, als zögen wir den Fluchschwur Gottes auf uns (V. 3). Aber es scheint wirklich nur so. Gott widerspricht nicht seinem eigenen Wort. Daß hier so unerbittlich scharf geredet wird, hat den Grund, daß das geschlagene Juda – gleich, ob vor oder nach 586 – das zitierte Sprichwort dazu benutzt, sich selbst freizusprechen, Gott für ungerecht zu erklären und sich selbst die Umkehr zu ersparen. Wir löffeln aus, was die Väter eingebrockt haben. Das heißt doch: es hat wieder einmal die Unschuldigen getroffen. *Hier* liegt der verhängnisvolle Irrtum. Niemand kann die Tatsache, daß es überindividuelle Haftung und übertragenen Segen gibt, für sich als Alibi benutzen bzw. im Falle des Segens als Rechtsanspruch. Wir sind so schnell dabei, andere zu beschuldigen, um uns selbst herauszureden. Richtet nicht!, sagt Christus. Das heißt, auf den vorliegenden Fall angewendet: Seht doch nicht das Gericht, das über euch hereinbricht, als die Strafe an, die eigentlich anderen gehört.

Man mag es sich an einem Beispiel veranschaulichen. Man kann, historisch unanfechtbar, nachweisen, welche Schuld die Kirche unserer Väter der Arbeiterschaft gegenüber, aufs Ganze gesehen, auf sich geladen hat. Zweifellos tragen wir heute noch daran, daß das Proletariat sich von der Kirche verraten sah. Es ist eine billige Sache, unaufhörlich auf das Versagen der Väter aufmerksam zu machen und für sich selbst der Frage auszuweichen, was wir Heutigen um Christi willen dem werktätigen Menschen schuldig sind.

2. Der Text zielt noch genauer. Sieht man die (in der Perikope weggelassenen) Sätze 18,5 ff. an, so zeigt sich, wie hier in einem ganz bestimmten Schema gedacht ist, das aus der priesterlich-kultischen Sphäre stammt. Wer hat Zugang zum Heiligtum? Wer kann der Gemeinschaft mit Gott gewiß sein? (Man vergleiche Ps. 15 und Ps. 24,3-5.) Von wem kann man also, im höheren Sinne des Wortes, sagen, er „lebe"? „Suchet Gott, so werdet ihr leben!", lesen wir bei Amos 5,4 f. – in polemischer Zuspitzung gegen die Meinung, wer Bethel aufsuche, der werde leben. „Leben" ist ja die im Bereich des Heiligtums, am Ort der göttlichen Gegenwart gespendete Gabe (vgl. Zimmerli, Ezechiel, S. 399). Neutestamentlich gesprochen: Leben ist da, wo jemand von Gott für gerecht erklärt wird und darum sich mit ihm in un-

gestörter Gemeinschaft befindet. Leben ist da, wo Gott zu einem Menschen sein Ja sagt. – Das heißt dann aber, daß wir uns hier auf einer ganz anderen Ebene befinden als dort, wo es um das Mittragen der von anderen verschuldeten Leiden geht. Es könnte sein, daß man sich solcher Trübsale rühmt. Als Jeremia vom babylonischen General Nebusaradan vor die Frage gestellt wird, ob er – ohne Ketten, also in Ehren und unter besonderem babylonischem Schutz – mit nach Babel gehen oder im Jammer seines zerstörten Heimatlandes zurückbleiben will, da wählt er das letztere: er will, wenn man so sagen darf, „auslöffeln". Die Frage seiner Geltung im Urteil Gottes, die Frage des Wertes, den er in Gottes Augen hat, seines Ansehens, seiner „Ehre" vor Gott, also: die Frage seiner „Gerechtigkeit", steht auf einem anderen Blatt. Die Menschen, die Hesekiel anspricht, drücken sich eben an dieser Frage vorbei, in der kein anderer für sie einsteht. נֶפֶשׁ heißt: Person (V. 4). Gott hat es mit Personen zu tun. Mit Menschen, deren Entscheidungsfreiheit ihnen eine unvertretbare Verantwortung auferlegt. Gott redet nicht anonyme Kollektive an, sondern einzelne Menschen, die er mit Namen kennt und die die von ihnen verlangte und erwartete Entscheidung jedenfalls nicht auf andere delegieren können. Daß wir uns recht verstehen: Personalismus ist nicht Individualismus. Individualismus meint, man könne sich ohne Schaden vom Ganzen absondern und ein Leben in der Isolierung führen, nur auf sich selbst bedacht. Personalismus weiß, daß man sich seine Entscheidungen nicht vom Ganzen abnehmen lassen, daß man sich in seiner Verantwortlichkeit nicht hinter anderen Menschen, hinter dem namenlosen „Man", hinter Gepflogenheiten, Gewohnheiten, Umständen und Verhältnissen verkriechen kann, vielmehr selbst gefordert ist. Wo Gott einen Menschen anschaut und anspricht, erwacht er zu eigenem Personleben. Nicht, um sich von den anderen zu lösen, sondern um an dem Ort, an dem er steht, gerade die Verantwortung für die anderen, also auch für das Kollektiv, mit ganzem Ernst auf sich zu nehmen. – „Alle Personen sind mein", sagt Gott. Die Formulierung stammt aus dem kultischen Recht (Lev. 4,2; 5,1.17.21; Num. 15,27). Wir leben in einer Gottunmittelbarkeit, aus der es kein Entrinnen gibt. Gott macht einen jeden für das verantwortlich, was er ist und tut und unterläßt. Niemandem ist es erlaubt, sich aus der Affäre zu ziehen, indem er auf einen anderen oder auf viele andere weist. „Die Person, die sündigt, soll sterben", heißt es bei Gott. – Damit ist von Gott ausdrücklich bestätigt, was in Hesekiels Zeit eine neue Erkenntnis war und was zu der scharfen Kritik an Gottes „Ungerechtigkeit" geführt hatte (V. 2). In der Tat: Gott faßt Israel nicht als Kollektiv-Person auf, läßt also wirklich nicht die Söhne für die Väter büßen – er ist insofern mit den Menschen in Hesekiels Umgebung einig. Nicht einig ist Gott mit ihnen darin, daß sie meinen, ungerecht zu leiden. Gott sagt ihnen: Eben, weil jeder an seiner eigenen Sünde „stirbt", eben darum hat es euch getroffen! Ihr selbst seid schuldig (V. 29)! – Es ist nicht nötig, an dieser Stelle viel Worte darum zu machen, was das für uns alle heißt. Der Seelsorger weiß es aus seinem Alltag. Wir sind immer darauf aus, unsere Schuld nicht nur zu leugnen, sondern vor uns selbst zu verdecken, d.h. aber, wenn es unter uns zu Konflikten gekommen ist, den anderen zu verklagen. So sehen wir auch nicht, daß wir am Selbstverschuldeten leiden. Gott wartet aber zunächst immer auf *meine* Umkehr!

3. Mit V. 21 beginnt ein neuer Gedankengang. Es wird sich zeigen, wieso er mit dem bisher Gefundenen in engem Zusammenhang steht. Man könnte, etwas spitz, sagen: Der Gottunmittelbarkeit des Menschen entspricht jetzt eine Menschenunmittelbarkeit Gottes. Gott nimmt mich in jedem Augenblick so, wie ich eben jetzt bin. Bekehre ich mich zu Gott, dann soll meine ganze böse, dunkle Vergangenheit ausgelöscht sein. Umgekehrt: Hätte ich ein ganzes Leben in Korrektheit, in Übereinstimmung mit Gottes Gebot und Willen zugebracht und fiele jetzt ab, dann würde meine ganze integre Vergangenheit gleichfalls vergessen sein und schlechterdings nicht mehr zu Buche stehen (V. 24). Gott fragt nach dem Heute und Jetzt. Man muß die ungeheure Gespanntheit und Erfülltheit solchen Personlebens wahrnehmen. „Heute, so ihr seine Stimme hört ...!" (Ps. 95,7). Ein ganzes verpfuschtes Leben wird ausgelöscht durch Gottes Heute. Freilich auch das andere: Alle Lorbeeren meines Lebens vergehen in diesem Heute. Bei Gott ist jeder Augenblick Neuanfang. Ausgangsbasis: der Nullpunkt. Gott erlaubt uns – und er erlegt es uns auf, mit jedem Atemzug neu anzufangen. Freilich so, daß jeder Augenblick damit auch über Tod und Leben entscheidet. – Wir haben diese Gedanken einmal so scharf ausgesprochen, wie das u.E. dem Text entspricht. Der Text redet einseitig. Er sagt nicht das Ganze. Er kehrt unser Gefordertsein in jedem Augenblick so radikal hervor, daß darüber anderes außer Sicht kommt. Niemand verstehe uns so, als wollten wir unsern Tribut an extreme philosophische und theologische Modeerscheinungen entrichten, in denen nur aktualistisch und punktuell gedacht wird. Es ist nicht zu verkennen: dieser Aktualismus und Punktualismus, wie wir ihn eben darlegten, ist *Gesetz*. Niemand lasse sich durch den Fettdruck der – allmählich auszurangierenden – alten Lutherbibel irremachen: es steht nicht nur V. 22 da, sondern auch V. 24, beide von gleichem Rang und Verbindlichkeitsgrad. Wäre, was hier steht, Gottes letztes Wort, die Lage wäre verzweifelt. Diese atemberaubenden Worte sagen nichts von dem Extra nos, das den archimedischen Punkt im Leben des Christen bildet: das in Christus und seinem Werk bestehende „Gott für uns", das, Gott sei Dank, durch nichts mehr in Frage zu stellen oder gar rückgängig zu machen ist.

Unser Text kann noch nicht von Christus reden. Alles, was er sagt, ist noch eingeordnet in das Vergeltungsschema, das nun einmal zur Ordnung des Gesetzes gehört. Bekehrst du dich zum Guten – und du darfst es und sollst es; Gott erlaubt seinem Volke den Neuanfang! –, dann wirst du leben. Bekehrst du dich nicht zum Guten oder wendest du dich vom Guten gar wieder ab zum Bösen, dann wirst du sterben. Dabei bleibt es in diesem Text. – Aber es tut sich doch der Blick auf in die Richtung, in der Christus erscheinen wird. Es ist nicht so, daß Gott die Menschen mit der seelenlosen Präzision einer Maschine „sortierte". Daß er überhaupt seinem schuldig gewordenen Volke die Möglichkeit des Neuanfangs gibt, schon das ist Gnadenerweis. Das Leben kann noch einmal beginnen! Gott gibt uns Zeit! Zeit bedeutet: Möglichkeit neuer Entscheidung, Möglichkeit der Buße! – Aber noch mehr: Gott verhält sich nicht abwartend neutral, sondern er ergreift in seinem Herzen für uns Partei, ja, er denkt und handelt ausgesprochen tendenziös. Also nicht: Ich gebe euch die Möglichkeit zu wählen – seht ihr zu! Er sagt: „Ich habe nicht Gefallen am Tode des Gottlosen." Menschen können das – Gefallen haben daran, wie ein anderer gequält wird und umkommt (Apg. 8,1). Nicht immer aus Lust zur Grausamkeit, oft sogar, wie sie meinen, weil Recht Recht bleiben muß und unsere Prinzipien gewahrt werden müssen. Gott ist nicht so – unmenschlich! Gott ist immer froh, wenn er einen von uns gerettet sieht. „Warum wollt ihr denn sterben, Haus Israel?" Man spürt, welcher Ernst und welche Liebe hinter dieser werbenden, lockenden, beschwörenden Frage stehen. Lauft doch nicht in euer Unglück! Ich, euer Gott, möchte doch so gern, daß ihr lebt! Wir wissen, welchen Nachdruck Gott auf sein Angebot gelegt, was er des weiteren alles noch unternommen hat, um damit ans Ziel zu kommen. Daß wir Gottlosen nur nicht sterben müssen, dazu starb der einzige, der *nicht* gottlos war. Jetzt hat das „Bekehrt euch!" noch einen ganz anderen Sinn bekommen. Die heute unter diesem Text versammelte Gemeinde soll es hören. Vielleicht daß, wie das Sonntagsevangelium es sagt, in dieser Stunde bei den Engeln Gottes das Freudengeschrei darüber ausbricht, daß wieder einmal ein Verlorener heimkehrt.

4. Sonntag nach Trinitatis. 1. Kor. 12,12-27

Mit den Ausführungen über „Geisteswirkungen" (12,1) antwortet Paulus wahrscheinlich wiederum auf eine Anfrage (wie 7,1; 8,1). Die Gefahren, gegen die Paulus ankämpft, mögen damit zusammenhängen, daß einzelne sich im exzellenten Sinne als „Pneumatiker" fühlten und damit die Gemeinde spalteten. Es gibt aber keinen Christen ohne den Geist (V. 3), der bei aller Verschiedenheit der Geistesgaben *einer* ist (VV. 4–11). Bild vom Leibe wie in der Fabel des Menenius Agrippa (Livius II,32), hier jedoch nicht soziologisch, sondern christologisch gedacht und darum kein bloßes Bild mehr, sondern Ausdruck für die Christus-Realität. Von daher in V. 12 statt des erwarteten: „so auch die Gemeinde" das überraschende: „so auch Christus". – V. 13: Der Leib des erhöhten Christus ist vorgegeben. „Die Taufe ... gliedert den Menschen diesem einen Leibe Christi ein" (Ed. Schweizer in ThWNT VII, S. 1069, Anm. 445, vgl. auch E. Käsemann, ThVuB I, S. 13–16). Geist ist die sakramentale Gabe schlechthin; diese hat den Charakter des Gebers (Käsemann, a.a.O.). Ob wir mit dem Geist wie mit einem „Fluidum" (K. Heim z. St.) getränkt werden, oder ob hier zugleich an das Abendmahl gedacht ist (so versteht es auch die LA πόμα, vgl. 10,4, die einzelne Minuskeln und ein Teil der Überlieferung bei Clemens Alexandrinus bieten)? – V. 14: Im Unterschied zur σάρξ, bei der meist Materialität und auch Sündigkeit wesentlich ist, meint σῶμα wohl Körperlichkeit, jedoch unter dem Gesichtspunkt der Ganzheit. So sehen z. B. Stoiker Gott als die Seele des Kosmos an, der als universaler Leib verstanden wird: membra sumus corporis magni (Seneca ep. 95,52). Aber im Ganzen schließen sich die vielen und auch voneinander unterschiedenen Glieder zusammen. – VV. 15ff.: Der Gedankengang wird breit dargelegt, mit katechetischer Eindringlichkeit. Verstärkte Bejahung durch doppelte Verneinung: οὐ παρὰ τοῦτο οὐ = „deswegen trotzdem" (Bauer, WB, Sp. 1113). Gab es etwa Gemeindeglieder, die sich deshalb nicht zur Gemeinde rechneten, weil sie nicht *alle* Geistesgaben hatten? Oder hielten sich einige mit ihrer Geistesgabe für autark? – VV. 17ff.: Gerade die Differenzierung läßt die einzelnen Glieder aufeinander angewiesen sein; in ihr wirkt Gottes schaffender Wille. Verschiedenheit in der Einheit. – V. 21: Die Glieder bedürfen einander. – VV. 22 bis 24: Die schwächeren, geringer geehrten Körperteile werden bekleidet – nicht um sie schamhaft zu verdecken, sondern um sie zu ehren und aufzuwerten. Paulus wendet sich gegen einen pneumatisch-aristokratischen Dünkel. – V. 25: Das Stichwort σχίσμα deutet auf den Zusammenhang mit den auf Überschätzung einzelner Menschen beruhenden Parteibildungen (die LA σχίσματα unterstreicht, wohl zu Unrecht, diese Anspielung), vgl. auch 11,18. – V. 26: Schicksalsgemeinschaft der Glieder, dargestellt in der Kommunikation der sensiblen Nerven. – V. 27: ἐκ μέρους hier: für sich genommen. – Zur Rede von Leib und Gliedern vgl. noch 10,16; 6,15; Röm. 12,4ff. Das Haupt ist, im Unterschied zum Epheser- und Kolosserbrief, hier (V. 21) ein Teil des Körpers unter anderen.

Wieder ein ekklesiologischer Text. Wir werden genau darauf achten müssen, worin er sein unverwechselbar Besonderes hat. Die Bilder vom Bau und vom Leibe liegen dicht beieinander. Das vom Leib hat für sich, daß es die Lebendigkeit der Gemeinde zum Ausdruck bringt; darin liegt freilich auch die Versuchung, es mit dem organologischen Denken zu weit zu treiben. Insofern – wohlgemerkt: nur insofern – muß man sich dessen bewußt bleiben, daß es sich um ein Bild handelt, dessen Auswertung und Anwendung Beschränkungen unterworfen ist. Auf der anderen Seite darf nicht vergessen werden, daß die Rede vom Leibe Christi sehr viel mehr ist als ein Bild. Alle Rede von Gott und von der kommenden, eschatologischen Wirklichkeit ist zwar übertragene Rede, Rede in – wenigstens gedachten – Anführungsstrichen. Wenn man will, mag man wiederum sagen: also Bildrede oder Gleichnisrede. Aber das Bild ist hier nicht austauschbar, weil es, obzwar mutatis mutandis, eben doch die Sache selbst aussagt. Welche Sache? Auszugehen haben wir, wie man bei Käsemann (a.a.O., S. 12ff.) schön sehen kann, von dem riesenhaften, Himmel und Erde erfüllenden Leibe des erhöhten Christus. Der gnostische Mythos vom Urmensch-Erlöser hat zur Beschreibung dieser Wirklichkeit des pneumatischen (vgl. 1. Kor. 15,44) Herrlichkeitsleibes (Phil. 3,21) des auferstandenen Christus die Sprache geliehen. Dieser Leib ist da, ehe wir Glieder werden. „Der gekreuzigte und auferstandene Leib Christi ist für Paulus ein gegenwärtiger Raum, in den die Gemeinde hineingestellt wird ... Eben dadurch wird die Gemeinde eine Einheit, auf griechisch ἓν σῶμα ... Sie ist also der eine Leib, der im Leibe Christi lebt" (Schweizer, a.a.O., S. 1069). Man rede nicht vom „mystischen Leibe" Christi (Lietzmann: „eine mystische Wahrheit"); es geht um eschatologische Realität: „unverweslich, in Doxa, in Kraft, geistlich" (1. Kor. 15,42-45), also um den nicht mehr unserer Raum-Zeit-Welt angehörenden, entschränkten, omnipräsenten Leib des Erhöhten. Vor jedem Versuch hermeneutischer Transformation hat die Feststellung dessen zu stehen, was das biblische Zeugnis eigentlich gemeint, meinetwegen: sich vorgestellt hat. Dabei haben wir einstweilen zu bleiben. Jeder nachfolgende Versuch einer Umsetzung hat mit der Einsicht ernst zu machen, daß es sich um einen Tatbestand sui generis handelt, der in keinem Denkschema angemessen auszudrücken ist. Wer uns an dieser Stelle widerspricht, weil er meint, die Rede vom „Leibe“ kollidiere mit dem personhaft-geschichtlichen Charakter unserer Gemeinschaft mit Christus, soll wissen, daß diesen zu leugnen uns ferne liegt. Aber der Christus, mit dem wir personhaft verbunden sind, ist eben als der Erhöhte leibhaft-wirklich, wie es denn auch zwischen Menschen keine Gemeinschaft gibt ohne das leibhafte Gegenüber, das sich nicht in der Gegenständlichkeit erschöpft, wohl aber diese immer einschließt. Selbst wenn ich im Augenblick mit meinem Freunde nur durch den Brief („Wort“) verbunden bin, den er mir geschrieben hat, so ist dieser Brief doch nicht er selbst, läßt mich vielmehr danach verlangen, daß ich ihn, den Menschen, den ich liebhabe, auch leibhaft vor mir haben möge, so daß ich mit ihm am Tisch sitzen und ihm in die Augen sehen kann. Die Sprache des gnostischen Mythos zwingt uns keineswegs, naturhaft zu denken, als bestände Gottes Heil allein in der Veränderung unserer äußeren Daseinsbedingungen, in diesem Falle: in der Einbeziehung in das neue Sein eines pneumatischen Leibes. Wohl aber kann personale Gemeinschaft nur da sein, wo zwei nicht nur – je für sich – Leib *sind*, sondern auch in irgendeiner Weise leibhaft miteinander in Beziehung treten. Daß es uns an der engsten aller Formen menschlicher Gemeinschaft, an der Ehe, klargemacht wird, ist kein Zufall: „Wir sind Glieder seines Leibes“ (Eph. 5,30) – denn wie der Mann seine Frau liebt, so Christus die Gemeinde.

So realistisch ist gedacht und geredet, wenn es heißt, daß wir durch *einen* Geist alle zu *einem* Leibe, in *einen* Leib hineingetauft sind (V. 13). In der Taufe werden wir in diesen pneumatischen Leib, d.h. aber, in die eschatologische Wirklichkeit des auferstandenen Christus eingegliedert. Die Rede vom Leibe Christi ist „primär lokal bestimmt“ (Ed. Schweizer, Gemeinde und Gemeindeordnung im Neuen Testament, Zürich 1959, S. 85). Wir gehen in den „Raum“ ein, der Christus heißt. Umgekehrt: Christus geht auch in *uns* ein. Christi Auferstehungsleib wird im Herrenmahl zum sakramental gegenwärtigen Leib und macht uns, indem er von uns leibhaft aufgenommen wird, zur Gemeinde *als Leib*. „Denn *ein* Brot ist's, so sind wir viele *ein* Leib, weil wir alle an dem *einen* Brote Anteil haben“ (10,17). Das sind die Hintergründe dessen, was Paulus in unserm Text über Vielfalt und Einheit der Gemeinde als Leib Christi zu sagen hat. Menenius Agrippa mag Pate gestanden haben, zumal die Stoa ihn gern zitiert und seine Gedanken variiert hat (ThWNT IV, S. 560); selbstverständlich gibt es auch eine Soziologie der Kirche, und diese tut gut, die Aussagen unseres Textes aufzunehmen. Aber abgelöst von diesem eschatologisch-christologischen Hintergrund kann unser Text nur mißverstanden werden. (Es kann hier nicht ausgeführt werden, was es für die Struktur der Kirche bedeutet, daß die in unserm Kapitel verhandelte charismatische Lebendigkeit der Gemeinde sich *herleitet* von dem originären Geschehen, das uns erst zum Christusleibe macht. Es muß im Augenblick genügen, auf diese Frage hinzuweisen, von deren Beantwortung nicht wenig abhängt.) Wir alle sind Glieder am Leibe Christi – aneinander gebunden (1), aufeinander angewiesen (2), miteinander schicksalgleich (3).

1. Vielleicht bedürfen wir Heutigen in noch viel höherem Maße als die

Urchristenheit der Erinnerung daran, daß wir als Glieder eines Leibes in der Gemeinde aufs engste zusammengehören und aneinander gebunden sind. Dieses vom Text aufs stärkste betonte Einssein gibt keineswegs das empirische Bild der Gemeinde wieder – heute nicht, auch damals nicht. Daß die korinthische Gemeinde zerrissen war, daran wird sogar in unserm Zusammenhang erneut erinnert (V. 25). Wir pflegen die Frage nach der Einheit der Kirche meist im Zusammenhang der Konfessionenfrage zu sehen, und so muß sie uns immer wieder beunruhigen. Ein wenig davon dürfte auch in Korinth im Spiel gewesen sein. Aber der Schwerpunkt liegt bei unserm Text doch woanders. Vielleicht haben sich die „Pneumatiker" von den bloßen „Pistikern", den gewöhnlichen Gemeindechristen, distanziert und damit zu erkennen gegeben, daß sie grundlegend irren. Niemand kann sich zum Herrn Jesus Christus bekennen, es sei denn, er ist Geistträger (V. 3). Die Taufe hat *alle* in dieselbe pneumatische Wirklichkeit, in den Leib des *einen* Christus eingegliedert. Es ist eine folgenschwere Verirrung, ja geradezu Verrat am Evangelium, wenn man sortiert und separiert und sich dann selbst dünkelhaft distanziert. Paulus exerziert hier im Grunde dasselbe Evangelium durch wie in den ersten vier Kapiteln. Wie war es zu den Schismata gekommen? Dadurch, daß – statt auf den einen Herrn und Gott – auf Menschen geblickt wurde, versteht sich: auf fromme, geistbegabte, darum aus der Reihe der anderen herausragende Menschen. Man hat gar nicht begriffen, daß alles, was der eine vor dem anderen vorauszuhaben meint, vor dem gekreuzigten Herrn schlechterdings nicht mehr in Betracht kommt. Nicht wir haben unsere Weisheit, Gerechtigkeit, Heiligung und Erlösung in uns und meinetwegen auf ihn hin, sondern er *ist* dies alles für uns (1,30). Christus ist auch unsere Einheit. Diese Einheit ist nicht etwas Anzustrebendes und zu Erlangendes, sie ist vielmehr - in Christus - *gegeben*, sie will entdeckt und ernst genommen, aus ihr wollen praktische Folgerungen gezogen sein.

Die korinthischen Nöte sind nicht einfach die unseren. Wir müssen die Textaussagen durchkonjugieren. Hindernisse unseres Einsseins gibt es auch in der Kirche genug. Jede Gemeinde leidet darunter. Man sollte versuchen, alle das Einssein störenden Erscheinungen und Tendenzen ans Licht zu ziehen, ins Bewußtsein zu heben – nicht, um dann einen vehementen moralischen Appell zu starten: seid einig, einig, einig!, sondern um sich zu überlegen, was es bedeutet, daß durch die vorgegebene Einheit in Christus alles Ohne- und Widereinander von vornherein überholt und insofern nicht nur verboten, sondern schlechthin sinnlos ist. – An ein paar Punkten versuchen wir aufzuzeigen, worum es etwa bei uns gehen könnte. Es gibt kein Christsein ohne die Gemeinde. Man kann das nicht denken und sagen, ohne hinzuzufügen: Wie viele Christen sind in die Isolierung geraten, weil die Gemeinde so, wie sie ist, ihnen unerträglich sein mußte. 1. Kor. 12 ist nicht dazu geschrieben, daß wir uns dem, was hier angemeldet ist, leichtfertig entziehen. Aber diesmal geht es in der Tat um das andere. Darum nämlich, daß ich begreifen muß: Ich bin, wenn ich Christ bin, Glied am Leibe, oder ich bin eben nicht Christ. Man könnte dies leicht von der Erfahrung her beweisen. Amputierte Gliedmaßen sind nicht am Leben zu erhalten. Von der Kirche abgeschnürte Christen leben noch eine Weile vom Ererbten und Erworbenen, aber dann erstirbt, was sie haben, ja, dann erstirbt der Christ in ihnen. Aber es geht um mehr als um Empirie, also auch um mehr als um Pädagogisches und Psychologisches. Der Leib Christi ist ein Ganzes – ich gehöre dazu. – Mir macht zu schaffen, daß der andere anders ist. Vielleicht liegt er mir einfach nicht. Vielleicht werde ich mit meiner Abneigung gegen ihn nicht fertig. Vielleicht geht mir sein Frömmigkeitsstil auf die Nerven. Vielleicht halte ich mich für einen Christen höherer Ordnung: im geistlichen Erkennen bin ich wohl weiter und reifer als die anderen; ich habe, im Unterschied zu ihnen, eine bewußte Bekehrung durchgemacht. (Wir sind jetzt ziemlich dicht bei den korinthischen Phänomenen!) Oder: Es sind da in der Gemeinde Menschen, die von so weit herkommen, daß ich mich fragen muß, was die überhaupt hier zu suchen haben! Damals, zur Zeit des Paulus, hätte man vielleicht Juden und Griechen, Sklaven und Freie voneinanden gesondert; V. 13 legt aber genau darauf den Finger (vgl. Röm. 10,12; Gal. 3,28; Kol. 3,11). Nicht daß die natürlichen Unterschiede einfach aufhörten; je in ihrem Bereich spielen sie selbstverständlich weiterhin ihre Rolle (man denke an ἄρσεν καὶ θῆλυ Gal. 3,28). Aber hinsichtlich des eschatologischen Seins „in Christus" gilt eben nur dies, daß wir alle zu *einem* zusammengeschlossen sind. – Von da aus wird die Rede vom Leibe auch im bildhaften Sinne wahr: Das Ganze ist früher als die Teile, es ist nicht etwa deren (nachträglicher) Zusammenschluß. Der Leib hat sein Leben von vornherein als ein Ganzes, in dem die Teile von Hause aus ihren Platz haben. Daß hier bildhaft gedacht ist, sieht man an dem Punkte, an dem das Gleichnis „hinkt". während in einem hochentwickelten Organismus der Ausfall eines Organs – man denke an die Leber oder an das Hirn – das Ganze zerstört, bleibt der Leib Christi ein Ganzes, auch wenn einzelne Glieder sich lostrennen, und er wird nicht in höherem Sinne ein Ganzes, wenn neue hinzukommen. Gleichwohl, ob auch nur bildhaft, spricht Paulus vom Zusammenwirken der Organe etwa im Sinne der Fabel von Menenius Agrippa. Die einzelnen Glieder und Organe – beides ist mit μέλη gemeint – gehören im Ganzen des Leibes unlösbar zusammen und haben darin ihr Leben. Der Text führt dies anschaulich aus.

2. Wir alle sind als Glieder im Leibe Christi aufeinander angewiesen. Wieso? Die Kirche hat ihre Struktur gerade darin, daß sie ein vielfältiges, differenziertes Ganzes ist. Jedes Glied oder Organ hat sein Besonderes – in seiner Art wie in seiner Aufgabe. Das Ohr nimmt Schallwellen auf, nicht Lichtwellen. Die Leber filtert, während das Herz pumpt. Sieht man von besonderen artistischen Leistungen ab, so wird man sagen müssen: die Füße sind zum Gehen, die Hände zum Greifen da. Wie Anlage und Bau und Beschaffenheit, so sind die Funktionen grundverschieden und nicht vertauschbar. Gerade darauf beruht die Interdependenz der Glieder. Wir brauchen einander, darum schulden wir uns auch einander.

Im Gleichnis leuchtet dies schneller ein als in der kirchlichen Wirklichkeit. Wir können es wieder nur exemplarisch aufzeigen – der Prediger wird achtgeben, in welcher Gestalt die Schwierigkeiten in seiner Gemeinde vorkommen. Differenzierung ist Reichtum. „Während das Gleiche sich nur anödet und gegenseitig überflüssig macht, vermag das Unterschiedene sich gegenseitig zu dienen und in diesem Dienst der Agape eins zu werden" (Käsemann, a.a.O., S. 115). Aber Differenzierung kann auch Abstoßung mit sich bringen. Es gibt Lebensbereiche, in denen Differenzierung schlechthin unerträglich ist: Schrauben und Muttern gleicher Abmessungen müssen ohne weiteres austauschbar sein; „Differenzierung" wäre vom Übel. Es könnte sein, daß die Unterschiede in der christlichen Gemeinde Spannungen mit sich bringen. Das Anderssein des anderen oder der anderen kann mir schwer zu schaffen machen. Es ist nirgends geschrieben, daß wir in der Kirche ohne Reibungen und Divergenzen hinkommen; das Neue Testament bezeugt nicht selten das Gegenteil. Man vergesse nicht, daß der auch im Christen noch rumorende „alte Adam" die Neigung hat, sich selber, seine Lieblingsgedanken, seine Rezepte und „Maschen" zu überschätzen, vielleicht zu verabsolutieren. Unter Hinweis auf unsere gliedhafte Zusammengehörigkeit schreibt Paulus, es solle niemand von sich mehr halten, als ihm zukommt, vielmehr sich selbst maßvoll einschätzen – ein jeder, wie Gott ausgeteilt hat das Maß des Glaubens (Röm. 12,3). Ich darf, als Glied am Leibe, der Gemeinde meinen Dienst nicht entziehen oder schuldig bleiben, ich darf aber auch nicht an mich reißen, was nun wirklich die Sache des andern ist, der dafür die Gaben hat. Es gehört, wie Paulus besonders in Kap. 14 noch auszuführen haben wird, Zucht und Selbstbescheidung zu solchem Miteinander. Wir haben das allmählich gelernt, daß der allroundman in der Kirche gerade nicht zu wünschen ist. Der Pfarrer – auch er Träger eines Charismas und insofern (!) z.B. in der Liste VV. 28–30 zu Recht mit aufgeführt – hat seinen ganz bestimmten Platz innerhalb der Gemeinde, zugleich freilich, als Botschafter an Christi Statt, im Gegenüber zu ihr; dies kann und darf jedoch niemals heißen, daß er sich als der Universal-Charismatiker ausgibt und alle anderen an die Wand spielt. Wir denken an die Pluralität der Funktionen und damit auch der Funktionsträger im Gottesdienst. Wir denken an die vielen Ausstrahlungsweisen kirchlichen Dienstes in die Welt hinein. Wir denken auch an die verschiedenen Aufgabenbereiche, Arbeitszweige, Dienstgruppen usw. in der Kirche. Es kann aber die Mission nicht sagen zur Diakonie: Ich bedarf dein nicht; oder wiederum die Junge Gemeinde zur Kantorei: Ich bedarf euer nicht (V. 21). Wir brauchen die Gebetsgemeinschaft so nötig wie die, die sich um die äußere Ordnung sorgen; die Besuchsdienstgruppen so nötig wie die, welche die Liturgie besonders auf ihre Verantwortung nehmen. Es gibt am Leibe Christi keine arbeitslosen Glieder, wie denn auch der Wurmfortsatz und die Weisheitszähne von Paulus deshalb nicht eigens erwähnt sein dürften, weil sie der Absicht des Gleichnisses schwerlich entsprechen.

Wir brauchen einander. Dieser Satz rechtfertigt selbstverständlich nicht alles und jedes, was in der Kirche vorkommt. Die judaistischen Verderber des Evangeliums (Gal.), die Vertreter einer gnostischen Heilslehre bzw. Unheilsangst (Kol.), die Bestreiter der Fleischwerdung des Sohnes Gottes (1. Joh.) usw. sind in anderer Weise „anders", als unser Text es von den differenten Gaben und Wirkungen des *einen* Gottesgeistes (V. 11) sagt. Aber dies sollte ich in aller Freiheit, Freude und Dankbarkeit gelten lassen, daß Gott meine

Brüder und Schwestern anders gemacht hat als mich und mich anders als sie: „Gott hat die Glieder gesetzt, ein jegliches am Leibe besonders, wie er gewollt hat" (V. 18). Wir sollten die Gaben zu entdecken und die Kräfte frei zu machen suchen, die Gott gegeben hat: bei uns selbst – bei anderen. Gott will nicht, daß Gaben brachliegen (Matth. 25,14-30). Wir brauchen einander. Wir dürfen uns darum aber auch gegenseitig nicht im Stich lassen. Kann sein, daß, wenn ich mich versage, in der Tat eine Lücke bleibt. Der Prediger weiß wahrscheinlich solche Lücken zu nennen, in die – ab heute – hoffentlich Glieder seiner Gemeinde zu treten bereit sind.

3. Miteinander schicksalsgleich? Vielleicht findet der Prediger noch ein geeigneteres Wort für das, was sich am klarsten in V. 26 ausspricht: „Wenn *ein* Glied leidet, so leiden alle Glieder mit, und wenn *ein* Glied geehrt wird, dann freuen sich alle Glieder mit." Man könnte in diesem Satz einfach einen Ausdruck der Liebesverbundenheit der Christen untereinander sehen. Συμπάθεια – man kann ja diesen Begriff seiner subjektiven Unverbindlichkeit entkleiden und so verstehen, daß das Wichtignehmen des anderen, das Offensein für ihn, die Verbundenheit mit ihm dazu führen, daß man in sein Leben, sein Geschick, in seine Leiden und Freuden eingeht. Zweifellos ist dies alles mitgemeint. Wahrscheinlich würden eine Unzahl von Nöten in unseren Gemeinden einfach damit behoben sein, daß wir das eben Dargelegte nicht nur schrieben und sagten, sondern auch täten. Was weiß ich eigentlich von meinem Nachbarn in der Kirchenbank? Habe ich ihm schon einmal in Ruhe zugehört, wenn er mir sagen wollte, was ihn bewegt? Habe ich mit ihm über Mittel und Wege zur Behebung seiner Probleme nachgedacht? Habe ich, wenn ich nichts Not-Wendendes tun konnte, ihn spüren lassen, daß ich nicht von seiner Seite gehe? Oder war es so, daß sein Leid mich abstieß – etwa, weil ich mit mir selbst zu sehr beschäftigt war oder weil ich überhaupt gern wegsehe, wenn es jemand schwer hat, oder auch, weil mich meine eigene Hilflosigkeit verlegen macht? Umgekehrt: Kann ich mich wirklich mitfreuen? Oder ist mein erster Gedanke: Und was wird aus *mir*? Dies alles liegt in dem, was der Text sagt.

Aber die Begründung geht wiederum tiefer, als es in wohlmeinender Ermahnung zur Liebe geschehen kann. Das überraschende „so auch Christus" (V. 12, s. o.) gilt auch hier, und man tut gut, auch darin so stark wie möglich vom Sakrament her (V. 13) zu denken. Empfohlen sei Luthers „Sermon von dem hochwürdigen Sakrament des heiligen wahren Leichnams Christi und von den Bruderschaften" von 1519 (WA 2,739; Cl. 1,196; MA² 1,376). Sind wir in den himmlischen Christus „eingeleibt", dann gibt es eine Kommunikation der Leiden und Freuden herüber und hinüber, wie sie eben in einem Leibe stattfinden muß. „Diese Gemeinschaft steht darin, daß alle geistlichen Güter Christi und seiner Heiligen mitgeteilt und gemein werden dem, der dies Sakrament empfängt, wiederum alle Leiden und Sünden auch gemein werden und also Liebe gegen Liebe entzündet wird und vereinigt ... Also auch im leiblichen Körper wie Sankt Paulus sagt 1. Kor. 12,15f. ... da er dies Sakrament geistlich erkläret: ‚Die Gliedmaßen seien für einander sorgfältig: wo eins leidet, da leiden die andern alle mit; wo es einem wohlgehet, da freuen sich mit ihm die anderen.' So sehen wir: Tut jemand der

Fuß weh, ja das kleinest Zehlein, so sieht das Aug danach, greifen die Finger, rümpfet sich das Angesicht, und der ganze Körper bieget sich dahin und haben alle zu tun mit dem kleinen Gliedmaßlein ..." (Cl. 1,197f.). Zweifellos steckt in dem allen ein Imperativ. Aber der Imperativ beruht auch hier auf einem Indikativ. Es geht hier um Sachverhalte transsubjektiver Art, die von uns entdeckt und ernst genommen sein wollen. Das corpus Christi hat ökumenische Ausmaße und umschließt Himmel und Erde; die Schicksalsgemeinschaft in Leid und Freude reicht weiter als bis zu den Grenzen unserer Parochie. Es wirkt sich immer auf das Ganze aus, wenn ein Glied oder Organ sich wohlbefindet oder krankt. Es ist nicht bloß meine eigene Sache, sondern betrifft die ganze Kirche: ob ich in der Gemeinde fest verwurzelt bleibe oder ausschere, ob ich mich für andere einsetze oder bloß an mich denke, ob der „Draht nach oben" unterbrochen ist oder nicht, ob ich mit dieser Sünde fertig werde oder ihr immer und immer wieder erliege, ob ich glaube oder abfalle. Wie der Leib Christi ein Ganzes ist, so betrifft die Geschichte der Kirche auf eine geheimnisvolle, von uns im einzelnen nicht konstatierbare, erst recht nicht meßbare Weise immer irgendwie das Ganze, was auch immer geschehe: Einheit oder Spaltung, Wahrheit oder Irrtum, Eifer oder Lässigkeit, Sieg oder Versagen. Es gibt innerhalb des Leibes Christi aus eben diesem Grunde auch stellvertretendes Handeln. Daß jeder für sich selbst einstehen muß, ist wahr (vgl. unsere Auslegung zu Hes. 18, 3. S. n. Trin.). Daß wir füreinander eintreten können und sollen, ist auch wahr. Es gibt am Leibe auch „schwächere", „weniger geehrte", „schämige" Partien (VV. 22–24); auch die sind nötig, stellt Paulus ausdrücklich fest. Er meint: wir bedecken sie nicht, um sie zu verbergen, sondern um ihnen erst recht Ehre zu erweisen. Mag sein, daß die Deutung hier den Bildgebrauch ein wenig überspielt. Was gemeint ist, ist klar: Wir alle leben davon, daß unsere Sünde „bedeckt" ist. Es ist ein Lebensgesetz des Leibes Christi, daß dies sich fortsetzt und weiterwirkt. Wo man aus der Rechtfertigung des Sünders lebt, schämt man sich nicht des Bruders oder der Schwester, die in Menschenaugen aus irgendwelchem Grunde geringerer Ehre wert scheinen, im Gegenteil: die Liebe Christi wertet sie auf und gibt ihnen – hoffentlich ohne allen Aufwand an Demonstration und verräterischer Penetranz – erst recht eine Vorzugsstellung. Die Zusammensetzung der Gemeinde (1,26ff.) mag den vermeintlichen Elite-Christen viel Anlaß gegeben haben, sich in solche angewandte Soteriologie und Ekklesiologie einzuüben. Vielleicht lernen wir es auch. Es könnte jemand die Erfahrung machen, die zu machen er schon längst nicht mehr gehofft hat: daß hier Menschen sind, die ihn ganz ernst nehmen, weil sie wissen, daß Christus, wie für sie selbst, so auch für ihn nicht weniger als alles eingesetzt hat.

5. Sonntag nach Trinitatis. Apg. 9,1-20

Daß Lukas die Bekehrung des Paulus dreimal erzählt (9,1-20; 22,3-16; 26,9-16), wird verschieden erklärt. Haben Lukas mehrere Quellen vorgelegen, deren keine er unter den Tisch fallen lassen wollte? Hat er den Vorgang für so wichtig gehalten, daß er ihn dem Leser unvergeßlich einprägen wollte? – Paulus selbst deutet auf seine Bekehrung (Christophanie, Beauftragung) 1. Kor. 9,1.17; 15,8; 2. Kor. 4,6; Gal. 1,12-17 (vgl. 1. Tim. 1,12ff.): an all diesen Stellen nicht in der Absicht zu erzählen, sondern im Sinne des Arguments innerhalb der theologischen Erörterung, woraus sich Auswahl und Zuspitzung ergeben. – V. 1 wird in 26,10f. konkretisiert, vgl. 1. Kor. 15,9f.; Gal. 1,13f.; Phil. 3,5f.; 1. Tim. 1,13. – V. 2: ὁδός im übertragenen Sinne: Wandel, Lebensführung, Einstellung, Haltung, Observanz und von daher vielleicht auch im negativen Sinne „Sekte", vgl. 19,2.23; 22,4; 24,14.22 u.ö.; es könnte eine Selbstbezeichnung der Gemeinde vorliegen. „Briefe" vielleicht svw. Bevollmächtigungsurkunden. Reichte die Macht des Synedriums bis nach Damaskus? Haenchen: Nach 26,10 hat Saul schon die Verfolgung in Jerusalem aufgrund einer solchen Vollmacht durchgeführt; nach 26,11 hat er sie in den ἔξω πόλεις fortgesetzt (z. St.). Für die Predigt ist es ohne Belang, ob Lukas hier richtig sieht. – V. 3: Die Verwandtschaft mit 2. Makk. 3,22ff., die von Windisch u.a. behauptet worden ist, vermag ich nicht zu erkennen. – V. 4: In der Frage wie auch in dem folgenden kurzen Gespräch fast wörtliche Übereinstimmung der drei Berichte. In den Nebenumständen, bes. V. 7, vgl. 26,14, Abweichungen bei Gleichheit der sachlichen Aussage: trotz der vom Text unterstrichenen Objektivität der Erscheinung (sei sie akustisch oder optisch erlebt worden) gilt die Offenbarung nur dem Paulus. Auch die Blindheit Sauls soll die Wirklichkeit seiner himmlischen Schau unterstreichen (V. 9). – V. 10: Daß zwei ὁράματα korrespondieren, braucht man nicht „verzwickt" (Haenchen, a.a.O., S. 284) zu nennen; wir kennen dgl. aus der Erfahrung. – V. 11: Die Szene muß am Tage spielen, denn nachts gelangt man nicht in ein fremdes Haus. Die „Gerade Straße", der „cardo maximus" („Magistrale") von Damaskus, ist noch heute bekannt (vgl. Grollenberg, Bildatlas z. Bibel, Gütersloh 1928, Abb. 387 bis 390). Daß bei Lukas echte Lokaltradition vorliegt, hält Haenchen für unwahrscheinlich. – V. 17: Die Dialoge sind selbstverständlich in starker Verkürzung wiedergegeben; es ist töricht, herauszufinden zu wollen, woher Ananias von der Christophanie weiß. – V. 18: „wie Schuppen": volkstümliche medizinische Anschauung, in der antiken Schulmedizin nicht belegt. – V. 19: Daß einer, der Christ wird, die Taufe empfängt, gilt als selbstverständlich. Lukas legt Wert darauf, daß Paulus in der Gemeinde vor Damaskus „einige Tage" verbleibt. Hinsichtlich der Kontaktaufnahme mit Jerusalem (9,26ff.) sind die Angaben der Apostelgeschichte mit denen des Galaterbriefs nicht zu vereinen. Daß Paulus in dem Sinne Pneumatiker gewesen wäre, daß er auf christliche Überlieferung hätte verzichten wollen oder können, sollte man nicht behaupten (1. Kor. 11,23f.; 15,1ff.); Lukas legt Wert auf die Verankerung in der Gemeinde. – V. 20: Imperf. ἐκήρυσσεν weist auf wiederholte Predigt. Die Formel υἱὸς τοῦ θεοῦ in der Apostelgeschichte nur hier. – Die zahlreichen Textvarianten erklären sich z.T. als Auffüllungen aus dem Material der Parallelberichte, teils aus dem Bedürfnis nach erzählerischer Vervollständigung bzw. Verbreiterung.

Man kann diese Perikope unter verschiedenen Gesichtspunkten lesen und predigen. Sie ist zunächst gewiß eine Bekehrungsgeschichte – eine teils aus dem Rahmen dessen, was man sonst von Bekehrungen weiß, herausfallende und doch nicht in jeder Hinsicht einmalige Geschichte dieser Art. Ein diesen ersten Gesichtspunkt nicht ausschließender zweiter Gesichtspunkt wäre zu nennen: Diese Wendung ist das Ende der frommen Eigenmächtigkeit und zugleich der Beginn des in Versöhnung, Rechtfertigung, Heiligung und

Erlösung liegenden Alleinwirkens der Gnade. Für Paulus kommt, wie die auf das Damaskusereignis zurückweisenden Stellen zeigen, alles auf dieses Grundsätzliche an, das ja viel mehr ist als ein Stück von seiner, des Paulus, eigenen Lebens- und Glaubensgeschichte, nämlich das am Beispiel Paulus dargestellte Inkrafttreten einer ganz neuen „Ordnung" (wenn man den von Paulus gelegentlich in diesem Sinne gebrauchten Begriff νόμος einmal anwenden will). Auch für Lukas sind, obwohl bei ihm die scharfgeschliffenen paulinischen Formeln fehlen, Gedanken und Erkenntnisse dieser Art im Spiel. Es kommt, für Lukas besonders, dazu ein Weiteres. Über das eben dargelegte Individuelle und Prinzipielle hinaus ist das Damaskusgeschehen ein Stück Missionsgeschichte, die von Lukas nun wieder nicht aus akademischem Interesse erzählt wird, sondern im Sinne missionarischer Verkündigung. Es ist gut, daß die Perikope mit V. 20 schließt, denn dieser Schlußvers zeigt, worauf es im folgenden alles hinauslaufen wird: der einstige Verfolger hat seinen Dienst als Bote Jesu aufgenommen. Man könnte die drei genannten Blickrichtungen geradezu für den Aufbau der Predigt anwenden: Paulus wird *zu Christus bekehrt, auf Christus gestellt, von Christus in Marsch gesetzt.*

Will man den Text mehr unter missionarischem Gesichtspunkt lesen – wir sahen: so meint es der Verfasser der Apostelgeschichte –, dann bietet sich wohl noch ein anderer Weg für die Predigt an. Das ganze Buch will zeigen, wie Christus seine Sache vorwärtstreibt – in Jerusalem und ganz Judäa und Samarien und bis an das Ende der Erde (1,8). Das heimliche Subjekt aller Ereignisse der frühesten Kirchengeschichte, die Lukas erzählt, ist Christus; in unserm Abschnitt tritt dieser verborgen und doch machtvoll handelnde Christus, für Paulus wenigstens, offen ins Licht. Christus zeigt, was er kann. Saulus von Tarsus wird zum „Werkzeug seiner Wahl" (V. 15). Mit Verlaub zu sagen: der größte Knüller der frühen Missionsgeschichte: ausgerechnet den fanatischsten Gegner greift Jesus sich und benutzt ihn für sein Werk. Christus gewinnt auch den Fernsten – durch die Gewalt seiner Erscheinung (1), durch den Dienst seiner Gemeinde (2).

1. Über die Einzelheiten seiner Bekehrung hat Paulus nie im Zusammenhang berichtet. Seine Briefe erzählen nicht, sondern erörtern verkündigend bestimmte in den Gemeinden anstehende Sachfragen des Glaubens. In diesem Zusammenhang ist freilich immer wieder einmal Anlaß, an die Bekehrung vor Damaskus zu erinnern (vgl. die oben aufgeführten Stellen). Zu erinnern: denn Paulus kann die Kenntnis des Vorgangs in den Gemeinden voraussetzen. Paulus ist als Apostel durch eben dieses Ereignis legitimiert. So dürfen wir voraussetzen, daß man sich in den Gemeinden von dieser merkwürdigen Wende im Leben dieses Mannes erzählte, durch die er zum „auserwählten Instrument" des Wirkens Christi geworden ist. So wird Lukas zu seiner Kenntnis gekommen sein, die durch teils summarische, teils fragmentarische Anspielungen in den Paulusbriefen zumeist bestätigt wird. Aus den Paulusbriefen gewonnen ist die Kenntnis des Lukas nicht, denn nicht alles reimt sich zusammen (s. o.). Hat Lukas auch seinen Apostelbegriff (1,21 f.) nicht auf Paulus anzuwenden vermocht (26,17 immerhin: ἀποστέλλωσε),

seine Beauftragung durch den Herrn (V. 15, vgl. V. 6b) – eben für das in den folgenden Kapiteln (ggf. sogar über Kap. 28 hinaus) zu beschreibende Missionswerk – wird nachdrücklich behauptet. Man sehe nach Kap. 26: Wie in 1.Kor. 9,1; 15,8 wird das Auftreten des Paulus in der Christophanie begründet. Merkwürdige „Apologetik“ (26,1): was das Wirken des Paulus rechtfertigt und trägt, ist gerade nicht ein Tatbestand dieser Welt, der jedermann gleichermaßen einsichtig wäre; Paulus beruft sich vielmehr auf diesen Christus, und das muß genügen. Auch die Berufung auf die den Vätern gegebene Verheißung (26,6; Röm. 1,2 u.ö.) deutet nicht auf einen Standort jenseits des Glaubens. Ohne alle empirischen oder vernünftigen Stützen wird hier einfach die stille Gewalt Jesu Christi behauptet und verkündigt, der auch den Fernsten für sich zu gewinnen vermag. Der machtlose Gekreuzigte, der auch seinen Sendboten nicht auf die via triumphalis, sondern ins Leiden um seines Namens willen schickt (9,16), weiß doch dem Manne zu widerstehen, der – wie ein Ausleger fein bemerkt – in einer Art „Karikatur der Inspiration“ (ἐμπνέων ἀπειλῆς καὶ φόνου) die Sache eben dieses verhaßten gekreuzigten Ketzers auszulöschen und auszuradieren entschlossen ist. Als Lukas schreibt, sind die ersten – noch auf engen Raum begrenzten – Verfolgungen im Gange; der apologetische Zug der zweiten Lukasschrift ist von dieser Situation her verständlich. Die entscheidende Aussage dieser „Apologie“ ist jedoch ganz un-apologetisch: Den Gekreuzigten hat Gott auferweckt – das eine ist so wenig attraktiv, wie das andere plausibel ist. Man sollte nicht meinen, daß dieser Christus die Kreise des Pharisäers Saul stören könne. Über die Maßen verfolgt er die Gemeinde Gottes, seinen Konsemestern im „Judaismus“ zumeist weit voraus, übermäßig eifernd für die Traditionen der Väter (so Gal. 1,13f.). Auch er rechnet mit Gott; aber dieser Gott durchkreuzt nicht menschliches Kalkulieren und Punktesammeln, sondern bestätigt es; die Machtausübung des Synedriums, im Bedarfsfall unterstützt durch den Arm des römischen Imperiums, ist selbstverständlich Gottes Machtausübung, und die Papiere, die der Hohepriester dem jungen Eiferer ausgestellt hat, haben gewissermaßen Gottes Siegel. Wo Gott steht, scheint klar – den Gekreuzigten hat er, wie jeder sehen kann, fallenlassen. Saul gedenkt mit der Macht zu operieren: die vermaledeiten Sektierer, die er in Damaskus aufzuspüren hofft, gedenkt er gefesselt nach Jerusalen marschieren zu lassen. Niemand wird ihnen beispringen, niemand sich für sie einsetzen.

Aber Christus ist nicht tot. Er hat alle Trümpfe in der Hand. Er gewinnt keineswegs nur die Leichtgläubigen. Er vertritt in unserm Text seinem entschlossensten, seinem prinzipienfestesten und härtesten Gegner den Weg. – Soll man sich das Geschehen vor Damaskus psychologisch verständlich machen? Noch vor einem halben Jahrhundert hat man daran viel Mühe gewandt. Es wäre töricht, zu meinen, daß der hier beschriebene Verlauf der Dinge fernab liege von allem, was menschlicherweise verfolgbar und darstellbar ist. Selbstverständlich liegt auch hier ein psychologischer Tatbestand vor, den man, wenn die Quellen es hergäben, nachzeichnen könnte. Was Gott tut, tut er immer „in, mit und unter“ dem, was uns sichtbar oder sonst erfahrbar ist. Des – mit Recht übelberüchtigten – „Psychologisierens“

macht sich schuldig nicht, wer auch den Mann aus Tarsus als einen Menschen ansieht, wie wir alle es sind, und darum auch psychologisch fragt und urteilt, sondern der, der den souverän handelnden Christus anthropologisch, in diesem Falle psychologisch wegzuinterpretieren versucht. Auf den Christus kommt es an, der mitten im irdischen Lauf der Dinge sein Wunder tut, „senkrecht von oben", wie der frühe Barth es ausgedrückt hat. Daran allein ist Lukas interessiert, und darauf muß es auch in der Predigt ankommen. Der Fall Saul von Tarsus macht es deutlich, daß Jesus auch da „kann", wo nach unserm Ermessen die Lage extrem ungünstig ist. Es gibt für Jesus keinen hoffnungslosen Fall. Unerreichbar ist ihm keiner.

Man könnte in dem, was hier geschieht, ein aufregendes Spiel der Kräfte sehen. Entscheidet hier die größere Macht? Wir sprachen von der „Gewalt" der Erscheinung Christi. Man muß das Wort richtig verstehen. Es sieht fürs erste in der Tat so aus, als habe Christus den Verfolger mit harter Gewalt einfach kampfunfähig gemacht. Das Licht vom Himmel, „heller als der Sonne Glanz" (26,13), erschreckt und blendet ihn. Er fällt zu Boden. Fähig ist Saulus noch zu dem kurzen Dialog mit der zunächst ihm unbekannten „Stimme", die sich freilich durch die Frage: „Saul, Saul, was verfolgst du *mich*?" so verrät, daß die Anrede der Gegenfrage: „Wer bist du, *Herr*?" die Antwort beinahe erübrigt. Aber das Ἐγώ εἰμι Ἰησοῦς ist mehr als die Mitteilung eines Namens. Es ist das אֲנִי הוּא (o.ä.) der die Epiphanien auszeichnenden Selbst-Prädikationen Gottes (z.B. Deut. 32,39; Jes. 41,4; 43,10 46,4; 48,12), die Ich-Formel, mit der der Herr seine göttliche Macht und Majestät proklamiert. Auch dies eine Art Machtausübung? Aufstehen kann Saulus nicht von allein, er muß aufgehoben werden (einige Altlateiner schildern dies sogar ziemlich umständlich; der revidierte Luthertext gibt ohne ersichtlichen Grund den Urtext unrichtig wieder). Er ist blind – man muß ihn führen. Ißt und trinkt er nicht, weil er nicht will (Buße!) oder weil er nicht kann (Schock?)? Auf alle Fälle: er ist manövrierunfähig, völlig außer Gefecht gesetzt. Christus hat sich keiner äußeren Macht bedient Dem Inquisitor aus Jerusalem ist kein Mensch entgegengetreten; kein Schwert und kein Dolch ist gegen ihn aufgehoben worden; keine Fessel ist ihm angelegt. Aber er kann nicht mehr. – Und doch ist das, was hier geschehen ist, nicht ein Spiel der Macht. Das von uns vorhin gebrauchte Wort „Gewalt" muß anders verstanden werden. Paulus ist doch nicht überrumpelt worden, so daß er nun innerlich widerstrebend, vielleicht zähneknirschend sich dem fremden Willen beugt. „Herr, was soll ich tun?", heißt es 22,10 (vgl. die LA von einem Teil der lat. und syr. Übersetzer in 9,6); auch wenn diese Frage nicht ausdrücklich gestellt wird, liegt sie in der Sache. Die Nötigung, unter der Paulus fortan steht, ist nicht äußerer Zwang, sondern das innere Muß der Freiheit (1. Kor. 9,16). Hat Paulus sich bekehrt? Gott bewahre uns davor, daß wir uns selbst bekehren! *Christus* hat das Steuer herumgeworfen. Er hat keinen Zweifel daran gelassen, daß die Reise des Inquisitors – er weiß es genau – sich gegen ihn selbst richtet: „Saul, was verfolgst du mich?" Wer sich an Jesu Gemeinde vergreift, vergreift sich an Jesus. Der Herr läßt es nicht zu, daß man ihn und die Seinen auseinanderdividiert. Vielleicht steht gar hinter dieser Formulierung der Frage die Konzeption von der Kirche als dem Leib Christi. Jedenfalls: was hier ausgefochten wird, das spielt sich zwischen Saulus und Jesus, zwischen Jesus und Saulus direkt ab, Auge in Auge. Es geht nicht mehr um Prinzipien, Dogmen, Lehren, Maximen, Vorschriften usw.; mit solchem allen kann man hantieren, darüber kann man diskutieren und problematisieren. Hier aber sagt Jesus zu Saulus „du" – er ist gemeint, unmittelbar angesprochen, er kann nicht kneifen, erst recht nicht fliehen. Jesus hat ihn eingeholt.

Was diese Bekehrung in der Tiefe bedeutet, führt Lukas nicht aus. Christus hat Paulus „erkannt" (1. Kor. 13,12), „ergriffen" (Phil. 3,12). Damit ist alles, was Paulus in seinem bisherigen Leben auf der Einnahmeseite verbucht hat („Gewinn"), nicht nur zunichte geworden, sondern zur negativen Größe geworden („Schaden, Kot"), so daß er jetzt noch in einem viel tieferen Sinne der geschlagene Mann ist, als das in seiner augenblicklichen Hilflosigkeit zum Ausdruck kommt. Wie schwer fällt uns das: einsehen, daß alles, worauf wir uns verlassen haben und stolz gewesen sind, nicht mehr gilt. Dabei handelt es sich im Leben dieser Welt meist nur um relative Irrtümer: ich hätte nicht auf diese, ich hätte auf eine andere Karte setzen sollen. Hier: Auf welche Karte du auch setzt, und sei es die, die dir nach menschlichen Spielregeln alle Stiche sichert: vor Gott wirst du verlieren. „Damit ich nicht habe meine eigene Gerechtigkeit, die aus dem Gesetz kommt, sondern die durch den Glauben an Christus" (Phil. 3,7-9). So gründlich hat Paulus umzulernen! Wie sieht das aus in den drei Tagen der Blindheit und des – gewollten oder ungewollten – Fastens? Ist es ein Hangen zwischen Himmel und Hölle? Ist das nur die Situation, in der kein Boden mehr ist, auf dem man stehen könnte? Oder hat Paulus aus der „Stimme" bereits das andere vernommen, was ihn künftig tragen wird? Lukas scheint es so zu sehen, daß Paulus in der Tat am Nullpunkt steht. „Geh in die Stadt, da wird man dir sagen, was du tun sollst" (V. 6). Es gibt auch zwischen Gott und uns Situationen, in denen wir einfach aufs Warten angewiesen sind. Vielleicht gehört es zur Weisheit Gottes, daß er uns zeitweilig in der Tat am Nullpunkt festhält. Freilich: wer das Wort „zeitweilig" gebraucht, steht schon am anderen Ufer. Wir können es dahingestellt sein lassen, wie es damit im einzelnen bei Paulus bestellt war.

2. Die Geschichte ist noch nicht zu Ende. Nach dem Galaterbrief scheint es fast, als sei sie hier eigentlich zu Ende: „Paulus – ein Apostel – nicht von Menschen, auch nicht durch einen Menschen, sondern durch Jesus Christus und Gott, den Vater" (1,1). Freilich auch in der zugespitzten Formulierung des Galaterbriefes kommt zum Ausdruck, daß Paulus von Anfang an die Gemeinde nötig gehabt hat. „... und kam wiederum (!) nach Damaskus", heißt es Gal. 1,17. Paulus weiß wohl, daß er ein Sonderfall ist (1. Kor. 15,8: ἔκτρωμα); es ist bei ihm nicht normal gegangen. Und er ist dennoch Apostel, vom Auferstandenen selbst berufen. Gerade in dem in Galatien obwaltenden status confessionis muß er darauf bestehen. Daß er überhaupt auf die Tradition und damit auf die Gemeinde, daß er auf Glaubensunterweisung und Taufe – auch die Handauflegung spielt in unserm Text eine Rolle – verzichten und lebenslang ein spiritualistischer Freibeuter sein könnte, ist Paulus nie in den Sinn gekommen.

Für die Beantwortung der Frage, wie Paulus über die Erdenzeit Jesu gedacht, welche Bedeutung er ihr für die Glaubenserkenntnis beigemessen habe, können wir auf das zu 2. Kor. 5,16 (Karfreitag) Gesagte verweisen. Als Verfolger der Gemeinde, etwa gar als einer, der an Prozessen gegen Christen beteiligt war und auch sonst aneinandergeraten war mit Christen (bes. 26,9-11), hat der Pharisäer Saulus über Christus schon allerlei gewußt - nur eben so, daß er „nach dem Fleische" urteilte (2. Kor. 5,16). Jetzt sah er alles mit anderen Augen an. Paulus ist kein Enthusiast. Er bekennt sich zum fleischgewordenen Christus (Gal. 4,4; Röm. 8,3 u. ö.). Darum eben braucht er auch die Gemeinde. Er greift nicht in die Wolken, sondern geht dahin, wo der Strom fließt. Lukas legt, in der Konsequenz seines anti-enthusiastischen Denkens, gerade hierauf großen Wert - wie wir sahen, in Übereinstimmung mit Pauli eigenem Zeugnis. Der Herr selbst weist, noch vor den Toren von Damaskus, den zu Boden Geworfenen in die Stadt: „Dort wird man dir sagen ..." Wo auch immer einer zu Christus findet, da geschieht dies durch die Kirche. Uns, der Gemeinde Jesu, wird durch das, was uns von Ananias berichtet wird, zum Mittlerdienst Mut gemacht. Christus braucht uns - zum Lehren und Verkündigen, zur Seelsorge, zur Sakramentsverwaltung, zum missionarischen Dienst, zur Diakonie im engeren und weiteren Sinne. Paulus selbst läßt es künftighin keineswegs darauf ankommen, daß alle anderen durch Damaskuserlebnisse zu Christen werden, sondern er beginnt, nachdem er einige Tage in Damaskus „bei den Jüngern" zugebracht hat, alsbald selbst mit dem Dienst der Verkündigung.

Auch jetzt hat Christus die Hand im Spiel. Ananias bekommt seine Instruktion vom Herrn selbst. Der im Augenblick völlig aktionsunfähige Paulus wird ebenfalls dessen vergewissert, daß Christus seinen Beauftragten zu ihm dirigieren wird. Auch jetzt hat und behält der Herr der Kirche alles in der Hand. Ananias geht, weil es ihm befohlen ist. Dabei wird man sich zweierlei klarzumachen haben. Einmal: Es gehört offensichtlich Mut dazu, den Auftrag Jesu auszuführen. Ananias spricht es dem Herrn gegenüber offen aus. Muß es wirklich sein, daß man in die Höhle des Löwen geht, daß man sich mutwillig dem aussetzt, was von einem Mann wie Saulus zu erwarten ist? In Damaskus weiß man über ihn Bescheid. Er ist offensichtlich in der Geschichte der Leiden, die über die ersten Christen Palästinas gegangen sind, keine Randfigur gewesen (was nicht nur zur Apostelgeschichte, sondern auch zu den Notizen in den Paulusbriefen, die wir angeführt haben, paßt). Ananias wird von Christus selbst ermutigt. Heißt dies: damit sei das mit diesem Auftrag verbundene Risiko behoben? Ja, es ist behoben, weil Jesus Ananias nicht täuschen wird. Nein, es ist nicht behoben, weil - menschlich gedacht und gesprochen - eben die Verläßlichkeit Jesu eine Sache des Glaubens ist. War es Jesu Stimme, die ich vernommen habe? Ist auf Jesu Wort Verlaß? Vermag Jesus einen Mann wie diesen fanatischen Pharisäer umzukrempeln? Traue ich es Jesus zu, daß er eine echte, eine dauerhafte Bekehrung zuwege bringt - in so einem Fall? Wir haben Anlaß, die Rolle des Ananias ernst zu nehmen: es mag manchen geben, der einen Ananias brauchte, und er bekommt ihn nicht, weil wir uns scheuen, in diesem Dienst etwas zu riskieren. Mit einem erbitterten Verfolger, wie Saulus einer war, haben wir kaum zu rechnen; und auch das viel Geringere wagen wir nicht. – Ein zweites: Nach dem uns vorliegenden Bericht ist das erste Wort, das Ananias spricht, die Anrede: „Lieber Bruder Saul!" Ist Ananias ein höflicher Mann? Ist die Anrede eine taktisch wohlüberlegte captatio benevolentiae? Will er den Mann, den er besucht, gar überfahren? Wir würden mit solchen Auslegungen schwerlich das treffen, was Lukas meint. Die Anrede ist so etwas wie eine Absolution, gesprochen aufgrund dessen, was Jesus selbst dem Ananias mitgeteilt hat. Durch den Gebrauch des Brudernamens ist die ganze Vergangenheit des Paulus für getilgt erklärt. Jetzt anders, als wir es im Existenzhorizont des Paulus sahen: nicht mehr der Bankerott, durch den alles, was Gewinn schien, zum Schaden, zur schrecklich drückenden Schuld wurde, so daß jetzt wirklich nur der Abgrund bleibt; sondern so, daß durch die aufgenommene Bruderschaft das Neue entstanden ist, das das Alte mit Stumpf und Stiel ausmerzt. Unsere Rechtfertigung und unsere Eingliederung in die Gemeinde Jesu sind nicht zwei verschiedene Dinge, sondern hängen aufs engste miteinander zusammen. Die Rechtfertigung ist alles andere als eine papierene oder gedanklich-dünne Erklärung; sie wird nur da ernst genommen, wo sie auch sofort praktiziert wird. Kein Wenn und Aber, keine Probe- und Bewährungszeit, keine Absicherungen irgendwelcher Art. Es ist nicht leicht, sich das vorzustellen, was ein Mann wie Saulus – hat er die Papiere aus Jerusalem noch in der Tasche? – empfinden muß, wenn er so aufgenommen wird. Es ist zu fürchten, daß wir in unseren Gemeinden von solchem allen noch weit entfernt sind und daß sich mancher darum nicht recht zu uns traut, weil er längst erfahren hat, daß wir das Evangelium durch viele Vorbehalte abbremsen. Wer bei Lukas die straffen Rechtfertigungsformeln vermißt, der vergegenwärtige sich die geistliche Bedeutung dessen, was sich in der Geraden Straße in Damaskus und des weiteren im Kreise der „Jünger" (= Gemeindeglieder) von Damaskus ereignet hat. Kein Wort fällt mehr über das, was noch bis vor drei Tagen war. Wohl aber könnte auch auf Erden – in dem kleinen Versammlungsraum der damaszenischen Gemeinde – etwas von dem Jubel widergeklungen haben, der unter den Engeln Gottes zweifellos ausgebrochen ist. Es ist nicht einzusehen, warum solches nur einst und nicht auch heute geschehen sollte. Aufgeschrieben hat Lukas die Geschichte dieser Bekehrung, weil sie transparent ist für das, wovon und wofür wir auch heute als Gemeinde Jesu leben.

Johannistag. Apg. 19,1-7

„Eine der rätselhaftesten Stellen der Apostelgeschichte" (R. Knopf z. St.). „Apg. 19,1-7 können, nur für sich betrachtet, den Exegeten verzweifeln lassen" (E. Käsemann, EVuB I, S. 158). Zum Ganzen ferner: M. Dibelius, Die urchristl. Überlieferung von Johannes dem Täufer, Göttingen 1911; E. Lohmeyer, Das Urchristentum I, Göttingen 1932; Walter Grundmann, Die Geschichte Jesu Christi, Berlin 1957, S. 25–44. – Die Stücke 18,24-28 und 19,1-7 gehören zusammen: in beiden Fällen werden Menschen, die – mit einem unkompletten Christenstand – am Rande der Kirche stehen, in sie vollends eingegliedert. – V. 1: Apollos in Korinth, vgl. 1. Kor. 1,12; 3,4-6.22; 4,6; 16,12; Tit. 3,13. Das Partizip διελθόντα wird man als terminativen Aorist, also vorzeitig aufzufassen haben: „nachdem er ..."; τά ἀνωτερικά μέρη = das „Binnenland" (H. W. Beyer), vgl. 18,23. μαθητής ist bei Lukas stets der Christ – aber sind es denn Christen, wenn sie den Geist weder haben noch von ihm wissen und nur die Johannestaufe empfangen haben? Gleichwohl werden sie in V. 2 als „zum Glauben Gekommene" angesprochen. Das ἀλλά ist ein elliptischer Ausdruck; er schließt eine starke unausgesprochene Negation ein: „Nein, wir haben noch nicht einmal gehört, ob es heiligen Geist gibt." Nach dem synoptischen Zeugnis (Luk. 3,16) hätten sie freilich nicht so reden dürfen; dies hat manche Ausleger veranlaßt, das ἔστιν mit „da ist" zu übersetzen (s. u.). – V. 3: Der Normalfall ist, trotz 8,14ff. und 10,44ff., daß Taufe und Geistempfang zusammenfallen; daher die Frage. Die Antwort ist schief, man würde erwarten: „auf Johannes den Täufer". „Auf die Taufe des Johannes" darf nicht ausgelegt werden, als stünde da: „mit der Taufe des Johannes"; βαπτίζειν εἰς ... hat technischen Sinn. Ist diese Unbeholfenheit Absicht? Man kann „auf den Namen Jesu", nicht aber auf den des Johannes getauft werden! – V. 4: Ein Kapitel urchristlicher Tauflehre, in dem es auf den Unterschied zwischen den beiden Taufen ankommt. M. Barth (Die Taufe – ein Sakrament?, Zürich 1951, S. 167ff.) tilgt den Punkt am Ende von V. 4 und versteht von daher die Johannestaufe als Christustaufe! Damit ist die Absicht des Lukas in ihr Gegenteil verkehrt. Pap. 38,D und sy[h] bieten wahrscheinlich die ihnen geläufige Taufformel. – V. 6: Handauflegung und Geistmitteilung – die Erinnerung an 8,14-17 drängt sich so stark auf, daß man geradezu schließen muß, daß dem Paulus durch Lukas die gleiche Amtsdignität zuerkannt wird wie Petrus und Johannes. Lukas meidet in bezug auf Paulus den Apostelbegriff, behauptet aber seine Apostelvollmacht! – V. 7: Zwölf ist einfach eine runde Zahl, hat also keinen Symbolwert.

Um es gleich zu Anfang zu sagen: für die Johannisandacht, die wir in vielen Gemeinden auf dem Friedhof zu halten pflegen, dürfte dieser Text sich schwerlich eignen. Auch er spricht – in der Projektion auf die ekklesiale Ebene – von dem Größeren, auf den der Täufer hinweist und dem er Platz macht. Aber der exegetische Anmarschweg ist zu lang und schwierig, als daß wir ihn denen zumuten könnten, die sich heute einfinden. Anders ist es, wenn wir es mit einer bibelfesten und im Kirchenjahr innerlich beheimateten Gemeinde zu tun haben. Im Blick auf diesen Fall soll der Text hier besprochen werden.
Mit was für Leuten haben wir es in der ein rundes Dutzend umfassenden Gruppe zu tun, auf die Paulus nach seiner Rückkehr von einer Missionsreise ins kleinasiatische Hinterland stößt? Sie werden als „Jünger" bezeichnet. In der Apostelgeschichte sind – im Unterschied zu den Evangelien – Jünger immer Christen; die einzige davon abweichende Stelle (9,25: Jünger des Paulus!) ist nicht eindeutig. Wahrscheinlich handelt es sich um eine Selbstbezeichnung der Christen in Palästina (ThWNT IV, S. 462). Handelt es sich also auch in Ephesus um Christen? Sie sind „zum Glauben gekommen" – die Aoristformen haben diesen spezifischen Sinn (2,44; 4,32; 17,12.34; Röm. 13,11 u.ö.); gemeint ist jedesmal der Glaube an Christus. Andererseits: „Wer nicht die christliche Taufe empfangen hat, gehört nach

dem einhelligen Zeugnis des NT gar nicht zur Gemeinde" (Käsemann, a.a.O., S. 164). Und „wer ... Christi Geist nicht hat, der ist nicht sein" (Röm. 8,9); ohne den Geist wäre man ja auch zu dem grundlegenden Bekenntnis der Christenheit: „Herr ist Jesus" nicht imstande (1. Kor. 12,3). Sollte der Begriff „Jünger" – trotz seines absoluten Gebrauchs – doch anders zu verstehen sein? Man sprach von Jüngern der Pharisäer (Mark. 2,18), des Mose (Joh. 9,28). Von Jüngern des Johannes ist wiederholt die Rede (Matth. 9,14; 11,2; Luk. 11,1; Joh. 4,1, vgl. ThWNT IV, S. 460). Feste Kreise von Täuferjüngern hat es noch lange nach dessen Tode gegeben. Um 90 verfügt Josephus über Material, das er nur aus solchen Kreisen haben kann. Das vierte Evangelium setzt sich mit der Täuferbewegung auseinander (1,6-8.15.19-42; 3,22-30). Lukas braucht die Täuferjünger durchaus nicht nur vom Hörensagen zu kennen (mit Haenchen gegen Käsemann). Er ist der Meinung, daß Paulus auch in Kleinasien Anlaß hatte, den Platz genau zu bezeichnen, der dem Täufer gebührt (13,24f.). Es ist nicht ausgemacht, daß es Täuferanhänger nur in Palästina und Syrien gab. Wenn an der Nachricht über Apollos (18,25c) etwas ist, dann hat die Täuferbewegung sogar nach Ägypten übergegriffen (ThWNT IV, S. 461). Haben wir es also in unserm Text doch nicht mit Christen, sondern mit Täuferjüngern zu tun? – Es mag sein, daß wir aus den Schwierigkeiten nicht anders herauskommen, als es Käsemann gezeigt hat. Diese kommen danach auf das Konto des Lukas. Dem konnte es nicht genügen, einfach davon zu berichten, wie Johannesjünger gewonnen und getauft werden. War doch Jesus selbst von Johannes getauft worden. So mußte beides zum Ausdruck kommen: sowohl der Übergang von einem zum andern, als auch so etwas wie eine Kontinuität zwischen beiden, aufgrund deren es zu dieser „seltsamen Art von Christen" kommt, wie Lukas sie schildert. Ähnlich liegt es ja in der Apollos-Stelle in Kap. 18. Auch hier einer, der nur die Johannestaufe kennt (daß er sie empfangen hätte, ist nicht einmal gesagt), insofern ein Vorhofschrist ist, obwohl er nicht nur über den „Weg des Herrn" unterrichtet ist, sondern auch – im Unterschied zu der ephesinischen Gruppe – „im Geiste siedet". Apollos bekommt „Nachhilfeunterricht" (Käsemann, a.a.O., S. 167); getauft wird er freilich nicht. Eine andere Stelle (s.o.) drängt sich zum Vergleich auf, 8,14ff. Da sind Menschen zwar „auf den Namen des Herrn Jesus getauft", aber sie haben noch nicht den Geist empfangen. Indem Petrus und Johannes ihnen die Hände auflegen, empfangen sie den Geist. Dies heißt aber zugleich: die durch Philippus gegründete, zunächst von Jerusalem unabhängige Kirche Samariens wird in die apostolische Kirche integriert. Alle drei Stellen haben, bei allen Differenzen im einzelnen, dies gemein: es wird ein Defizit aufgefüllt, so daß aus „nicht voll ausgereiften Christen" solche werden, denen es nun an nichts mehr fehlt. – Fragen wird man noch, ob Lukas seine theologischen Überzeugungen einfach in die Form einer Dichtung gebracht hat, d.h., ob das, was hier erzählt wird, bloße Konstruktion ist. Wahrscheinlich hätte eine Konfessionskunde der neutestamentlichen Zeit noch manches zu berichten, was nicht in die uns geläufigen Schemata paßt. Daß Jesus selbst aus der Täuferbewegung hervorgegangen ist, ist im Neuen Testament zuverlässig bezeugt. Daß Gott die Ausgießung des Geistes über die ganze Gemeinde der nachösterlichen Zeit vorbehalten hatte, weiß Lukas (Apg. 2,1 ff.), weiß auch Johannes (7,39). Der Gegensatz zwischen dem Täufer und Jesus muß nicht von allen so hart empfunden worden sein, wie wir Heutigen das nachträglich leicht annehmen, zumal Jesus das Messiasgeheimnis gewahrt, also auch seine Gefolgsleute nicht unverschlüsselt in das Besondere seiner Person und seines Auftrags eingeweiht hat. Er mag auch Verbindung gehalten haben mit manchem, dem er im Augenblick nicht mehr bescheinigen konnte, als daß er nicht fern sei vom Reiche Gottes (Mark. 12,34). Lukas könnte Erscheinungen dieser Art vor Augen gehabt haben.

Was aber ist dann zu predigen? Der Prediger befindet sich in einer anderen Situation als der Historiker, der das Mauerwerk auf Risse untersucht und dabei vielleicht gar zum Einsturz bringt. Der Prediger wird es auch nicht damit genug sein lassen können, daß er – sich für seine Person distanzierend – frühkatholisches Denken bei Lukas feststellt. Und wenn es so wäre? Nehmen wir es doch auf, was Käsemann herausstellt: „Der Skopus des Textes ist die Aufnahme kirchlicher Außenseiter in die Una sancta catholica" (a.a.O., S. 162). Für die Predigt etwa so: *Einladung an die auf der Schwelle:* Ihr gehört in die Kirche Christi (1). Euch gebührt die Taufe Christi (2). Euch wird gewährt der Geist Christi (3).

1. Independentistisches Denken wird argwöhnisch, vielleicht zornig protestieren: Hier werden Menschen kirchlich vereinnahmt; eine übergreifende kirchliche Organisation baut sich auf und wird für glaubensnotwendig erklärt. Genau wie in Kapitel 8: Philippus hat, ohne kirchenamtlichen Auftrag, in Samarien evangelisiert, und so ist eine jerusalem-freie Kirche Samariens entstanden. Wäre es nicht genug, dankbar festzustellen: „Samarien hat das Wort Gottes angenommen!"? Statt dessen machen sich Petrus und Johannes auf den Weg: indem sie durch Gebet und Handauflegung den Geist vermitteln, gliedern sie die Gemeinde Samariens in die Gesamtkirche ein. – Die Einheit der Kirche besteht nicht in der Einheit ihrer Organisation, sondern in Christus und in dem, was er, der Herr allein, tut, indem sein Evangelium gepredigt und die von ihm gesetzten Sakramente an den Menschen vollzogen werden. Dabei bleibt es. Aber diese in Christus gegründete, in ihm allein bestehende Einheit will auch leibhaft, anschaubar, erfahrbar werden. Es ist ein Unding, an die Einheit zu glauben und gegen sie zu leben. Darum der Satz: Ihr gehört in die Kirche Christi. Damals ging es darum bei solchen, die entweder reine Johannesjünger waren und eben damit, wie ihr Meister selbst, auf der Schwelle vom Alten zum Neuen standen, oder die, wenn sie sich schon in irgendeinem Sinne zugleich zu Jesus bekannten, noch nicht wußten, was dies alles einschließt. Das Wort Schwelle kann also in zweierlei Sinne gebraucht werden: es kann den Standort des Täufers zwischen den beiden „Testamenten", es kann auch eine – vielleicht für problemlos gehaltene – Zwitterstellung zwischen dem Täufer und Jesus bezeichnen. Unser Text beläßt es nicht dabei. Der Auftrag des Täufers besteht nur darin, auf den Kommenden zu weisen, und der ist Jesus. Der Täufer ist nicht Jesu Konkurrent, sondern sein Wegbereiter. Als Jünger zum Täufer gehören kann darum nur bedeuten: vom Täufer zu Jesus fortschrei-

ten bzw. übergehen. Da der Täufer nichts für sich selbst sein will, sondern das, was er ist, nur auf Christus hin ist, würde ein Stehenbleiben beim Täufer paradoxerweise bedeuten, daß man ihm widerspricht und sich faktisch von ihm lossagt. Man kann beim Täufer nur bleiben, indem man zu Jesus übergeht. Und man kann bei Jesus wiederum nur sein, indem man sich in ihn, d.h. aber: in seine Kirche, eingliedert. Daß Paulus es ist, der die Hände auflegt (in Parallele zu 8,17), ist für Lukas keine Belanglosigkeit (s. o.). „Der den Ephesusjüngern vermittelte Geist ist gerade nicht das Merkmal einer kult- und amtlosen Gemeinde, sondern Bestätigung und Eingliederung in die verfaßte Kirche" (Käsemann, a.a.O., S. 162). „Denn daß es je ein Christentum ohne Kult und Amt gegeben hat, ist nicht nur unbeweisbar, sondern widerspricht auch der Rolle, welche Apostolat und Prophetie einerseits, die Sakramente andererseits spielen, soweit wir zu schauen vermögen" (ebd., S. 161 f.). So wird die Gemeinde nicht nur in die Welt hinein ausstrahlen, was ihr gegeben ist, sondern sie wird immer darum bemüht sein, die draußen und die auf der Schwelle Stehenden einzuführen, damit sie in ihr volles Heimatrecht gewinnen.
Wir haben es nicht mehr mit Johannesjüngern zu tun, aber solche, die auf der Schwelle stehen, gibt es in großer Zahl. Nicht nur insofern, als die volkskirchlichen Verhältnisse von einst und – trotz allem – auch von jetzt es mit sich gebracht haben, daß „unausgereiftes Christentum" auf Schritt und Tritt anzutreffen ist, sondern auch insofern, als alles Häretische gewissermaßen seinen Ort an der Schwelle hat. Die Situation in Apg. 19,1-7 ist einfacher dargestellt, als sie sich uns meist bietet. Es wird größerer Mühe und Geduld bedürfen, als in Ephesus nötig ist, um denen, die noch auf dem Wege sind, zur vollen Eingliederung in die Kirche zu verhelfen. Wahrscheinlich steht jeder von uns insofern auf der Schwelle, als wir alle nur Teilaspekte des Evangeliums vor uns haben. Wir werden überdies zu bedenken haben, daß die ausgereifte Glaubenserkenntnis und der ihr entsprechende kirchliche Status nicht darin bestehen, daß man lediglich ein paar verbliebene Lücken füllt. Unsere Brüder von der röm.-kath. Kirche wissen inzwischen auch viel besser als früher, daß die Reformation nicht etwa auf einer Verkürzung des Glaubensbesitzes der Kirche beruht, die durch Auffüllung, durch Addition, durch Anreicherung wieder wettgemacht werden müßte oder könnte. Die Fragen sind viel ernster und schwieriger. Aber es ist auch wieder gut, daß unser Text uns nicht mit Bergen von Problemen belastet. Das ganze, unverkürzte Evangelium soll zu seinem Recht und zur Wirkung kommen. So soll uns geholfen werden. Darum: Ihr gehört in die Kirche Christi.
2. Euch gebührt die Taufe Christi. Vorausgesetzt ist dabei freilich, daß Johannestaufe und Christustaufe sich wesentlich unterscheiden. Vom Sinn der ursprünglichen christlichen Taufe schreibt Bultmann (ThNT, S. 41), er könne wohl „kein anderer gewesen sein als der der Johannestaufe, die Jesus und seine ersten ‚Jünger' selbst empfangen hatten". Wenn das richtig ist, dann würden allerlei Schwierigkeiten wegfallen, die die Exegeten an unserm Text aufgezeigt haben, denn es käme auf dasselbe hinaus, ob man die Johannestaufe oder die christliche empfangen hat. Die Gruppe in Ephesus

wäre dann gewissermaßen bei der noch unentwickelten Tauftheologie der Urgemeinde stehengeblieben. Wir brauchen das jetzt nicht zu diskutieren. Die christliche Taufe ist Taufe auf den Namen Jesu Christi (2,38; 1. Kor. 1,13). Man kann ja nicht auf den Namen eines Menschen taufen (1. Kor. 1,13.15); kein Wunder, daß in unserm Text (V. 3) so unbeholfen formuliert ist. Gewiß, auch beim Täufer geht es um die Vergebung der Sünden und um die damit zusammenhängende Buße, die angesichts des zu erwartenden Hereinbrechens der Gottesherrschaft fällig ist. Wenn aber die Taufe das Eingepflanztwerden (Röm. 6,5) bzw. Eingeleibtwerden (1. Kor. 12,13) in den Himmel und Erde erfüllenden Leib des Auferstandenen ist, dann hängt die Taufe an Jesu Person und Weg und unterscheidet sich schon deshalb grundlegend von der Taufe des Johannes. Es wird von daher auch verständlich, wieso die christliche Taufe Geisttaufe ist, während die des Täufers das nicht sein konnte. Die Taufe, die die christliche Gemeinde übt, verbindet mit Christus, mit dem also, auf den Johannes selbst und auf den auch die Taufe des Johannes nur hinweisen konnte.

So dürfen wir uns an Haenchen halten, der die kerygmatische Spitze unserer Geschichte darin sieht, daß sie „dem Christen deutlich machte, was er an seiner Taufe hat" (a.a.O., S. 499). Wir sind auf Jesu Namen getauft. Also gehören wir ihm. Also sind wir in ihn und in sein Sterben und Auferstehen einbezogen. Also gehören wir – ohne daß man dies empirisch wahrnehmen könnte – so zu ihm, daß sein unverwesliches Leben uns jetzt schon umschließt, ja, daß unser neues Leben mit ihm verborgen ist in Gott (Kol. 3,3). Unsere Zukunft beleuchtet, durchdringt, gestaltet darum auch schon unsere Gegenwart. Wir dürfen *sein* Leben haben und realisieren, das er in uns lebt (Gal. 2,20). Die paulinischen Paränesen machen deutlich, was das heißt.

3. Euch wird der Geist Christi gewährt. Das war ja (V. 2) der Punkt, an dem das Defizit bei den Johannesjüngern erkennbar wurde: sie hatten den Geist nicht, ja, sie wußten nicht einmal, daß es ihn „gibt" (wenn man einmal dieses Wort unkritisch brauchen will). Es mag von den Exegeten im einzelnen ausgehandelt werden, ob diese Total-Negation – „in unserm Katechismus steht nichts vom Heiligen Geist" – wirklich dem entspricht, was wir bei den Johannesjüngern – nach Lukas – vorauszusetzen haben. Wir sahen: auch nach Lukas kommt der Heilige Geist in der Predigt des Täufers vor – allerdings als Gabe des „Stärkeren" (Luk. 3,16). Die Leute von Qumran haben vom Heiligen Geist geredet, durch den das Menschenkind zum Kinde des Lichts und der Wahrheit erneuert wird (I QS III, 6–8 u.ö.); es stehe dahin, ob die Täuferbewegung dort ihre Wurzeln hat oder nicht. Mindestens aus dem Alten Testament müßte man vom Geist Gottes wissen, von dem die Propheten erfaßt waren, den der Beter des 51. Psalmes in sich wußte (V. 13) und der nach Joel 3 „nach diesem" über alles Volk ausgegossen werden sollte. Es ist wirklich Anlaß, zu fragen, ob die Johannesjünger von Ephesus nicht sehr wohl vom Geist gewußt, jedoch den eschatologischen Stundenschlag überhört haben, mit dem tatsächlich die Geistausgießung Wirklichkeit wurde. Dann hieße das, was in unserm Text ausgesagt ist: diese kleine Gruppe von Menschen findet Anschluß an das große heils-

geschichtliche Geschehen, durch das Menschen mit Gottes Leben erfüllt werden.
Wir brauchen dieser exegetischen Frage als Prediger deshalb nicht ausführlich nachzugehen, weil es ja in der Tat nicht viel bedeuten würde, wenn man den Heiligen Geist – 2. Hauptstück, 3. Artikel – im Katechismus stehen hat, von Gottes eigenem Leben aber nach wie vor abgeschnitten ist. Es könnte ja sein, wir wären immer noch wie die Leute am Jordan dran: des Weltenrichters gewärtig, der Buße bedürftig, der Vergebung der Sünden fürs erste gewiß, aber eben dennoch nicht von dem Neuen erfaßt, das mit Christus kommt. In Ehren aller eschatologische Rigorismus, wie er aus der Predigt des Täufers vernehmbar wird. Respekt vor denen, die mit Gewalt das Reich Gottes an sich zu reißen trachten (Matth. 11,12). Aber „Gerechtigkeit, Friede und Freude im heiligen Geist" ist mehr (Röm. 14,17). Wir müssen nicht in Zungen reden und prophezeien (V. 6). Gottes Geist hat viele Weisen, zu wirken. Wir brauchen nicht mehr – wie die Gesetzesleute – eng und kleinlich, fanatisch und verbissen, treiberisch und humorlos zu sein, denn „wo der Geist des Herrn ist, da ist Freiheit" (2. Kor. 3,17). „Ihr seid zur Freiheit berufen!" (Gal. 5,13) – gemeint ist die Freiheit, in der wir ohne Zwang und Krampf Gottes Willen tun, einfach weil Christus in uns ist. Es ist nicht eine einreißende, zerstörerische Freiheit – etwa wie die der gnostischen Libertinisten –, sondern die Freiheit des fröhlichen Gehorsams, die aus dem Geist Gottes kommt „Welche der Geist Gottes treibt, die sind Gottes Kinder" (Röm. 8,14).

6. Sonntag nach Trinitatis. Apg. 8,26-40

Diese Geschichte hat Lukas wohl nicht, wie Harnack meinte, unmittelbar von Philippus übernommen, aber doch wahrscheinlich aus den Hellenistenkreisen, zu denen Philippus (6,3.5; 8,4-7; 21,8f.) gehörte und die nach ihrer „Zerstreuung" aus Jerusalem in Samarien erfolgreich Mission trieben. Möglich, daß für sie diese Geschichte dieselbe Bedeutung hatte wie 10,1 ff. für den Kreis um Petrus. – Äthopien (Kusch) galt den Alten als Südrand der Welt (P. Volz), insofern erfüllt sich in dieser Geschichte potentiell Auftrag und Verheißung von 1,8 („bis an das Ende der Erde"), wenigstens in der einen Himmelsrichtung. Jüdische Diaspora (Elephantine!) wird bis nach Äthiopien ausgestrahlt haben, so daß die Wallfahrt eines σεβόμενος nach Jerusalem verständlich ist. Äthiopien wurde von Königinnen (Titel: Kandake) regiert. „Eunuch" könnte einfach Bezeichnung eines hohen Beamten sein, braucht also keinen spezifischen Sinn zu haben. Aber sicher ist das nicht. Im Orient sind Eunuchen, ursprünglich Diener und Aufseher der Frauen, häufig zu hohen Staatsämtern aufgestiegen. Deut. 23,2-9 verbietet die Aufnahme eines Verschnittenen in die Gemeinde Jahwes. Daß der Kämmerer das Buch Jes. 40ff. liest (V. 30), könnte damit zusammenhängen, daß er gerade dort (56,3-5) als Fremdling und Verschnittener anerkannt und in Jahwes Gemeinde aufgenommen wird. – V. 26: κατὰ μεσημβρίαν nicht „um die Mittagszeit", sondern „in südlicher Richtung". Gaza: „letzte Station vor der Wüstenstrecke nach Ägypten". Die folgenden Worte, von Beza als Glosse gestrichen, könnten besagen, daß die Stadt Gaza zerstört war oder daß der Weg menschenleer war. – V. 27: προσκυνήσων: Er hat eine Pilgerreise nach Jerusalem gemacht (dasselbe Verbum wie 24,11), wohl nicht als Proselyt, sondern als σεβμόενος bzw. φοβούμενος τὸν θεόν (ThWNT II, S. 766, vgl. H. W. Beyer z. St.). – V. 28: Rückreise. Im Altertum las man laut (E. Norden). – V. 30: Wortspiel (Paronomasie). – V. 31: Der Eunuch drückt sich höchst gepflegt aus; „der potentielle Optativ mit ἄν wird die gebildeten Leser des Lukas entzückt haben" (Haenchen). – V. 32: Das Zitat aus Jes. 53 (genau nach LXX) läßt merkwürdigerweise die charakteristischen Aussagen weg (auch Luk. 22,37 nur ein Splitter; vgl. 1. Petr. 2,22-25). Jes. 53 ist im N.T. keineswegs so stark herangezogen worden, wie man annehmen könnte. – V. 34: ἀποκριθείς (vorher keine Frage) ist Semitismus: יַעַן = er begann zu reden. Der Eunuch bittet höflich. Die Frage ist früher als verständnislos bezeichnet worden; in Wirklichkeit ist sie klug und textnah. – V. 36: κωλυειν steht wiederholt im Zusammenhang mit der Taufe (10,47; 11,17; διακωλύειν Matth. 3,14; mittelbar Mark. 10,14 Par.); das Wort gilt vielen darum als ein Fachausdruck urchristlicher Taufdisziplin. – V. 37 nur in einem Teil der westlichen Texte: der liturgische Brauch verlangte ein Taufbekenntnis. Es handelt sich aber um eine offenbar alte (nicht-trinitarische) Formel. – V. 39: Wenn an Entrückung gedacht ist, dann doch in sehr zurückhaltendem Ausdruck, was auch für das εὑρέθη von V. 40 gilt. Philippus hat seine Mission erfüllt, der Kämmerer braucht ihn nicht mehr. Freude ist ein von Lukas gern gebrauchtes Wort.

Unsere zu einem prasseldürren Intellektualismus degenerierte Mentalität will sich an der Farbigkeit und Erzählfreudigkeit dieser – und mancher anderen – Geschichte nicht mehr recht freuen, und wenn sich jemand doch daran freut, dann setzt er sich dem Verdacht aus, ins Erbauliche und Idyllische abzurutschen. Allerdings: wir haben auch an diesem Text aufzuzeigen, was Christus heute an seiner Gemeinde tut und ferner tun will. Aus diesem und aus keinem anderen Grunde hat Lukas uns diese Begebenheit überliefert. Aber daß er dabei mit unverhohlener Freude das Besondere, das Einmalige, das Unaustauschbare eben dieser Geschichte erzählt, anschaulich und spannend, dies ist mehr als bloß die literarische Aussageform der Zeit des Lukas. Gott hat sich uns so offenbart, daß er sich und sein Handeln uns anschaulich werden läßt. Das gilt zuerst da, wo er uns im Sohne leibhaft begegnet. Aber auch da, wo sein Geist – selbst verhüllt und nicht zu fassen – Wirkungen hervorbringt, in denen der Glaube – nur er – Gott selbst am Werke sieht. Gott gibt sich uns in seinem Worte so, daß die Bildschicht unseres inneren Menschen angesprochen wird. Was sich in sie eingezeichnet hat, haftet, wirkt und trägt anders als das, was bloß vom logischen Schaltapparat ergriffen wird. Wir argumentieren nicht mit psychologischen Postulaten, sondern wir konstatieren, daß Gott in seiner Weisheit den Weg gegangen ist, der unserer menschlichen Art entspricht. „Christus, da er Menschen ziehen wollte, mußte er Mensch werden" (Luther, WA 19,78; Cl. 3,299; MA^2 3,248). Unsere Verkündigung wird krank, wenn wir – der Anfängerfehler nicht erst seit gestern und heute – meinen, die beste Vergegenwärtigung bestehe in einem kerygmatischen Destillat.

Verschiedene Motive dominieren im Text, ohne sich gegenseitig zu stören. Daß Lukas – wie konnte er nur! – auch von einem Gott-Suchen (Wallfahrt) spricht, das erfüllt wird, kann man nicht gut leugnen, auch wenn es nicht recht in unser theologisches Schema passen will. Das uns heute viel näher liegende Thema des Verstehens – hier besonders im Blick auf das christliche Verständnis des Alten Testaments – wird vom Text nicht als Problem empfunden, vielmehr wird der alttestamentliche Text, als verstände sich dies von selbst, auf Christus hin gelesen; für uns eine wichtige Textaussage. Zweifellos geht es um die Universalität des Heils – der Kämmerer ist einer von den ganz Fernen, nach den geographischen Vorstellungen der Alten vom äußersten Rand der Erde. Sodann ist der Text eine Taufgeschichte, und als solche hat sie die OP auf den 6. Sonntag nach Trinitatis gesetzt. Ein Leitfaden durch den Text könnte etwa folgende Zusammenfassung sein: Auch der ganz Ferne soll gefunden (1), unterwiesen (2), getauft werden (3).

1. Wichtiger als dies, daß dieser Mann Gott sucht, ist das andere: daß er gefunden wird. Man darf freilich nicht übersehen oder unterschlagen, daß der Mann wirklich sucht. Eine Wallfahrt (V. 27) von etwa 3000 km, vielleicht noch mehr, bei den damaligen Verkehrsverhältnissen! Was nötigt den Mann dazu? Lukas erzählt nichts über die Vorgeschichte dieser Pilgerreise. Ein „Proselyt der Gerechtigkeit", also Vollproselyt (J. Jeremias, Jerusalem zur Zeit Jesu, II. Teil, Berlin 1958², S. 191 ff.), dürfte der Eunuch nicht gewesen sein (s. o.), wohl aber „Halbproselyt", Sebomenos. Von ägyptischen Proselyten wissen wir. Jüdische Missionare „durchzogen" ja „Land und Meer" (Matth. 23,15), um Proselyten zu gewinnen. Daß von der jüdischen Diaspora in Ägypten missionarische Wirkungen ausgegangen sind, darf man annehmen. So mag dem Suchen ein Gesucht-Werden vorausgegangen sein. Doch darüber erfahren wir nichts. Aber das erfahren wir, daß sich – im Sinne zentripetaler Mission – etwas von dem ereignet hat, was wir Jes. 2,3 lesen (vgl. unsere Auslegung zum Epiphaniastag). Lukas, bekannt als Fürsprecher der Armen und gesellschaftlich Benachteiligten, läßt es sich doch nicht entgehen, seinem vornehmen Leser Theophilos deutlich zu machen, daß Menschen aus seinen Kreisen, in diesem Falle: ein Finanzminister, sich mit der Sache Jesu beschäftigen. Mit dieser Pilgerreise nach Jerusalem hat es angefangen – auf dem Boden des Alten Bundes. Der Minister hat gemerkt: hier ist die Stelle, an der Gott für seine Menschen noch in anderer Weise da ist als irgendwo in seiner weiten Schöpfung. Hier ist sein Wort, sein Gesetz, seine Verheißung. Der „Vorzug", von dem Röm. 3,1 spricht, ist von dem Kuschiten entdeckt worden, und er begehrt daran teilzuhaben. Vielleicht fällt es uns schwer, zu begreifen, warum er sich dieses Teilhaben soviel kosten läßt. Er ist ja nicht deshalb nach Jerusalem gereist, weil er einen politisch-diplomatischen Auftrag hätte; προσκυνήσων – mit diesem Partizip des Futurs, das, elegant, einen Finalsatz vertritt, ist der Zweck seiner Reise deutlich bezeichnet. Man könnte annehmen, daß das hohe Amt diesen Mann so in Anspruch nimmt, daß ihm die Sache Gottes so hoch nicht im Kurs stehen kann. Wir haben nicht die Aufgabe, uns in Vermutungen darüber zu ergehen, was es im einzelnen gewesen sein mag, das ihn zu der weiten Reise veranlaßte. Genug: Gott war ihm soviel wert. Seine Bildung – Lukas überläßt es uns, sie aus dem gepflegten Griechisch zu erkennen – und sein Geldbeutel erlauben es, sich ein Stück Bibel zu verschaffen und zu studieren. Man hatte im Altertum gern Reiselektüre bei

sich (2. Tim. 4,13); es gab für diese Zwecke eigens Bücher von besonders kleinem Format (Martial I,3; XIV,188; Aristophanes, Frösche 53). Mit dem Besuch des Tempels ist für den Mann die Sache mit Gott nicht erledigt, als hätte es nur gegolten, einer frommen Pflicht zu genügen. Er bleibt an der Sache.

Haenchen macht uns besonders eingehend darauf aufmerksam, „welch ungewöhnlich hohes Maß an göttlichen Eingriffen und Lenkungen nötig ist, welche providentia specialissima hier ihr Werk tun muß, damit es zu dieser Bekehrung und Taufe kommt" (S. 272). Daß Gott uns „findet", wie wir es zusammenfassend ausdrücken wollten, schließt dieses göttliche Walten, Senden und Führen ein. Wir wären nicht mehr Schüler der Heiligen Schrift, wenn wir an dieser Stelle einsilbig und verlegen würden, erst recht nicht, wenn wir diese Gewißheit paralysieren wollten. Unser Glaube hat eben auch seine Geschichte. Er entsteht nicht daraus, daß Gott uns so oder so führt, denn Gottes Beschließen und Lenken ist mehrdeutig, wenn nicht überhaupt dunkel (deus absconditus). Der Glaube entsteht aus der Begegnung mit Gott in seiner Offenbarung („sucht Gott in seinem Gefundenwerden", heißt es Jes. 55,6 – Urtext – vielsagend). Aber gerade der Glaube lernt „hintennach" (Exod. 33,23) die Wege Gottes verstehen. Zu der Geschichte, die sich in der Wort-Begegnung mit Gott abspielt, gehört eben auch die Vor-Geschichte, in der Gott die äußeren Voraussetzungen für solches Begegnen schafft. Wie macht Gott das? Er weiß viel tausend Weisen. In V. 26 agiert ein Engel, in VV. 29.39 der Geist; Lukas hat wahrscheinlich kein großes Interesse daran, seine Vorstellungen in ein festes System zu bringen. Genug: alles unterliegt der Regie Gottes – der Regisseur selbst wird auf der Bühne nicht sichtbar. Philippus wird, jedenfalls nach der Abfolge der Ereignisse, wie Lukas sie berichtet, aus großer Missionsarbeit in Samarien herausgelöst und – für einen Missionar immerhin ein wenig seltsam – dorthin geschickt, wo man annehmen muß, daß man nicht *einen* Menschen treffen wird. Es war schon bei Gründung der samaritanischen Christengemeinden so gegangen: eine Verfolgung in Jerusalem hatte die Sendboten „ausgestreut", und so ging es, gegen alles Wünschen und Planen, mit der Sache Jesu voran. Die Christenheit erkennt immer wieder im scheinbar Sinnlosen nachträglich Gottes planvolles Schalten und Führen, und wenn sie geistlich wach ist, übt sie sich an solchen Erfahrungen darin, auch dann zu vertrauen, wenn sie nicht begreift. Der Missionar da, wo keine Menschen sind! – Aber da *sind* Menschen: eine südwärts ziehende Karawane. In diesem Zug ein Reisewagen, wie wir ihn einem hohen Hofbeamten zutrauen dürfen. Dunkelhäutig der Mann im Wagen, wie wohl auch die (nicht erwähnten) Leute in seiner Begleitung. Ein Kuschit! Ein vornehmer Mann offenbar – die übrigen Personalien, die Lukas der Kürze halber sofort mitteilt, werden nicht durch bloßen Augenschein (ἰδού, V. 27) festzustellen gewesen sein. Der Geist ermutigt Philippus: „Jetzt nichts wie ran" (πρόσελθε) „und Kontakt halten" (κολλήθητι) „mit diesem Wagen!" – Die göttliche Regie hat einkalkuliert, daß der Kuschit liest, und zwar gerade an der Stelle ist, an der er einer Verstehenshilfe nicht nur bedarf, sondern, indem sie ihm widerfährt, die Christusbotschaft vernimmt, die für ihn die Wende bringt. Alle Vorgänge, die

sich zu dieser Geschichte zusammenweben, hat Gott aufs genaueste aufeinander abgestimmt. Nimmt man noch hinzu, daß genau in dem Augenblick, da die Taufunterweisung an ihr Ende gelangt, die Karawane an ein Wasser kommt, in dem die Taufe stattfinden kann, dann erweist sich die Programmierung Gottes als perfekt.
Wie sollen wir uns dazu stellen? Das Bekenntnis zu dieser bis ins einzelne gehenden Vorsehung und Regierung Gottes ist nicht Sache der natürlichen Theologie, die – gleich, von welchen Voraussetzungen her – feststellt, daß Gottes Weltregiment allumfassend funktioniert, wie – jeweils in seinem Bereich – das Gesetz der Gravitation oder das Ohmsche Gesetz funktionieren. Das Bekenntnis zur providentia und gubernatio specialissima ist nicht Weltanschauungssatz, sondern Glaubenssatz. Allerdings schließt der Glaubenssatz Aussagen weltanschaulicher Art ein. Aber er hat seinen Grund nicht in der Theorie, sondern in der Begegnung mit Gott in Christus. Glaube an Gottes Vorsehung ist praktischer, aus der Gottesbegegnung stammender und in der personhaften Beziehung zu Gott aktualisierter Schöpfungsglaube. Gott regiert nicht nur seine Kirche, sondern die ganze Welt. Er hat Himmel, Erde und Meer gemacht. Er bestimmt, wie lange und wie weit die Völker auf der Erde wohnen. Kein Sperling fällt zur Erde ohne seinen Willen. Er schickt mir die Menschen, mit denen ich es nach seinem Willen zu tun haben soll. Er schickt mich zu den Menschen, mit denen er etwas vorhat. Er schafft die Situationen und Gelegenheiten, in denen ich mich bewähren, die ich nutzen soll. Ich soll die Situationen, in die er mich stellt, annehmen und wahrnehmen. In allem und jedem habe ich es – erkannter- oder unerkanntermaßen – mit Gott zu tun. Daß es so ist, weiß ich nur aus seinem Wort. Wie ich mich zu verhalten habe, weiß ich wiederum nur aus seinem Wort. Ich werde darum in der jeweiligen Situation verantwortlich zu handeln haben – man denke an das δοκιμάζειν von Röm. 12,2. Aber von Gott ist nicht nur das Wort, sondern auch die Lage, das Geschehen, die jeweilige Konstellation der Dinge, in der ich verantwortlich zu handeln habe. Wir führen das aus, weil unter uns immer wieder eine gewisse – m.E. unbiblische – Scheu festzustellen ist, sich der gubernatio Gottes im einzelnen anzuvertrauen, und weil diese Scheu auch das theologische Denken und damit die Predigt der Kirche verfälscht. „Gott sitzt im Regimente und führet alles wohl" (EKG 294,7). – Wir haben nun aber mit gutem Bedacht das Leitwort dieser ersten Überlegung anders gewählt: „auch der Ferne soll *gefunden* werden". Daß Gott alles bis ins einzelne weise bestimmt und lenkt, ist wahr, und wir sollten daran festhalten, auch wenn dieser Satz auf den ersten Blick mit einer allgemeinen Wahrheit verwechselt werden kann, wie sie etwa ein Aufklärer im Rahmen seiner vernünftigen Weltanschauung ausspricht. Aber daß die Verwechslung möglich ist, kann uns wahrhaftig nicht dazu veranlassen, diesen Satz fallenzulassen. Es kommt auf das Telos des göttlichen Schaltens und Waltens an. Gott will diesmal, daß dieser eine Mensch „gefunden" wird. Im Dienste dieser missionarischen Aktion Gottes steht all sein Wecken und Senden, Führen und Fügen. Das Wort, das es tun muß, ergeht ja nicht im luftleeren bzw. geschichtslosen Raum. Es hat darum auch immer seine irdisch-menschliche Geschichte. Die richtige, stichhaltige

Entdeckung, daß das befreiende, neuschaffende, einen Menschen total umdirigierende Wort nicht aus der geschichtlichen Situation stammt, sondern „senkrecht von oben", also von Gott her an uns ergeht, darf uns doch nicht dafür blind machen, daß alles, auch die Ausrichtung dieses Wortes, auch seinen anschaulichen Hergang, also seine Vorgeschichte und seinen leibhaft-anschaulichen Vollzug im Kommen und Gehen, im Reden und Hören, im Verständlichmachen und Verstehen (usw.) hat. Was hat Gott alles angestellt, bis er uns so weit hatte, daß wir erstmals staunend *hörten*! Wir werden das, was wir heute nur in schwachen Umrissen sehen, noch einmal bis ins Detail erfahren und darüber dankbar werden, wie Gott die Weichen gestellt und die Situationen geschaffen, Menschen auf den Weg gebracht und äußere Hilfsmittel bereitgestellt hat. Es ist nicht ein Abirren vom Glauben, sondern es ist im Gegenteil die Art des Glaubens, daß er lernt, Gottes Bemühungen um seine Kinder zu entdecken, wahrzunehmen und dafür dankbar zu werden (das alttestamentliche Danklied folgt darin, wie wir wissen, einem wohlerkundeten und -erprobten Weg). Was Gott tut, tut er durch seine Kreaturen. Umgekehrt: durch seine Kreaturen handelt er selbst. Er hat es diesmal auf den Kämmerer, er hat es jedesmal auf einen anderen Menschen abgesehen. Unser Text hält uns dazu an, sein Bemühen um uns aufzuspüren. Er sucht uns, und es ist ihm dabei nicht zu mühsam, bis in die kleinsten Kleinigkeiten alles so zu lenken, daß er, wenn der Augenblick da ist, mit dem zum Zuge kommen kann, woran nun allerdings alles hängt: mit seinem Wort und seinem Sakrament.

2. Mit seinem *Wort* – der Mann aus Äthiopien soll nach Gottes Willen darin *unterwiesen* werden. Philippus findet ihn lesend vor. „Antike Reisewagen sehen auf erhaltenen Abbildungen ziemlich plump aus. Aber sie müssen weich und ohne zu stoßen gefahren sein, denn man konnte darin während der Fahrt stenographieren" (Lamer-Bux-Schöne, Wörterbuch der Antike, 681 – s. Plinius, Briefe III 5,15). Das laute Lesen – uns hastigen, nervösen, durch zuviel Gedrucktes stumpf gewordenen, uns unkonzentrierten, weitgehend aufnahme-unfähigen Zivilisationsmenschen dringendst zu empfehlen – läßt den nebenherlaufenden Philippus sofort erkennen, womit der vornehme Mann sich beschäftigt (der löblichen Bibelkenntnis des Philippus sei wenigstens im Vorübergehen gedacht). Zur Regie Gottes gehört es, daß der Kämmerer im richtigen Augenblick gerade an der richtigen Stelle ist: an einer Stelle, die die Gelegenheit zu einem umfassenden Christuszeugnis gibt. Wir überlesen nicht: mit der Auslegung der Stelle aus Jes. 53 fängt das Gespräch an, aber es geht dann über zum „Evangelium von Jesus" (V. 35); der alttestamentliche Text ist gewissermaßen die Operationsbasis.

„Verstehst du auch, was du liest?" Wir sind bei der hermeneutischen Frage. Sie stellt sich für die Menschen der biblischen Zeit unkomplizierter als für uns. Verstanden wird nur, was dem Wahrheitsbewußtsein des Empfängers adaptiert werden kann; je ferner dieses dem zu verstehenden Text oder Sachverhalt ist, desto eingreifender der Vorgang der Übersetzung. Zum Verstehen gehört auch die umgekehrte Bewegung: dem Empfänger muß zugemutet werden, daß er seinerseits die Rückübersetzung vollzieht und damit in den Bewußtseinshorizont dessen tritt, den er verstehen will. Wir pflegen im kirchlichen Alltag mehr über das erste, kaum über das zweite nachzudenken. Zur wirklichen Kommunikation zwischen Text und Leser kommt es nur, wenn sich beides ereignet. Der Kämmerer hat offensichtlich begriffen, daß er, als der Mann aus Äthiopien, es wohl auf sich nehmen muß, in diese alten Texte einzudringen: wenn es Gott einmal gefallen hat, sein Heil eben dort und eben damals zu offenbaren und aufzurichten, dann muß man es sich diese Mühe kosten lassen. Schöpfen muß man da, wo die Quelle ist. Dies war der Grund und Sinn der Pilgerreise, dies der Sinn seines Schriftstudiums. Es wäre Falschmünzerei, wenn wir im missionarischen Bemühen um die „Fernen" diesen Tatbestand verschleierten. Sie in die Bibel zu weisen bedeutet zweifellos eine Zumutung; wir können ihnen nur Mut machen, diese auf sich zu nehmen, und sie sind dazu meist bereiter, als wir oft meinen. – Freilich gehört dazu sofort das andere: Es bedarf der Anleitung und zu diesem Zwecke wieder des sachkundigen und autorisierten Interpreten.

Es wundert uns ein wenig, daß aus Jes. 53 eben nur diese Verse ausgewählt sind. Ob es an einer – dem Lukas gern nachgesagten – Verkürzung der theologischen Erkenntnis liegt, braucht hier nicht erörtert zu werden. Das Problem der Auslegung dieser Prophetenstelle ist jedenfalls gesehen, sogar mit einer erstaunlichen Deutlichkeit: Meint der Prophet mit dem Ebed Jahwe sich selbst oder einen anderen? Vgl. ThWNT V, S. 653ff.; G. v. Rad, ThAT II, S. 264ff. Ein Ebed-Jahwe-Text wie Jes. 50,4-11a deutet am ehesten auf den Propheten; Stellen wie 41,8; 42,19; 44,2.21; 45,4; 48,20 könnten an eine kollektive Deutung denken lassen, doch führt diese „in unüberwindliche Schwierigkeiten" (v. Rad, a.a.O., S. 272). „Die Aussagen der Lieder transzendieren doch auf Schritt und Tritt das Biographische ebenso wie alles im geschichtlichen Raum Mögliche" (ebd.). War der Ebed ursprünglich der Prophet, dann eben so, daß auch er – sagen wir es abkürzend: – das Kreuz Christi trug, das den Vorläufern wie den Nachfolgern von Jesus her zugesprochen ist (Matth. 16,24; vgl. 5,11ff.; 23,31f.). – Die Verwendung von Jes. 53 im Urchristentum ist spärlich. In einer offenbar sehr archaischen christologischen Formel heißt Jesus παῖς τοῦ θεοῦ = עבד יהוה (Apg. 3,13; 3,26; 4,27; 4,30), an erstgenannter Stelle offensichtlich in Aufnahme von Jes. 52,13. Die Formel kommt sonst nicht vor. Daß sie sich nur in den beiden genannten Kapiteln findet, könnte eine Erinnerung daran sein, daß sie im Kreis des Petrus daheim ist; der Befund in 1. Petr. 2 (s.o.) würde dazu auch dann passen, wenn der 1. Petrusbrief dem Petrus nur zugeschrieben bzw. unter Berufung auf ihn verfaßt ist. (Vgl. zu diesem O. Cullmann, Die Christologie des N.T., Tübingen 1963[3], S. 72ff.) Wie es damit auch stehen mag, Philippus hat – ob darin relativ einsam oder nicht – nach dem Bericht des Lukas in dem prophetischen Zeugnis die Umrisse der Gestalt Christi erkannt. Philippus sagt nicht: Rolle das Buch, das du auf den Knien hast, getrost wieder zusammen – ich habe dir von einem anderen zu erzählen! Vielmehr fängt Philippus bei dieser Schriftstelle an und kommt von da aus zur „guten Nachricht" von Jesus. Jesus ist in der Gemeinde des Alten Bundes, zu der der Kämmerer gestoßen ist, eigentlich kein Fremdkörper; die Jesus ans Kreuz gebracht haben, haben ihn dazu gemacht und sind selbst damit zu Fremdlingen in der großen Gottesgeschichte geworden, in die sich alle Zeugen des Neuen Testaments einbezogen wissen. Heimlich und unerkannt war Jesus schon immer mit im Spiel. Er war gemeint, wann immer vom Heil die Rede war. Man darf – und hierin wird der Kämmerer in der hier beschriebenen Stunde den ganz neuen Blick gewonnen haben – nur nicht meinen, daß das Heil anders gewonnen werden könne als eben so, daß der Eine, auf den alles zuläuft, den schwersten Weg geht. Eine christologische und soteriologische Theorie bietet die Stelle nicht. Lukas „wird in der ταπείνωσις den Tod, in der ‚Aufhebung des Gerichts' die Auferstehung gefunden haben" (Haenchen zu V. 33; der revidierte Text gibt der Stelle einen ganz anderen Sinn, vgl. auch ThWNT I, S. 185). Und dennoch liegt in dem wenigen, was hier skizziert ist, ein Bekenntnis zur Theologie des Kreuzes. Begreift das ein Mann wie dieser „Kämmerer"? Ist er nicht gewöhnt, in ganz anderen Kategorien zu denken? Müßte er das, wonach er sich zu sehnen scheint, nicht von einem Eingriff der Allmacht Gottes in den Lauf der Welt erwarten? Statt dessen wird ihm der Mann verkündigt, der stillhält wie ein Schaf, wenn es geschoren wird, nein, schlimmer noch: wenn es geschlachtet wird. Das Nein zu allem, was wir uns vorstellen und ausdenken: dieser Gekreuzigte. Und eben dieser das Ja des Erbarmens Gottes zu uns. Man brauchte Jes. 53 nur ganz zu lesen, und das Gesagte bekäme noch viel kräftigere Konturen. Warum war dieser Christus so stumm? Hat Gott ihn geschlagen? Ja, schon – aber um unsertwillen! Es hat einer, es hat dieser Eine sterben müssen, weil *ich* eben so bin, wie ich bin! Der vornehme Kuschit hat es nicht geahnt, was sich da einige tausend Kilometer entfernt von ihm ereignet hat; heute erfährt er, daß dieser Christus das heimlich Bewegende in seinem Leben und nun die große Wende sein will. Wer kann das aus-erzählen (διηγεῖσθαι), wie viele Menschen (γενεά) diesem Jesus noch zufallen! Auch die Fernsten – also auch dieser Äthiopier! Der erhöhte Christus (V. 33c) hat ihn gewonnen.

3. Es ist für die Urchristen selbstverständlich, daß, wer Christ wird, sich taufen läßt, besser: „getauft wird" (βαπτισθῆναι, V. 36). Überflüssig, zu sagen, daß die Taufvorbereitung, also auch die Erläuterung dessen, was Taufe ist, in die „Verkündigung des Evangeliums" unverzichtbar mit hineingehört. Geht es uns zu schnell damit – nach so kurzem Taufunterricht? Zu einer eindringenden Nacharbeit wird Philippus keine Gelegenheit mehr haben. Für ihn gibt es weitere Aufgaben in Fülle (V. 40). „Der Geist des Herrn riß den Philippus hinweg" („entrückte" ist schon eine bestimmte Auslegung, die möglich, jedoch nicht zwingend ist). Der das gute Werk angefangen hat, wird es weiterführen (Phil. 1,6); die Urchristenheit hat dem Wirken Christi viel zugetraut. Der Kämmerer wird Christ, indem er getauft wird. Hier ist Wasser – das ist die Gelegenheit. Was steht meiner Taufe im Wege? Wer so fragt, hat das Evangelium verstanden. Auch der ganz Ferne soll getauft werden, formulierten wir; damit ist dies gemeint, daß in Christus nun wirklich alle „Hindernisse" beseitigt sind, die uns auf dem Weg zu Gott aufhalten könnten. Ein Farbiger, ein Mann aus heidnischem Volke, ein Eunuch (wenn dies im engeren Sinne für ihn zutrifft), einer, der an der ganzen bisherigen Geschichte Gottes mit seinem Volke nicht teilgenommen hat

und insofern wirklich noch unerfahren, unausgereift ist. Aber was ist das alles, wenn man am Kreuz gelernt hat, alles aufzugeben, worauf Menschen stolz sein könnten, und alles anzunehmen, was dieser Jesus Christus einem jeden gibt, ohne Bedingung, allein aus Gnaden? „Was hindert?“ Nichts hindert mehr! Christi Kreuz und Auferstehung werden, indem der Mann ins Wasser steigt, untertaucht und wieder hervorkommt, tragende Wirklichkeit seines eigenen Lebens. Das Stück Ritus, das spätere Überlieferung als V. 37 eingefügt hat, sagt sachlich nichts Neues. Es ist dennoch gut, daß alles seine feste Form bekommt. Formgeschichtliche Forschung hat es uns sehen gelehrt: es ist ein Aberglaube, zu meinen, daß da kein Leben sein könne, wo man in fester Gestalt gemeinsam bekennt, betet, lobt, feiert usw. Dennoch: die Frage, ob es noch ein Hindernis gebe, ist schon – recht verstanden – ein starkes Bekenntnis. Daß der Mann – mit seiner Deuterojesajarolle allein gelassen – seinen Weg in der „Freude“ fortsetzt, die das Evangelium auslöst, bestätigt nur: er hat begriffen, daß – wir reden abermals mit dem Philipperbrief – Christus ihn ergriffen hat (3,12). Was sich hier ereignet hat, konnte in dem Plan der Reise nicht vorgesehen sein. Es ist Gottes Sache, wann, wo und wie er uns zu fassen bekommt. Der unsichtbare Herr, dessen Leben von der Erde weggenommen ist (V. 33), geht eben als der Erhöhte mit nach Äthiopien. Der Kämmerer ist getauft – so ist dafür gesorgt, daß der Name Christi und das, was Christus auch für diesen Mann getan hat, aus seinem Leben nicht mehr getilgt wird.

7. Sonntag nach Trinitatis. 1. Kor. 6,9-14(15-17)18-20

V. 9a gehört noch zum Vorhergehenden. Mit V. 9b beginnt ein neuer Zusammenhang, und zwar so, daß zunächst allgemein die Unvereinbarkeit verschiedenster Laster mit der Situation der Getauften (VV. 9b-11), sodann Freiheit und Bindung auf dem Gebiet der Sexualität erörtert werden (VV. 12–20). (Fragen der Ehe bleiben dem nächsten Kapitel vorbehalten.) Weglassung der VV. 15–17 würde den umfänglichen Text verkürzen, jedoch ein wesentliches Element der Argumentation eliminieren. Veranlaßt könnten die Erörterungen sein durch Nachrichten, die Paulus durch die Leute der Chloë (1,11) erhalten hat, oder durch einen Brief der Gemeinde (vgl. 7,1; 16,17f.). Es geht gegen libertinistische Auffassungen, wie sie der korinthische Enthusiasmus propagiert. – V. 9: „Reich Gottes“ ist Leitbegriff der Verkündigung Jesu, in den Paulusbriefen Röm. 14,17; 1. Kor. 4,20; 6,9.10; 15,50; Gal. 5,21; Eph. 5,5; Kol. 4,11; 1. Thess. 2,12; 2. Thess. 1,5. Auch das Verbum „erben“ (von Paulus, wie eine Reihe der vorstehenden Stellen zeigen, gern in diesem Zusammenhang gebraucht) kommt aus Jesu Sprachgebrauch (Matth. 25,34; mit ähnlichen Objekten Matth. 5,5; 19,29 u. ö.). Lasterkataloge auch Röm. 1,29ff.; 13,13; 1. Kor. 5,10f.; 2. Kor. 12,20f.; Gal. 5,19ff.; Eph. 4,25ff.; 5,3ff. Im Unterschied zum μοιχός (Ehebrecher) ist der πόρνος derjenige, der mit der prostituierten Sklavin oder der feilen Dirne umgeht (πόρνη vielleicht von πέρνημι = πιπράσκω = verkaufe); εἰδωλολατρεία steht in den Lasterkatalogen meist dicht dabei – die Assoziation mag sich von der kultischen Prostitution her ergeben; zu μαλακός (Weichling, Lustknabe) und ἀρσενοκοίτης: Päderastie und überhaupt gleichgeschlechtlicher Eros im Altertum weithin geduldet, ja sogar gefördert;

zur christlichen Beurteilung vgl. Röm. 1,27 – auch hier im Zusammenhang mit der Verkehrung der Wahrheit Gottes. – V. 10: Das „Mehrhabenwollen" (πλεονεξία) ist wieder dem Götzendienst verwandt (Kol. 3,5). Zu den weiteren Lastern vgl. bes. 5,11 (die Gemeinde soll die Gemeinschaft mit solchen Menschen abbrechen). – V. 11: Das (unkonstruierte) τινες schränkt ein. Zur Zusammensetzung der korinthischen Gemeinde vgl. 1,26ff. ἀπελούσασθε ist Taufterminus, vgl. Apg. 22,16; Eph. 5,26; Hebr. 10,22, Apok. 1,5b (ThWNT IV, S. 305f.), medial deshalb, weil der Begriff von kultischen Bädern hergenommen ist, freilich mit ganz neuer Sinngebung. Beim Verbum βαπτίζειν wird (außer Apg. 22,16 s. o.) das Medium bzw. Reflexivum konsequent gemieden, denn die Taufe ist Tat Gottes (ThWNT I, S. 538). Vgl. die folgenden Passivformen ἡγιάσθητε, ἐδικαιώθητε. – V. 12: Πάντα μοι ἔξεστιν vgl. 10,23; es könnte sich um ein libertinistisches, ja vielleicht gar ursprünglich von Paulus geprägtes, in diesem Falle die Freiheit vom Gesetz bezeichnendes Schlagwort handeln. Die Freiheit hat ihr Maß am „Zuträglichen" (συμφέρον, V. 12) und am „Aufbauenden" (10,23). Das Passiv ἐξουσιασθήσομαι ist besonders geistvoll und tiefsinnig: ich werde zum Objekt – das liegt in der Passivform – einer meine Freiheit vernichtenden fremden „Freiheit" (ἐξουσία). – V. 13: Der Gedanke von Mark. 7,15 mag dahinterstehen. Das Personleben ist hier nicht betroffen. Der Gedanke ist freilich einseitig zugespitzt. Unterschied von κοιλία und σῶμα! σῶμα ist der ganze Mensch, fast = Person, denn diese gibt es nicht leiblos. – V. 14: Das σῶμα ist zur Auferstehung bestimmt (Röm. 8,11; Phil. 3,21). – V. 15: Vgl. 12,12ff. und unsere Auslegung zum 4. S. n. Trin. In der sakramentalen Anteilhabe am Leib des auferstandenen Christus (10,16f.) sind wir Christi Glieder. Dies schließt das leibhafte Einswerden mit der Dirne ebenso aus wie die (quasi-sakramentale) Anteilhabe am Tisch der Daimonia (10,21). Was Paulus meint, erschließt sich nur von einem ganz realistischen Sakramentsverständnis her. – V. 16: Gen. 2,24 – vom Zitat her ist σῶμα durch σάρξ ersetzt (בָּשָׂר hat hier auch den Sinn von „Person" oder auch „einheitliches Lebewesen"). – V. 17: Beachte die Parallele ἓν σῶμα – ἓν πνεῦμα, wobei man alle idealistischen Gedanken einer Unterscheidung von Leib und Geist zu verbannen hat. Auch das Pneuma hat somatischen Charakter, es gibt pneumatische Leiber (15,44). – V. 18b weist auf V. 13 zurück (s. o.); auch hier ist bedenklich einseitig formuliert, um am Gegensatz möglichst scharf herauszustellen, daß das Einswerden mit der Dirne die ganze Person betrifft. – V. 19: Der Gedanke von 3,16 (dort auf die Gemeinde bezogen) wird hier auf den Leib des einzelnen angewandt. Wir in Christus – sein Geist in uns. – V. 20: Loskauf vgl. 7,23; Gal. 3,13; 4,5, ähnlich der Begriff der ἀπολύτρωσις. τιμῆς will nicht auf die Höhe des Preises hinweisen, sondern nur darauf, daß hier „bar" bezahlt wurde, der Handel also rechtskräftig ist, die Christen also ihres Herrn Eigentum sind. Vgl. Lietzmann z. St. Indem unsere Leiber Gott gehören, wird Gott gepriesen und verherrlicht.

Dieser Sonntag hat es mit der Heiligung des Leibes zu tun. „Ergebet eure Glieder zum Dienst der Gerechtigkeit, daß sie heilig werden" (Röm. 6,19 – Wochenspruch). Daß der Glaube die Seele und nur sie angehe, ist ein unter Christen und Nichtchristen schwer auszurottender Irrtum. An der in der abendländischen Geistesgeschichte tief verwurzelten Unterscheidung von Leib und Seele ist die Bibel nicht interessiert. Der „innerliche Mensch" von 2. Kor. 4,16 ist keineswegs das Seelische im Unterschied zum Leiblichen, vielmehr der (ganzheitliche) eschatologische Mensch im Unterschied zum (ganzheitlichen) adamitischen. Was nicht leibhaft ist, ist auch nicht wirklich. Auch das Personleben vollzieht sich immer nur im Leiblichen. Wir unterscheiden die Dimension des Geschlechtlichen – als „Raum" der Freiheit und Verantwortlichkeit – von der des Naturhaften, aber wir müssen festhalten, daß beides, das Personal-Geschichtliche wie das Naturhafte, eben „Dimensionen" der einen leibhaften Wirklichkeit sind. Ohne Augen, Ohren und die anderen Sinne gibt es kein Erkennen, auch kein Begegnen. Ohne Sprechwerkzeuge keine Sprache. Es gibt auch kein sprachloses Denken, daher auch kein leibloses Denken. Alles, was ist und geschieht, hat Gestalt und braucht Gestalt. So hat auch Gott sich uns leibhaft gegeben. Er begegnet uns personal, wird also nicht wahrgenommen wie ein toter Gegenstand; aber jede personale Begegnung schließt die Objekt-Wahrnehmung ein, weil sie in, mit und unter ihr geschieht bzw. aus ihr „aufspringt". Leibhaft war der Deus incarnatus unter uns, man hätte ihn filmen können; freilich hätte der Film nur das Menschliche an ihm aufnehmen können, denn sein Gott-Sein nimmt kein Auge wahr. Aber er war es! Und er ist es noch heute – im Sakrament. Paulus kann von der Leibhaftigkeit unserer Heiligung nicht sprechen ohne Bezugnahme aufs Sakrament. Er widerspricht dem korinthischen Spiritualismus. Unser ganzes Leben ist von Christus in Anspruch genommen, es will für ihn gelebt sein. Raffen wir die Aussagen des Textes etwa so: Unsere Leiber im Dienst Gottes – aufgrund des neuen Anfangs (1), in unserer neuen Freiheit (2), unter unserer neuen Bestimmung (3).

1. Prozesse die Christen vor heidnischen Gerichten führen (6,1ff.) – dieser Skandal veranlaßt Paulus, grundsätzlich zu werden. Daß überhaupt Anlaß ist zu solchen Prozessen! „Wisset ihr nicht ...": mit dieser Formel erinnert Paulus gern an den christlichen Elementarunterricht. Man erschrickt, daß Paulus es nötig hat, von derart massiven Sünden zu sprechen. Ein Blick auf 5,11 zeigt, daß hier längst noch nicht alles aus der Gemeinde ausgeräumt ist; der Fall, der 5,1ff. erwähnt ist, dürfte der Ansatzpunkt für solche Warnungen sein. Die christliche Gemeinde besteht nicht aus lauter untadeligen Menschen. Immer wieder einmal passieren in ihrer Mitte schreckliche Dinge. Der Text hat es besonders mit häßlichen, unappetitlichen Vorkommnissen, vielleicht gar Gewohnheiten im Bereich des Geschlechtlichen zu tun. Davon muß taktvoll, aber offen geredet werden. Aber Paulus läßt deutlich erkennen, daß es Einbrüche und Verfehlungen auch auf anderen Gebieten gibt. Wir gerieten in eine falsche Sicht, wenn V. 10 nicht mit im Text stünde. Die Sünde kommt in vielen Variationen vor. Wir können sie nicht abstreiten, aber wir dürfen uns keinesfalls damit abfinden. Die Botschaft von Gottes bedingungsloser Gnade ergeht an uns nicht deshalb, weil Gott in bezug auf unsere Verkehrtheiten und Verfehlungen resigniert hätte; er hat ja mit uns den neuen Anfang gemacht, um uns tatsächlich davon loszukriegen! Die Ungerechten werden das Reich Gottes nicht ererben. Ein klarer Satz – da gibt es nichts zu verdrehen und umzudeuten. In der Sünde beharren, damit die Gnade um so mächtiger werde (Röm. 6,1): das wäre nicht die Predigt des Paulus, sondern deren Entstellung, deren Karikatur, das wäre ein leichtfertiger Mißbrauch mit dem Evangelium. Es muß in

Korinth Leute gegeben haben, die Paulus so entstellt haben; es gab sie nicht nur in Korinth. Man müßte die ganze Geschichte des Problems „Rechtfertigung und Heiligung“ schreiben, bis in die leidvollen Spaltungen der Christenheit hinein. Daß Paulus so hat mißverstanden werden können, liegt daran, daß seine Botschaft von der Rechtfertigung allein aus dem Glauben nur in ihrer verblüffenden Einseitigkeit und Ausschließlichkeit wirklich stichhaltig ist. Es wäre alles verdorben, wenn das „propter Christum per fidem“ jetzt auf einmal eingegrenzt, abgesichert oder – was paradoxerweise auf dasselbe hinausliefe – unsicher gemacht würde. „Und solche sind euer etliche gewesen“: so sehr wir darüber erschrecken, so groß ist der Trost dieses Sätzchens. Einmal zur Abwechslung rückwärts aufgezählt – und man stelle sich vor, was das heißt, daß wir mit den τινές zusammen auf einer Kirchenbank sitzen und zu ihnen Bruder sagen: Räuber – Lästerer – Säufer – Geldgierige (klassischer Stoff für Krimis!) – Diebe – geschlechtlich Perverse – Ehebrecher und Bordell-Stammkunden – Anhänger heidnischer Kulte mit allem, was damit zusammenhängt (z. B. gab es in Korinth im Tempel der Aphrodite tausend der Göttin geweihte Dirnen)! Sollte man mit solchen allen doch ein bißchen vorsichtiger sein? Sollte man in der christlichen Gemeinde sich die Leute vorher nicht ein wenig besser ansehen und – sieben? Wird einem solchen das, was er getrieben hat, nicht zeitlebens anhängen? „Aber ihr seid abgewaschen, ihr seid geheiligt, ihr seid gerecht geworden durch den Namen des Herrn Jesus Christus und durch den Geist unseres Gottes“ (V. 11). An diesen Indikativen wird nichts abgeschliffen, gedämpft, eingeengt. Die Taufbewerber kamen z. T. mit skandalöser Vergangenheit und mit viel Ekel behaftet an – und Christus stand für sie ein und setzte souverän, in der Allmacht seiner Gnade, den neuen Anfang! Paulus weiß, was in der Gemeinde los ist, und hält doch daran fest: ihr seid abgewaschen, geheiligt, gerechtfertigt. Nicht: ihr könntet es einmal werden. Nicht: unter der Bedingung, daß ... Sondern: ohne Wenn und Aber, so, wie es hier steht! Wenn jemandem dies nicht in den Kopf will – gerade dann, wenn es um ihn selbst geht –, dann ist er auf dem besten Wege, es zu entdecken und zu begreifen. *Gegen* das, was ich an mir selbst täglich feststelle, gilt es: sauber, heilig, gerecht! Um Christi willen habe ich das Recht, mich als einen anzusehen, der ich nicht war und noch nicht bin. – Gerade so kommt es zum neuen Gehorsam. Seine Basis ist die neue Geltung, der neue Wert, den Christus mir zuerkannt hat, indem er selbst sich mit mir verband. Nicht, daß ich mir diesen Wert verschaffen, erringen müßte. Aber wenn ich ihn habe, weil er mir sola gratia beigelegt wurde, dann hieße es ja dieses beglückende Wunder verleugnen, wenn ich das – Gott sei Dank – vergebene und vergessene Leben im alten Stil wieder aufnehmen wollte. Sollte ich mein Glück mit Füßen treten? Sollte ich, wo Christus sich wunderbarerweise vorbehaltlos zu mir bekennt, mich von ihm lossagen? So oder so ähnlich sollte der Prediger versuchen, das in den VV. 9–11 Gewollte zu verdolmetschen. Wir werden uns immer neu darum zu bemühen haben, den Ursprung des neuen Lebens in der Rechtfertigung aufzuzeigen. Die neue Gerechtigkeit drängt auf leibhafte Verwirklichung. Sie darf nicht eine lediglich spirituelle Angelegenheit bleiben. „Laßt euch nicht verführen!“

Die von den libertinistischen Irrlehrern propagierte Zweigleisigkeit – neuer Glaube, altes Leben – hat mit dem Evangelium nichts zu tun. Man kann sich die Anteilhabe an der Herrschaft Gottes nicht verdienen, aber man kann sie verscherzen. Umgekehrt: wenn wir im Leben von einst verharren bzw. dahin zurückfallen, dann liegt es, recht verstanden, nicht daran, daß wir zu wenig *getan*, aber zuviel *geglaubt* haben. Die Zweigleisigkeit der korinthischen Irrlehrer *ist* ja gar kein richtiger Glaube. Der Glaube nimmt den Status der Gnade so ernst und real, daß er an das Alte nur mit Abscheu denken und nur dankbar das Neue bejahen kann.

2. Unsere Leiber sollen im Dienst Gottes stehen – und zwar in der neuen Freiheit. „Alles ist mir erlaubt": dieser Satz ist durchaus als ein evangelischer Satz interpretierbar. Der Christ ist zur Freiheit berufen (Gal. 5,1). Christsein besteht nicht darin, daß man das alte Gesetz nur gegen ein neues austauscht; es besteht überhaupt nicht in der Erfüllung einer Unsumme von Spielregeln (Röm. 14,17). „Alles ist euer" (3,21). „Sollte ich über meine Freiheit urteilen lassen von eines andern Gewissen?" (10,29). Der Christ schaut nicht ängstlich nach beiden Seiten, um nur ja dasselbe zu tun, was alle anderen „christlichen Gehorsam" nennen. Es kann sein, er entscheidet sich anders als alle anderen. Er steht oder fällt damit seinem Herrn (Röm. 14,4). Wir haben uns darin gegenseitig Freiheit zu geben. – Wenn die korinthischen Libertinisten eben dies und nichts anderes gewollt hätten, hätte es zwischen Paulus und ihnen keine Diskussion gegeben. Aber der Satz von der christlichen Freiheit wird falsch, wenn er isoliert wird. Auch die Freiheit steht unter einer Norm. Was auch immer wir tun, es muß – συμφέρειν: – „zusammentragen, beistehen, helfen, förderlich sein, nützen, zu etwas Gutem führen, zuträglich sein", und es muß – οἰκοδομεῖν (10,23): – „aufbauen, etwas errichten", auch „fördern, kräftigen, stärken". Der Freie handelt nicht richtungslos. Er folgt nicht einem fremden Gesetz – etwa gar so, daß er dabei sein eigenes Gewissen fesselt. Er folgt dem eigenen inneren Muß. Nur, dieses Muß bestimmt sich ja gerade von daher, daß er Christus gehört. Durch einen rechtsgültigen Kauf hat Christus uns erworben (V. 20). Das heißt aber sofort: die Agape ist das Richtmaß. Wir leben alle in bestimmten gefügten Gemeinschaften. Ist das etwa die christliche Freiheit, dieser Gemeinschaft, in die wir gestellt sind, uns schuldig zu bleiben? etwas zu tun, was – auf kürzere oder weitere Sicht, im engeren oder größeren Lebenskreis – „nicht zuträglich ist" und „nicht aufbaut"? Wir sind sehr schnell dabei, uns auf die Freiheit eines Christenmenschen zu berufen, wo wir – Hand aufs Herz – einfach *versagen*. Um nun aufs erotische Gebiet zu kommen, das in dieser Perikope ja wirklich zur Verhandlung steht: Es kann wirklich nicht darum gehen, einen unverbrüchlichen Verhaltenskanon durchzusetzen, nach dem alles wie am Schnürchen seinen Gang geht – etwa gar: gut bürgerlich. Wohl aber wird es darum gehen, daß man nicht unter Berufung auf das πάντα μοι ἔξεστιν an einzelnen Menschen und an den großen Gemeinschaften, in denen wir leben, schuldig wird. Die meisten Eigenmächtigkeiten, die unter der präsumptiven „Freiheit" laufen bzw. damit verteidigt werden, geschehen subjektiv verständlich, objektiv unverantwortlich. Daß es im erotischen Geschehen zumeist „ganz ernst"

zugeht, soll nicht bestritten werden; der Seelsorger weiß, daß auch beim massiven Ehebruch subjektiv edelste Motive im Spiel sein können. Was sollte Freiheit anderes bedeuten, als daß man eben diesen Motiven die Ehre gibt und folgt? Aber noch einmal: Hand aufs Herz! „Zuträglich"? „Aufbauend"? Auf weite Sicht und unter Einbeziehung aller Beteiligten vor Gott und Menschen zu verantworten? Auch in dem Wissen, daß Verliebtheit – Gott hat es so gewollt – immer auch berauscht und daß die eigentlichen Entscheidungen gerade im Zustand äußerster Nüchternheit und Distanz zu fällen sind? Oder um nun doch einmal an den jungen Menschen zu exemplifizieren, die eine Ehe eingehen: Ist es vielleicht doch mehr als eine „bürgerliche" Gepflogenheit, daß die Entscheidung zweier Liebender füreinander in einer bewußt durchgehaltenen Wartezeit heranreift und erprobt wird? Ist man das dem andern, den man wirklich liebt, nicht eben deshalb schuldig, *weil* man ihn liebt? Soll nicht auch die äußere Form des Beginns der Ehe von daher bestimmt sein, daß man die Verantwortung füreinander vor dem Gesetz des Staates (Standesamt) und vor Gott (Trauung) bewußt, nüchtern, eben unter Bedenken des συμφέρον und der οἰκοδομή vollzieht und eben nicht irgendwo und irgendwann unter der Übermacht des erotischen Rausches? Und nun wieder zurück auf die Generallinie: „Niemand lasse sich in Grenzsituationen im Angesicht der Macht des Sexus auf Diskussionen ein. Die Einordnung des Sexus in das Gesamtgefüge christlicher Existenz geschehe gedanklich klar in ruhiger Atmosphäre bei normaler Temperatur – und dann ein für allemal" (W. Tannert, Zeichen der Zeit, Pred.H. 1964, S. 64). Wir verkündigen ja eben damit die Freiheit! Denn soll man das ein Handeln in Freiheit nennen, wenn es – mit einem durchgeht? „Es soll mich nichts gefangennehmen" – schade, daß man das Wortspiel im Deutschen nicht nachahmen kann (s. o.). Wir umschreiben: es soll keine „Gewalt" (ἐξουσία) ihre „Freiheit" (ἔξεστιν) gegen mich, der ich *meine* Freiheit zu behaupten meine, so gebrauchen dürfen, daß ich ihr zum willenlosen Objekt werde. Schlimm, wenn mein Kraftfahrzeug ins Schleudern kommt. *Ich* will die Fahrspur bestimmen und kontrollieren – ich werde es nicht „Freiheit" nennen, wenn ich die Gewalt darüber verliere. Und umgekehrt: Man sollte es nicht „Gesetz" nennen, wenn wir im nüchternen Bedenken dessen, was „förderlich" ist und „aufbauend" wirkt, die verantwortliche Liebe dominieren lassen. Es ist theologische Stümperei, wenn man alles, was man mit Paulus τάξις (Ordnung) nennen könnte, kurzerhand als „Gesetz" perhorresziert. Wir stehen nicht unter einem fremden, uns knechtenden, uns verurteilenden Gesetz. Wir sind zur Freiheit berufen. Unsere Freiheit besteht aber eben gerade darin, daß wir wissen, wem wir – selbstverständlich bis ins Leibliche – gehören (VV. 13.15.20). Freiheit heißt: ich kann – ich muß nicht mehr, wie die Verderbensmächte wollten. Ich kann Christus dienen in den Menschen, die er mir anvertraut. Das ist meine Freiheit.

3. Unsere Leiber im Dienste Gottes – unter unserer neuen Bestimmung. Wie wir mit unserm Leib umgehen, das soll sich danach richten, was Gott noch aus ihm machen will. „Gott aber hat den Herrn auferweckt und wird auch uns auferwecken durch seine Kraft." Wie sich Christi und unsere Auf-

erstehung aufeinander beziehen, davon war in dieser Perikopenreihe schon wiederholt die Rede (s. bes. die Ostertexte). Wer von unserm gegenwärtigen Leib nur dies zu sagen weiß, daß er Schrott und Müll ist, zu dem, was sein wird, also in keinerlei Kontinuität steht, wird die Argumentation des Apostels nicht verstehen. Keiner wird behaupten, das Kommende sei einfach das wieder in Betrieb genommene Alte. Mit den Worten unserer Perikope geredet: Gott wird die Speise wie den Bauch zunichte machen. Aber *dieser* Leib wird „verwandelt" (1.Kor. 15,51), „in eine andere Verfassung gebracht" werden (Phil. 3,21). Von seiner eschatologischen Bestimmung her entscheide ich, sofern ich im Glauben bleibe, was ich mit meinem Leibe und an ihm tue. Gott hat damit noch allerlei vor! Er will noch etwas draus machen – wie ein Goldschmied, der ein unansehnliches Stück Edelmetall noch zu etwas Schönem und Kostbarem verarbeiten will. Wir sollten daran denken, übrigens auch bei mißgestalteten, kranken, verfallenden Leibern. Das Wort Bestimmung könnte zu eng werden, wenn wir nur ans Zukünftige denken. Die eschatologische Wirklichkeit ist – unsern Sinnen verborgen – auch schon Gegenwart. Unsere Leiber sind Gliedmaßen Christi (wir erinnern noch einmal an das zu 1. Kor. 12 Gesagte). Wir sind in Christus eingeleibt, und er wohnt leibhaft in uns. Man kann, wenn man will, ebensogut vom pneumatischen Einssein sprechen (V. 17, s. o.). Es ist damit dieselbe uns umschließende und in uns wohnende Christuswirklichkeit gemeint. „Der Leib dem Herrn, und der Herr dem Leibe" (V. 13). „Wißt ihr nicht, daß euer Leib ein Tempel des heiligen Geistes ist, der in euch ist, welchen ihr habt von Gott, und seid nicht euer eigen?" (V. 19). Unsere Leiber sind der Herrschaftsbereich Christi, „aber sein Herrschaftsbereich ist umgekehrt eine uns auf den Leib rückende und uns in unserer Leiblichkeit beschlagnahmende Realität"; dies ist der „paulinische Realismus" (E. Käsemann, EVuB I, S. 277f.). Wer sich mit der Dirne einläßt, bricht aus dem Herrschaftsbereich Christi aus. Man sage nicht, wie die korinthischen Irrlehrer offenbar gesagt haben: dies ist – wie alles, was den Leib betrifft – eine nur äußere Angelegenheit, die unser pneumatisch-personales Sein gar nicht berührt. Doch, doch! Leiblichkeit und Personalität können nicht auseinandergerissen werden. Wer zur Hure geht, verläßt den Christusraum. Er meine auch nicht, es gehe dabei bloß ums Animalische. Jawohl, es gibt animalische Vorgänge – wie Verdauung und Stoffwechsel (V. 13) –, die das Personleben nicht weiter berühren (Anmerkung: auch dies gilt wie V. 18b, nur cum grano salis; was Paulus meint, nehmen wir ihm jedoch gern ab). Aber die tiefste Gemeinschaft zwischen Mann und Weib *ist* eben nicht bloß ein animalischer Vorgang. „Es werden die zwei *ein* Fleisch sein" – dies gilt eben nicht nur vom Einswerden innerhalb der Ehe, sondern auch außerhalb ihrer. Innerhalb der Ehe waltet im vollendeten Einssein von Mann und Weib das Mysterion Christi (Eph. 5,32) – wir buchstabieren immer wieder an dieser fast änigmatisch zu nennenden Aussage, und wir werden sie wahrscheinlich um so besser verstehen, je realistischer wir die leibhaft-personale, uns umhüllende und in uns einwohnende Christusfülle fassen. Unser Leib – Tempel seines Geistes! Das heißt gewiß: In diesem Gehäuse wohnt Jesu Name. Hier wird an Jesus gedacht, auf ihn gehört, mit ihm geredet. Das heißt aber auch: Hier ist – es sei noch einmal an die Parallelität: „ein Leib"/„ein Geist" erinnert – Jesus leibhaft anwesend. Mein Leib ist ein Tabernakel. Was denkt mein Hirn? Was wollen meine Augen sehen, was wollen meine Ohren hören? Wonach greifen meine Hände? Wohin tragen mich meine Füße? Welchen Rang und Sinn haben Essen und Trinken? Welchen die Liebe zwischen Mann und Weib? Was redet die Zunge, was singt die Stimme, was gestalten die Hände und Werkzeuge? In welcher äußeren Verfassung trete ich auf: als Trottel, als Stutzer oder Geck, aufgetakelt und eitel, undiszipliniert und schmuddlig? – oder so, daß man auch im Äußeren etwas davon merken kann, daß ich bestimmt bin, Gottes Ebenbild und Tempel, also seine Wohnstatt zu sein? Und sollte es Gott gefallen, mir Krankheit, vielleicht gar ein quälendes, mich entstellendes Leiden aufzuerlegen: könnte nicht auch darin Christus sein, so daß auch das Leiden durch seine Präsenz geheiligt ist? Gott will an unserm Leibe verherrlicht sein. Er hat uns leibhaft geschaffen, er will uns leibhaft auferwecken, er selbst will leibhaft in uns sein. Alles, was wir sind, soll ihn verherrlichen.

8. Sonntag nach Trinitatis. Phil. 4,10-20

Paulus hat sonst größten Wert darauf gelegt, wirtschaftlich von den Gemeinden unabhängig zu sein; er verdiente sich sein Brot, indem er sein Handwerk ausübte (1. Thess. 2,9; 3,8; 1. Kor. 4,12a; 9,4-15; 2. Kor. 11,7ff.; Apg. 18,3; 20,34). Die Gemeinde von Philippi ist eine Ausnahme (Phil. 2,15 u. unsere Stelle), jedoch, wie der Plural ἄλλας ἐκκλησίας in 2. Kor. 11,8 zeigt, nicht die einzige, wozu V. 15 unseres Textes in Spannung steht: sie hat durch Epaphroditus (2,25-30) dem gefangenen Paulus zu seinem Unterhalt eine Gabe übersandt, für die Paulus sich – ohne das Wort zu gebrauchen – „bedankt". – V. 10: Die Philipper sind „aufgeblüht" (ἀνεθάλετε) „in bezug auf" (Akk. d. Beziehung) „das Sorgen für mich" – oder sie haben „ihre Fürsorge für mich aufblühen lassen" (beide Bedeutungen möglich). Dies der Grund der „großen Freude ἐν κυρίῳ", d.h. also: einer Freude, deren „Element", in dem sie lebt, Christus ist. ἤδη ποτέ = endlich einmal (wie Röm. 1,10). ἐφ' ᾧ = ἐπὶ τούτῳ ὅτι = aufgrund dessen daß. Das heißt also: Das Aufblühen der Fürsorge für den Apostel geschah schon „auf dem Hintergrund eines ständigen Besorgtseins um..." – aber „es fand sich immerzu keine Gelegenheit", oder gar: „ihr hattet nicht Zeit dazu". – V. 12: οἶδα nicht bloß im intellektuellen Sinne, sondern: „ich verstehe mich darauf". μεμύημαι technischer Ausdruck der Mysteriensprache: ich bin darin eingeweiht. – V. 13: „Christus" ist (sachlich richtige) Hinzufügung der Koine-Überlieferung. – V. 14: πλήν gibt dem Gedankengang eine Wendung: „allerdings". Es geht weniger um die materielle Hilfe, mehr um die menschliche Anteilnahme und Solidarität. – V. 15: die in Apg. 16,40 gemeinte Situation (vgl. unsere Auslegung zu Cantate). Vgl. 2. Kor. 11,7ff. εἰς λόγον ist Term. techn. der Kaufmannssprache: „zur Abrechnung", hier also: „in gegenseitiger Verrechnung von Geben und Empfangen". – V. 17: „Es geht mir nicht um die Gabe als solche, es geht mir vielmehr um den Ertrag, der zugunsten eures Kontos (λόγος, ThWNT IV, S. 73) anwächst." – V. 18: ἀπέχω wieder ein Term.techn. der Geschäftssprache: Ich habe den Betrag empfangen und „quittiere" hiermit. „Duft des Wohlgeruchs" = רֵיחַ הַנִּיחֹחַ Gen. 8,21; Exod. 29,18, vgl. auch 2. Kor. 2,15. Die Darbringung von Gaben, auch im Gottesdienst, ist nicht bloß Entrichtung eines Betrages an die organisierte Kirche, sondern Opfer für Gott. – V. 19: Vgl. 2. Kor. 9,8. – V. 20: Die Verlesung des Briefes in der Gemeinde kommt einer Predigt gleich, die mit einer Doxologie schließt (Röm. 16,27; Hebr. 13,21).

Die Gabe, mit der es unser Abschnitt zu tun hat, ist der eigentliche Anlaß zur Abfassung des Philipperbriefes. Worin sie bestanden hat, wissen wir nicht. Ungewiß ist auch, wo wir uns Paulus in Haft zu denken haben: ob in Cäsarea (wofür die Jahre 57/59 in Frage kämen) oder in Rom (59/61) oder auch in einer nicht bezeugten, aber möglichen (2. Kor. 11,23) Gefangenschaft in Ephesus (womit der Philipperbrief in die zeitliche Nähe zu den großen Briefen der dritten Reise rücken würde). Daß wir es mit einem Gefangenschaftsbrief zu tun haben, ist für das Verständnis unserer Stelle nicht unwichtig. Paulus kann auf Freispruch hoffen (1,25; 2,24), muß aber ebenso auf ein Todesurteil gefaßt sein (1,20; 2,17). „Ich kann beides: satt sein und hungern, beides: übrig haben und Mangel leiden" (V. 12) – man möchte fortfahren: Ich kann beides: weiterleben und -arbeiten, aber auch meinen Hals dem Scharfrichter hinhalten. Was für eine Freiheit! Wir müssen noch genauer hinsehen. Wir erleben hier nicht einen Menschen, der sich auf das Schwerste gefaßt machen muß und, indem er dies tut, sich zu einem überlebensgroßen Heroismus hinaufsteigert und damit gewissermaßen zu einem ihn darstellenden steinernen Denkmal erstarrt. Wir haben vor uns einen ganz unpathetisch denkenden, redenden und handelnden Menschen – menschlich, gütig, humorig, geradezu charmant. Es brauchte uns eigentlich nicht weiter zu interessieren, was sich an der Gefängnistür und in der Zelle des Paulus im einzelnen abgespielt hat. Kleine Dinge nur – aber im Kleinen das Große: dies nämlich, daß hier einer mit der in keiner Weise zur Schau getragenen inneren Souveränität und Gelassenheit von sich selbst und seinem Geschick absieht und sich mit der Sache und eben darin mit den Menschen beschäftigt, mit denen ihn diese Gabe erneut in Berührung gebracht hat. Wir können jetzt nicht ausführlich von Epaphroditus reden, aber er gehört ins Bild hinein. Er hat die Gabe überbracht; er wird den Brief mit nach Philippi nehmen. Er war todkrank (2,27), ist nun genesen. „Mein Gehilfe und Mitstreiter" (2,25): wahrscheinlich könnte ihn Paulus noch gut brauchen. Aber er läßt ihn ziehen – nein: er „*sendet* ihn um so schneller" – das Wort „zurück" unterdrückt Paulus, weil auch nicht im mindesten daran erinnert sein soll, daß Epaphroditus einfach Heimweh hat und sich darüber sorgt, daß – die Seinen in Philippi sich um *ihn* sorgen (2,26)! Man ahnt die Hintergründe. 2,27 läßt am Ende erkennen, daß für Paulus mit dieser Angelegenheit eben doch *Kummer* verbunden ist. Aber er selbst übernimmt gewissermaßen für alles die Verantwortung, so daß nicht der geringste Schatten auf Epaphroditus zurückbleibt. (Nur der Spürsinn der Ausleger ahnt, was an Bitterem sich in der Sache verbirgt.) – Dieselbe feine, gütige Art des Apostels läßt auch unser Abschnitt erkennen. Wir werden es im einzelnen noch sehen. – Der 8. Sonntag nach Trinitatis hat es thematisch mit den „Früchten des Geistes" zu tun. Die Perikope ist ein schönes Beispiel für das, was auf dem Boden des Christusglaubens auch an schlicht

Menschlichem wächst. Wir wären im Sinne des Paulus total auf dem Holzwege, wenn wir den Ursprung dessen, was „Gnade" ist, in seiner, des Paulus, „Natur" aufspüren wollten. „Ich bin aber hocherfreut *im Herrn*": das ἐν κυρίῳ überlesen wir leicht. Weil Paulus sich selbst und die Philipper geradezu räumlich von Christus umschlossen weiß, ist auch alles, was er denkt, urteilt, entgegennimmt und seinerseits unternimmt, ist das Nachdenken über sein eigenes Schicksal und über das, was aus den Freunden in Philippi wird, ist alles Bangen, Sorgen, Sich-Freuen und Danken eben auf *Christus* bezogen. Dies müßte unsere Predigt herausarbeiten. Hauptlinien etwa so: Christus schafft in den Seinen die Freiheit des Habens (1), die Frucht des Gebens (2).

1. Der Text ist voller Überraschungen. Die oben angegebenen Stellen zeigen, daß Paulus von anderen Gemeinden für seinen Unterhalt nichts angenommen und darin einen besonderen „Ruhm" gesehen hat, den ihm niemand zunichte machen sollte (1. Kor. 9,15; 2. Kor. 11,10). Den Philippern gegenüber verhält er sich anders. Man darf darin ein Zeichen besonders enger Verbundenheit mit der ersten Gemeinde auf europäischem Boden sehen. Nicht, daß Paulus nicht auch anderwärts das Recht gehabt hätte, den Lohn zu empfangen, dessen der Arbeiter – nach Jesu eigenem Wort (Luk. 10,7; 1. Kor. 9,14; 1. Tim. 5,18) – wert ist. Es war ernstgemeint mit dem Wort „Recht", auch wenn Paulus meist davon nicht Gebrauch machte. Unser Text läßt erkennen, daß Paulus weit davon entfernt ist, in dem Unterhaltsbeitrag aus Philippi ein Almosen zu sehen. „Endlich" – darin liegt zarte, doch unmißverständliche Kritik. „Aufgeblüht" ist die Sorge der Philipper für den Apostel; voraus ging ein „Sorgen", das man – von diesem sehr bildhaften Wort her – als Knospenzustand, wenn nicht gar als eine Art (botanischen) Winterschlaf bezeichnen könnte. Ich weiß schon: es fand sich keine Gelegenheit! oder gar: ihr hattet keine Zeit! Man vergesse jedoch nicht, daß diese Kritik nur leise mitschwingt; im Vordergrund steht das Bild von der sich öffnenden Blüte, vielleicht gar von einem nunmehr eingezogenen Frühling, und die – im Philipperbrief geradezu als Leitmotiv immer wieder aufklingende – Freude, hier sogar: die „große" Freude, dominiert. Das Wort Dank fällt in unserm Zusammenhang nicht; ἀπέχω πάντα, heißt es in V. 18: „Betrag erhalten", wir sind quitt. Aber eben dies unter Bezeugung der großen Freude im Herrn! Daß dies nicht so recht zusammenpassen will, das ist gerade das Bemerkenswerte! Wir kommen darauf (unter 2) noch einmal zurück. – Überraschend nun aber auch die Fortsetzung. Wir würden, wenn wir eine unerwartet eingegangene Gabe bestätigen, dem Geber bezeugen, wie lieb und wichtig uns das Übersandte ist. Paulus: Ich brauche es eigentlich gar nicht. „Nicht, daß Mangel mich dazu bewegt, so zu sprechen" (V. 11). Ist Paulus zu stolz, seine Armut und Bedürftigkeit einzugestehen? Es geht um etwas Grundsätzliches: um die Freiheit des Habens, die nicht Freiheit wäre, wenn sie sich nicht auch im Nicht-Haben, im Entbehren bewährte. Paulus ist „genügsam" (αὐτάρκης); wir hätten freilich nur die eine Seite des Worts erfaßt, wenn wir nicht darin mithörten, daß Paulus eben damit „unabhängig" ist. Er kann „bescheiden leben" (ταπεινοῦσθαι), wenn es sein muß. Er hat es gelernt, er versteht

sich darauf, er ist darin eingeweiht. Ein Asket? Ein Weltverächter? Einer, der bei allem, was sich ihm bietet und was er nimmt und genießt, ein schlechtes Gewissen hat? Das eben gerade *nicht*! Paulus denkt nicht daran, zu behaupten, jedes Stück irdischen Gutes und jeder leibliche Genuß müsse das Seelenheil gefährden! Das wäre ja, wenn er wirklich so dächte, wieder Unfreiheit! Paulus ist alles andere als engherzig. Also: bescheiden leben *und* im Wohlstand leben (allzu üppig wird es bei Paulus damit nie bestellt gewesen sein), satt sein *und* hungern, reichlich haben *und* knapp bei Kasse sein (V. 12) – auf beides jeweils „versteht er sich". „Ich habe zu allem das Zeug (πάντα ἰσχύω) ..." – ein durch und durch freier Mensch, trotz Fessel und Gefängnis.
Es bedarf keiner umständlichen Ausführungen darüber, wie stark uns dies angeht. Die Frage lautet nicht: Soll man nun im Wohlstand leben oder in Armutei? Sie lautet vielmehr: Wie steht es mit unserer inneren Freiheit, in der wir irdische Güter haben oder entbehren? Haben wir es in der Hungerzeit „gelernt", unsere Freiheit zu bewahren? Die Bibel weiß, daß der Leib Nahrung braucht; darin besteht zu einem guten Teil das, was wir Kreatürlichkeit nennen, und dieses Wort ist mitnichten ein Unwert-Urteil. Aber wie war es: Haben wir uns durch den ständig knurrenden Magen und die reduzierten Kräfte zur Wehleidigkeit, zu pausenlosem Jammer, zur Verzweiflung an Gott und aller Welt verführen lassen? Konnte man das nicht „lernen", daß es, wenn es sein muß, auch so geht – Gott weiß, wie lange oder wie kurz? – Umgekehrt: Verkraften wir es, daß es uns nun gut geht? Es gibt Symptome dafür, daß wir mit unserm Wohlstand innerlich zuweilen erst recht nicht fertig werden. Noch einmal: es geht jetzt wirklich nicht darum, daß uns das bessere Leben vermiest und vergällt werden soll! Aber das ist die Frage, ob *wir* die Dinge haben oder ob sie *uns* haben; ob wir meinen, ohne Befriedigung bestimmer Bedürfnisse und ohne bestimmte Annehmlichkeiten nicht auszukommen; ob wir den Dingen, die wir genießen, restlos verfallen und uns die Laune gründlich verdorben ist, wenn sie uns plötzlich genommen werden, oder aber, ob wir beides können: dankbar genießen und, wenn es sein muß, souverän verzichten.
Der Prediger, der die Sätze des Paulus allzu schnell zu seinen eigenen macht, dürfte sich damit übernehmen. Und wer diese Freiheit als moralisches Soll in gesetzlicher Weise verkündigt, kehrt das Unterste zuoberst und hilft niemandem. Paulus spricht es lächelnd aus: „ich habe es gelernt ... ich verstehe mich darauf ... ich bin in diese Mysterien eingeweiht"; besonders der letzte Ausdruck deutet darauf hin, daß, was er hier zum besten gibt, keine platte Allerweltsweisheit ist. Mancher Ältere in unseren Gemeinden hat in Schmerz, Bitterkeit und Verzweiflung sein Hab und Gut in Flammen aufgehen sehen; es wäre brutal von uns, ihn nachträglich der fehlenden Gelassenheit zu bezichtigen. „Ich bin allem gewachsen – durch den, der mir die Kraft gibt (mich stark macht)" (V. 13). Wir dürfen nicht übersehen, daß bei Paulus die Möglichkeit, dieses zeitliche Leben dranzugeben, nicht etwa diese Freiheit begrenzt und in Frage stellt, sondern – indem auch dies ausdrücklich eingeschlossen ist – geradezu begründet. Wir haben eingangs dies Entweder-Oder – weiterleben oder „abscheiden" (1,23) – geradezu als eine

Fortsetzung der Linie angesehen, die in VV. 12f. gezogen ist; vielleicht muß man sogar sagen: von dort kommt diese Freiheit, denn wer „bei Christus zu sein" als „das Bessere" ansieht (1,23), den kann allerdings nichts, wirklich nichts mehr umwerfen. Hier wird von der Auferstehung her gedacht (3,20f.) und vom nahen Kommen des Herrn her (4,5b.6a). Paulus steht mit beiden Füßen auf einem allerdings weit in den Abgrund vorspringenden Felsblock, von dem er gewiß ist, daß das gräßlichste Erdbeben ihn nicht erschüttert. „Ist Gott für uns, wer kann dann wider uns sein?" Darauf beruht die letzte Freiheit. Wohlgemerkt: nicht nur die Freiheit zum Entbehren, sondern auch die zum Haben. Im Augenblick „hat" Paulus! Er wird durch das, was Epaphroditus aus seinem Ranzen ausgepackt hat, nicht zum Krösus geworden sein. Aber er hat sich „maßlos gefreut"! Eben mit der Freude, die *alles*, was kommt, als Geschenk Gottes annimmt: „im Herrn" hat Paulus sich gefreut, so also, daß er die Gabe als Geschenk von Christus und damit als eine heilige Sache ansieht. Diese Freiheit ist Gabe Christi, man kann auch sagen: Frucht des Geistes.

2. Ich habe mich sehr gefreut – aber nötig gehabt hätte ich es eigentlich nicht. Man könnte folgern: Also hätten die Philipper nicht in die Tasche zu greifen und hätte Epaphroditus sich nicht auf den Weg zu machen und eine Malaria (oder welche Krankheit auch immer) und manches andere zu riskieren brauchen. Also könnten wir auch unsere Kirchensteuern einsparen und beim gottesdienstlichen Opfer immer dessen eingedenk sein, daß Pfarrer, Katecheten, Kantoren, Diakonissen, die Pflegebefohlenen in unseren Heimen usw. als gute Christen ja eigentlich *beides* können müßten: satt sein und hungern, weshalb man sich ja ohne Schaden für irgendeinen Betroffenen für das Letztere entscheiden und sein Geld für sich behalten könne. Paulus: „Doch ihr habt wohlgetan, daß ihr euch meiner Bedrängnis angenommen habt." So übergeistlich ist Paulus nun auch wieder nicht, daß er nicht auch zugeben kann: es gibt θλίψεις, es gibt Situationen, in denen man der Hilfe bedarf. Daß der Arbeiter seines Lohnes wert ist, gilt – auch für Paulus, der sich nicht scheut, von χρεία zu sprechen (V. 16). Er hat es den Philippern darum nicht vergessen, was sie in dieser Sache getan haben (immerhin kann er die Hilfeleistungen mühelos aufzählen, worin wieder eine leise Kritik liegen könnte). Ja, Paulus spricht sogar von einem „gegenseitigen Verrechnen im Geben und Empfangen" (V. 15). Man denke an Gal. 6,6; 1. Kor. 9,11. Es ist also sinnvoll, hier von Wert und Gegenwert zu sprechen. Handel mit dem Evangelium? So natürlich nicht (Matth. 10,8b). Die Basis ist eine andere. Die Liebe – in beiderlei Richtung – entscheidet; einen Augenblick lang erörtert Paulus die Möglichkeit, die Korinther könnten seine Autarkie so mißverstanden haben, als liebe er sie nicht (2. Kor. 11,11); ganz gewiß liebt er sie. Aber auf dieser Basis der Liebe gibt es *nun doch* so etwas wie eine Abrechnung, ein Quittwerden. Paulus gebraucht so nüchterne Ausdrücke, weil er – bei aller Freundlichkeit und bei allem Charme seines Schreibens – *doch* eben auf etwas Sachliches hinweisen will, das nicht untergehen soll.

Da überrascht es *nun aber doch*, daß Paulus das Wort „Frucht" gebraucht. Nicht „Geschenk", sondern „Frucht". „Es ist ja um unsertwillen geschrieben, daß, der da pflügt, soll auf Hoffnung pflügen; und der da drischt, soll auf Hoffnung dreschen, daß er sein Teil empfangen werde" (1. Kor. 9,10). Jetzt interessiert es gar nicht mehr, ob Paulus sich in „Bedrängnis" befindet und „es nötig hat" oder nicht. Jetzt wird die Gabe aus Philippi zu etwas im höheren Sinne Nötigen. Man vergleiche die Kollektenkapitel im 2. Korintherbrief (8; 9). Es geht ja keineswegs nur um Paulus. Es geht darum, daß das Evangelium, wenn es irgendwo auftrifft und wirksam wird, diakonische Kräfte entbindet. Wer jetzt einwenden wollte, daß diese Kräfte doch in ganz anderen Dingen bestehen müßten, nur nicht in materiellen Gaben, der irrt; er irrt sogar im Blick auf die Urchristenheit, in der alles noch viel weniger durchorganisiert war als bei uns. Für Paulus ist eben das Materielle nicht das hoffnungslos Ungeistliche. Im Gegenteil: die „Frucht", die hier gewachsen ist, muß geradezu liturgisch beschrieben werden. „Ein lieblicher Geruch, ein angenehmes, d.h. von Gott angenommenes Opfer, Gott wohlgefällig" (V. 18). Ist das Bildrede? Sind „Wohltun und Mitteilen" nur im übertragenen Sinn „Opfer", die „Gott wohlgefallen" (Hebr. 13,16)? Der altkirchliche Brauch, die Liebesgaben im Gottesdienst Gott darzubringen, dürfte bis ins Neue Testament zurückreichen. Allmählich haben wir wieder Sinn dafür bekommen, daß das gottesdienstliche Opfer keineswegs ein dem liturgischen Geschehen fremdes Element ist, sondern eine geradezu unentbehrliche Wirkung des verkündigten Wortes, eben – „Frucht". Nicht die einzige Frucht, selbstverständlich. Wir haben in dieser Woche unter dem Thema „Früchte des Geistes" von dem mancherlei „Ertrag" dessen zu sprechen, was Christus an seiner Gemeinde tut. Der neutestamentliche Sprachgebrauch liebt das Wort „Frucht" (Matth. 3,8.10; 7,16.17; 12,33; Luk. 8,15; Joh. 15,2.5; Röm. 7,4; Gal. 5,22; Eph. 5,9; Phil. 1,11; Hebr. 12,11; 13,15; Jak. 3,17f.); es bringt schön zum Ausdruck, daß der Ertrag christlichen Lebens sich mit einer fast naturhaften inneren Notwendigkeit einstellt, ohne Zwang, ohne Treiberei, ohne den drohenden Druck des Gesetzes. Aber es wächst nun auch wirklich etwas! Daß die Gewißheit des Heils sich nicht nach dem Grad der erreichten Heiligung bemißt, vielleicht gar nach dem Tabellenstand unserer christlichen Leistungen und Verdienste, ist unbeirrbar festzuhalten; damit steht und fällt das Evangelium. Aber das andere wird dadurch nicht hinfällig: tatsächlich sammeln Christen sich Schätze im Himmel (Matth. 6,20), und Paulus spricht in unserm Text davon, daß „der Ertrag zu unsern Gunsten anwächst" – nämlich auf dem himmlischen Konto (V. 17). Wir übersehen nicht, daß damit der Blick vom Empfänger der Gabe gänzlich abgewandt ist; was sich durch deren Übersendung zugetragen hat, ist jetzt nicht mehr ein Geschehen zwischen der Gemeinde von Philippi und dem Apostel, sondern eines, das sich zwischen Gott und seiner Gemeinde abspielt.

Übelwollende Kritiker könnten dem Paulus vorwerfen, er habe hier die raffinierteste aller Methoden entwickelt, der Kirche Geld zu verschaffen. „Die Kirche hat einen guten Magen" (Mephistopheles in Faust I, Spaziergang). Den Philippern wird eingeredet, sie hätten es Gott geopfert, aber ausgehändigt wird es dem Apostel, der seinerseits alles tut, um zu beweisen, daß er es eigentlich nicht brauche und es ja auch gar nicht um ihn gehe, sondern um die Sache Gottes. – Freilich: es müßten schon übelwollende Kritiker sein, die aus unserm Text solches herauslesen. Keiner würde, wenn Paulus damit Ernst machte, mit ihm tauschen! Wenn es geschehen ist, daß Amtsträger der Kirche sich nicht damit begnügten, Arbeiter zu sein, die ihres Lohnes wert sind, dann durften sie sich auf Paulus jedenfalls nicht berufen. Übrigens wäre es ganz verkehrt, bei der „Frucht des Gebens" nur an Amtsträger als Empfänger zu denken; auf die paulinische Kollekte haben wir bereits hingewiesen, die, wie man an 2. Kor. 8; 9 erkennen kann, in denselben geistlichen Zusammenhängen gesehen wird. Auch darin, daß hier eine Erfahrung ausgesprochen ist, die wir als Gemeinde entweder schon vielfältig gemacht haben oder doch machen können und sollen: „Mein Gott aber wird ausfüllen all euren Mangel nach seinem Reichtum in der Herrlichkeit in Jesus Christus" (V. 19). Man wird vom Geben nicht ärmer (vgl. 2. Kor. 9,8-10 – in mehr als einem Punkte eine Parallele zu unserm Text). Es gibt, auch in den äußeren Dingen, eine göttliche Ökonomie, in der, weil Gott so um seine Kinder bemüht ist, nicht zu unserm Schaden gewirtschaftet wird. Paulus glaubt an den Gott, der sich nichts schenken läßt, vielmehr im voraus unser Geben ermöglicht, im nachher alles vielfältig wieder auffüllt. Es ist nicht Gottes Art, übrigens auch nicht der Sinn der christlichen Freiheit gegenüber den Gütern dieser Welt, uns kurzzuhalten. Aber dies ist gemeint, wenn hier so unbefangen und fröhlich auch von diesen Dingen gesprochen wird, daß wir uns „im Herrn" freuen (V. 10), also unser Haben und Geben von ihm her verstehen und von seiner wirkenden Gegenwart umschlossen und durchdrungen sehen. So wird im Kleinen das Große erkennbar – hier wie in allen Dingen.

9. Sonntag nach Trinitatis. Jak. 1,2-12

Der Abschnitt läßt bereits deutlich die literarische Eigenart des Jakobusbriefes erkennen: Paränese, mit biblischer, spätjüdischer, auch griechischer Spruchweisheit gesättigt, so jedoch, daß wahrscheinlich mehr auf mündlich umlaufendes Gemeingut zurückgegriffen, weniges auf literarischem Wege übernommen ist. Kein planvoller Gedankenaufbau, vielmehr lose Aneinanderreihung von Sprüchen, vielfach durch Stichwort-Assoziationen geleitet (s. u.). – V. 2 knüpft an V. 1 an: Χαίρειν – χαράν. πᾶσαν: Sprachgebrauch etwa wie Apg. 4,29; 2. Kor. 12,12; Phil. 2,29; 1. Tim. 2,2. Im Unterschied zu V. 12, wo an den einzelnen gedacht ist, wird hier die ganze Gemeinde angeredet; von einer besonderen Verfolgungswelle ist im Brief nichts zu erkennen. – V. 3: γινώσκειν svw. „wissen" (5,20). Kettenreihe ähnlich wie Röm. 5,3f., jedoch in anderer Reihenfolge. Man würde ein Zwischenglied erwarten, etwa: Anfechtung bringt Bewährung. δοκίμιον substantiviertes Adjektiv: Prüfungsmittel (M. Dibelius)? Oder, wie 1. Petr. 1,7, das Echte, Bewährte (W. Grundmann in ThWNT II, S. 262)? Dies hieße dann: „Das, was echt ist am Glauben, wirkt Geduld" (ebd.). ὑπομονή meint nicht ein passives Über-sich-ergehen-Lassen, sondern „heroische Beharrlichkeit" (M. Dibelius), vgl. Röm. 5,3; 2. Kor. 12,12. – V. 4: Nicht mehr Feststellung, sondern Ermahnung (ἐχέτω). ἔργον τέλειον wird durch den ἵνα-Satz erklärt. τέλειος und ὁλόκληρος stehen häufig beieinander und meinen die sittliche Integrität. ἐν μηδενὶ λειπόμενοι: es ist also kein Fehlbetrag, kein „Defekt" zu konstatieren – nämlich an irgendeiner „Tugend". Wie 3,2 ist hier dogmatisch harmlos gedacht. – V. 5: λειπόμενοι – λείπεται – wieder Stichwort-Assoziation. Daß unter „Weisheit" hier etwas verstanden ist, was nicht notwendig zum Glauben gehört, also ohne Beeinträchtigung der „Vollkommenheit" auch fehlen kann, sollte man nicht sagen; vielleicht denkt der Vf. des Briefes theologisch doch tiefer. „Der Spruch 1,5-8 handelt vom Beten, nicht etwa speziell vom Gebet um Weisheit ..., aber auch nicht vom Zweifel" (M. Dibelius). ἁπλοῦς hier wohl nicht: „freigebig", sondern: „ohne Hintergedanken". ὀνειδίζειν: „die Menschen begleiten oft ihre Gaben mit mißvergnügten, den Empfänger herabsetzenden und kränkenden Äußerungen. Gott aber gibt und schilt nicht" (ThWNT V, S. 240). – V. 6: „Glaube" ist in diesem Zusammenhang svw. Erhörungsgewißheit. κλύδων hier nicht „Woge", sondern „Gewoge, Brandung" (so nach Philo-Stellen). – V. 7: μὴ γάρ = nur ja nicht. κύριος = Jahwe (vgl. 3,9; 4,10.15; 5,4.10.11). – V. 8 ist nicht selbständiger Satz, sondern Apposition. δίψυχος: kein metaphysischer, sondern ein rein praktischer Dualismus; ἀκατάστατος = unstet, schwankend, haltlos (ohne κατάστασις, d.h. ohne eine bestimmte Verfaßtheit der Lebensführung). – Zwischen V. 8 und V. 9 ist eine Gedankenbrücke nicht zu erkennen, es sei denn, man denkt an Namensallegorese, die A. Meyer (Das Rätsel des Jacobusbriefes, Gießen 1930, von M. Dibelius übergangen, von F. Hauck im NTD immer wieder herangezogen) als das geheime Aufbauprinzip annimmt (hier: Anspielung auf den reichen Esau, Gen. 33,9). Thema in den VV. 9–11 nach M. Dibelius: Der Untergang des Reichen. Während einst Reichtum als Gottessegen galt, meint man in spätjüdischer Zeit, daß Gott für die Armen Partei nimmt (so nennt sich die Qumransekte „Gemeinde der Armen"), so daß „arm" den Nebensinn „fromm" bekommt, vgl. Luk. 6,20 mit Matth. 5,3 (in der Sache kein Unterschied!). – V. 10: Daß dem Reichen zugemutet wird, er solle sich seines Unterganges rühmen, kann wohl nur gehässige Ironie sein; es sei denn, man nimmt an, daß ein Gedanke übersprungen ist: „denn wie eine Blume des Grases wird er vergehen, *wenn er sich nicht von seinem Reichtum losmacht*". Geläufiges Bild: Jes. 40,6ff. u.ö. – V. 11: καύσων nach LXX der sengende Ostwind. πρόσωπον übertragen: „Anblick", das, was sich dem Blick darbietet, vgl. Ps. 104 (LXX: 103),30; Luk. 12,56. πορεία im allgemeinen Sinn: Wandel. – V. 12: Rückgriff auf VV. 2–4, jedoch geht es hier um den einzelnen. Den Kranz bekam der Sportler und der Myste; in bezug auf den Christen schon formelhafte Wendung (Offb. 2,10 u.ö.). Jüngere Überlieferung hat zu ἐπηγγείλατο das Subjekt „Gott" (richtig) hinzugefügt.

Zu den „großen" Texten gehört dieser zweifellos nicht. Aber woher sollten wir wissen, daß Gott seiner Gemeinde nur durch „große" Texte weiterhelfen will? Dem Prediger soll, trotz allem, auch diesmal Mut gemacht sein. Es wird uns schwer werden, einen roten Faden durch den ganzen Text zu finden. Das liegt an der literarischen Eigenart des Jakobusbriefes. Er trägt Mahnungen und Weisungen zusammen; wie man besonders an dem Kommentar von M. Dibelius sehen kann, aus verschiedensten Traditionen. Diese Mahnungen sind nur ganz lose miteinander verknüpft: Regeln für den Alltag der christlichen Gemeinden, wobei freilich das spezifisch Christliche so sehr im Hintergrund bleibt, daß man zuweilen gemeint hat, eine jüdische Schrift mit einigen wenigen aufgesetzten christlichen Lichtern vor sich zu haben. Man vergleiche nur die paulinischen Paränesen: mit welcher

Konsequenz ist da eine jede Weisung aus dem Christusgeschehen abgeleitet! Hier bleibt das Evangelium verdeckt. Anspielungen auf Worte des synoptischen Jesus (1,5.17 = Matth. 7,7ff.; 1,22 = Matth. 7,24ff.; 4,12 = Matth. 7,1; 5,12 = Matth. 5,37; 1,6 = Mark. 11,23f. – vgl. Feine-Behm-Kümmel, Einleitung, S. 297; Gerh. Kittel, Der geschichtliche Ort des Jak., in ZNW 1942, S. 71ff., bes. S. 84ff.), auch die – allerdings seltene – Nennung des Namens Jesu (1,1; 2,1) und einige Hinweise auf spezifisch Christliches (1,18.21.25; 2,7; 5,8) weisen jedoch auf christlichen Ursprung der Schrift und rechtfertigen eine bewußt evangelische Auslegung und – erst recht – Predigt über den Text. Aber wir müssen den Text erst evangelisch anleuchten, ehe auch er anfängt, „Christum zu treiben". Fast könnte man sagen, die homiletische Aufgabe sei eine ähnliche wie bei alttestamentlichen Texten. Sie ist aber nur ähnlich, denn unser „Brief" ist eben doch auf dem Boden der neutestamentlichen Gemeinde gewachsen. – Wir sagen dies alles, weil wir wissen müssen, was wir tun, wenn wir bei der Erschließung und homiletischen Ausformung der Textbotschaft nicht nur stärker auf Einheit der Gedankenführung drängen, sondern auch – im Endeffekt – evangelischer predigen, als der Text es unmittelbar rechtfertigt. Hauptlinien etwa so: Gott läßt die Seinen nicht im Stich. Darum predigen wir Freude in der Erprobung (1), Gewißheit im Gebet (2), Stolz in der Niedrigkeit (3).

1. Freude in der – uns widerfahrenden – Erprobung. Der Briefschreiber hat soeben die Empfänger gegrüßt: χαίρειν. Eine Formel nur – widerlegt durch den Zustand bzw. die Lage, in denen die Angeredeten sich befinden? Von „mancherlei Anfechtungen" ist die Rede. Wahrscheinlich ist nicht etwa bloß an Widerstand und Feindseligkeiten aus heidnischer Umwelt zu denken. Das Wort πειρασμός kehrt in V. 12 wieder, und die Stichwort-Anknüpfung in den VV. 13f. läßt erkennen, daß an die bösen Tendenzen des eigenen Herzens gedacht ist. Wir werden den Gedanken allgemein zu fassen haben: Es gehört zum Christsein, daß Glaube und Gehorsam gegen äußere und innere Widerstände dauernd durchgehalten werden müssen. Wem es darum zu tun ist, daß ihn niemand aus seiner Ruhe und Behäbigkeit aufscheucht, tut gut, lieber nicht Christ zu werden. – Wie soll man darüber denken, wie damit zurechtkommen? Wir werden aufgefordert, eben diese Anfechtungssituationen als „lauter Freude" anzusehen. Also doch Evangelium! – man muß nur wissen, wieso.

Wir haben das Wort πειρασμός mit „Erprobung" wiedergegeben. Genau dies meint es ja. Glaube als Vertrauen, als das Sich-Ausliefern, als das Sich-halten-Lassen, als Gehorsam will erprobt sein. Glaube ist ja ein Geschehen zwischen zwei Personen: zwischen dem Herrn und uns. Glaube besteht nicht bloß darin, daß einer vom andern *weiß*. Vertrauen will immer neu betätigt sein. Soll in der Technik ein bestimmtes Material verarbeitet werden, dann werden die Zerreißproben in der Zeit der Entwicklung eines technischen Erzeugnisses angestellt. Beim Glauben ist es anders: die Zerreißproben sind immer wieder nötig, weil ein Glaube, der sie scheute oder ihnen überhaupt nicht mehr ausgesetzt würde, kein Glaube mehr wäre. Wir bekommen immer neu Gelegenheit, Gott unser Vertrauen zu bekunden.

Wir werden Gott nie verantwortlich machen für das Böse, dem wir unterliegen (V. 13). Wir werden ihn sogar bitten: Führe uns nicht in Versuchung! Aber wir werden uns keinen risikolosen, weil keiner Bewährungsprobe ausgesetzten Glauben wünschen. Im Gegenteil, Glaube glaubt *in* der Anfechtung. Der Jakobusbrief spricht nicht nur davon, daß die Erprobung vor Gott von Bedeutung ist; er denkt auch an die Wirkung auf uns selbst. Daß der Glaube Gelegenheit bekommt, seine Echtheit und Stichhaltigkeit zu bewähren, und daß er damit wirklich durchhält, bewirkt bei uns die Fähigkeit zum Aushalten, Durchstehen (ὑπομονή). Wunderbare Erfahrung: es geht! es ist zu schaffen! Jeder Sieg macht uns stärker. Wenn man es mit Christus einmal gewagt und seinen Beistand erfahren hat, geht man in die nächste Kraftprobe viel zuversichtlicher. So geht es im Kampf der Heiligung vorwärts. Wieweit? Unser Text drückt sich vorsichtig aus. Die Standhaftigkeit „soll" ein „vollkommenes Ergebnis" haben – soll! Traut uns der Verfasser zuviel zu? Es könnte sein, er hat auch hier die Bergpredigt im Ohr: „Darum sollt ihr vollkommen sein ..." (Matth. 5,48). Das ist nun nicht mehr die Stimme des Jakobus, sondern Jesu eigene Stimme! Mit weniger als der Vollkommenheit ist es nicht getan: „vollendet und integer" sollen wir sein. Über die Aussichten solchen Strebens wird hier nicht diskutiert. Mag sein, daß der Jakobusbrief hier einigermaßem naiv denkt. Andererseits: ist das in Ordnung, daß wir der aufs Ganze gehenden Forderung Gottes immer sofort die Spitze abbrechen, indem wir beteuern, daß von Sündern soviel ja nicht gut erwartet werden könne? Hat nicht die Bergpredigt an mehr als *einer* Stelle eben dies ausgeführt, daß unsere gängigen Ermäßigungen und Milderungen dem tatsächlich nicht entsprechen, was Gott erwartet und erwarten muß? Es ist nicht angebracht, immer sofort mit der Frage nach dem Erschwinglichen dazwischenzufahren. An unserer Stelle, also in den VV. 2–4, geht es zunächst darum, festzustellen, wie die Situation der immer neuen Erprobung unseres Glaubens uns wachsen und reif werden läßt. So arbeitet Gott an uns. Das kann schwer sein. Aber darin liegt ein Grund zur Freude: aus uns soll noch etwas werden. Es käme darauf an, daß wir uns in dieses Wissen einüben. In kritischen Situationen unseres Christenlebens muß und wird es in der Tat schwer sein, das Gefährliche und Beschwerliche „für lauter Freude zu halten". Aber der Glaube lernt es, über das Hic-et-nunc hinauszudenken. Einmal darin, daß er weiß: die Kraftprobe geht vorüber. Sodann aber und noch viel mehr darin, daß er sich erst recht an den Gott hält, der, wie wir zusammenfassend sagten, die Seinen nicht im Stich läßt. Genauer: Gott ist getreu – er hält an mir fest und hält mich um so fester, je mehr ich auf ihn angewiesen bin. Und dieser Gott läßt uns nicht versuchen über unser Vermögen, sondern macht, daß die Versuchung so ein Ende gewinne, daß wir es können ertragen (1. Kor. 10,13 – alte Epistel des Sonntags). Wie wir selbst auch aus dem Kampf des Glaubens herauskommen – unsere „Vollkommenheit" und „Integrität" besteht in dem, was *er für uns* ist, der „in jeder Hinsicht versucht war wie wir, doch ohne Sünde" (Hebr.4,15). Die letzte und schönste Erfahrung in den Glaubenskämpfen, denen wir ausgesetzt sind, ist die, daß Christus immer mitkämpft.

2. Uns soll Mut zum Beten gemacht werden. Daß es sich dabei um die Weisheit handelt, die wir erbitten, kann man für zufällig halten. Immerhin könnte darin auch wieder ein erhebliches Stück Glaubenserfahrung liegen, daß uns die σοφία als erstes und dringlichstes – sicher nicht als einziges – Gebetsanliegen empfohlen wird. Ist „Weisheit" ursprünglich „ein ganz praktisches, auf Erfahrung gegründetes Wissen von den Gesetzen des Lebens und der Welt" (G. v. Rad, ThAT I, S. 415), so wird man bei einem Dokument wie dem Jakobusbrief schon in diese Richtung zu denken haben, und zwar einschließlich des Fundamentalsatzes: „Die Furcht des Herrn ist der Anfang der Erkenntnis" (Prov. 1,7). Aber dieses Gebet schließt ja alles andere ein, was man als Christ zu bitten hat.
Der Text warnt uns vor dem Zweifel. Gemeint ist im Text nicht der Zweifel, der aus theoretischen Erwägungen kommt. Der heutige Prediger muß wissen, daß seine Gemeinde in diesem Punkt anders dran ist als die biblischen Menschen. Daß der Glaube in der Begegnung mit modernem Denken immer wieder vor Fragen gestellt ist, haben wir nicht ängstlich zu verbergen, sondern offen und freimütig auszusprechen. Die Predigt ist nicht der Ort, sie auszudiskutieren. Aber wir haben uns solchen Fragen zu stellen. Im Text geht es um den Zweifel anderer Art. Nicht um den Zweifel, der fragt, ob Gott ist und etwas vermag und man, was sein Wort sagt, verstehen und bejahen kann, sondern um den Zweifel, der fragt, ob der Gott, mit dem man es fraglos zu tun hat, auch hören und sich dem Beter zuwenden und auf ihn eingehen will. Es geht um die Erhörungsgewißheit. Für den, der erst einmal dahintergekommen ist, was es mit Gott auf sich hat, ist in der Tat die ernsteste und ggf. aufregendste Frage nicht die, ob Gott auch *kann*, sondern ob er *will*! Wessen habe ich mich von Gott zu versehen? Wird er für mich sein oder gegen mich? Bin ich ihm überhaupt interessant und wichtig und wert? Der Jakobusbrief warnt vor dem Zweifel. Der Zweifler „hat zwei Seelen" – er ist in sich gespalten. Die eine Stimme in ihm sagt: Ruf ihn an, er verdient dein Vertrauen! Die andere Stimme sagt: Du betest umsonst, Gott denkt gar nicht daran, sich mit dir zu beschäftigen – schlimmer noch: so, wie du bist, hast du von ihm nichts zu hoffen. Der Text schildert es eindrucksvoll: in dem Widereinander der hoffenden und entmutigten Gedanken ist der Betende wie das Gewoge des Meers: passiv hin- und hergeworfen, ohne feste Spur und Richtung. Die Folgen sind ernst. „Jener Mensch denke bloß nicht, daß er etwas von Gott empfangen werde" (V. 7). Wahrscheinlich hätten wir schon längst ganz andere Gebetserfahrungen gemacht, wenn wir zuversichtlicher gebetet hätten.
Der Gedankengang ist entmutigend. Was nützt uns eine Vorhaltung wie die, daß wir eben nicht zweifeln, sondern zuversichtlicher beten sollen? Was nützt solche Rede, wenn wir nicht *können*? Vielleicht ist mancher, vielleicht ist der Prediger selbst sofort bereit, zuzugeben: das mit der Meereswoge stimmt – so ist es bei mir. Der Jakobusbrief beläßt es nun in der Tat nicht bei Vorhaltungen. Das Evangelium steckt in dem, was uns über Gott gesagt wird: Gott gibt ohne alle Neben- und Hintergedanken, einfältig, ehrlich, wohlmeinend, einfach, weil es seine Art ist, gern zu schenken (das alles steckt in dem ἁπλῶς!), und wenn er gibt, dann nicht so, daß er uns spüren läßt:

eigentlich ist das Geschenk viel zu schade für uns, und eigentlich hätte er dafür viel bessere Verwendung, und verdient hätten wir es auf keinen Fall (dies alles steckt in dem μὴ ὀνειδίζοντος!). Man kann unserm Zweifel gar nicht besser begegnen als so, daß man an Gottes gütige und väterliche Art erinnert, immer wieder! „So wird ihm gegeben werden!" Auch dafür kann man sich auf die Bergpredigt berufen (Matth. 7,7); Jakobus hat sie wohl recht gut im Ohr. Es wäre nicht evangelisch gedacht, wollten wir uns schelten und schelten lassen dafür, daß es am Glauben fehlt. Jawohl: das Vertrauen, das immer wieder in Mißtrauen umschlägt, und die „Zweiseelen"-Verfassung unseres inneren Menschen sind ein schwerer Schade; aber überwunden wird dieser Schade nicht dadurch, daß wir selbst uns umkonstruieren, sondern dadurch, daß wir uns zu dem Gott rufen lassen, der uns unzuverlässigen Kunden mit seiner ganzen Verläßlichkeit und Güte nachgeht. Und wenn es speziell um die Frage nach dem Zweifel und seiner Überwindung geht – jetzt denken wir getrost an *beide* Gestalten das Zweifels, von denen vorhin die Rede war –: die Überwindung des Zweifels ist – wie wir von Paul Tillich gelernt haben – ebensowenig eine Vorbedingung fürs Seligwerden wie die Erfüllung der Werke des Gesetzes. Man kann es nicht deutlich genug sagen: Weder mit dem Gesetz noch mit dem Dogma haben wir Werkerei zu treiben. Wenn einer durch den Herrn Christus gerettet werden soll, dann werden wir ihm nicht mit einem vorerst zu absolvierenden dogmatischen Pensum den Weg verlegen, aber wir werden ihm fröhlich sagen, wer Christus ist und was er uns anbietet. Keine Sorge: was die Gemeinde von ihrem dreieinigen Gott bekennt, wird der, der zum Glauben kommt, am Ende ebenso aufnehmen, wie die guten Werke auch bei ihm gerade dadurch geschehen, daß sie *nicht* als das vorgängig zu leistende Pensum gefordert werden. Gott läßt die Seinen nicht im Stich – gerade auch, wenn es um das gewisse, fröhliche Beten geht.

3. Stolz in der Niedrigkeit – unser drittes Stichwort. Man könnte darin eine Verzeichnung dessen sehen, was der Jakobusbrief hier und an anderen Stellen unmittelbar und mittelbar zur Frage arm und reich zu sagen hat (außer unserer Stelle noch 1,27; 2,1 ff. 15 f.; 4,13 ff.; 5,1 ff.). M. Dibelius überschreibt unsere Stelle: Der Untergang des Reichen. Das ist viel schärfer geredet als die von uns vorgeschlagene Überschrift. Kein Zweifel: Jakobus nimmt sehr vehement für die Armen Partei. Er kann sich auch hier auf Jesus berufen. „Selig seid ihr Armen" (Luk. 6,20). „Armen wird das Evangelium gepredigt" (Luk. 7,22). Das ist Jesu Sendung: „zu verkündigen das Evangelium den Armen" (Luk. 4,18). Von Gott heißt es: „Die Hungrigen füllt er mit Gütern und läßt die Reichen leer" (Luk. 1,53). „Weh euch Reichen!" (Luk. 6,24). Wie Gott die Rollen vertauscht, zeigt das Gleichnis vom reichen Mann und vom armen Lazarus (Luk. 16,19 ff.). Eher geht ein Kamel durch ein Nadelöhr, als daß ein Reicher ins Reich Gottes kommt (Luk. 18,25). Wir haben uns bei Lukas umgesehen; bei ihm ist diese Linie am deutlichsten. Aber die anderen haben sie auch. Der Jakobusbrief steht also nicht allein. Auch darin, daß seine Gesellschaftskritik im Unterschied zu Einsichten unserer Zeit zunächst darauf gerichtet ist, die Fragen im Kleinen anzugehen (z.B. 2,2 ff.), nicht im Maßstab der gesamten Gesellschaft; die

große Wende wird von dem Tag erwartet, an dem der Herr kommt (5,7), worin Jakobus gleichfalls mit der apokalyptischen Erwartung Jesu und seiner Jünger übereinstimmt. Unsere VV. 10b.11 versteht man nur auf diesem Hintergrund. Man muß auch bedenken, daß sich nicht nur „arm" und „fromm", sondern eben auch „reich" und „unbußfertig", d.h. aber „gottlos", für Jakobus decken. Es steht nicht da, daß der Reichtum vergeht, wie die Vegetation verwelkt und verbrennt, wenn sich der Glutwind aus der Wüste erhebt. Daß Reichtum vergeht, weiß die Bibel selbstverständlich (z.B. Matth. 6,19). Hier ist aber von etwas anderem die Rede. Über den reichen, geizigen, seinen Mitmenschen gegenüber verschlossenen, hartherzigen, nur auf sein Wohlleben bedachten Menschen kommt Gottes Gericht wie die sengende Hitze der heißen Jahreszeit. Die Frage nach arm und reich ist uns so nicht mehr gestellt wie den Menschen damals. Bei uns hat sich ein gesellschaftlicher Wandel vollzogen, durch den zwar nicht *alle* diesbezüglichen Probleme aus der Welt geschafft sind, kraft dessen aber niemand mehr einem Elendsdasein ausgeliefert ist. Dieser gesellschaftliche Wandel muß, im Weltmaßstab gedacht, noch manches Gebiet der Erde ergreifen. Denn arm und reich ist zwar nicht mehr ein Problem im eigenen Hause, aber noch immer ein Globalproblem. Die Menschheit darf damit keine Zeit mehr verlieren. Gott könnte die Satten und Wohlhabenden plötzlich zur Rechenschaft ziehen, wie unser Text dies sagt. Dieser hat darin noch immer seine Aktualität. Man darf Jakobus nicht deswegen schelten, weil er noch nicht in den Größenordnungen denken kann, in denen wir zu denken gelernt haben. Mit Almosen ist nicht geholfen, wo wirklich eine Neuordnung im Großen fällig ist. Die Christenheit hat dies nicht immer gewußt; jetzt kann sie es wissen. Was Jakobus uns noch immer lehrt, ist dies, daß *Gott* mit dieser Sache zu tun hat. Wir hätten Jakobus übel mißverstanden, wenn wir bei ihm nichts weiter fänden als das Ressentiment des „kleinen Mannes". Gott bekennt sich zu denen, die von den anderen verachtet, ausgenützt, niedergehalten und der Verelendung preisgegeben werden. In den Existenzfragen – etwa der Lohnfrage, der Frage nach der gesellschaftlichen Stellung, des Einkommens und Auskommens – verbirgt sich die Frage nach der Menschlichkeit. Es wäre sentimentale Verschleierung oder Schlimmeres, wenn wir nach dem Humanum trachteten, ohne die äußeren Lebensbedingungen sofort mit ins Auge zu fassen. Es wäre aber ein ebenso großer Irrtum, wenn wir über der Verbesserung und Neugestaltung der äußeren Verhältnisse die Würde des Menschen vernachlässigten. Beides muß sein, das eine im andern. „Ein Bruder aber, der niedrig ist, rühme sich seiner Höhe; und der da reich ist, rühme sich seiner Niedrigkeit." Hier wird die Würde des Menschen entdeckt. *Gott* gibt ihm seinen Wert, nicht die Höhe seines Kontos. Die herkömmlichen Vorurteile und gedankenlosen Wertungen werden durchbrochen. Wer ganz unten stand, hat seine Würde darin, daß Gott zu ihm steht. Wer eben noch meinte, sich in seinen Privilegien sonnen zu können, entdeckt, daß auch er – unten steht, und wenn er sich rühmen will, dann kann er sich nur Gottes rühmen (Jer. 9,22f.). Vielleicht unterschätzen wir gern die Sprengkraft solcher Einsichten; Gottes Wort hat den Boden bereitet für Entwicklungen und Umwälzungen, die späteren Zeiten vorbehalten waren. Gott läßt die Seinen nicht im Stich. Der Stolz der Niedrigen hat Geschichte gemacht. Die Dynamis des Wortes Gottes beunruhigt auch künftig unser Gewissen. Es bleibt dabei, daß Gott immer auf der Seite derer ist, die ihn am nötigsten brauchen.

10. Sonntag nach Trinitatis. Röm. 11,25-32

Der Abschnitt stellt eine „thetische Zusammenfassung" der Kapitel 9–11 dar, schon stilistisch von dem Dialog VV. 11–24 deutlich abgehoben. Die entscheidenden Thesen liegen in den VV. 26.29.32 vor. Der den ganzen Komplex abschließende Hymnus (VV. 33–36) ist Alte Epistel für Trinitatis. Zum Verständnis der drei großen Kapitel wird zu bedenken sein, daß sie kein starres System von Lehrsätzen enthalten, sondern ein alle Grenzen theologischer Aussagemöglichkeit abtastendes dynamisches Nachdenken widerspiegeln. Wer alle hier gemachten Aussagen logisch ausgleichen will, wird merken, wie er in die Brüche kommt. – V. 25: Deutlicher Neueinsatz. Ähnlich wie 1. Kor. 15,51 tut Paulus ein μυστήριον, eine Aussage apokalyptischer Weisheit, kund, die ihm durch besondere Offenbarung zuteil geworden ist (vgl. O. Cullmann, Heil als Geschichte, Tübingen 1965, S. 57 und L. Goppelt, Die apostolische und nachapostol. Zeit, Göttingen 1962, S. A 131); im heilsgeschichtlichen Betracht genügt es eben nicht, „in sich selbst verständig zu sein". πώρωσις = Verhärtung (die „Blindheit" des Luthertextes stammt aus der Luther geläufigen Vulgata: caecitas). „Die Fülle der Heiden": die von Gott festgelegte Vollzahl der Erwählten aus den Heiden. An eine Apokatastasis panton ist wahrscheinlich nicht gedacht. – V. 26: οὕτως nicht nur = danach, sondern = aufgrund dessen und auf diesem Wege. Die Bekehrung der Heiden bildet also die sachliche Voraussetzung für Israels Rettung. Fraglich bleibt, ob „ganz Israel" „Israel als Ganzes, Israel in seiner eschatologischen Fülle" bedeutet, das dann parallel zur „Fülle der Heiden" stünde (so Michel z. St.), oder ob man an das „Israel Gottes" (Gal. 6,16) denkt, „das die bekehrten Heiden und das bekehrte Israel umfaßt" (Cullmann, a.a.O., S. 143). Für die erste Deutung plädieren u.a. Zahn, B. Weiß, Kühl, Jülicher, K. L. Schmidt, für die zweite Augustin, Luther, Calvin, K. Barth. Schriftbeweis ein Mischzitat aus Jes. 59,20f. und 27,9 bzw. Jer. 31,33. Vorangestelltes ἥξει („es wird erscheinen") ist messianologischer Fachausdruck; der Messias kommt aus dem himmlischen Heiligtum (vgl. Gal. 4,26). – V. 28: Solange die Juden noch nicht zum Glauben gekommen sind, sind sie Gott „verfeindet" (ἐχθροί), vgl. 5,10; 8,7. „Um euretwillen": denn gerade daß die sich versagten, hat zur Rettung der Heiden geführt (vgl. 11,11; Apg. 13,46). „Um der Väter willen"; denn Gottes längst gegebene Verheißungen (vgl. 1,2) gelten. – V. 29: Vgl. 3,3f. Gott *könnte* wohl bereuen (Gen. 6,6; 1. Sam. 15,11.35; Ps. 106,45; Jer. 18,8.10; Joel 2,13; Jona 4,2), aber zu seinen Verheißungen steht er, er hält Treue. – VV. 30f.: Das dritte νῦν ist von einigen jüngeren Textzeugen weggelassen, von anderen, dem tatsächlichen Verlauf der Missionsgeschichte entsprechend, in ein ὕστερον verändert worden. Die beiden Ausdrücke ἠλεήθητε τῇ τούτων ἀπειθείᾳ und ἠπείθησαν τῷ ὑμετέρῳ ἐλέει sind parallel, so daß man wohl wird übersetzen müssen: „ihr fandet Erbarmen aufgrund ihrer Weigerung", und „sie verweigerten sich aufgrund des euch widerfahrenen Erbarmens". Das ἵνα bezeichnet keine menschlich einsehbare, vielmehr die geheimnisvolle göttliche Finalität. – V. 32: συγκλείειν = in ein Gefängnis einschließen (1. Makk. 5,5 – so wohl hier), auch preisgeben.

Das Thema des 10. Sonntags nach Trinitatis – Israel – kann von uns nicht unbefangen und unbelastet durchdacht und gepredigt werden. Nicht deshalb, weil wir uns damit in das politische Tagesgeschehen verstricken; man hätte, worum es unserm Text geht, gründlich mißverstanden, wenn man meinte, ihm seien irgendwelche Parolen zum Thema „Staat Israel" zu entnehmen. Der Messias, von dem auch in diesen Versen (26f.) die Rede ist, kommt, um das gottlose Wesen von Jakob abzuwenden; Israels Sünden sollen weggenommen werden. Man sieht: es geht nicht um politische Sachverhalte und Perspektiven. Es geht um *Glaubens*geschichte und eben damit um *Missions*- und *Kirchen*geschichte. Es geht um das Thema „Kirche und Synagoge", und zwar im Ganzen der Heilsökonomie Gottes. Unsere Befangenheit in dieser Sache liegt darin, daß wir, die Christgläubigen, eine gültige, eine stichhaltige, ja heilsnotwendige Sache vertreten gegenüber den noch immer „Verhärteten" – und wir haben uns doch eben diesen gegenüber als Verhärtete erwiesen, so schauerlich, daß uns das Reden zu diesem Thema eigentlich unmöglich sein müßte. Wahrscheinlich hat keiner, der unsere Predigt hört, unmittelbar oder mittelbar an dem mitgewirkt, was durch den Namen Auschwitz symbolisiert ist; aber feige waren wir alle, und die damals noch unmündig oder noch nicht auf der Welt waren, mögen sich immerhin fragen, wie sie wohl in solcher Lage gehandelt hätten. Worum es in der Perikope geht, kann *darum*, ja, man muß sagen: kann *überhaupt nicht* im Ton des Rechtens oder auch des schulmeisterlichen Besserwissens ausgesprochen werden. Wir werden sehen, was sich vom Text her gegen jederlei Habitus der Überlegenheit ergibt. Es steht uns schlecht, auf die Ereignisse des Jahres 70 (Evangelium des Sonntags) mit erhobenem Finger zu deuten. Aber dazu ist Anlaß, betroffen staunend über die Wege Gottes nachzudenken, die Juden und Heiden, Heiden und Juden wunderbarerweise geführt werden.

Eine Vorüberlegung macht sich wohl noch nötig. Wir werden durch unsern Text angeleitet, überblicksweise die Unglaubens- und Glaubensgeschichte zu bedenken, deren Rätselhaftigkeit Paulus durch drei Kapitel hindurch erregt hat. Es bleibt dabei, daß das von Paulus verkündigte Evangelium meine Glaubensentscheidung herausfordert. Nicht das macht mich zum Christen, daß ich – vielleicht mehr nolens als volens – in einen geistesgeschichtlichen Prozeß hineingezogen werde, der irgendwie durch „das Christliche" bezeichnet ist. Glaube ist personales Geschehen. Es soll auch dabei bleiben, daß wir „die Stunde" erkennen: „die Nacht ist vorgerückt, der Tag aber nahe herbeigekommen" (13,11f.). Auch in unserm Text vibriert die eschatologische Naherwartung, wie man an dem schillernden νῦν in V. 31 erkennen kann. Und doch denkt Paulus in „heilsgeschichtlichen" Kategorien, offenbar ohne irgendwelche Widersprüche zu dem eben Gesagten zu empfinden. Seine Vorstellungen kommen aus der Apokalyptik. Er weiß, daß es in dem, was sich zwischen des Herrn Auferstehung und Parusie ereignet, bestimmte Stufen, Stationen und Prozesse gibt. Er weiß, daß sich meine Glaubensentscheidung nicht im luftleeren Raum vollzieht, sondern in, mit und unter einem Geschehen, dessen Linien man grundsätzlich verfolgen und beschreiben kann, auch wenn man dabei von einem

Mysterium spricht. Der Begriff „Heilsgeschichte" muß nur befreit werden von allen immanentistischen, automatistischen und deterministischen Vorstellungen. Gerade der Gott von Röm. 9–11 erweist seine Souveränität und Freiheit. Aber auch seine Treue. Er geht Wege, die man hernach verfolgen und beschreiben kann („es geschah aber ..."), und er läßt seinen Apostel sogar wissen, wie es nach seinem Plan weitergehen wird. Und eben darin erkennen wir ihn, den Gott, dessen Erbarmen alle Dinge lenkt. Ein Verständnis des Evangeliums, in dem Aussagen wie die unseres Textes keinen Platz hätten, wäre verfehlt.

Der Text will *vom Geheimnis der Wege Gottes* sprechen: Erste werden Letzte (1). Feinde bleiben Geliebte (2). Ungläubige werden zu Begnadeten (3).

1. Es wird nicht jeder Gemeinde und erst recht nicht jedem Hörer unserer Predigt einleuchten, daß man sich mit der Thematik von Röm. 9–11 so abquälen kann, wie Paulus das tut. Gerettet werden oder nicht? Den Eingang finden oder draußen bleiben? Fragen dieser Art sind uninteressant, wenn es nicht viel austrägt, ob wir mit Gott leben oder ohne ihn, oder wenn es bereits entschieden ist, daß wir alle – wissentlich oder unwissentlich – uns mit ihm im guten Einvernehmen befinden. Der Satz: „extra ecclesiam nulla salus" kann in der Tat pfäffisch und arrogant ausgesprochen werden, und er hat in diesem Falle das Evangelium wider sich – nicht zuletzt auch unser Kapitel. Aber der Paulus, der sich um seine „Brüder" so sorgt, daß er bereit wäre, seine eigene Christusverbundenheit ihnen zugut zu opfern, wenn er sie damit retten könnte (9,3), ist offensichtlich nicht der Meinung, daß sich das Seligwerden – wie nach dem bekannten Bonmot das Moralische – von selbst verstehe. Gerade wer vom Kreuz her denkt, muß erschrecken: Gottes Volk – in der Verlorenheit! Der Prediger verfalle nicht auf den verzweifelten Ausweg, der Gemeinde die Hölle einzuheizen und das Verlorensein in den schrecklichsten Farben auszumalen. Wohl aber käme es darauf an, das Staunen über das Verbundensein mit Gott, über Gottes „Erbarmen" täglich neu zu lernen.

Gerade wenn man Gottes Weg verfolgt, also „heilsgeschichtlich" denkt, muß ja die Heillosigkeit Israels zum schweren Problem werden. Wir können die Geschichte des Gottesvolkes nicht erzählen. Täten wir es doch, so müßte sich das in Christus realisierte Heil als Sinn und Ziel allen Wartens und Hoffens darstellen. Wieviel Glaube und Geduld, Entbehrung und Kampf, was für ein Auf und Ab unter Segnungen und Züchtigungen, in Bewährung und Versagen, im Hinnehmen und Aufbegehren, im Bekennen und Leiden, im Warten auf das Heil von einem Jahrhundert zum anderen! Und jetzt, da es soweit ist, verwirft Gottes Volk den Erwarteten! Menschlich gedacht wäre es klar, wie alles laufen müßte: Israel müßte den, „der da kommen soll", erkennen, annehmen, sich um ihn scharen. Ist dies geschehen, dann müßte – im Einklang mit vielen alttestamentlichen Aussagen – das Heil übergreifen auf die Heidenwelt. So müßte durch Christus die ganze Welt wieder Gottes werden. Israel die Ersten, dann die anderen Völker. Aber es ist anders gelaufen. Das eben – nach Menschengedanken – aufgezeigte Schema ist im wörtlichsten Sinne „durch-kreuzt". Das Volk der Erwählung hat sich in seiner Mehrzahl vom Heil ausgeschlossen. Die Heilsgeschichte

bekommt einen schrecklichen Bruch. Niemand sage: eben damit werde der Begriff Heilsgeschichte sinnlos, denn er verlange Kontinuität. Wo Geschichte geschieht, gibt es nicht nur „Sprünge" nach vorn, sondern zuweilen auch Abbruch. Die Geschichte setzt nicht brav einen Fuß vor den anderen! Erst recht nicht die Geschichte, in der der Gekreuzigte agiert. „Was nach Röm. 1,16 sachlich ‚zuerst den *Juden* und dann auch den *Griechen*' zukommt, das soll und muß im tatsächlichen Verlauf der Dinge ... zuerst den *Griechen* und dann erst den *Juden* zukommen. Es sollen die Letzten die Ersten und die Ersten die Letzten sein (Mc. 10,31)" (K. Barth, KD II/2, S. 330). Paulus spricht von einem Mysterium. Das Wort „sinnlos" stellt sich ein, wenn man „in sich selbst verständig" sein will. Aber, sosehr das Verständigsein auch als eine dem Christen gut anstehende Tugend zu preisen ist, in diesem Falle gilt es, sich einfach vor dem Unausforschlichen zu beugen (VV. 33f.).
Der „tatsächliche Verlauf": Die Einladung wurde ausgeschlagen – keiner der vorgesehenen Gäste „schmeckt" das Festmahl (Luk. 14,16-24). Statt dessen kommen „vom Osten und vom Westen, vom Norden und vom Süden, die zu Tische sitzen im Reich Gottes" (Luk. 13,29). Merkwürdiger Gedanke: Israels Weigerung macht der Mission den Weg zu den Heiden frei (Apg. 13,46; 28,28). „Durch ihren (der Israeliten) Fall ist den Heiden das Heil widerfahren" (Röm. 11,11). Gottes Reich kommt – wenn die einen sich versagen (ἀπειθέω), läuft es weiter zu den anderen; ein Satz, der nicht nur für die damalige Konstellation gilt (Luthers Schrift an die Ratsherren, 1524). Wird der Strom am normalen Lauf gehindert, dann sucht er sich ein anderes Bett. Dies ist das Gesetz, unter dem die Geschichte der Ausbreitung des Evangeliums zwischen Auferstehung und Parusie steht. Die dazu ausersehen waren, die Ersten zu sein, werden so zu Letzten (Luk. 13,30). Inzwischen geht nach Gottes Plan und Lenkung die Fülle der Heiden ein. „Die ‚Fülle der Heiden' heißt nicht: die numerische Vollzahl aller heidnischen Individuen – mit solchen unqualifizierbaren Totalitäten wird in der Bibel nirgends gerechnet –, sondern die Vollzahl der erwählten Glieder am Leibe Christi aus der Heidenwelt" (K. Barth, a.a.O., S. 329). Gerade die apokalyptische Schau der Heils- und Missionsgeschichte ist weit davon entfernt, mit einer Totalverchristlichung der Welt zu rechnen. „Viele sind gerufen, aber wenige auserwählt" (Matth. 22,14 – vgl. L. Goppelt, a.a.O., S. A 59). Gott sähe wohl gern, daß *alle* selig werden (1. Tim. 2,4). Aber die Verheißung gehört nur denen, die glauben (Gal. 3,22). Die Herstellung des Heils ist kein Zwangsgeschehen. Wir wissen nicht, wie viele Menschen „gerettet" werden; wir *sollen* es wohl nicht wissen. Gott weiß es. „Die Lehre von der *Apokatastasis panton* ist ein Sprung über den eigenen Schatten in Hybris und Gnosis hinein" (G. Bornkamm, GPM 1948, 11. S. n. Trin.). Für *uns* gilt es, mit Furcht und Zittern auf die eigene Rettung bedacht zu sein (Phil. 2,12) und die ganze Welt mit dem Evangelium „voll zu machen" (Röm. 15,19). Übersehen wir nicht das Wort εἰσέλθῃ (V. 25): so wahr das Evangelium ausstrahlen und die Gemeinde Jesu Christi zu diesem Zwecke in die Welt hinein „unterwegs sein" soll (πορευθέντες, Matth. 28,19), so wahr ist, daß das *Ziel* aller Mission das „Eingehen" der Menschen in die Kirche Jesu Christi ist. Die Kirche ist nicht bloß Mittel zum Zweck, son-

dern sie ist Zweck: die neue eschatologische Menschheit, die Gott um sich sammelt.

Das Gottesvolk des Alten Bundes wird *zuletzt* „eingehen". Aber – und das ist nun der Kern des Mysteriums – es *wird* „eingehen"! Man blättere zurück nach Kap. 9: was Grund zu großer Traurigkeit und einem geradezu krampfartigen Schmerz (ὀδύνη, 9,2) im Herzen des Paulus war, das führt Gott zuletzt noch zu einem guten Ende. Israel wird gerettet werden. Unter dieser Verheißung steht die Judenmission. Israel hat mit Recht auf den Messias gewartet – aber das ist eben der, der „das gottlose Wesen" von Jakob „abwendet", der „ihre Sünden wegnimmt" (VV. 26f.). Zuletzt wird Jesus Christus eben damit bei Israel zum Zuge kommen! Merkwürdige Wege Gottes: aus der Verhärtung wird zu seiner Zeit noch Umkehr werden. Gottes Wege sind, wo nötig, Umwege, aber Gott läßt sich von seinem Ziel nicht abbringen und weiß es, auch wo wir ihm das Konzept verderben, auf alle Fälle zu erreichen.

2. Feinde bleiben Geliebte. Wir richten unsere Aufmerksamkeit auf die VV. 28f. Paulus spricht äußerst gedrängt. „Was ihr Verhältnis zum Evangelium angeht": wie jemand zum Evangelium steht, daran entscheidet sich, in welcher Lage er sich vor Gott befindet. Man kann nicht auf irgendeinem anderen Wege mit Gott ins reine kommen. „Feinde des Kreuzes Christi" (Phil. 3,18) sind eben auch Feinde Gottes, sowenig ein Jude dies zuzugeben bereit sein kann. Sie sind es nicht nur deshalb, weil es ein Unding ist, den Vater zu lieben und den Sohn zu hassen; sie sind es, weil Sünde ἔχθρα εἰς θεόν ist (8,7) und weil das Verharren in der Heillosigkeit, in der Nicht-Rettung, im Zustand des Nicht-Begnadetseins eo ipso Nicht-Versöhntsein, also Feindschaft bedeutet. Achtet man darauf, daß der Gegenbegriff „geliebt" heißt, dann wird „feindlich" nicht bloß die gegen Gott gerichtete Einstellung Israels bedeuten, sondern auch Gottes feindselige Einstellung ihnen gegenüber: sie sind Gott „verhaßt" (G. Bornkamm, a.a.O.: „der Ton liegt darauf, wie Gott zu ihnen steht, nicht sie zu Gott"; ähnlich Michel und K. Barth, anders Zahn). (Das δι' ὑμᾶς bedeutet: damit ihr Heiden das Heil empfangen könnt, s.o.) – Paulus läßt, wie man sieht, an dem Ernst der Situation keinen Zweifel. Er sieht Israel nicht so an, als sei man dort, auf *anderem* Wege nur, unterwegs zu gleichem Ziel. An der Heillosigkeit des derzeitigen Zustands Israels ist für Paulus leider kein Zweifel. Aber seine Brüder sind, „was die Erwählung angeht", *Geliebte.* (Das διὰ τοὺς πατέρας bedeutet: weil die den Vätern zuteil gewordenen Verheißungen noch immer in Kraft sind und in Kraft bleiben, 3,3; 9,6.) Man muß die ganze Paradoxie dieses Satzes festhalten: die Gott-Verhaßten sind Gott-Geliebte. Warum? Weil Gottes Verheißungen unwiderruflich, unerschütterlich, unbereubar sind (V. 29). Genauer: Gottes Gnadengaben und seine an Israel ergangene Berufung sind unrevidierbar. Weil Gott nicht anders könnte? Er könnte wohl anders (s.o.)! Aber er *will* nicht anders, er hält Treue, er steht zu seinem verpfändeten, beschworenen Wort.

Wir haben uns vorhin, anhand von Gal. 3,22, daran erinnern lassen, daß nur der Glaube das Heil empfängt. Dabei muß es bleiben. Heil ist da, wo der Stromkreis sich geschlossen hat: *da* der sich gnädig schenkende Gott –

hier der gläubig empfangende Mensch. „Glaubst du, so hast du; glaubst du nicht, so hast du nicht“ (Luther, WA 2,719). Gerade der Glaube aber weiß, was der Unglaube nicht wissen kann: daß Gottes Wahl, sein Heilswille, sein Angebot, sein Für-uns-Sein da ist, *ehe* wir glauben, und dableibt, auch *ohne daß* wir glauben. Will man bei dem eben gebrauchten Bild vom Stromkreis bleiben: die Leitung steht unter Strom, auch wenn ich nicht einschalte. Israel bleibt auch in der Verhärtung, im Nicht-Glauben, in der Heillosigkeit unter Gottes Verheißung. Gott zieht sich nicht zurück, solange wir nicht glauben, sondern er hält seine Verheißung durch: wartend, geduldig, mit dem langen Atem seiner μακροθυμία, alle Enttäuschungen auf sich nehmend und sich durch nichts beirren lassend, in der Liebe, die langmütig und freundlich ist, die sich nicht erbittern läßt, alles verträgt, alles glaubt, hofft und duldet. „Sollte ihre Untreue Gottes Treue aufheben?“ Hier kann man nur antworten: Um Himmels willen – *nein* (3,3f.)! Man mache sich nur klar, daß das hier Ausgesagte keineswegs nur von Israel gilt. Und man vergesse nicht, daß es sich in dem allen keineswegs nur um eine im Himmel gefällte, gewissermaßen „platonische“ Ur-Entscheidung Gottes handelt, sondern um die Erwählung, die geschichtlichen Charakter hat, sich also in Gottes Verheißungen und Verwirklichungen, zuletzt in Jesus Christus realisiert hat. „Siehe, ich stehe vor der Tür und klopfe an“ (Offb. 3,20): der vor der Tür stehende und geduldig klopfende Herr! Über Israel bleibt die ausgeschlagene, zurückgewiesene, vielleicht (in der Verhärtung) nicht einmal wahrgenommene Erwählung Gottes stehen! Das unrevidierbare Extra nos, das immer auch ein Ante nos ist! So wahr Luthers Satz vom Glauben und Haben ist: der Glaube ist eben darin Glaube, daß er sich an dieses Extra und Ante hält! Gerade eine Theologie der Anfechtung, wie sie in diesen drei Kapiteln sich dokumentiert, wird sich daran klammern. Woran? Daran, daß Gott in seiner Barmherzigkeit aushält und durchhält, obwohl mein Glaube versagt. Und eben dies, daß ich an meinem Glauben immer wieder irre werde, mich in meiner Gottlosigkeit und Glaubenslosigkeit vorfinde und nur noch auf das eine rechne, daß Gott mich hält, wo ich selber nicht mehr festhalten kann: *das eben* ist Glaube! Paulus hofft hier für *Israel*; aber der Grund seiner Hoffnung ist das, was für *alle* gilt. „Der Satan hat euer begehrt – ich aber habe für dich gebeten, daß dein Glaube nicht aufhöre“ (Luk. 22,31f.). In der theologischen Diskussion ist, von der theologischen „Rechten“ her, immer wieder von der „Objektivität“ der Heilstatsachen die Rede. Der Ausdruck ist unglücklich, denn wir haben zu dem, was Gott ein für allemal (extra nos) getan hat, ein anderes Verhältnis als zu den „Gegenständen“ der uns umgebenden Welt. Was aber mit diesem unglücklichen Ausdruck *gemeint* ist – verstehen wir uns so schlecht auf Hermeneutik? –, ist für den Glauben schlechterdings unaufgebbar! Die Geschichte, die sich zwischen Gott und uns abspielt, besteht nicht nur aus den einzelnen Augenblicken, in denen der Funke aufblitzt, weil sich der Stromkreis schließt, sondern auch aus dem, was Gottes gratia praeveniens *vor* allem unserm Annehmen, ja sogar *ohne* unser Annehmen, wenn auch „auf“ unser Annehmen „hin“, für uns getan hat. Gottes Für-uns-Sein bleibt, auch wenn wir zur Zeit (noch) gegen ihn sind (5,8). Unsere Taufe bleibt, auch wenn wir sie noch nicht entdeckt oder inzwischen wieder verleugnet haben. Wir empfangen den Leib und das Blut des Herrn, auch wenn wir ungläubig herantreten (was die Sache so gefährlich macht – 1. Kor. 10,1-5; 11,29-32 –, ist für den angefochtenen Glauben der einzige Halt). Feinde sind Geliebte – weil Gott Treue hält. Für unsere Situation heißt das, daß Gott, solange die Zeit des Willkommens währt (2. Kor. 6,2), zuwartet und sein volles Angebot für uns bereithält. Gläubigen und Ungläubigen ist dies zu verkünden, damit aus beider Unglauben (Mark. 9,24) Glaube werde.

3. Ungläubige werden zu Begnadeten. Es scheint, wir sind auf der richtigen Spur. Zuletzt sind Juden und Heiden in der gleichen Lage. Die Verschlossenheit, das Fernsein von Gott, die Feindschaft wurden und werden überwunden. Wie? Soll man sagen: der Unglaube wird durch den Glauben überwunden? „Wie ihr euch einst Gott versagt habt (ἠπειθήσατε), jetzt aber – Barmherzigkeit empfangen habt", so wird es zu seiner Zeit auch mit dem noch ungläubigen Israel gehen. Unglaube wird nicht durch Glauben, sondern durch Barmherzigkeit, versteht sich: durch *Gottes* Barmherzigkeit, überwunden. (Daß Israels Unglaube und die den Heiden widerfahrene Barmherzigkeit Gottes zu causae instrumentales des heilsgeschichtlichen Wirkens Gottes gehören, wurde oben schon besprochen und kann darum hier außer Betracht bleiben.) Die bewegende Kraft der Heils- und Missionsgeschichte: Gottes Erbarmen. Der Einblick in das „Mysterium" ist alles andere als eine bloße Information über die geheime Strategie Gottes, er kommt daher, daß Paulus Gottes Herz kennt. Nichts von apokalyptischer Spekulation. Wer Gott „in Christus" kennengelernt hat, der weiß etwas von der heiligen Unruhe der Liebe Gottes, von Gottes Leiden an unserer Verlorenheit, von seinem brennenden Erbarmen. Der Gott, der es sich soviel hat kosten lassen, läßt die Dinge nicht laufen, wie sie wollen.

Dazu kommt sofort das andere. Der Unterschied zwischen dem Volk der Erwählung und uns Heiden ist relativ. „Gott hat alle beschlossen unter den Unglauben, auf daß er sich aller erbarme." Es gibt keine Vorrangstellung der einen über die anderen. Wir leben alle aus Gottes Erbarmen. Dies erniedrigt uns – denn es werden alle Ansprüche abgebaut. Dies erhöht uns – denn wir werden nun doch alle zu Gottes Volk. Ob der merkwürdige Verlauf der Unglaubens- und Glaubensgeschichte dadurch bestimmt ist? K. Barth meint es: „Die Heiden dürfen *vorangehen*, weil sie in ihrer natürlichen *Erniedrigung* den Juden gegenüber das gegebene Objekt der *Erhöhung* durch den von Zion ausgehenden Erretter sind. Die Juden müssen *nachfolgen*, weil sie in ihrer natürlichen *Erhöhung* den Heiden gegenüber das gegebene Objekt der *Erniedrigung* durch denselben Erretter sind" (a.a.O., S. 331). Ob hier vielleicht doch versucht ist, ein wenig tiefer als erlaubt in die unbegreiflichen Gerichte und unerforschlichen Wege Gottes einzudringen (V. 33)? Wie dem auch sei: noch nie ist einer anders gerettet worden, nie wird auch einer von uns anders errettet werden als eben dadurch, daß Gott sich seiner erbarmt. In jeder Predigt bietet sich dieses Erbarmen Gottes an, auch in dieser. Verstanden hat diese Botschaft derjenige, der sich nur noch wundern kann.

11. Sonntag nach Trinitatis. 2. Sam. 12,1-10.13-15a

V. 15a („Nathan ab", würde ein Dramatiker schreiben) gehört natürlich mit zur Perikope (die „Ordnung der Predigttexte" läßt sie mit V. 14 schließen); daß nach Nathans letztem Wort keine Diskussion folgt und David allein auf der Szene bleibt, ist wichtig. – Ein Stück aus der mit Recht immer wieder hoch bewerteten Erzählung von der Thronnachfolge Davids (2. Sam. 6,16.20b-23; 9-20; 1. Kön. 1-2). Von einigen wird 12,1-15a als Zutat eines Späteren angesehen. Man meint, VV. 15b-19 zeigten David in einer Haltung, die sich mit der von V. 15a nicht vereinbart. An wieviel Stellen des Alten Testaments kämpfen aber Beter gegen schon beschlossene Gerichtsverfügungen Gottes an! Hertzberg meint außerdem, es sei schwer vorzustellen, daß Gottes Gericht an David geschehe, ohne daß ihm Gottes „Urteil mitgeteilt und in seinem Recht zum Bewußtsein gebracht worden wäre" (ATD, 10, S. 251). Innerhalb der Perikope mag der eventus das vaticinium mitgestaltet haben (bei den meisten der sog. „vaticinia ex eventu" wird es sich um ein Mitgestalten, ein Ausformen des Vorausgesagten vom Geschehenen her handeln), aber daß, wie manche meinen, nur das implizit ausgesprochene Todesurteil („Du bist der Mann") ursprünglich, alles folgende aber zugefügt sei, überzeugt nicht. Gutbrod (Das Buch vom Reich, Calw 1958, S. 147) weist darauf hin, daß die ganze Gerichtsdrohung den gleichen Aufbau zeigt wie 1. Sam. 2,27-34 und 15,16-23, zudem ein göttliches Todesurteil nicht sofort vollstreckt werden muß (vgl. Eli und Saul). – V. 1: LXX ergänzen Nathan durch die Apposition „den Propheten". Zu dem ungew. א in רָאשׁ vgl. Ges.-K. § 9b und 72p. – V. 2: Lies לְעָשִׁיר. הַרְבֵּה adverbial gebrauchter Inf.abs.hi. – V. 3: כִּבְשָׂה Femininform von כֶּבֶשׂ, also weibliches Lamm. – V. 6: LXX reden (nach einigen Textzeugen) von siebenfacher Erstattung; das Gesetz schreibt vierfache vor (Exod. 21,37); möglich, daß die Siebenzahl den spontanen Zornesausbruch Davids besser wiedergibt, obwohl auch Hertzbergs Argument zu bedenken ist: der König hatte als oberster Richter nach dem geltenden Gesetz zu verfahren. – V. 8: David hat Sauls Eigentum in Besitz genommen (vgl. 9,7.9), wahrscheinlich auch seinen Harem; so jedenfalls hat sich dann auch Absolom verhalten (16,20ff.), auf den hier deutlich angespielt ist.

Diese Predigt soll uns, die Gemeinde Gottes, lehren, wie es bei uns zu rechter, ehrlicher *Buße* kommt. Daß gerade ein König, nein: dieser für Israel urbildliche und darum in der Messiasdogmatik fest placierte König David das Beispiel für solche Verkündigung ist, hat wohl seine Bedeutung: scharfes, grelles Licht; harte, tiefe Schatten. Aber was hier besonders deutlich herauskommt, trifft uns alle. Bin ich der Pharisäer – oder der Zöllner (Evangelium des Sonntags)? – Man könnte die Aussagen des Textes um drei Stichworte gruppieren. Zu rechter, ehrlicher Buße kommt es durch Überführung (1), Lossprechung (2), Sühne (3).

1. Es ist bewegend zu sehen, wie hier einer der Mächtigen und Angesehenen dieser Welt unter Gottes Gericht gestellt wird. In Israel weiß man, daß es nicht Menschensache ist, zu sagen, was gut ist und böse, Recht und Unrecht. Wenn es in Menschenhand gegeben wäre, hier zu bestimmen, dann müßte der König die oberste Instanz sein. Sein Wille, seine Launen, auch seine Verlegenheiten könnten dann Gesetze machen. Aber denken wir an die Geschichte von Naboths Weinberg (1. Kön. 21): auch der König darf an

Gottes Gesetz nicht rütteln, und wenn er es doch tut, dann wird er schuldig und zieht Gottes Gericht auf sich. Es ist auch nicht so, daß ein Mann wie Nathan – wir überlesen nicht: aufgrund besonderen göttlichen Auftrags (V. 1) – zum König „hineingeht" und „seine Majestät" in aller Form als Ehebrecher und Mörder entlarvt. Noch verwunderlicher, daß der König nicht widerspricht, sondern sich beugt. Eine der eindrucksvollen Szenen des Alten Testaments, in denen König und Prophet einander gegenüberstehen und der Prophet den höchsten Träger irdischer Macht im Namen des allerhöchsten Königs anredet, dem auch er, der Gesalbte, unterworfen ist. David darf sich nicht benehmen wie ein kleiner Gott, denn er hat den lebendigen Gott über sich. Die altorientalischen, die ägyptischen, die römischen Monarchen haben sich göttlich verehren lassen. Sie ließen sich von niemandem zur Rechenschaft ziehen. Schmeichler hatten sie um sich, Lobredner. Eine negative Auslese vollzog sich da, denn sie umgaben sich mit charakterlosen, unehrlichen Leuten. Die etwas gegen sie hatten, wurden zu Hassern. Man überlege sich, wie anders es damit in unserer Perikope steht! Nathan wagt es. Man denke an den Täufer Johannes, der in sehr ähnlicher Sache vor Herodes erscheint und, wenn auch nicht sofort, seinen Mut mit dem Tode bezahlt (Mark. 6,14-29). Es hätte Nathan ebenso ergehen können. Aber es scheint, daß Gottes Auftrag ihn so stark bindet, daß er auf alle Gefahr hin tut, was ihm befohlen ist. Denn Nathan steht unter Gott. Und – das wird sofort klar – David steht gleichfalls unter Gott. So sehr, daß Gottes Gerichtswort ihn nicht schont. Noch mehr: Es wäre wohl denkbar, daß David in aller Verborgenheit beichtet, sich also vor Gott demütigt, im übrigen aber, vor den Augen der Welt, sehr wohl Haltung und Würde bewahrt. Wer wollte Anstoß daran nehmen, daß Israel in seiner Geschichtsschreibung den Fauxpas Davids taktvoll übergeht (wie dies im chronistischen Geschichtswerk übrigens geschieht!)? Aber hier wird schonungslos geredet. „Die Freiheit, die sich dieser Historiker dem König gegenüber gewahrt hat, ist etwas im alten Orient Einzigartiges" (G. v. Rad, ThAT I, S. 312). Wußte die Mitwelt schon die Affäre, der Nachwelt hätte man es verschweigen können. Aber hier stehen Menschen vor Gottes Angesicht. Israel kann es sich leisten, so wahrhaftig seine eigene Geschichte, ja sogar ihren glanzvollsten Abschnitt, darzustellen. Davids Amt ist darin begründet, daß Gott ihn eingesetzt hat. Also unterliegt er nicht dem Zwang, seine Autorität durch Selbstrechtfertigung immer neu begründen zu müssen. In Israel weiß man, daß auch der glänzendste König Sünder ist, und man macht damit Ernst. Wie kann man hier sachlich sein! Mit welcher Ehrlichkeit können hier die Dinge beim Namen genannt und ausgeräumt werden! David mag sich bei Gott bedanken, daß er den Nathan hat! – Wir alle sind nicht David. Vielleicht kann man mit Recht sagen: Prestigefragen haben bei uns nicht das Gewicht wie bei einem Mann, der so sehr im Licht der Öffentlichkeit steht. Aber man täusche sich nicht. Im Grunde ist jeder von uns in seiner kleinen Welt auch ein kleiner König. Unsere Lobredner sind uns wahrscheinlich auch lieber als die, die uns an Gottes Gebot erinnern. Unser öffentliches Ansehen versuchen wir eifersüchtig zu wahren. Wie nähmen wir einen Nathan bei uns auf?

Man sieht sofort: es bedarf auch für Nathan eines großen Maßes seelsorgerlicher Klugheit. Er bedient sich der rührenden Parabel. Man hat festgestellt, daß die hier abgemalte Tierliebe einigermaßen sentimentalisiert sei. Es zeige sich auch, daß die Beispielgeschichte nicht in allen Punkten passe – es fehle der Zug, daß der Eigentümer des gewaltsam weggenommenen „Schäfchens" umgebracht wird. Mag sein, die Geschichte war älteres Erzählungsgut. „Wie im deutschen Märchen (Grimm Nr. 89) muß auch nach hebräischem Geschmack der Bösewicht ahnungslos sich selbst sein Urteil sprechen" (Greßmann z. St.). Meinetwegen! Man verstelle sich nur damit nicht die Einsicht, daß Nathans List um der Art unseres Herzens willen nötig ist, daß also in diesem literarischen Sachverhalt etwas zum Ausdruck kommt, was wir um der Sache willen nicht übersehen oder auch nur unterschätzen dürfen. Nathan gibt vor, dem König einen Rechtsfall vorzutragen. Der König scheint hier, darin Fortsetzer des charismatischen Richteramtes (Richt. 4,4f.), als oberster Richter oder doch wenigstens Ausleger des Gesetzes Gottes zu fungieren. Vgl. Hertzberg, ATD zu 1.Sam. 15,2, und ThLZ 1954, bes. Sp. 289. David wird hier – wie Salomo 1.Kön. 3,16ff. – amtlich in Anspruch genommen und ahnt nicht, daß er seinen eigenen Fall in blumenreicher orientalischer Sprache vorgetragen bekommt. Wie kann er es ahnen? Der belastende Vorfall selbst liegt wenigstens ein rundes Jahr zurück (11,27). Gott kann eine Sache lange unerörtert lassen, und irgendwann kommt sie dann doch zur Sprache! David mag gemeint haben, es sei längst Gras darüber gewachsen. Aber Gott meldet sich, wann er will. – Zur Parabel selbst ist nicht viel zu sagen; sie spricht für sich. Der Arme hat das Tier „gekauft", also seine mühsam ersparten Groschen dafür geopfert. Und weiter: Der Reiche hat nicht nur des Armen geringen Besitz geraubt, er hat ihn tief im Herzen verwundet. Die von den Kommentatoren kritisierte Zärtlichkeit des armen Mannes ist natürlich schon ein Stück Deutung des Gleichnisses! Von Nathan ist dies gut gezielt: rückwärts blickend, wird David sich klarmachen müssen, was er dem Uria angetan hat. Und wenn die Ausleger bemängeln, das Gleichnis sage nichts von Davids Blutschuld, so ist doch immerhin zu fragen: Ist die Geschichte wirklich zu Ende erzählt? Es scheint, daß Davids „Ergrimmen" die Erzählung Nathans in einem Augenblick unterbricht, da das Maß der Schuld in der Parabel noch nicht einmal voll ist! „Der Mann ist ein Kind des Todes, der das getan hat!" – und dabei würde jedenfalls in *Davids* Lebens- und Sündengeschichte der eigentliche, der ihn noch viel stärker belastende Anklagepunkt erst noch kommen! Man hat die literarische Meisterschaft der Geschichte gepriesen. Sie ist nur der äußere Ausdruck geistlicher Erkenntnis. Nathan führt sein Beichtkind so weit, daß es selbst sein Urteil spricht, und wird es ein Todesurteil bereits in dem Augenblick, in dem die Geschichte noch nicht einmal zur Hälfte erzählt ist, was müßte man erst erwarten, wenn die Beweisaufnahme wirklich zu Ende geführt würde! – Man muß sodann etwas sehen, was zur Durchleuchtung unseres eigenen Herzens überaus wichtig ist: In der Beurteilung anderer „Fälle" sind wir außerordentlich scharfsichtig, scheinbar unbestechlich, unbarmherzig „gerecht". David könnte nicht so „mit großem Zorn ergrimmt" sein, wenn nicht in bezug auf ihn selbst seine

Augen gehalten wären. Weil wir genau wissen, daß unsere Schuld unser ganzes Recht auf Leben durchstreicht, und doch einen zähen Lebens- und Selbstbehauptungswillen haben, verdecken wir unsere Schuld nicht nur vor anderen, sondern auch vor uns selbst (Matth. 7,1ff.; Röm. 2,17-24). Der oberste Gerichtsherr „wird nun mit einem Ruck ... auf den Platz des Verurteilten gestellt" (Gutbrod z. St.). Mit dürren Worten wird ihm die Geschichte seines Frevels vorgehalten. Unsere Predigt kann die Kenntnis der Bathsebageschichte nicht voraussetzen und muß wohl kurz und mit einem gerade hier erforderlichen feinen Takt erzählen, was in V. 9 nur erwähnt ist. Wir übersehen dabei nicht, daß es sich bei David nicht nur um Mißachtung des klaren Gebotes Gottes handelt – Einbruch in die Ehe eines anderen und dessen Beseitigung unter Mißbrauch der königlichen Gewalt –, sondern zugleich um Akte grober Undankbarkeit. Was hält Gott dem David vor? Eine unvergleichliche Stellung in Israel habe ich dir gegeben, wie hättest du meine bewahrende Hand spüren können! Und gerade da, wo es um die Liebe zum Weibe geht, habe ich dich wahrhaftig nicht kurzgehalten! Und bitte: deine legalen Möglichkeiten sind ja in dem allen noch nicht erschöpft! (Es wird also an Davids Vielweiberei keine Kritik geübt!) Aber an all dem Guten, das ich dir gebe, läßt du dir nicht genügen. – Ist das nicht immer wieder so? Wenn wir sündigen, greifen wir nach etwas Verbotenem, als ließe Gott uns darben, als gönnte er uns nicht soundso viel Schönes, Gutes, Erfreuendes (Gen. 2,16). Was er gibt, sehen wir nicht; was er uns versagt, das müssen wir haben!

2. Aber nun der nächste Schritt in unserer Geschichte. „So hat auch der Herr deine Sünde weggenommen" (V. 13). Wie kommt es zu dieser *Absolution*? Es hat immer wieder Befremden erregt, daß die Dinge in V. 13 in solcher Kürze und so schlagartig vor sich gehen. Ps. 51 scheint eine hier empfundene Lücke zu schließen. Wird man auch die dort (V. 2) bezeichnete Situationsangabe historisch nicht hinnehmen können – „der Psalm ist in der Zeit Davids undenkbar" (Kraus, Psalmen, S. 384) –, so legen sich doch Ps. 51 und 2. Sam. 12 gegenseitig aus. Trotzdem: daß in unserm Text (V. 13) so wenig historisches Kolorit, so wenig Psychologie zu finden ist, ist von großer Bedeutung. Mit geradezu liturgischer Knappheit und Prägnanz ist hier geredet. Hier ist nichts zu verhandeln, hier weist der Bote Gottes in Vollmacht, d.h. aber, wenn man es richtig versteht, in der Sachlichkeit, die in seinem Auftrag gründet, auf Gottes Absolution. – Aber es wird hinreichend deutlich, was dahintersteht: das unumwundene Schuldbekenntnis Davids. Sind wir uns klar, was das bedeutet, daß der König sich vor Gott (und auch vor Nathan) demütigt? Wir können nicht aus der Vergebung leben, solange wir uns noch selbst verteidigen und damit zum Ausdruck bringen: zuletzt vertrauen wir eben doch auf die selbsterworbene Geltung, auf die selbstvollbrachte Leistung. Wie schwer uns diese Kapitulation fällt, wissen wir aus Erfahrung. Davids Verhalten in dieser Sache ist auch für unser Verhalten bezeichnend. Gewiß, seine königliche Publizität machte die Lage schwieriger, und das „heimlich" in V. 12 konnte nicht verhindern, daß (nach V. 14) Davids Verschuldung zu einem weit über den Hof hinausreichenden Skandal wurde. Aber hier finden sich zwischen einem solchen

Mann und uns doch Gradunterschiede. David hat zunächst getan, was unser alter Mensch in solchem Falle immer tut: er hat versucht, die Sache zu vertuschen. Wie? In 11,6-13 wird es erzählt. Was kann der Mensch nicht alles anstellen, wenn es gilt, Belastendes aus dem Wege zu bringen! Er will sich die Buße ersparen, sucht nach Auswegen und wird nur noch schuldiger. „Das eben ist der Fluch der. bösen Tat, daß sie fortzeugend immer Böses muß gebären" (Schiller, Wallenstein II). Aus dem Ehebrecher David wird auf diese Weise der Mörder. Das Gesetz sagt: als Schuldiger kannst du vor Gott nicht bestehen; also muß ich versuchen, als Unschuldiger zu erscheinen; und gerade damit werde ich erst recht in Sünde gestoßen. Das Gesetz macht die Sünde nur noch mächtiger (Röm. 5,20 – 4. Advent). Schrecklicher circulus vitiosus: je mehr ich versuche, mir die Kapitulation vor Gott zu ersparen und auf irgendeine Weise, mehr oder weniger ehrlich, das Gesicht zu wahren und „senkrecht" zu bleiben, desto tiefer gerate ich in Schuld. Der alte Adam wehrt sich verzweifelt. Aber eines Tages trifft es uns dann: „Du bist der Mann." Dann gibt es keine Ausflüchte, keine Entschuldigungen, kein Beschönigen und Zurechtbiegen, kein sinnloses Verteidigen unhaltbarer Positionen, auch keine Anklage anderer mehr. Es bleibt nur noch die Flucht nach vorn. Dann geschieht Buße: „Ich habe gesündigt wider den Herrn."

Wir müssen freilich noch etwas hinzufügen, was der alttestamentliche Text noch nicht so erkennen läßt wie das neutestamentliche Evangelium. So wahr das eben Dargelegte auch ist, damit, daß die Kapitulation gefordert wird, geschieht sie noch lange nicht. Vom Zwang der Selbstverteidigung befreit uns allein das Wunder, daß Gottes Vergebung und Rechtfertigung uns neuen Boden unter die Füße gibt. Vom eigenen Bösen lossagen kann sich nur, wer es schon hinter sich hat. Nichts treibt uns darum so in die Buße wie dies, daß schon alles neu geworden ist. Die Absolution ermöglicht die Preisgabe der eigenen Gerechtigkeit, indem sie uns die Gerechtigkeit Christi zuspricht. Das konnte David noch nicht so wissen wie wir, wie er denn auch noch nicht wissen konnte, daß die ihm widerfahrende Lossprechung bereits um Christi willen geschehen ist.

3. Nun muß freilich noch unter dem Stichwort *Sühne* weiter bedacht werden, was uns hier berichtet ist. Indem David sich als schuldig bekennt, hat er das Urteil angenommen, das er selbst gesprochen hat (V. 5). Man muß das zusammen sehen: „Ich habe gesündigt wider den Herrn" und „Der Mann ist ein Kind des Todes". Das Urteil ist gefällt, und David weicht vor ihm nicht zurück. Man bedenke, was das heißt, daß einer sich selbst zum Tode verurteilt! David konnte ja, als er sich dem Gerichtszorn Gottes unterwarf, nicht ahnen, daß der nächste Augenblick schon den Freispruch bringen würde. Der, dem seine Sünde wirklich leid ist, nimmt auch alle Folgen auf sich. „Wahre Reue sucht und liebt die Strafe" (die 40. der 95 Thesen Luthers). Vergebung begehren unter der Bedingung, daß es nicht weh tun darf, dies dürfte wohl keine rechte Buße sein. Verstehen wir recht: es kann nicht darum gehen, daß wir in selbsterwählten Bußleistungen Gott die Vergebung abkaufen. Wohl aber wird der, der über sein Versagen aufrichtig traurig ist, nicht alle Hebel in Bewegung setzen, um möglichst ungeschoren

davonzukommen. Wie es auch immer um die Ursprünglichkeit der VV. 10 bis 12 stehen mag (die Perikope läßt VV. 11 f. aus und erspart uns die Entscheidung): David sollte, was ihm und seinem Hause bevorstand, als Strafe und Züchtigung ansehen (zu V. 10 vgl. 13,28 f.; 18,14; 2. Kön. 25,7; zu V. 11: 16,22). Zweifellos verdichtet sich aber die Frage nach der Sühne in VV. 13 f. David soll leben – das Todesurteil also, das er selbst gesprochen hat und das, weil David als oberster Richter seinen Spruch im Namen Gottes fällt, nun wirklich als Gottes Todesurteil gegen David gilt, dieses Todesurteil wird aufgehoben. Aber für David stirbt der Sohn. Was mag es zu bedeuten haben, daß David so darum ringt, gerade dies möchte nicht geschehen (VV. 15–17)? Das Kind wird statt seiner sterben! Es ist schwer, einzusehen und zuzulassen, daß ein anderes Leben geopfert wird, damit wir leben können. Andererseits: als das Kind dann gestorben ist, gewinnt David die Fassung wieder. Er resigniert vor der Unwiderruflichkeit des Todes (G. v. Rad, Gesammelte Studien zum A.T., München 1958, S. 162), aber er erkennt im Tode des Kindes zugleich das Unterpfand dafür, daß ihm die Sünde nun wirklich vergeben ist (L. Rost, Die Überlieferung von der Thronnachfolge Davids, Stuttgart 1926, S. 98). – Könnte Gott nicht dem David vergeben, ohne daß „das Knäblein" stirbt? Mußte schon Uria sterben, um den Schein der moralischen Integrität des Königs zu wahren, sozusagen um der Gerechtigkeit willen, die vom Gesetz erfordert, so allerdings nie erreicht wird: soll nun, um der Glaubensgerechtigkeit willen, abermals Leben geopfert werden? Vielleicht sehen wir jetzt mehr, als der Text sagen will. Immerhin ist es ja nicht ganz ohne Bedeutung, daß Bathseba Matth. 1,6 wieder genannt werden wird, als Mutter des Salomo diesmal und damit als Vorfahrin „*des* Sohnes Davids". Wir wollen kein Christuszeugnis aus unserm Text herauspressen. Aber sagen müssen wir, was drin steht: Der Sünder David hat den Tod verdient, aber statt seiner stirbt der Sohn. Der Sohn muß sterben, weil David daran schuld ist, daß Gott von seinen Feinden gelästert wird. Wir haben es besser als David. Als er seine Schuld unumwunden eingestand, war es so, als lieferte er sich dem Henker aus. Was der nächste Augenblick bringen würde, wußte er nicht. Bei uns ist, wenn wir unser Gewissen erforschen, die Botschaft von der Vergebung immer schon zu hören. Nichts nötigt uns so sehr, unser Leben zu prüfen, wie die Erfahrung der unbegreiflichen Liebe Gottes zum Sünder. Wer jetzt sich Gott ausliefert, weiß schon, was für ein Gott es ist, zu dem er geht. Damit ist nicht gesagt, daß Buße eine harmlose Sache geworden ist. Der alte Mensch muß sterben, dabei bleibt es auch jetzt. Nur: er stirbt jetzt daran, daß der neue in Christus und um Christi willen schon da ist.

12. Sonntag nach Trinitatis. Apg. 9,36-42(43)

Die beiden Wundergeschichten 9,32-35 und 9,36-42 (Lydda und Joppe) gehören zusammen. Beide bewirken zahlreiche Bekehrungen, so daß nunmehr das ganze westjordanische Palästina „von Asdod im Süden bis nahe Cäsarea im Norden christianisiert" ist (Haenchen). Die Mission kann und wird sich neuen Zielen zuwenden. Daß wir Petrus im Küstenstreifen finden, zeigt, „wie die Apostel den Zusammenhalt der Gemeinden als einer Gesamtkirche gepflegt haben“ (H. W. Beyer). – V. 36: Joppe, das heutige Jaffa. „Jüngerin“ (μαθήτρια – das Wort im N.T. nur hier) = Christin. Tabitha (wie auch Luther in den frühen Ausgaben seiner Übersetzung schreibt; Tabea steht in keiner griech. Hs.): sowohl das aramäische (טַבְיְתָא bzw. טְבִיתָא) wie das griechische Wort (Δορκάς) ist als Name belegt. – V. 37: ἐγένετο δέ = וַיְהִי, hebraisierender Erzählungsstil (bei Lukas häufig). Waschen des Leichnams ist als Sitte bezeugt. Salbung nicht erwähnt – wartet man auf die Erweckung? Vgl. jedoch das folgende. Verbringung der Leiche in das (luftige) ὑπερῷον wie 1. Kön. 17,17 ff. – V. 38: Entfernung drei Wegstunden. μὴ ὀκνήσῃς höfliche Form (statt Imperativ). – V. 39: Die der Sitte folgende Totenklage ist hier ausdrücklich motiviert: die Verstorbene hat für die Witwen Ober- und Unterkleider angefertigt, vgl. V. 36 Ende. – V. 40: Wie in Mark. 5,40 werden die Klagenden hinausgeschickt, wie in 2. Kön. 4,33 bleibt der Erweckende mit dem Leichnam allein. ἐκβάλλειν braucht nicht auf die Heftigkeit hinzuweisen. Tabitha, steh auf! – bis auf *einen* Buchstaben derselbe Anruf wie Mark. 5,41. Das Öffnen der Augen wie 2. Kön. 4,35, das Sich-Aufsetzen wie Luk. 7,15. – V. 41: Während Jesus dem Mädchen die Hand vor der Erweckung reicht (Mark. 5,41), reicht Petrus der Tabitha die Hand danach; wohl nur ein zufälliger Unterschied. „Die Heiligen“, d.h. die Glieder der Gemeinde(!) und die an Tabithas Erweckung besonders interessierten Witwen, hier (wie es scheint) als ein Stand in der Gemeinde gedacht (1. Tim. 5,3 ff.; Apg. 6,1), werden hereingerufen. – V. 43: Daß das Gerberhandwerk – weil es zum verunreinigenden Umgang mit Tierkadavern nötigte – bei den Rabbinen verachtet war, braucht in unserem Zusammenhang keine besondere Rolle zu spielen. Liegt Lokaltradition vor? Oder mußte Lukas nur ein bestimmtes Quartier erfinden, damit im folgenden Kapitel die Boten des Cornelius (10,6.17) eine bestimmte Stelle erfahren könnten, an der Petrus zu finden ist? Dann hätte Lukas in 9,38 fahrlässig gehandelt, indem er dem Petrus in Lydda kein Quartier zuwies.

Dieser Text wird uns zu schaffen machen. Was er berichtet, ist dem modernen Menschen fremd – und der moderne Mensch sind wir selbst. Niemand rechnet mit Totenerweckungen. Das war damals anders. Juden und Heiden erzählten sich mancherlei Geschichten dieser Art. Sie konnten es unbeschwerter als wir. Auch sie empfanden das Wunderbare. Aber sie wußten noch nichts vom geschlossenen Kausalzusammenhang des Naturgeschehens. Götter und andere himmlische Mächte waren den irdischen bzw. kosmischen Kräften grundsätzlich gleichgeordnet; ihr Walten war ein Mit-Wirken – vergleichbar also nicht dem Organisten, der das Instrument spielt, sondern dem einzelnen (gewiß besonders kräftigen) Register innerhalb des Werkes, das je und dann mitklingt. So konnte man für Wunder damals grundsätzlich immer offen sein. Äußerlich gesehen sind die neutestamentlichen Heilungs- und Erweckungsgeschichten den jüdischen und heidnischen erstaunlich ähnlich. Man wundert sich, daß das Neue Testament sich kaum des Verdachts erwehrt, die Taten Jesu und seiner Apostel gehörten einfach hinein in die bunte Mirakelwelt. Die neutestamentlichen Glaubenszeugen unterscheiden außerordentlich scharf zwischen Christus und den anderen Kyrioi, Mächten und Kräften. Sollte es ihnen in bezug auf die Wunder an solchem Unterscheidungsvermögen fehlen? Oder sollte es das Subjekt – Chri-

stus – sein, das dem Prädikat – Wunder – einen ganz anderen Charakter gibt? Sollte es sich, wenn zwei dasselbe tun, tatsächlich nicht um dasselbe handeln (vgl. K. Barth, KD IV/2, S. 237)?
Es kommt hinzu, daß einzelne Züge unserer Geschichte den Eindruck des Entlehnten machen: Das „Obergemach" erinnert an 1. Kön. 17,19, der Ausschluß aller Zeugen an 2. Kön. 4,33. Sollte dahinter die Überzeugung stehen: der Apostel ist nicht weniger als die Propheten der klassischen Zeit? Auffälliger noch sind die Berührungen mit der Geschichte von der „Talitha" in Mark. 5,22-24.35-43. Die Klageweiber werden hinausgeschickt – die Hand der Toten wird ergriffen. „Talitha, qum!" – „Tabitha, qum!" Es könnte sein, daß das von Markus aramäisch überlieferte, also im Urklang dem Gedächtnis der tradierenden Gemeinde einhaftende Erweckungswort Jesu in kaum veränderter Form auf ein anderes Ereignis übertragen worden ist oder gar – wie ein Senker – unsere Geschichte hat entstehen lassen. Wir werden nach beiden Richtungen vorsichtig sein müssen. Unsere Geschichte hat einige unverwechselbare Züge, die darauf deuten, daß hier nicht mit der Schablone gearbeitet ist. Dennoch wird man für ihre historische Faktizität nicht die Hand ins Feuer legen können.
Was aber ist dann zu predigen? Ein paar Vorüberlegungen sind wohl nötig, ehe wir an die Einzelheiten gehen. Zunächst ist zu bedenken, daß es sich auch da, wo Apostel oder andere Jünger Jesu Machttaten tun, um Jesu Christi eigene Aktionen handelt. Daß Wunder geschehen, war der ersten Christenheit gewiß. „Wer an mich glaubt, der wird die Werke auch tun, die ich tue, und wird größere als diese tun, denn ich gehe zum Vater" (Joh. 14,12) – es steht hinter den Wundern der Sendboten der sendende, der erhöhte Herr. In *seiner* Vollmacht geschehen sie (Matth. 10,1; Mark. 16,17; Luk. 10,19). Die Apostelgeschichte spricht immer wieder von den die Botschaft begleitenden Machttaten des Herrn (2,43; 4,30; 5,12; 6,8; 14,3; 15,12; 20,12). Wer dies alles nur auf das Konto der wunderfreudigen Spätzeit des Neuen Testaments setzen will, sei daran erinnert, daß auch Paulus von den die Mission begleitenden Zeichen und Wundern spricht (Röm. 15,19; 2. Kor. 12,12). Der Hebräerbrief bekennt sie gleichfalls (2,4). Wir können es uns nicht vorstellen, was sich da ereignet hat. Gerade die Korinther hätten es allerdings dem Paulus schwer angekreidet, wenn er an genannter Stelle geflunkert hätte. Jesus ist in seiner Gemeinde wirksam gegenwärtig, auch in Wundern. – Dazu kommt ein zweites. Die im Neuen Testament berichteten Wunder sind eschatologische Zeichen. Das Zeichen ist noch nicht die Sache; es weist nur auf sie hin. Diese *Sache*, nämlich die Herrschaft Gottes, ist das Neue und Unvergleichliche an den Wundern, die im Namen Jesu geschehen. Was wir Wunder nennen, ist nur Signal des eigentlichen Wunders (über das sich doch so wenige wundern). Solche Zeichen sind nicht nur Heilungen Kranker, Befreiung Besessener, Erweckung Toter und die Herrschaft über den Sturm. Daß den Armen das Evangelium gepredigt wird, ist nach Matth. 11,5 nicht weniger Zeichen. Wir hätten nichts von unserm Text begriffen, wenn wir nur das Vordergründige sähen, für das allerdings auch der wundersüchtige Heide den Blick hätte, das also gar nicht das Spezifische dieses Geschehens erreicht; den Christus müssen wir sehen,

in dessen Kommen und Tun Gott sein Reich aufrichtet, und wir müssen sehen, wie hier dem „altbösen Feind" wieder ein kräftiger Geländestreifen abgerungen wird. Der erhöhte Christus ist am Werk, wo Liebe wirkt (1), wo Sieg geschieht (2), wo Glaube entsteht (3). Gehen wir so an den Text heran, dann redet er kräftig auch für den, der vom legendären Charakter dieser hier erzählten Begebenheit überzeugt ist.

1. Auch hier ist das Thema der ganzen Apostelgeschichte beherrschend: „Ihr werdet meine Zeugen sein ..." (1,8). Auch Thabita (Tabea) ist es. Die von Lukas aufgenommene Geschichte berichtet nicht von irgendeinem Menschen, der aus dem Tode ins Leben zurückgeholt wurde, sondern von eben dieser Frau „voll guter Werke und Almosen, die sie tat" (V. 36); sie hatte den Witwen Unter- und Oberkleider gemacht, die dem Petrus an ihrer Bahre vorgezeigt wurden – eine Demonstration, die offenbar in dem für Klageweiber gültigen Ritual nicht vorgesehen war. Hier wird also nicht einfach ein Mensch beweint, auch nicht nur eine Christin, sondern eben diese, wie es scheint, für die Armen in der Gemeinde nicht zu ersetzende Wohltäterin. „Ich bin nackt gewesen, und ihr habt mich bekleidet" (Matth. 25,36). Die Gegend in der Nähe des Meeres muß damals wegen ihrer himmelschreienden Armut bekannt gewesen sein: „Zehn Teile Armut sind in der Welt, *neun* davon in Lydda und *ein* Teil in der ganzen übrigen Welt" (Strack-Billerbeck II, S. 693). Tabitha hat begriffen, daß das Christuszeugnis hier in diakonischer Aktivität zu bestehen hat. Der erhöhte Christus ist am Werk, wo Liebe wirkt.

Der Text, der hernach Aufregenderes zu berichten haben wird, hält es für der Mühe wert, vom diakonischen Werk dieser Frau zu sprechen. Wir dürfen uns nicht dadurch beirren lassen, daß es ein Werk geringen Ausmaßes ist. Gewiß, die von Tabitha Betreuten haben ihr, was sie getan hat, hoch angerechnet; der Tod der Wohltäterin hinterließ offenbar auch in dieser Hinsicht eine schmerzhafte Lücke. Aber man wird fragen: was bedeutet das Werk *einer* solchen Frau für das Elend in jenem ganzen Landstrich? Unter dieser kritischen Frage steht alle christliche Diakonie. Auch wenn Tabitha sich in der Gemeinde vervielfacht, d.h., wenn *alle* begreifen, was Christus von ihnen erwartet: dem Elend der Welt kommen wir nicht durch Einzelaktionen bei, sondern nur durch die umfassende Umgestaltung der gesellschaftlichen Verhältnisse. Dennoch bedarf es dessen, was diese Frau uns vorgelebt hat. Immer wird die spontane Liebe Stellen finden, an denen sie sich einsetzen muß. Immer wird, weil wir Menschen sind, gerade das Nicht-Organisierbare, eben der freie Entschluß der Liebe nötig sein. Noch mehr: Diakonie hat den Charakter des Zeichens. Sie weist auf das – eschatologisch zu verstehende – Reich Gottes, in dem der Wille des gütigen, barmherzigen Gottes gilt, dessen Herrsein, wie wir an Jesus sehen, eben im Dienen besteht. „Selig seid ihr Armen, denn das Reich Gottes ist euer" (Luk. 6,20). Die Gemeinde Christi kann nicht alle Not der Welt beheben. Aber sie kann und soll die Zeichen der kommenden Herrschaft Gottes gerade darin aufrichten, daß sie – im kleinen, aber auch im großen Maßstab – zufaßt, Mangel beseitigt, Schäden behebt, Hilfe leistet. Wo Liebe wirkt, ist der erhöhte Christus am Werk. Wohlgemerkt: wir sagen nicht, die Kirche solle sich auf tätige Liebe verlegen, weil mit dem, was sie ehedem erhoffte, einmal nichts ist; sondern wir sagen: weil das Reich Gottes nahe herbeigekommen ist, *darum* soll möglichst jeder erfahren, was es damit auf sich hat. Die Gemeinde, die der Welt das Tatzeugnis schuldig bleibt, soll sich nicht wundern, wenn ihr das Wortzeugnis nicht abgenommen wird. Wir sollten uns so verhalten, daß Menschen dadurch ermutigt werden, *auf Gott* zu hoffen.

2. Wir wollen vom Ereignis eines *Sieges* sprechen. Das ist keine erbauliche Umdeutung des Erweckungswunders ins Unverbindlich-Allgemeine, sondern, wie wir meinen, das sachgemäße Verständnis dessen, was uns hier berichtet ist. Der Tod besteht leider nicht bloß darin, daß ein Menschenherz stillsteht. Er hat ernstere Hintergründe. Eine Totenauferweckung ist für neutestamentliches Denken ein Sieg über die letzte feindliche Macht Gottes und der Menschen. Mag biologisch gesagt werden, was immer man sagen wolle: uns interessiert hier das Theologische.

Die Geschichte ist sehr zart erzählt. Die kleine Gemeinde in Joppe nimmt den Tod dieser in ihrer Mitte lebenden gütigen Frau nicht hin. Es ist üblich, Tote alsbald zu begraben; in diesem Falle tut man das nicht. Bringt man die Leiche ins „Obergemach", weil dort – vom Meere her – die Luft bewegt wird? Ist man so bibelfest, daß man meint, dort oben könnte sich das Wunder einer Totenerweckung ereignen? Petrus ist in der Nähe: er soll kommen! Kein Wort deutet an, daß man ein Wunder erwartet; es bleibt alles offen. Gott weiß, was er tun will – und ob er überhaupt etwas tun will. Auch als Petrus in Joppe angelangt ist und vor der Toten steht, enthält sich die Gemeinde jedes bestimmten Ansinnens. Die Kleider-Demonstration spricht mittelbar, das ist alles. Und Petrus selbst? Dem Klagen hat er Einhalt geboten, jetzt betet er. Im Gebet muß ihm Gewißheit geworden sein. Wenn jetzt etwas geschieht, dann kann es nur das Werk des Auferstandenen sein. Alte Übersetzungen fügen dem Erweckungsruf die Worte hinzu: in nomine domini nostri Jesu Christi. Nichts anderes kann von Petrus gemeint sein (vgl. V. 34). Christus setzt das Zeichen des Sieges.

Daß eine Tote ins Leben zurückgerufen wird, ist nicht so wichtig, wie es uns scheinen möchte. Keinem von uns wäre geholfen, wenn ihm bloß noch eine gewisse Zeitspanne zugelegt würde und er seinen Tod in nicht zu ferner Zeit ein zweites Mal sterben müßte. Ein unverwesliches Leben müßte uns geschenkt werden! Genau darum aber geht es. Die Totenauferweckung in Joppe ist nur Zeichen, noch nicht die Sache selbst. Die „Sache" heißt: Auferstehung. Wer die „Sache" hätte, könnte auf das Zeichen gern verzichten. Aber unserm armen, angefochtenen Glauben wird das Zeichen gegeben. Es besagt, daß der „letzte" aller Feinde der Menschheit (1. Kor. 15,26) seinen Meister gefunden hat: Christus hat ihn besiegt.

Vielleicht entgegnen wir, für uns sei ein solches wunderbares Geschehen gerade *kein* deutliches Zeichen. Der Unterschied zwischen Zeichen und Sache sei zu groß. Man könnte dem zustimmen, wenn nur nicht der Glaube an den Sieg bei der kleinen Gemeinde in Joppe offensichtlich kräftiger und überzeugender wäre als unserer. Zugegeben: die Klageweiber von damals waren lauter als wir. Aber daß unsere landläufigen Bestattungsgottesdienste –

ist „Gottesdienste" das richtige Wort? – überzeugender Ausdruck christlicher Auferstehungshoffnung wären, wird man nicht sagen können. Es ist nicht nötig, unsere Bräuche bzw. Mißbräuche im einzelnen zu schildern; aber verantwortlich denkende Gemeinden sollten unser Friedhofszeremoniell samt allem Drum und Dran einmal daraufhin kritisch durchnehmen, ob unser auferstandener Herr nicht durch vieles, was dabei passiert, vor aller Welt desavouiert und diskreditiert wird. Wie anders in unserer Perikope! Uns fiel schon diese merkwürdige Offenheit für Christi Wunderhandeln auf: die Verbringung der Verstorbenen ins Obergeschoß, die Nachricht an Petrus, sein Kommen, sein Beten, sein weckender Ruf. Wir können das alles nicht einfach nachmachen. Aber wir sollten wissen, daß die Auseinandersetzung zwischen Christus und seinem „letzten Feind", dem noch immer auf Erden mit zäher Konsequenz waltenden Tode, im Grunde längst stattgefunden hat. Man weiß: der Tod ist noch da. Aber man findet sich nicht mit ihm ab. Man nimmt ihn nicht als die letzte unausweichliche Macht, der auch ein Christus nicht gewachsen ist. Man widersteht ihm. Weg mit dem Gewinsel, wie die Sitte es will! Wo Christus ist, haben die bösen Geister, die man damit zu vertreiben meint, sowieso nichts mehr zu sagen. Das Geheul verstummt. In dem Raum, in dem die Tote liegt, ist Ruhe eingekehrt. Petrus betet. Und dies Gebet ist offenbar nicht feierliche Drapierung der Hoffnungslosigkeit, sondern ein Rechnen mit dem Christus, der, wenn er will, schon heute und jetzt dem Tode wirksam Kontra geben kann. Hier wird gegen den Tod beherzt angegangen, hier wird, wenn man so sagen darf, gegen ihn an-geglaubt. Hier wird mit Christi Sieg gerechnet. Aufs Ganze gesehen, ist der Tod noch nicht matt gesetzt, aber er steht im Schach. Was auch immer die neutestamentlichen Zeugen sich gedacht, welche Erfahrungen sie gemacht haben: sie haben, indem sie von Totenerweckungen berichteten, mit der Anwesenheit und Wirksamheit des auferstandenen Christus gerechnet und allem Todes-Fatalismus den Abschied gegeben.

3. Der erhöhte Christus ist am Werk, wo Glauben entsteht. Man kann, wenn man es durchaus auf Flachheit abgesehen hat, den V. 42 so verstehen, als beruhe der Missionserfolg in Joppe darauf, daß vulgäre Mirakelsucht durch Tabithas Rückkehr ins Leben befriedigt worden ist. „Als sie aber das hörten, ging's ihnen durchs Herz", schreibt Lukas an anderer Stelle (2,37); er muß doch wohl davon, wie Glaube entsteht, erheblich andere Vorstellungen gehabt haben. Es könnte auch in Joppe noch um anderes gegangen sein als um die Sensation. Auf alle Fälle will Lukas berichten, daß es mit dem Christuszeugnis dort unten im Küstenstreifen vorangegangen ist; wir sahen, die Christianisierung Palästinas vollendet sich.

Den V. 43 sollten wir in der Predigt nicht unterschlagen. Sollte er wirklich nichts weiter zu bedeuten haben als dies, daß Lukas den Petrus für Kap. 10 in die erforderliche Startposition bringen will? Oder sollte Lukas darstellen wollen, wie Petrus ohne sein Zutun, nur durch die Geschehnisse unseres Abschnitts, veranlaßt wird, nun doch „lange Zeit" in Joppe zu bleiben? Dann gälte auch hier, was die Apostelgeschichte wiederholt erkennen läßt: der Herr selbst setzt seine Leute da ein, wo er sie braucht. – Vielleicht steckt in dem Namen Simons des Gerbers sogar mehr historische Erinnerung, als

wir meinen. Auch der kleine, aber für den Gang der Mission nicht unwichtige Zug, daß Petrus als „Bischof" von Jerusalem das Küstengebiet visitiert und dann sogar eine Weile dort verbleibt (vgl. 8,26ff. – Philippus hatte hier gewirkt), soll nicht übersehen sein.
Woran ist der Glaube der Neuhinzugekommenen entstanden? Die missionarische Gemeinde wird immer wieder so zu fragen haben. Wenn unsere Auslegung nicht grundverkehrt ist, hat sich der neue Glaube daran entzündet, daß in Joppe mit der machtvollen Gegenwart des erhöhten Christus Ernst gemacht worden ist. In der Kirche muß viel diskutiert und wohl auch viel organisiert werden. Wir wollen das nicht abstreiten. Aber der Glaube entsteht aus anderem. Was sich zwischen dem erhöhten Herrn und seiner Gemeinde abgespielt hat, „wurde bekannt in ganz Joppe". Die christliche Gemeinde wird ihrer Umwelt uninteressant werden und bleiben, wenn in ihr nur das geschieht, was man anderswo auch und sogar besser haben kann. In Joppe wird mit dem Kommen des Reiches Gottes und mit der Macht Christi gerechnet. Hier geschieht ein erstaunlicher Einbruch in die Front des Todes. Hier wird gehofft, geglaubt, gebetet. Ein (verhältnismäßig) kleines Geplänkel in dem „wunderlich Krieg, da Tod und Leben rungen" (Luther), aber ein zeichenhaftes Geschehnis! Je mehr wir an der „Sache" sind, desto eher werden die, die Christus noch nicht kennen, aufmerksam werden. Es wird nicht nur für die Gemeinde heute, sondern auch für die, die es noch werden sollen, von Bedeutung sein, ob wir uns durch einen Text wie diesen in unserer Hoffnung auf Christus bestärken und befestigen lassen.

13. Sonntag nach Trinitatis. 1. Mose 4,1-16a

Jahwistisches Stück. V. 1: bei J gibt, im Unterschied zu P, immer die Mutter den Namen (mutterrechtlicher Hintergrund). Die Namensätiologie ist unverständlich, besonders die Worte אֶת־יְהוָה (vgl. Apparat). Für die Predigt ohne Belang. Daß הֶבֶל = Hauch, Nichtigkeit, ist für den Leser von einst ein Omen, braucht aber uns heute nicht aufzuhalten. Hirt und Ackerbauer: wahrscheinlich spiegelt sich irgendeine stammesgeschichtliche Begebenheit wider. Der Bauernstamm Kain ist über den Hirtenstamm Abel hergefallen und muß nun, zur Strafe, selbst außerhalb des Kulturlandes leben. Gemeint sind wohl die Keniter (gegen Gunkel). In der „Mehrzahl der Altäre" sollte man nicht, wie v. Rad tut, bereits ein Konfliktszeichen sehen. – V. 7: „Wenn du recht tust, (ist) Aufheben (zu ergänzen wohl: deines Angesichts), aber wenn du nicht recht tust, lauert die Sünde vor der Tür." Schwierig ist dabei der Inf. „aufheben", falsch die Maskulinform רֹבֵץ in Verbindung mit חַטָּאת (fem.). „Der Text ist offenbar gänzlich verderbt" (Gunkel). v. Rad behebt die zweite Schwierigkeit, indem er חֵטְא תִּרְבָּץ liest; trotzdem bleibt ihm „der Verdacht, daß der Sinn der Stelle einmal ein ganz anderer war". Wir werden aus diesem Vers keine theologischen Folgerungen ziehen können, ihn aber so nehmen, wie er im Urtext dasteht. – V. 10: צעק das „Zetergeschrei", also der Hilferuf eines solchen, dem Unrecht und Gewalt geschieht, nach Rechtsschutz. – V. 12: נָע וָנָד (Wortspiel, auch Anspielung auf das Land Nod, V. 16): nicht, weil das Gewissen ihm keine Ruhe läßt, sondern weil die Erde ihm infolge des

Fluchs den Ertrag versagt. – V. 13: עָוֹן ist nicht die Sünde, sondern die Strafe: „Die über mich verhängte Strafe ist zu schwer, als daß ich sie tragen könnte." – V. 15: eine Tätowierung?

Man wird, will man unsere Perikope verstehen, ihre Stellung im Ganzen der jahwistischen Urgeschichte nicht übersehen dürfen. Der genealogische Zusammenhang zwischen Kap. 3 und 4 ist dafür nur ein äußeres Zeichen. Er braucht uns nicht viel Kopfzerbrechen zu machen. Die alte Fangfrage, woher denn Kain sein Weib genommen habe (V. 17), ist von einer schlechtberatenen Apologetik immer wieder tierisch ernst genommen worden; sie wird gegenstandslos, wenn man einmal begriffen hat, daß der Jahwist „Urgeschichte" erzählt: ein historisierendes Verständnis der hier berichteten Vorgänge geht an der Tatsache vorbei, daß sich in den einzelnen Gestalten der Weg der *Menschheit* abbildet. Viel näher an der Wahrheit wäre das stammesgeschichtliche Verständnis (vgl. das oben Gesagte). Sicher haben die Keniter mit ihrem unheimlich ruhelosen Leben am Rande des Kulturlandes (v. Rad) hier sozusagen Modell gestanden. Aber dieser stammesgeschichtliche Hintergrund ist für den Zusammenhang nicht mehr wichtig. Man muß universal denken, wenn man J verstehen will. Man muß sich klarmachen, wie die Ursünde von Gen. 3 nicht etwa ein individueller Fall ist, der uns alle unberührt ließe. Das genealogische Denkschema bringt zum Ausdruck, daß in den Eltern und ihrem Tun die Kinder und ihr Tun dargestellt sind. „Alle haben gesündigt", sagt Röm. 5,12 ausdrücklich; „aufgrund dessen" ist der Tod zu allen gekommen. Aber dies eben wird an dem „einen Menschen", mit dem das Unheil begonnen hat, anschaulich. Die Geschichte von Kain und Abel ist unser aller Geschichte! Kain geht über die Erde: den Bruder mordend und dafür nun selbst unter der Strafe des unsteten, flüchtigen Lebens stehend. Abel liegt auf der Erde. Sie hat vieltausendfach sein Blut getrunken, das nun zum Himmel schreit. – Aber noch ein Weiteres ist dem Zusammenhang zu entnehmen. Wer die jahwistische Urgeschichte im Ganzen überschaut, kann sich dem tiefen Eindruck nicht entziehen, wie die Sünde sich lawinenartig steigert. Die Sünde von Gen. 3 – sie gipfelt in dem „Eritis sicut Deus" – konnte, denkt man nur moralisch und nicht theologisch, noch verhältnismäßig harmlos erscheinen und ist von der Schlange in ihren Verführungskünsten auch wirklich als harmlos und unverfänglich hingestellt worden. Es gibt „salonfähige" Gestalten der Sünde. Wer findet schon etwas dabei, wenn jemand Gott mißtraut? Was ist das schon Schlimmes, wenn Gottes Ebenbild nach der vollen Gottheit Gottes trachtet? Das normale Moralbewußtsein hält ein solches Verhalten gegenüber dem ersten Gebot für völlig unbedenklich – solche Dinge sind gewissermaßen eines jeden Menschen persönlichste Angelegenheit. Aber die Bibel erzählt nach Gen. 3 die Geschichte von Kain und Abel und sagt damit: so geht es weiter, wenn die Ursünde – ein Leben und Handeln sine metu Dei et sine fiducia erga Deum – einmal getan ist. Das zweite wäre nicht, wenn das erste nicht wäre! Es wird sich noch zeigen, daß diese dem Zusammenhang entnommenen Gedanken auch innerhalb des Textes kräftig ausgeführt werden.

[Für diejenigen, die gern eine mögliche Gliederung haben möchten, folgender Vorschlag: Kain – erkennen wir ihn wieder? – den Mörder des Bruders? (1) – den Sklaven des Bösen? (2) – den Schützling Gottes? (3)]
Die Perikope hat uns zu eindringender Gewissenserforschung zu dienen. Diese ist nötig. Dem fünften Gebot gegenüber fühlen wir uns meist einigermaßen unangreifbar. Ich bin nicht der Mörder meines Bruders. Ich verabscheue den Mord. Ich bin hier selbstverständlich auf der Seite der göttlichen Forderung. – Aber die Erde hat unsagbar viel Blut von Kains Händen empfangen (V. 11). Die Weltgeschichte ist mit Blut geschrieben. Man könnte sich das Geschehen im Text ausmalen und sich vorstellen, daß Kain noch nicht wissen konnte, was überhaupt Sterben ist, erst recht nicht wissen konnte, daß Abel unter seinen Fäusten und infolge seines Jähzorns sein Leben aushauchen würde. Es könnte ihm gegangen sein wie einem Kinde, das nicht weiß, was für Unheil es anrichtet. Ob es nun – angesichts der obigen Überlegungen – Sinn hat, sich dergleichen auszumalen oder nicht: *wir* wissen, was Töten ist, für uns gelten nicht mildernde Umstände. Daß einer sich am Leben des anderen vergreift und sich kaltherzig die Gründe zurechtlegt, die es angeblich rechtfertigen, daß er ihn beiseite räumt; daß Kriege vom Zaun gebrochen und dabei die Millionen brutal geopfert werden, wiederum mit kalter Berechnung und scheinheiligen Gründen: das haben wir zur Genüge erlebt. Die Bibel erlaubt uns nicht, uns dabei zu beruhigen und uns mit fatalistischen Argumenten zu entschuldigen. „Blut und Leben gehören ... allein Gott; wo gemordet wird, da greift der Mensch in Gottes eigenstes Besitzrecht ein. Leben zu verderben geht weit über die Zuständigkeit des Menschen hinaus. Und vergossenes Blut läßt sich nicht zuschaufeln, es schreit zum Himmel empor und erhebt sofort vor dem Herrn des Lebens seine Klage" (v. Rad). Es wird gut sein, daß wir nicht zu schnell über diese „altertümliche" Anschauung von dem zeternden, hilfeschreienden Blut hinweggehen. Wir vergessen zu leicht, daß vor Gott die Welt sich wohl anders ausnimmt als im Bereich unserer Sinneserfahrung. Die Umgebrachten sind stumm. Die Erde deckt sie zu. Das Leben geht weiter. Reden können nur noch die, die „davongekommen" sind, und – die am Tode der anderen Schuldigen! Es scheint sich alles beruhigt zu haben, wenn der Tote begraben ist. Aber Gott hört das Schreien. Vielleicht hört er den brüllenden Aufschrei des zu Tode Getroffenen und sein letztes Röcheln immerzu.
Die Bibel lehrt uns, die „Wurzeln" der Sünde aufzudecken und insofern wirklich „radikal" zu fragen. Musterbeispiel für solche Überlegung ist Jesu Auslegung des fünften Gebots Matth. 5,21 ff., die man geradezu als einen Kommentar zu unserer Perikope ansehen könnte. Wo beginnt diese schreckliche Geschichte vom Brudermord?
Sie scheint uns am Anfang ein schweres Rätsel aufzugeben. Die Kunst hat das Unfaßbare so anschaulich gemacht, daß Abels Opferrauch zu Gott aufsteigt, der Kains aber am Boden hinkriecht. Im Text steht davon nichts. Bei Abel „sah" Gott „hin", bei Kain nicht. Wieder könnte man an Kinder denken: ein Kind ist tief gekränkt, wenn es mit seinen Bausteinen sein Werk vollbracht hat und die großen Leute schauen nicht hin. Aber warum schaut Gott nicht auf Kains Opfer? Man ist versucht zu meinen, der Text übergehe

hier die Verschiedenheit der Gesinnung, die dahintersteht (wobei V. 7 wie eine Nachholung des Übergangenen aussieht – nur, Luthers Übersetzung überdeutet den – unsicheren – Text). Oder man nimmt ein göttliches decretum absolutum an, das über Kains Verworfenheit von vornherein entschieden hat. Jedoch wären dann die VV. 6f. nicht ernst genommen: Gott warnt ja den Kain, dem man es ansieht, was in ihm vorgeht. V. 5b: Man muß sich den Sinn der Verben recht deutlich machen! Es fängt in Kain an zu „brennen", er erhitzt sich, sozusagen bis zur Weißglut. Und sein „Angesicht fällt" herunter – zu Boden gerichteter Blick, damit Abbruch der Beziehungen zum Bruder; Kain ist mit sich selbst in seinem Zorn allein, in sich verkrampft und verbissen. Wenn der Text so stimmt, wie wir in V. 7 lasen, so wird Kain von Gott auf die Gefährlichkeit gerade dieses inneren Zustandes aufmerksam gemacht. „Wenn du etwas Gutes im Sinn hast, dann ‚hebst du' den Blick" – dann kannst du deinem Bruder in die Augen sehen, und in diesem Blick hast du zu ihm die innere Verbindung. Die Fortsetzung, nach der bei bösem Vorhaben die Sünde vor der Tür liegt wie ein Raubtier, scheint Gunkel ein „idem per idem" zu sein; ich kann das nicht finden. Für biblisches Denken ist die Sünde eine geradezu persönlich vorzustellende Macht außer mir (Röm. 7,8ff.). Mit meinem bösen inneren Vorhaben gerate ich leicht in ihre Gewalt – und eben dieses Aufeinanderzukommen von Innen und Außen und die Vereinigung beider gilt es zu verhindern. Ist das nicht wunderbar anschaulich gemacht? Wie ein wildes Tier lauert die Sünde vor der Schwelle. Jetzt bloß die Tür nicht aufmachen, auch nicht einen Spalt! Dasselbe Wort, das 3,16 für die Liebessehnsucht des Weibes nach dem Manne verwendet wurde, erscheint hier zur Bezeichnung der Gier, mit der die Sünde nach Kain verlangt. „Du aber sollst (wirst) über sie herrschen!" Es bedarf also einer Art Gewaltausübung meinerseits, um sie niederzuhalten. Es gibt einen Kampf um den Gehorsam, in dem wir es uns nicht leichtmachen dürfen. Mitten in der Situation des „Entbranntseins" und des sturen Blicks nach unten spricht uns das warnende Wort Gottes an. Nein, nicht aus einem von Gott beschlossenen Verhängnis kommt Kains Sünde. Nicht einmal aus der nicht zu bändigenden Leidenschaft des Augenblicks. Jedenfalls lesen die alten Übersetzungen: Laß uns aufs freie Feld gehen! – darin liegt listige Überlegung. Anders freilich Gunkel, der statt וַיֹּאמֶר vorschlägt: וַיִּמֶר oder וַיָּמַר (von מרה Streit anfangen bzw. von מרר bitter, zornig werden) und damit in Kains Tat doch eine Affekthandlung sieht.

Es ist zum Erschrecken, daß die Wurzel der Sünde Kains im Religiösen liegt: Kain neidet dem Bruder das freundliche Angesicht Gottes (Zimmerli). Es wird zur diagnostischen und ätiologischen Klärung des Tatbestandes wichtig sein zu begreifen: wie in Gen. 3, so ist auch hier nicht der zynische Wille zum Bösen, die gemeine Freude am Verderben des andern, der Ausgangspunkt. Wir haben uns selbst sehr genau auf die Finger und ins Herz zu sehen: die Gemeinheiten und Untaten der Menschheitsgeschichte haben – im kleinen und im großen Maßstab des Geschehens – meist Motive, die die Täter als ehrenwert verteidigen. Es ist eine wirklichkeitsfremde Simplifikation, wenn jemand meint, die scheußliche Gewalttat eines Menschen am andern und die Katastrophe des Blutvergießens unter den Völkern kämen immer daher, daß jeweils der eine sich vornähme, am anderen zum Verbrecher zu werden. Man sieht es an dieser Geschichte, wie die Leidenschaft das (scheinbar) verletzte Recht, die schmerzhafte Benachteiligung usw. als Material und Startbasis für ihr sündiges Tun nimmt. Mir ist Unrecht geschehen, meine ich; und nun folgen Trotz, Verbitterung, Haß, Ingrimm, Jähzorn oder auch die „moralisch" begründete prinzipielle Entscheidung für den Frevel, das Verbrechen, die Zerstörung. Jeder muß hier sein eigenes Herz erforschen und sich unerbittlich fragen, inwieweit er zur kainitischen Gestalt der Welt und der Menschheitsgeschichte seinen Beitrag geleistet hat.

Jetzt bekommt es Kain mit dem Gott zu tun, der alles weiß und vor dem es kein Ausweichen gibt. Das kurze Zwiegespräch von V. 9 an ist unerhört spannungsgeladen. „Wo ist dein Bruder Abel?" Scheinbar eine bloße Erkundigungsfrage. Kain kann noch einen Augenblick lang heucheln. Er tut es mit einem zynischen Witz: „Bin ich der Hüter meines Bruders? Er ist doch von Beruf Hirte! Kann der Hirte auf sich selbst nicht aufpassen, so daß ich, der Bauer, auf ihn noch achthaben muß?" Das ist unerhört scharf beobachtet. Der schon im Gewissen Getroffene spielt den Überlegenen und tarnt sich hinter seiner eigenen Frechheit. So schlagfertig sind wir, wenn wir unrecht haben! – Nun läßt Gott Kain nicht gleich wieder zu Wort kommen. Wie ein Schrei des Entsetzens und der Entrüstung klingt Gottes Frage V. 10a. Von der Stimme des Blutes haben wir schon gesprochen. Den Mörder trifft Gottes Fluch. Er besteht darin, daß die Erde ihm, dem Bauern, die Frucht versagt. Die blutgetränkte Erde will und kann ihren Ertrag nicht mehr darbringen, als wäre nichts geschehen. Kain bleibt nichts weiter übrig, als das Kulturland und damit das Land des Segens, das für ihn zum Fluchland geworden ist, zu verlassen. Wir würden den Ernst der Situation verkennen, wenn wir meinten, hier finde nur ein Berufswechsel und damit ein Wechsel der Lebensform statt. Kain empfindet die über ihn verhängte Strafe (sic!, V. 13) als untragbar schwer. Ist Nomadenleben so unerträglich? Das Entscheidende sagt V. 14: der Mörder kann nicht unter Gottes Augen bleiben – das ist das eigentliche Geheimnis seines Verbanntseins weg von der heimatlichen Erde und damit auch von Gott. Kain ist aus der Nähe Gottes verbannt! Das Band ist zerschnitten! Die stark archaisch anmutende altisraelitische Ansicht, daß Gott in Kanaan wohne, alles fremde Land also nicht mehr sein Machtbereich sei, muß uns hier transparent werden für eine dem Denken dieses altertümlichen Textes anhaftende Auffassung: Wo Gott nicht ist – daß er überall ist, weiß man damals noch nicht – oder aus welchem Landstrich Gott sich in seinen Zorn zurückgezogen hat, da gibt es kein bewahrendes Gesetz. In der Wüstenei ist jeder des anderen Feind. (Man darf jetzt nicht einwenden, auch die Steppe kenne ihre Gesetze; der Text redet theologisch und daher ganz prinzipiell und radikal.) Alles Gesetz, das Leben bewahrt, kommt von Gott. Wo Gott nicht ist, kann nach diesem frühbiblischen Denken nur Schutzlosigkeit und darum Verderben sein. Kain graut davor, daß er jetzt vogelfrei ist.

Aber nun tritt eine ganz erstaunliche Wende ein. Nicht zufällig. Man kann es an den einzelnen Perikopen der jahwistischen Urgeschichte studieren:

auf die Sünde folgt Gottes Gericht, aber das Gericht wird jeweils überboten durch die Gnade. Daß Gen. 11 diesen gnadenhaften Schluß nicht hat, hat tiefen Sinn: hier setzt dann mit der Abrahamsgeschichte Gottes besonderes Heilshandeln ein. – Kain empfängt Gnade. Es soll also doch nicht dabei bleiben, daß Kain gänzlich von Gott getrennt und seinem Wirken entzogen ist. Das Kainszeichen, das ihn nicht etwa brandmarken und damit preisgeben, sondern schützen soll, wird auch in der Wüste respektiert werden. Es ist also doch nicht so, wie altisraelitisches Denken meint: Gottes Macht reiche nicht über Kanaan hinaus. Keiner ist so weit von Gott entfernt, daß nicht auch sein Leben durch Gottes „Zeichen und Ordnung" bewahrt würde. Ja, man hat sogar den Eindruck, daß Gott in dem „siebenfältig" (V. 15) den Rechtsschutz Kains unerhört verstärkt. Durch ein überstrenges Vergeltungsgesetz schützt Gott die kainitische Menschheit – eine Aussage, die der heimliche oder offene Antinomismus unserer Theologie unterschätzt oder gar übersieht. Dieses Gesetz schafft allerdings Kains Schuld nicht aus der Welt. Kain kann weiterleben – das ist alles. V. 16a: Das ist ein beklemmender, grauenvoller Ausgang. Abels Blut schreit noch immer. Und in wieviel Fällen ist seitdem „Abels" Blut geflossen! Geflossen ist auch *Jesu* Blut, „das da besser redet denn das Abels" (Hebr. 12,24). Jesu Blut zetert nicht und verklagt nicht, sondern es schreit für uns nach Gottes Barmherzigkeit (EKG 269,4). Gott wurde Kains Bruder. Das Verbanntsein von Gott weg hat der andere „Abel" mit Kain und für Kain auf sich genommen. Seitdem ist das Land „Nod" (V. 16) nicht mehr die Hölle des Getrenntseins von Gott. Seitdem braucht Kain sich nicht mehr vor Gott zu verbergen (V. 14). Kain kann sein Angesicht wieder aufheben (V. 7). Gott schenkt ihm auch den Bruder wieder. Dieses „Abels" Opfer hat Gott gleichfalls gnädig angesehen (V. 4), und das genügt für uns alle.

14. Sonntag nach Trinitatis. 1. Thess. 1,2-10

Die nach der Sitte jeden Brief einleitende Danksagung wird in 2,19 und 3,9 wieder aufgenommen, beherrscht also den ganzen ersten Hauptteil des Briefes. Unter dramatischen Umständen hat Paulus Thessalonike verlassen müssen (Apg. 17,1-9). In seiner Sorge um den Glaubensstand der jungen Gemeinde hat er Timotheus nach Thessalonike gesandt, und dieser ist mit guter Nachricht zurückgekommen (3,5-8). V. 3: Die Trias Glaube, Liebe, Hoffnung ist wahrscheinlich vorpaulinisch und auch nach Paulus oft verwendet (5,8; Gal. 5,5f.; 1. Kor. 13,13; Kol. 1,4f.; 1. Petr. 1,21f.; Hebr. 10,22-24). (5,8 zeigt, daß sich dem Paulus beim Schreiben unwillkürlich das dritte Glied der Formel aufdrängt, obwohl der Zusammenhang es gar nicht verlangt.) Das ὑμῶν gehört zu allen drei Gliedern der Formel; wahrscheinlich gilt dasselbe auch von dem nachfolgenden Genitiv τοῦ κυρίου ἡμῶν Ἰησοῦ Χριστοῦ und von der „Ortsbestimmung" ἔμπροσθεν κτλ.: alles, was Paulus zu nennen hat, kommt von Christus und besteht vor dem Angesicht Gottes. – V. 4: Erwählung vgl. Röm. 8,28-30; 9,15f.; Eph. 1,4. – V. 5: Vgl. 2,1ff., wo der Gedankengang, bis ins Formale, ganz ähnlich ist. Man muß nicht an Wunder denken. Beglaubigung der Predigt durch den Geist, vgl. 1. Kor.

2,4f. πληροφορία könnte man, ganz wörtlich, mit „Inhaltsträchtigkeit" wiedergeben; gemeint ist das Gegenteil vom leeren Wort. ἐν ὑμῖν δι' ὑμᾶς: das Spiel mit den Präpositionen ist rhetorischer Brauch (vgl. 3,6; Röm. 8,3; 2. Kor. 1,11; 7,12; 8,7), man darf keine sachlichen Feinheiten herausholen wollen. – V. 6: „Nachahmer" vgl. 1. Kor. 4,16; 11,1; Phil. 3,17; 1. Thess. 2,14; 2. Thess. 3,7.9. Es sieht aus wie eine plötzliche Selbstkorrektur (vgl. 1. Kor. 15,10), wenn Paulus hinzufügt „und des Herrn" (vgl. 1. Kor. 11,1; zur Sache auch Röm. 15,1-3; Eph. 5,1). – V. 7: Sie selbst ahmen in ihrem Schicksal die Gemeinden Judäas nach, 2,14, und werden nun zum „Typos" für die Christen Mazedoniens und Achaias (in diese beiden Provinzen war Gesamtgriechenland unter röm. Herrschaft eingeteilt). – V. 8: Durch das, was die Gemeinde ist und tut, strahlt sie die Sache Christi missionarisch aus. – V. 9: Das, wovon in 2,13ff. noch des weiteren zu reden sein wird, spricht für sich selbst. Grundbegriffe der Missionspredigt (urchristlicher Katechumenat!): Abkehr von den vielen Göttern zum lebendigen und wahren Gott, dem wir zu dienen haben, (V. 10:) Warten auf Jesus, Gottes Sohn (die christologische Formel bereits hier), den Auferstandenen, der uns vom kommenden Zorngericht Gottes erretten wird (vgl. 5,9; Röm. 1,18 u.ö.).

Das Thema des Sonntags ist die Dankbarkeit. Sie hat in unserm Brief weiten Raum. Wären die Bücher des Neuen Testaments nach der Zeit ihrer Entstehung angeordnet, dann begänne das Neue Testament mit unserm Text, also mit diesem Zeugnis der Dankbarkeit. Man könnte dieses Zeugnis biographisch erklären: Unter dramatischen Umständen war Pauli und seiner Mitarbeiter Wirksamkeit in Philippi zu Ende gegangen (2,2; Apg. 16,39). „Unter viel Kampf" hatte Paulus in Thessalonich das Evangelium verkündigt (2,2; Apg. 17,1-9). Der Abgang in Athen war nicht gerade triumphal verlaufen (Apg. 17,32f.). Die Arbeit in Korinth, von wo aus unser Brief geschrieben ist, war schwierig (1. Kor. 2,3; Apg. 18,9f.). Es nähme nicht wunder, wenn ein Missionar nach solchen Erfahrungen mürbe würde. Die Sorge um eine Gemeinde wie die in Thessalonich ist begreiflich. Am liebsten selbst sofort hinreisen! Paulus hat es wiederholt versucht, vergeblich (2,17f.). Nun war Timotheus dort. Die von ihm mitgebrachten Informationen lösen den Dank aus. Wer Gott dankt, verfolgt im Glauben sein verborgenes Wirken und bringt es ihm gegenüber zum Ausdruck, daß er sich dessen bewußt ist, was Gott in ungeschuldeter Güte und Freundlichkeit ihm, dem Dankenden, zuliebe getan hat. Wenn Paulus sich lediglich der Briefsitte verpflichtet gefühlt hätte, dann hätte er es kürzer machen können. Aber er versucht, dem Walten Gottes auf der Spur zu bleiben. „Allezeit" dankt er. In seinen Gebeten erwähnt er die Thessalonicher – und nicht nur sie – ausdrücklich und regelmäßig. Der Fortgang der Sache des Evangeliums gehört in die tägliche Fürbitte des Apostels wie der Gemeinde. Denn die Ausbreitung des Evangeliums ist letztlich nicht unser, der Menschen, Werk, sondern Gottes eigenes Werk. Der Text lehrt uns, alles, was in Thessalonich Anlaß zur Freude ist, auf Gott zurückzuführen. Danken heißt geradezu: erkennen und anerkennen, daß *er* es getan hat. Wir könnten – in leichter Umstellung der Aussagen des Textes – etwa so zusammenfassen: Wir haben Gott zu danken, denn er selbst ist die treibende Kraft, wo die Boten wirken (1), wo die Gemeinde glaubt (2), wo die Welt aufhorcht (3).

1. Sprechen wir zuerst vom Dienst der *Boten*. Paulus, Silas, auch Timotheus stehen hinter dem Brief (1,1); alle drei sind bei den Thessalonichern gewesen. Ihre Verkündigung wurde gesegnet. Wir haben uns und der Gemeinde deutlich zu machen, warum Paulus dies so hervorhebt. Man könnte an die besonderen Umstände denken, unter denen sich diese Verkündigung vollzogen hat. Drei Missionare – in einer wildfremden Stadt – bekämpft, verdächtigt, verleumdet (s. o.): wer darf hier auf Erfolg hoffen? Wir hätten das eigentlich Aufregende an der Sache damit noch nicht begriffen. Nicht nur unter ungünstigen, sondern auch unter günstigen Bedingungen ist der Missionserfolg ein Wunder. Ich kann nicht aus eigener Vernunft noch Kraft an Jesus Christus glauben oder zu ihm kommen. Niemand kann von sich aus seiner Predigt die zündende Kraft geben. Gewiß, es gibt eine homiletische Methodenlehre, wie es denn auch eine Missions-„Strategie" gibt. Unser Überlegen und Zubereiten kann sich nur auf die äußeren Bedingungen des Hörens – einschließlich der Klarheit, Verständlichkeit, Lebensnähe, Anschaulichkeit usw. – beziehen. Aber Glauben erzeugen kann niemand. Kein Prediger kann anders auf die Kanzel treten als so, daß er es auf das Wunder Gottes ankommen läßt. Man kann sich das schon so klarmachen, daß man einmal die Hauptpunkte der Missionspredigt, wie sie sich in VV. 9f. darstellen, durchgeht. Abkehr von den Götzen – dienend tätige Hinkehr zum lebendigen und wahren Gott: welcher Heide, der im Glauben an seine Götter groß geworden ist, soll einem dies abkaufen? mit welchen Argumenten kann hier ein Widerstrebender überzeugt werden? wie soll man sich einem, der diesen „lebendigen und wahren Gott" nicht gelten läßt, verständlich machen, wo man doch nichts, buchstäblich nichts in den Händen hat? Die Sache wird noch ernster, wenn den Hörern zugemutet wird, sie sollen sich auf den „künftigen Zorn" gefaßt machen, von dem ein Prediger des Evangeliums wie Paulus immerhin mit Ernst geredet hat (Röm. 1,18; 2,5.8; 12,19; Eph. 5,6). Das Evangelium besagt ja nicht, daß das vom Täufer angekündigte Zornesgericht (Matth. 3,7 ganz ähnlich wie hier: künftiger Zorn) ausfällt, sondern daß wir durch Christus „aus dem Zorn herausgerettet" werden. Wer läßt sich dergleichen schon sagen? Die Sache wird nicht einfacher, wenn man sich klarmacht, wer der ist, der die Rettung bringt. 1. Kor. 2,1ff. schaut auf die Zeit der sog. zweiten Reise zurück: Paulus muß gerade in dieser Zeit über den paradoxen Charakter der Kreuzespredigt viel nachgedacht haben. Kreuz, Auferstehung, Erwartung des Gottessohnes vom Himmel: kann man damit auf Verständnis und Annahme rechnen? Die knappen Andeutungen über die Missionspredigt geben noch nicht einmal soviel her, daß man die ganze Anstößigkeit des Evangeliums daraus erkennt. Wie geschieht denn die Rettung vom Zorn? Damit, daß aller Eigenruhm, die Geltung des bewährten, gereiften, disziplinierten, tugendgeübten (usw.) Menschen vor Gott zunichte wird. Tatsächlich: *das* ist die Rettung, die Paulus meint; sie besteht in dem „Christus für uns". Wer soll so etwas annehmen? *Alle* Predigt ist Wagnis. Unausgewiesen, schutzlos, ohne imponierende Parolen, ohne durchschlagende Argumente, mit einer Predigt, die normalerweise nur auf Ablehnung rechnen kann, kommen die Boten Christi zu den Menschen, ganz darauf angewiesen, daß Gott tut, wozu sie selbst prinzipiell außerstande

sind. Das ist das Vorzeichen, unter dem *alle* Predigt steht. Wir tun gut, dies der Gemeinde und der Welt deutlich zu sagen.
Aber Gott sei Dank: er war selbst die treibende Kraft, wo die Boten wirkten. Er selbst hat den Beweis des Geistes und der Kraft geführt (1. Kor. 2,4). „Unsere Predigt des Evangeliums kam zu euch nicht allein im Wort, sondern auch in der Kraft und im heiligen Geist und in der inhaltlichen Gefülltheit, die das Gegenteil allen Leerlaufs ist" (V. 5 – s. o.). Es geschah in Thessalonich das Wunder, auf das jede Predigt rechnen muß: „daß ihr das Wort göttlicher Predigt, als ihr es von uns empfinget, nicht aufnahmet als Menschenwort, sondern, wie es das in Wahrheit ist, als Gottes Wort" (2,13). Die Predigt armseliger Menschen – Gottes Wort! Entweder nennt man das Wunder, oder man weiß nicht, was man sagt. Genau auf das hier Ausgesagte kommt es aber an! Wir verstehen die Predigt falsch, wenn wir sie zum Referat, zum Diskussionsbeitrag, zur religiösen Lyrik, zur Darstellung menschlicher Weisheit o. ä. entarten lassen. Wir tun Botschafterdienst für Christus (2. Kor. 5,20) – weniger dürfen wir nicht wollen, aber auf Gott hin, auf seinen Auftrag hin dürfen wir es wagen. Wir riskieren, daß wir damit scheitern, vielleicht verlacht und verachtet werden. Wir sind auf Gottes Wunder angewiesen. Gott hat in Thessalonich – und nicht nur dort – das Wunder getan. Wir sind vielleicht geneigt, in *unserer* Gemeinde mit solchem Dank, wie der Text ihn laut werden läßt, sparsam und zurückhaltend zu sein. Wie steht es mit der Wirksamkeit des Wortes? Versagt sich Gott? Macht er unsere Rede kraftlos, läßt er sie kraftlos bleiben? Wir werden uns immer fragen, ob es an uns liegt. Die erste Sorge muß sein: predigen wir auch nichts anderes als die hier gemeinte Botschaft? predigen wir sie auch deutlich genug? ist das Wort des sendenden Herrn im Wort des Botschafters auch wiederzuerkennen? Fragen dieser Art sind immer zu stellen. Hier, im Text, stehen sie nicht zur Verhandlung. – Sind wir tatsächlich in anderer Lage als Paulus? Man vergesse nicht, daß Paulus den Mißerfolg, die Wirkungslosigkeit seiner Predigt wirklich kennt (s. o.)! Das Neue Testament weiß nicht nur von einem pneumatischen Frühling! Aber *wo* Gott mit seinem Geist und seiner Kraft da war, da bemerkt Paulus es aufatmend, fröhlich, in bewegtem Dank. Wo ist die Gemeinde, die jedes Vorankommen des Wortes Gottes – πάντοτε (V. 2) – als das dankbar aufnimmt, was es tatsächlich ist: als Wunder Gottes? Man sage doch nicht, bei uns geschähen solche Wunder nicht; wir achten sie nur nicht. Man hört – auch in Predigten – viel Klagen. Man sollte mehr Dank vernehmen. Im Vergleich zur äußeren und inneren Lage der paulinischen Mission ist unsere Lage tausendmal günstiger! Wir sollten darauf achthaben, was Gott in unserer Mitte tut.
2. Was jetzt zu sagen sein wird, liegt dicht neben dem soeben Ausgeführten. Denn alles, was wahrzunehmen ist, „wo die Gemeinde glaubt", ergibt sich ja aus dem einen Wort, das in Thessalonich wirksam geworden ist. Es hat praktische Gründe, daß wir das Ineinander in ein Nacheinander auflösen.
Daß das Evangelium in Thessalonich Fuß gefaßt hat und daß dort eine Gemeinde entstanden ist, verdankt Paulus und jeder, den es angeht, Gott allein. Der Text spricht von „Erwählung" und weist damit auf die allem

menschlichen Zugriff entzogene, von uns her auf keinerlei Weise herbeizuführende, von uns in ihrem Warum und Wieso nicht einmal nachträglich zu verstehende Initiative des gnädigen Gottes. Nicht um uns zu eigenmächtigen Spekulationen anzuregen, steht das Wort ἐκλογή da, wohl aber, um unsern Dank zu provozieren für Gottes Gnadenwirken, das aus keiner Gegebenheit auf unserer Seite abzuleiten ist. „Brüder, von Gott geliebt" – das ist dieselbe Sache. Nicht den vielen Göttern dienen, sondern dem *einen* (V. 9), das könnte eine rein theoretische Angelegenheit sein. Da aber, wo einer im Glauben erfährt, daß Gott sich ihm barmherzig zugewendet und ihm seine ganze Liebe geschenkt hat, ist etwas Neues entstanden: da ist einer aus der Verlorenheit des Gerichts „herausgerissen" (V. 10) und lebt in der beglückenden Gemeinschaft mit Gott, die Christus schenkt.

Immerzu muß Paulus daran denken, wie man in Thessalonich Glaube, Liebe und Hoffnung finden kann. Drei „Dimensionen" des Christenstandes: gehalten von „oben" (Glaube), verbunden mit dem, der „neben" uns ist (Liebe), gerichtet auf das, was „vorn" ist (Hoffnung). Glaube: fröhliches Zutrauen zu dem Herrn, der *für* uns ist und bei dem darum alles, was wir sind, tun, leiden, hoffen, wohl aufgehoben ist. Liebe: gelebte, tätige Verbundenheit mit dem Menschen, der uns jeweils anvertraut ist und den wir so ernst nehmen sollen, wie Christus uns ernst genommen hat. Hoffnung: das Denken, Reden, Tun und Sich-Freuen vom Zukünftigen her und auf das Zukünftige hin, das Gott in Christus für uns bereit hat. Wir wissen, daß solche Umschreibungsversuche nur ein Stammeln sind; unsere Meditation sollte in der angedeuteten Richtung weiter nachsinnen. – Wir müssen freilich sofort noch fester zufassen. Die drei Worte „Glaube, Liebe, Hoffnung" sind, wie wir eben schon andeuteten, christologisch bestimmt: sie beziehen sich „auf unsern Herrn Jesus Christus" (wir sahen: dieser Genitiv gehört zu allen drei Worten). Sie stehen aber selbst wiederum im Genitiv und sind von drei anderen Worten abhängig: *Werk* des Glaubens – *Anstrengung* der Liebe – *Beharrlichkeit* der Hoffnung. Also kein genießerischer Stimmungs-Glaube, sondern ein tätiger, „geschäftiger" Glaube. Also keine tändelnde und parfümierte Liebe, sondern eine, die die Mühe nicht scheut. Also keine träumerische, Luftschlösser bauende und darin schwelgende Hoffnung, sondern eine solche, die „drunterbleibt", wenn es etwas zu schleppen gilt, und weiß, warum sie durchhält. Man sieht: es ist gut, jedes Wort einzeln zu bedenken. Paulus ist weit davon entfernt, uns mit Binsenweisheiten zu langweilen. Wir werden an dem, was hier gesagt ist, so schnell nicht auslernen. – Dies alles gibt es in dem vor kurzem noch ganz heidnischen Thessalonich! Was hat sich da ereignet! Gott ist die treibende Kraft. Man kann ihm nur danken.

Wir lesen noch ein paar Zeilen weiter. „Ihr seid unserm Beispiel gefolgt" (μιμηταὶ ἡμῶν ἐγενήθητε, V. 6). Was soll das heißen? Hat Paulus den Thessalonichern das Christsein so vorgelebt, daß sie gewissermaßen an ihm ablesen können, was Gott gefällt? Einen Augenblick lang könnte es so scheinen (2,10). Aber Michaelis (ThWNT IV, S. 668ff.) wird recht haben: es geht (auch bei dem Wort τύπος V. 7) nicht so sehr um das Muster, das nachgebildet, vielmehr um das Vorbild, das befolgt werden soll, so „daß ...

μιμεῖσθαι die Anerkennung einer Autorität einschließt", wie sich auch „aus der Parallelität zu der 3,6 genannten παράδοσις (ergibt), die ebenfalls befolgt sein will" (a.a.O., S. 669). Ähnliches zeigt Phil. 3,17: der es selbst noch nicht ergriffen hat (3,12), kann nicht meinen: werdet ebenso unvollkommen wie ich, wohl aber: anerkennt die mir, dem Apostel, verliehene Autorität. Man mag auch an 1. Kor. 4,16 denken. Probe aufs Exempel: wir werden alle keine Christusse, aber wir unterstehen seiner Autorität (unsere Stelle: καὶ τοῦ κυρίου, s.o.; 1. Kor. 11,1). Daß der Apostel ermahnen und befehlen darf, kommt ja nur daher, daß Christus durch ihn mahnt. In diesem Sinne gilt: „der μιμητής jemandes sein bedeutet: sich nach dem Gebot jemandes richten, jemandem gehorsam sein" (a.a.O., S. 672). Es trifft nicht ganz unsere modische Geschmacksrichtung, aber es steht nun mal da: Paulus dankt Gott dafür, daß in Thessalonich Menschen sind, die sich – nicht um seiner Person, wohl aber um seines Amtes willen – nach ihm richten. „Gehorchet euren Leitern ..." (Hebr. 13,7). So haben die Christen in Thessalonich „das Wort aufgenommen ..." (V. 6). Paulus denkt nicht daran, seine Amtsautorität zu mißbrauchen. Er wäre ja selbst kein „Nachahmer" Christi, wenn er regierte, wie Jesus es eben gerade *nicht* gewollt hat (Mark. 10,42). „Wir haben nicht Ehre gesucht von den Leuten, weder von euch noch von anderen, ob wir uns wohl hätten wichtig machen können als Christi Apostel" (2,6f.). So hoch auch Paulus vom Amte denkt, er übt es nicht zu seinem Vorteil und zur eigenen Aufwertung aus. Um so dankbarer ist er, daß die Gemeinde auf ihn hört. Sie hat es getan „unter vielen Trübsalen mit der Freude heiligen Geistes" (V. 6 – Luther liest mit B noch ein καί). Der Ausdruck ist wieder sehr gedrängt. Noch einmal: was ist in Thessalonich passiert? Die Gemeinde ist schwer unter Druck gesetzt (θλῖψις), aber das trägt sie – mit Freude! Woher die Freude? Sie ist die Wundergabe des Geistes Gottes! Man kann sagen: wer so weit ist, den verwundet nichts mehr. Wir werden uns wiederum fragen, ob ein solcher von allen Wechselfällen der äußeren Situation unabhängiger, weil ganz auf das Heil in Christus gerichteter Glaube auch bei uns vorhanden ist. Wir werden nüchtern urteilen. Aber wir sollten auch nicht übersehen, was Gott an seiner Gemeinde auch heute tut. Vielleicht würden wir hellsichtiger, wenn wir uns im Danken übten. Gott hat sich nicht zurückgezogen. Was er tut, sollten wir entdecken.

3. Wir haben Gott zu danken, denn er ist selbst die treibende Kraft, wo die Welt aufhorcht. „Die Welt" – wir haben hier, dem Text gegenüber, den Akzent ein wenig verschoben. V. 7 redet zunächst von den „Gläubigen" in den beiden Provinzen Griechenlands. V. 8 allerdings spricht allgemeiner. Wie dem auch sei: was sich in Thessalonich ereignet, ist Tagesgespräch an allen Orten in Mazedonien und Achaja. „An allen Orten"? „Wer wollte der Liebe ein starkes Wort verübeln" (Oepke z.St.)? Paulus denkt überhaupt in großen Räumen bzw. in Provinzen (Gal. 1,21; Röm. 15,19.23f.). Natürlich weiß er, wie klein die von ihm gegründeten Gemeinden vorerst sind. Aber er glaubt an die Expansionskraft des Evangeliums. Und er weiß, daß es einen stellvertretenden Priesterdienst der – ob auch kleinen – Gemeinde für die ganze Welt gibt. So behauptet er im Ernst, er habe, wenn nur ein paar Gemeinden da sind, die ganzen Länder „mit dem Evangelium an-

gefüllt" (Röm. 15,19) und den „Duft" der Gotteserkenntnis „an allen Orten" (2. Kor. 2,14 – gerade in diesem Zusammenhang fällt auch der Name Mazedonien) ausgebreitet.
Die Gemeinde Christi ist die Stadt auf dem Berge: sie kann nicht verborgen bleiben (Matth. 5,14). Paulus braucht, wohin er auch kommt, von der Erweckung in Thessalonich nicht zu berichten – man weiß es schon (V. 8 Ende). Man weiß, wie es dort angefangen hat (V. 9), man weiß wohl auch den Fortgang der Dinge. Merkwürdig: „Der Herr" war Vorbild für Paulus (V. 6, 1. Kor. 11,1) – dem Paulus gegenüber wurden die Thessalonicher zu „Nachahmern" – nun „spuren" ihnen gegenüber die „Gläubigen" in Mazedonien und Achaja (V. 7) – eine Kettenreaktion des Glaubensgehorsams! – Wenn in einer Gemeinde geistlich etwas passiert, dann bedarf es offenbar gar keiner besonderen missionarischen Aktionen. Wir werden erschrecken: wenn nichts von uns ausgeht, wenn sich nichts entzündet, dann wird bei uns etwas faul sein. Nichts anderes wird unsere Gemeinde gesund und lebendig machen als das, wovon dieser Text spricht. Findet das Neuwerden in unserer Mitte statt, dann werden wir gewiß auch unserer Umwelt interessant. Glaube, Liebe, Hoffnung, Gehorsam, in Bedrängnis Freude – und dies alles aus der Gewißheit: Gott selbst hat mit uns geredet und redet noch immer mit uns. Dies ist es, wovon man in Mazedonien und Achaja spricht. Man wird *nicht* von uns sprechen, wenn wir geistlich Ausverkauf veranstalten. Wenn wir die in den VV. 9–10 skizzierte Wendung nicht vollziehen, wird die Welt *nicht* aufhorchen. Aber sie wird es, wenn wir das Risiko eingehen, mit *diesem* Evangelium vor sie zu treten und uns auf den einzigen Beweis zu verlassen, der hier zieht. Diesen Beweis führen nicht wir, aber Gott führt ihn. Fangen wir heute an, für weniges zu danken, werden wir morgen schon für mehr zu danken haben.

15. Sonntag nach Trinitatis. 2. Thess. 3,6-13

Das Thema „Arbeit" war im 1. Thessalonicherbrief mehrmals kurz angeklungen (2,9; 4,11 f.; 5,14). Jetzt wird es frontal angegangen. Der kräftigere Ton erklärt sich aus neueren Nachrichten (V. 11: ἀκούομεν ...). Die gegen die Echtheit des Briefes vorgebrachten Gründe sind nicht zwingend; auch die jetzt vorliegende Reihenfolge der beiden Briefe ist von der Verschärfung der Situation her verständlich. Daß die negative Einstellung zur Arbeit ihren Grund in übersteigerter eschatologischer Erwartung habe, wird nicht ausdrücklich gesagt, ist aber sehr wahrscheinlich. 2,2: Der Tag des Herrn „steht dicht bevor" oder sogar: „ist eingetreten" (beides kann συνίστημι bedeuten). – V. 6: Wie an vielen Stellen spricht Paulus hier in der Autorität des apostolischen Amtes. ἐν ὀνόματι ... (Bauer, WB, ὄνομα I4bγ) = unter Anrufung des Namens, unter Verkündigung des Namens, im Auftrag des Trägers dieses Namens, in der Kraft dieses Namens (ThWNT V, S. 269ff., 278). Vgl. 1. Kor. 1,10; 5,4; kürzer 1. Thess. 4,1. στέλλομαι = sich zurückziehen, meiden. Der Enthusiast lebt von der Direktoffenbarung je heute, Paulus jedoch verweist auf die παράδοσις (vgl. auch V. 10). – V. 7: Über μιμεῖσθαι vgl. die Ausführungen in der vorangehenden Auslegung. Paulus ist nicht bloß Beispiel, Muster, Vorbild, sondern auch Autorität. τάξις ist der wohlgeordnete Zustand (Kol. 2,5), die gute Ordnung. ἀτάκτως περιπατεῖν (VV. 6.11) und ἀτακτεῖν (V. 7) bezeichnen also den ungeordneten Lebenswandel, das Sich-Drücken von pflichtmäßiger Leistung (Bauer), die Faulenzerei. – V. 8: Vgl. 1. Kor. 4,12; 9,7-14; 2. Kor. 11,7; 12,13; 1. Thess. 2,7.9; auch Apg. 18,3 (Näheres zu Phil. 4,10-20, 8. S. n. Trin.). – V. 9: Außer den genannten Stellen s. Matth. 10,10; Luk. 10,7; Gal. 6,6; 1. Tim. 5,18. – V. 10: Der Satz scheint also in den urchristlichen Katechismus gehört zu haben. – V. 11 Wortspiel: ἐργάζεσθαι – περιεργάζεσθαι; letzteres bedeutet: etwas Unnützes tun, sich geschäftig stellen, eine überflüssige Betriebsamkeit entwickeln. Demgegenüber ermahnt V. 12 zu ruhiger, stetiger Arbeit. Wer arbeitet, ißt nicht fremdes, sondern eigenes Brot. [Die Frage der Kirchenzucht, die in V. 6 anklang, wird in den VV. 14–16 weitergeführt. Der, von dem man sich zurückzuziehen hat, muß irgendwie notifiziert und signalisiert werden: man wird seinen Namen förmlich bekanntgegeben haben (ThWNT VII, S. 266). Die Beschämung soll ihn erziehen. Auch wenn man mit ihm nicht engere Gemeinschaft hält, bleibt er Bruder, dem man „Verständnis" für die Sache „beizubringen" hat (νου-θετέω). Das Gebet um Frieden in der Gemeinde ist keineswegs eine Floskel, sondern steht im inneren Zusammenhang mit der Sache.]

Ein interessanter und nötiger Kontrapunkt zum Evangelium des Sonntags (Matth. 6,24-34). „Sorget nicht!" heißt ja nicht: „arbeitet nicht!" Wenn die Sorge das eigenmächtige Bemühen um Erhaltung und Sicherung des eigenen Lebens ist, der verbissene, mit verzweifeltem Mut und in mutiger Verzweiflung geführte Kampf ums eigene Dasein, das vertrauenslose und darum auch humorlose Sich-Abrackern, weil man heimlich der Meinung ist, Gott kümmere sich nicht um uns: dieses Sorgen *scheint* nur ein Motor für arbeitsames, pflichttreues Leben zu sein, in Wirklichkeit ist es der Verderb gedeihlicher Arbeit. Unsere Arbeit sollte umschlossen und getragen sein von der Gewißheit: Er sorgt für euch (aus dem Wochenspruch). Unsere Arbeit lebt aus anderen Kräften, als es die Sorge ist. Aber umgekehrt: es wäre nicht die vom Neuen Testament gemeinte Sorglosigkeit, wenn wir zu arbeiten aufhörten. Man sieht, daß Paulus keinem Mißverständnis dieser Art Raum zu geben bereit ist.

Es scheint, daß in Thessalonich die Geringschätzung der Arbeit noch einen anderen, man könnte geradezu sagen: einen noch spezifischer christlichen Grund hat. Paulus hat in der vorigen Perikope (I 1,2ff.) „das Aushalten in der Hoffnung auf unsern Herrn Jesus Christus" und die Erwartung des Sohnes Gottes vom Himmel (VV. 3.10) bei den Thessalonichern als Anlaß zu großer Dankbarkeit angesehen. Sollte man den Apostel dort mißverstanden haben? „Der Herr ist nahe – sorget nichts!", wird er selbst noch den Philippern schreiben (4,5f.). Wir werden von dem darin lauernden Mißverständnis sofort noch zu reden haben. Wie es scheint, hat Paulus – trotz des überströmenden Dankes (vorige Perikope) – sich schon im ersten Brief veranlaßt gesehen, mehrmals leise auf das bei den Thessalonichern nun doch nicht nur mögliche, sondern hier und da tatsächlich aufgetretene Mißverständnis hinzuweisen (s.o.). Er ist, wie es scheint, mit diesen leisen Andeutungen nicht verstanden worden; nun muß er deutlich werden. Christen führen ein arbeitsames Leben – im Wissen um ihre Weltverpflichtung (1), nach dem Vorbild des Apostels (2), unter dem Nachdruck gemeindlicher Zucht (3).

1. Es gibt also in Thessalonich – und leider nicht nur dort – Christen, die ein ungeordnetes Leben führen (V. 6) – und das heißt in praxi, wie V. 11 erkennen läßt: sie arbeiten nicht. Das muß nicht heißen, daß sie den lieben langen Tag auf dem Kanapee verbringen; der Müßiggang kann gerade in einer demonstrativen Geschäftigkeit bestehen, darin also, daß man sich dauernd „um die Arbeit *herum*" zu schaffen macht (περιεργάζεσθαι). Das könnte heißen, daß einer viel von Arbeit redet, sich immerzu wichtig macht, sich nur mit dem beschäftigt, was ihm liegt und Spaß macht, in Wirklichkeit – auch das könnte bei diesem Verbum mitklingen – „einen Bogen um die Arbeit macht". Paulus mahnt zu einem geordneten Leben (dreimal wehrt er den ungeordneten Lebensstil ab). Arbeit und Ordnung gehören zusammen. Wer zielstrebig arbeitet, teilt seine Zeit sorgsam ein und kauft sie aus (Kol. 4,5; Eph. 5,16), geht verantwortlich mit seinen Kräften um (Röm. 13,14), lebt nicht von fremdem Brot, sondern vom eigenen (V. 12), macht sich also nicht von anderen abhängig (Eph. 4,28: „Wer gestohlen hat, der stehle nicht mehr, sondern arbeite und schaffe mit seinen Händen etwas Gutes"). Wer arbeitet, wird seinen alten Adam bekämpfen müssen: „Ein Fauler wendet sich im Bett wie die Tür in der Angel" (Spr. 26,14). „Im Herbst will der Faule nicht pflügen", denn es wird ungemütlich kalt im Freien (Spr. 20,4). „Der Faule spricht: Es ist ein Löwe draußen" (Spr. 22,13): *einen* Vorwand weiß er immer.

Tun wir jetzt den Thessalonichern unrecht? „Der Tag des Herrn steht dicht vor der Tür" (2,2). Wer damit rechnet, der wird sich doch nicht mehr an die Dinge dieser Welt verlieren! Man könnte sich ganz gut vorstellen, daß die Thessalonicher so argumentieren. Wir versuchen, uns ihre Vorstellungen ein wenig auszumalen: Ist Arbeit nicht sinnlos, wenn der Herr in Kürze kommt? Tut man nicht gut, sich völlig darauf zu konzentrieren? Lehrt Paulus selbst nicht ähnliches in bezug auf die Ehe: möglichst *nicht* heiraten – ὁ καιρὸς συνεσταλμένος ἐστίν ... παράγει γὰρ τὸ σχῆμα τοῦ κόσμου τούτου (1. Kor. 7,29.31)? Wenn Paulus aus der eschatologischen Situation folgert: nicht heiraten!, warum soll man dann nicht mit gleichem Recht folgern: nicht arbeiten? Ist nicht alles, was wir arbeiten, letztlich auf die Dauer dieser Welt berechnet? Wohnt nicht aller Arbeit der geheime oder sogar offen ausgesprochene Drang inne, das, was der Christ von Gott erwartet, selbst zu tun? Wir könnten Gedanken dieser Art noch erheblich weiter ausspinnen. Ein Körnchen Wahrheit ist in all dem soeben Gesagten. Aber im ganzen ist es einfach falsch. „Dienet der Zeit!" schreibt Paulus Röm. 12,11 (nach einer nur westlicher Textüberlieferung angehörigen, gleichwohl höchst erwägenswerten Lesart).

Sind die Thessalonicher in ihrem Denken und Glauben gar noch einen Schritt weiter? Meinen sie etwa gar, der Tag des Herrn sei schon Gegenwart (auch so kann man 2,2 verstehen)? Es fällt uns nicht leicht, uns diese Auffassung verständlich zu machen. Daß die Welt der Sünde, des Leides, des Todes noch besteht, können die Thessalonicher so wenig geleugnet haben wie die Enthusiasten in Korinth, die die Auferstehung schon für geschehen hielten. Aber vielleicht waren sie der Meinung, daß der Glaube sich über alles Erfahrbare hinwegsetzen müsse, sich nur noch auf das Unsichtbare richten dürfe, Gott also gerade darin ganz ernst nehmen müsse, daß er die alte Welt konsequent ignoriert. Es hat immer wieder einmal Sekten gegeben, die in diese Richtung gedacht und sich dann auch danach verhalten haben. Falsch!, kann man nur sagen. In 2,3ff. sagt Paulus, daß der Tag Christi nicht kommt, ohne daß sich zuvor die große Auseinandersetzung abspielt, die nun einmal zum apokalyptischen Drama gehört. Wir leben in dieser Welt, in der der neue Äon noch im alten versteckt ist. Unser Christusgehorsam vollzieht sich eben in den Ordnungen dieser Welt. In den Haustafeln wird es uns vorgeführt. Da, wohin ich gestellt bin, habe ich mein Christsein zu bewähren. Nicht, als ob ich damit das Reich Gottes herbeiführte. Auch nicht, als ob ich damit das Kommen Christi aufhielte oder überflüssig machte. Nicht, daß meine Arbeit das Heil der Welt erbrächte. Es ist wichtig, zu wissen, wo alles menschliche Tun seinen „theologischen Ort" hat. Es ist nicht gut, daß wir die Erfahrungen, die der Prediger Salomo (3,1-11) gemacht hat, vergessen; vergessen sollten wir aber auch nicht seine Weisheit: „Ein Mensch, der da ißt und trinkt und hat guten Mut bei all seinen Mühen: das ist eine Gabe Gottes" (3,13). Gott hat uns die Arbeit befohlen, *darum* sollen wir sie tun. Der Mensch ist in die Welt als in Gottes Garten gesetzt, damit er ihn bearbeite (Gen. 2,15). Die ganze Welt ist dem Menschen unterworfen, damit er als Statthalter Gottes sein Herrenrecht ausübe; das tut er eben – in der Arbeit (Gen. 1,28; Ps. 8,7-9). Es gibt auch kein untätiges Christsein. In I 1,3 war vom ἔργον πίστεως die Rede; dieselbe Verbindung findet sich wieder II 1,11: die Thessalonicher müßten es wissen, daß der Glaube immer etwas *tut*. Von der Liebe (I 1,3) gilt dasselbe: sie scheut keine Mühe. Und die Hoffnung (ebd.) ist gerade nicht ein Sich-Entziehen und Weglaufen, sondern ein „Drunterbleiben". Vielleicht hat beim Lesen des ersten Briefes noch der eine oder andere gemeint, Paulus verstehe dies alles mehr übertragen und bildlich, obwohl er sich unmißverständlich geäußert hatte: „Ringet danach, daß ihr ... das Eure schafft und arbeitet mit euren Händen, wie wir euch geboten haben" (4,11). Nun heißt es lapidar: „Wer nicht will arbeiten, der soll auch nicht essen" (II 3,10). In der griechischen Welt galt Arbeit als Sache der Sklaven; der freie Mann hielt es für unter seiner Würde, seinen Tag mit Arbeit zuzubringen. Im Gegensatz dazu formuliert Paulus so allgemein wie möglich. Arbeiten muß so sehr Sache aller sein, wie jeder Mensch selbstverständlich essen will. Oder vielleicht gar so: Daran, daß wir essen müssen, merken wir, daß wir noch immer in der alten, geschöpflichen, vergänglichen Welt, also noch nicht in der von den Thessalonichern möglicherweise behaupteten Vollendung leben; leben wir aber in dieser Welt, so sind wir ihr auch verpflichtet. Für die letztere Deutung spricht das ἐγκακήσητε V. 13: mag einer über der täglichen Mühe (Gen. 3,17-19) manchmal den Mut verlieren und es satt haben bis obenhin, Paulus mahnt: „Laßt's euch nicht verdrießen, das Gute zu tun!"

2. Die Christen führen ein arbeitsames Leben nach dem Vorbild des Apostels. Es fällt auf, daß Paulus seine These nicht mit irgendwelchen einleuchtenden Begründungen stützt. Er scheint von ihrer unmittelbaren Evidenz überzeugt zu sein. Das hieße, daß diese These sowohl gegenüber dem griechischen Denken, sofern es die Arbeit mißachtet, als auch gegenüber der die Welt-

verpflichtung leugnenden eschatologischen Haltung durchschlagen müßte. Wäre dem so, dann wäre das sachliche Gewicht der Forderung des Paulus von jedem Gutwilligen sofort einzusehen und zu respektieren. Aber Paulus kommt nun doch noch von einer anderen Seite zur Sache. Er weist auf sein Vorbild. Eine gewagte Weise des Argumentierens! Gewagt deshalb, weil es nur zu nahe liegt, dem Apostel Eigenlob nachzusagen (2. Kor. 3,1; 4,12); auch deshalb, weil es leicht dazu kommt, daß eine bestimmte Weise, das Menschsein zu realisieren, zum Evangelium werden könnte (2. Kor. 4,5); besonders deshalb, weil auf diese Weise verdunkelt oder gar geleugnet werden könnte, daß auch Christi Boten schwache, fehlsame Menschen sind, die nur aus der Rechtfertigung um Christi willen leben. Keiner von uns kann predigen: nehmt mich zum Maßstab, eifert mir, dem Vollkommensten, nach. Wir haben schon zum Text des vergangenen Sonntags dargelegt, wieso Gedanken dieser Art abwegig sind. Es geht offenbar um etwas anderes als um den Gesichtspunkt einer von Paulus für sich behaupteten Vollkommenheit. Im praktischen Verhalten des Paulus, wie immer er es verwirklicht, in welchem Maße auch immer es ihm gelingt oder mißlingt, kommt eine *sachliche* Entscheidung zum Ausdruck. Hier wird also nicht mit Vernunftgründen operiert, hier wird, ohne nähere Begründung, einfach in bestimmter Richtung gelebt und gehandelt. In dieser Observanz lebt man eben so, wie Paulus das vormacht! Und wenn alle Welt anders dächte – auf dem Boden des Griechentums ist dies ja, wie wir sahen, weithin der Fall –, in der Nachfolge Christi führt man ein geordnetes Leben, arbeitet man, fällt man anderen nicht zur Last, ist man kein Schmarotzer. Wie das im Leben des Paulus aussieht, wissen wir aus den oben angeführten Stellen. Soweit wie nur möglich missionarische Wirksamkeit; in der „Freizeit", oft nachts (V. 8; vgl. I 2,9), werden Zelte hergestellt. Ein aufreibendes Leben! Dabei weiß Paulus – wieder sei auf die genannten Stellen verwiesen –, daß er eine Ausnahme darstellt: es wäre, nicht nur nach menschlichem Empfinden für Recht und Billigkeit, sondern nach Gottes Gesetz und Jesu eigenem Wort, ganz in der Ordnung, wenn er sich von den Gemeinden, denen er dient, wirtschaftlich durchtragen ließe; steht er ihnen doch mit dem Hauptteil seiner Kraft zur Verfügung. Offenbar denkt er an solche, die ihn nicht verstehen würden, wenn er in Anspruch nähme, was sein Recht ist. (Man sieht übrigens an Stellen wie 1. Kor. 9,4f., daß es schon in der frühen Christenheit „hauptamtliche" Amtsträger gegeben hat; in demselben Augenblick, in dem bestimmte wirtschaftliche Fragen zu regeln sind, ist, ob auch in schlichtester Form, so etwas wie Kirchenrecht vorhanden.) Paulus wehrt den Verdacht ab, als ziehe er deshalb predigend durchs Land, weil ihm seine Hände zu schade sind; sobald jemand ein wenig von seinem Leben weiß – man denke an unsere Auslegung von 1. Kor. 4,9-20, Judica –, ist solcher Verdacht sowieso hinfällig, aber man muß zunächst damit rechnen, daß Menschen durch falschen Eindruck von der Sache ferngehalten werden.

Paulus wird also nicht von jedem verlangen, daß er sich in allem hält wie er. Aber das verlangt er, daß ein jeder die Grundsatzentscheidung fällt, wie er sie gefällt hat und vor den Augen der Menschen Tat werden läßt. Damit wird er, der Apostel, selbst so etwas wie ein Stück Katechismus. Wir „waren willig, euch mitzuteilen nicht allein das Evangelium Gottes, sondern auch unser Leben" (I 2,8) – darauf folgt der schon zitierte Vers über Arbeit und Mühe. So wird der Apostel selbst zu einem Stück παράδοσις (V. 6 Ende). Der Gedanke ist Paulus geläufig. Man denke an den Übergang 1. Kor. 4,16/17: „Seid meine Nachfolger!" – und eben deswegen soll nun Timotheus die Korinther an ihr Katechismuswissen erinnern („Wege in Christus"). Oder an Phil. 4,9: „Was ihr gelernt habt und (als Glaubenstradition) empfangen und was ihr gehört *und an mir gesehen* habt, das tut." Dieselbe Gedankenfolge auch hier in VV. 6ff. Bei aller Unvollkommenheit und Brüchigkeit, obwohl es also ein Nachjagen ist, nicht ein Schon-ergriffen-Haben, wird das Leben des Apostels selbst zur Predigt.

Es wäre freilich alles schief, wenn der Apostel willkürlich sich selbst, seine Maximen, seine Lebensweise zum Kanon für andere machte. „Ihr seid unserm Beispiel gefolgt und – dem des Herrn" (I 1,6; 1. Kor. 11,1). Nicht sein „sic volo, sic iubeo" bestimmt die Richtung, sondern der Herr. Von daher erst wird klar, wieso Paulus beanspruchen kann, Vorbild, d.h. aber: Autorität, zu sein. Daß er nicht bloß seine persönliche Meinung sagt und es den Thessalonichern, da ja auch sie den Geist haben, überläßt, die ihre entgegenzusetzen, ist klar. „Wir gebieten euch aber, liebe Brüder, in dem Namen des Herrn Jesus Christus ...": hier wird nicht unverbindlich geredet, sondern kraft apostolischer Autorität, vgl. auch V. 12. Das hindert nicht die „Brüderlichkeit" (V. 6), auch nicht die „Väterlichkeit" (I 2,11), so wie denn umgekehrt die Tatsache, daß Paulus und seine Mitarbeiter sich *nicht* „als Christi Apostel wichtig gemacht" haben (I 2,7), an ihrer – von den Thessalonichern taktvoll und in aller Freiheit anerkannten – apostolischen Amtsvollmacht nichts abbricht. Denn Christus steht hinter dem, der an seiner Statt Botschafterdienst tut. Gebietet Paulus, dann eben „in dem Namen des Herrn Jesus Christus". Hier zeigen sich die Grundlinien des Amtsverständnisses in den beiden ältesten Schriften des Neuen Testaments. Wehe, wenn der Amtsträger dem Herrn der Kirche den Weg verstellt! Aber das wäre der abusus, qui non tollit usum. Christus ermahnt durch seinen bevollmächtigten Boten. Dies ist der Grund dafür, daß in dieser Sache nicht Vernunftgründe beigebracht und die Sachfragen auf dem Boden des Allgemein-Menschlichen erörtert werden. Der Herr gebietet. Dies bindet mehr als die bestfundierte menschliche Ethik der Arbeit.

3. Nur von daher wird es dann verständlich, daß die Verpflichtung zum arbeitsamen Leben auch unter dem Nachdruck gemeindlicher Zucht steht. Wir sahen: die Perikope gibt in ihrer gegebenen Abgrenzung zu dem Thema Kirchenzucht nur durch V. 6 Anlaß; das Thema bekommt erst durch die VV. 14–16 (oder 14–15) inhaltliche Füllung. Der Prediger muß überlegen, ob er dies noch vorbringen oder einer anderen Predigt vorbehalten will. Zur Sache hätten wir, wenn wir diesen Faden aufnehmen wollen, vor allem 1. Kor. 5,1-13 zu vergleichen.

Kirchenzucht hat nicht den Sinn, die reine, vollkommene Gemeinde herzustellen, die es nicht geben kann, solange noch das Unkraut mit dem Weizen zusammen aufwächst. Kirchenzucht nimmt nicht das Jüngste Gericht voraus. Andererseits findet sich die Gemeinde nicht damit ab, daß in ihrer

Mitte der Sünde widerstandslos Raum gegeben wird. „Ihr sollt nicht mit einem zu schaffen haben, der sich läßt einen Bruder nennen und ist ein Unzüchtiger oder ein Geiziger oder ein Götzendiener oder ein Lästerer oder ein Trunkenbold oder ein Räuber" (1.Kor. 5,11) – oder einer, der einen ungeordneten Lebenswandel führt und sich dem Müßiggang ergibt. Das apostolische Wort war klar; widersetzt sich einer dem Wort, dann heißt es: habt nichts mit ihm zu schaffen (V. 14). Wir müssen bekennen, daß unsere Gemeinden in dieser Hinsicht – urlange schon – in Unordnung sind. Die Gründe dafür können nicht an dieser Stelle erörtert werden. „Den merket euch" (s.o.) – geschähe dies in einer unserer Gemeinden, dann ergäbe sich ein erheblicher Skandal. Wer hätte dazu den Mut? Wir deuten die Fragen nur an. Ist das unsere gemeinsame Überzeugung, daß wir den Kampf gegen das Böse in unserer Mitte entschlossen zu führen haben – Amt und Gemeinde, ein jedes an seiner Stelle, gemeinsam handelnd? Nehmen wir Gottes Wort (V. 14) genügend ernst? Es geht nicht nur darum, Kirchenzucht zu üben, sondern auch darum, sie sich gefallen zu lassen! Kann es bei uns wieder zu dem kommen, was Paulus hier für nötig hält, wenn wir die Kirche als eine Art Selbstbedienungsladen verstehen?
Es könnte wohl sein, daß man bei dem, was hinter solchen Fragen steht, eine Gänsehaut bekommt. Sagen wir es so deutlich wie möglich: die Zeiten der Inquisition sind vorbei, und worum es unserm Text geht, ist nicht Inquisition. Was aber dann? Kirchenzucht ist das zwar ernste, aber brüderliche Bemühen um den gefährdeten Bruder (V. 15, vgl. Gal. 6,1-5). Er ist nicht unser Feind, er darf es nicht werden! Kirchenzucht kann nie richterlich, erst recht nicht bürokratisch geübt werden; sie verlangt ein Maximum an seelsorgerlichem Bemühen. „... auf daß der Geist gerettet werde am Tage des Herrn" (1.Kor. 5,5). Paulus spricht unmißverständlich ernst, ja geradezu scharf. Zieht euch von einem solchen Bruder zurück! Warum? Er muß, da er dem apostolischen Wort nicht gehorchen wollte, auf den Ernst der Situation hingewiesen werden. Er muß es merken, daß seine Verirrung keine Sache ist, mit der sich die Gemeinde Gottes abfinden kann. Kirchenzucht geschieht in der Hoffnung, daß er es begreift und annimmt. Gemeindliche Zucht strebt danach, sich selbst aufzuheben, je eher, desto besser. – Wer sich ihr unterwirft, dem wird geholfen. Wer freilich sein eigener König sein will und den von Christus selbst eingesetzten poimenischen Dienst abweist, dem kann nicht geholfen werden. Es besteht Anlaß zu der Sorge, daß bei uns Sünden massenweise erlassen, aber keine mehr – einstweilen – „behalten" werden. Wir haben Hebr. 13,17 vergessen, und der theologische Zeitgeist ist der Wiederentdeckung der hier angesprochenen Sache nicht günstig. Der Heilige Geist hat viel Arbeit, wenn er unsere Kirche von innen her erneuern will. Für uns wäre es schon viel, wenn wir bereit wären, an den von unserm Denken, unserer Gewöhnung und vielleicht auch unserm Geschmack zunächst abgestoßenen oder doch zumeist übergangenen Stellen des Neuen Testaments wenigstens dranzubleiben; können wir sie – zunächst – nicht verstehen, so sollten wir doch wenigstens nicht aufhören, daran zu buchstabieren.

16. Sonntag nach Trinitatis. 2. Kor. 1,3-7

„Statt einer in den sonst bei Paulus üblichen Formen sich bewegenden Danksagung ... haben wir hier eine ganz speziell auf die momentanen Verhältnisse zugeschnittene Fassung vor uns" (Lietzmann z. St.). Diese Verhältnisse zu ermitteln ist schwierig; wir sind weithin auf Vermutungen und Rückschlüsse aus den (wahrscheinlich zahlreichen) Anspielungen aus dem Briefe angewiesen. – V. 3: εὐλογητός (= בָּרוּךְ) ist vielleicht eine liturgische Formel aus dem Gemeindegottesdienst (Bousset). Ist „unseres Herrn Jesu Christi" nur von „der Vater" oder auch von „(der) Gott" abhängig? Für ersteres spricht Kol. 1,3, für das zweite Eph. 1,17; Offb. 3,12. „Vater der Barmherzigkeit" ist „eine im Judentum häufige Gottescharakteristik" (Bultmann im ThWNT V, S. 162). (Von einem Gen. auct. sollte man, wie Bultmann a. a. O. tut, nicht sprechen, da selbstverständlich Gott der auctor der Barmherzigkeit ist, nicht umgekehrt; sachlich richtig ist: „Gott ist der Vater, von dem alle Barmherzigkeit kommt und uns zuteil wird", Lietzmann). οἰκτιρμοί in LXX meist für רַחֲמִים, was auf starke, bis ins Leibliche sich auswirkende Emotionen deutet (רֶחֶם = Bauch, Eingeweide, auch Mutterleib). „Gott des Trostes" vgl. Röm. 15,5. – V. 4: Was für besondere θλίψεις gemeint sind, ist schwer auszumachen. Die der Perikope folgenden VV. 8–10 erwecken zunächst den Eindruck, als habe Paulus den Korinthern etwas ihnen bisher Unbekanntes mitzuteilen (Lietzmann), bleiben aber merkwürdig unkonkret. Wird etwa doch an das I 15,32 genannte Ereignis zu denken sein? Hat Lukas Apg. 19,21-41 weniger erzählt, als sich dort wirklich abgespielt hat? – Das „Wir" ist, wie nicht nur, aber besonders am 2. Korintherbrief zu erkennen ist, das „Wir" des Amtsträgers (in das in unserem Brief Timotheus mit eingeschlossen sein dürfte), das dort durchgehalten wird, wo es nicht ums Persönliche („ich"), sondern um das Handeln im Amt geht. – V. 5: Christusleiden – wahrscheinlich zunächst deshalb, weil der Anlaß dazu der Dienst für Christus war, vielleicht auch darum, weil dem Christen *alles* Leiden zum Christusleiden wird (Lietzmann weist auf 4,10; 12,10; 13,4; Phil. 3,10; Röm. 8,17); weiteres dazu s. u. – V. 6: Vgl. Apparat! Ein früher Abschreiber hat die auf das erste παρακλήσεως folgenden Worte übersprungen und ist gleich mit τῆς ἐνεργουμένης fortgefahren; er hat das Ausgelassene dann hinter βεβαία ὑπερ ὑμῶν nachgetragen, dabei aber die Worte καὶ σωτηρίας, um einen Sinn zu gewinnen, ans Ende gestellt. Einen Mittelweg beschreiten die 𝔎-Hss. u. a. Nestle bringt mit wichtigen Zeugen die ursprüngliche LA. Ob Paulus die Korinther in Leiden weiß, die den seinen analog sind (so daß die Gemeinsamkeit biographisch-psychologisch aufzeigbar wäre), ist (gegen Lietzmann) zu bezweifeln, s. u.

Höchstwahrscheinlich gerät die Auslegung dieses Textes meist viel zu allgemein, denn wir kennen nicht die Einzelheiten dessen, was sich zwischen Paulus und den Korinthern abgespielt hat. Dem Exegeten fällt auf, daß der den Brief beginnende Lobpreis Gottes bereits die Bahnen des Herkömmlichen verläßt. Mit dem Thema „Leiden und Trost" fällt Paulus wie mit der Tür ins Haus. Die Korinther werden ihn darin besser verstanden haben als wir. Man könnte zunächst an das – allerdings schmerzhafte – Zerwürfnis zwischen Paulus und den Korinthern denken. Der Brief läßt erkennen, daß dem Apostel viel Kritik, Mißtrauen, Unterstellungen, Verleumdungen, Schmähungen widerfahren sind. „Leiden Christi" – unter diesem Gesichtspunkt macht Paulus sich dies verständlich. Damit stünden die Korinther freilich auf der Seite derer, die den Herrn martern. Das wäre ein schwerer Vorwurf des Apostels an die Korinther; er kann ihnen diesen Vorwurf nicht ersparen. Aber er weiß auch genau, daß er selbst die Korinther traurig gemacht hat. Man lese 2,1ff. Der Zwischenbrief, „aus großer Trübsal und Angst des Herzens mit viel Tränen geschrieben" (2,4), ist, wider alle Absicht des Paulus (ebd.), auch für die Korinther eine Belastung gewesen (7,8). Paulus macht seine Betrübnis nicht geringer, als sie ist. Aber er weiß, daß auch die anderen *leiden*. Und er nimmt die ganze Traurigkeit und trägt sie zu dem Gott und Vater seines Herrn Jesu Christi und holt sich dort Trost. Dieser Trost aber ist nicht nur für ihn da, sondern setzt ihn instand, seinerseits zu trösten – eben die, die, menschlich gesprochen, an ihm, an Paulus, leiden. Wir werden noch bedenken müssen, was das heißt.

Eine zweite Überlegung dürfte angebracht sein; sie braucht mit der ersten nicht zu konkurrieren. Paulus ist, kaum hat er von der in Asien ihm widerfahrenen Bedrängnis gesprochen, wieder beim Thema „Auferweckung der Toten" (1,9). Die Thematik des ersten Briefes wird weiter verhandelt. Theologie des Kreuzes – Theologie der Auferstehung: das beides gehört ja zusammen! Es könnte sein, daß die Enthusiasten, die sich schon im Himmel wähnten (I 4,8), dem Apostel vorgeworfen haben: das, was du predigst, ist ja nicht Trost, nicht Freudenbotschaft, sondern die finstere Kreuzespredigt, die wir eigentlich hinter uns haben müßten. Wie anders Paulus! Wir erinnern an unsere Meditation zum Sonntag Judica. „Wir sind der Welt ein Schauspiel geworden" (I 4,9) – daran könnte in II 1,8ff. erinnert sein. Eben das, was ihr Korinther nicht wahrhaben wollt, das muß ich euch immer neu einhämmern. Nicht nur ich, der Apostel, auch ihr habt an den Leiden Christi teil (V. 7), nicht nur dann und wann, sondern grundsätzlich und immer. Ein Dys-angelion? Ihr habt gar nicht verstanden, daß der Trost gerade denen zuteil wird, die im Leiden stehen! „Gleichwie wir des Leidens viel haben, so werden wir auch reichlich getröstet durch Christus" (V. 5). Man darf das Evangelium nicht einlinig, undialektisch verstehen wollen. Wir „tragen allezeit das Sterben des Herrn Jesu an unserm Leibe, auf daß auch das Leben Jesu an unserm Leibe offenbar werde" (4,10). Denkt nicht, mein ganzes Streben gehe dahin, euch traurig zu machen (2,1ff.). Es geht ja um unsere gemeinsame Freude (2,3)! Nur, daß ihr diese Freude nicht am falschen Ort sucht. Die große, stichhaltige Freude kommt daher, daß man im Leiden *getröstet* ist. – Wir sagten, diese zweite Überlegung müsse der ersten nicht zuwider sein. Dann nämlich, wenn der „Kirchenkampf" in Korinth mit hineingehört in das Kreuzes- und Auferstehungsgeschehen, das für die christliche Existenz durchgängig charakteristisch ist. Ob Drangsal in Asien (1,8), ob beleidigende Anschuldigungen seitens der Korinther (4,2; 7,2; 10,1 u.ö.), ob Strapazen im apostolischen Dienst (11,23ff.), ob Leiden unter der Schwachheit des eigenen Leibes („Pfahl im Fleisch", 12,7ff.): es sind immer die παθήματα τοῦ Χριστοῦ (1,5), die es im Glauben zu tragen gilt.

Nach diesen Vorüberlegungen, die von dem schon einiges vorausgenommen haben, was in das Korpus der Predigt gehört, können wir deren Grundriß

entwerfen: Christen loben Gott auch aus der Tiefe – bedrängt, aber getröstet (1), getröstet und darum auch fähig zu trösten (2).
1. Nicht ohne Seufzen wird Paulus diesen Brief begonnen haben, soviel wir wissen, den vierten, den er nach Korinth richtet (vgl. die Einleitungen). Der dritte war in größter Erregung geschrieben (s.o.). Dergleichen kommt auch unter Christen vor. Paulus bereut nicht, die Korinther traurig gemacht zu haben (7,8) – es gibt auch eine gottgewollte Traurigkeit (7,10). Aber es darf bei diesem Zustand nicht bleiben (2,1.3). Wie soll er überwunden werden? Der Hauptschuldige hat nicht nur den Apostel gekränkt, sondern gewissermaßen alle (2,5); ihm soll vergeben werden (2,7.10). Aber es geht in dem allen offenbar um noch erheblich mehr als um den guten Willen, den wir aneinander beweisen, so wie denn die Vergebung und der Neuanfang einen Grund haben, der viel tiefer liegt, als Menschenaugen sehen. Wir ahnen ihn in dem überraschenden Beginn des Briefes: „Gelobt sei Gott." Das erste Wort des Paulus an die Korinther nach dem „Tränenbrief"! Mit diesem Gotteslob, der בְּרָכָה, mit der der fromme Israelit das von Gott Kommende auch Gott geheiligt sein ließ und den Geber ehrte, wird die noch immer schwelende Kontroverse, das quälende und belastende Widereinander, Gott anheimgestellt. Es ist jetzt unwichtig, was wir widereinander haben; wichtig ist, daß wir miteinander Gott loben. Damit sind uns die uns entzweienden und kränkenden Vorkommnisse und Tatbestände gewissermaßen aus der Hand genommen. Was auch zwischen uns steht: ihr in Korinth und ich in Mazedonien (2,13), wir loben gemeinsam den einen Gott. Das wäre vielleicht nicht weiter von Bedeutung, wenn es sich um einen angenommenen, postulierten, gedachten Gott handelte, um den Gott der Philosophen. Aber wir loben nicht den, sondern den Vater unseres Herrn Jesus Christus (V. 3). Das heißt doch: wir loben den Gott, der sich uns zugewendet, sich um uns gesorgt und bemüht hat; den Gott, der in Christus die Welt mit sich selbst versöhnt hat und in dessen Auftrag wir nun an Christi Statt bitten: Laßt euch versöhnen mit Gott (5,19.20). Wir loben also den Gott, der unbegreiflicherweise an uns interessiert ist und, als wir noch seine Feinde waren, seinen Sohn für uns hat sterben lassen (Röm. 5,10). Wir loben „den Vater der Erbarmungen", dem unsere Verlorenheit (das steckt in dem Wort:) „durch und durch geht". Der Gleichmut und die Lässigkeit, in der wir ihn „einen frommen Mann sein lassen", ist ihm selbst fremd: das Wohl und Wehe seiner geliebten Sünder bewegt ihn bis ins Mark. An ihn denken, ihn loben, das heißt allerdings: einen ganz neuen Standort gewinnen. Die notvollen Dinge in Korinth sind damit nicht einfach aus der Welt; Paulus wird in dem eben begonnenen Briefe auf manche Sachfrage zurückkommen müssen und wird auch Unbequemes nicht umgehen können. Aber es steht alles unter einem neuen Vorzeichen. Sind wir miteinander soweit, daß wir im Ernst Gott loben (und nicht nur einer agendarischen Form genügen), dann sind die bedrückendsten innerkirchlichen und zwischenmenschlichen Probleme in ein völlig neues Licht gerückt. Paulus denkt nicht daran, die Dinge zu verharmlosen. In der Sache nimmt er, wie Kap. 7 zeigt, nichts zurück. Aber er hat den Gott vor Augen, zu dem er sich flüchten kann und zu dem sich zu flüchten er den Korinthern

Mut macht. Wo man den sich erbarmenden Gott im Auge hat, gibt es keine hoffnungslose Situation mehr.
Wir werden von Gott getröstet (V. 4), wir werden durch Christus reichlich getröstet (V. 5). Es ist für Paulus gleichviel, ob er es so oder *so* sagt. Wenn wir mit den vorhin angestellten Überlegungen auf der richtigen Spur waren, ist der Hinweis auf den Trost Gottes zugleich ein Wort zur Lage und zur Sache. Genauer: Paulus spricht implizite zu dem, was zwischen den Korinthern und ihm selbst zu verhandeln ist, und er tut dies, indem er von dem spricht, was für *alles* Christsein gilt. Paulus braucht Trost. Er bringt damit zum Ausdruck, wie die schweren Spannungen ihn belasten. Er poltert nicht, aber er stöhnt. Merkwürdig: dieselben Korinther, die behaupten, sie seien schon in der Vollendung – „schon satt, schon reich, schon wie Könige" (I 4,8) –, eben die bereiten dem Apostel und letzten Endes auch sich selbst soviel Leiden. Umgekehrt: wenn sie begriffen, daß Christusnachfolge Kreuzesnachfolge ist, dann eben würde ihnen der große Trost des Evangeliums aufgehen. Sie geben vor, im Himmel zu sein, und sind gewissermaßen in der Hölle. Wenn sie zu den Leiden Christi ja sagten, dann wären sie – freilich unter dem Vorbehalt von 5,7 – im Himmel. Eben der Punkt, an dem sich im Sachlichen die große Kontroverse entzündet hat, am „Wort vom Kreuz", ist nun auch entscheidend für die Art, im persönlichen Miteinander weiterzukommen. „Wir haben allenthalben Trübsal, aber wir ängsten uns nicht. Uns ist bange, aber wir verzagen nicht. Wir leiden Verfolgung, aber wir werden nicht verlassen. Wir werden unterdrückt, aber wir kommen nicht um und tragen allezeit das Sterben Jesu an unserm Leibe, auf daß auch das Leben Jesu an unserm Leibe offenbar werde ..." (4,8ff.).
Wie es scheint, sind das die großen Chancen Gottes, worin wir selbst nicht weiterwissen. Man beachte den Wortlaut des Urtextes, ohne Luthers schöne Übersetzung zu verachten: ἀπορούμενοι ἀλλ' οὐκ ἐξαπορούμενοι = in einer Lage, in der man nicht weiß, wie es weitergeht, und doch nie so, daß man endgültig festgefahren ist. Wir dürfen uns, trotz der engen Angrenzung der Perikope, das Beispiel nicht entgehen lassen, an dem Paulus in VV. 8ff. den Sachverhalt klarmacht. Da findet sich wieder das Wort von der „Weglosigkeit" (ἐξαπορηθῆναι), und zwar in der kräftigsten Tönung des Sinnes. Sollte es sich in I 4,9; 15,32 und II 1,8 um dasselbe Ereignis handeln, dann könnte man es sich ja lebhaft vorstellen: In dem Augenblick, da unter den Augen der sensations- und blutdürstigsten Tribünenplatzinhaber die Käfige geöffnet und die hungrigen Bestien auf einen losgelassen werden, denkt man nur eins: Nun ist es aus! Da ist dann, wie VV. 8f. erkennen lassen, der letzte Rest Vertrauen auf das Eigene abgebaut; man hat sich selbst das Todesurteil gesprochen. Einer, der nichts mehr zu verlieren hat! Man könnte diesen Gedanken noch ein wenig durchspielen: Wer einmal mit allem abgeschlossen hat, der ist der freieste Mann. Er hängt sich an kein Ding mehr, das er begehrt oder bewahrt. Er macht sich von keinem Menschen mehr abhängig. Er erkauft sich nichts durch Zugeständnisse. Keine Drohung imponiert ihm mehr. Nur, seine Freiheit gründete sich auf seinen Untergang. Für Paulus stehen die Dinge anders. Alle Freiheit hat er, aber sie gründet in der Gewißheit der Auferstehung, besser: im Vertrauen „auf Gott,

der die Toten auferweckt" (V. 9). Das gilt nicht nur für den Grenzfall. „Mitten im Leben werden wir immerdar in den Tod gegeben um Jesu willen, auf daß auch das Leben Jesu offenbar werde an unserm sterblichen Fleische"; denn wir „wissen, daß der, der den Herrn Jesus hat auferweckt, wird uns auch auferwecken mit Jesus" (4,11.14). Das heißt doch nichts anderes als dies: unser Leben mit all seinen Erfolgen und Siegen, aber auch mit seinem Versagen und seinen Niederlagen, auch mit den Konflikten, wie unser Text einen widerspiegelt, und mit der Schuld, die wir dabei auf uns laden, ist zuletzt gehalten und getragen von dem Gott der Erbarmungen. Wir sollen es lernen, unser Vertrauen nicht auf uns selbst zu stellen, sondern auf den Gott, der die Toten auferweckt. Angewandte Rechtfertigungslehre! Paulus ist – wir wissen nicht, wie – von „solchem Tode" in der Arena errettet worden. Wäre es nicht geschehen, bliebe sein Trost bestehen: das um Christi willen gültige, durch nichts wieder in Frage zu stellende Ja Gottes zu uns, den Sündern. Nicht, damit der *eine* Sünder Gott auf seiner Seite habe *gegen* die anderen, sondern in der großen Gemeinsamkeit, die alle menschlichen Unterschiede relativiert. *Das* ist der Trost, zu dem hin Paulus sich geflüchtet hat.

2. Christen loben Gott auch aus der Tiefe – getröstet, und darum auch fähig zu trösten. Wir überhören dabei nicht, daß das Verbum παρακαλεῖν „bittendes Ersuchen", „mahnenden Zuspruch", aber auch „Tröstung" meint. Wird im Neuen Testament *gemahnt*, dann ist es weder die auf sich selbst gestellte moralische Forderung noch erst recht das einen fremden Willen aufnötigende Befehlen, sondern der hilfreiche, tröstende Zuspruch. Wird im Neuen Testament *getröstet*, dann ist dieser Trost nie bloße Beschwichtigung, auch kein quietistisches Gut-Zureden, sondern ein Zuspruch, der einen Anspruch in sich schließt. Sosehr in unserm Kapitel auch die Bedeutung „Trost" dominiert, das andere klingt immer mit.

Es wird in der Gemeinde viele geben, die Trost brauchen. Der Prediger wird gut tun, sich bei der Vorbereitung neben sein Neues Testament einen Zettel mit den Namen derer zu legen, an die er hier besonders zu denken hat und die er ja nicht mit ein paar allgemeinen und vielleicht wenig stichhaltigen Worten abspeisen darf. Er wird auch mit solchen zu rechnen haben, die ihm erklären würden, sie brauchten keinen Trost. Auch an die hat er zu denken. Er wird ihnen nicht nach Strich und Faden zu beweisen haben, daß sie doch trostbedürftig sind. In einem vordergründigen Sinne sind sie es vielleicht in der Tat nicht. Wir werden nur zu bedenken haben, daß diejenigen Glieder der Gemeinde in Korinth, die I 4,8 charakterisiert sind, sich gleichfalls nicht für trostbedürftig hielten und von Paulus eben darum auf das „Wort vom Kreuz" angesprochen worden sind. Leiden die Korinther wirklich genau dieselben Leiden wie Paulus (V. 6)? Die Exegeten behaupten dies zum Teil, nehmen also an, über die Gemeinde müsse eine Verfolgung gekommen sein. Möglich, aber nicht erwiesen. Für die Gültigkeit dessen, worauf es an dieser Stelle ankommt, trägt es nichts aus, was wir hier für das Wahrscheinlichere halten. Dieselben Leiden – das dürfte heißen, daß es kein Christenleben geben kann, in dem sich nicht Jesu Kreuz auswirkt: in Anfechtungen, in Bekenntnissituationen die Mut erfordern, vielleicht auch in Verfolgungen, wie sie mancher hat auf sich nehmen müssen – denken wir nur an Paul Schneider –, vielleicht aber auch in ganz anderem, etwa in körperlichem Leiden, in mitmenschlichen Problemen, im beruflichen Mißerfolg, in der Einsamkeit, in Depressionen, in der Erfahrung eigenen Ungenügens, in Gewissensnöten. Man sehe unsern Brief daraufhin durch, ob sich nicht auch bei Paulus solches findet, und man frage sich, ob dies etwa bloß Symptome des Anomalen sind. Man täusche sich nicht: in dem, was es menschlicherweise zu „rühmen" gibt, kann Paulus schon mithalten (11,21ff.). Das nach üblichen Maßstäben Anerkennenswerte, Achtbare, Erstrebenswürdige soll ja gar nicht negiert werden! Aber es gibt hinter und in diesem allen eine letzte Trostbedürftigkeit, die zu entdecken uns nur heilsam sein kann.

Wer aber kann trösten? Ganz bestimmt nicht der, der selbst nicht weiß, was Leiden ist. Wer kraftstrotzend und von unverwüstlicher Gesundheit bei einem Kranken sitzt, wird um Trost verlegen sein; und wenn er selbst seine Verlegenheit nicht empfindet, wird der Kranke sich traurig lächelnd für seine guten Worte bedanken. Wer selbst nicht angefochten ist – gleich, worin –, wird keinem Angefochtenen helfen. Deshalb ist Christus in die tiefsten Anfechtungen, zuletzt in das Kreuzesschicksal eingegangen, weil er in allem mit denen solidarisch sein sollte, die es am schwersten haben. Paulus sieht seine Leiden ebenfalls von dieser Seite her an. Keines der zahlreichen Leiden, die er ausstehen mußte und muß, ist sinnlos und vergeblich: „Haben wir aber Trübsal, so geschieht es euch zu Trost und Heil" (V. 6). Wo immer ein Christ leidet, soll er wissen, daß er darin die Weihe empfängt, die ihn fähig macht, andere zu trösten. Hierher mag das rätselhafte Wort Kol. 1,24 gehören, das von einem bestimmten noch zu erfüllenden Pensum von Christusleiden spricht: „Leiden, die ich für euch leide". Paulus bringt alles, was ihm an Schwerem widerfahren ist, in die mißliche und schwierige Situation ein, in der er sich mit den Korinthern befindet. Er lebt mit ihnen in dieser letzten Gemeinsamkeit: mit ihnen im Leiden verbunden, damit er mit ihnen im Trost verbunden sein kann. – Wer trösten will, muß freilich selbst Trost empfangen haben. Gott „tröstet uns in aller unserer Trübsal, damit wir trösten können, die da sind in allerlei Trübsal, mit dem Trost, mit dem wir selbst getröstet werden von Gott" (V. 4). „Haben wir Trost, so geschieht es zu eurem Trost, welcher sich wirksam erweist, wenn ihr leidet mit Geduld dieselben Leiden, die auch wir leiden" (V. 6). Wenn Paulus tröstet, dann spendet er ja nicht aus dem Reichtum seines eigenen Menschseins. Er ist nur Relais, das die empfangene Tröstung weitersendet. Das Bild vom Relais hinkt darin, daß es ein totes Ding ist; Paulus ist ein lebendiger Mensch, darum auch Zeuge, der für die Sache einsteht. Aber er gibt nicht das Eigene, sondern das, was Gottes ist. Er ist ein Armer, der viele reich macht; einer von denen, die nichts haben und doch alles haben (6,10).

Man hört dies alles nicht richtig, wenn man nicht merkt, daß der Orgelpunkt des Ganzen das „Gelobt sei Gott" ist. Ein zweifelhafter, ein finsterer Trost? Die Korinther haben Paulus dies vorgeworfen, er gehörte zu den „Traurigen"; er bejaht das, fügt jedoch hinzu: „aber allezeit fröhlich" (6,19). „Eben dies habe ich geschrieben, damit ich nicht, wenn ich käme, über die traurig sein müßte, über welche ich mich billig sollte freuen. Habe ich doch zu euch das Vertrauen, daß meine Freude euer aller Freude sei" (2,3). *So* soll und kann das Zerwürfnis überwunden werden. In dem Lobpreis liegt es, daß der in Christus uns zugekehrte Gott an die notvollen Dinge in unserm Leben und Zusammenleben wirklich herangelassen wird. Seelsorge geschieht darin, daß unsere Probleme in die Hand Gottes kommen. Es kann uns nichts Besseres geschehen, als daß wir uns dazu überwinden lassen.

17. Sonntag nach Trinitatis. 1. Kor. 9,16-23

Kap. 9 gehört darin mit Kap. 8 zusammen, daß es den dort entwickelten Grundsatz: Freiheit – jedoch Schonung des anderen Gewissens! an Paulus selbst exemplifiziert. Paulus ist Apostel. Er könnte auch für sich persönlich alle darin begründeten Ansprüche geltend machen, insbesondere den auf Unterhalt durch die Gemeinden. Mit V. 16 setzt ein neuer Gedanke ein, der sich schwer mit dem Vorangehenden verbinden läßt. Das (soeben noch behauptete) Recht auf Lohn nutzt Paulus deshalb nicht, weil er sein Amt nicht aufgrund eigenen Entschlusses führt, sondern als Christi Sklave. Mit V. 18 lenkt Paulus aber zum Hauptgedanken zurück. G. Bornkamm (Studien zu Antike und Urchristentum, München 1963, S. 132, Anm. 27) rühmt „die Sorgfalt und rhetorische Meisterschaft" von 9,19-23; die Sätze sind durchgängig gleich gebaut: betonte Verben (am Ende oder Anfang); konzessive Partizipialwendungen (die das dem Paulus eigentlich zukommende Recht beschreiben) als Folie zu dem, was Paulus wirklich tut; ἵνα-Sätze, die die Intention des Verhaltens angeben. – V. 16: Statt καύχημα lesen der ursprüngliche Text von ℵ, ferner D,G und Altlateiner χάρις, was ich nicht mit Lietzmann für eine Abschwächung, sondern für eine Verschärfung halten würde: Apostelдienst ist nicht nur nicht Sache eigenmächtigen Stolzes (καύχημα), er ist nicht einmal Gnadenerweisung (Gottes) (χάρις), sondern ein göttliches Muß (ἀνάγκη, vgl. ThWNT I, S. 350), dem nicht zu gehorchen dem Paulus das Gericht zuziehen würde (zum „Wehe" vgl. Hosea 9,12, LXX). – V. 17: Paulus ist also nicht freiwillig eine Arbeitsverpflichtung eingegangen (πράσσω ist irreal zu verstehen). Ihm ist das Amt eines „Verwalters", eine οἰκονομία, übertragen (vgl. 4,1; Kol. 1,25; Eph. 3,2; zur Sache auch 1. Thess. 2,4). Paulus ist ἄκων, also in seinem Entschluß nicht frei. – V. 18: Vgl. Matth. 10,8 (am Ende). Die Verkündigung des Evangeliums – und zwar kostenlos – ist selbst der Lohn; der Schluß des Verses zeigt, daß der Grundsatz V. 14 durch VV. 16f. nicht außer Kraft gesetzt ist. – V. 19: Jetzt wird die Haltung des Paulus nicht mehr durch die ἀνάγκη, sondern vom eigenen Entschluß zum Sklavendienst an den Menschen bestimmt. Vgl. V. 12. Rücksichtnahme auf die Schwachen war das Thema von 8,9-13, das hier wieder aufgenommen wird. – V. 20: οἱ ὑπὸ νόμον brauchen nicht eine zweite Gruppe neben den Juden zu sein (etwa Proselyten); der Fortgang der Gedanken in V. 21 mag diese Verdeutlichung hervorgerufen haben. Die Parenthesen in VV. 20f. sind theologisch von erheblichem Gewicht. – V. 22 Ende: πάντως τινάς = sehr vorsichtige Beurteilung der Chancen (einige Hss. waren darin sorgloser). Mit ἀσθενεῖς sind die in 8,7.9.11f. Gekennzeichneten gemeint (vgl. Röm. 14,1ff.; 15,1). Paulus ist also immer noch bei dem in 8,1ff. verhandelten Thema. Oder ist Röm. 5,6 zu vergleichen? Dann ginge es um die, die noch nicht Christen sind. – V. 23: Schlußwendung des Gedankens überraschend. Ohne die Begrenzung der eigenen Freiheit würde Paulus nicht nur anderen den Anteil am Evangelium versagen, sondern selbst nicht daran Anteil gewinnen. Die Haltung des Apostels hat also einen (hier nicht näher erläuterten) Bezug zum Evangelium selbst. – Zu den VV. 14–18 vgl. E. Käsemann, Eine paulinische Variation des „amor fati", EVuB II, S. 223ff.

Im Jahre 1936 sollte dem damals 50jährigen Karl Barth eine Festschrift dargebracht werden mit dem Titel: „Die Freiheit der Gebundenen". Diese Festschrift ist auch erschienen, jedoch mit dem farblosen Titel: „Theologische Aufsätze". Den Machthabern des „Dritten Reiches" war der ursprünglich vorgesehene Titel unheimlich, denn „die Gebundenen" waren wohl die, die sie eingesperrt hatten, und deren „Freiheit" fürchteten sie. – In unserer Perikope ist nicht von einem Mann im Kerker die Rede. Paulus wird zwar seine Freiheit noch im Kerker zu bewähren haben. Das wird er aber nur können, weil er überhaupt ein freier Mann ist; weil er es in einem umfassenden und zugleich tiefen Sinne ist: „Ein Christenmensch ist ein freier Herr über alle Dinge und niemand untertan. Ein Christenmensch ist ein dienstbarer Knecht aller Dinge und jedermann untertan" (Luther, WA 7,21 = Cl. 2,11). Luther beruft sich vornehmlich auf unsere Stelle. Beide, die bewußt paradoxe Formulierung, die für die Barth-Festschrift vorgesehen war, wie auch Luthers gemeißelte Sätze, geben die Spannung wieder, die in unserer Perikope zu finden ist. Das ist *die Freiheit der Gebundenen*: von jedermann frei (1), jedermann verpflichtet (2).

1. Wir haben uns eng an V. 19 angeschlossen. Dieser Vers verbindet die beiden Teile der Perikope wie mit einer Bauklammer. Zunächst ist von der Freiheit zu reden, die verzichten, Rechte preisgeben und sich eben darin ihre Unabhängigkeit bewahren kann. Wir übersehen nicht: das in V. 4ff. aufgenommene Thema des Rechtes auf wirtschaftliche Versorgung des Apostels ist nur Beispiel. Zur Verhandlung steht seit 8,1ff. die Götzenopferfrage. Sie ist das Generalthema. Freilich wiederum so, daß Paulus am gegebenen „Modellfall" das Grundsätzliche verdeutlicht. So gesehen, rükken dann die Götzenopfer- wie die Versorgungsfrage auf die gleiche Linie, was für uns nur bedeuten kann, daß wir an diesen „Modellen" ablesen, wie wir uns in den Fragen unseres eigenen Lebens entscheiden werden.

Auf die in VV. 4ff. besprochene Thematik sind wir bereits mehrfach gestoßen (bes. zu Phil. 4,10-20, 8. S. n. Trin. und 2. Thess. 3,6-13, 15. S. n. Trin.); der Tatbestand braucht nicht mehr erörtert zu werden. Paulus hat das ihm eindeutig zustehende Recht nicht wahrgenommen (bes. VV. 4.6.12) und wird dies auch durchhalten (2. Kor. 11,7.9). Dem Evangelium soll kein „Hemmnis" in den Weg gelegt werden. Wir verstehen die Sorge. Nicht nur Böswillige, sondern auch mit der Sache des Evangeliums nicht Vertraute, erst recht solche, die – begründet oder unbegründet – Zweifel an der Lauterkeit des Paulus haben, könnten argwöhnen, hier verdiene sich einer sein Brot durch Verbreitung des Evangeliums, noch etwas spitzer: hier werden mit der Sache Gottes „Geschäfte gemacht" (2. Kor. 2,17). „Der muß so reden, er wird ja dafür bezahlt" – in der Tat wäre eine solche Meinung ein schweres Hindernis für das Evangelium. Paulus will nicht, daß jemand um dieser Meinung willen – und wäre sie noch so irrig – sich veranlaßt sähe, seine Rettung auszuschlagen. Die Liebe bestimmt das von Paulus – fast ausnahmslos – geübte Verhalten. Wie könnte er auf sein gutes Recht pochen, wenn er sieht, daß Menschen darüber verlorengehen? Seien es auch falsch informierte, grundlos mißtrauische, seien es meinetwegen auch engstirnige, kleinliche, bornierte Leute: die Liebe nimmt Rücksicht. So war es ja auch bei den Götzenopfern. „Wir wissen, daß kein Götze in der Welt ist und daß kein Gott ist als der *eine*" (8,4). Wer das „weiß", braucht sich kein Gewissen zu machen, er könnte mit dem Genuß von Opferfleisch das erste Gebot verletzen. „Wir wissen" – ja, aber „das Wissen bläht auf, hingegen die Liebe baut auf" (8,1). „Sehet aber zu, daß diese eure Freiheit nicht gerate zu einem Anstoß für die Schwachen" (8,9). „Wenn die Speise meinen Bruder zur Sünde verführt, wollte ich nimmermehr Fleisch essen" (8,13). Die Liebe bestimmt das Verhalten. Dieser Gedanke wird nachher in einer neuen Variation weiter verfolgt werden.

Nun wendet sich jedoch in unserm Abschnitt der Blick um 180 Grad. Das Verhalten des Paulus entspringt nicht nur der Rücksicht auf den anderen, es wahrt auch, es wahrt sogar *zuerst* den eigenen Standpunkt des Paulus. Paulus spricht hier erstaunlicherweise von seinem „Ruhm" und sogar von dem ihm zuteil werdenden „Lohn". Hat er vergessen, was er sonst lehrt: daß sich vor Gott kein Fleisch rühmen soll (1,29) und daß, wo man aus Gnade lebt, man eben gerade nicht den rechtmäßig zustehenden Lohn anstrebt (Röm. 4,4f.)? Man hat im Ernst gemeint, mit dem freiwilligen Verzicht auf das, was ihm gebührt, wolle Paulus sich einen höheren Ruhm und einen besseren Lohn sichern (so z.B. der Jesuit Cornely nach Käsemann, a.a.O.). Aber eine solche Einstellung hätte „nichts mit dem Verzicht auf das persönliche gute Recht durch die Liebe gemeinsam" (Käsemann, a.a.O., S. 228). Gerade der Verzicht auf Lohn ist ja paradoxerweise der „Lohn", um den es Paulus zu tun ist (V. 18)! Er lebt in der Freiheit von jedermann. Das läßt er sich nicht nehmen. Es könnte so aussehen, als vertrüge sich die Behauptung dieser Freiheit schlecht mit der Liebe, von der wir eben sprachen. Paulus hat sich das auch klargemacht. Die Unabhängigkeit, die sein „Stolz" ist, könnte ihm so ausgelegt werden, als ob er die Gemeinde, die für ihn sorgen sollte und wahrscheinlich auch wollte, nicht liebhabe (2. Kor. 11,9-11). Es kann in der Tat verletzen, wenn jemand sich in seinem Stolz von uns nichts Gutes tun läßt. Aber der „Ruhm" soll wahrhaftig der Liebe nicht entgegenstehen. Welchen Sinn hat es dann überhaupt, daß Paulus hier auf seinem „Ruhm" besteht?

Das καύχημα des Paulus liegt, wie wir gleich sehen werden, nicht darin, *daß* er das Evangelium verkündigt (V. 16), sondern daß er es *umsonst* verkündigt (V. 18). M.a.W.: *Vor Gott* hat Paulus nach wie vor keinen Ruhmestitel; soweit überhaupt davon die Rede sein kann, hat er einen solchen *vor den Menschen*. Man könnte sagen: hier geschieht genau das, wovon 1,31 die Rede war: „Wer sich rühmt, der rühme sich des Herrn." Man tut von daher auch nicht gut, vom „Selbstgefühl" des Apostels zu reden oder davon, wie er „den Eigenwert seiner Persönlichkeit" genieße, „das stolze Gefühl der Uneigennützigkeit", „die innere Befriedigung", „die innere Gehobenheit und Freudigkeit" u.a.m. (so zitiert bei Käsemann, a.a.O., S. 228f.).

Dies alles wäre ja gerade *der* Ruhm, der „ausgeschlossen" ist (Röm. 3,27). Bleibt mir angesichts des Kreuzes kein Ruhm, so bleibt mir auch vor Menschen jedenfall snicht ein solcher, den ich aufgrund meiner menschlichen Überlegenheit und Vorzüge ihnen gegenüber geltend zu machen hätte. Die Freiheit, von der Paulus hier redet, hat ihren Grund woanders. Paulus exemplifiziert an seinem Amt; mutatis mutandis gilt das hier Gesagte für alles Christenleben.
Worin also gründet der „Ruhm" des Paulus? Merkwürdigerweise gerade in etwas, was ihn – menschlich gesehen – demütigen müßte. „Ein Zwang liegt auf mir. Wehe mir, wenn ich das Evangelium nicht verkündigte." Damit rückt die Sache noch in ein anderes Licht als in 2. Kor. 11, wo die Auseinandersetzung mit den Gegnern den Gedankengang bestimmt. „Es ist mein *Schicksal*, das Evangelium zu verkündigen", so müßte man unter Berücksichtigung des Ursinnes von ἀνάγκη übersetzen. „,Ἀνάγκη liegt auf mir', sagt man vom Schicksal, das einen ergreift" (Homer, Ilias VI,458, zitiert bei Käsemann, a.a.O., S. 233). Klar, daß „Schicksal" bei Paulus nicht eine Macht neben oder gar gegen Gott ist. Das Muß ist dem Apostel von Gott auferlegt, aber eben mit der Unwiderstehlichkeit, die Paulus nur mit einem so starken Wort kennzeichnen kann. Von außen kommt dieses Muß über ihn. Es geht also nicht um die innere Bewegtheit eines Mannes, den eine große Sache erfaßt hat und nun nicht losläßt. Es geht also nicht um ein in der Mentalität des Paulus begründetes Müssen. Es geht überhaupt nicht um psychologisch oder gar psychopathologisch zu interpretierende Sachverhalte, sosehr Gott sich auch für das, was er aus seinem freien Entschluß tut, menschlicher Gegebenheiten (instrumental) bedienen mag. Für Paulus ist es jedenfalls „eschatologisches Geschehen", das ihn bindet. „Ἀνάγκη bezeichnet hier die Macht des radikal fordernden, sich dem Menschen gegenüber mit seiner Forderung durchsetzenden, seinen Diener zu seinem Werkzeug machenden Gotteswillens" (Käsemann, ebd., S. 234). Das an Paulus ergangene, ihn machtvoll auf einen ganz neuen Boden stellende, ihn für Christus ganz mit Beschlag belegende Evangelium ist ihm zum „Schicksal" geworden. „Saul, Saul. ... es wird dir schwer sein, (wie ein störrisches Zugtier) gegen den (am Ortscheit angebrachten) Stachel auszuschlagen" (Apg. 26,14). So mußte Paulus also dem Herrn gegenüber, dem widerstehen zu wollen sinnlos ist, klein beigeben und zähneknirschend kapitulieren? Es ist anders. Paulus *muß* – aber es ist ein fröhliches, ein ganz in sein Wollen und Wünschen eingegangenes Müssen. „Sklave Jesu Christi" wird Paulus sich nennen (Röm. 1,1; Phil. 1,1; Kol. 4,12), an anderer Stelle noch eine Nuance schärfer: „Ruderknecht", d.h. Galeerensklave (4,1). In bewegender Doppelsinnigkeit kann er sich auch als „Gefangenen Christi" bezeichnen (Philem. 9; Eph. 3,1). „Unfreiwillig" (ἄκων), so bekennt er, hat er den Dienst übernommen. Aber er sagt dies alles mit unverkennbarem Stolz. „Mir ist das Amt des das Haus verwaltenden Sklaven anvertraut worden" (V. 17), selbstverständlich vom Eigentümer dieses Hauses, von Christus. Daß Christus so von ihm Besitz ergriffen, ihn in Dienst genommen und autorisiert hat, das ist seine Freiheit und sein „Ruhm". Niemand soll auf den Gedanken kommen, daß das Apostelamt – 9,1 mit seiner „Freiheit" in *einem* Atem

genannt – sich von irgendwo anders herleitet als eben von dem, der Paulus mit der Unwiderstehlichkeit des Schicksals in seinen Dienst gezogen hat. Niemand meine, Paulus habe sich einen „Job" gesucht, der dann freilich auch etwas einbringen müßte (V. 17). Die Wirksamkeit des Apostels beruht auch nicht auf einem mit der Gemeinde jeweils abgeschlossenen Dienstvertrag, so daß dann der Amtsträger der Angestellte der Gemeinde wäre. Daß – „horizontal" gedacht – alles auch seine rechtlich-institutionelle Seite hat, soll nicht geleugnet werden. Gerade unser Kapitel läßt erkennen, daß das „Amt" bereits irgendwie geordnet war; es wäre absurd, aus der Wechselseitigkeit gliedhaften Dienstes in der Gemeinde (Kap. 12) eine Unterhaltspflicht eines jeden gegenüber jedem abzuleiten; ein Recht auf Unterhalt haben nach 9,4ff. die Inhaber des geordneten Amtes (vgl. Gal. 6,6). Es wäre in der Tat nichts einzuwenden, wenn Paulus auf der horizontalen Ebene kirchlicher Ordnung sein Recht in Anspruch nähme. So aber verzichtet er, dem möglichen Mißverständnis zu wehren, sein Auftrag leite sich von daher ab. Der Ursprung des Apostolats kann nur unter dem Bild der Vertikalen beschrieben werden: „Paulus, ein Apostel nicht von Menschen, auch nicht durch einen Menschen, sondern durch Jesus Christus und Gott den Vater..." (Gal. 1,1). Der Verzicht des Paulus ist eine Demonstration für die Freiheit des Amtes. Diese Freiheit gründet nicht darin, daß einer sich selbst über die anderen erhebt (Paulus hat die Freiheit seines Amtes so stark betont, daß man ihn in diesem Sinne mißverstanden hat, 2. Kor. 1,24), sondern darin, daß all seine persönliche Freiheit aufgegangen ist in der Freiheit Christi, der über ihn verfügt hat, wie Gott einst über Jeremia verfügte (20,7ff.). Man kann bei Paulus so wenig wie bei Jeremia das Muß des Amtes aus menschlichem Naturell und menschlicher Entwicklung ableiten: über beiden steht Gottes Verfügen *vor* ihrer Geburt (Jer. 1,4; Gal. 1,15). In dem göttlichen Muß des Auftrags liegt die Freiheit des Apostels (Gal. 1,10). Über diesen Auftrag hat er mit keinem Menschen zu verhandeln, nicht einmal mit sich selbst. Paulus stöhnt nicht über sein „Schicksal" – darin anders als Jeremia. Paulus jubelt über die Freiheit, die es für ihn bedeutet. Es ist die Freiheit eines Gebundenen. „Ich kann nicht anders, Gott helfe mir" – es gibt keine tiefere Begründung der Freiheit.

2. Diese in Christus gründende Freiheit wäre nicht, was sie ist, wenn Paulus sich nicht zugleich jedermann verpflichtet wüßte. Er hat seine Freiheit nicht für sich, er hat sie für die anderen. Es wäre alles falsch, wenn wir das, was jetzt zu sagen sein wird, als Negation dieser Freiheit ansähen, wie es denn völlig abwegig wäre, darin den Verzicht auf die apostolische Autorität erblicken zu wollen. Aber umgekehrt wäre es Verrat an der Sache, wenn Paulus Freiheit und Amt nicht diakonisch verstünde. Im Dienste dessen, der uns im Dienen bis zur Selbstaufgabe vorangegangen ist, kann sich die Freiheit nur wieder im Dienen bewähren. Ohne diese Freiheit käme es gar nicht zum Dienst. Gerade daß wir uns nicht mehr zu rechtfertigen brauchen, will unser Tun versachlichen. Gerade daß Paulus im Dienst an den Gemeinden seine Autorität nicht selbst begründen muß, sondern allein in seinem Amt begründet sieht, übrigens die gleiche Einstellung auch von der Gemeinde erwarten darf, gerade dies schaltet die fremden, die menschlich-allzu-

menschlichen Gesichtspunkte im Verhältnis zwischen ihm und der Gemeinde aus. Gerade da, wo über die Autorität des Amtes nicht mehr diskutiert zu werden braucht, ist das Amt frei zum Dienst, kann es sich jedermann zum Knechte machen. „Denn es geschieht alles um euretwillen" (2. Kor. 4,15). Es geht in allem um den „Bruder, um des willen doch Christus gestorben ist" (8,11). Gerade weil (nicht obwohl!) wir die Freiheit haben, gehören wir den Mitmenschen. Freiheit heißt: ich kann nicht anders – aber eben nun: ich *kann*! Was erst – aus wer weiß welchen Gründen – nicht gehen wollte, nun geht es. Paulus: „Ich habe mich für alle zum Sklaven gemacht" – nicht, weil sie mich dazu nötigten, sondern weil ich will.
Wie sich dies in seinem Apostelamt auswirkt, ist einigermaßen erstaunlich. Die Dienstverpflichtung aus Liebe und zur Liebe führt zu einem Maximum an „Anpassung" (vgl. das „aggiornamento", Papst Johannes XXIII.). Daß Paulus den Juden ein Jude wird, ist, trotz seiner jüdischen Vergangenheit, geradezu verblüffend. „*Wir* sind die rechte Beschneidung" – „was mir Gewinn war, das habe ich um Christi willen für Schaden (nicht bloß für nutzlos!) gehalten" (Phil. 3,3.7). Man sollte erwarten, daß Paulus – der Mann also, der u.a. den Galaterbrief geschrieben hat – hier keinen Spaß versteht. Immerhin: wenn die Apostelgeschichte nicht um einer gewissen Vermittlung willen Falsches berichtet, hat Paulus, entgegen dem, was man von ihm zu erwarten hätte, den Beschränkungen des Apcsteldekrets (15,29) zugestimmt, in Kenchreä ein Gelübde auf sich genommen (18,18), sich mit vier mittellosen Nasiräern solidarisiert (21,26), ja sogar den Timotheus beschnitten – „um der Juden willen" (16,3). In diesen Notizen stecken eine Menge Probleme, die wir jetzt nicht erörtern können; die Exegeten haben viel Mühe damit. Man denke nur an Gal. 2,18 und 5,3. Andererseits wäre es auch ein starkes Stück, die heidnischen Götter indirekt als ernst zu nehmende Größen anzusehen und auszugeben, indem man Götzenopferfleisch meidet (8,1 ff.). Dem irrenden Gewissen kommt Paulus entgegen. Den Juden ein Jude, den Gesetzesmenschen ein Gesetzesmensch. Es ist gut, daß wir exegetisch nicht auf eine brauchbare Formel kommen, denn die *Sache* verbietet uns eine solche Formel. Es wird Fälle geben, in denen die Liebe auch dem irrenden Mitmenschen weit entgegenkommt, und es wird auch solche geben, in denen dieselbe Liebe – wiederum um der Menschen willen, mit denen sie es zu tun hat – hart sein muß. Wo Menschen noch fern oder vielleicht eben erst unterwegs sind, wird die Lage anders sein als da, wo sie – wie die Galater – im Begriff sind, das inzwischen klar gepredigte und ebenso klar angenommene Evangelium so zu verderben, daß man darin nur noch Abfall sehen kann. Im Blick auf die Gesetzlosen und Schwachen dürften analoge Überlegungen am Platz sein. Wer ausschließlich mit den genannten Galaterstellen operiert und von da aus die genannten Bemerkungen des Lukas abtut, ist schuldig, uns für V. 20 eine andere Erklärung zu geben. Paulus dürfte, je nach der Situation, der Liebe einen großen Spielraum gewährt haben.
„Auf daß ich ihrer viele gewinne": genau das macht die Haltung des Paulus verdächtig. Es sieht so aus, als solle der missionarische Zweck alle Mittel heiligen. „Sag ihnen, was sie hören wollen! – Hauptsache: du gewinnst sie."

Man hat den Eindruck, daß die Kirche schon manchmal die Publikumswirksamkeit hinsichtlich des Was und des Wie ihrer Arbeit zum obersten Kriterium gemacht hat und immer wieder in der Versuchung ist, ein gleiches zu tun. „Ich bin allen alles geworden": was kann man mit diesem Satz nicht alles rechtfertigen! Wer sich für die Reinheit der Verkündigung verantwortlich weiß, meldet seine Bedenken an. Man könnte sagen, dies seien die Bedenken des Zionswächters, dem es nicht oder doch nicht hinreichend um die Menschen geht. Aber es könnte ja auch die nichtchristliche Welt stutzig werden und es uns kräftig ankreiden, daß wir eine Wendigkeit an den Tag legen, die uns nur unglaubwürdig macht. Allen – alles? Hier stehe ich – ich kann auch anders? Niemand meine, daß die zum missionarischen Programm erhobene Charakterlosigkeit unserer potentiellen „Kundschaft" auf die Dauer verborgen bleibt.

Aber Paulus meint auch dergleichen nicht. Wer sich auf unsern Text berufen will, möchte Paulus nicht mißverstanden haben. Zunächst: Paulus sagt deutlich, daß die Anpassung keineswegs die Preisgabe des eigenen Standpunktes bedeutet: „wiewohl ich selbst nicht unter dem Gesetz bin" – „wiewohl ich doch nicht ohne Gesetz bin vor Gott, sondern bin in dem Gesetz Christi". Man müßte den Römer- und den Galaterbrief auslegen, um diese beiden konzessiven Partizipialsätze zu verdeutlichen. Daß das Wort νόμος jeweils verschiedenes bedeutet, sei wenigstens angemerkt. Auch als der an Christus Glaubende ist man unter bzw. in einer Ordnung: nicht unter der des Zorns, sondern in der der Gnade. Das „in" (ἔννομος) sagt schön, daß diese Christus-Ordnung uns von vornherein einschließt, also nicht erst durch unsere Anstrengung erreicht und betreten werden muß. Auf diesem Boden *steht* Paulus – er läßt keinen Zweifel daran, daß sein Entgegenkommen keine Beugung der Wahrheit ist. Die paulinischen Briefe bieten genug Beispiele dafür, daß Paulus selbst nicht praktiziert, wovor der 2. Timotheusbrief (4,3) warnt. Wie dürfte er auch? Wo es um bloße Meinungen und Theorien über Gott geht, kann man mit sich handeln lassen. Hier geht es darum: „daß ich auf alle Weise etliche *rette*" (V. 22). Man täte wahrhaftig niemandem einen Gefallen, wenn man ein Evangelium predigte, das sich zwar gut anhört, aber den Adressaten eben da ließe, wo er sich befindet: in seinem heillosen Zustand.

Paulus redet ja auch nicht von einer situationsgemäßen und dem Empfänger genehmen Abwandlung des Evangeliums. Variabel ist – er selbst! Er ist einmal ein Jude und Gesetzesmensch, ein andermal einer, der nicht unter dem Gesetz steht, wieder ein andermal ein Schwacher usw. Die Akkomodation vollzieht sich im persönlichen Gegenüber. Paulus redet den Empfänger der Botschaft nicht nur an, sondern er sucht ihn auf, tritt in seinen Horizont, teilt seine Lage, sein Schicksal. Die Liebe denkt, redet, handelt vom andern her. Wir sind sofort beim hermeneutischen Problem. Übersetzung bedeutet: eingehen nicht nur in die Sprache, sondern auch in die Denkweise des anderen. Verstehen heißt: das auf mich Zukommende mir selbst assimilieren, in das, was ich bin und denke und tue, eingliedern, einwachsen lassen. Was mir so fremd bleibt, daß ich es nicht assimilieren kann, werde ich nicht verstehen. Tritt Paulus in den Horizont seiner Hörer ein, dann ist dabei zuallererst an den Sichtkreis des Verstehens zu denken. In der Areopagrede (vgl. unsere Auslegung) hat Lukas uns vorgeführt, wie er das von Paulus wußte bzw. sich vorstellte. Wie schwer fällt uns das: nicht auf den anderen einzureden und ihm die eigene Meinung aufzureden, sondern so auf ihn zu hören, daß die Verkündigung ihm dann im – ihn und mich einschließenden – Stromkreis zugeführt werden kann. Wir werden dabei freilich nicht übersehen, daß die hier anvisierte Hermeneutik nie bloß eine Sache des Denkens und Redens ist, sondern eine Sache der gelebten Solidarität. Übersetzen und Verständlichmachen ist nie bloß ein Sprachgeschehen. Zuletzt wird es darum gehen, daß man genau dahin tritt, wo der andere ist, damit man ihm nahe ist. Als Gott uns zurückholen wollte, wurde er *den Menschen ein Mensch* – nicht bloß, um sich verständlich zu machen, sondern um die wiederherzustellende Gemeinschaft auf allerlei Weise zu realisieren. So hat die missionarische Kirche sich um diakonische Solidarität zu bemühen. Das heißt nicht: ich passe mich dir so weitgehend an, daß du gar nicht merken wirst, wen du vor dir hast Aber das heißt es: ich will dich gern, so gut ich das nur vermag, ernst nehmen, mich mit dir freuen und sorgen, mit dir dort, wo du stehst oder liegst, aushalten und von dem, was dich bewegt, soviel wie nur möglich auf mich nehmen. Wir verstehen, wie Paulus dazu kommt, in dieser selbstgewählten δουλεία nicht nur eine missionarische Methode zu sehen – wir hätten Grund, ihm diese übelzunehmen –, sondern eine Haltung, die er „um des Evangeliums willen" einnimmt. Hielte er sich den Menschen gegenüber *nicht* so, wie er es hier beschreibt, dann wäre der Erfolg nicht nur der, daß *sie* nicht gewonnen und gerettet werden, sondern dann wäre auch *er selbst* des Evangeliums nicht teilhaftig (V. 23). Vielleicht erschrecken wir jetzt über uns selbst. Was Paulus hier schreibt, sollte uns nicht in Ruhe lassen.

18. Sonntag nach Trinitatis. Kol. 3,18–4,1

Ein in sich geschlossener Abschnitt: die *Haustafel* (wie Eph. 5,22–6,9; 1. Tim. 2,8-15; 6,1-2; Tit. 2,1-10; 1. Petr. 2,13–3,7). Das literarische Schema stammt aus der hellenistischen Popularphilosophie; Lohmeyer und D. Schroeder (Die Haustafeln ..., Diss. Hamburg 1959) leiten es aus dem Judentum ab; Rengstorf sieht darin sogar eine genuin christliche Schöpfung. Theologisch wichtig ist, daß es sich um (formal wie inhaltlich) vorgegebene Prägungen handelt. Hinweis auf das Schickliche und allgemein Gültige (E. Lohse z. St.): ὡς ἀνῆκεν 3,18; εὐάρεστον 3,20; τὸ δίκαιον καὶ τὴν ἰσότητα 4,1, vgl. auch Phil. 4,8. Durch die Bezugnahme auf das Sein der Christen „im Herrn" bekommt jedoch alles eine ganz neue Tönung. Anordnung paarweise; es werden immer zuerst die Schwächeren angeredet (Frauen, Kinder, Sklaven); die nachfolgende Mahnung an die Stärkeren (Männer, Väter, Herren) grenzt das Vorangehende jeweils merklich ein (s. u.) – V. 18: Die damals geltende Ordnung verlangte Unterordnung der Frau (1. Kor. 14,35; Eph. 5,22-24; Tit. 2,5; 1. Petr. 3,1). Daß es sich gerade „im Herrn" so gezieme, ist mindestens auffällig. – V. 19: Ein Teil der Zeugen hat, um das Seelenheil der Männer besorgt, ein ὑμῶν hinzugefügt. ἀγαπᾶτε ist eine anspruchsvolle, für Christen freilich einer Begründung nicht bedürftige Forderung. Daß πρὸς αὐτάς hinzugefügt ist, könnte nach Michaelis (ThWNT VI, S. 125) darauf deuten, daß „auch eine nicht durch die Ehefrau veranlaßte, sondern anderswie entstandene πικρία nicht an ihnen ausgelassen werden soll". – V. 20: Entspricht dem 4. Gebot. Wieder das bedeutsame ἐν κυρίῳ. – V. 21: „Haben die Kinder beiden Elternteilen zu gehorchen, so tragen doch die Väter besondere Verantwortung" (Lohse z. St.). ἐρεθίζειν = provozieren, vgl. Eph. 6,4: μὴ παροργίζετε τὰ τέκνα ὑμῶν. Die Kinder sollen nicht eingeschüchtert werden. Hier wird bemerkenswerte pädagogische Weisheit der Alten übernommen. – V. 22: Vgl. bes. 1. Kor. 7,21-24; Eph. 6,5-8; 1. Petr. 2,18-25 und den Philemonbrief. Hier wird das überkommene Schema verlassen, denn auf dem Boden der christlichen Gemeinde bekommt die Sklavenfrage eine andere Gestalt. Zum Theologischen s. u. 'Οφθαλμοδουλίαι (Eph. 6,6 steht der Singular), das Wort nur im N. T., sind Dienste und Verhaltensweisen, die nur den Blick auf sich lenken wollen; ἀνθρωπάρεσκοι: es galt als Grundsatz der Sklavenmoral, dem jeweiligen Herrn zu „gefallen" (nach J. Leipoldt, vgl. Gal. 1,10), was als Unterton an vielen Stellen mitzuhören ist, wo das Wort ἀρέσκειν gebraucht wird (etwa Röm. 15,1-3; 1. Kor. 10,33; 1. Thess. 2,4). In unserer Stelle wird diese Maxime der Sklavenmoral durchbrochen! „Den Herrn fürchtend": eine im A. T. häufig zu findende Formel wird hier (u. ö.) auf den Kyrios Christus angewandt; eine für die Christologie des N. T. höchst bedeutsame Tatsache. – V. 23: Luthertext („alles") nach dem Reichstext; ältere LA: „Was ihr auch tut ...". Das ὡς τῷ κυρίῳ ist eine Variation und wohl zugleich Interpretation des ἐν κυρίῳ der vorangehenden Verse. – V. 25: Das Gericht, das Christus halten wird (2. Kor. 5,10; Röm. 2,16, auch 14,10), bedeutet letzten Maßstab. „In den Himmeln liegt das ewige Erbteil schon bereit (vgl. 1,5.27; 3,1-4)" (Lohse z. St.). – V. 24c ist (wie ἐργάζεσθε V. 23) nach Lohse imperativisch zu verstehen. Oder ist das Sätzchen indikativischer Zuspruch? Christus ist die oberste Instanz; die Verpflichtung gegenüber dem irdischen Herrn wird so begründet, aber auch relativiert. – V. 25: Der Grundsatz der Vergeltung ohne Ansehen der Person könnte die Pflicht der Sklaven einschärfen, aber auch ein Trost für die Sklaven sein: Christus wird euch zu eurem Recht verhelfen. – 4,1: Der beste Kommentar ist der Philemonbrief, der gleichzeitig nach Kolossae gerichtet ist; Philemon ist hier mit angesprochen. Auch über den Herren steht Christus.

Daß ein Text wie dieser heute noch gepredigt wird, dürfte bei geistig wachen Gliedern unserer Gemeinde ein Kopfschütteln auslösen. Dieses wäre fürs erste nicht die schlechteste Reaktion. Der Prediger wird darum bemüht sein, ein kurzschlüssiges Verständnis dieses Textes, d. h. aber: ein Mißverständnis, abzuwehren. Die im Text vorausgesetzte Gesellschaftsordnung ist vergangen, und kein Prediger wird so töricht sein, sie in irgendeiner Weise konservieren bzw. restaurieren zu wollen. Der Prediger muß dies auch deutlich genug sagen. Es gibt keine Sklaven mehr, die Frau hat die gleichen gesellschaftlichen Rechte wie der Mann, und es dürfte sich auch im Verhältnis zwischen Eltern und Kindern seit dem ersten Jahrhundert mehr geändert haben, als man in einem Satz sagen kann. – Indessen wäre es abwegig, zu meinen, mit diesen Negationen habe der Text seine Bedeutung für uns verloren. In ihm schneiden sich zwei Linien: Sitte und Ordnung der damaligen Zeit – und die Herrschaft Jesu Christi. Oder sollte man lieber davon reden, daß sich hier zwei Wirklichkeiten durchdringen: hier die Welt und ihre Ordnungen – da das in unsere Zeit und Welt verborgenermaßen bereits hereinragende Kommende (3,1-4)? Das hieße doch, daß uns an den – für uns vergangenen – Zeitverhältnissen von einst gezeigt wird, was das bedeutet, daß Christus für uns, die Glaubenden, mitten in den Ordnungen der Welt – d.h. in den jeweils *gegenwärtigen* Ordnungen – der heimliche Herr ist. Nichts wird naturrechtlich fixiert; die Ordnungen haben geschichtlichen Charakter. Aber das lesen wir am Text ab, was daraus wird, wenn Christus im Zusammenleben der Menschen wirksam wird. Es mag erlaubt sein, den – zunächst den Sklaven gesagten – V. 24c herauszuheben und zum Leitsatz des Ganzen zu machen und dann zu zeigen, was sich aus diesem Satz ergibt bzw. in welchem Sinne er gilt. *Ihr dient dem Herrn Christus* – da, wo ihr steht (1), so, wie er gebietet (2), so, daß immer er gemeint ist (3).

1. Man hat es Paulus übelgenommen, daß er – wie es zunächst scheint – in völlig unkritischer Weise die gesellschaftlichen Verhältnisse seiner Zeit hingenommen, ja sogar für seine Gemeinden zu einer Angelegenheit ihres christlichen Gewissens und Gehorsams gemacht hat. Man meint also, es genüge nicht, festzustellen, daß wir heute nicht mehr stehen, wo man damals stand, es müsse vielmehr gerügt werden, daß Paulus damals dort, wo man stand, seinerseits stehengeblieben ist. In einem vordergründigen Sinne wird man ja in der Tat zugeben müssen, daß Paulus nicht daran gedacht hat, sich am Bestehenden in irgendeinem Sinne zu vergreifen. 1. Kor. 7 mag hier, sofern zur Sklavenfrage geredet ist, besonders belastend ins Gewicht fallen. Fast hat es den Anschein, als sei die ganze Haustafel überhaupt nur wegen der Sklaven in den – sonst mit ganz anderen Dingen beschäftigten – Kolosserbrief hineingeraten: der Apostel scheint dafür eine besondere Liebe zu haben. Der Schein trügt insofern, als nicht ein Lieblingsthema des Apostels angeschlagen wird, sondern eine aktuelle Notwendigkeit besteht, die Sklavenfrage zu erörtern: der Fall Onesimus. Man kann es Paulus nur danken, daß er, indem er die Haustafel in vollem Umfang einschiebt, die Sache nicht isoliert, sondern im größeren Zusammenhang und damit auch in einer gewissen (vielleicht das Zartgefühl der unmittelbar Betroffenen schonenden) Allgemeingültigkeit behandelt. Die katechismusartige Kürze wäre von da aus gut verständlich. – Der Text führt uns in die Großfamilie der damaligen Zeit: Mann und Frau, Eltern und Kinder, Herr und Sklaven. Es gilt die patriarchalische Ordnung. Daß die Frau sich dem Manne „unterzuordnen" habe, wird als selbstverständlich hingenommen. Ebenso, daß die Kinder zu „gehorchen" haben (übrigens ein stärkeres Wort). „Gehorchen" sollen auch die Sklaven, und zwar „in allen Dingen". Daß der Hausherr – in seiner Eigenschaft als Ehemann, als Vater und als Eigentümer seiner Sklaven – gleichfalls einiges ins Stammbuch geschrieben bekommt, entspricht schon der Sitte der Zeit, bedeutet also keine Kritik an der bestehenden Ordnung.

Der Prediger wird sich hier viel Mühe geben müssen, der Gemeinde verständlich zu machen, warum das Urchristentum sich nicht veranlaßt sah, auf einen gesellschaftlichen Umsturz hinzuwirken. Wir haben damit zu rechnen, daß es auch unter uns solche geben wird, denen es geradezu eine Selbstverständlichkeit ist, daß der christliche Glaube im nächstliegenden Sinne des Wortes revolutionär hätte sein müssen; ja vielleicht sogar solche, die schlechterdings alles in der Welt unter diesem Gesichtspunkt sehen und an diesem Kanon messen. Die zur Zeit umgehende „Theologie der Revolution" müßte ja wohl einem Text wie diesem fassungslos gegenüberstehen. – Die enttäuschte Naherwartung des Urchristentums könnte uns veranlassen, Texten wie diesen begrenztes historisches Recht zuzugestehen, unsererseits nun aber zu total anderen Maximen zu kommen. Wir täten nicht gut daran. Nicht, daß wir die Welt und die in ihr sich abspielenden politischen und gesellschaftlichen Vorgänge ignorieren oder auch nur geringachten dürften; wir sind in unserer Eigenschaft als Staatsbürger für die Gestaltung der Welt mitverantwortlich. Darin ist die Lage zweifellos anders als zur Zeit des Paulus; „Obrigkeit" waren damals nur die anderen, während bei uns Rechte und Pflichten des Staatsbürgers korrespondieren und der Bürger insofern an der Gestaltung der Gesellschaft und des Staates aktiv Anteil nimmt. Worin wir mit der Urchristenheit in gleicher Lage sind und bleiben, ist dies, daß sie die politische und gesellschaftliche Umgestaltung der Welt nicht als eine Sache des Evangeliums, also auch nicht als die Sache Christi angesehen hat. Alle Versuche, das Reich Jesu Christi zur Sache eines politischen Programms zu machen, d.h. zugleich: die Kirche mit weltlichen Machtansprüchen in den Kampf zu schicken, mußten scheitern; wären sie „gelungen", so wäre nicht das Reich Christi herausgekommen, das bekanntlich nicht von dieser Welt ist, sondern eine Karikatur dieses Reiches. Die Kirche hätte freilich aus gleichem Grunde niemals das jeweils Bestehende als *die* Ordnung Gottes ausgeben dürfen; der allem weltlich-revolutionären Handeln sich widersetzende Legitimismus darf sich nicht auf die Bibel berufen. Die Sache Jesu Christi will grundsätzlich von allem unterschieden sein, was unter dem Vorzeichen des Gesetzes in der Welt geschieht. Wir werden zu Röm. 13,1ff. noch zu bedenken haben, welchen theologischen Ort und Rang die weltliche Ordnung hat.

Was heißt dies aber für unser Verhalten heute? Ihr dient dem Herrn Christus *da, wo ihr steht.* Paulus macht keinen Versuch einer mit weltlichen Mitteln durchzusetzenden Pauschal-Verchristlichung der weltlichen Ordnungen. Vielmehr weist er – das ist die Kehrseite des uns zunächst befremdenden Tatbestandes – die Christen an ihren geschichtlichen und gesellschaftlichen Ort. Er sagt nicht: Eure Verantwortung beginnt erst dann, wenn die äußeren Verhältnisse einmal – etwa im Sinne von Gal. 3,28 – christlich umgestaltet sind. Das wird, das kann auch gar nicht geschehen. Heute und hier sind wir verantwortlich. Für die damalige Situation heißt das: Wir nehmen als Christen die uns gegebenen Verhältnisse so an, wie sie sind, und leben darin unseren christlichen Gehorsam. Am schmerzhaftesten dürfte dies schon damals hinsichtlich der Stellung der Sklaven gewesen sein. Aber nach dem Grundsatz, daß wir da verantwortlich wirken, wo wir stehen, hat Paulus auch die Sklaven dorthin gewiesen, wo sie in der damaligen Gesellschaftsordnung ihren Platz hatten. Wir vernehmen dies ungern. Aber wir müssen der jeweiligen geschichtlichen Situation ihr Recht lassen. Wir haben begriffen, daß geschichtliche Prozesse nicht der Willkür unterliegen, sondern gesetzmäßig ablaufen. Das bewußte geschichtliche Handeln vollstreckt höhere Notwendigkeiten. Wir werden von daher – abgesehen von allem

Theologischen – auch dem praktischen Verhalten der neutestamentlichen Generation besser gerecht als solche, die Utopisches und wissenschaftlich Begründetes nicht zu unterscheiden wußten (vgl. E. Fascher, ThLZ 1960, Sp. 521 ff.). „Da, wo ihr steht" – das heißt für uns Christen in der DDR: in der sozialistischen Gesellschaftsordnung. Es gibt keine christliche Gesellschaftsordnung – die damalige war es nicht, die heutige ist es nicht. Die verschiedenen Ordnungen zwischen den Kaisern Theodosius und Wilhelm II. waren es selbstverständlich auch nicht. Nirgendwo im Neuen Testament steht, daß das Reich Gottes eine Periode der Weltgeschichte sei oder sich auch nur in einer solchen verwirkliche. Aber das steht drin, daß wir da unsern Dienst leisten, wo wir stehen: in der Familie – am Arbeitsplatz – in den verschiedensten Formen gemeinsamen Lebens – im Staat. Das ist die erste Folgerung, die sich aus unserm Text ergibt.

2. Also tun Christen gar nichts anderes als andere Menschen? Zunächst nicht. Am gleichen Ort – die gleiche Arbeit – das gleiche fachliche Wissen und Können usw. Das wird auch in Kolossae so gewesen sein. Und doch bleibt die Tatsache, daß Menschen Jesus Christus gehören, nicht ohne Konsequenzen. Man müßte die sehr knappe und nüchterne Haustafel von der Fülle neutestamentlicher Paränesen her beleuchten. Wo anders wird denn Röm. 12 oder Eph. 5 praktiziert als eben im Alltag der Gemeinde und ihrer einzelnen Glieder? Daß aus der profanen Welt Haustafeln in die christliche Paränese übernommen werden, ist bereits eine theologische Aussage von erheblichem Gewicht. – Aber bei genauem Zusehen wirkt sich die Tatsache des Herrseins Christi im Alltag erheblich aus. Man wird sogar sagen müssen, daß in dem, was unser Text zeigt, die gesellschaftlichen Verhältnisse sich gewissermaßen lautlos wandeln. Da sind zwar die Frauen noch immer ihren Männern untergeordnet, wie Sitte und Überlieferung es wollen. Aber die Männer werden ermahnt, ihre Frauen zu lieben. Daß das Wort ἀγαπᾶν gebraucht ist, heißt gewiß nicht, daß das eheliche Miteinander sich des irdisch-geschöpflichen Glücklichseins schämen und einer „höheren" Weise der Gemeinschaft Platz machen sollte. Keineswegs! Aber wenn schon das Wort Agape fällt, dann denkt der Christ in die Richtung, die 1. Kor. 13 gewiesen ist, und was das für die Ehe heißt, könnte man aus dem Paralleltext Eph. 5,22 ff. schön ersehen. Wenn die Frau dem Manne so untertan sein soll wie die Gemeinde dem Herrn Jesus Christus und wenn die Männer ihre Frauen so lieben sollen, wie Christus die Gemeinde geliebt hat: was ist dann noch übrig von dem Schema der alten Ordnung? Wie ist da von innen her – ohne daß die Welt ihre Ordnungen geändert hätte – alles neu geworden! Was heißt dann so ein schlichter Satz wie der, daß die Männer gegen die Frauen nicht bitter werden sollen? Christus wohnt mit im Hause und gibt, indem er alle Schuld auslöscht, dem Miteinander eine ganz neue Grundlage. – Oder denken wir an das, was über die Kinder gesagt ist. Gehorsam in allen Dingen – das dürfte nichts Neues gewesen sein. Aber daß dieser Gehorsam einen ganz neuen Hintergrund bekommt – „das ist dem Herrn gefällig" –, das gibt ihm zugleich einen neuen Sinn. Der Herr ist nicht der Aufpasser, der wie mit erhobenem Finger mahnt und droht. Die Autorität der Eltern verliert ihren letztinstanzlichen Charakter: der Herr ist *über* ihnen. Die

Eltern sind selbst in einen Gehorsam gestellt, und die Kinder werden es merken, ob sie damit Ernst machen. Daß aus einer solchen Bindung auch der Respekt der Eltern gegenüber den Kindern erwächst, kann man an V. 21 einigermaßen erkennen. – Das eben Gesagte wird nun vollends deutlich, wo es um die Sklaven geht. Man könnte Paulus vorwerfen, daß er durch die Weckung der Gewissen das Los der Sklaven noch verschlimmert. Sklavendienst „in Einfalt des Herzens und in der Furcht des Herzens und in der Furcht des Herrn" – da entsteht ja eine letzte Verbindlichkeit der täglichen Pflicht und zugleich eine Gesinnung, die dem Sklaven nicht einmal ein inneres Ausbrechen mehr erlaubt. Andererseits warnt Paulus davor, daß Sklaven sich durch liebedienerisches Verhalten beim Herrn „einkratzen", und die Generalregel der landläufigen Sklavenmoral – den Menschen, d.h. dem Herrn „gefallen" – wehrt er ab. Kommt noch hinzu, daß sie, was sie tun, „dem Herrn" tun sollen „und nicht den Menschen", dann wird auf einmal das ganze Bezugssystem geändert. Die gewohnte Unterwürfigkeit weicht einem sachlichen Verhalten, das nun unter das Gericht gestellt wird, vor dem wir alle zu erscheinen haben werden. Da gibt es dann „kein Ansehen der Person" mehr, da gelten für alle die gleichen Maßstäbe. Man mache sich doch deutlich, wie – ohne Änderung der Dinge im Äußeren – das ganze starre Systen von gesellschaftlichen Vorurteilen und Gewohnheiten von innen her geradezu ausgehoben wird. Die Herren sollen bedenken, daß sie den Sklaven „Recht und Billigkeit" schulden und im übrigen ebenfalls einen Herrn im Himmel haben! Noch einmal sei an den dem vorliegenden Briefe beigepackten Philemonbrief erinnert: so, wie da beschrieben bzw. dem augenblicklich noch erbosten Philemon freundlich suggeriert wird, wandeln sich die Dinge da, wo man so lebt, wie Christus gebietet.

Es dürfte nicht schwer sein, sich auszumalen, was dies alles für unser Leben und Arbeiten heute bedeutet, im Staat, bei der Arbeit, in der Familie und Ehe. Wissen um eine letzte, vor Christi Richterstuhl zu bewährende Verantwortlichkeit. Einfalt des Herzens, keine unehrliche, kriecherische Menschengefälligkeit, wohl aber die Sorgfalt dessen, für den auch die kleinen Dinge um Christi willen von Bedeutung sind. Ernstnehmen des anderen als Person, und wenn es ein kleines Kind wäre, Liebe zum allernächsten Menschen bis zur Selbstaufgabe! Man sieht, wieviel uns in allem noch geholfen werden kann, wenn wir bereit sind, dem Christus zu dienen, der von innen her alles neu macht.

3. In den wenigen Versen wird „der Herr" siebenmal genannt. Man bedenke: ein aus stoischer Philosophie – vielleicht auf dem Umweg über das Spätjudentum – übernommenes ethisches Schema; aber Christus ist in jedem Satz zugegen. Warum? Weil er in dem *Leben*, für das die Haustafel gelten soll, zugegen ist. Man kann ἐν κυρίῳ mit E. Haupt (z. St.) gern mit „unter Christen" übersetzen; es kommt damit zum Ausdruck, daß die Gemeinde immer im Blick ist. Diese Übersetzung ist aber nur darum richtig, weil Christus wirklich gegenwärtig ist. In allem, was geschieht, ist eigentlich und zuletzt der Herr gemeint. „Was ihr auch tut, tut es von Herzen *als dem Herrn* und nicht den Menschen." Das ist zunächst den Sklaven gesagt. Die ständige Erinnerung an den zweifellos an allem beteiligten, in allem mit-

getroffenen, in allen Dingen wirkenden und über alle Dinge das letzte Wort sprechenden Christus meint ja eben dies: sein Herr-Sein soll uns nicht aus dem Blick kommen. Wir sahen: eben damit stellt sich vieles Verkehrte von selbst zurecht. Wenn die Herren nur immer daran denken, daß sie selbst einen Herrn haben! Wenn die Eltern nur immer wissen, daß ihre elterliche Autorität eine geliehene, eine übertragene, eine abgeleitete Autorität ist! Wenn dieser Sklave nur weiß, daß sein – vielleicht „wunderlicher" (1. Petr. 2,18) – Herr gar nicht derjenige ist, der über ihn das letzte Wort spricht, vielmehr ein anderer über ihm steht, der kein Ansehen der Person kennt! Wenn dieser Mann nur etwas davon ahnt, daß sein Verhalten zu seiner Ehefrau etwas von dem geheimnisvollen Einssein zwischen Christus und der Gemeinde und von dessen Liebe enthält! Unser Tagewerk, unser Zusammensein mit allen möglichen Menschen, die Art, in der wir die Probleme und Mißlichkeiten des täglichen Lebens anfassen, dies müßte alles von der letzten Bindung her bestimmt sein. „Als dem Herrn und nicht den Menschen" – das könnte bedeuten, daß ich an der Sache bleibe, obwohl Menschen mir daran alle Lust verdorben haben; daß mich Mißerfolg und Undank nicht lähmen; daß ich nicht mehr frage, ob der andere meine Mühe wert ist oder nicht; daß ich nicht mehr nach Beifall oder Unlust frage; daß ich auch da mein Bestes gebe, wo es niemand sieht usw. „Dem Herrn" – das soll doch wohl heißen: er ist nicht nur der Auftraggeber für mein tägliches Tun, auch nicht nur der Richter, der über mein Werk befindet, sondern auch der, *für* den ich alles tue. „Dir zuliebe!" sollte ich immerzu denken. Dann geschähe wahrscheinlich alles fröhlicher, mutiger, sachlicher, ernsthafter, ausdauernder usw. Das Leben verlangt vieles, was uns anödet oder gar quält. Es wird alles anders, wenn man weiß, für wen es geschieht.

Michaelistag. Apg. 5,14(15-16)17-29

Die Perikope setzt mitten in dem Summarium 5,12-16 (dem dritten der Apostelgeschichte nach 2,42-47 und 4,32-37) ein, dessen Einheitlichkeit bestritten (V. 15 schlösse gut an V. 12a an, VV. 12b–14 seien also Einschub), von Haenchen jedoch behauptet wird (Lukas schaffe einen Übergang vom abschreckenden Schauwunder 5,1-11 zu dem Missionserfolg, der erst VV. 17ff. verständlich macht). Die in () stehenden Verse schildern die Wunderkraft der Apostel mit einer Freude am Mirakulösen, die der Frühzeit des N.T. nicht eigen ist, obwohl man nicht übersehen darf, daß Paulus auf durch ihn geschehene Machttaten, auch vor seinen Gegnern, hinweist (Röm. 15,19; 2. Kor. 12,12). Wir empfehlen, die VV. 15f. wegzulassen. – Der Predigttext ist von homiletischen Erwägungen her abgegrenzt. Für Lukas würde die Perikope mit V. 42 enden. Die wunderbare Befreiung – „ein Fremdkörper im Ganzen dieser Erzählung" (Haenchen, S. 215) – hat eine nahe Parallele in 12,3-17, eine fernere in 16,23-40. Im Verhör vor dem Synedrium spielt die Befreiung keine Rolle, wohl aber die Verkündigungspflicht der Apostel. – V. 14: Nachdem heilige Scheu die Menschen abgehalten hat, sich der Gemeinde anzuschließen, kommt es nun zu zahlreichen Bekehrungen – für das Synedrium Anlaß zum Eingreifen. (Ob 4,1ff. und 5,17ff. Dubletten sind, braucht den Prediger nicht zu interessieren.) – V. 17: αἵρεσις hat noch nicht den Beigeschmack des Häretischen, einfach = Partei, Gruppe (Priester- und Laienadel, vgl. W. Foerster, Ntl. Zeitgesch. 1, Hamburg 1952², S. 65). Vgl. 4,1. – V. 18: ἐπιβαλεῖν τὰς χεῖρας wie 4,3; 12,1. דִּימוֹס (Lehnwort) = δημ σιον = Staatsgefängnis; so auch hier ἐν τηρήσει δημοσίᾳ. – V. 19: „Engel des Herrn" in LXX geläufig (für מַלְאַךְ יְהוָה), auch in der Apostelgeschichte häufig gebraucht. Die Türen gehen auf; es handelt sich nicht um ein Gehen durch verschlossene Türen! – V. 20: ἵστασθαι = auftreten, um eine Rede zu halten. ζωή = σωτηρία, beide Worte werden im Syrischen mit demselben Wort wiedergegeben. – V. 21: Nach „lehrten" wechselt die Szene. Das Synedrium *ist* die γερουσία (Lukas ist mit den Verhältnissen nicht hinreichend vertraut). Es tritt zusammen, um nun den Prozeß durchzuführen. – VV. 22–24: Belustigte Erzählweise. Besonders der Tempeloberst (vgl. 16,27) ist als gewissenhafter Beamter betroffen. – V. 26: Die ursprüngliche LA von D kann sich nicht vorstellen, daß es bei der abermaligen Verhaftung ohne Gewalt abgegangen sein soll. „Die Angst vor der Menge zeigt, wie beliebt die Christen sind" (Haenchen); vgl. Matth. 26,5. – V. 27: An das Verbot 4,18 haben sich die Apostel nicht gehalten. – V. 28: Das Verbot, an Petrus und Johannes ergangen, hat allen gegolten. παραγγελία = Vorladung, der amtliche Charakter des Verbots wird durch eine Art figura etymologica unterstrichen. Der Hohepriester vermeidet es wieder (wie 4,17), den verhaßten Namen Jesu auszusprechen, aber er spricht (wider Willen) aus, daß die christliche Lehre sich ausgebreitet hat, und die Ankündigung des göttlichen Gerichts hält er offenbar für wirkungsmächtig. – V. 29: Ähnlich wie 4,19. Die Perikope schließt mit der clausula Petri. Es folgt eine kurze Zusammenfassung der christlichen Botschaft und die – für ein apologetisches Werk wie die Apostelgeschichte wirkungsvolle – Gamalielszene.

Der Michaelistag lenkt unseren Blick darauf, daß es auch da, wo nichts weiter gewollt ist, als daß „alle Worte des Lebens" unter die Menschen kommen (V. 20), nicht ohne Kampf abgeht. Das Wort Gottes ist auch „Lehre" (V. 28), aber es ist nicht Theorie. Das Wort Gottes tut, was es sagt. Dies gibt sogar der Hohepriester zu. „Ihr wollt dieses Menschen Blut über uns bringen" (V. 28) – wie eigentlich? Wollen die Zwölf ein Gegen-Synedrium gründen? Keine Rede davon. Sie verkündigen die Christusbotschaft, weiter nichts. Aber eben darin fallen Entscheidungen. Und zwar nicht bloß darüber, welches im Kräftespiel der Geschichte nun wohl die bestimmende Macht sein werde, die Synagoge oder die Kirche. Es geht in der großen Auseinandersetzung um viel Tieferes. Gott entreißt den unsichtbaren Mächten des Verderbens die von ihm geliebte Welt. Würde lediglich darum gekämpft, welche „Religion" künftig dominiert, dann wäre nicht nur jeder Tropfen vergossenes Blut, dann wären sogar kleinere Aufregungen wie die in Apg. 5 überflüssig und vom Übel. Aber: Michael kämpft mit dem Drachen (Offb. 12). „Sünde, Tod und Teufel", sagt die kirchliche Sprache formelhaft und versucht damit die Mächte zu benennen, die den „Worten des Lebens" ihren Widerstand entgegensetzen. Wir wären jedenfalls auf falscher Fährte, wenn wir bloß die mehr oder weniger harmlosen sichtbaren Gegner Jesu Christi im Visier hätten: hier den Hohenpriester und das Synedrium, ein andermal die römischen Behörden, den sich selbst vergottenden Kaiser, Kulte, die sich im Laufe der Geschichte Christus entgegengestellt haben. In, mit und unter den geschichtlich fixierbaren Auseinandersetzungen vollzieht sich der unsichtbare Kampf zwischen Gott und dem „altbösen Feind". „Wir haben nicht mit Fleisch und Blut zu kämpfen" (Eph. 6,12).

Nun wird uns aber doch dieser Kampf an einer Begebenheit aus der frühesten Kirchengeschichte anschaulich gemacht. Inwieweit wir in unserer Perikope auf historischem Boden stehen, wird sich schwer ausmachen lassen. Wir sollten uns alle doktrinäre Starrheit abgewöhnen. Das Evangelium steht und fällt nicht mit der historischen Faktizität jeder einzelnen Szene, die uns berichtet wird. Freilich sollte man aus diesem Satz nicht die Theorie machen, daß Gott überhaupt nichts habe geschehen lassen und daß es auf ganz anderes ankomme als auf das in der Bibel so häufige ἐγένετο. Aber ob es sich hier und da um Dubletten, Motiv-Übertragungen u.ä. handelt, ob eine Szene in einen nicht ursprünglichen Zusammenhang geraten ist o.ä., das sollte uns nicht unruhig machen. Wird Traditionsgut jahrzehntelang mündlich weitergegeben, dann muß es zu dergleichen kommen. Man wird jedoch die Kommentatoren fragen müssen, ob wirklich so vieles, wie sie behaupten, einfach aus den schriftstellerischen Bedürfnissen heraus ersonnen und fabuliert ist (Lukas wollte ... und so brauchte er, mußte er, durfte er nicht usw.) oder ob nicht gerade darum manches uns soviel Not macht, weil ein Sammler und Gestalter wie Lukas vorhandenes Material aufnimmt, ohne die Details sauber aufeinander abzustimmen. So könnten gerade Unstimmigkeiten zu Merkmalen des Alten, vielleicht zu Kriterien der Echtheit werden.

In dem, was man sich aus den ersten Tagen der christlichen Gemeinde in den folgenden Jahrzehnten zu berichten wußte, wird immer wieder die Erfahrung des Glaubens deutlich, die man selbst machte und bekannte: in dem uns aufgegebenen Kampf sind wir nicht allein. Wir brauchen jetzt nicht von den Heilungswundern zu reden, die die Urchristenheit immer wieder erlebt hat (vgl. das oben zu VV. 15f. Gesagte). Beschränken wir uns auf den Kampf um die Freiheit der Verkündigung, von dem der Text berichtet. Diese Freiheit wird ja durch Gewalt und durch Verbot in Frage gestellt. In dieser Lage erfährt und behauptet die Jüngerschaft die Überlegenheit Gottes. *Gott hat den Vorrang* – bei der Kraftprobe (1), in der Gehorsamspflicht (2).

1. Die Geschichte von der wunderbaren Befreiung ist so etwas wie eine Kraftprobe. Man darf das nicht falsch verstehen. „Es soll nicht durch Heer oder Kraft, sondern durch meinen Geist geschehen, spricht der Herr Zebaoth" (Sach. 4,6). Gott hat es in keiner Weise darauf angelegt, mit dem Synedrium, das sich dem Evangelium widersetzt, die Kräfte zu messen. Wenn die Weisheit Gamaliels (VV. 38f.) gleich zu Anfang der Geschichte auch die Weisheit des Synedriums gewesen wäre, wäre es zu der Auseinandersetzung gar nicht gekommen. Gamaliels Weisheit ist nicht *die* Formel. Am Abend des Karfreitag wäre man mit ihr todsicher zu einem falschen Resultat gekommen, denn dieser Abend war eben noch nicht aller Tage Abend. Aber man sollte, was wachsen will, wachsen lassen. Sieht man etwas Gefährliches aufwachsen, so bleibt noch immer das Argument. In der Auseinandersetzung mit dem Gekreuzigten haben es die, die mit Argumenten fechten, sogar

unerhört leicht. Den Juden ein Ärgernis, den Griechen eine Torheit. Vielleicht haben aber der Sanhedrin und die Sadduzäer doch gemerkt, daß in der Christuspredigt noch etwas drinsteckt, was mit Argumenten nicht abzuwürgen ist. Der zur Perikope gezogene V. 14 hat von daher sein gutes Recht in unserm Zusammenhang. Der Zustrom zur Gemeinde löst die Eifersucht der Feinde Jesu aus. Sie hätten die Möglichkeit einer Anti-Mission. Wenn man mit gleichen Waffen und unter gleichen Bedingungen kämpft, wäre das eine noble Art gewesen, der Gemeinde Jesu beizukommen. Das Synedrium wählt eine un-noble Art (V. 18): man läßt die Apostel im Gefängnis verschwinden. So wird nun aus dem Vorgang eine Kraftprobe. – Wir sind uns dessen bewußt, daß wir eben modern gedacht haben. Der Hohe Rat hat keineswegs nur gegenüber der Bewegung Jesu als Ketzergericht funktioniert. Wir kennen noch sehr genau die im Prozeß gegen die Ketzer (מִינִים) angewandten Grundsätze und Praktiken. Sie spielen auch für die Deutung der Einzelheiten von Kap. 4 und 5 eine Rolle (vgl. J. Jeremias, ZNW 1937, S. 208ff. – das Ergebnis bei Haenchen, S. 212f., zusammengefaßt). Leider hat sich in der Einrichtung der Inquisition, aber auch auf protestantischem Boden, eine analoge Art, mit dem Irrtum fertig werden zu wollen, noch lange gehalten. Niemand könnte sich Jesus als Inquisitor vorstellen, und auch der Eiferer Paulus hat sich im Kampf um die Reinheit der Predigt nur des Wortes bedient. Gerade darin aber zeigt sich: Jesus und seine Apostel denken insofern „modern", als sie es ausschließlich auf den Beweis des Geistes und der Kraft ankommen lassen (1. Kor. 2,4) und jegliche Art Repressalien verschmähen. Unsere Kirche ist noch heute – innerlich und äußerlich – belastet durch die Zwangsbekehrungen, durch die Christus immer wieder geschmäht und vor der Welt unglaubwürdig gemacht worden ist. Anwendung von Zwang ist immer das Eingeständnis, daß man an die innere Gewalt der eigenen Sache nicht glaubt. Christus will wehrlos zu uns kommen – und uns gerade so das Herz abgewinnen.

Nun findet aber doch eine Kraftprobe statt. Nur – worin die Kraft Gottes besteht, vermag niemand zu sagen. „Der *Engel* des Herrn tat in der Nacht die Türen des Gefängnisses auf und führte sie heraus." Engel heißt „Bote". Gott hat jemanden geschickt. Wir können die Engel nicht beschreiben. Die christliche Kunst hat unsere Engelvorstellung geprägt und es uns Heutigen vielleicht gerade damit schwer gemacht, von Engeln zu sprechen. Sie erscheinen in der Bibel immer da, wo die geheimnisvolle, unbeschreibbare Wirklichkeit Gottes unsere Raum-Zeit-Welt in besonderer Weise berührt, man könnte auch sagen: wo das Eschaton aufblitzt. Die Bibel redet von ihnen in erstaunlicher Unbefangenheit. Sie leugnet nicht, wie manche von uns, die Wirklichkeit „über", „außer" uns, „jenseits" von uns (alle räumlichen Vorstellungen sind Notbehelf). Sie kann aber auch davon reden, daß Gott Winde und Flammen zu seinen Engeln macht (Ps. 104,4; Hebr. 1,7). Man stürze sich nicht kopfüber auf das zuletzt Gesagte, um das Befreiungswunder zu rationalisieren. Der Bibel liegt die Frage nach dem Naturgemäßen wie nach dem Naturwidrigen gleichermaßen fern. Sie bekennt nur, daß es keine Situation gibt, der Gott nicht mächtig ist. Wie er es macht, wen oder was er einsetzt, um uns zu Hilfe zu kommen, dies sollten wir respektvoll offenlassen. Der Text erzählt von dem Engel wie im Vorübergehen. Nicht, weil er – wie vielleicht wir – sich aus Engeln nicht viel macht, sondern weil Engel Diener *Gottes* sind und weil darum letztlich Gott es ist, der bei dieser Kraftprobe seinen Vorrang beweist. Wenn er will, daß seine Apostel unterwegs sind, dann sorgt er eben dafür, daß im rechten Augenblick die Gefängnistür offen ist. Der Text verliert darüber kaum Worte. Aber daran ist er interessiert, daß die Apostel so schnell wie möglich auf ihren Posten kommen: „Macht euch auf den Weg und stellt euch hin und sagt im Tempel dem Volk alle Worte dieses Lebens" (V. 20). Die Verkündigung geht weiter – dies allein ist wichtig.

Das schließt freilich nicht aus, daß wir uns mit Lukas darüber freuen, wie Gott das wieder mal „hingekriegt" hat. Lukas *genießt* es geradezu! Da tritt also am anderen Morgen, nicht ahnend, was inzwischen geschehen ist, das Synedrium zusammen. Genauer: Hoherpriester – Hoher Rat – das ganze Ältestenkollegium. Lukas macht es sehr feierlich. Der Prozeß soll beginnen. Man wartet darauf, daß die Angeklagten aus dem Gefängnis herausgeholt und dem höchsten Gericht Israels vorgeführt werden. Die Sessel des Richterkollegiums sind besetzt. Aber – die Diener kommen ohne die Angeklagten zurück. Köstlich, wie sie unaufgefordert versichern, sie hätten es, was Sicherheitsmaßnahmen angeht, an nichts fehlen lassen. Tempelhauptmann und Synedrium „wußten überhaupt nicht mehr weiter" (διηπόρουν) und fragten sich nur – übrigens keine sehr erleuchtete, sondern eine ihre Verblüffung und Fassungslosigkeit verratende Frage –, „was daraus wohl werden wolle". – Damit noch nicht genug. In die Szene, die sich in einer Komödie nicht übel ausnähme, d.h. aber: mitten in die Verlegenheit hinein, platzt einer mit der Nachricht: „Die sind im Tempel und lehren das Volk." Hat man Worte? Genau das hatte durch die Verhaftung verhindert werden sollen; genau um dessentwillen haben die Leute vor kurzem hier im gleichen Raum gestanden und sind verhört, verwarnt, ja bedroht worden. Und damit noch immer nicht genug: man macht sich klar, daß man bei der nun allerdings unverzüglich vorzunehmenden neuerlichen Verhaftung äußerst behutsam vorgehen, alles Aufsehen vermeiden muß und ja das Volk nicht provozieren darf – es könnte schnell dazu kommen, daß die Apostel zwar nicht verhaftet werden, wohl aber das entsandte Kommando gesteinigt wird. Ich sehe Lukas beim Niederschreiben schmunzeln.

So ist die Kraftprobe ausgegangen. Gott hat niemandem Gewalt getan. Aber er hat dafür gesorgt, daß die Missions- und Kirchengeschichte weitergeht. Es muß nicht immer so laufen. Aber bei Gott ist „alles drin". Bis zu dem Wort „ungehindert", mit dem das Buch abschließt, hat Lukas immer wieder zu erzählen vermocht, wie Gott seine Sache geführt hat. Gott war stets am längeren Hebelarm. Er führt seine Gemeinde nicht auf einer Triumphstraße. Aber unsere Verlegenheiten sind seine Gelegenheiten, und es ist keine Situation so verfahren, daß er daraus nicht noch etwas machen könnte. Es ist gut, daß wir von Lukas angeleitet werden, dies herzhaft zu verkündigen.

2. Wir hätten aber die hier gemeinte Sache nur von außen gesehen, wenn wir nicht wahrnähmen, daß es Gott auf mehr ankommt als darauf, daß er

im wortwörtlichen Sinne immer den „Ausweg" weiß. Die Befreiung der Apostel allein bringt noch niemandem das „Leben"; sie ist nur die Beseitigung eines Hindernisses. Die Engel sind „dienende Geister" – Gott braucht auch Hilfsarbeiter. Die Sache selbst kommt zu uns durch sein Wort. Was wäre V. 19 ohne V. 20? – Der Hohepriester hat schon begriffen, an welcher Stelle die Entscheidung fällt: „Ihr habt Jerusalem erfüllt mit eurer Lehre und wollt dieses Menschen Blut über uns bringen" (V. 28). Wie es damit steht, daß die Spitzen der Jerusalemer Hierarchie das Gericht über sich kommen sehen, davon haben wir vorhin schon gesprochen. Die Schuld liegt in der Tat auf ihnen: „... welchen ihr an das Holz gehängt und getötet habt" (V. 30). Aber Gott hat Christus erhöht, um Israel Buße und Vergebung der Sünden zu geben (V. 31). Das sind die „Worte des Lebens" (V. 20)! Erschütternd, wie die Szene weitergeht: „Da sie das hörten, ging's ihnen durchs Herz" – wie 2,37 bei denen, die daraufhin umkehrten; aber: „sie dachten, sie zu töten". Innerlich überwunden – und dann doch hart und abweisend.

Eigentlich hat Petrus sich bereits durch diese wenigen Sätze im Sinne des Synedriums erneut schuldig gemacht. Er hat die ihm aufgetragene Botschaft verkündigt. Fragt man sich, wie es überhaupt möglich war, daß die erneute Verhaftung so still, d.h. aber ohne jeden Widerstand der Zwölf, vor sich gehen konnte, so gibt es wohl zwei Antworten: Christen wehren sich nicht mit Gewalt, und: Christen wissen, daß auch die forensische Situation Gelegenheit zum Zeugnis ist (Luk. 12,11; 21,12f.). Dahinter mag die heilige Sorglosigkeit stehen, die durch die soeben erlebte Befreiung bestärkt worden sein dürfte (wobei wir annehmen, daß der Zusammenhang ursprünglich ist). Damit sind wir aber genau an der Stelle, auf die in der Gerichtsszene alles zuläuft. Petrus und seine Brüder sind keine Aufrührer. Sie erzeugen nicht Unordnung. Sie üben nicht Gewalt. Sie haben nicht einmal eine andere „Religion". Sie stehen auf dem Boden der Schriften des Alten Testaments. Man findet sie regelmäßig im Tempel – nicht nur, wenn sie das Volk ansprechen wollen (V. 20), sondern auch sonst, nämlich in der Halle Salomos (V. 12). Das Synedrium brauchte keine Sorgen zu haben. Aber die Verkündigung der Christusbotschaft ist ihnen befohlen (1,8). Da gibt es keine Diskussion. Man muß die Worte des Hohenpriesters (V. 28) und die feste und ruhige Antwort der Apostel (V. 29) in ihrer lapidaren Kürze einmal laut im Zusammenhang lesen.

„Man muß Gott mehr gehorchen als den Menschen." Wie hört sich die Antwort auf seiten des Synedriums an? Der Jerusalemer Hochadel könnte, von seinem Standpunkt aus, entgegnen: Wir sind ja das von Gott eingesetzte oberste Organ in Israel – wer uns hört, hört Gott. – Und auf der anderen Seite? Hier wird nun deutlich, daß durch Christi Kreuz und Auferstehung tatsächlich eine neue Situation entstanden ist. Gott ist da, wo Jesus Christus ist. Die jüdische Behörde gibt dies nicht zu. Zwar geht es ihnen durchs Herz, sie könnten begreifen; aber der Fluch, den sie fürchten, seit sie ihn selbst auf sich herabbeschworen haben (Matth. 27,25), bleibt über ihnen. So stehen nun zwei Ansprüche gegeneinander. Wie es sich auch immer mit der Macht verhalte, der Petrus und die Apostel gegenüberstehen, und welche Konsequenzen sich aus ihrer Einstellung ergeben mögen: Gottes Befehl kann durch kein menschliches Verbot aufgehoben werden, gleich, woher es komme. Die clausula Petri kann voreilig, unbesonnen zitiert werden. Wie, wenn es nur mein Starrsinn wäre, was ich als Gottes Befehl ausgebe? Aber sie kann auch feige, opportunistisch verleugnet und mißachtet werden. Ob wir das Evangelium verkündigen oder nicht, ist keine Frage, über die noch zu diskutieren wäre. „Predige das Wort, stehe dazu, es sei zur Zeit oder zur Unzeit" (2. Tim. 4,2). Wir lasen unlängst: „Wehe mir, wenn ich das Evangelium nicht predigte!" (1. Kor. 9,16). Es kann verschiedene Gründe geben, in der Gehorsamspflicht Gott den Vorrang streitig zu machen: innere Gründe, äußere Gründe. Gott ist in jedem Falle die höhere Instanz. Der Erzengel heißt „Michael" – „wer ist wie Gott?" Kann sein, der Kampf, der hier auszufechten ist, spielt sich in unserm eigenen Gewissen ab. Gott ergreift wieder Besitz von seiner Schöpfung – das meint die Botschaft vom kommenden Reiche Gottes. Wer nicht glaubt, wird uns nicht zugeben, daß wir dem höheren, dem höchsten Befehl gehorchen. Wir können diesen höchsten Befehl nicht anders vor der Welt begründen als so, daß wir ihm *folgen*. Petrus wird wissen, daß er sich auf einem schweren Wege befindet. Wie anders aber soll die Welt erfahren, wo das „Leben" ist?

Erntedanktag. 1. Mose 8,15-22

Wie in der ganzen Sintflutgeschichte, so sind auch hier die Bestandteile aus J (VV. 20 bis 22) und P (VV. 15–19) sorgfältig zusammengebaut. Wenn bei J nicht eine – auf die Redaktionsarbeit zurückzuführende – Textlücke zwischen V. 13b und V. 20 vorliegt, hat man sich das Verlassen der Arche als selbstverständlich hinzuzudenken. Bei P wird es ausführlich erzählt und noch auf einen ausdrücklichen Befehl zurückgeführt. – V. 17: Das Q·rē ist der noch unkontrahierte Inf.hi. הַיְצֵא (statt הוֹצֵא). V. 17 Ende sowie 9,1 weisen auf 1,28 zurück: Gott setzt noch einmal zum Schaffen an, wobei er sich der den Geschöpfen mitgegebenen Fruchtbarkeit bedient. In V. 19 zählen die LXX noch ausführlicher auf, als es der masoret. Text tut, übrigens in noch „wissenschaftlicherer" Reihenfolge als V. 17. „Nach ihren Arten": P weist auf die präzis eingehaltene Ordnung („poetisch ist das freilich nicht" [Gunkel]; aber darin liegt eine theologische Aussage über die Welt). – VV. 20–22: Wie in der babylonischen, griechischen und indischen Sintflutsage ist das erste, was Noah tut, die Darbringung eines Opfers. Es ist eine עֹלָה, also ein Ganzopfer, viel feierlicher als das Schlachtopfer, das eine fröhliche Mahlzeit einschließt. Von „allen" (selbstverständlich nur von den kultisch reinen) Tieren wird geopfert: die ganze Schöpfung gehört Gott. רֵיחַ הַנִּיחֹחַ (= Geruch der Beschwichtigung) „ist noch in späterer Zeit Opferterminus" (Gunkel); das Wort ist zugleich Anspielung auf den Namen Noahs. Starker Anthropomorphismus (im Gilgameschepos durchgängig!), den J hat stehenlassen. Dieselbe Überlegung, die nach 6,5 den Entschluß zur Herbeiführung der Sintflut ausgelöst hat, begründet nun (כִּי) den Erhaltungswillen Gottes. Dazwischen steht freilich das Opfer. Der Spruch V. 22 „könnte altes Gut sein" (v. Rad), das J in sein Werk aufgenommen hat. „Alle Tage der Erde" – sind auch sie bei Gott gezählt? Zur Sache vgl. 9,11 (P).

Für den oberflächlichen Betrachter mag die Erntedankfestpredigt in der modernen Welt schwieriger scheinen als ehedem. Was früher eindeutig Geschenk Gottes war, ist nunmehr Ergebnis landwirtschaftlicher Produktion, und Gottes wunderbares Schaffen im Wachstumsprozeß und sein Walten und Schalten über Regen, Sonne und Wind, also das, was vor sich ging zwischen Aussaat und Ernte, menschlichem Einflußnehmen entzogen, als Gottes Werk, ist inzwischen Gegenstand biologischen und meteorologischen Forschens geworden und wird von uns, je tiefer wir eindringen, desto mehr auch unserer Regie unterworfen. Bekommen wir die Dinge immer mehr unter unsere Kontrolle, dann scheint die Beteiligung Gottes an der Ernährung und Daseinsfristung der Menschheit immer geringer zu werden. Der Prediger könnte sich veranlaßt sehen, seiner Gemeinde das Erntedankfest damit zu retten, daß er Tatbestände aufzeigt, an die der Mensch eben doch (bzw. noch imn er?) nicht herankönne und an denen sich erweise: es geht eben doch nicht ohne den lieben Gott. Indes, dies hieße in der Tat die Dinge oberflächlich betrachten; leider hört man noch immer gelegentlich von Kanzeln herab Gedankengänge dieser Art. Der Lückenbüßer-Gott ist nicht der Gott, dem wir heute Dank zu sagen haben. Denn Gott wirkt nicht neben den Gesetzmäßigkeiten der Natur, erst recht nicht gegen sie, sondern *in* ihnen; und er schafft nicht ohne unser Tun bzw. ohne das Tun aller seiner Kreaturen, sondern in ihnen, durch sie, mittels ihrer. Man sollte den Text darauf abhören! – Die Aussage des Textes greift die geltende Ordnung in der Welt keineswegs an – sie erkennt sie vielmehr als Gottes Ordnung! –, wohl aber hinter sie zurück: hier wundert man sich über die in Kraft befindliche Ordnung, denn man weiß, daß es mit der Welt anders stehen könnte, als wir es auch dieses Jahr wieder erfahren haben. Hinter dem, was der Text sagt, steht das Zittern der Sintfluterfahrung, die ausgestandene Angst vor der Vernichtung, zuletzt vor Gottes Zorn. Sintfluterzählungen kennen viele Völker der Alten und der Neuen Welt. Menschheitliche Ur-Erinnerungen mögen sich darin niedergeschlagen haben. Das Besondere der biblischen Sintfluterzählung liegt darin, daß der Fortbestand der sündigen Welt als ein Wunder empfunden wird. „Als aber der Herr sah, daß der Menschen Bosheit groß war auf Erden und alles Dichten und Trachten ihres Herzens nur böse war immerdar, da reute es ihn, daß er die Menschen gemacht hatte auf Erden, und es bekümmerte ihn in seinem Herzen, und er sprach: Ich will die Menschen, die ich geschaffen habe, vertilgen von der Erde" (6,5-7). Die Flut ist gekommen – aber die Erde steht, und wir leben! Nichts von dem, was Gott an uns Menschen erlebt und von uns erlitten hat, haben wir inzwischen abgebaut. Die Sünde ist mächtig geworden, aber die Gnade noch viel mächtiger (Röm. 5,20). Von Christi Kreuz und Auferstehung ist im Text nicht die Rede; weil Gott es darauf und eben damit auf unser Heil abgesehen hat, hat er der Welt einen neuen Anfang gegeben. Der Text läßt deutlich erkennen, daß dies nicht ein bloßer Versuch Gottes war, sondern eine gnädige Selbstverpflichtung. Eben die Ordnung der Welt, die Gegenstand wissenschaftlichen Erkennens und Grundlage planvollen Handelns ist, erkennt der Glaube als Werk der bewahrenden Güte Gottes. Der Glaube spielt das Naturgesetz und das Vermögen des Menschen nicht gegen Gott aus, als sei Gott überflüssig geworden, seit wir uns auf die Ordnung der Welt verstehen und so vieles können. Im Gegenteil: je mehr wir erkennen und je mehr wir vermögen, desto mehr befinden wir uns im bewußten Kontakt mit Gott. Man kann sich nur wundern: Gott will unsere Welt! Gott erhält sie! Daß dieses Jahr die Speicher wieder voll sind, ist nicht Zufall, sondern beruht auf diesem Ja Gottes zu seiner Schöpfung.

Wir danken Gott, daß er uns das Leben erhält – in einer geordneten Welt (1), in einer begnadeten Welt (2), in einer garantierten Welt (3).

1. Saat und Ernte, Frost und Hitze, Sommer und Winter, Tag und Nacht (V. 22): in diesen vier Begriffspaaren ist die Ordnung charakterisiert, in der unser Leben verfaßt ist und deren Funktionieren wir auch die Ernte dieses Jahres verdanken. Es lohnt sich, dem nachzudenken, wie diese Begriffspaare untereinander zusammenhängen. Saat und Ernte sind in die klimatischen und meteorologischen Abläufe eingeordnet, diese wieder jahreszeitlich bedingt, und in den Jahresrhythmus ist der Wechsel der Tageszeiten, damit auch das gesunde Miteinander von Arbeit und Ruhe im menschlichen Tun, eingegliedert. Hier walten biologische, meteorologische, astronomische Gesetze, denen sich das Tun des Menschen einfügt. Die durch die Gesetze der Trägheit und der Massenanziehung bedingten regelmäßigen Umläufe der Erde um die Sonne sowie die tägliche Umdrehung der Erde um sich selbst bedingen Jahres- und Tageszeiten. Wetter und Wachstum sind davon abhängig. Die den Pflanzen innewohnende Keimkraft, die wiederum auf Zellenverschmelzung und Zellteilung beruht, wird durch die unterschiedliche Sonnenstrahlung gebremst oder belebt, zurückgehalten oder stimuliert, so daß der Rhythmus des Jahreslaufs entsteht, in den wir alle eingewöhnt sind. Die in den Keplerschen Gesetzen formulierte gottgesetzte kosmische Mathematik versagt nicht. Es gibt wohl eine gewisse Variationsbreite im Wetterablauf der Jahre, es gibt darum auch unterschiedliche Ernteerträge. Aber wir haben nicht zu befürchten, der harte Winter könnte uns im Juli überfallen. – Es wird uns gut tun, über die Ordnungen in der Welt hin und wieder auch mit der Gemeinde nachzudenken. So hoch wir auch von der Gültigkeit der Naturgesetze denken, so diskussionslos wir in unserer täglichen Arbeit mit ihnen umgehen und uns nach ihnen richten, um eben damit die Welt zu beherrschen (1,28): das Wissen um die vorgegebene Ordnung ist unter uns problematisch, und zwar an der Kontakt- und Umschlagstelle vom Naturgegebenen zum menschlich-geschichtlichen Handeln. Im Bereich des menschlichen Verhaltens ist der Begriff der Ordnung so viel mißbraucht worden, daß er uns überhaupt verdächtig geworden ist. Er wird da mißbraucht, wo die Geschichtlichkeit, d.h. aber die Wandelbarkeit menschlicher Ordnungen, geleugnet und das jeweils Bestehende gedankenlos festgehalten wird. Er wird da mißbraucht, wo unter dem Vorwand der Ordnung tatsächlich die Unordnung gilt, also z.B. der Überfluß bei einigen wenigen und das Elend bei allen anderen. Es liegt auf der Hand, daß der Gesichtspunkt der Wandelbarkeit und der der Norm nicht auf gleicher Ebene liegen. Wir können das jetzt nicht ausführen. Von unserm Text her nur soviel: Wie Saat und Ernte sich in den vorgegebenen Jahres- und Tageslauf eingliedern, so wird – bei aller Veränderlichkeit im geschichtlichen Leben –

nur das gesund, beständig und von aufbauender Wirkung sein, was sich in die Gesetzmäßigkeiten einfügt, in denen die Welt verfaßt ist. Darin liegt die Grenze des „Machbaren". Wir werden die Herrschaft über die Welt gewinnen und behalten, wenn wir *mit* den ihr eingestifteten Gesetzmäßigkeiten gehen; wir werden uns und die Welt zugrunde richten, wenn wir uns dagegen stemmen. – Heute, am Erntedanktag, haben wir in der Predigt die Ordnung Gottes transparent zu machen, indem wir sie, nach Gottes eigenem Wort, als die Weise seiner Werterhaltung, d.h. aber seiner fortgehenden Weltschöpfung (creatio continua), verstehen, und zwar so verstehen, daß dies nicht nur eine theoretische Einsicht wird, die man zur Not auch „mit verhärtetem Gemüte" (Gellert) zur Kenntnis nehmen kann, sondern Anlaß zum Lobpreis Gottes. Gott will und erhält unser Leben. Daß die Sonne täglich aufgeht, daß sie im Frühjahr ansteigt, im Herbst fällt, daß Tau und Regen mit trockenen Zeiten wechseln, daß das Korn keimt und der Halm aufwächst, die Ähre sich füllt und schwer wird usw.: das alles kommt nicht von ungefähr, von einem planlos-ungewollten Lauf der Dinge, ohne Sinn, ohne Absicht, sondern von dem Gott, der – nachdem es ihn schon gereut hat, den Menschen gemacht zu haben – die Erde erhalten will. Nur wer sich wundert, versteht, was hier gemeint ist. Wir übersehen dabei nicht, daß den auf die wieder bewohnbar gewordene Erde zurückkehrenden Lebewesen der Befehl gegeben wird, sich zu regen, fruchtbar zu sein und sich zu mehren (1,20.22.28). Die Zeugungs- und Wachstumskraft in den Geschöpfen ist gottgewollt: Instrument seines schöpferischen Wirkens. Gott will das Leben.

2. Wir hätten den Text, wir hätten auch das bisher Ausgeführte nicht verstanden, wenn wir uns nicht deutlich machten, daß die so geordnete Welt eine *begnadete* Welt ist. Es könnte sein, daß einem dies vom Lesen der Sintflutgeschichte her nicht von vornherein deutlich ist. „Noah war ein frommer Mann und ohne Tadel zu seinen Zeiten; er wandelte mit Gott" (6,9): man könnte meinen, daß Gott alles Unkraut hat untergehen lassen und nun, nach der Flut, aus der einen edlen Pflanze das Bessere entstehen läßt. Überraschenderweise steht es in unserm Text anders. „Ich will hinfort nicht mehr die Erde verfluchen um der Menschen willen, denn (!) das Dichten und Trachten des menschlichen Herzens ist böse von Jugend auf" (V. 21). Die Einstimmigkeit des biblischen Zeugnisses hinsichtlich der Beurteilung von Mensch und Welt mag man sich etwa an folgenden Stellen klarmachen: 1. Kön. 8,46; Hiob 14,4; Ps. 14,3; 51,7; 143,2; Spr. 20,9; Pred. 7,20; Matth. 7,11; Joh. 3,6; Röm. 3,23; 5,12ff.; 7,7ff.; Eph. 2,3; 1. Joh. 1,8; 5,19. Es hat keinen Sinn, ja, es könnte geradezu eine Entstellung dessen sein, was die Bibel meint, wenn wir den, der uns dies alles nicht glauben will, unter ein dogmatisches Trommelfeuer nehmen. Erkenntnis der Sünde ist „Offenbarungs- und Glaubenserkenntnis" (K. Barth), oder, mit Calvin zu sprechen: wahrhaftige Selbsterkenntnis des Menschen gibt es nur, wo der Mensch Gott ins Gesicht sieht und von dieser Betrachtung heruntersteigt zu sich selbst (Inst. I 1,2-3). Von daher fällt dann auch der Blick auf das σχῆμα τοῦ κόσμου τούτου (1. Kor. 7,31). Erst von der Gnadenerfahrung her geht uns das auf; vordem *mußten* wir uns diesen Sachverhalt verdecken – denn wer

gibt schon sich selbst freiwillig auf? So aber vernehmen wir nun Gottes eindeutiges Wort, das die Verfassung und Art des Menschen schonungslos kennzeichnet und, mit dem scheinbar völlig sinnlosen „Denn" fortfahrend, der Welt, wie sie nun einmal ist, seine Gnade zusagt. Wir können den Widersinn dieses „Denn" nicht deutlich genug herausstellen – in ihm steckt das Evangelium! „Die Güte des Herrn ist's, daß wir nicht gar aus sind, seine Barmherzigkeit hat noch kein Ende" (Klagel. 3,22). Wir werden uns also darin einüben, den scheinbar so selbstverständlichen Lauf der Dinge, wie er in V. 22 zum Ausdruck kommt und in den inzwischen geborgenen Vorräten aus der Ernte, auch in den im Gotteshaus aufgebauten „Erstlingsgaben" (4,4: Lev. 23,10; Num. 28,26 u.ö.), anschaulich wird, als Erweis der Gnade Gottes anzusehen, die uns das Leben unverdientermaßen erhält. Wir könnten nie als unser gutes Recht einfordern, was wir aus Gottes Barmherzigkeit empfangen. Ginge Gott so mit uns um, wie wir es verdienen, dann wären wir längst nicht mehr. Zwischen 6,5 und 8,21 hat sich bei uns nichts geändert, aber Gott – darf man es so ausdrücken? – *hat sich bekehrt*! Gott erhält auch seine gefallene Schöpfung! Gott erbarmt sich der Sünder. Noch ist nicht davon die Rede, daß die Sünde selbst aus der Welt geschafft würde. Gott wird sich mit dem Status corruptionis nicht abfinden, sondern uns, wenn seine Stunde kommt, auf noch ganz andere Weise heraushelfen. Aber noch ist, im Horizont unseres Textes, das Eschaton nicht angebrochen; noch befinden wir uns also im Bereich der ersten Schöpfung, genauer: in der Situation, die Röm. 3,25 gemeint ist: Gott trägt unsere Sünden in seiner Geduld, um später – „zu diesen Zeiten" (Röm. 3,26) – seine Gerechtigkeit in Christus zu erweisen. Gen. 8 kennzeichnet also den Interimszustand: Gott stellt sich, da er die Welt nicht abermals vernichten will, auf den Boden der mit dem menschlichen Fall gegebenen Tatsachen. Wir sind immerzu mit ihm im Konflikt – denn die Sünde ist „Feindschaft wider Gott" (Röm. 8,7) –, und er erhält und beschenkt uns *doch*! Er will uns, indem er unser Leben fristet, aufsparen für sein Heil in Christus. Gott läßt sich Zeit und gibt uns Zeit. Er kann sich einstweilen mit dem Modus vivendi begnügen, weil er, wenn die Zeit erfüllt sein wird, seine Welt wirklich heimholen wird. Bis dahin muß er sie am Leben erhalten. Jede Ähre, jede Kartoffel, alles, was uns wieder zugewachsen ist, will uns daran erinnern, *daß* und *wofür* Gott uns noch immer Zeit gibt. – Wir haben soeben über die Ränder unseres Textes hinaus gedacht. Die über dem Alten Testament liegende Decke wird, indem wir an Christus glauben, abgenommen, und wir erkennen, daß alle Gottesverheißungen in Christus bestätigt und erfüllt werden (2. Kor. 3,14; 1,20). Dies gilt *auch* für das *Opfer*, das Noah darbringt. Es ist ein Brandopfer (Ganzopfer, sein Ritual: Lev. 1), es hat sühnende Kraft (Lev. 1,4; 16,24). Es drückt von seiten Noahs das Wissen darum aus, daß wir Menschen in Gottes Schuld sind. Daß von *allem* (reinen, d.h. kultgerechten) Getier geopfert wird, gibt zu erkennen: es gibt nichts, was nicht Gottes Eigentum wäre. Da aber alle Opfer auch auf Grund göttlichen Gebots dargebracht werden, also von Gott „eingesetzt" sind, haben sie auch den Charakter von Gnadenmitteln. Daß der Opfernde seine Hände auf den Kopf des Opfertieres zu stemmen hat, könnte bedeuten, daß er seine Sünde auf das Tier überträgt oder sich mit dem Opfertier identifiziert: eigentlich müßte *ich* jetzt das Opfer sein (vgl. v. Rad, ThAT I, S. 254). Jetzt braucht man nur noch Hebr. 10,1.10 heranzuziehen, und der Text wird zu einem eindrucksvollen Hinweis auf das, woraufhin die Welt erhalten wird, was also das tiefste Geheimnis des Bestandes unserer Welt überhaupt ist. „Christus hat euch geliebt und sich selbst dargegeben für uns als Gabe und Opfer, Gott zu einem lieblichen Geruch" (Eph. 5,2; vgl. V. 21 unseres Textes). Jedes alttestamentliche Opfer ist „Schatten des Kommenden" und hat, als Vorgriff, von daher seine Kraft. Da es sich in der Urgeschichte, wie die Genesis sie erzählt, um Menschheitsgeschichte handelt, muß man sagen: alle Menschen aller Zeiten lebten und leben – wissentlich oder unwissentlich – davon, daß, als Gottes Stunde schlug, das Opfer aller Opfer gebracht wurde. Unsere Predigt hätte den Text verfehlt, wenn sie im ersten Glaubensartikel steckenbliebe.

3. Es könnte einer sagen: Bis zur Stunde hat Gott mit seiner Welt Geduld gehabt. Wie aber weiter? Wir empfinden es ganz deutlich, daß diese Frage für uns zunächst Gegenstand menschlicher Verantwortung ist. Denn unsere Welt ist in Gefahr durch das, was *Menschen* können und machen. Wir brauchen darüber nicht zu reden – nicht, weil diese Fragestellung unwichtig wäre, sondern weil die Situation – sowenig Details der einzelne auch kennt – hinreichend klar ist (vgl. etwa Linus Pauling, Leben oder Tod im Atomzeitalter, Berlin und Weimar 1964). Wenn wir in Gedankenlosigkeit verfallen, unser Gewissen einschläfern und für die Erhaltung der Menschheit und Welt nicht unser Letztes einsetzen, riskieren wir die totale Katastrophe. – Um so dringlicher wird aber nun die Frage, wie Gott künftig zu uns und unserer Welt stehen wird. Die Sintflut hatte nach eindeutigem Zeugnis der Bibel (6,7) er selbst geschickt. Was haben wir von Gott zu erwarten? Die Antwort unseres Textes ist eindeutig: Gott will den Bestand der Welt. Mehr noch: Gott „garantiert" ihren Bestand (V. 22). Gott will nicht Vernichtung, und er wird sie auch künftig nicht wollen. Das hat er zugesagt: „... soll nicht aufhören ...". Gott will nicht, daß wir in unaufhörlicher Angst vor der Totalkatastrophe leben. Gott hat Gedanken des Friedens. Er will nichts lieber als retten und bewahren. Denn er hat seine Schöpfung lieb. Er haßt alle Macht der Zerstörung und allen Willen zum Vernichten. In seinem gnädigen Ja zur Schöpfung widersteht er den Mächten der Verneinung, Verachtung und Vernichtung. Man muß das, worum es hier geht, noch genauer erfassen. Gerade das biblische Denken – im Unterschied z.B. zum Denken der Eleaten – weiß davon, daß die Ordnungen, in denen die Welt verfaßt ist und die ihr Leben erhalten, von Gott her dynamisch zu verstehen sind. Nicht: es läuft, wie es läuft. Sondern: Gott ist am Werke! Man buchstabiere unter diesem Gesichtspunkt etwa den 104. Psalm. Die Kontinuität und Konstanz der Ordnungen Gottes – man denke insbesondere an das Funktionieren der Naturgesetze – ist Wirkung des unablässig seinen Gnadenwillen bejahenden und bewährenden Gottes. Creatio continua: in jedem Augenblick erneuert Gott in seiner Treue und Verläßlichkeit das einmal gegebene Ur-Ja der Verheißung über seine Welt. Der deus semper actuosus (Luther) erhält seine Verheißung aufrecht und macht sie wahr in jedem Augenblick: jedesmal,

wenn eine Zelle sich teilt; jedesmal, wenn ein Regentropfen fällt; jedesmal, wenn sich ein Quantensprung ereignet. Die Aktuosität Gottes und die Verläßlichkeit seiner Setzungen sind verklammert in seiner Treue. – Nun liegt in der Konstanz der göttlichen Ordnung alles theoretische Welterkennen begründet, damit auch alle Beherrschung der Kräfte der Welt, damit freilich auch die abgründigen Möglichkeiten der Vernichtung, die uns gegeben sind. Eben das Gute, das Gott gibt, können wir sowohl zum Guten wie zum Bösen verwenden. Was Gott von uns will, ist klar. Was wir aus seinen guten Gaben machen, ist eine andere Frage. Vielleicht hören wir nun doch einen Passus des Textes mit Sorge: „Solange die Erde steht ..." Im Urtext lautet es freilich anders: „noch alle Tage der Erde ..." Gott nimmt seine Zusage nicht zurück. Aber er überbietet sie eschatologisch: Matth. 24,35a; 2. Petr. 3,13. Der Angst und Sehnsucht der Kreatur wird ein Ende gesetzt werden (Röm. 8,22). Gottes unbeirrbares Gnaden-Ja zur Welt wird eingelöst und vollendet in dem, was wir hoffen. Die Scheunen sind voll. Der Tisch ist gedeckt. Wenn Menschen hungern, dann nicht, weil Gott versagte, sondern weil wir Menschen versagen. Gott wird auch mit unserer Verkehrtheit in seiner Gnade noch fertig werden. Er hat im Zeitlichen Wort gehalten, er wird uns im Ewigen nicht enttäuschen.

19. Sonntag nach Trinitatis. Jak. 5,13-20

Aus der „Spruchreihe mit wechselnden Themen" (M. Dibelius), die wir in 5,7-20 vor uns haben und in die sich V. 12 seiner besonderen Thematik wegen am wenigsten einfügt, bekommen wir in der Perikope diejenigen Sprüche geboten, die sich durch die Stichwortverbindung zusammenordnen: ἁμαρτία – ἁμαρτωλός. Es wird von daher schwer werden, einen die Predigt tragenden Sachzusammenhang zu finden. VV. 13f. fallen durch die drei Asyndeta auf (charakteristisch für Diatribe-Stil). πρεσβύτεροι: „deutlich sind hier Amtsträger der Gemeinde (beachte den Artikel!) und nicht nur charismatisch begabte Greise gemeint; ebenso deutlich ist, daß sie kraft ihres Amtes als die mit der Gabe des wirkungskräftigen Gebetes Ausgestatteten gelten" (G. Bornkamm, ThWNT VI, S. 664). Die urchristliche Charismenerfahrung gilt hier als institutionell gebunden. Ölsalbung (vgl. Mark. 6,13) kennt die alte Welt als medizinisches, als magisch-exorzistisches, auch als quasi-sakramentales Mittel, letzteres bei Gnostikern (Öltaufe), in der Kirche vielfach auch als einen die Taufe begleitenden Akt. Hier wird man mit einer medizinisch-exorzistischen Intention zu rechnen haben; ἐν τῷ ὀνόματι (τοῦ) κυρίου bedeutet: unter Anrufung des Namens des Herrn (= Jesus Christus). Man übersehe aber nicht, daß die Salbung nicht hervorgehoben ist; das „Rettende" ist das Gebet (V. 14: προσευξάσθωσαν, V. 15: ἡ εὐχὴ τῆς πίστεως σώσει). V. 15: Gedacht ist nicht an Tod und Auferstehung, sondern an Krankliegen und Gesundwerden. Der Handelnde ist der Kyrios, was wiederum Zaubervorstellungen ausschließt. Die Handlung hat sündentilgende Kraft. – V. 16: ὅπως ἰαθῆτε weist auf die soeben erwähnte Handlung zurück; der Vers könnte als eine – im Wortlaut allgemeiner gehaltene – Verdeutlichung dieser Handlung aufgefaßt werden. Man kann den Vers aber auch ganz aus sich heraus verstehen. Ist dies der Fall, dann würde es sich nicht um die geordnete Beichte vor dem Amtsträger handeln (Matth. 16,19), sondern um das reziproke (ἀλλήλοις) Sündenbekenntnis. M. Dibelius: VV. 14f. und V. 16 stünden dann freilich im Widerspruch zueinander: entweder die „Wunderkur durch die Presbyter" *oder* „Sündenbekenntnis des Kranken und Gebet christlicher Brüder" (genauer dann sogar: Sündenbekenntnis auch der Gesunden und Gebet auch des Kranken für die Gesunden – doch so weit treiben die Ausleger die Logik nicht). „Gebet des Gerechten": es muß nicht an einen vollendeten Gerechten gedacht werden, vielmehr schlicht an jeden gläubigen Beter, vgl. Ps. 34,16.18. – VV. 17f.: Daß das Gebet des Elias die Trockenheit und sodann den Regen bewirkt habe, entstammt nicht den kanonischen Schriften (vgl. 1. Kön. 17,1; 18,42), sondern der jüdischen Tradition. ὁμοιοπαθής svw. ein Mensch wie wir. 1. Kön. 18,1: im dritten Jahr; Luk. 4,25 und unsere Stelle: dreieinhalb Jahre. – VV. 19f.: τις ἐν ὑμῖν – es geht also um innergemeindliche Seelsorge, vgl. Gal. 6,1. Das zweite αὐτοῦ könnte auch als αὑτοῦ gelesen werden, wodurch der Gedanke entstünde: indem man andere rettet, rettet man zugleich sich selbst. Aber die Beziehung auf den Abgefallenen dürfte viel näher liegen. Auch hier geht es um die Bedeckung von Schuld (vgl. 1. Petr. 4,8), wie in VV. 15f. πλῆθος ἁμαρτιῶν = viele Sünden.

Zum alten Evangelium des Sonntags (Matth. 9,1-8) gibt dieses Zeugnis urchristlichen Gemeindelebens und urchristlicher Seelsorge einen eindrucksvollen Kommentar. Was für Befugnisse hat Gott „den Menschen" gegeben (Matth. 9,8)! Die Perikope vom Gichtbrüchigen weist bereits auf die Tatsache, daß Christus seine Vollmacht vermittels des Dienstes seiner Leute auch fernerhin wahrnimmt. Heilung und Vergebung, hat man über die VV. 13–18 geschrieben: die VV. 19–20 lassen sich dem in der Predigt locker anfügen. Wir sind mit dem auch in der Perikope vom παραλυτικός anvisierten Thema: Zusammenhang von Krankheit und Sünde, Heilung und Vergebung, bei einer Sache, über die mit der Gemeinde zu reden eine dringliche Aufgabe ist.

Die Bibel ist weit davon entfernt, die Leibhaftigkeit des Menschen für irreal zu erklären und damit die Krankheit für einen Ausdruck einer falschen geistigen Einstellung, insbesondere verkehrter Vorstellungen des Menschen zu halten. Der idealistische Monismus, wie die Scientisten ihn vertreten, ist der Bibel fremd. Der „liebe Arzt" von Kol. 4,14 hat in der christlichen Gemeinde seinen festen Platz, und ein guter medizinischer Rat wird in ihr nicht verachtet (1. Tim. 5,23). Sirach 38 wird im Neuen Testament nicht zitiert, sollte aber nicht vergessen sein (trotz Mark. 5,26). Die bakteriologischen, histologischen, chemischen und physikalischen Befunde spiegeln Wirklichkeit wider, die zu erforschen uns aufgegeben ist. – Andererseits lehrt uns die Bibel, daß Krankheit und Personleben aufs engste zusammengehören. Nicht nur so, daß sich die Krankheit auf den inneren Menschen auswirkt, sondern auch im umgekehrten Sinne. Th. Bovet behauptet, „daß jede Krankheit, auch ein Furunkel oder ein Beinbruch, ein Anliegen der Ganzperson ist und deshalb auch die Seele in Mitleidenschaft zieht und umgekehrt vom Seelenzustand mitbeeinflußt wird" (Lebendige Seelsorge, Tübingen 1954[2], S. 139). „Jede Krankheit hängt wohl irgendwie mit der Sünde zusammen, mit dem Abgeschnittensein von Gott" (ebd.). Man muß sich nur hüten, den Zusammenhang von Ursache und Wirkung empirisch fassen und auf eine handliche Formel bringen zu wollen. Wie alle Dinge, so haben auch Gesundheit und Krankheit mit Gott zu tun. Genauer: Das Physische hat mit Gott zu tun wie das Psychische, wie denn auch das Leibhafte und das Personale untereinander zusammenhängen. Dies ist der Hintergrund für das, worauf der Predigttext hinweisen will. Wir werden, um bei diesem thematisch nicht sehr straff gefaßten Text uns nicht zu sehr in Details zu verlieren, die Hauptlinien kräftig herausheben, auch wenn einzelnes dabei an den Rand gerät. Helfen und sich helfen lassen – beim Beten (1), durch Bekennen (2), in der Bekehrung (3).

1. Der Text hat es, aufs Ganze gesehen, mit den ἀσθενοῦντες, den zur Zeit „schwachen" Gliedern der Gemeinde, zu tun. Die christliche Ermahnung ist meist darauf aus, den Gesunden und Starken die Fürsorge für die Schwachen wichtig zu machen. Solche Ermahnung muß sein. Zu leicht vernachlässigen wir die Leidenden. Sie kosten Zeit, sie machen Mühe, sie sind oft nicht leicht zu behandeln, es fällt uns schwer, erleben zu müssen, wie wenig wir tun können. Dazu kommen Schwierigkeiten, die mehr im Hintergrund liegen: Es wird uns leichter, uns mit den Fröhlichen zu freuen, als mit den Leidenden zu leiden. Vielleicht bestimmt uns auch eine instinktive Abscheu vor dem Schwachen, weil nun einmal alle Kreatur einen Ur-Trieb zum Starken hat und weil in uns ein leidenschaftlicher Wille zum Leben ist, der sich nicht gern durch Schwaches an die Hinfälligkeit des Geschöpflichen erinnern läßt. Aber wir wären ja arme Leute, wenn es für uns nur den Bios gäbe. Wir sind zur Liebe geschaffen. Unser Leben ist ebensoviel wert, wie es Liebe ausstrahlt. Die uns am nötigsten brauchen, bei denen möchte uns Christus am liebsten sehen. Die Mahnung zu Liebe und Dienst ist am Platze. – In unserm Text ist der Standort jedoch überwiegend beim leidenden Menschen genommen. Es könnte ja sein, daß es nicht bei denen, die es können, am Willen zum Helfen fehlt, wohl aber bei dem, zu dem sie gehen sollten und auch wollten, an Bereitschaft, sich helfen zu lassen. Kann sein, er will die Hilfe nur deshalb nicht, weil er die anderen schonen will. Vielleicht bestimmt ihn auch ein gewisser Stolz, es allein zu schaffen. Daß mich bloß niemand schwach sieht! Daß bloß niemand in meine Traurigkeit, Verzagtheit, Angst und Trostlosigkeit hineinschaut! Die Predigt soll allen Gliedern der Gemeinde Mut machen, Seelsorge in Anspruch zu nehmen, ja, sie geradezu zu verlangen. Daß man die schwierigsten Dinge im Leben ganz mit sich allein abzumachen habe, ist ein Irrglaube. Nachgehende Seelsorge muß sich bemühen, bei dem, dem sie dienen will, die Scheu vor der Selbst-Mitteilung und vor dem Sich-helfen-Lassen zu überwinden. Es ist gut, wenn die Gemeinde es weiß, daß der Hirte der Gemeinde geradezu den Auftrag zu „poimenischem" Handeln hat. Wer um die Aufgabe des Amtes weiß, wird seelsorgerliches Bemühen nicht als zudringliche Einmischung in allerpersönlichste Angelegenheiten ansehen, sondern als Wahrnehmung einer speziellen Amtspflicht. „Weidet die Herde Gottes, die euch befohlen ist, nach Gottes Willen" (1. Petr. 5,2). Es ist gut, daß es auch eine amtliche „Zuständigkeit" für den seelsorgerlichen Dienst gibt. Das kann und soll nicht heißen, daß wir uns nicht gegenseitig, im Dienst aller an allen, Zuspruch schulden. Aber es bedarf des geordneten Hirtendienstes. Die unter uns grassierende Abneigung gegen das

Amt der Kirche ist von mancherlei Entartung und Mißgestalt des Amts her verständlich. Aber es geschähe Schaden an der Gemeinde, wenn wir es nicht neu entdeckten.

Helfen und sich helfen lassen – zunächst beim Beten. „Leidet jemand unter euch, der bete"; „betet füreinander"! Wir werden zunächst ganz allgemein zum Gebet aufgerufen, übrigens nicht nur, wenn es uns schlecht geht. Der Psalmengesang sollte in guten Tagen nicht vergessen werden. Wahrscheinlich ist hierbei speziell an das gottesdienstliche Psalmgebet gedacht, dessen Wiederherstellung gewiß nicht das A und O aller kirchlichen Erneuerung ist, mit dessen Verlust wir uns jedoch nicht abfinden dürften. Für die meisten von uns dürfte der Hinweis auf die Lieder unseres Gesangbuches die rechte Auslegung von V. 13b sein; wir sollten – für gute und schwere Tage – uns diese Hilfe nicht entgehen lassen, und die Predigt sollte sich nicht scheuen, praktische Hinweise zum Gebrauch dieser Gebets- und Meditationshilfe zu geben. – Nun spricht aber der Text noch von einer besonderen Weise des Betens. VV. 14f. ist für die röm.-kath. Kirche die Grundlage für das Sakrament der Krankenölung. Wir brauchen die Fragen, die wir als Evangelische hier zu stellen haben, jetzt nicht zu erörtern. Bleiben wir bei dem, was der Text sagt! Die Verwendung von Öl wird der Gemeinde am meisten auffallen und sie vielleicht befremden. Wahrscheinlich würden wir ein sakramentales Verständnis dieser Anwendung noch viel zu stark suggerieren, wenn wir es bei dem Satz bewenden ließen: Salböl allein tut's freilich nicht. Wahrscheinlich bedeutet das Öl in unserm Zusammenhang nicht mehr als der Brei aus Erde und Speichel in Joh. 9,6 oder das – medizinisch durchaus sinnvolle – Feigenpflaster in 2. Kön. 20,7. Wir haben heute andere Medikamente, und die sollen wir anwenden. Das Gebet macht sie nicht überflüssig, sowenig sie das Gebet erübrigen. Daß es damals die Amtsträger der Kirche waren, die den Kranken mit Öl salbten, soll für uns kein Gesetz sein. Für uns sind zuerst der Arzt und das medizinische Personal zuständig, womit der pflegerische Dienst zu Hause nicht ausgeschlossen sein soll. Der Pfarrer hat sich der Kurpfuscherei zu enthalten. Aber es ist gut, daß unser Text uns vor dem Irrtum bewahrt, als mache das Gebet die Leibsorge überflüssig. – Nun gilt es, um so entschlossener die Mahnung zum Gebet und zur Fürbitte aufzunehmen. Krankheitszeiten können Zeiten der Intensivierung des Gebetslebens sein, beim Kranken selber. Jetzt hat er Zeit. Jetzt kann er im Gespräch mit Gott Fragen durchdenken, zu denen ihm sein unruhiges Leben sonst nicht recht Zeit ließ. Jetzt kann er von Gott bewußt erbitten, was er sonst gedankenlos und nichtsahnend bloß entgegengenommen hat. Jetzt kann er, statt sich immer über sein Kranksein aufzuregen, sinnvolle „Arbeit des Herzens" tun (M. Doerne): nicht nur für sich, sondern erst recht für andere. Es wird dem Kranken guttun, nicht bloß an seine eigene Not zu denken. – Aber nun tritt in unserm Text die „amtliche Kirche" auf. Schrecklich, wenn man zu ihr kein anderes Verhältnis hat als zu den (übrigens hochnötigen und unseres Dankes würdigen) Mitarbeitern einer Bestattungsanstalt. Vielleicht ist der Pfarrer – er tritt in unserm Text übrigens in der Mehrzahl auf – schon deshalb wichtig, weil ein Kranker im Gebet gewissermaßen mitgenommen, geführt, angeschleppt werden muß, sei es, daß er das Beten noch nie richtig gelernt, sei es, daß er es wieder verlernt hat und aller Gewöhnung ermangelt, sei es, daß er zur Zeit in Anfechtungen ist, die es bei ihm zum Gebet nicht kommen lassen, sei es, daß er so schwach ist, daß er Gebete wohl hören, sich davon auch tragen lassen, selbst aber nicht mehr zustande bringen kann. Gleich, wie Gott über ihn beschlossen hat: ob er wieder gesund werden, ob er noch lange liegen, ob er bald heimgehen wird – er braucht die Verbindung mit Gott. – Von dem Gebet der „Ältesten" heißt es: σώσει τὸν κάμνοντα – es „macht gesund"? „macht heil"? „macht selig"? „rettet"? Der Ausdruck schillert. Vielleicht soll es so sein. Wir sollten auf keinen Fall die geistlich-eschatologische Deutung von vornherein als *die* Deutung ansehen. „Betet füreinander, damit ihr *geheilt* werdet" (V. 16). Wir können die Heilung Gott nicht abnötigen. Daß „unser äußerlicher Mensch verfällt" (2. Kor. 4,16), kann – als Kehrseite der Erneuerung des „inneren", des eschatologischen Menschen – Gnadenerweis Gottes sein. Zuletzt gilt auf alle Fälle: „Was du säst, wird nicht lebendig, es sterbe denn" (1. Kor. 15,36). Jedenfalls macht, wenn es so sein soll, „der Dorn im Fleisch" die Gnade nicht zunichte (2. Kor. 12,7-9). Aber wir dürfen um unsere Gesundung beten. Erfahrungen, die man selbst damit gemacht hat, sind nicht zur Promulgation geeignet und würden auch den nicht überzeugen, der Gott dergleichen nicht zutraut. Ich bin überzeugt: wir würden mehr erleben, wenn wir mehr wagten und glaubten. „Des Gerechten Gebet vermag viel, wenn es ernstlich ist." Das Elia-Beispiel spricht dabei – apokrypher Überlieferung folgend – von Gebetserfahrungen, die jedenfalls nicht mit Selbstsuggestion o. ä. erklärt werden können. Im übrigen: erklärbar oder nicht? ist eine Frage, für die sich der Glaube deshalb nicht interessiert, weil es ihm gleichgültig ist, welcher seiner unbegrenzten Möglichkeiten Gott, der Stifter aller Gesetzmäßigkeiten in seiner Schöpfung, sich jeweils bedient. Was an dem Kranken passiert, geschieht jedenfalls innerhalb des Macht- und Fürsorgebereiches Gottes. Uns wird darum Mut gemacht, uns in Gebet und Fürbitte an Gott zu wenden.

2. Helfen und sich helfen lassen – beim Bekennen der Sünden. Wir schauen zunächst auf V. 16a. Wir werden aufgefordert, „einander" die Sünden zu bekennen. Das heißt zunächst: unsere „Sünden" bzw. „Übertretungen" (so u. a. die Koine-Gruppe) sollten wir nicht für uns behalten, sondern aussprechen. Auch hier bedarf es eines kräftigen Anstoßes. Niemand spricht gern von seinen schwachen Stunden, von den verpaßten Gelegenheiten, von dem, was ihn vor Gott und Menschen belastet. Diese Scheu hat etwas Gutes: wir schämen uns unseres Versagens. Wer sich darin gefiele, seine Verkehrtheit zur Schau zu stellen, sollte sich lieber auf die Zunge beißen! Aber am rechten Ort und in der rechten Situation sollten wir das vielleicht längst fällige Wort sprechen. Zunächst auf alle Fälle so, daß wir mit demjenigen Menschen sprechen, an dem wir Schuld haben. Wir dürfen nicht beschwerende Zerwürfnisse unbereinigt lassen. Unberäumtes belastet das Gemeinschaftsleben mehr, als wir denken. Wenn es Dinge geben sollte, die die Zeit heilt, so dürfen wir uns jedenfalls nicht darauf verlassen. Unberäumte Schuld verhärtet beide, den Betroffenen wie den Schuldigen. Der heimliche oder offene Stellungskrieg bringt neue Schärfen. Wird Schuld

nicht ausgeräumt, bleibt nur die Selbstverteidigung. Ob gewollt oder ungewollt: was man auch tut, ist von dem Verlangen bestimmt, nachzuweisen, daß man im Rechte war. So wird das zwischenmenschliche Verhältnis unsachlich, bekommt Schärfen, wird von Tendenzen belastet, die nur stören können. Und im Blick auf den, der Schuld hat, gilt, was Ps. 32,3 steht. Bis ins Leibliche hinein wirkt uneingestandene und darum auch unvergebene Schuld zersetzend. Vergessen können wir nicht – das weiß die Psychologie. So verkriecht sich das heimliche Wissen um die Schuld in irgendeinen Winkel unseres Wesens. Dort bleibt es nicht untätig. Meine schlechte Laune, die Unlust und Mutlosigkeit, der Zwang, irgendeinem Menschen gegenüber so unfrei zu reagieren, bestimmte Träume, die sich in zahllosen Variationen wiederholen, eine merkwürdige Gereiztheit, wenn es um bestimmte Dinge geht, mit denen wir nicht fertig sind, auch körperliche Störungen, teils sehr massiver Art: all dies und gewiß noch manches andere hat hier seinen Ursprung. Vielleicht dient die Zeit der Krankheit dazu, Inventur zu machen. – Wüßten wir nur genau, wie V. 16 und VV. 14f. zusammenhängen! Der Text läßt nicht deutlich erkennen, wie sich das wechselseitige Bekenntnis in V. 16 zu der von den Ältesten der Gemeinde, also ihren Amtsträgern, verwalteten Sündenvergebung verhält. Ungenau ist die Ausdrucksweise des Textes auf alle Fälle. V. 16 könnte eine Verallgemeinerung sein; dann würde dieser Vers nichts anderes besagen wollen, als was in präziserer Weise vorher gesagt ist, vielleicht nur insofern über V. 15 hinausführen, als das dort nicht erwähnte Sündenbekenntnis noch nachgetragen wird. Oder aber V. 16 hat mit dem Vorangehenden nichts zu tun; dann entstünde die Frage, wie sich die von den Ältesten zusammen mit Fürbitte und Salbung vollzogene Absolution und das Reziprokbekenntnis – ich bekenne dir meine Sünde, du die deine mir – zueinander verhalten. Es könnte sein, daß das mutuum colloquium und die consolatio fratrum, wie in den Schmalkaldischen Artikeln, neben der Verwaltung des Schlüsselamtes noch als ein Besonderes zu nennen ist. Wir wollen die Frage nach dem Beichtiger jetzt nicht nebenher verhandeln. Worauf es im Text ankommt, ist dies, daß wir willig werden, uns gerade hier helfen zu lassen. „Die Vergebung der Sünden ist längst über mir aufgerichtet und liegt auch für mich bereit. Sie muß nun aber zu mir hindurchdringen und mich ergreifen" (Ed. Thurneysen, Die Lehre von der Seelsorge, München 1948, S. 257). Die Gnadenmittel teilen das für uns Bereitliegende aus, bringen es zu uns. Es wird nicht damit getan sein, daß ich mir irgendeinen Satz von der Grenzenlosigkeit und Bedingungslosigkeit des Gnadenangebots Gottes einpräge und mir hinfort über keine meiner Verfehlungen mehr Gedanken mache. Vielmehr wird es darauf ankommen, daß das, was ein für allemal und für alle gilt, in meinem Leben auch vollzogen, daß davon Gebrauch gemacht wird. Die Gnadenmittel realisieren von Fall zu Fall, was uns allen gilt und angeboten wird. Wir sollten Beichte und Absolution wiederentdecken und wieder praktizieren. Der Prediger tut gut, seiner Gemeinde sehr konkrete Angebote zu machen (Beichtgelegenheit, Herbeirufen des Pfarrers in Krankheitsfällen und bei ähnlichen Anlässen). Es hat nicht viel Sinn, einen aufwendigen kirchlichen Betrieb zu unterhalten, wenn es zu dem, was die – oft sehr stille, verschwiegene – Mitte ist, nicht kommt.

3. Wir haben nun über das zu sprechen, was im Text mit dem nicht unproblematischen Wort *Bekehrung* gesagt ist. Es hat seine Geschichte. An ihr werden seine Gefahren deutlich. Die Einmaligkeit, das Ein-für-alle-Mal, wird im Neuen Textament von dem ausgesagt, was Christus getan hat (Röm. 6,10; 1. Petr. 3,18; Hebr. 9,12.28; 10,10), sogar an der problematischen Stelle Hebr. 6,4 ist von Christi Handeln in der Taufe die Rede. Wo die Bekehrung als die einmalige Wende angesehen wird, mit der wir uns Christus zukehren, wird die Tatsache verdunkelt, daß das ganze Leben des Christen eine Umkehr und Hinkehr zu Gott sein soll, ja muß. Wer diesen Satz Luthers jedoch dazu verfälscht, daß, weil *alles* Bekehrung sei, *gar keine* Bekehrung zu erfolgen brauche, dem ist kräftig zu widersprechen. – Der Text schärft uns nun die Verantwortung des *einen* „Jemand" gegenüber dem *anderen* „Jemand" ein. Wir fühlen uns gehemmt: ist, was ein jeder aus seinem Leben macht, nicht allein seine eigene Sache? Das Neue Testament sieht es anders an (Gal. 6,1). Es gibt eine priesterliche Verantwortung füreinander. Wir sehen zuweilen, wie Menschen aus unserer nächsten Umgebung ihr Leben und das der Ihren verderben, indem sie „von der Wahrheit abirren", was nach dem Zusammenhang nicht – wenigstens zunächst nicht – die dogmatische Wahrheit ist, sondern die des Lebens im Angesicht Gottes. Über den Ernst der Lage läßt der Text keinen Zweifel: ein Mensch könnte mit „unbedeckter Sünde" leben, und seine „Seele" könnte dem „Tode" verfallen. Es wird gut sein, daß wir uns klarmachen: es kann nicht darum gehen, dem lieben Mitmenschen dauernd Splitter aus dem Auge zu ziehen, und schon gar nicht darum, ihm von hohem Podest herab klarzumachen, wie hoch man selbst, wie tief hingegen er stehe. „Helft ihm wieder zurecht mit sanftmütigem Geist", schreibt Paulus. Man kann dem anderen seelsorgerlich nicht helfen, es sei denn, man weiß sich mit ihm in *einem* Boot. Keiner von uns lebt von etwas anderem als von der Fürsorge Christi, der uns „bekehrt" hat. Wie alle Seelsorge, ist auch diese Bemühung um den irrenden Menschen Christi Werk, bei dem er sich unser bedient. Je deutlicher das wird, desto besser. Verheerend könnte es werden, wenn unsere Gemeinde, nachdem sie Jak. 5 gehört hat, einen Bekehrungskrieg aller gegen alle begänne. Schlimm freilich wäre es auch, wenn jemand unter uns zeitlich und ewig Schiffbruch litte, weil niemand da war, der nach ihm sah. Es ist zu fürchten, daß viele uns eben deswegen einmal verklagen werden.

20. Sonntag nach Trinitatis. Apg. 2,41-47

V. 41 gehört eigentlich noch zur Pfingstgeschichte, mag aber als Exposition unserm Abschnitt vorangestellt sein. VV. 42–47 das erste der „Summarien" in der Apostelgeschichte (vgl. M. Dibelius, Aufsätze zur Apg., ed. H. Greeven, Göttingen u. Berlin 1951, S. 111ff.), nach Haenchen in der vorliegenden Form von Lukas stammend, in das vorgefundene Material eingefügt. Lukas fand dafür wohl keine Bausteine vor, jedoch finden sich viel Anklänge an Späteres (Zusammenstellung bei Haenchen, S. 161f.). Daß die VV. 43–46 später eingefügt seien (so J. Jeremias, ZNW 1937, S. 206ff.), sieht Haenchen nicht als hinreichend begründet an. – V. 41: Ob die Massentaufe in dieser

Situation historisch möglich ist, darf man nicht fragen; Lukas geht es ums Grundsätzliche: Predigt und Geist schaffen Gemeinde. – V. 42: Nach J. Jeremias sind hier die wesentlichen Elemente christlichen Gottesdienstes aufgezählt: Unterweisung durch die Apostel – die „Beisteuer" – die Mahlfeier – die Gebete. „Brotbrechen" (Luk. 24,30.35; Apg. 20,7; 27,35) hat technischen Sinn; die Emmausjünger erkennen Jesus am Brotbrechen. – V. 43: Vgl. 5,12.15 – zu der Scheu vgl. 5,14. – V. 44: Vgl. 4,34ff. Verzicht auf Privateigentum auch bei den Essenern, in der Damaskusschrift, in Qumran (Sektenregel), Nachweise bei Haenchen, S. 195. 4,36f.; 5,4 lassen erkennen, daß nach Lukas die Freiwilligkeit des Verzichts gewahrt blieb. 12,12 besitzt Maria, die Mutter des Markus, ein Haus. – V. 45: κτήματα = Grundstücke, ὑπάρξεις = sonstiger Besitz. Wie wir uns die Besitzverhältnisse im einzelnen zu denken haben, ist kaum zu ermitteln. – V. 46: Zusammenkunft im Tempel, weil nur hier die Gesamtgemeinde beisammen sein konnte, auch weil die Christenheit sich als legitime Fortsetzerin des alttestamentlichen Gottesvolkes weiß. Lukas liebt das Wort ὁμοθυμαδόν (1,14; 4,24; 5,12; 8,6). „Täglich" gehört auch zu κλῶντες ... In den Hausversammlungen wird das Brot gebrochen, wahrscheinlich in Verbindung mit der gewöhnlichen Mahlzeit, obgleich τροφή allein dafür noch kein Beweis wäre. „Mit Jubel und in Einfalt des Herzens": man nimmt an, daß die Versammlungen der Christen schon zur Zeit des Lukas schweren Verdächtigungen unterworfen waren. Christ werden heißt „gerettet werden".

Die literarische Eigenart der „Sammelberichte" ist auch theologisch von Belang. Nach allem, was wir wissen, sind sie nicht „aus den Quellen gearbeitet". Wenn Lukas sie frei gestaltet hat, dann sind sie sein ekklesiologisches Bekenntnis und wohl auch Programm. Daß er sie einfügte, mag nicht nur schriftstellerische Gründe haben – in unserm Falle etwa den, daß das Vorhergehende und das Folgende sowohl voneinander getrennt als auch miteinander verbunden werden mußten. Vielmehr liegt darin eine Sachaussage: Aus dem Pfingstwunder ist *Gemeinde* entstanden, und zwar eine Gemeinde mit fester gottesdienstlicher Gewohnheit und (wie immer auch gestalteter) guter Ordnung. Mag sein, daß Lukas die Urgemeinde idealisiert hat; dies hat ihn nicht gehindert, einen Zwischenfall wie 5,1ff. und Mißstände wie 6,1ff. gleichfalls zu berichten. Offenbar wünscht er, die Gemeinde seiner Zeit, für die er schreibt, möge sich an diesem Urbild einer Gemeinde ausrichten. Wir Heutigen werden, was er zu berichten hat, nicht unbesehen übernehmen. Die Kirche kann ihre Geschichte nicht verleugnen. Aber sie hat sie an den neutestamentlichen Sachverhalten zu überprüfen. In manchem rücken wir der urchristlichen Situation wieder ein Stück näher; aber wir können die Urkirche nicht kopieren. Was die missionarische Verpflichtung und die Kraft zu missionarischem Wirken angeht, so dürfen wir uns mit den Wünschen des Lukas eins wissen. „Sie hatten Gnade beim ganzen Volk. Der Herr aber tat hinzu täglich, die gerettet wurden, zu der Gemeinde" (V. 47). Es ist nicht davon die Rede, daß die Gemeinde in nichtchristliches Gelände vorstieße; davon hat die Apostelgeschichte anderwärts genug zu berichten. Hier wirkt die Gemeinde durch das, was sie *ist*, und durch das, was in ihr *geschieht*. Die Umwelt schaut auf sie in heiliger Scheu (V. 43). Sicher hätte Lukas bereits zu seiner Zeit einiges darum gegeben, wenn er hätte sagen können: genauso erlebe er selbst die Gemeinde. Für uns gilt dasselbe. Der Text hält uns den Spiegel vor. Was müßte geschehen, damit an dem Ort, an dem diese Predigt zu halten ist, die Gemeinde die Chancen wahrnimmt, die ihr Glaube ihr gewährt, und damit denen, die noch nicht zu ihr gehören, Anlaß zum Aufmerken gibt, vielleicht gar dazu, daß auch sie „gerettet werden".

Es mag überraschen, daß alles, was der Text sagt, keimhaft in V. 42 enthalten ist und damit, wenn J. Jeremias recht hat, im Gottesdienst der Gemeinde seine Mitte hat. Man muß dabei das Wort „Gottesdienst" nur weit genug fassen. Wir werden nicht fehlgehen, wenn wir in V. 42 auch den Grundriß für unsere Überlegungen suchen. Die vier Schwerpunkte im Leben der Gemeinde: Predigt (1), Opfer (2), Mahl (3), Gebet (4). (Für den Hausgebrauch des Theologen etwa auch so: Martyrie – Diakonie – Eucharistie – Ektenie.)

1. Es fängt mit dem christlichen Gemeinplatz an: Die Gemeinde lebt aus der Verkündigung des Wortes. Wir haben oft Gelegenheit, davon zu sprechen, so oft, daß die Gemeinde schon kaum mehr hinhört. Es wird gut sein, auf das zu achten, was in diesem Text besonders hervorgehoben wird. Eben ist unter dem Pfingstwunder die erste Gemeinde entstanden. Die Verkündigung ist den Leuten „durchs Herz gegangen". Sie haben begriffen, daß nun etwas geschehen muß: Was sollen wir tun? Umkehr und Taufe. Sie hatten, als sie am Morgen ihre Häuser verließen, nicht geahnt, wie anders sie wiederkommen würden. – Aber dem Tag der großen Wende folgen ungezählte andere, deren Inhalt die Stetigkeit, das Dranbleiben ist. Das Verbum προσκαρτερεῖν heißt beides: „sich eifrig beschäftigen" und „festhalten". Beides dürfte gemeint sein. Der Taufe, die soeben – so prompt, daß es einem den Atem verschlagen kann – vollzogen wurde, folgt ein ausdauernder, kontinuierlicher, konzentrierter Umgang mit dem Wort. Es hätte sich jemand durch das Bewegt- und Erhobensein des Pfingsttages können täuschen lassen: als sei es damit getan, daß man einmal der göttlichen Feuersglut inne wird und dann vielleicht jahrzehntelang meint davon zehren zu können. Es ist aber die Art des Heiligen Geistes, daß er uns ans Wort weist und durchs Wort, dieses beglaubigend, zu uns spricht. Das Christsein ist eine nüchterne Sache. Lukas scheint dies noch zu unterstreichen, indem er von der „Lehre" (διδαχή) der Apostel spricht. Jawohl, es gibt hier allerlei zu lernen! Es wäre nicht gut, wenn unser Christenleben nur aus einem Bündel Emotionen und vielleicht noch aus einigen Maximen und Praktiken bestünde. – Vielleicht enttäuscht uns Lukas abermals: die Gemeinde hält sich beharrlich an die Lehre der *Apostel*. Darin liegt für Lukas ein Programm. Der Enthusiast braucht die Apostel nicht – er glaubt, weil ihn die Fleischwerdung Gottes nicht interessiert, an seine pneumatische Direktverbindung mit Gott. Lukas weiß, daß, wenn Gott sich im Fleische offenbart hat, also in einem bestimmten erzählbaren Geschehen, unser Glaube immer wieder an dieses ein für allemal Geschehene gewiesen ist. Darum die an einen Apostel zu stellenden Anforderungen, wie sie 1,21 f. formuliert sind. Darum muß auch alle Verkündigung an das Rohrnetz angeschlossen sein, das uns mit der Quelle verbindet. Der Schwärmer braucht kein Gefäß, das er an der

Quelle füllt; er fängt, um im Bilde zu bleiben, das Regenwasser auf, das er grundsätzlich überall und zu aller Zeit gleichermaßen haben kann. Er braucht sich dessen nicht zu vergewissern, daß das von der Quelle hergeleitete Wasser auch klar und ungetrübt geblieben ist. Er kann auf Gewährsleute verzichten. Er beruft sich – je nach der geistesgeschichtlichen Lage – das eine Mal auf ekstatische Erlebnisse, ein anderes Mal auf mystische Einung mit Gott, vielleicht auf seine göttliche bzw. gottbegabte Vernunft, vielleicht auf die Diktate einer inneren Stimme. Die Gemeinde jedoch braucht die klare, aus dem Urzeugnis hervorgehende und an ihm sich immer wieder messende Predigt. Sie kann darum Theologie und Lehramt nicht entbehren, wie es CA XXVIII beschrieben ist. Sie sollte nicht fürchten müssen, daß sie damit im Formelwerk theologischer Kathederweisheit gefangengehalten wird. Die Apostel haben Wunder und Zeichen vollbracht (V. 43), und sie haben für ihr Zeugnis gelitten. Wenn beides bei uns fehlt, so haben wir uns das zu Herzen zu nehmen. Aber wir haben daraus nicht den Schluß zu ziehen, daß das Wort von „der Apostel Lehre" ein Irrtum sei. Wenn wir nur dicht genug dran sind an dieser aufregenden, Böses und Faules zerstörenden und eben darin aufbauenden und befreienden Botschaft! Die Erneuerung der Kirche wird von hier ausgehen, oder sie wird ausbleiben. Fragen der kirchlichen Organisation und Arbeitsmethodik haben ihr Recht. Aber die Frage aller Fragen in der Kirche ist die nach der unverfälschten und unverkürzten, nach der deutlichen und verstehbaren Verkündigung.

2. Das Opfer. Auch dies ein Stück Gottesdienst. Wir können uns das nicht leicht vorstellen. Unser sonntägliches Kollektenopfer hat normalerweise allenfalls Symbolwert. In der alten Kirche trug es, soweit es ums Materielle ging, die gesamte Diakonie der Kirche, wobei wenigstens in der von Lukas uns dargestellten Gemeinde die Diakonie in unvorstellbarer Weise ausgebaut war – so weit, daß Lukas feststellen kann: „Es war auch keiner unter ihnen, der Mangel hatte" (4,34). Wir wechseln nicht das Thema, wenn wir jetzt auf die urchristliche „Gütergemeinschaft" zu sprechen kommen. Die Sache ist ebenso bekannt wie unklar; die verschiedenen Aussagen der Apostelgeschichte sind nicht in ein System zu bringen. Das ist auch gar nicht das wichtigste. Andere Gemeinden des Neuen Testaments lassen solche Versuche eines „Liebeskommunismus" – oder wie immer man das von Lukas Beschriebene genannt hat – nicht erkennen. Daß einer alle seine Habe den Armen gibt, ist aber, doch wohl als eine besondere Leistung, auch auf griechischem Boden wenigstens im Blick (1. Kor. 13,3a). Es geht nicht um die Form, sondern um die Sache, und die ist jedenfalls nicht damit erledigt, daß man befriedigt feststellt: das Experiment von Jerusalem habe sich als Fehlschlag erwiesen, die Gemeinde sei verarmt, in den 50er Jahren auf die Hilfe der Gemeinden Mazedoniens und Achajas angewiesen gewesen und wohl auch für andere Gemeinden nirgends zum Schulbeispiel geworden. Niemand sage, damit sei die hier gemeinte Sache für uns erledigt. Das Opfer muß bleiben, d.h. für uns: wir müssen es wiedergewinnen. Daß einer Äcker und Häuser verkauft und den Erlös im Gottesdienst feierlich „zu der Apostel Füßen" deponiert (4,35; 5,2), wird bei uns so schnell nicht vorkommen

und wird auch nicht erwartet. Der diakonischen Aufgaben bleiben – von der Ortsebene bis in die ökumenischen Bereiche – noch genug. Elendsexistenzen wie in neutestamentlicher Zeit finden wir bei uns nicht mehr, anderwärts noch viel zuviel. An Menschen, die unsere Hilfe brauchen, fehlt es auch bei uns nicht. Keine diakonische Aufgabe dürfte an unserer mangelnden Finanzkraft scheitern. Schwieriger wird es, wenn wir nach Händen fragen, die etwas tun können. „... hatten alle Dinge gemeinsam": das könnte bei uns heißen, daß wir es uns abgewöhnen, nicht weiter zu denken als bis zur eigenen Wohnungstür; daß wir aus der Privatisierung unseres Lebensstils herauszukommen suchen; daß wir Einsame aus dem Alleinsein erlösen; daß wir die Alten nicht abhängen usw. Wir können statt vielem nur ein paar Punkte anrühren. Die Liebe fängt mit dem Sehen und Entdecken an. Eine christliche Gemeinde sollte sich viele Gedanken darüber machen, wie sie zu einer Dienstgemeinschaft wird. Wie soll sie es, solange viele voneinander noch nicht einmal den Namen wissen? Wie sollen wir voneinander wissen, wenn wir in der Gemeinde nicht mehr zu tun haben als im Theater oder Kino? Wir rühren an vielverhandelte Fragen gemeindlichen Zusammenlebens. Unsere Predigt kann und soll hier sehr konkret werden. Hinter allem wird zu stehen haben, daß unsere Hoffnung jedenfalls nicht geringer sein darf als die unserer nichtchristlichen Mitmenschen. Gottes Reich kommt. Der Herr ist unterwegs. Eine Gemeinde, die dessen gewiß ist, läßt die Hände nicht sinken. „Wir wissen, daß wir aus dem Tode ins Leben gekommen sind, denn wir lieben die Brüder" (1. Joh. 3,14).

3. Mahl. Der Text spricht zweimal vom Brotbrechen (VV. 42.46). Die urchristlichen Verhältnisse gestatten es nur „hausweise". Man trifft sich zwar täglich im Tempel. Die Gemeinde darf nicht in lauter kleine Gruppen zerfallen. Sie soll es selbst wissen und auch vor der Welt darstellen, daß sie Gottes Volk ist, die Stadt auf dem Berge. Kreise von Erweckten haben sich immer wieder an der großen Ortsgemeinde geärgert. Man versteht es schon. Wer ärgerte sich nicht? Aber man kann das tragen, wenn man liebt. Man sollte sich nicht an der Unüberschaubarkeit einer großen Ortsgemeinde stoßen. Lukas rechnet in Jerusalem mit etwa 3000 – das hat ihn nicht angefochten. Die synoptischen Speisungsgeschichten – und damit sind wir, mindestens nach Joh. 6, schon sehr dicht bei der Eucharistie – lassen gleichfalls keinen Anstoß an der großen Zahl erkennen. „Ich umfasse, die dir dienen." Wenn der Leib Christi in kosmische Dimensionen und Ausmaße wachsen soll (Eph. 3,18; 4,13 u.ö.), dann sollten wir das Abendmahl nicht in die Winkel abdrängen. War der Tempel auch Gottes Haus und hatte Jesus dort auch sein Hausrecht geltend gemacht (Luk. 19,45 ff.), so konnte sich die Gemeinde, Nachfolgerin des Gottesvolkes der Verheißung, doch dort nicht zum Herrenmahl versammeln. So ging man in die Häuser. – Aber Hausgemeinden sind nicht bloß Notbehelf. Sie haben uns – gerade auch in der Zeit der volkskirchlichen Verhältnisse – gefehlt, und wir wußten gar nicht, was uns fehlte. Die enge Gemeinschaft als familia Dei, das Voneinander-Wissen, das fürsorgliche Achthaben aufeinander, das gemeinsame Durchdenken von Fragen des Glaubens und des christlichen Lebens, gezielte Fürbitte – all dies verlangt die ecclesiola. Sollen wir auch das Mahl

in ihrer Mitte halten? Sollen wir es so halten, wie es in der ersten Zeit in Jerusalem geschehen sein dürfte, nämlich in Verbindung mit einer gewöhnlichen Mahlzeit? Die Fragen sind schwierig und können nicht im Rahmen einer Predigthilfe abgehandelt werden. 1. Kor. 11,34 bezeichnet den Punkt, an dem in Korinth die Verbindung von Mahlzeit und Eucharistie gelöst worden ist. Das Herrenmahl hausweise zu feiern und damit gewisse Anstöße (1. Kor. 11,21) zu beheben, mag Paulus sich, wie es scheint, nicht entschließen. Zu sehr ist ihm daran gelegen, daß es auch äußerlich anschaulich werden soll, wie dabei „die vielen" (= alle) „*ein* Leib" sind (1. Kor. 10,17), und er mag daran gedacht haben, daß Abendmahlszucht – wie alle Gemeindezucht (1. Kor. 5,4) – gemeinsames Handeln in der Gemeinde verlangt. Je stärker der Wille zur Gemeinsamkeit in der Gesamtgemeinde, desto leichter wird man sich zur Eucharistie im Hause bereitfinden dürfen. – Wir wollen im übrigen über der Frage des Maßstabes – Gesamt- oder Hausgemeinde? – nicht vergessen, was über das Mahl als solches gesagt ist. Leben mit und aus dem Sakrament ist der Urkirche im Unterschied zu uns Selbstverständlichkeit gewesen. Wir sahen: καθ' ἡμέραν gehört auch zu κλῶντες. Christus war immer leibhaft anwesend, sie hatten ihn bei sich. Mit ihm war in ihrer Mitte die in seiner Person begonnene und verbürgte neue Wirklichkeit, deren offenbares Hereinbrechen sie täglich erwarteten. Wo Christus ist, finden sich „einfältige Herzen", wo man mit einem Fuß schon in der neuen Welt steht, gibt es nur „Jubel". Unsere Abendmahlsfeiern könnten von alledem einiges mehr erkennen lassen.

4. Wir finden die Urgemeinde täglich zum Gebet versammelt. Lukas mag, wie bei allem, was er über die Gemeinde in Jerusalem schreibt, an den Gottesdienst denken, den seine eigene Gemeinde hält. Tempel oder Haus? Diese Frage war nicht mehr gestellt. Aber *die* Frage blieb aktuell, was zum Gottesdienst einer christlichen Gemeinde gehört. J. Jeremias wird recht haben: unter diesem Gesichtspunkt ist V. 42 formuliert. So mußte denn, obwohl in den folgenden Versen nicht weiter davon die Rede ist, das Gebet mit genannt werden. An 4,23ff. kann man ablesen, wie Lukas sich das christliche Gemeindegebet vorstellt. Es lebt aus der Psalmfrömmigkeit, auch aus dem christlichen Credo, und es wird sehr konkret, wo es auf die Gemeindesituation zu sprechen kommt. Die Gemeinde soll wissen, daß sie mit ihrem Beten solide Arbeit leistet. Gott will unser Gebet. Wenn wir das Beten versäumten, liefen eine Menge Dinge in der Welt anders, als sie nunmehr, aufgrund unseres Betens, laufen. Nicht, weil wir Gott zu irgend etwas überreden müßten oder könnten, sondern weil er gebeten sein will, uns also sein Gutes geben will, indem wir beten. Die Gemeinde soll wissen, daß sie damit priesterlichen Dienst für die Welt tut, für alle Menschen also, die selbst nicht beten können. Sie nimmt damit an der immerwährenden Intercessio des Herrn teil, von dessen Fürsprache alle Welt lebt. Die Predigt wird der Gemeinde zu diesem Dienst von Zeit zu Zeit Mut machen müssen. Je besser man den Sinn einer Sache begreift, desto mehr Kraft und Liebe wird man ihr widmen.

21. Sonntag nach Trinitatis. 1. Joh. 2,12-17

Ein paränetisches Stück (wie 3,11-24; 4,7-12; 4,19–5,3). Haben wir es in VV. 12–14 und 15–17 mit zwei voneinander unabhängigen Stücken zu tun, oder hat der gesamte Abschnitt seine Mitte in V. 15? Büchsel sieht den Zusammenhang ganz eng. Schnackenburg faßt ebenfalls den Abschnitt als ein Ganzes auf, jedoch so, daß die VV. 12–14 nicht lediglich Anlauf und Begründung für VV. 15–17 sind, sondern eher eine Zusammenfassung des Abschnitts 1,5–2,11. – V. 12: Die Anrede τεκνία (zärtliche Diminutivform), im 1. Johannesbrief häufig (2,1.28; 3,7.18; 4,4; 5,21), meint alle Gemeindeglieder. Die in zwei „Runden" durchlaufene Haustafel-Gliederung (Kinder–Väter–junge Männer) – es würde sich dabei freilich um eine sehr lückenhafte „Haustafel" handeln – könnte in unserm Fall vermuten lassen, hier sei ein bestimmtes Lebensalter gemeint, doch ist dies unwahrscheinlich. Es ist also zuerst die Gesamtgemeinde angeredet, sodann deren männlicher Teil in zwei Altersstufen. Damit ist entschieden, daß auch in V. 14 παιδία allgemein zu fassen ist (wie V. 18, vgl. Joh. 21,5). – V. 13: Altersgruppen (wie 1. Tim. 5,1-2; Tit. 2,1–8) um der Konkretisierung der Paränese willen je besonders angeredet. Das Perfekt ἐγνώκατε meint ein gegenwärtiges „Vertrautsein mit ...", „Verbundensein mit ...". „Der von Anfang an Seiende": vgl. 1,1 und den Prolog des Evangeliums. Für die „Jünglinge" steht das Kämpferische im Vordergrund: sie befinden sich in der Überlegenheit der Sieger (so die Perfektform νενικήκατε) gegenüber dem „Bösen" (= Satan, Matth. 13,19; Eph. 6,16), vgl. 3,8; 5,18. – V. 14: ἔγραψα braucht nicht auf einen früheren Brief, auch nicht auf Vorangegangenes in unserm Briefe (14a = 2,3; 14b = 13a; 14c = 13b) zu verweisen, sondern bedeutet nach antiker Briefsitte svw. γράφω (1. Kor. 5,11; Gal. 6,11; Philem. 19.21; 1. Joh. 2,21), d.h., der Schreiber versetzt sich in die Zeitrelation des Lesers. Die Parallelaussage V. 13 wird im ersten Glied ergänzt, im dritten entfaltet. – VV. 15–17: Dreigliedrige Paränese (15–16–17), dreigliedrig auch V. 16. Der κόσμος-Begriff bedarf besonderer Erörterung (s. u.). τοῦ πατρός hier wohl Gen.obj., also „Liebe zum Vater"; man könnte freilich auch 1,8; 2,4.5 vergleichen – dann wäre Weltliebe gleichbedeutend mit Heilsverlust. Oder beides zusammengedacht: „Letztlich also ist die Liebe *zum* Vater nur der Sproß der dem Christen geschenkten Liebe *des* Vaters" (Schnackenburg). Die Welt ist voll böser Begierden; sie machen das an sich Gute zum Bösen. Zunächst ist an geschlechtliche Exzesse gedacht, die in der heidnischen Umwelt sehr verbreitet waren (Röm. 1,24ff.) und vor denen zu warnen urchristliche Paränese häufig Anlaß hat (1. Thess. 4,3ff.; 1. Kor. 5,1ff.; 6,12ff.; Gal. 5,19; Eph. 5,3; Kol. 3,5; 1. Tim. 1,10; Hebr. 13,4; Apok. 21,8 u.ö.). „Gier der Augen" könnte sich auf irdischen Besitz richten (Matth. 6,19; Pred. 4,8), aber auch sexuell gemeint sein (Matth. 5,27ff.). ἀλαζονεία ist Prahlsucht, βίος hier einfach „Lebensstandard". – V. 17: Johanneisches Denken steht nicht so stark wie 1. Kor. 7,29-31 unter dem Eindruck der drängenden Zeit. „Weder auf παράγεται noch auf dem formelhaft gebrauchten εἰς τὸν αἰῶνα liegt ein eschatologischer Akzent" (Schnackenburg) – wobei uns freilich schon der nächste Vers darauf hinweist, daß der oft behauptete Unterschied johanneischer Eschatologie zur gemeinneutestamentlichen ein relativer ist (vgl. 3,2). – Die von einigen Zeugen (bes. Cypr. und Aug.) gebotene Texterweiterung, wohl aus liturgischer Verwendung des Textes erklärlich, ist zu spärlich bezeugt, als daß wir sie aufzunehmen hätten.

Die alte Epistel des Sonntags handelt vom Kampf des Christen und seiner geistlichen Waffenrüstung. Dazu paßt unser Text aufs beste. Seine Sprache macht uns zu schaffen. Wir haben damit zu rechnen, daß V. 15 mißverstanden wird. Soll man Gottes schöne Welt nicht liebhaben? Ehrt man Gott, indem man der Welt gegenüber zum Verächter und Hasser wird? Der Text verlangt verständige Ausleger und Prediger – verständig darin, daß sie unsern Brief weder manichäisch-gnostisch entstellen, noch aber auch apologetisch entschärfen. In der Tat, der Kampf will gekämpft sein. Der Böse soll überwunden werden (V. 14). Es gilt, harte Entscheidungen zu treffen, scharfe Schnitte zu machen. Es wird nur alles darauf ankommen, daß die Mitte deutlich wird, von der her hier gedacht und gemahnt wird. Man könnte sie in V. 15 sehen. Es könnte jemand auf den Gedanken kommen, V. 15a sogar zum Thema der Predigt zu machen. Das ist jedoch nicht ratsam. Schon deshalb nicht, weil die dominierende Aussage der Predigt eine Negation wäre. Daß uns in der Predigt die Negationen immer leichterfallen, sollte uns warnen. Negationen sind unfruchtbar, erzeugen nur leere Räume, helfen nicht. Sie sind nötig als kritische Konkretisierung der Position, aber wirklich nur von der Position her. Darum versuchen wir eine bejahende Überschrift. Es mag sich diesmal empfehlen, die Aussagen des Textes von rückwärts her zu behandeln. Die Predigt soll von einem Crescendo durchzogen sein. Die am stärksten evangelischen, d.h. aber ermutigenden Aussagen stellen wir darum an den Schluß. Aufriß dann etwa so: Ihr gehört auf Gottes Seite – von daher eure Freiheit (1), darum euer Kampf (2), dort euer Standort (3).

1. Hören wir zunächst das harte Wort, das uns zur Distanz zur Welt aufruft. Der johanneische „Entscheidungs-Dualismus" (Bultmann, ThNT, § 42, S. 373) erlaubt nicht, daß wir es uns ersparen. „Habt nicht lieb die Welt noch was in der Welt ist. So jemand die Welt liebhat, in dem ist nicht die Liebe des Vaters." Wir müssen hier wählen. Man kann nicht Gott lieben *und* die Welt. Wer die Welt liebt, liebt nicht Gott – vielleicht muß man sogar auslegen (s.o.): verliert die Liebe Gottes. Es geht nicht an, sich entscheidungslos irgendwo in der Mitte, zwischen den Fronten, einen Schrebergarten anzulegen. Die Freiheit will gewonnen, gewahrt, durchgehalten sein. – Nun bedarf es freilich sofort einer Präzisierung des Begriffes *Welt*. Wären wir Gnostiker, dann gäbe es nicht viel zu präzisieren: alles Geschaffene ist vom Teufel, man soll es verabscheuen, denn es „ist *nur* wert, daß es zugrunde geht"; die Welt ist böse schon dadurch, daß sie eben – Welt ist. Das Neue Testament, auch Johannes, lehrt es anders. Gott will die Welt, er ist ihr Schöpfer. Er hat sie durch eben den Christus gemacht, der ihr auch das Licht, das Leben, das Heil bringt. „Ohne den Logos ist nichts gemacht, was gemacht ist" (Joh. 1,3). Und: „so sehr hat Gott die Welt geliebt, daß er seinen eingeborenen Sohn dahingab" (Joh. 3,16) – „in die Welt hinein" hat Gott ihn gesandt (1. Joh. 4,9). Freilich, diese Liebe Gottes galt der *verlorenen* Welt. Die Finsternis hatte das Licht nicht ergriffen (Joh. 1,5); die Menschen hatten sie mehr geliebt als das Licht (Joh. 3,19). *Wir* sind böse – *darum* liegt die ganze Welt im argen (1. Joh. 5,19). „In 1. Joh. 2,15ff. bietet die ‚Welt' den bösen Begierden nur die Wohnstätte und den Tummel-

platz: sie wird schlecht durch das, was in ihr *geschieht*" (Sohnackenburg, S. 118f.). Leider geschieht dies nicht nur von Fall zu Fall, sondern in der Verfallenheit an die Sünde und eben darum auch an den Tod (zu dem allen: Bultmann, ThNT, § 42). So kommt es dazu, daß – weil die Welt eben so ist, wie sie ist – die Frage heißt: Gott *oder* Welt (V. 15b). In demselben Augenblick, in dem die Welt wieder Gottes Schöpfung sein wollte, *wäre* sie nicht mehr „Welt" in dem hier gemeinten Sinne. Darum eben liebt ja Gott die Welt, weil er sie zu sich zurückholen will. Darum leben wir Christen in der Welt – wir „räumen" sie ja nicht (1. Kor. 5,10)! –, weil sie da, wohin Gottes Licht scheint, *nicht* mehr im argen liegt, sondern wieder Gottes Welt geworden ist. Dies verpflichtet uns, nicht in der Finsternis, sondern im Licht zu leben (1,5-7). Darum die Mahnung unseres Textes (VV. 15ff.).

Wir haben das, was uns in diesem Zusammenhang gesagt wird, unter das Stichwort der Freiheit gestellt. Das Wort selbst fällt im Text nicht. Aber es macht deutlich, in welchem Raum sich das vollzieht, worum es hier geht. Wir haben nicht unseren Posten zu verlassen, sondern der von Gott geschaffenen Welt zu dienen. Man könnte zugespitzt sagen: Wir werden „in der Liebe des Vaters" nur dann sein, wenn wir – scheinbar wider den Wortlaut von V. 15 – „die Welt liebhaben" – aber eben mit der Liebe, mit der *Gott* sie liebt. Das heißt aber: wir werden sie *in Freiheit* lieben. „Mir ist alles erlaubt – es soll mich aber nichts gefangennehmen", schreibt Paulus (1. Kor. 6,12). „Wer Sünde tut, der ist ein Sklave der Sünde" (Joh. 8,34). Eben darum geht es, daß wir nicht Sklaven der Sünde sein sollen. „Gier des Fleisches, das Begehren der Augen, das alberne Renommieren mit Wohlstand, Luxus und Lebensstil" (V. 16): das sind doch alles Symptome der Unfreiheit. Die Liebe zwischen Mann und Weib gehört zu den schönsten und gütigsten Einfällen der Schöpferliebe Gottes – aber das Verfallensein an den Sex verdirbt alles. Die Predigt lasse keinen Zweifel darüber, daß die Warnung vor „des Fleisches Lust" die gute Gabe irdischer Liebe nicht etwa herabsetzen und diffamieren, sondern gerade als Geschenk Gottes herausstellen, d.h. aber heiligen will. Gott und seine Engel wollen sich dran freuen können. – Ob die „Gier der Augen" sich auf den zur Schau gestellten Sex richtet oder auf anderes, was unser Blick begehren mag, ist nicht gesagt. Man wird „die Absicht des Verfassers darin erblicken müssen, die Raffinesse der ‚Welt' in der Erregung des sinnlichen Menschen und der Verführung zur Sünde noch stärker zur Geltung zu bringen. Die Augen sind das Organ, das am unmittelbarsten und schnellsten die verwirrenden Eindrücke von außen übermittelt und die im Herzen schlummernden ‚bösen Gedanken' weckt (vgl. Mark. 7,21-23)" (Schnackenburg). Wie stark in gewissen Teilen der Welt der – vom Konkurrenzkampf stimulierte – Geschäftssinn mit der Unfreiheit des der Begierde verfallenen Menschen operiert, ist vor aller Augen. Daß als drittes noch die Prahlsucht, das Sich-Aufspielen mit dem luxuriösen Lebensstandard (βίος) genannt wird, verblüfft. Die Menschen scheinen schon in früheren Zeiten ihre Freiheit an die Dinge dieser Welt verkauft zu haben. Der Text bringt nur Beispiele. Ein jeder sehe zu, ob eines dieser Beispiele ihn betrifft oder ob *seine* ἐπιθυμία sich noch auf anderes richtet.

Wir sollten lernen, scharfe Schnitte zu machen. Ohne ein Stück Askese – an welcher Stelle wir sie auch praktizieren mögen – werden wir unsere innere Freiheit nicht bewahren. „Ich brauche das einfach" – das ist das Eingeständnis der Sklaverei. Die Freiheit will trainiert sein. Ohne unsern Rückhalt in Gott würde solches Training nur gesetzliche Plackerei sein. Aber wo die Frage wirklich so steht: Gott *oder* die Welt? – „Welt" selbstverständlich in dem eben erörterten *negativen* Sinne –, da sollten wir nicht zimperlich sein. Wenn man um die Gefährlichkeit der „Welt" weiß, sofern sie zu Gott im Widerspruch steht, wird man die Formulierung V. 15 nicht für zu scharf halten. Und man wird nicht verkennen, daß, wer V. 17 bestreitet, in Illusionen lebt. Sie haben in mancher Lebensgeschichte eine verheerende Rolle gespielt. Gott sieht es nicht gern, daß wir uns selbst zugrunde richten.

2. Bereits der Hinweis auf die Askese (in unserer Sprache: „Training") ließ erkennen, daß es sich nicht um ein schiedlich-friedliches Arrangement mit der „Welt", im Sinne unseres Textes verstanden, handeln kann. „Ihr habt den Bösen besiegt", heißt es zweimal kurz hintereinander (VV. 13.14). „Unser Glaube ist der Sieg, der die Welt besiegt hat" (5,4). Der Text meint also einen *Kampf*, der schon ausgekämpft ist und immer wieder gekämpft werden muß. Wir kämpfen nicht mit Fleisch und Blut (Eph. 6,12 – alte Epistel). Der Text spricht vom Satan. Wir Modernen scheuen uns, den Teufel so beim Namen zu nennen. Vielleicht reden wir lieber von der „Macht, in deren Herrschaft die Welt sich selbst begeben hat, die Macht der Finsternis und Lüge, die Macht der Sünde und des Todes" (Bultmann, ThNT, S. 369). Damit ist m.E. genau das gesagt, was auch sonst gemeint ist, wenn der Name Satans fällt. Wir haben es im Kampf des Glaubens eben nicht nur mit Dingen zu tun: mit Gegenständen, Beträgen, Waren, Konten usw. Auch nicht bloß mit Vorgängen, Ereignissen, Prozessen, Aktionen. Auch nicht bloß mit einzelnen Menschen, seien sie gut oder böse. In allem, was was hier zu „besiegen" ist, waltet eine übergreifende, auf unser Verderben zielende, überindividuelle, aber bewußt agierende Urmacht. Wir verharmlosen zu leicht die Situation, indem wir dieses Gegenüber nicht erkennen. Wir halten uns für Herren der Lage, aber wir sind es nicht. Wir verkennen zu leicht, daß wir in die große Auseinandersetzung zwischen Gott und seinem Widersacher verwickelt sind. Auch Jesu Werk hätten wir nicht verstanden, wenn wir von ihm nur Belehrung und exemplarisches Handeln erwarteten und wenn wir übersähen, daß auch sein Opfertod unter dem Gesichtspunkt eines auszutragenden Kampfes zu sehen ist – eine Erkenntnis, die K. Heim seinerzeit zwar vereinseitigt, aber doch mit Recht in unser Bewußtsein gerückt hat. „Dazu ist erschienen der Sohn Gottes, daß er die Werke des Teufels zerstöre" (3,8; vgl. Joh. 12,31; 16,11 u.ö.). Sein Kampf und unser Kampf sind letztlich eines: wir kämpfen auf Christi Seite, und er kämpft in uns (Luthers Lied von der festen Burg!). Das bedeutet freilich, daß die Tag für Tag zu fällenden Entscheidungen Kampfcharakter haben. Wie mein Leben aussieht, ist nicht Sache eines gelassenen, weil nicht weiter riskanten Wählens (wie wenn man sich im Geschäft ein Paar Schuhe aussucht), sondern eine Auseinandersetzung, bei der viel, ja alles auf dem Spiel steht. Man denke an 1,6.8; 2,4; 3,8.10.15. Wer kämpft, bleibt nicht

hinterm Ofen sitzen. Er weiß, daß der Sieg nicht dem Untätigen zufällt. Er weiß auch um die Gefahr. Er schont sich nicht. Er muß hart gegen sich sein, darf sich nicht selbst bemitleiden. Johannes weiß, warum er gerade junge Männer an die Kampfsituation erinnert. Er würde ihnen einen schlechten Dienst erweisen, wenn er ihnen die Gefahren ihrer besonderen Anfechtungen mit den Gruselfarben der Hölle malt. Aber die Nachgiebigkeit gegen sich selbst darf er ihnen nicht verharmlosen. Die geschlechtlichen Probleme dürfen dabei nicht isoliert werden. Die *ganze* Person ist gefordert. Der „Böse" weiß mehr als nur *eine* schwache Stelle in unserm Wesen. Aber er soll sich getäuscht haben.

3. Wir haben eben – „selig bist du, wenn du weißt, was du tust" – einen Fehler begangen. Wir haben von dem Kampf gesprochen, der immer wieder zu kämpfen ist. Das ist in der Sache richtig. Der Text selbst spricht aber anders. Er weist nur auf den schon gekämpften und schon gewonnenen Kampf. Er weist überhaupt auf den *Standort*, an dem wir uns als Leute Christi befinden. Er tut es mit solchem Nachdruck, daß man darüber beinahe vergessen könnte, daß es der Mahnung (etwa VV. 15ff., vgl. die übrigen Paränesen des Briefes) noch immer bedarf. Johannes liebt solche einseitige Rede (man vergleiche etwa 3,6 mit 1,8). Er wird wissen, warum. Es kann ja nicht nachdrücklich genug gesagt sein, welches die Ausgangsstellung für alle unsere Entscheidungen, Entschließungen und Auseinandersetzungen ist. „Ihr kennt den, der von Anfang ist", „ihr kennt den Vater". „Wer den Sohn bekennt, der hat auch den Vater" (2,23). Für uns ist Gott nicht ein X oder ein von uns selbst erstelltes Gedankengebilde. Wir sehen in Jesu Augen und blicken damit in das Herz des Vaters. „Welch eine Liebe hat uns der Vater erzeigt, daß wir Gottes Kinder sollen heißen – und es auch sind!" (3,1). Man kann das Perfektum ἐγνώκατε gar nicht genug ausmeditieren (s.o.). Wir kannten ihn einst nicht und konnten ihn nicht kennen. Aber das Wort ist Fleisch geworden und hat unter uns gewohnt. (Vgl. unsere Auslegung von 1,1ff., Christfest.) Unser Gott ist uns kein Fremder. Wir können ihn ganz persönlich anreden, nachdem er mit uns ganz persönlich geredet hat. Konkreter: „denn die Sünden sind euch vergeben durch seinen Namen" (V. 12). Christus ist ja zur Versöhnung für unsere Sünden – und auch für die der ganzen Welt – gekommen (2,2; 4,10). Tobt schon der Kampf um die Welt: wir gehören auf Gottes Seite. Weil das unser Recht wäre? Nein, weil Gott alles, was gegen uns sprach und stand, annulliert hat. Wem die Sünden vergeben sind, der hat den Rücken frei. Er ist dem „Bösen" nicht mehr verpflichtet, weil er sich bei Gott sehen lassen darf. Und nun der zweimalige Satz: Ihr seid die Sieger über den Bösen (wieder das so sprechende Perfektum!). Wir sind Sieger einmal darum, weil unser Herr den Kampf gewonnen hat. Der Fürst dieser Welt ist „ausgestoßen", „rausgeschmissen" (Joh. 12,31). Man soll sich vom altbösen Feind nicht immer wieder so imponieren lassen. Er tut so, als sei er Herr der Lage, aber er hat längst nichts mehr zu melden. Es kommt hinzu, daß die „Jünglinge" selbst ihre diesbezüglichen Erfahrungen haben. Es heißt ja nicht nur: Christus hat gesiegt, sondern: *ihr* seid die Sieger. Es ist wahr: jede Niederlage im Kampf um den täglichen Gehorsam verbessert die Chancen des Verführers,

weil durch die Niederlage in uns der Aberglaube erzeugt bzw. bestärkt wird, daß der Kampf eben doch nicht zu gewinnen sei. Aber Johannes hat recht: „Ihr habt gesiegt, ihr seid die Sieger." „Ihr seid stark, und das Wort Gottes bleibt in euch, und ihr habt den Bösen überwunden".(V. 14). Ermutigende Entdeckung und Erfahrung: *es geht*!, man wird mit dem Bösen fertig!, der Kampf ist zu gewinnen! Wir werden es in unserer Gemeinde – unter Alten und Jungen – mit Angefochtenen zu tun haben, vielleicht mit Müdegewordenen, mit solchen, die es heimlich aufgegeben haben. Wir sollten bedenken, wo wir stehen. Gott hat uns durch Christus auf seine Seite gezogen. Es ist gut zu kämpfen, wenn der Kampf im voraus bereits zu unseren Gunsten entschieden ist.

22. Sonntag nach Trinitatis. Röm. 7,14-25a(8,1-2)

Die Form des Ich-Bekenntnisses darf nicht individuell auf Paulus, also nicht psychologisch-biographisch ausgelegt werden, sondern ist theologisch-grundsätzlich zu verstehen. Der Zusammenhang, mindestens von 7,1 an, ist zu beachten. Wir sind dem Gesetz weggestorben (7,1-6). War das Gesetz selbst Sünde? Nein, die Sünde ließ mich am Gesetz sterben (7,7-13). – V. 14: Es wird nicht οἶδα μέν zu lesen sein (so Hofmann, Zahn, K. Barth), denn ein μέν müßte dem Sinne nach hinter νόμος stehen; zu οἴδαμεν, das an Bekanntes erinnern will, vgl. 2,2; 3,19; 8,22.28; 1. Kor. 8,1.4; 2. Kor. 5,1.16. Über das Gesetz vgl. die VV. 7.12.16. πεπραμένος – wie ein Sklave. Beachtet sei, daß von nun an überwiegend im Präsens geredet ist. – V. 15: „Ich merke gar nicht, was mein Tun erbringt" – denn die Sünde betrügt mich (V. 11), trägt mir den Tod ein (V. 13). – V. 16: „Selbst in diesem objektiven Zwiespalt zwischen Wollen und Vollbringen liegt das Eingeständnis, daß das Gesetz gut ist" (Michel z. St.). Es geht nicht um zwei Seelen in meiner Brust, sondern um den Widerspruch zwischen dem, was ich – im Einverstännis mit dem Gesetz – will, und dem, was dann wirklich geschieht. – V. 17: οὐκέτι nicht zeitlich, sondern sachlich bzw. logisch zu verstehen. Das der Sarx verfallene zweite Ich erscheint als ein fremdes (Bultmann, ThNT, S. 201). Die Sünde „haust" in mir, sie ist „von draußen jetzt hineingenommen in das Ich ... Ich bin nun nichts mehr als Behausung und Werkstatt der Sünde" (G. Bornkamm, Sünde, Gesetz und Tod, in: Das Ende des Gesetzes. Paulusstudien, München 1963, S. 64). – V. 18: Die Parenthese „d.i. in meinem Fleische" macht deutlich, daß hier nicht der Christ als „neue Kreatur", sondern der alte Mensch in seiner gottwidrigen Verfassung gemeint ist. „Die Sphäre der Sarx ist keineswegs nur die des Trieblebens, der sinnlichen Leidenschaften, sondern ebenso die der moralischen und religiösenBemühungen des Menschen" (Bultmann, a.a.O., S. 239). παράκειται (vgl. V. 21): „ist mir zur Hand"; das Verb gehört auch zum Schluß des Verses („finde ich nicht" nur in jüngeren Hss.). – V. 20: Vgl. V.17 – das hier handelnde Ich ist nicht das selbst-wollende, sondern „ein vergewaltigtes Ich" (O. Kuss z.St.). – V. 21: Das „Gesetz", das Paulus in sich „vorfindet" ist hier nicht das mosaische, sondern eine „Gesetzmäßigkeit" im Sinne einer unentrinnbaren Notwendigkeit. Die Worte τῷ θέλοντι ἐμοὶ ποιεῖν τὸ καλόν gehören in den ὅτι-Satz, sie sind der Betonung wegen vorausgenommen. Ebenso unmittelbar, wie in V. 18 das Wollen „bereitliegt", so hier das Böse beim Tun. – V. 22: συνήδομαι eigentlich „ich freue mich mit", die Übereinstimmung ist keineswegs eine erzwungene. Der ἔσω ἄνθρωπος ist „das eigentliche Ich des Menschen im Gegensatz zu dem der Macht der Sünde verfallenen Ich" (Bultmann), vgl. jedoch 2. Kor. 4,16, wo nach Bultmann etwas anderes gemeint ist, das Ich im Gegensatz zum körperlichen Leib (ThNT, S. 204); wir werden darauf zurückkommen. – V. 23: „Vernunft" (hier nicht formal-ontologisch verstanden, im Sinne der Fähigkeit, sich im klaren Willen dem Guten *oder* Bösen zuzuwenden, sondern im Sinne seiner ontischen Zugewandtheit zum Guten, die freilich personal realisierbar sein will) und „Glieder" werden hier in der Sprache des Leib-Seele-Dualismus einander entgegengesetzt; diese Sprache ist bloß Notbehelf (s. u.). – V. 24: „Ich geplagter, unglücklicher Mensch!" (Nom. statt Vokativ). „Todesleib" deswegen, weil er eigentlich schon tot ist (7,4-6), vgl. 6,6. – V. 25: Textüberlieferung schwankt, sachlich ohne Belang. V. 25b „klappt nach". Erläuternde Glosse, wie auch 8,1 (Bultmann, ThLZ 1947, Sp. 197)? Verstellte Verse (Fr. Müller, ZNW 1941, S. 249: 7,22.23.25b.24.25a; 8,2.1.3)? Vor V. 25a steht dem Sinne nach unausgesprochen der Gedanke an Christi Heilswerk. – 8,1: Alles bisher Ausgeführte läuft auf „Verurteilung" hinaus; daß sie nicht stattfindet, ist das Evangelium. – 8,2: „Gesetz" hier wieder im weiteren Sinne (vgl. 3,27; Gal. 6,2). Für die Predigt wird es sich empfehlen, 8,1-2 einzubeziehen. – Außer dem bereits genannten Aufsatz von G. Bornkamm vgl. W. G. Kümmel, Röm. 7 und die Bekehrung des Paulus, Leipzig 1929; R. Bultmann, Glauben und Verstehen II, bes. S. 46; O. Kuss, Der Römerbrief, Regensburg 1963, Exkurs S. 462ff.; K. Barth, KD IV/1, S. 648ff.

Die nicht zur Ruhe kommende Frage, welcher Mensch es eigentlich ist, der in diesen Versen bekenntnishaft seine Lage beschreibt, muß selbstverständlich auch den Prediger beschäftigen. Man könnte versuchen, die Frage nach dem Ich in Röm. 7 ans Ende der Auslegung zu stellen, zunächst also sie zu suspendieren und sich ihr gegenüber die größtmögliche Unbefangenheit zu bewahren, bis der Text selbst ausgeredet hat. Jedoch dürfte dies undurchführbar sein. Wir verstehen den Text nur, *indem* wir die Antwort auf die Frage nach dem Ich vernehmen; Auslegung und Antwort auf diese Frage sind eins. Das gilt auch im Blick auf die Predigt. Sie wird Christen anzusprechen haben. Sind *wir* dieser „unglückselige Mensch", der hier aufschreit? Ist Christus etwa dazu gekommen, uns in die hier beschriebene Situation zu bringen, in der man nur um Hilfe rufen kann? Versuchen wir es andersherum: Wir hätten also den Nicht-Christen, den Noch-nicht-Christen vor uns, sagen wir (um an Paulus zu exemplifizieren), den Mann *vor* dem Damaskusereignis. Ist dieser der hier sich aussprechende und darstellende Mensch, also ein an seiner Situation sich reibender, mit ihr nicht fertig werdender, an ihr verzweifelnder Mensch? Wir predigten wahrhaftig erbärmlich, wenn wir so täten, als liefen außerhalb der Gemeinde Christi lauter Menschen herum, die so unruhig, so mit sich unzufrieden, so zerrissen, so verzweifelt sind wie der, der in diesem Text spricht. Man vergesse nicht: was Paulus rückblickend über seinen „Wandel vormals im Judentum" (Gal. 1,13) berichtet, klingt nicht danach, als habe er sich als ein gebrochener Mann gefühlt; im Gegenteil: was er damals trieb, verbuchte er als „Gewinn" (Phil. 3,7). Man muß wissen, daß wir, jeder in seinem Bereich, nicht anders urteilen. Eine Verkündigung, die allen Menschen andichtet, sie befänden sich sozusagen im heulenden Elend des unerlösten Menschen, könnte nur lächerlich und peinlich wirken und würde uns von niemandem abgekauft werden. Sie entspräche übrigens mitnichten dem, was hier gemeint ist. So ist also der hier geschilderte, sagen wir lieber: der hier sich aussprechende Mensch, weder der Christ noch der Nichtchrist? Wer dann? Man möchte vielleicht sagen: der Mensch in einer Ausnahmesituation. Das hieße: bei den meisten verläuft das Leben – trotz aller nicht ausbleibenden Pannen und Verfehlungen – normaler, weniger dramatisch. Aber einige – Paulus dürfte zu ihnen gehören – haben es schwerer. Man denkt an den Luther der Klosterjahre, auch an Kierkegaard. Fälle für den Nervenarzt? Wir hätten Paulus total mißverstanden, wenn wir so dächten: sub sua persona quasi generalem agit causam (Ambrosiaster, zit. n. G. Bornkamm, a.a.O., S. 59). „Der confessio-Charakter der paulinischen Sätze nimmt dem, was er über Gesetz, Sünde und Tod sagt, nicht seine sachliche Stringenz, ersetzt also nicht die sachliche Argumentation durch eine Ausbreitung zufälliger, individueller Erfahrungen" (G. Bornkamm, a.a.O., S. 54). Es geht im Text um den „sarkischen" Menschen („... in mir, d.i. in meinem Fleische"). Um es sofort deutlich genug zu sagen: dieser ist nicht einfach der Mensch, der mit seinen „Lüsten" in besonders starkem Maße von seinem Drüsensystem abhängig ist; das wäre eine entstellende Auslegung unseres Kapitels, auch wenn sich, einem behelfsweise verwandten platonischen bzw. gnostischen Sprachgebrauch folgend, hier die Begriffe σῶμα und μέλη einstellen (vgl. Bultmann, ThNT, S. 200). Σάρξ geht für Paulus gar nicht auf das, was der Mensch materiell ist, sondern auf „die Sphäre, innerhalb deren er sich bewegt, die den Horizont, die Möglichkeiten seines Tuns und Erleidens absteckt", auf den „Raum" seines von Gott gelösten, darum eigenmächtigen, im Niederen wie im Höchsten um sich selbst kreisenden Menschseins (Bultmann, ThNT, S. 236 und 239ff.). Es geht also in der Tat um den von Christus noch nicht zurückgeholten bzw. noch nicht zum Glauben an Christus gekommenen Menschen, der wir von Hause aus alle sind. „In dem ἐγώ von Röm. 7,7ff. bekommt Adam von Röm. 5,12ff. seinen Mund" (G. Bornkamm, a.a.O., S. 59). Man muß nur wissen, daß hier nicht seine Bewußtseinslage beschrieben ist – nach dieser befragt, würde er sich völlig anders äußern –, sondern die ihm unbewußte transsubjektive Situation, die erst vom Glaubenden – wie beim Reiter überm Bodensee – wahrgenommen wird; nicht so wahrgenommen wird, daß er, der Glaubende, andere Phänomene vor sich hätte als der Nichtglaubende, sondern so, daß diese Phänomene einen anderen Hintergrund bekommen, in neuem Licht bzw. Schatten erscheinen. Erst im Licht des Evangeliums entdecke ich, woraus ich gerettet bin. Bin? – ῥύσεται (V. 24) ist Futur. „Nicht, ... daß hier vom sicheren Ufer des Glaubens zurückgedacht wird an den Sturm und die Gespenster, die dem Glaubenden auf seiner Fahrt bis zu diesem Ufer begegnet sind ... Vielmehr *bleibt* die Vergangenheit und Verlorenheit des Unerlösten in einem sehr bestimmten Sinne Gegenwart auch für den Christen, nämlich als vergebene und überwundene" (G. Bornkamm, a.a.O., S. 68f.), vielleicht sogar noch in einem anderen Sinne. Wir werden darüber noch nachzudenken haben. Vielleicht kann man die Aussagen dieses spannungsreichen und dramatischen Textes folgendermaßen raffen: Der unselige und der selige Widerstreit in meinem Leben: ich bin gespalten (1), gefangen (2), erlöst (3).

1. Paulus hat für das, was er darzulegen hat, die Ich-Form gewählt. Wir sahen: nicht deshalb, weil das zu Sagende nur von ihm, Paulus, gälte. Warum dann? Weil dieser Sachverhalt nicht von außen, von neutralem Standpunkt aus begriffen werden kann. Die Predigt sollte das klar aussprechen. Der Nichtchrist muß sich, wie am Wort vom Kreuz, so auch am christlichen Menschenbild stoßen. Ihm wird der Aufschrei von V. 24 widerlich sein. Es könnte ja auf den ersten Blick auch so aussehen, als ob der hier sich aussprechende Mensch seine Würde verleugnete. Hat Paulus denn keinen Sinn für Leistung, Erfolg, für das Tätige im Menschen? Und ob er keinen Sinn dafür hätte! „Wenn ein anderer sich dünken läßt, er könne sich auf Fleisch verlassen, so könnte ich es vielmehr: der ich ... nach der Gerechtigkeit im Gesetz unsträflich (= ohne Tadel) gewesen" bin (Phil. 3,4.6); „da viele sich rühmen nach dem Fleisch, will ich mich auch rühmen" – und dann kann Paulus seine Leistungen aufzählen (2. Kor. 11,18). Sein ganzes Leben unter dem Gesetz wäre geeignet gewesen, ihm den höchsten Respekt aller zu sichern, die ihn kannten. Er hat alle Punkte gewonnen, die in diesem Spiel zu gewinnen waren. Erst wenn man sich das vor Augen hält, wird deutlich, was es heißt, daß er eingesehen hat: der vermeintliche Gewinn war in Wirklichkeit Schaden (Phil. 3,7). Seine Korrektheit im Gesetz bedeutete keineswegs, daß er kein Sünder gewesen wäre; er war sogar, wie man 1. Tim. 1,15 lesen kann, der Sünder par excellence. Hat Gottes Gesetz, das zu halten er sich so eifrig bemühte, ihn etwa gar zur Sünde verführt? Es hat ihn die Sünde *erkennen* gelehrt (7,7; 3,20). Aber es hat in ihm auch das *Begehren* erregt und die Sünde virulent gemacht (7,8; 4,15; 5,20; Gal. 3,19). Man könnte schon auf den ungeheuerlichen Gedanken kommen: Gottes Gesetz hat uns zu Sündern gemacht. Von V. 7 an steht diese Frage im Raum, eine lästerliche Frage. Die Antwort ist eindeutig: Gottes Gesetz und Gebot ist heilig, recht und gut, es ist uns zum Leben gegeben, es ist geistlicher Art, es stammt aus dem „Raum" der Wirklichkeit Gottes. Woher dann seine vernichtende Wirkung?

An mir liegt es. Ich bin der Mensch im Widerspruch, der zerspaltene Mensch. Wieso? Meine Lage wäre harmlos, wenn der in mir waltende Widerspruch – im Unterschied zum „ausgeklügelten Buch" – lediglich ein Mangel an Konsequenz im Denken wäre; dem wäre durch Studium und Einübung der Logik abzuhelfen. Die Lage wäre auch dann noch relativ harmlos, wenn ich nur „zwei Seelen, ach, in meiner Brust" wüßte, die sich voneinander trennen wollen; ich könnte bei dem hier stattfindenden Tauziehen zweier einander grundsätzlich gleichgeordneter Kräfte versuchen, den Zug zum Guten zu verstärken. Solcherlei Widerspruch, der grundsätzlich überwindbar ist, ist uns geläufig. Man kann mit jedem Menschen darüber reden, weil jeder diesen Tatbestand kennt. In allem strebenden Sich-Bemühen, in aller Pädagogik, im Bereich der Rechtspflege usw. operieren wir auch mit dieser Ansicht der Dinge, und dies mit Recht. Im Bereich der iustitia civilis ist hier in der Tat allerlei zu gewinnen. Wir hätten die Hamartiologie des Paulus falsch verstanden, wenn wir sie von dieser Ebene her interpretieren wollten.

Mit zwei in uns vorhandenen, widerstrebenden Willenstendenzen könnte man wohl einigermaßen fertig werden. In Röm. 7 aber sind widereinander Wollen und Tun, nicht bloß Wollen und Wollen. Immer wieder versichert Paulus: im Wollen gibt er dem Gesetz Gottes recht, stimmt er ihm fröhlich zu. „Was bei meinem Tun herauskommt, verstehe ich nicht. Denn was ich will, das tue ich nicht, vielmehr tue ich das, was ich hasse" (V. 15). Darf man versuchen, es ein wenig zu veranschaulichen? Man könnte Beispiele dafür finden, daß der Erfolg unseres Bemühens hinter dem Gewollten zurückbleibt, aber damit träfen wir das von Paulus Gemeinte kaum. Ich wollte viel schaffen – aber meine Trägheit war stärker. Ich wollte ruhig und beherrscht sein – aber mein Jähzorn ist mit mir durchgegangen. Ich wollte meine Freiheit im Verzicht wahren – aber dann war doch das Begehren stärker. Gewiß kennt Paulus auch Situationen dieser Art. Aber gefährlicher ist anderes. Ich wollte meinem Mitmenschen etwas zuliebe tun – und als ich es tat, klatschte ich mir Beifall. Ich wollte uneigennützig sein – aber da meldete sich wieder mein eitles Ich. Ich wollte Gott ehren – aber ich genoß mein Frommsein. Es kam immer etwas anderes heraus, als ich gewollt hatte: nämlich das καύχημα des auf sich selbst gestellten, sich selbst verwirklichenden, Gottes nicht mehr bedürftigen und darum aufrührerischen, nicht mehr Gottes Geschöpf sein wollenden Menschen. – Aber der Zwiespalt zerreißt mich noch tiefer. Er besteht, wie wir sahen, nicht bloß in der Divergenz zweier Willen. Er besteht auch nicht bloß in der Inkongruenz, ja im Auseinanderklaffen von Wollen und Tun. Er besteht darin, daß in mir außer dem dem Gesetz Gottes gerne zustimmenden Ich noch ein zweites Ich sein Wesen treibt. „Wenn ich aber tue, was ich nicht will, so tue nicht ich es, sondern die Sünde, die in mir wohnt" (V. 17). Die Sünde – als ein zweites Subjekt in mir, und zwar als das, von dem meine Taten kommen. Ich will – sie handelt. Sie gewinnt nicht nur je und dann das Spiel, so daß ich mich damit trösten könnte, daß ich noch immer das Gesetz des Handelns an mich reißen kann. Ich bin gar nicht mehr Herr im Hause. Die lästige Untermieterin (ἐνοικοῦσα) bestimmt und regiert: „dies ‚Wohnen' wird zu einem Bild für die Herrschaft im Menschen" (Michel). Mein klares – wohlgemerkt: zustimmendes – Wissen um Gottes Gesetz zeugt nun gegen mich. Ich kann ja die bei mir einquartierte Sünde nicht verantwortlich machen und mir damit Entlastung verschaffen. Daß sie hat Fuß fassen können, ist meine Schuld. Aber nun wohnt sie mal da! Ich kann, indem ich mich kritisch von ihr unterscheide, nur gegen mich selbst zeugen. Eigentlich wollte ich nicht sündigen – aber faktisch habe ich dann eben doch gewollt! Nein, an Gottes Gesetz lag es nicht, daß ich sündigte; dem Gesetz kann ich nur recht geben. Aber weil das Gesetz mir, dem *Sünder*, gilt, darum deckt es meine Sünde auf, reizt es mich noch mehr zur Sünde, macht es, daß meine Eigenmächtigkeit, mein hartnäckiger Stolz, der Trotz, es selbst zu schaffen, sich noch verstärken. Kühles, klares Wasser tut wohl; wenn ich es jedoch in gebrannten Kalk schütte, werde ich mich dran verbrühen. „Das Gebot gereichte mir zum Tode, das mir doch zum Leben gegeben war" (V. 10). Ich bin der zerspaltene Mensch, indem ich in diesem Widerstreit stehe.

2. Man könnte sagen: Dann brich doch aus aus diesem Zwiespalt, ergreif doch klar für Gott Partei und wirf die Sünde, die sich so tyrannisch in deiner Behausung breitmacht, hinaus! Nur, das ist leicht gesagt und schwer getan. In dem hier besprochenen Widerstreit bin ich „gefangen", sogar – paradoxerweise – in zweifacher Hinsicht: „Als Gefangener der Sünde" bleibe ich „zugleich Gottes Gefangener, der das Recht Gottes in seinem Gesetz sogar freudig bestätigen muß" (G. Bornkamm, a.a.O., S. 66). Oder, mit einem leicht abgewandelten Bild: ich bin „unter die Sünde verkauft" (V. 14), wie ein Sklave, der über sich selbst nicht mehr verfügen kann. Wieder werden wir das Mißverständnis abwehren, als werde uns mit dem Hinweis auf das „servum arbitrium" unser Subjektsein und unsere Verantwortlichkeit im landläufigen moralischen Sinne abgesprochen. Auch die Heiden kennen *und tun* – in eben diesem Sinne – das Gesetz (2,14). Aber wenn „Fleisch" eben die Gott abgewandte, sich Gott gegenüber eigenmächtig behauptende, ihre Geschöpflichkeit verleugnende, Gott die Herrenehre streitig machende Art meines Wesens ist: dann komme ich eben mit allen meinen moralischen und auch frommen Bemühungen aus dem circulus vitiosus meiner sarkischen Existenz nicht heraus. Johanneisch gesprochen: „Was vom Fleisch geboren wird, das ist Fleisch" (3,6). „Ich aber bin fleischlich" (V. 14 unseres Textes). Ein Sünder kann nur Sünde tun – „auch in dem besten Leben" (EKG 195,2). – Die von Paulus verwendete Terminologie könnte das Mißverständnis provozieren, daß in unserem Wesen eben doch so etwas wie ein Anknüpfungspunkt oder gar eine Ausgangsbasis für unsere durchgreifende Erneuerung vorhanden ist. *Da* die „Glieder" – aber *hier* doch „der innere Mensch" mit seiner „Vernunft" (revidierter Text: „Gemüte"). Wir erinnern an das eingangs zum Begriff der σάρξ Gesagte. Ich bin, indem ich mich von mir selbst unterscheiden kann, aus dem Zirkel nicht heraus. Dies Unterscheiden ist meine Unruhe, aber nicht die Möglichkeit des Ausbrechens. Im Gegenteil: daß ich auch als der natürliche Mensch mich nicht mit meinem gegenwärtigen Zustand abfinden kann, ist Größe und Elend zugleich. „Ich sehe aber eine andere Gesetzmäßigkeit in meinen Gliedern, die dem Normwissen meiner Vernunft widerstreitet und mich *gefangenhält* in dem Zwang (auch das kann νόμος bedeuten) der Sünde, der in meinen Gliedern vorhanden ist" (V. 23). Ich kann mir da richtig zusehen: wie alles in schrecklicher Folgerichtigkeit abläuft. Daß die Leiblichkeit hier sehr stark im Blick ist, sollte – bei aller Abwehr eines platonisierenden Mißverständnisses – nicht übersehen werden. Der Mensch ist ein Ganzes. Das hier konstatierte Widereinander spielt sich nicht zwischen den Teilen ab, sondern zwischen dem sittlich urteilenden Total-Ich und der sich widersetzenden Totalität meines anschaulichen Menschen. Was ich auch anfange, immer wieder kommt Gott darin nicht zu seinem Recht. Was ich „zustande kriege" (κατεργάζομαι), sind – bei aller Kühnheit meiner Anläufe, bei allem Pathos, mit dem ich meine neuen Fündlein und Rezepte propagiere, bei aller Zähigkeit, mit der ich den neuen, den gottgemäßen Standort zu gewinnen suche, immer nur Variationen des Alten. – Warum das so ist, konnten wir auch in dieser Perikopenreihe bereits an anderen Texten feststellen. Wir haben in zwei Richtungen zu blicken. Die Sünde

übt Herrschaft aus. Es ist ein Irrtum zu meinen, mit meinen Entscheidungen für oder gegen die Sünde stünde ich – ohne Vorbelastung, ohne Vergangenheit, ohne Hypotheken – am Nullpunkt. Ich befinde mich immer in einem Dienstverhältnis. Das Böse, dem ich einmal den kleinen Finger gegeben habe, hat meine ganze Hand genommen. Und warum löse ich dieses Dienstverhältnis nicht? Gerade weil ich von Gottes Gesetz als schuldig überführt bin und darum den Heimweg zu Gott gar nicht frei habe. Das ist die andere Blickrichtung. Der Apostat, das davongelaufene Kind, das dem Schöpfer ausgebrochene Geschöpf kann nicht, als wäre nichts geschehen, zu Gott gehen und sagen: Da bin ich wieder! Das ist die Ausweglosigkeit unserer Lage.

3. Aber es gibt nicht nur einen unseligen, sondern auch einen seligen Widerstreit in unserm Leben: wir sind *erlöst*. Alles, was über die verzweifelte Situation des Sünders zu sagen war, ist ja nur der Hintergrund für das, was nun, am Ende des Kapitels, in geradezu eruptiver Weise ans Licht kommt. „Wer wird mich erlösen ...? Ich danke Gott durch Jesus Christus, unsern Herrn." Was Gegenstand dieses Dankes im einzelnen ist, ist nicht gesagt – braucht nicht gesagt zu werden nach allem, was in den bisherigen Kapiteln des Römerbriefes bereits gesagt ist. Nur einer, der das χάρις τῷ θεῷ zu sprechen vermag, ist überhaupt in der Lage, seine sarkische Vergangenheit so rücksichtslos zu diagnostizieren und preiszugeben; jeder andere muß sich gegen das hier Gesagte zur Wehr setzen und sich verteidigen. Tatsächlich verteidigen wir uns selbst immer wieder – jedesmal, wenn uns unsere in dem „Dank sei Gott" gemeinte neue Lage aus dem Sinn kommt. Wir können uns den alten Widerstreit gar nicht eingestehen, solange dieser nicht – insgesamt – hineingezogen ist in den viel größeren Widerstreit, der im Kommen und Wirken Christi ausgetragen wird. Im Gleichnis gesprochen: Eine Laterne kann in stockdunkler Nacht einen Schein werfen, der auf begrenztem Raum ein Hell-Dunkel entstehen läßt; wenn die Sonne aufgeht, wird dieses Hell-Dunkel verschlungen von der Erhellung des Ganzen. Das Gleichnis hinkt. Man könnte das Licht der Laterne seiner Wirkung nach wie eine winzige Vorausnahme des hellen Morgens ansehen. Das Gesetz ist aber nicht ein Quentlein Gnade, ehe die Gnade wie eine Flut zu uns kommt; es ist, indem es abrechnet und richtet, der Gnade entgegen. Aber auch das Gesetz gibt der Sünde Kontra – nur aus der der Gnade genau entgegengesetzten Richtung. Nun aber, da Christus kommt, schlägt er sich nicht auf die Seite des Gesetzes, um mich erst recht zu verdammen, sondern er macht das ganze bisherige Widereinander gegenstandslos. Wodurch? Man könnte verschiedene Antworten geben – eine jede würde freilich Jesu Werk an uns zum Gegenstand haben. In Röm. 7 ist davon die Rede, daß wir „erlöst" werden „von diesem Todesleibe". Wir haben 7,1-6 zu vergleichen. „Herausgerissen" werden wir aus dem „Raum" der Sarx, in dem die Sünde „haust" und in dem Gott – bis auf Christus – sein Herrenrecht durchs Gesetz geltend gemacht und als Richter und Vergelter durchgesetzt hat. Die merkwürdige Verbindung, die Gesetz und Sünde eingegangen sind (7,7ff.), ist für mich auf eine überraschende Weise unwirksam geworden: ich bin durch die Verbindung, die Christus seinerseits mit mir eingegangen ist, dem Ge-

setz weggestorben (7,6). Wir *sind* gar nicht mehr in der Sphäre der Sarx. Wir sind bereits in Jesus Christus in das himmlische Wesen versetzt (Eph. 2,6). Wir sind mit Christus gestorben und auferstanden (Röm. 6,3ff.). Der Aufschrei von V. 24 geschieht wie im Augenblick des Erwachens aus einem bösen Traum – nur: es war diesmal eben nicht ein Traum, sondern Wirklichkeit, die wir nun jedoch hinter uns gelassen haben. Paulus kann und muß auch immer sorgfältig unterscheiden: das Ich, das Gott aufatmend dankt (V. 25a), ist eben ein anderes als das deutlich als sarkisch gekennzeichnete Ich der vorangehenden Verse (14.17.18.20). Ich stehe schon ganz woanders als der Mensch des schrecklichen Zwiespalts. Ich *bin* ein anderer. Es heißt in V. 17: οὐκέτι ἐγώ – und damit wird eine Unterscheidung vollzogen, zu einem anderen Ufer hinübergeschaut, obwohl noch innerhalb des relativen Gegensatzes des Lebens unter dem Gesetz. Auch in Gal. 2,20 lesen wir: οὐκέτι ἐγώ – da hat Paulus den anderen, den ungleich tieferen Graben hinter sich. Der neue Mensch ist entstanden. Christus lebt sein Leben (Kol. 3,3). So ist er neue Kreatur (2. Kor. 5,17), der eschatologische Mensch, der bereits auferstanden ist, wenn auch noch verborgenermaßen (Kol. 3,1ff.). Der alte Mensch und dieser neue wollen sauber voneinander geschieden werden (2. Kor. 12,1-5). Man sage nicht, dieser neue sei ein bloßes Gedankengebilde. Das Eschaton ist bereits verborgene Realität. Es ist so real, daß wir heute schon handfeste Konsequenzen aus unserem neuen Leben zu ziehen haben, bis ins Leibliche hinein (6,11ff.). Und trotzdem ist das Futurum ῥύσεται sinnvoll. Wir brauchen das sarkische Leben nicht mehr tragisch zu nehmen – es läuft aus. Aber es ist ja noch nicht einfach zu Ende gegangen. Das 8. Kapitel wird noch einmal von „des Leibes Erlösung" sprechen (V. 23). „Ich aber bin fleischlich" – das ist nicht einfach zu Ende; wohl aber werde ich aufgerufen, nicht nach dem Fleisch zu leben (8,4ff.). Das Neue ist vorerst noch im Alten verborgen. Darum sind auch für den Christen die Anfechtungen nicht vorbei. Röm. 7 liegt hinter mir, sofern ich im Glauben auf den Boden meines Seins-in-Christus trete. Röm. 7 ist aber noch immer meine Situation, indem ich aus dem Glauben falle. Wer behauptet, daß dies gar nicht oder nur höchst selten geschehe, hat nicht viel Glaubenserfahrung. Ich bin simul iustus et peccator. Indem ich glaube, vollziehe ich den „transitus" „hinüber vom Nichts zur Fülle, von dem, was er (der Christ) in sich selber ist und hat, zu dem, was in Christus gilt" (W. Joest, Gesetz und Freiheit, Göttingen 1961³, S. 61), „eine ständig von unten nach oben oszillierende Bewegung" (ebd., S. 62). Sofern ich noch der alte Mensch – in re – bin, ist Röm. 7 nicht einfach vergangen. Aber daß Christus den *großen* Widerstreit auf sich genommen und ausgefochten hat, läßt, indem ich glaube, Röm. 7 in jedem Augenblick zur Vergangenheit werden. Ich rufe noch manchmal: „Wer wird mich erlösen ...?" Aber der Erlöser ist schon da. Der äußerliche Mensch verfällt, aber der „innerliche" (jetzt ist eindeutig der eschatologische Mensch gemeint) wird von Tag zur Tage erneuert, weil wir mit dem Auferstandenen verbunden sind und auferstehen werden (2. Kor. 4,14.16).

23. Sonntag nach Trinitatis. Röm. 13,1-8

Röm. 13 findet sich innerhalb der Paränese (ab 12,1), die vom Leben aus dem Glauben zunächst in der Gemeinde (12,3-8), sodann in der Beziehung zum Nächsten (12,14-21; 13,8-10), endlich in den weltlichen Ordnungen (13,1-7) spricht. (13,8 verklammert die beiden letztgenannten Bereiche.) Die VV. 1 und 5 sind die Thesen, die jeweils im folgenden begründet bzw. expliziert werden. – V. 1: πᾶσα ψυχή = כָּל־נֶפֶשׁ = jedermann. ἐξουσία wird von einigen auf Engelmächte gedeutet, die nach Eph. 1,10.22f.; Kol. 1,17f.; 2,10 Christus unterworfen sind; das sonst für sie gebrauchte Wort sei nicht zufällig auch hier verwendet; gemeint sei der konzentrisch um die Christengemeinde gelegte weitere Kreis der Bürgergemeinde, in dem Christus durch die Engel regiert (so mit Variationen im einzelnen K. L. Schmidt, K. Barth, G. Dehn, O. Cullmann, vgl. ThLZ 1954, Sp. 321ff.). Es dürfte sich aber um „konkrete Träger öffentlicher Macht" handeln (Michel) – nur diese verfügen über das Schwert (V. 4), nur an diese zahlt man z.B. Steuern (V. 6). Sie sind uns „vorgesetzt" (Phil. 2,3; 3,8; 4,7; 1. Petr. 2,13), ihnen sollen wir uns „unterordnen" (ὑποτάσσεσθαι, zu dem in V. 2 das ἀντιτάσσεσθαι kontrastiert). Der Stamm ταγ- spielt in unserm Abschnitt eine große Rolle. αἱ δὲ οὖσαι: die tatsächlich vorhandenen. Gott verleiht Herrschaft (Dan. 2,21.37f.; 4,14.29). – V. 2: Das „Urteil" ist nicht das des irdischen, sondern das des ewigen Richters. – V. 3: Man würde statt der guten oder bösen Taten den Guttäter bzw. Übeltäter erwarten (vgl. den ἀγαθοεργός im Codex F und der aethiop. Übersetzung). Übergang zum Du-Stil. – V. 4: Schwert ist Zeichen richterlicher Vollmacht, aber eben auch Machtmittel, über das der Staat „nicht grundlos", d.h. nicht ohne Gottes Anordnung, verfügt, und zwar als ἔκδικος (Hersteller des Rechts, als solcher „Rächer", grundsätzlich Wahrer. Hüter des Rechts, vgl. 1. Thess. 4,6) „in Richtung auf den Zorn" (scil. Gottes). – V. 5: ἀνάγκη ist hier die logische Folgerung; vgl. die abweichende LA bes. der westlichen Texte, die, der anderen Form wegen, nicht einfach als Angleichung an V. 1 angesehen werden kann. Angemessener Gegenbegriff zu συνείδησις wäre φόβος, nicht ὀργή, die Gegenstand bzw. Grund der Furcht wäre. – V. 6: Die Richtigkeit des Dargelegten wird durch die von den Lesern geübte Praxis (τελεῖτε ist Indikativ) bestätigt. „Liturg" ist ursprünglich der, der der Polis Dienste leistet; der profane Ursinn des Wortes ist hier zugrunde gelegt, freilich so, daß der Begriff eine bestimmte autoritative Amtlichkeit und Feierlichkeit andeutet. προσκαρτεροῦντες meint ein den Lesern wohl nicht immer angenehmes unnachgiebiges Bestehen auf ... – V. 7: Dieser Satz klingt wie eine Anspielung auf Matth. 22,21, bes. das ἀπόδοτε und das Spiel mit gleichen Wörtern. Mit φόβος und bes. τιμή gesteht Paulus mehr zu, als die Beamten verlangen können (Michel). – V. 8: Verpflichtungen im Raum der iustitia civilis können und sollen auf Heller und Pfennig abgegolten werden; die Liebespflicht aber ist unendlich. „Das Gesetz erfüllen" bzw. „tun": Röm. 2,13; 8,4; Gal. 5,14. Das nach wie vor geltende Gesetz wird durch die Liebe auf eine ganz neue Weise erfüllt (vgl. Röm. 3,31).

Hoffentlich kann die Gemeinde auch die Predigt über *diesen* Text als „gute Nachricht" vernehmen. Die Gefahr liegt nahe, daß wir ihr keine Predigt halten, sondern einen Vortrag, vielleicht mit dem Thema: Das christliche Verständnis des Staates. Damit wäre freilich nicht nur unsere Verkündigungsaufgabe, sondern auch die Absicht des Textes verfehlt. Weder Paulus noch das übrige Neue Testament entwickeln eine Staatslehre. Es ist aufgefallen, daß Gedanken wie die des Textes sich sowohl in der spätjüdischen wie in der hellenistischen Umwelt finden; es wird freilich noch zu bedenken sein, was es bedeutet, daß diese Gedanken hier im Rahmen urchristlicher Paränese und damit im Zusammenhang des Ganzen der christlichen Botschaft stehen. – Eine weitere Gefahr liegt darin, daß wir einen Text wie diesen (vgl. auch das alte Evangelium dieses Sonntags, Matth. 22,15-22, ferner besonders Joh. 19,11; Tit. 3,1; 1. Petr. 2,13-17; Offb. 13) nicht unbefangen lesen, sondern sofort – man denke an D. Bonhoeffer – an die Frage des Widerstandsrechts oder – im Sinne W. von Humboldts – an die nach den Grenzen des Staates denken. Daß diese Fragen da, wo sie am Platze sind, verhandelt werden, wird nach den von unserm Jahrhundert gemachten Erfahrungen niemand für müßig halten. Aber dieser Text will uns – es mag uns gefallen oder nicht – in eine ganz andere Richtung weisen. Wir hätten zu kurz geschossen, wenn wir aus V. 2 einfach die Regel folgerten: alles gutheißen, alles bestehen lassen, Legitimismus um jeden Preis. Wir werden sehen, daß die Frage hier ganz anders steht, als wir sie gemeinhin stellen. Das Wort „untertan" könnte manchen abstoßen, denn im Unterschied zur Zeit des Paulus oder auch zu Luthers Zeit sind wir nicht mehr „Untertanen", sondern Bürger. Der Text scheint schon von daher überholt. Haben wir das Verbum ὑποτάσσεσθαι mit „untertan sein" überhaupt richtig wiedergegeben? Stellen wie Eph. 5,21.24; 6,1; Kol. 3,18; 1. Petr. 3,5 weisen auf zwischenmenschliche Beziehungen, in denen jedenfalls der Kadavergehorsam nicht am Platz ist. Andererseits bedeutet das Verbum – mehrfach wechselweise mit ὑπακούειν gebraucht – eben nicht, wie man gern wollte, bloß „sich einfügen" oder gar „sich mitverantwortlich wissen", sondern: „sich unterstellen", d.h. aber, sich den geltenden Gesetzen unterwerfen und den von befugter Stelle gegebenen Weisungen folgen. Man täusche sich doch nicht: Auch wenn der den Zuschnitt und den Weg des Ganzen bestimmende Wille auf demokratische Weise Gestalt gewonnen hat, hat sich – und darauf kommt es hier an – der Staatsbürger der so zustande gekommenen Ordnung zu fügen. Wir werden uns – wohl wissend, daß und warum wir uns heute anders ausdrücken – allein vom Wortlaut von V. 1 nicht verprellen lassen.

Der Prediger ist der Gemeinde ein klares Wort darüber schuldig, wie sich ein Christ zu den lebendigen geschichtlichen Ordnungen – die beiden eben gebrauchten Attribute sind nicht etwa epitheta ornantia, sondern enthalten sachliche Aussagen – in Staat und Gesellschaft zu stellen habe. Wir sprechen von Staat und Gesellschaft, denn „Röm. 13" handelt nicht nur vom Staat, sondern zugleich von jeglicher Ordnung des alltäglichen Lebens, in die wir eingegliedert sind. Daß sich unser Blick vornehmlich auf die „Obrigkeit" im engeren Sinne richtet, soll damit nicht abgewehrt sein.

Wir sollten genau darauf achten, daß wir unsern Standort nicht an anderer Stelle nehmen als Paulus. Wie Paulus keine Staatslehre vorzutragen hat, so auch kein politisches Programm. Das Reich Gottes ist nicht Essen und Trinken – d.h. vom Zusammenhang her: es ist kein System von Maximen (Röm. 14,17) –, und es ist ebensowenig eine bestimmte Weise, Politik zu machen oder einen Betrieb zu organisieren. Politik ist „weltlich Ding", auch wenn Christen in ihr tätig sind, und es ist nicht Aufgabe der christlichen Predigt, das Weltgeschehen klerikal zu steuern oder mit einer vermeintlich christlichen Ideologie zu „untermauern". Die Predigt vom Reich Gottes bzw. Jesu Christi (Joh. 18,36) hat eine ganz andere Aufgabe. Um so erstaunlicher, daß hier mit solchem Ernst und mit einem so unbefangenen Ja über die weltlichen Ordnungen gesprochen wird. Unsere Stelle kann nur im Kontext der gesamten paulinischen Theologie begriffen werden, trotz der übernommenen gängigen Gedanken und Formeln. Manches, was wir vielleicht gern hören möchten, sagt sie nicht; und sie sagt anderes, auf das wir vielleicht nicht gefaßt sind. Fassen wir so zusammen: Die weltliche Ordnung – mit den Augen des Glaubens gesehen –: Gottes vorläufige Ordnung (1), Gottes wohltätige Ordnung (2), Gottes ehrwürdige Ordnung (3).

1. Das Wort „vorläufig" steht nicht im Text, nicht einmal die etwa mit diesem Wort zu kennzeichnende Sache. Aber die Sache beherrscht die Umgebung des Textes, ja die ganze Theologie des Paulus, die eschatologisch bestimmt ist und auch das Tun der Christen im eschatologischen Horizont sieht (vgl. E. Käsemann, Grundsätzliches zur Interpretation von Röm. 13, EVuB II, S. 205). Im Text selbst weist nichts darauf hin; sein Wortlaut könnte zumeist aus Dokumenten der Umwelt ebenso erhoben werden. Von unserm Abschnitt sagt Käsemann (ebd., S. 212): „Christliches Gepräge erhält er einzig aus dem Zusammenhang mit der Einleitung der Gesamtparänese in 12,1-6" – wir würden gern hinzufügen: und eben durch die Art und Weise, in der er sich überhaupt von den umstehenden Aussagen abhebt. Nicht selten hat man gemeint, Paulus könne Röm. 13 gar nicht geschrieben haben (sehr dezidiert: E. Barnikol, Römer 13, in: Studien zum N.T. und zur Patristik. E. Klostermann zum 90. Geburtstag, Berlin 1961, S. 65ff.). Es gibt schon zu denken, daß einer sich derartig ins Gegebene einfügt, der die Welt so sehr von Sünde und Verderbensmächten beherrscht sieht wie Paulus (Röm. 8,38; 1. Kor. 2,6.8; Gal. 4,3.9; 2. Kor. 4,4, vgl. Bultmann, ThNT, S. 258); daß einer die Ordnungen der Welt so ernst nimmt, der den Tag Christi so nahe weiß (13,1ff.; 1. Kor. 7,29ff.); daß einer die Rechtspflege der Obrigkeit so hoch bewertet, der es doch unwürdig findet, daß Christen vor heidnischen Gerichten miteinander prozessieren (1. Kor. 6,1ff.). „Stellt euch nicht dieser Welt gleich", lesen wir 12,2; wie kann man sich dann so in die Ordnung der Welt einfügen? Man vergleiche doch: „Vergeltet niemand Böses mit Bösem" (12,17) – aber die Obrigkeit trägt das Schwert nicht umsonst (13,4). „Rächt euch selber nicht ... gebt Raum dem Zorne Gottes" (12,19) – aber die Obrigkeit soll als Rächerin auftreten zur Strafe über den, der Böses tut (13,4). „Überwinde das Böse mit Gutem!" (12,21) – doch vor der Obrigkeit soll der Böse Furcht haben. Sind das nicht zwei verschiedene Welten, die man nur so streng wie möglich voneinander sondern kann? Wir arbeiten diese Unvereinbarkeit heraus, weil erst auf diesem Hintergrunde die Aussage des Textes gehörig zum Leuchten kommt. Derselbe Paulus, der in Röm. 12 in der Linie der Bergpredigt denkt (bes. Matth. 5,38ff.), sagt ein klares Ja zur weltlichen Ordnung.

Es ist das Ja zu dem auch in der gefallenen Welt fortgehenden Werk Gottes des Schöpfers. Paulus sieht die Welt mit den Augen des Glaubens. Er sieht sie keineswegs als die hoffnungslos gottverlassene Welt an, mit der, der sie erschuf, nichts mehr zu tun haben wollte und aus der man nur zu fliehen hätte wie Lot aus Sodom. Die Welt ist und bleibt *Gottes* Welt! „Die Erde ist des Herrn und was darinnen ist, der Erdkreis und die darauf wohnen" (Ps. 24,1). Paulus ist kein pessimistischer Manichäer. Alles, was Paulus die Menschen den Menschen hat antun sehen, alles auch, was er selbst von Menschen erfahren und erlitten hat (z.B. 1.Kor. 4,9ff.; 2.Kor. 11,23ff.), kann ihn daran nicht irremachen, daß Gott seine Welt nicht preisgegeben hat, sondern in ihr wirkt, ja, auch von seinen Christen erwartet, daß sie als neugeborene und begnadete Menschen in dieser Welt ihre tägliche Pflicht tun. – Wir können jetzt nicht alle hierher gehörigen Fragen durchnehmen. Es kommt nur darauf an, den theologischen Ort zu markieren, an dem in der Botschaft des Paulus dieses Ja zur weltlichen Ordnung steht. Wie dieses Ja zu praktizieren ist, davon nachher. Zunächst, was Paulus über die weltlichen Ordnungen selbst sagt. Recht, Vergeltung, Rache, Schwert, Lohn und Strafe je nach Verdienst: das sind die Merkmale des *Gesetzes*. Gott sei Dank, daß das Gesetz nicht Gottes letztes Wort an uns ist, sondern das vorletzte. Heil und Rettung kommen nicht durchs Gesetz, sondern durch Vergebung, Versöhnung, Neuschöpfung. Aber dafür dürfen wir Gott danken, daß er sein Gesetz als die *vorläufige* Ordnung gegeben hat, uns und allen anderen Menschen: für die Zeit zwischen Sündenfall und Parusie, in der das Böse, das Zerstörende, Auflösende, Verwirrende, Lebenhindernde nicht einfach weggefegt, aber eingedämmt, kurzgehalten, am Überhandnehmen gehindert wird. Von Gottes wegen führt die Obrigkeit das „Schwert", d.h.: sie wehrt das Böse ab, indem sie die ihr verliehene Macht gebraucht. So allein kann die Welt, wie sie nun einmal bis zur Stunde ist, vor dem Chaos bewahrt werden. Daß wir z.B. von der „Staatsmacht" sprechen, ist von daher legitim. Gott hat es einstweilen so geordnet, daß dem Unrecht, der zerstörerischen Gewalt wiederum mit Gewalt begegnet wird (Gen. 9,5f.). Es ist klar, daß Machtgebrauch immer erhöhte Verantwortlichkeit bedeutet. Je größer das Machtpotential ist, über das Regierende verfügen (relativ gering bei Vater und Mutter, größer schon beim Meister oder Werkleiter, zunehmend beim Richter, beim Polizeichef, bei Regierung und Staatsspitze), desto schwerer ihr Amt, desto größer, wenn das Amt recht verwaltet wird, der Gewissensernst, wenn Macht eingesetzt werden muß, um Schlimmeres zu verhüten.

Es wird bei allem Machtgebrauch gerade in dem, der sein obrigkeitliches Amt ernst nimmt, ein Wissen darum vorhanden sein, daß es sich um Notmaßnahmen handelt. Was wäre das für ein Richter, dem der Freispruch nicht leichterfiele als ein hartes Urteil? Und wer könnte sich, wo es um gut und böse geht, damit begnügen, daß das Böse einstweilen gewaltsam unschädlich gemacht ist? In dem langen Zellengang einer Strafvollzugsanstalt meldet sich gewissermaßen von einer Tür zur anderen die stumme, aber drängende Frage nach dem neuen Menschen. Sie meldet sich nicht nur dort, sondern überall.

Weltliche Ordnung „mit den Augen des Glaubens gesehen": dieser Zusatz ist jetzt entscheidend. Paulus denkt im eschatologischen Horizont. „Unser Politeuma ist im Himmel" (Phil. 3,20). „Fleisch und Blut können das Reich Gottes nicht ererben" (1. Kor. 15,50); hinter diesem Satz steht die biblische Anthropologie, für die es unmöglich ist, das Endgültige aus dem Vorläufigen bruchlos zu entwickeln (Joh. 3,6). Kein Reich dieser Welt ist als solches das Reich Gottes, keines wird es werden (Dan. 2,44). „Das Vorläufige wird hier eben nicht zum Endgültigen, das Irdische nicht glorifiziert ..." „Die politische Gewalt gehört ... ganz und ausschließlich zu jenem Bereich des Vorläufigen, in welchem es auch Essen und Trinken, Ehe und Sklaverei gibt, und wird so wie diese anderen Verrichtungen und Verhältnisse Gegenstand der Paränese. Denn das Vorläufige ist für den Christen nicht belanglos. Gerade im Alltag, der dadurch bestimmt wird, hat er Gott zu dienen" (Käsemann, a.a.O., S. 220 und 211). Man sieht: von Vorläufigkeit reden wir aus keinem anderen Grunde als aus dem, daß wir auf die Welt warten, die mit Jesu Auferstehung angebrochen ist. Bis zu Jesu großem Tage werden die Ordnungen dieser Welt – in sich wandelnden Formen – *bleiben*. Die Welt hat sie nötig. Gott will sie. „Es ist keine Obrigkeit, die nicht von Gott wäre" (V. 1). Diesen hohen Rang weiß der Glaube gerade dem Vorläufigen gegeben. Kein Staat, auch keine andere weltliche Ordnung, vermag die Frage zu lösen, die zuletzt alle anderen Fragen mitentscheidet: Wie kommt es zur Versöhnung zwischen Gott und seiner abtrünnigen Welt? Aber dazu ist weltliche Ordnung da, daß der Raum freigehalten wird für das Leben und seinen Fortbestand. Das ist *viel*! Abgesehen von dem uns umgebenden bzw. vor uns liegenden Eschaton (1. Petr. 1,4), ist das sogar *alles* – weil ja die „neue Kreatur", auch unter den Bedingungen des zeitlichen Lebens, bereits zum Kommenden gehört. Wo man auf das *Heil* wartet, da wird freilich das *Wohl* zum Vorletzten. Wo man aber das Vorletzte als Setzung Gottes versteht, da bedeutet die Tatsache, daß es zuletzt von Gottes neuer Schöpfung überholt und antiquiert sein wird, keine Herabsetzung. Im Gegenteil: wer in den weltlichen Ordnungen Gottes Setzung erkennt, wird sich auch durch Enttäuschungen nicht entmutigen lassen. *Hier* will Gott unseren Dienst.

2. Gottes *wohltätige* Ordnung. Wir sind mit dem bisher Gesagten bereits auf dem Wege zu dieser zweiten Überlegung. Wir hören eine gute, tröstliche Botschaft: Alle Obrigkeit ist von *Gott* „gesetzt". In den meisten Fällen werden es die Träger irdischer Macht nicht wissen, daß sie im Dienste Gottes stehen. Aber es ist so. Gottes Werk der nicht ablassenden Weltschöpfung und Welterhaltung vollzieht sich verborgenermaßen unter dem Wirken der unser Leben bestimmenden und gestaltenden Geschichtsmächte. Der Text redet nicht nur von dem, was wir, die Christen, in der Welt zu tun haben, wobei es zuletzt nicht wichtig wäre, ob diese Welt Gottes Schöpfung ist oder die Hölle. Der Text redet, ehe er von unserm Tun spricht, tatsächlich davon, wie *Gott* in eben dieser Welt wirksam ist! Alles, was König Midas berührte, wurde zu Gold; man könnte sagen: in diesem Falle war es gleichgültig, was er vorfand. Für uns Christen steht es *nicht* so. Wir dienen einer durch Gottes Gesetz geduldig und wohltätig erhaltenen und betreuten Welt.

Man hat gemeint, das positive Urteil des Paulus über den Staat erkläre sich daraus, daß zur Zeit der Abfassung des Römerbriefes die Politik Neros unter Senecas Einfluß gestanden habe. Es mag daran richtig sein, daß Paulus seinen Lesern, hätte er sie in einer anderen Lage gewußt, einige Sätze *mehr* geschrieben haben würde. Aber daß er das hier Gesagte nicht gesagt oder zurückgenommen hätte, ist unvorstellbar. Das ist ja gerade die Pointe der Sache: Röm. 13 ist nicht ein auf empirischen Feststellungen beruhendes Werturteil über einen bestimmten Staat oder bestimmte andere Ordnungsmächte, sondern eine Aussage des *Glaubens*, die auch dann gälte, wenn Seneca inzwischen in Ungnade gefallen wäre. Man lese doch noch einmal Wort für Wort: „Jedermann unterstelle sich den über ihn gesetzten Trägern irdischer Regierungsgewalt. Denn es gibt keine solche Gewalt, die nicht von Gott wäre, und die jeweils im Amt befindlichen (Regierenden) sind von Gott eingesetzt." Keine Bedingung, keine Einschränkung, keine Rückversicherung. Man muß Paulus nur richtig verstehen! Seine Einstellung zur Obrigkeit besteht nicht in einem kritiklosen, blinden Vertrauen auf die die weltliche Macht innehabenden Menschen, sondern in dem unerschütterlichen Vertrauen auf Gott, der sie eingesetzt hat und auf alle Fälle für sein Vorhaben benutzt. Es geht dabei nicht darum, wie die der Obrigkeit von seiten der Christen entgegengebrachte Gesinnung und Verpflichtung bei den Trägern weltlicher Macht angesehen und eingeschätzt wird; es geht darum, daß die Christen wissen, wo und wie Gott sie haben will. Wer seinen Dienst in den Ordnungen tut, befindet sich damit in eben dem Bereich, in dem Gott selbst der Welt und damit uns allen sein Gutes erweist. Wir sind in der sich weltlich verstehenden Welt nicht auf einem Terrain, von dem Gott sich zurückgezogen hätte und auf dem angetroffen zu werden uns beschämen müßte. Im Gegenteil: es wäre unchristlich, sich *nicht* einzufügen oder sich gar zu widersetzen, ja, es würde uns, wenn wir die gute Ordnung negierten, das Urteil Gottes eintragen (V. 2). Wir haben die Welt nicht zu räumen, auch wenn es eine nicht-christliche Welt ist (1. Kor. 5,10), sondern in ihr zu dienen.

Jede weltliche Ordnungsmacht ist Gottes Dienerin. Gott läßt sich von ihr dienen, bedient sich ihrer. Auch dies ist aus dem Glauben gesprochen. Jedermann weiß, daß V. 3 nicht einfach ein empirischer Satz ist. Soll man der Diasporasynagoge, die so gesprochen hat, und soll man dem Paulus, der es ihr nachspricht, den Vorwurf machen, hier walte ein „Zweckoptimismus" (Käsemann, a.a.O., S. 218)? Ob Paulus nicht Realist genug gewesen ist, die zu seiner Zeit herrschenden Obrigkeiten – Cäsaren und Prokuratoren, Militärs und Sklavenhalter, Gerichtsbüttel und Zolleinnehmer usw. – so zu sehen, wie sie sind? Sollte er Röm. 5,12 und ähnliche Zeugnisse seines Denkens über den Menschen vergessen haben? Der Glaube glaubt grundsätzlich ohne bzw. gegen den Augenschein. „Er will uns allzeit ernähren, Leib und Seel auch wohl bewahren, allem Unfall will er wehren, kein Leid soll uns widerfahren": sind das etwa empirische Sätze? Der Glaube weiß, daß Gott auch das Fehlsame und Verkehrte benutzen kann, ja daß er das Rechte und Gute zuletzt auch immer wieder zur Geltung bringt. Aus der Botschaft der alttestamentlichen Propheten konnte schon die Generation des Paulus ablesen: eine Obrigkeit, die die gesellschaftlich Benachteiligten schindet, ausbeutet und verarmen läßt, hebt sich selber auf. Die „Rächerin zur Strafe über den, der Böses tut", verfällt, wenn sie selbst das Böse tut, der Rache Gottes. – Aber wir sollten nicht immerzu auf die Punkte stieren, an denen der Augenschein unsern Text widerlegt oder zu widerlegen scheint. Gewiß: Staats- und Gesellschaftskritik ist nötig, und wir sind nicht das Salz der Erde, wenn wir, wie leider viel zu oft geschehen, kritiklos hinnehmen oder gar noch stützen, was dem Willen Gottes zuwider ist. Sagen wir es unverblümt: Die Kirche hat den Arbeiter schwer enttäuscht und hat an ihm viel gutzumachen. In der Tat, es war nicht alles „Wohltat", was sich „Ordnung" nannte. Und doch sollten wir sehen, daß Gottes Schöpfergüte sich immer wieder auch gegen menschliche Verkehrtheit durchgesetzt hat. Die Ordnungen, in denen unser Leben verfaßt ist, sind Wohltaten Gottes. Gott hält Bosheit in Schranken, indem er sie straft. Nicht auszudenken, was wohl wäre, wenn es nicht die Staatsorgane gäbe, die für Ordnung und Recht sorgen. Man stelle sich vor, wir müßten auch nur *einen* Monat ohne Gesetze und ohne die die Gesetze garantierende Macht („Schwert", V. 4), ohne geregelte Versorgung mit Nahrung, Wasser, Energie, ohne Bau- und Gesundheitsbehörden, ohne die Einrichtungen des Verkehrswesens, ohne ein geordnetes Zahlungssysten (usw.) leben: unsere Sünde würde sofort den Krieg aller gegen alle entfesseln. Wir sollten weniger problematisieren, dafür aber dankbarer sein.

3. Gottes *ehrwürdige* Ordnung. Die letzten Verse führen uns an eine interessante Nahtstelle – im literarischen wie im sachlichen Sinne. V. 8 knüpft an VV. 6f. an und führt doch weit über das hinaus, worum es dort zunächst ging. Machen wir es uns Schritt für Schritt klar. Paulus spricht von Steuern und Zoll. „Ihr zahlt das" – man darf daraus schließen, daß ihr grundsätzlich auf dem Boden der weltlichen Ordnung steht. Oder doch nicht? Es könnte sein, ihr kommt euren diesbezüglichen Verpflichtungen nur nach, weil es nicht anders geht. Von den προσκαρτεροῦντες ist die Rede – der Zusammenhang gibt dem hier gewählten Wort noch eine besondere Spitze. Steuern, Abgaben, Finanzamt – verständlicherweise nicht das allerbeliebteste Thema, gewiß auch zu des Paulus Zeiten. Das Imperium Romanum hatte, was Steuereintreibungen anging, bekanntermaßen keine sehr feinfühligen Gepflogenheiten (man denke an das, was wir über den Census Luk. 2 wissen), und die Eintreibung des Zolls war nach Ausweis der Evangelien etwas Widerliches und Verhaßtes. Wer gerecht urteilt, muß zugeben, daß wir es besser haben. Vielleicht darf man das eben zitierte Partizip so wiedergeben: „die euch aufs Leder knien", nämlich indem sie Steuern kassieren. Dazu wäre nun ganz schlicht zu sagen: „So gebt nun jedermann, was ihr schuldig seid." Im Bereich der iustitia civilis gibt es eine Korrektheit, die durchaus erschwinglich ist und an der ihr es nicht fehlen lassen sollt (V. 8a). Freilich – diese Korrektheit ist noch nicht alles, was Gott erwartet. Ihr braucht niemandem etwas schuldig zu bleiben – nur an *einer* Stelle werdet ihr es immer: in der *Liebe*. An dieser Stelle gibt es grundsätzlich kein erfülltes oder gar übererfülltes Soll. Ja, man muß wissen, daß alles, was der Staat, der Betrieb, die gesellschaftliche Orga-

nisation verlangen können, eben noch nicht alles ist, was unser *Herr* von uns erwartet. Jede Obrigkeit muß sich daran genügen lassen, daß die Bürger ihre staatsbürgerlichen Pflichten erfüllen und die Gesetze halten. Und wenn sie es nur tun, weil sie nicht straffällig werden wollen (V. 5), so müßte die Obrigkeit sich bescheiden. Kein Richter bestraft mich für einen Diebstahl, den ich vielleicht gern begangen hätte, aber dann doch aus Angst vor den Folgen unterlassen habe. Kein Steuerprüfer wird – wenn die Buchführung stimmt, die Gesetze beachtet sind und die Quittungen vorliegen – mich belangen, bloß weil ich bei der Überweisung geknurrt habe. Aber Gott darf von mir mehr verlangen. Die, wenn's beispielsweise um die Steuern geht, eine so unangenehme Beharrlichkeit an den Tag legen (s.o.), sind „Gottes Liturgen" (V. 6b)! Wir vergessen nicht, daß das Wort profanen Ursprung hat; aber der feierliche Klang ist dennoch nicht zu überhören, denn wenn er schon nicht in dem Wort λειτουργός läge, dann mindestens in dem hinzugefügten θεοῦ! Oder – der Gedanke wird noch einmal abgewandelt – man bedenke doch: alles, wie es einer zu bekommen hat – Steuer, Zoll, Respekt, Ehrfurcht (V. 7). Mündet das Ganze nun doch in eine byzantinische Unterwürfigkeit ein, wie wir sie eingangs gerade meinten ablehnen zu sollen? „Seid untertan aller menschlichen Ordnung *um des Herrn willen*" (1. Petr. 2,13). Oder mit den Worten unserer Stelle: „nicht allein um der Strafe willen, sondern auch um des Gewissens willen" (V. 5). Keine Instanz staatlicher Machtausübung kann uns *die* Verpflichtung an der Welt und ihren Ordnungen auferlegen, die sich aus der Bindung des *Gewissens* ergibt. Diese Bindung kommt allerdings daher, daß wir *Gott* kennen. Darin liegt ein letztes inneres Muß, das es uns nicht erlaubt, jeweils den bequemsten Weg zu gehen. Gründet unsere Weltverpflichtung in der Gewissensbindung, dann ist sie auch von daher normiert. Für den, der nicht oberflächlich urteilt, bedeutet dies die Pflicht zu noch größerer Treue.

Reformationstag. Gal. 5,1-11

Der Text ist „zusammenfassender Anruf", in den die vorherigen Ausführungen münden (H. Schlier). Text in V. 1 umstritten. Die Zeugen der syrischen und Koine-Gruppe fügen nach ἐλευθερίᾳ ein ᾗ hinzu und verbinden damit die ersten sechs Worte mit dem Folgenden. Die LA der westlichen Zeugen (nicht D) stellt ᾗ voraus und verbindet damit den Eingang mit 4,31. Der ägyptische Text (so Nestle) hat eine ganze Reihe Gründe für sich (s. bes. Oepke z. St.). K. H. Rengstorf (ThLZ 1951, Sp. 659) stützt diese Entscheidung durch den Hinweis auf jüdisches Sklavenrecht: Ein losgekaufter Sklave konnte frei bleiben oder Sklave eines anderen Herrn werden (Mischna Gittin IV,4). V. 1 ist also eine eigenständige Aussage: Wir sind wirklich zur Freiheit befreit! στήκειν ist ein von ἕστηκα abgeleitetes (fast nur bei Paulus vorkommendes) Präsens. ἐνέχεσθαι = in etwas gehalten werden, eingespannt sein in etwas. – V. 2: Paulus setzt hier das Gewicht seiner Autorität ein (2. Kor. 10,1), vielleicht gerade als einer, der aus der Ordnung der Beschneidung kommt. Noch ist sie in Galatien nicht eingeführt (ἐάν u. Konj. = iterativer Sinn). – V. 3: πάλιν ist unbetont, will wohl nicht besagen, daß Paulus vor den Galatern schon davon gesprochen hat (ist Röm. 2,25 kurz vorher geschrieben?). Nicht daß der beschnittene Judenchrist im Sinne dieses Verses verpflichtet bliebe; aber der Heidenchrist, der die Beschneidung als heilsnotwendig ansieht, trifft damit die Grundsatzentscheidung fürs Gesetz. – V. 4: δικαιοῦσθε Praes. de conatu. Rückkehr unter das Gesetz heißt, den Gnadenstand verlassen. – V. 5: Während Röm. 5,1 das (punktuell verstandene, Aor.) Gerechtfertigtwerden bereits einen gegenwärtigen Zustand begründet hat, ist die Rechtfertigung hier futurisch aufgefaßt: als Hoffnungsgut (ἐλπίς wie Röm. 8,24), das man „erwartet". – V. 6: „In Christus (Jesus)" vgl. 3,26-28; 1. Kor. 12,13. Durch die Taufe sind die Christen geradezu räumlich in die Wirklichkeit des auferstandenen Christus aufgenommen und eingeschlossen, d. h. aber zugleich: in die Kirche (als eschatologische Größe). Beschneidung bedeutet, daß man sich wieder im Gesetzes-Äon ansiedelt, also den „Raum" Christi verläßt. Vgl. 3,28; 6,15; 1. Kor. 7,19: alles, was Menschen einander überlegen oder unterlegen macht, spielt bei Christus keine Rolle mehr. ἐνεργουμένη ist nicht (wie in der patristischen und älteren katholischen Exegese) passiv zu fassen („fides caritate formata"), sondern, wie jetzt allgemein anerkannt, medial (Röm. 7,5; 2. Kor. 1,6; 1. Thess. 2,13; 2. Thess. 2,7; Jak. 5,16). Der die Rechtfertigung empfangende Glaube wirkt im Leben durch die Liebe (s. u.). – V. 7: τρέχειν bezeichnet, in Anlehnung an das Geschehen beim Wettkampf, „den eifrigen und anstrengenden Vollzug des Glaubenslebens" (Schlier zu 2,2). ἐγκόπτειν = hemmen, aufhalten, den Weg versperren, vgl. Röm. 15,22; 1. Kor. 9,12; 1. Petr. 3,7. Auf eine rhetorische Frage wie die in V. 7 könnte man sich eine Antwort gemäß 1. Thess. 2,18 denken. Wahrheit – des Evangeliums! Die LA von G it vg* ergäbe folgendes (glückliches?) Wortspiel: „Der Wahrheit nicht zu gehorchen, gehorchet niemand. Solches Gehorchen ist nicht von dem, der euch beruft." Die gut bezeugte Nestle-LA hat den Vorzug. In V. 8 ist dann πεισμονή = Überredung. – V. 9: jambischer Trimeter: Μικρὰ ζύμη ὅλον τὸ φύραμα ζυμοῖ (wohl aus einer Komödie). – V. 10: Paulus rechnet mit dem guten Willen und dem Verständnis der Leser. Die Verführer scheint Paulus nicht zu kennen. Irrlehre ist nicht das einem jeden zuzugestehende gute Recht. – V. 11: Behaupten die Gegner, Paulus predige die Beschneidung? oder lasse sie, sofern sie nicht als heilsnotwendig verstanden wird (5,6; 6,15; 1. Kor. 7,19), zu? oder Paulus könne, wenn es ihm beliebt, auch anders (Apg. 16,3)? Paulus meint: daß die Synagoge ihn verfolgt, spricht gegen solche Verdächtigung. Das Skandalon („Falle") des Kreuzes (1. Kor. 1,23) impliziert weitreichende Entscheidungen. – Die hyperbolische, grimmige, den Absichten der Gemeinden widerstreitende (Deut. 23,2) Konsequenz V. 12 ist ein böser Witz, der den Gedankengang mit einem gewissen Eklat abschließt. (Sakrale Selbstentmannung wurde in Galatien im Attis- und Kybelekult geübt.) Es ist gut, daß wir die Predigt mit diesem umständlicher Erklärung bedürftigen Vers nicht belasten müssen.

Der Text berührt sich in der Sache sehr stark mit Gal. 2,16-22 (Septuagesimae); es wird – im Unterschied zu der erfreulichen Differenziertheit der Texte dieser Reihe – diesmal schwerlich ohne Wiederholungen abgehen. Wir brauchen darin nicht ängstlich zu sein – Paulus war es auch nicht (Phil. 3,1b). Eine besondere Brechung oder auch Zuspitzung erfährt die im Text angesprochene Sache dadurch, daß wir sie am *Reformationstag* predigen. Wir übersehen nicht, daß darin auch eine ernst zu nehmende Gefahr liegt (vgl. E. Winkler, Die Reformationsfestpredigt, Berlin 1967). Sollte der Prediger die judaistischen Irrlehrer in Galatien kurzerhand mit unseren römischkatholischen Brüdern identifizieren, dann jedenfalls wäre das Unglück passiert. In der Kontroverstheologie verfallen wir so schrecklich leicht der Sünde gegen das achte Gebot. Es kann überdies in dieser Predigt nicht darum gehen, daß wir – zum wievielten Male? – nachweisen, daß wir Wittenberger gegen die Römischen recht haben. Es wird vielmehr alles daran gelegen sein, daß wir, über alle vorgefundenen Gräben hinweg, *miteinander* zu besserem Hören auf die Botschaft von der Freiheit des Glaubens kommen. Wir werden dabei nicht vergessen, daß die Klarheit über das Sola fide auch in unseren „evangelischen" Gemeinden alles andere als eine Selbstverständlichkeit ist, ja, daß der Glaube – auch des Bestunterrichteten! – sich ständig der Versuchung zum Rückfall ins Gesetz zu erwehren hat, der im Galaterbrief geführte Kampf um die ausschließliche Geltung des Evangeliums von Christus also niemals endgültig ausgestanden, die hier von Paulus geltend gemachte Sache und damit auch die den Galatern eindringlich zugesprochene Mahnung niemals überholt ist. Sowohl der Antinomismus wie auch die Gesetzlichkeit – zwei Seiten ein und derselben Sache – umgeben uns von allen Seiten und werden uns immer wieder zur Anfechtung. Luther hat den Kampf des Gewissens jahrelang ausfechten müssen; die befreiende Entdeckung ist ihm nicht nur als dem einzelnen, der sie nötig hatte, auch nicht nur der Kirche, die auf ihn als ihren Lehrer hört, sondern der ganzen Christenheit zugute geschehen. Die Reformation ist ein ökumenisches Ereignis.

Was der Text will, könnten wir so zusammenzufassen versuchen: *Feststehen in der Freiheit* – d.h. nichts als glauben (1), zuversichtlich glauben (2), tätig glauben (3).

1. Die durch Christus uns widerfahrene *Befreiung* will angenommen und durchgehalten sein. Wir haben das Evangelium der Freiheit zu predigen. Es wird jetzt alles darauf ankommen, daß wir unsere Freiheit recht verstehen. Vielleicht sagt uns der Ruf zur Freiheit nicht viel; vielleicht wissen wir noch gar nicht, was uns hier angeboten wird, noch mehr: worin zu „bestehen" wir so nachdrücklich aufgerufen werden. Die Predigt muß sich mühen, das Gemeinte wirklich verständlich zu machen.

Wir beschreiben das, was Christus an uns tut, gern als einen „Herrschaftswechsel", etwa im Sinne von Kol. 1,13. Es wäre ja eine schwere Verkennung dessen, was Paulus meint, wenn wir uns extra Christum als freie Leute verstünden, die selbst darüber entscheiden, was sie denken, reden und tun, also gewissermaßen von einer neutralen Ausgangsposition aus ihr Verhältnis zu Gott so oder anders festzulegen in der Lage wären. Befreiung – d.h.: vorher war Knechtschaft, sklavische Abhängigkeit. Wir werden das leicht für übertrieben halten. Luther hat gegen Erasmus auf das servum arbitrium verwiesen. „Sünde, Tod und Teufel" pflegen wir die Mächte zu nennen, unter deren Tyrannei wir von Hause aus sind; die Formel ist allzu handlich und griffig, als daß wir sicher sein dürften, mit ihr die nötige Klarheit schon hergestellt zu haben. „Unter die Sünde verkauft", lasen wir unlängst (Röm. 7,14), „Sklaven der Sünde zum Tode" (Röm. 6,16). Damit ist noch mehr gemeint als „der Fluch der bösen Tat", der darin besteht, daß sie „fortzeugend Böses muß gebären" (Schiller); was mit diesem klassischen Satz ausgesprochen ist, kann man kontrollieren, d.h. empirisch verfolgen. Es gibt aber auch eine Verfallenheit an die unsichtbaren Mächte des Bösen, die nicht einfach aufzuzeigen ist. Stehe ich einmal unter der ἐξουσία τοῦ σκότους (Kol. 1,13), dann ist es eben nicht einfach Sache meines Entschlusses, zu Gott zurückzukehren. Ist das Gesetz Gottes nämlich *Sündern* gegeben, dann spricht es sie schuldig, und Schuldige haben, solange das Gesetz gilt, von Gott nichts anderes zu erwarten als das Gericht, den Zorn (Röm. 1,18; 2,5; 3,5; 5,9; 1. Thess. 1,10 u.ö.). Aus dieser Verfallenheit hat Christus uns herausgeholt, ἡμᾶς ... ἠλευθέρωσεν (V. 1). Gepflogenheiten in der antiken Welt bilden den Hintergrund für den Sprachgebrauch des Neuen Testaments. Die in Christus uns widerfahrende Befreiung stellt sich dar wie der Freikauf eines Menschen aus der Sklaverei (A. Deißmann, Licht vom Osten, Tübingen 1923[4], S. 273ff.) oder auch aus Kriegsgefangenschaft (vgl. ThLZ 1947, S. 265ff.).

Freigekauft! Aber wie nun weiter? Man könnte sagen, wir seien aus der Herrschaft des (oder der) einen in die Herrschaft eines anderen übergegangenen, nämlich aus der Verfügungsgewalt der Sünde und des Gesetzes in die Verfügungsgewalt Christi. Das wäre nicht falsch geredet (vgl. etwa Röm. 6,15-18). „Paulus, ein *Sklave* Jesu Christi", nennt sich der Bote des Evangeliums mit Stolz (Röm. 1,1). Wieso mit Stolz? Hier hat eben nicht ein Zwingherr den anderen abgelöst. Der neue Herr, Jesus Christus, stellt uns in die Freiheit. Wir haben diese Freiheit gerade dadurch, daß wir ganz an ihn gebunden sind. Erwehrten wir uns dieser Bindung, dann wäre es *aus* mit der von Paulus hier gemeinten Freiheit. Umgekehrt: daß wir diesem Herrn zu eigen sind, das drückt nicht, das engt uns nicht ein, das nötigt uns nicht, einen anderen Weg zu gehen als den des inneren Müssens, das tut nicht nur nicht weh, sondern das ist das große Aufatmen, die Freude, endlich unbelastet und ungenötigt zu Gott aufschauen zu dürfen. Und wieso das? Wir stehen nicht mehr da, wo das Gesetz uns verklagte, die Sünde uns tyrannisierte, das Gericht uns sicher war und der Tod das zu Recht bestehende Urteil grausam vollstreckte. Uns ist alles vergeben. Wir sind bedingungslos angenommen. Nichts steht mehr zwischen Gott und uns. Wir sind Gott eben dadurch willkommen, daß wir *glauben* – „nichts als glauben"

Das Sola fide ist uns geläufig; wir können es unschwer durch die Formeln etwa von CA IV und Apol. IV explizieren; der Prediger sollte gerade an diesem Tage der Gemeinde zu Kenntnis und Verständnis helfen. Wir brauchen im Rahmen dieser Predigthilfe nicht ausführlicher zu werden. Der glaubende Mensch nimmt Gottes gnädigen Freispruch an. Der Glaube „ergreift" Christus und seine Gerechtigkeit, er hängt sich an Christus, er bindet sich an ihn. Der Glaube will nichts selber tun. Alles Selbst-Geleistete gibt er preis. Daß Christus ihn hält, ist genug. Nichts als glauben!

Genau dies nun ist in den galatischen Gemeinden – wir wissen nicht, durch wen und auf wessen Veranlassung – bestritten worden. Es sieht nicht so aus, als hätte jemand gesagt: ihr müßt Christus preisgeben, er nützt euch nichts. Sondern so wird es gewesen sein, daß die Galater beunruhigt, ja verwirrt worden sind durch die Meinung, das Christsein bleibe unvollständig, wenn in ihm nicht Gottes Gesetz respektiert und befolgt werde. Wer sich beschneiden läßt, nimmt damit das Bundeszeichen des alttestamentlichen Gottesvolkes an. Indem Christus das Gesetz erfüllt hat, hat er es, so meinte man, in seinem ganzen Umfang erst recht verpflichtend gemacht. – Man wird sich die Polemik gegen die galatischen Irrlehrer nicht zu leicht machen dürfen. Paulus zieht im Galaterbrief aus dem, was sie propagieren, bewußt scharfe Konsequenzen. Es ist anzunehmen, daß die Irrlehrer entgegnet haben möchten: so, wie du, Paulus, uns interpretierst, haben wir es nicht gemeint. Wir denken ja gar nicht daran, Christus und sein Verdienst um uns schmälern zu wollen; wir wollen ja aus seiner Gnade leben; aber wir müssen doch die praktische Seite des Christseins betonen: dazu ist Christus gekommen, daß nun endlich, mit seiner Hilfe, der Wille Gottes geschehe. Daß Gottes Wille geschehe, das heißt aber doch: das Gesetz ist zu befolgen. Das ist Christi Bedeutung für uns, daß er uns endlich gelingen läßt, was uns zuvor nicht gelingen konnte, nämlich die Erfüllung des Gesetzes Gottes. Seine Gnade will sich in uns in Gehorsam umsetzen. Mit seiner Hilfe erfüllen wir das Gesetz. Am Ende werden wir als die Erfüller des Gesetzes Gottes vor Gottes Thron erscheinen. Daß wir es können, verdanken wir Christus. – Es ist selbstverständlich nicht im einzelnen nachweisbar, daß dies von den galatischen Irrlehrern so vorgetragen worden ist. Es könnte aber durchaus so sein. Der Homilet hat beim Ausdeuten der Texte ein wenig mehr Freiheit als der Exeget. Auf alle Fälle wird man sagen müssen: Wenn Paulus das eben Ausgeführte vernähme, würde er mit Gal. 5,1-11 antworten. So vertraut uns Gedanken dieser Art sind – der „natürliche Mensch", der im Christen noch immer gegenwärtig ist, wird darin immer wieder ertappt – und sosehr sie auch unsere Verkündigung immer wieder trüben und verderben: sie sind Gift! Paulus kann nicht scharf genug reagieren. Diese Botschaft wäre eben das „andere Evangelium" (1,6). Mit seiner Formel „Sola fide" hat Luther die Intention des Textes genau getroffen. An dem „allein" hängt alles. „Wenn ihr euch beschneiden laßt, dann wird euch Christus nichts nützen" (V. 2). Nicht: Christus *und* die Beschneidung. Sondern: Christus allein. Denn die von Christus geschenkte Freiheit hat man ganz, oder man hat sie gar nicht.

Warum ist das so? Man könnte sich auf den Standpunkt stellen, daß die Beschneidung nichts weiter bedeutet als dies, daß man sich in die Kontinuität des Alten Bundes und damit auch in die Anwartschaft auf die Erfüllung der alttestamentlichen Verheißungen bringt. Wie, wenn die Beschneidung nun gar nichts mit Werkerei zu tun hätte? Man wird ja auch auf dem Boden des Neuen Bundes nicht sagen dürfen, es gelte nur das Sola fide, und darum könne, ja müsse auf alles andere verzichtet werden, z.B. auf das Hören der Predigt, auf Taufe, Herrenmahl und Absolution, auf Bekenntnis und Gebet, auf Meditation und Askese. Die Reformation hat nicht daran gedacht, dies alles abzuschaffen. Man kann es „Religion" nennen; es wäre kurzsichtig, daraus zu schließen, also gehe es uns nichts mehr an. Wir wären freilich wieder unter dem Gesetz, wenn wir in solcher „frommen" Aktivität uns zu gottgefälligen Menschen machen wollten. Wir sind aber unter dem Evangelium, wenn all das, was wir soeben aufgeführt haben, die Weise wäre, Christus im Glauben zu ergreifen. Keine fromme Übung macht uns gerecht. Alle gottesdienstliche Praxis – verstanden als unser eigenes Tun –

bewirkt nicht, daß wir des gnädigen Erbarmens Gottes auch nur in *einem* Punkte weniger bedürften, weil unser „Religiös-Sein" etwa die Gerechtigkeit wäre, auf die Gott es abgesehen hat. Nein, das alles nicht. Wie aber sollten wir denn anders an das Gnadenwirken Gottes herankommen als eben so, daß wir dort schöpfen, wo die Quelle ist: im Gottesdienst der Kirche? Im Gottesdienst realisiert und vergegenwärtigt sich das „propter Christum" (CA IV). Wenn die Irrlehrer von Galatien nichts anderes meinten als dies, wenn sie also die Beschneidung als ein Christussakrament verstünden (für das freilich jegliches mandatum Christi fehlen würde): dann möchte mit ihnen zu reden sein. – Aber es ist ja anders. Paulus hat genau das getroffen, worauf es hier ankommt: Wer sich beschneiden läßt, muß das ganze Gesetz halten (V. 3). So ist es ja gemeint. Die Beschneidung ist für die judaistischen Irrlehrer weder ein Christussakrament noch ein Adiaphoron (das man, als solches, gern zugestehen könnte), sondern eine heilsnotwendige *Ergänzung* zu dem, was Christus ist und tut. Denn dahinter steht die allerdings unannehmbare, weil das Evangelium annullierende Meinung, daß Christusglaube und Gesetzesgehorsam sich addieren müssen. Das also wäre der in Galatien propagierte Irrtum: Zu dem, was Christus getan hat, muß das kommen, was – sicher nicht ohne Christi gnädige Hilfe – ich selbst tun muß. Mein Gnadenstand wäre dann in Christi Heilswerk *und* in meiner Gesetzesobservanz begründet, wobei man gern noch darüber reden könnte, was das erste zum zweiten beiträgt. Christus wäre dann dazu da, am Ende doch noch den religiösen Menschen in seiner Geltung, Bewährung, in seiner Korrektheit und Untadeligkeit auf die Beine zu stellen *Nicht*: Gott, sei mir Sünder gnädig!, sondern: Ich danke dir, daß ich so bin, wie ich bin. *Nicht*: sterben und auferstehen, sondern: am Leben bleiben und mit Hilfe der Gnade ausgebessert werden. *Nicht* die Eigenmächtigkeit und den Selbstruhm preisgeben, sondern: mit Christi Hilfe zuletzt doch noch als ein solcher bei Gott anlangen, der des Gnadenfreispruchs gar nicht mehr bedarf, weil – versteht sich: nicht ohne die Gnade! – inzwischen durch einen großen Verwandlungsprozeß alles in Ordnung gebracht ist. Das wäre dann also nicht mehr das Hoffnungsgut der Gerechtigkeit, das man im Geist aus Glauben *erwartet*, sondern das wäre zuletzt – man muß nur wissen, was das heißt, wenn man „Gesetz" sagt – die *geleistete*, die in der Erfüllung ungezählter Vorschriften realisierte, die aufweisbare, die gewissermaßen statistisch erfaßbare Gerechtigkeit. Noch einmal: Christi Werk plus unser Werk? Nein – nichts als glauben.

2. *Zuversichtlich* glauben, sagen wir nun. Diese Formulierung hat nicht unmittelbaren Anhalt am Text. Sie ist aber geeignet, aufzuzeigen, was in diesem Zusammenhang *Freiheit* bedeutet. Wir sind, indem wir Christus gehören, nicht abermals in ein Sklavenjoch gespannt (V. 1). Wir wären Sklaven, wenn wir um unser Heil noch bangen müßten. Aber wir dürfen sagen: „Ich bin gewiß" (Röm. 8,38), „wir wissen" (Röm. 8,28, vgl. 2. Kor. 5,1; 8,9). „Nun aber, da Gott meine Rettung meinem Willen entnommen und zu seiner Sache gemacht und mir zugesagt hat, mich nicht durch mein Werk und durch mein Laufen, sondern durch seine Gnade und Barmherzigkeit zu bewahren, bin ich *sicher* und *gewiß*, daß er treu ist und mich nicht be-

lügen wird" (Luther, De servo arb., WA 18,783, Cl. 3,288). Die Gewißheit des Heils hängt daran, daß wir uns auf Christi Werk für uns und auf nichts anderes verlassen.

Man könnte den judaistischen Versuch, Christus und das Gesetz zusammenzukoppeln, von daher verstehen, daß Christi Eintreten für uns, die Sünder, allein nicht als ausreichend angesehen wird. Ja, Christus muß und soll sein. Aber Gott kann sich nicht daran genügen lassen, daß sich jemand nur auf Christus beruft. Christus mag wohl den Ausgleich schaffen für das, was ich nicht habe zustande bringen können. Aber grundsätzlich bleibt es bei der Forderung des Gesetzes, die mir auferlegt ist und an deren Erfüllung zuletzt eben doch mein Daseinsrecht vor Gott gebunden bleibt. So etwa die galatische Irrlehre. – Hier gibt es kein Verhandeln und Paktieren. Als ob Christi Versöhnungs- und Vergebungswerk bloß dazu da wäre, die offengebliebenen Beträge in der Bilanz meiner Eigengerechtigkeit zu decken! Als ob es grundsätzlich doch auf mich und nicht auf ihn ankäme! Als ob nicht das Bemühen um Eigen*gerechtigkeit* eben sündige Eigen*mächtigkeit* wäre! Als ob nicht alles gerade daran läge, daß wir den Mut gewinnen, uns selber aufzugeben und in Christi Arme zu springen! Als ob nicht gerade dadurch, daß Christus für uns geradesteht und wir uns auf niemanden und nichts anderes verlassen als auf ihn, das Herr- und Schöpfersein Gottes wiederhergestellt würde! Als ob das, was er für uns getan hat, zu wenig sei! Als ob er uns nicht in *allem* trüge! Er bietet uns unser Kindesrecht beim Vater und die aus dem großen Freispruch zu gewinnende Unbefangenheit ohne jede Bedingung an. Kein Wenn und Aber. Keine Klauseln. Keine für diesen Gnadenstand konstitutiven Verpflichtungen. Es ist alles in Ordnung. Während das Gesetz – wenn ich es mir nicht längst abgewöhnt hätte, es so ernst zu nehmen, wie sich das gehört – mich ständig mit der Frage piesacken müßte: ob es mit dem Gehorsam so auch genug ist; ob von mir nicht viel mehr verlangt werden könnte, ja müßte; ob Gott in dem, was ich zustande bringe, wirklich zu seinem Recht kommt (usw.); wir sagen: während das Gesetz mich immer wieder nicht nur auf mein Ungenügen, sondern sogar auf meine trotzige Auflehnung gegen Gott festnagelt, bin ich nun durch Christus auf einen ganz anderen Boden gestellt. *Er für mich* – das genügt. Die Frage, ob für mein Heil schon genug geschafft ist, gibt es nicht mehr.

Merkwürdige Verkehrung: Daß das Werk Christi für mich nicht genug sein soll, sondern der Ergänzung durch meine aktive Gesetzeserfüllung bedarf, das ist ja eine Irrlehre, die gerade aus der Sorge um das Heil kommt, ihr also irgendwie abhelfen will. In Wirklichkeit führt gerade diese Lehre in die Anfechtung hinein. Dies allerdings war Luthers Erfahrung. Denn eben diese Irrlehre hatte er – recht verstehend oder mißverstehend? – als die Lehre seiner Kirche vernommen. So hoch auch die Gnade im Kurs stand, zuletzt fand er sich immer wieder auf die Finalität seines Christenstandes gewiesen: Tu, was Gott gebietet, *damit* du bei ihm angenommen seist. Das aber ist das Stehen unter dem Gesetz, das Paulus hier so leidenschaftlich abwehrt. Dem Menschen, der ein unempfindliches Gewissen hat und die Ansprüche Gottes an ihn großzügig taxiert, werden Luthers Fragen nicht kommen. Was aber wird aus dem, den sie quälen, aus dem Angefochtenen? Das ist der Durchbruch zum Evangelium: Es ist nichts mehr zu bereinigen, denn Christus ist meine Gerechtigkeit! Wir sind frei vom Gesetz, frei also von der Nötigung, uns selbst „in der Weise eigener Gesetzeserfüllung ... in die Hand zu bekommen" und den „Eigenwillen des Daseins (die Sünde) so zur Geltung" zu bringen, „daß er sich im Eingehen auf die Forderungen Gottes ... entfaltet" (H. Schlier, ThWNT II. S. 493). Unsere Eigenmächtigkeit ist immer unsere Unfreiheit, denn wenn wir auch nur einen Teil unseres Heils selber zu beschaffen haben, sind wir immer in der Lage von solchen, die ein Examen bestehen müssen, das sie gar nicht bestehen *können*, und die darum alles, was sie tun, zweckgerichtet tun müssen: eben dazu, daß das Examen doch noch bestanden werde. Das ist ein Sklavenjoch. Dieses werden wir nicht wieder auf uns nehmen.

3. Feststehen in der Freiheit – d.h. *tätig* glauben. „Denn in Christus gilt weder Beschneidung noch Unbeschnittenheit, sondern der durch die Liebe wirkende Glaube" (V. 6). Man könnte meinen, mit dem Partizipium ἐνεργουμένη nehme Paulus sämtliche Einwände gegen die Befürworter der Beschneidung und der Wiederaufrichtung des Gesetzes zurück. Also doch: Werke tun! Also doch: Bewährung im tätigen Leben! Also doch: Erfüllung des Willens und Gebotes Gottes! Es wäre nicht überraschend, wenn die Judaisten erklärten, dies und nichts anderes sei ihr eigentliches Anliegen. Es sei auch darauf hingewiesen, daß das Rechtfertigungsdekret von Trient (Sess. VI, Cap. 7, Dz. 800) sich u.a. auf unsere Stelle beruft, in ihr also sein Anliegen begründet sieht.

Selbstverständlich will Paulus, daß es zu gelebtem christlichem Gehorsam kommt. Es erübrigt sich, dies zu belegen. Wie es zu diesem Gehorsam kommt, *das* ist die Frage. Es kommt jedenfalls *nicht* dazu, indem das Gesetz wieder aufgerichtet wird, sondern nur so, daß es abgetan bleibt, ohne Wenn und Aber. Man kann dies leicht mißverstehen. V. 6 macht deutlich: die Beschnittenheit (und die mit ihr automatisch gegebene Verpflichtung auf das Gesetz) gilt nichts, aber die Unbeschnittenheit (samt einer etwa aus ihr sich ergebenden antinomistischen Liberalität oder Libertinität) gilt selbstverständlich auch nichts. Das wäre allerdings eine greuliche Verkehrung der Freiheitsbotschaft, wenn wir anfingen, uns den Himmel statt durch Gesetzestreue auf einmal durch Gesetzwidrigkeit zu verdienen! Es gibt ein Kokettieren mit der Freiheit, mit dem eine neue Form von Selbstgerechtigkeit aufgerichtet wird; alle Selbstgerechtigkeit aber ist Sklaverei. Daß wir doch den springenden Punkt nicht verfehlen: Heilsnotwendigkeit ist nichts, was *wir* zustande bringen. Indem wir glauben, haben wir die Frage nach unserm Heil eindeutig im Rücken. Wer meint, man müsse unsere Gehorsamspflicht in den ordo salutis irgendwie einbauen, verdirbt alles, gerade auch den rechten Gehorsam. Gehorsam ist nämlich nicht da, wo man sich einer fremden Norm unterworfen sieht; denn „wo ich auf Nötigung handle, da bin ich meinem eigenen Tun heimlich entgegen" (W. Joest, Gesetz und Freiheit, Göttingen 1961³, S. 22). Gehorsam ist auch nicht da, wo man darauf bedacht sein muß, im Tun sein eigenes Ansehen, seine Geltung, die „Gerechtigkeit vor Gott" zu gewinnen. Gehorsam ist auch nicht da, wo die persönliche Verbundenheit mit dem, dem man gehorchen soll, verstellt ist durch

ein System von Regeln und Vorschriften. Nichts ist dem Gehorsam dienlicher als dies, daß wir, aller Sorge um das Heil enthoben, uns ganz dem Menschen zuwenden, der auf unsere Liebe Anspruch hat. Die Werke erwerben uns nicht unsern Gnadenstand, sondern sie erwachsen aus unserm Gnadenstand. Aus unserer Stelle hat Luther abgelesen, „was ein ganzes christliches Leben sein solle, nämlich Glaube und Liebe: Glaube gegen Gott, der Christum ergreift und Vergebung der Sünde kriegt ohne alle Werke – danach Liebe gegen den Nächsten, welche – als des Glaubens Frucht – beweist, daß der Glaube recht und nicht faul noch falsch, sondern tätig und lebendig ist. Darum er (Paulus) nicht sagt, daß die *Liebe* tätig, sondern der *Glaube* tätig sei: daß der Glaube die Liebe übe und tätig mache und nicht die Liebe den Glauben ..." (Luther, Von der Winkelmesse und Pfaffenweihe, WA 38,227; Cl. 4,268).
Wir haben uns in unserer Auslegung auf die VV. 1–6 beschränkt. Die folgenden Verse brauchen in der Predigt nicht unterzugehen. Sie geben den Sachaussagen Kolorit. Es wäre lohnend, den ganzen Text noch einmal vom „Skandalon des Kreuzes" her zu bedenken, das hier beinahe nur als eine Art „Probe aufs Exempel" erwähnt ist. Es würde sich lohnen, das Ganze hier aufzuhängen. Wir dürfen uns diesen Weg vormerken und vorbehalten; in sechs Jahren wird ja erneut über diesen Text zu predigen sein.

24. Sonntag nach Trinitatis. Dan. 12,1-4

Ein Stück aus der großen, die letzten drei Kapitel des Buches umfassenden Schlußvision, die „im dritten Jahr des Kyros" erlebt sein will, aus „dem stoffgeschichtlich jüngsten Teil des Buches Daniel" (G. v. Rad, ThAT II, S. 326). 12,1-4 unterscheidet sich durch seine metrische Gestalt von den umliegenden Texten und erweist sich schon dadurch als Einheit. – Text: In V. 2 liest der masoret. Text „im Land, das aus Staub besteht"; die Übersetzungen (LXX, Theodotion und die Vulgata) setzen עֲפַר־הָאֲדָמָה voraus: „im Staub der Erde"; masoret. Text als lectio difficilior wohl vorzuziehen. לַחֲרָפוֹת dürfte Glosse zu לְדִרְאוֹן (vgl. Jes. 66,24) sein, also zu streichen. – V. 4: Der revidierte Text übersetzt „durchforschen", wahrscheinlich ist jedoch zu übersetzen: „Viele werden ratlos umherirren", pol. von שׁוט, vgl. Jer. 5,1; Amos 8,12; Sach. 4,10, „aber große Erkenntnis gewinnen". – Michael („Wer ist wie Gott?"), erstmals im Buche Daniel genannt (10,13.21), hat „inzwischen ... die vorweggenommene himmlische Entscheidung" zugunsten des Gottesvolkes „erzwungen" (O. Plöger z. St.). Auch in der Kriegsrolle von Qumran bringt er den Streitenden Hilfe. Vgl. Apok. 12,7ff. Er hat nach dem babylon. Talmud auch priesterliche Funktionen (Chagiga 12b), eine Symbolfigur für Christus. Bei dem „Buch" könnte an Bürgerschaftslisten gedacht sein. „Doppelte" Auferstehung, „die dem Dualismus innerhalb der Theokratie Rechnung trägt" (Plöger z. St.). „Viele" (V. 2) legt „ein inkludierendes Verständnis" nahe, also = alle, die zum Gottesvolk gehören. – Die Weisen haben nach 11,33a vielen zur Einsicht verholfen; es sind wohl nicht die Weisheitslehrer im klassischen Sinne, sondern „die Lehrer jenes eschatologischen Glaubens, wie ihn auch das Danielbuch zu lehren versucht" (Plöger). Zur Geheimhaltung des Buches s. u., anders Offb. 22,10, „wo der Befehl gegeben wird, das Buch *nicht* zu versiegeln, da die Zeit der Erfüllung nahe bevorstand" (W. Porteous, ATD z. St.).

Unser Text stellt in der großen apokalyptischen Geschichtskonzeption das Finale dar. Darin liegt, daß der Verfasser sich selbst und seine Zeit an der Schwelle des Eschaton weiß. Wer das Buch Daniel auslegt, muß ja immer in drei Zeiten denken: in der Zeit, in der das Buch spielt (6. Jahrhundert, vgl. 10,1), in der Zeit, in der und für die es zunächst geschrieben ist (165/164 v. Chr.), und schließlich in dem jeweiligen Heute, in dem der Leser des Buches lebt und auf das hin er Gottes Wort zu aktualisieren hat. Was das Buch aus dem 6. Jahrhundert zu erzählen weiß, erzählt es zu Nutz und Frommen, genauer: zu Weisung und Trost für die angefochtene Gemeinde in den Tagen des Antiochus Epiphanes. Die Weissagung Daniels durchmißt die Jahrhunderte, deren Verlauf der Verfasser des Danielbuches (relativ) gut kennt, bis die fiktive Vorausschau an den Punkt gelangt, an dem die Gegenwart des Verfassers erreicht ist (11,39), und er nun echte, durch den wirklichen Geschichtsverlauf nicht mehr kontrollierte bzw. kontrollierbare Zukunftsschau geben muß. Gerade hierauf kommt es aber an: die bedrängte Gemeinde soll wissen, wohin sie geht, und sie soll gestärkt werden. Das Reich Gottes bricht bald herein. „Nur noch ein wenig Mut, nur noch ein wenig treuer, von allen Dingen freier, gewandt zum ewgen Gut" (EKG 272,9 – das ganze Lied zur Meditation hilfreich). *Bald bricht Gottes Reich an!* Für die Gemeinde heißt das: Erprobung (1), Errettung (2), Erweckung (3).

1. Was seit Joel 2,2 bis hin zu Mark. 13,19 durchgängige Überzeugung der Apokalyptik ist, findet sich gleich am Eingang unseres Textes. Er weist auf die ecclesia pressa, die sich in den „Wehen" der letzten Zeit befindet und hierin ihre letzte und schwerste Erprobung bestehen muß. Es ist uns nicht verheißen, daß die Kirchengeschichte ein großer Evolutionsprozeß sein werde, durch den die Gewalt allmählich zum Reiche Gottes umgestaltet würde. Also auch nicht, daß Gottes Volk mit dem, was Gott ihm anvertraut hat, in einem großen geschichtlichen Entwicklungsgang innerhalb der Welt immer mehr heilsamen Einfluß und Möglichkeiten des Wirkens gewinnt. Schon der Weg der Gemeinde des Alten Bundes führt durch große Leiden; wer V. 1 unseres Textes verstehen will, möge sich dies vor Augen führen. Das Buch Daniel selbst ist in einer Zeit schwerster Bedrängnis geschrieben. Man lese die ersten Kapitel des 1. Makkabäerbuches – was haben diese Menschen geglaubt, gekämpft, gelitten! (Ist es recht, daß unsere Gemeinden davon so wenig wissen?) Die Zeit, auf die der Text blickt, wird der Gemeinde Gottes schwerste Anfechtung bringen, „wie sie nie gewesen ist, seit es Menschen gibt" (V. 1). Die Notsituation wird also nicht verkleinert und bagatellisiert; es heißt nicht: nubiculum est – transibit. Sondern man ist sich darüber im klaren, daß das Reich Gottes nicht anders kommen kann als so, daß die große Erprobung noch ausgestanden werden muß – wie bei einer Gebärenden, die durch ihre schwere Stunde hindurch muß, wenn sie das Glück ihrer Mutterschaft gewinnen will (Joh. 16,20ff.). Die Mitte der Reichs-Gottes-Geschichte auf Erden ist das Kreuz Jesu Christi. Eine Gemeinde, die sich die Welt im Triumphzug zu erobern gedächte, wäre nicht mehr die seine. Leiden verbinden uns mit unserm Herrn. Der Glaube soll in Anfechtungen erprobt, bewährt, befestigt werden.

2. Aber eben in dieser Drangsal der Makkabäerzeit – wir schauen auf den Anfang und Schluß von V. 1 –, die durch die Apokalyptik zu typologischer Geltung erhoben wird, sind die Angehörigen der Gemeinde Gottes nicht allein gelassen noch preisgegeben. Der Engelfürst Michael erhebt sich und tritt für sie ein. Häufiger als sonst im Alten Testament ist in diesem Buche von Engeln die Rede. Die Völker haben Engel (10,13.20). Wenn Gottes Volk auf Erden kämpft, dann vollzieht sich gleichzeitig ein Kampf im Himmel. Dieser allein entscheidet. Gedacht ist hier nicht an die Kämpfe, über die in den Geschichtsbüchern berichtet wird. Es geht um die Geschichte der Verwirklichung des Reiches Gottes, das nicht von dieser Welt ist. Die große Welt- und Kirchengeschichte hat einen transzendenten Hintergrund. Gottes Gemeinde kämpft nicht mit Fleisch und Blut (Eph. 6,12), sie kämpft auch nicht mit weltlichen Waffen. Die Kirche kämpft mit Gottes Wort und ihrem Bekenntnis, mit der Diakonie und dem Gebet. – Die Gemeinde der Makkabäerzeit befand sich, menschlich gesprochen, in einer aussichtslosen Lage. Ihre Stärke lag in der Glaubenskraft der Märtyrer. Gottes Volk, die Gemeinde des Gekreuzigten, hat in allen Jahrhunderten ihre größte Kraft da entfaltet, wo sie ihren Widersachern wehrlos ausgeliefert schien; „denn wenn ich schwach bin, so bin ich stark" (2. Kor. 12,10). Sie weiß, daß Gottes Engel für sie streiten. Daß von den Glaubenden – wir denken besonders an die ersten drei Jahrhunderte der Kirchengeschichte – manche „fallen durch Schwert, Feuer, Gefängnis, Raub – eine Zeitlang" (11,23), wird dabei einkalkuliert (11,35). Dies alles spricht nicht gegen Jesu Herrschaft, sondern für sie. Der kommende Äon ist nahe.
Hier zeigt sich, daß die Gemeinde das Volk der Erwählung ist. „Zur selben Zeit wird dein Volk errettet werden, alle, die im Buch geschrieben stehen" (V. 1). Immer wieder redet die Bibel von dem Buch, in dem die Namen derer stehen, die Gott gehören: Exod. 32,32; Ps. 69,29; 139,16; Jes. 4,3; Phil. 4,3; Offb. 3,5; 13,8; 17,8; 20,12; 21,27. Unsere Namen sind im Himmel geschrieben (Luk. 10,20). Was soll das heißen? Doch wohl dies: Gott sieht uns nicht an, als wären wir Sandkörner oder ein Schwarm von Mücken. Unser Name ist das Kennzeichen der Einmaligkeit und Unverwechselbarkeit unserer Person. Nennt Gott unseren Namen, dann kennt er uns. Dann sind wir ihm wichtig. In der Geschäftsstraße einer Großstadt laufen uns ungezählte unbekannte Menschen über den Weg. Wenn wir einmal einen mit Namen kennen, dann ist er auf einmal mehr als die vielen stummen Komparsen auf der Bühne, auf der unser Leben spielt. Mit Menschen, deren Namen wir kennen, sind wir auf irgendeine Weise verbunden. Gott weiß unsere Namen. Wir halten uns leicht für vergessen. Uns wird hier zugesagt, daß wir es nicht sind. Auch das andere liegt in dem Bild vom „Buch": Was einmal schwarz auf weiß festgehalten ist, das bleibt gültig. Das hat urkundliche Kraft. Ein bloßes Wort ist schnell verhallt. Aber Gott hat unsere Namen unverlierbar festgehalten. Die, mit denen Gott sich so fest verbunden hat, die läßt er nicht untergehen. Und wenn es in die letzte Not hineinginge und wie immer diese auch aussehe: Gott kennt uns – sie ist *seine* Not.

3. Damit ist schon der Schritt zum nächsten Vers getan. Das Evangelium

des Sonntags (Matth. 9,18-26) hat in unserm Text sein alttestamentliches Vorspiel. Erstaunlich genug! Das Alte Testament weiß sonst, bis auf wenige Stellen, nichts vom Leben nach dem Tode. Christus ist noch nicht auferstanden. Man kann sich die Zukunftshoffnung nicht aus den Fingern saugen. Es ist ein gutes Zeichen für die Nüchternheit der Bibel, daß sie damit ernst macht. Der von der Erde genommene Mensch kehrt zur Erde zurück. Das Beste, was ihm zuteil werden kann, ist dies, daß sein Leben nicht in der Hälfte seiner Tage von ihm genommen wird (Ps. 102,25). Nur hier und da blitzt etwas auf von der Erkenntnis, daß die Gemeinschaft mit Gott auch ewiges Leben bedeutet. Nicht übrigens, daß im Menschen von Hause aus etwas Ewiges, Unzerstörbares sei; dies ist ein Gedanke Platos, aber nicht der Bibel. Gott kann einzelne „entrücken" (Ps. 73,24; auch 49,16; Gen. 5,24; 2. Kön. 2,1 ff.; Jes. 53,8 ff.). Ist Gott eines Beters unzerstörbares „Teil", dann schimmert etwas wie Auferstehungshoffnung durch. Die – vielleicht mit Daniel gleichzeitige – Apokalypse Jes. 24–27 ahnt gleichfalls die Auferstehung (25,8; 26,19). Aber man muß sehen, daß es sich hier um ein erstes Dämmerlicht handelt. Unser Text denkt zunächst noch nicht an die „Auferstehung des Fleisches" (= aller Menschen), sondern an die des Volkes des Alten Bundes. Er spricht auch nur von „vielen" – das könnte, nach Bentzen, heißen: von den Märtyrern (vgl. Volz, Eschat. 2, S. 247 ff.), damit könnten aber auch (s. o.) „alle" Glieder des Gottesvolkes gemeint sein. Wer meint, der Wunsch sei der Vater des Gedankens, der bedenke, daß man nicht nur zum Leben, sondern auch zu ewigem Abscheu erweckt werden kann (Jes. 66,24); doch wohl ein Beweis dafür, daß nicht nur an Märtyrer gedacht ist. Überhaupt weiß biblischer Auferstehungsglaube, daß wir das *Gericht* vor uns haben; wer nur Wunschträumen nachgeht, wird schwerlich sagen: lieber lebendig begraben als in den Händen des zornigen Gottes (Luk. 23,30; Offb. 6,16; 9,6). Doch gehen solche Gedanken über unsern Text schon hinaus.

Es ist klar, daß wir, die Gemeinde des Neuen Bundes, nicht nach den ersten Strahlen der Auferstehungsahnung suchen, wo wir doch im vollen Morgenlicht von Ostern stehen. Wir werden einen Text wie diesen trotzdem aufmerksam lesen. Gerade dieses behutsame Tasten – man denkt an 1. Kor. 15,51: „Siehe, ich sage euch ein Geheimnis" – macht deutlich, was es bedeutet, wenn die Riegel dieses von uns nicht zu erbrechenden Tores aufgehen und Menschen aus dem „Lande des Staubes" wiederkehren. Die Totenerweckungen, die uns das Neue Testament von Jesus berichtet – man übersehe nicht Matth. 11,5 –, sind ja zunächst auch nur Einzelfälle: zeichenhafte Durchbrüche zu dem, was eigentlich gemeint und gewollt ist: Christus ist auferstanden – also werden auch wir auferstehen. Das ist der Kernsatz, von dem unwissentlich auch Dan. 12 abhängt. Nicht deshalb haben wir etwas zu hoffen, weil der Mensch seiner Natur nach etwas Ewiges und Unzerstörbares in sich trüge, sondern weil Gott sein Volk in seinem Sohn geliebt und erlöst hat und, was er liebt, nicht im Tode lassen wird. Um Christi willen dürfen wir an unsere Auferstehung glauben. O. Weber hat es im Anschluß an K. Barth einmal schön klargemacht (GPM 1949): „Die Einschränkung – ‚viele' werden aufwachen – wird von der Bibel nicht so überwunden, daß das partikulare ‚viele‘ auf ein universales ‚alle‘ ausgeweitet wird; vielmehr wird der Partikularismus des Alten Testaments nur durch seine äußerste Verengung" gesprengt: der *Eine* wird auferweckt, und in dem Einen dann allerdings alle, die zu ihm gehören. (Das eben Gesagte gilt mutatis mutandis auch dann, wenn wir רַבִּים von vornherein mit „alle" wiedergeben.) Die Christus gehören, sind die legitimen Rechtsnachfolger des alttestamentlichen Gottesvolkes, das hier in seiner größten Not – aus der Königin wurde die Sklavin (1. Makk. 2,11) – seine größte Hoffnung ergreift. – Unsere Predigt hat die Aufgabe, die Gemeinde in ihrer Auferstehungshoffnung zu stärken. Es wäre nicht viel gewonnen, wenn allein das dogmatische Kapitel recht und schlecht verhandelt würde, das nun einmal unter dieser Überschrift steht. Die gedankliche Klarheit ist nötig. Aber was geschehen muß, ist mehr. Vielleicht hilft uns der 4. Vers des Textes dazu. Er ist nach allem, was wir wissen, eine literarische Fiktion. Das Buch mit „diesen Worten" stammt ja gar nicht aus dem 6. Jahrhundert, hat also auch nicht rund 400 Jahre versiegelt irgendwo gelegen. Das Buch stammt so, wie es uns vorliegt, aus der Zeit eben der Bedrängnisse, in die hinein es redet. Es nimmt gewiß ältere Traditionen auf, es befragt die heilige Überlieferung Israels, oft auf eine sehr neuartige Weise – man denke an 9,2ff., wo die 70 Jahre aus Jeremias Weissagung (Jer. 25,12; 29,10) in Jahrwochen umgedeutet werden und ihnen damit ein hintergründiger Sinn gegeben wird. Aber wie dem auch sei: daß die Schrift bis auf die letzte Zeit zu versiegeln ist, hat den Sinn, daß sie gerade dann gelesen werden soll, wenn die Gemeinde solchen Trost Gottes am nötigsten hat. Die Botschaft des Buches Daniel ist „gezielt" – eben auf die letzte Bewährungsprobe, die Gottes Volk unter Antiochus Epiphanes durchzustehen hätte. (Daß hier, wie so oft in der Bibel, in „verkürzter Perspektive" gedacht ist, wissen wir inzwischen. Die Gemeinde Gottes wird immer darüber nachzudenken haben, was die Fristverlängerung für sie bedeutet.) Es wird, sagt der Verfasser, dahin kommen, daß die Menschen nach Hilfe und Weisung suchen – wie das Amos 8,12 schon gesagt ist. Dann sollen sie nicht allein gelassen sein, sondern „Einsicht" finden. Das Wort Gottes meint immer die Lage, in der es Ernst wird. Wir pflegen den letzten, äußersten aller „Fälle", die letzte Stunde der Welt oder unsere eigene letzte Stunde, aus unseren Überlegungen und Planungen herauszulassen. Vom Sterben spricht man nicht. Es ist jedoch ein Irrtum zu meinen, man könne die Frage nach den letzten Dingen durch Ignorieren und Blinde-Kuh-Spielen loswerden. Das Buch Daniel zielt seine Botschaft mitten in die Lage hinein, „wenn mir am allerbängsten wird um das Herze sein". Dann, wenn es hart auf hart geht, wird es darauf ankommen, ob ich an den Auferstandenen glaube. Es ist dabei wichtig, daß wir die „Zeit der Drangsale, wie keine waren, seit es Völker gibt, bis zu jener Zeit", und die große Hoffnung auf das „Aufwachen" am Tage Christi wirklich zusammendenken und zusammenglauben lernen, wie unser Text das tut. Und es wird wichtig sein, daß unsere Zukunftshoffnung nicht eine bloß individuelle ist; auferstehen werden wir „in Christus", d.h. aber auch in seiner Gemeinde, im Volke Gottes. Gerade dazu will ein alttestamentlicher Text wie dieser uns führen.

Es hat nicht viel Sinn, sich ausreden zu wollen, daß in V. 3 wirklich „Lehrer" der Gemeinde Gottes, Träger der frommen Lebensweisheit und der Wissenschaft – natürlich im Sinne jener Zeit –, gemeint sind. G. v. Rad spricht sogar davon, daß unser Text in eine Apotheose der Weisheitslehrer ausmünde (ThAT II, S. 319). Die Apokalyptik ist auf dem Boden der Weisheitslehre erwachsen. Wahrscheinlich würde unser Text nicht so volltönend von den Lehrern reden, wenn sie nicht im heißen Glaubenskampf besonders fest gestanden und sich bewährt hätten (11,33.35). Auf dem Boden des Neuen Testaments wird man nüchterner sprechen und denken. Immerhin lesen wir auch Hebr. 13,7: „Gedenket an eure Leiter (Luthertext: Lehrer), die euch das Wort Gottes gesagt haben; ihr Ende schauet an, und folgt ihrem Glauben nach." Daß das Buch Daniel nicht zu hoch greift, wenn es von denen redet, die selbst durchgehalten und anderen zur Gerechtigkeit geholfen haben, mag man aus Jesu eigenem Wort ersehen: „Dann werden die Gerechten leuchten wie die Sonne in ihres Vaters Reich" (Matth. 13,43). Gott will offensichtlich, daß wir in der letzten Bewährungsprobe nicht nur selber „beharren bis ans Ende" (Matth. 24,13), sondern auch anderen darin beistehen, und er legt darauf seine Verheißung. Können wir schon im irdischen Leben „scheinende Lichter" (= Sterne) in der Welt sein (Phil. 2,15), wieviel mehr im Himmel. Gut, wenn wir Menschen haben, die uns, wenn wir in den Ernstfall unserer Glaubensbewährung gestellt werden, zur Gerechtigkeit weisen und helfen. Sagen wir es ruhig so gewagt, wie Luther es ausgedrückt hat: Einer soll des anderen Christus sein.

Drittletzter Sonntag des Kirchenjahres. Jak. 5,7-11

In einer „Spruchreihe mit wechselnden Themen" (M. Dibelius) – vgl. unsere Auslegung zum 19. S. n. Trin. – stellt unsere Perikope eine erste Gruppe dar. Dibelius überschreibt sie: Von der Geduld. Man darf nur die eschatologische Bestimmtheit dieser Verse nicht übersehen, dann wird man auch V. 9 nicht, wie Dibelius, als „empfindlich störend" ansehen. – V. 7: παρουσία τοῦ κυρίου könnte, als Gerichtsankunft Jahwes, auch in einem jüdischen Schreiben stehen (Spitta, Bousset), wird aber wohl die Ankunft Jesu Christi in Herrlichkeit meinen. Ernte ist stehendes Bild für die eschatologische Erfüllung. Früh- und Spätregen – einer erklärenden Hinzufügung von ὑετόν (s. App.) nicht unbedingt bedürftig – wie Deut. 11,14; Hosea 6,3; Joel 2,23; Sach. 10,1 (LXX). Frühregen: Mitte oder Ende Oktober, leitet die halbjährige Regenzeit ein. Spätregen am Ende der Regenzeit, im März oder April. Das Bild paßt also nicht gut dazu, daß der Bauer auf die Furcht wartet, es hat seine Bedeutung für die Aussaat. Jakobus dürfte weniger über die einzelnen Vorgänge nachgedacht, sich vielmehr sprichwörtlicher Rede bedient haben. Wer empfängt den Regen: die Frucht oder der Bauer? – V. 9: „Seufzer sind Anklagen, die nicht in Worte gefaßt sind, aber doch Vorwürfe bedeuten" (F. Hauck im NTD). Der Vers fügt sich völlig in den Zusammenhang ein: der Geduld bedarf es nicht nur im Warten auf den Tag des Herrn, sondern auch gegenüber den Mitmenschen, wobei das geheime Richten des anderen unmöglich ist angesichts der Tatsache, daß der, der uns richtet, vor der Tür ist. – VV. 10.11: Daß die hier genannten Beispiele den VV. 7f. näher stünden als dem V. 8, wie M. Dibelius meint, vermag ich nicht einzusehen. Eher könnte man sagen, daß Geduld im Leiden (man könnte τῆς κακοπαθίας καὶ τῆς μακροθυμίας als Hendiadyoin auffassen) ein neues Stichwort ist. Bei Propheten liegt es nahe, an Martyrien zu denken (Matth. 5,12; 23,29-31; Mark. 12,1-5; Hebr. 11,36f.); doch gilt das hier Gesagte auch von Mühsal und Kampf ihres täglichen Dienstes. Μακροθυμία und ὑπομονή werden wechselweise gebraucht, wie gerade der Übergang von V. 10 zu V. 11 (ὑπομείναντας) erkennen läßt. Hiob ist eine bekannte Gestalt (Jakobus liebt Beispiele, 2,21.25; 5,17f.). Hier ist nicht an Hiobs Aufbegehren gedacht, sondern an seine Geduld in der Rahmenhandlung des Hiobbuches. „Wie's der Herr hinausgeführt hat" ist eine schöne und sachgemäße Übersetzung von τὸ τέλος κυρίου; gemeint ist zunächst einfach der gute Ausgang der Hiobsgeschichte. Statt τέλος lesen wenige Minuskeln ἔλεος, wohl schon im Blick auf das folgende Psalmzitat (103,8). Liest man (mit dem Reichstext) „sehet!", dann betont man den Zuspruch; liest man „ihr habt gesehen", dann liegt der Ton auf der Begründung: wenn man wußte, wie Gott gesinnt ist, hätte man auch keinen anderen Ausgang der Dinge erwarten können.

Die ganze christliche Botschaft hat eschatologischen Charakter. An wievielen Texten auch dieser Reihe wurde dies deutlich! Der christliche Glaube steht und fällt mit dem Satz: „Der Herr kommt bald" oder wörtlich: „Die Ankunft des Herrn (in Herrlichkeit) steht unmittelbar bevor" (V. 8 – das Perfekt ἤγγικεν hat ja präsentischen Sinn). Die urchristliche Naherwartung wurde enttäuscht. Für kurzschlüssiges Denken fällt damit die Christusbotschaft überhaupt dahin oder doch wenigstens ihr eschatologischer Charakter. Sollen wir – etwa gar wie die Irrlehrer in Korinth – auf eine „realized eschatology" (Dodd) verfallen? Oder sollen wir im Eschaton das jedes geschichtliche Ereignis transzendierende, die Geschichte unaufhörlich in Gang haltende, selbst aber nie sich ereignende Movens eben dieser Geschichte sehen? Oder die ewige Qualifikation eines jedes Augenblicks der Zeit? Wir sollten uns daran genügen lassen, festzuhalten, daß wir den Herrn auf alle Fälle *vor* uns haben, sei es, daß er in *einem* Augenblick den alten Äon insgesamt durch den neuen ablöst, sei es, daß er uns als einzelne, jeden zu seiner Stunde, an die Grenze des Alten führt, um im nächsten Augenblick das Neue vor uns aufgehen zu lassen. Jedenfalls wird – wie, ist wirklich nicht interessant – die Verborgenheit des Herrseins Jesu und auch die Verborgenheit unserer Anteilhabe am Kommenden aufgehoben werden: „Wir sehen jetzt durch einen Spiegel in einem dunklen Wort, dann aber von Angesicht zu Angesicht" (1. Kor. 13,12; vgl. 1. Joh. 3,2). Der Zustand der Verhülltheit, der Zwielichtigkeit, der Zweideutigkeit, des Angefochtenseins, des Hin- und Hergerissenseins zwischen dem, was war, und dem, was kommt und schon heimlich da ist – dieser Zustand, in dem Altes und Neues in so spannungsvoller Weise ineinander verschränkt sind, wird aufhören. Christus wird uns in seiner Doxa unmittelbar gegenwärtig sein. Darauf warten wir mit den Gemeinden der neutestamentlichen Zeit, auch mit denen, an die der Jakobusbrief sich wendet.

Bis dahin heißt es: μακροθυμήσατε – seid geduldig, oder, wie man im Blick auf die Wortbestandteile sagen könnte, verschafft euch einen großen Mut, ein großes Herz (mit „verschafft euch" soll der Aorist angedeutet sein).

„Macht eure Herzen stark" (V. 8) ist eine nur gering variierende Ausdeutung eben des einleitenden Imperativs. Der Text will uns also sagen, worauf es in *der* Zeit ankommt, die bis zur Parusie des Herrn noch vergehen wird, d.h. aber: worauf es überhaupt in der uns gewährten Zeit ankommen wird. Diese Zeit ist durch das Kommende, nein: durch *den* Kommenden, bestimmt. Das heißt, wir werden als Christen weder nur dem jeweiligen Augenblick leben noch uns rückwärtsschauend und wehleidig in Erinnerungen ergehen, sondern wir werden nach vorn schauen. Gerade dadurch, daß wir auf das Morgen schauen, das schon nicht mehr in diese Zeit fällt, werden wir das Heute nicht versäumen. Dazu aber gehört das, was der Text will: *Wir brauchen ein großes Herz* – beim Warten auf den Herrn (1), im Umgang mit den Mitmenschen (2), zum Durchhalten in den Leiden (3).

1. Wir hätten von den VV. 7f. noch nicht viel verstanden, wenn wir nur feststellten, daß der Jakobusbrief in einer Zeit geschrieben ist, in der die urchristliche Naherwartung sich nicht erfüllt hat und darum der auf die Einlösung der Verheißungen Gottes ausgestellte Wechsel sozusagen prolongiert werden muß. Es soll nicht bestritten sein, daß ein solcher Gedanke – wenn man die Dinge schon so von außen sehen will – mit im Spiel ist. Aber der Kern der Sache liegt ja woanders. Wie kurz oder wie lange die Christenheit als ganze auf den Tag ihres Herrn noch zu warten haben wird, ist unwichtig. Wichtig ist, daß ich – wie jeder andere – auf die unmittelbare Begegnung mit dem Herrn und auf die Vereinigung mit ihm zugehe, ja jeden Augenblick mit ihr zu rechnen habe. Naherwartung (Matth. 24,34; 1.Thess. 4,15.17; 1.Kor. 15,51)? Fernerwartung (Matth. 25,5; Luk. 12,45)? Es empfiehlt sich nicht, beides gegeneinander auszuspielen. Mark. 13,32 dürfte schwerlich erfunden sein. Die Stunde für nahe halten, für ferne halten, die Stunde nicht wissen: dies alles läuft in *einer* Spitze aus – „wachet!" (Mark. 13,37). Der Herr soll uns nicht schlafend finden. – Man kann es auch so sagen wie unser Text. Macht eure Herzen fest! Ihr braucht ein großes Herz! Es könnte ja sein, ihr seid von einer hektischen Ungeduld, die Christus gewissermaßen unter Druck setzen will. Es hat in der Kirchengeschichte immer wieder einmal solche Zeiten gegeben. Wir sahen es an der Gemeinde von Thessalonich: solche Ungeduld gewinnt nichts, ja verliert sogar etwas, nämlich das Heute. Zur μακροθυμία gehört, daß man tief durchatmet. Wer hoffen will, muß auch warten können. Als Kinder konnten wir es oft nur schwer, wenn etwas bevorstand, worauf wir uns fieberhaft freuten. Der Bauer muß warten können (V. 7). Wenn er versuchte, den Wachstumsprozeß durch irgendwelche Eingriffe zu beschleunigen, würde er ihn wahrscheinlich nur stören. Die Natur braucht ihre Zeit. Ein Blick genügt dem Bauern: Es ist noch nicht soweit. Das gleiche gilt für Christi Parusie. Wir können dem Herrn keine Termine setzen. Geduld! – Aber es könnte sein, es fehlt uns in ganz anderer Hinsicht am „großen Herzen". Die Erwartung könnte überhaupt erloschen sein. Noch nicht – noch lange nicht (Matth. 24,47) – überhaupt nicht? Dann wären wir nicht mehr ungeduldig, sondern hätten überhaupt resigniert. Es hat uns zu lange gedauert. Auch hier fehlt der große Atem. Auf weite Sicht denken und leben: dazu gehört die Kraft, über die gegenwärtige Situation hinauszudenken und sich auf das ein-

zustellen, was erst noch kommen wird. Sind wir dazu zu träge? Lassen wir uns nicht gern in unserer Ruhe stören? Nimmt uns unser bescheidenes Alltagsprogramm so sehr gefangen, daß wir nun wirklich nur mehr ein „kleines Herz" haben? Sei es nun, daß wir Christi Zukunft im Katechismus und im sonntäglichen Credo stehenlassen und nur in der Praxis außer acht lassen, sei es, daß wir – vielleicht ohne viel Aufhebens – auch den Glaubensartikel von Jesu Zukunft eliminiert haben: wir leben dann so, als käme nichts mehr auf uns zu, als bekäme nichts mehr den Charakter des Endgültigen, als hätten wir uns vor niemandem mehr zu verantworten außer vor den Instanzen, mit denen wir es im zeitlichen Leben zu tun haben. – Und nun noch ein wenig zugespitzter: In der Wartezeit ist das Christsein, wenn man es ernst nimmt, unter Umständen eine anstrengende Sache. Das, was der Text κακοπαθία nennt, dazu Kampf im eigenen Herzen und angefochtener Glaube. Wer an Jesu Kommen glaubt, wer es in Bälde erwartet, wird sich ermuntern lassen: Noch ein Weilchen aushalten! Es lohnt sich, auch die letzten Kräfte noch einzusetzen! Bald ist's geschafft! (Das letzte Buch der Bibel enthält diesen Ton sehr stark, aber nicht nur dieses.) Käme der Augenblick nicht, in dem, mit Kierkegaard zu sprechen, aller Streit in nichts zerrinnt, dann könnte es wohl sein, wir geben nach.

Wir haben schon viel zuviel dem nachgedacht, was wohl wäre, wenn der Herr nicht käme. Er kommt aber gewiß. Es lohnt sich, für ihn wach zu werden und zu bleiben. Es lohnt sich, ihn in alles Denken, Wollen, Planen einzukalkulieren. Es lohnt sich, die Entscheidung eines jeden Augenblicks unter dem Gesichtspunkt zu treffen, daß er das letzte Wort spricht. Es lohnt sich, Kraft, Geduld und Liebe für ihn einzusetzen in dem Wissen darum, daß der Augenblick kommt – es wird kein Augenblick in der Zeit sein –, in dem uns kein Zweifel mehr befällt, ob wir uns wohl umsonst geplagt haben. Ist, was wir eben ausgeführt haben, Ausdruck eines eudämonistischen Begehrens? Sollte, wer an Jesus Christus glaubt, auf die Eindeutigkeit der Lage, wie der Jüngste Tag sie bringen wird, nicht verzichten und es im Glauben dabei lassen, daß es die Christusverbundenheit nur im jeweiligen (aktualen und darum punktuellen) Durchbruch des Glaubens nach vorn gibt? Das Neue Testament spricht anders. Das ist kein Zufall. Wer wirklich weiß, was Anfechtungen sind, wünscht es sich nicht, daß der Herr im Verborgenen bleibt. „Herr, wie lange ...?" – so darf der Glaube fragen (Ps. 6,4; 62,4; 79,5; Jes. 6,11; Offb. 6,10). Solange die Kirche Christi, sub cruce tecta, auf die Parusie ihres Herrn wartet, soll sie geduldig sein und ja nicht versuchen, den großen Tag ihres Herrn eigenmächtig vorauszunehmen. Aber sie darf – wie der Langstreckenläufer, der gegen Ende die letzte Kraft aufbietet – wissen: Es gibt ein Ziel. Oder nun in dem Gleichnis unseres Textes: Der Bauer weiß, daß die Erntezeit kommt. Er kann nichts dazu tun, daß sie kommt; er braucht aber auch nichts dazu zu tun (Mark. 4,26-29). Er darf vertrauen. „So seid nun geduldig ..." – wir wünschen uns die verhaltene Fröhlichkeit und die Gelassenheit, die aus Joh. Brahms' unvergeßlicher Vertonung unserer Stelle spricht. Der Herr läßt seine Gemeinde nicht im Stich.

2. Wir brauchen ein großes Herz – im Umgang mit unseren Mitmenschen.

„Seufzet nicht widereinander, liebe Brüder, auf daß ihr nicht gerichtet werdet. Siehe, der Richter ist vor der Tür." Auch dieser Spruch steht unter dem Vorzeichen des nahen Eschaton. Was bedeutet das Kommen des Herrn für das Zusammenleben mit unseren Mitchristen bzw. Mitmenschen? Zunächst dies, daß dieses Zusammenleben keineswegs ohne Probleme und Schwierigkeiten ist, auch in der christlichen Gemeinde. Der Jakobusbrief hat mehr als einen Anlaß, auf solche Probleme zu sprechen zu kommen. Es war in urchristlicher Zeit also nicht anders als bei uns. Es könnte sein, daß das gemeinsame Christsein zwischenmenschliche Probleme nicht nur beseitigt – man denke an die Kraft der Vergebung –, sondern auch neue schafft. Daß wir noch nicht in der Vollendung leben, sieht man an Zuständen und Vorgängen innerhalb des Volkes Gottes oft erschütternd deutlich. Vielleicht hat der Jakobusbrief aus seiner Situation heraus die Schwierigkeiten noch schärfer gesehen. Von einer besonderen Verfolgung, die über die Gemeinde geht, ist zwar nicht ausdrücklich die Rede, aber immerhin beginnt der Brief gleich mit den Anfechtungen, und unsere Stelle deutet auf die Leiden der Propheten. Es könnte der Urchristenheit manchmal gegangen sein wie den Bewohnern einer belagerten Stadt. Gemeinsame Not kann zusammenführen. Sie kann aber auch dazu führen, daß man es schwer miteinander hat. Es mögen im Hintergrund Erfahrungen stehen, wie sie Matth. 10,21 aufbewahrt sind. Dies alles gehört in die endzeitliche Situation der Gemeinde. So seid nun geduldig! – mit V. 9 ist keineswegs ein neues Thema angeschlagen. Für den Mitmenschen und Mitchristen das „große Herz"! Die μακροθυμία gehört zu den „Früchten des Geistes" und ist ein wesentliches Merkmal der christlichen Liebe (Gal. 5,22; vgl. Eph. 4,2; Kol. 1,11; 3,12; 2.Kor. 6,6 u. ö.). Geduld haben heißt: dem anderen Zeit lassen, ihn nicht unter Druck setzen, ihm keine Ultimaten stellen, ihm seine Schwächen nicht zum Verhängnis werden lassen, sie vielmehr einkalkulieren und freundlich ertragen, immer wieder (Matth. 18,21, vgl. V. 26.29). Μὴ στενάζετε – das bedeutet, daß wir in solcher Geduld nicht nur die offenen Konflikte vermeiden sollen, sondern daß auch das unartikulierte, nur im Verborgenen wirksame Widereinander abgebaut werden soll. Wir werden an die Bergpredigt erinnert: der Gehorsam soll nicht nur in den offenkundigen Taten gewahrt und geleistet werden, sondern auch in deren verborgenen Wurzeln. Christen wissen ja von der Geduld Gottes (Röm. 2,4; 9,22; 1.Tim. 1,16; 2.Petr. 3,15), der sie – einer wie der andere – ihr Leben und ihr Heil verdanken. Wenn jemand „ein großes Herz" hat, dann ist es Gott. Um seinetwillen sollte auch in uns für den anderen ein weiter Raum vorhanden sein (2. Kor. 6,12; 7,2). Das müßte bedeuten, daß wir dem anderen das Recht lassen sollten, anders zu sein als wir selbst. Das müßte heißen, daß wir nicht nur fragen: was sagst du, was tust du?, sondern auch: wie meinst du es?

Wir haben soeben an die Bergpredigt erinnert. Jakobus kennt Spruchgut, wie es dort gesammelt ist. Auch unser Text zeigt Berührungen. Es heißt hier wie dort: ἵνα μὴ κριθῆτε (Matth. 7,1), und das schon erwähnte Gleichnis vom Schalksknecht, das wie ein authentischer Kommentar zu Matth. 7,1 wirkt, wurde schon zitiert. Widereinander seufzen – das ist ein geheimes, stummes Richten. Es käme nicht so oft zum Stöhnen über den andern, wenn wir nicht dauernd über ihn heimlich zu Gericht säßen. Man weiß ja, woher es kommt: es ist so schön, im Verurteilen des anderen sich seiner eigenen Überlegenheit zu vergewissern. Richten ist eine der gängigsten Methoden, uns die eigene „Gerechtigkeit" auf Schleichwegen zu verschaffen: ich steige im Wert, wenn der andere sinkt. Daß dieser Trick vor Gott nicht funktioniert, ist klar. Es gibt keine gründlichere Infragestellung unserer Freude am Richten als die Erinnerung daran, daß wir in relativ kurzer Zeit *alle* vor dem Richter stehen werden. Was wir gegeneinander vorzubringen haben, wird dann mit einem Schlage in sich zusammenbrechen, ja, es wird noch uns selbst belasten (Matth. 18,29ff.). Es wird uns guttun, des Herrn zu gedenken, der immer vor der Tür steht: in den Familien, während der Sitzungen kirchlicher Gremien, bei allem, was zwischen uns geschieht. Was uns dann rettet, ist seine μακροθυμία. An der sollte es eben darum auch bei uns nicht fehlen.

3. Wir brauchen ein großes Herz – zum Durchhalten im Leiden. Wir haben jetzt nicht darüber nachzudenken, wie es zu den Leiden kommt, auf die der Text anspielt. Die Propheten (V. 10) und Hiob (V. 11) sind deshalb genannt, weil das, was hier gemeint ist, anschaulich werden kann in aller Vielfalt. Der Prediger wird zu bedenken haben, daß er nicht nur solchen predigt, die in der Bibel zu Hause sind. Es entspricht der Absicht unseres Briefes, wenn er in knappen Strichen schildert, wie das Durchhalten aussieht und wie es dazu kommt. Es ist eine Sache des Gehorsams, der Beugung unter Gott, des Sich-führen-Lassens, des Vertrauens. Es wird keine Gemeinde geben, in der nicht Menschen sind, die den Zuspruch der VV.10f. nötig haben. Sie mögen leicht das ihnen Auferlegte als die Widerlegung alles dessen ansehen, was sie bisher von Gottes Güte und Fürsorge meinten gewußt zu haben. Niemand wird ihnen solche Anfechtung verübeln, vielmehr wird jeder sie geradezu erwarten. Es ist leicht, schöne Worte zu machen, solange man selbst guter Dinge sein kann.

Die Beispiele bringen zum Ausdruck, daß der Leidende nicht allein steht. Er hat Gefährten. Es gibt solche, die vor ihm hindurchgemußt haben. Es ist gut, sich daran erinnern zu lassen. Man soll „der Heiligen gedenken, auf daß wir unsern Glauben stärken, so wir sehen, wie ihnen Gnade widerfahren, auch wie ihnen durch Glauben geholfen ist" (CA XXI). Das heißt sicher nicht nur: es gibt Parallelfälle. Sondern auch: wir sind *eine* Gemeinde, die nämlich, die es bereits geschafft haben, und wir andern, die wir unsern Glauben noch durch Anfechtungen hindurchtragen müssen. – Zum andern zeigen die Beispiele: es gibt ein τέλος κυρίου. Ein Happy-End? Das kann es geben und hat es auch immer wieder gegeben – Hiob ist dafür ein eindrucksvolles Beispiel. Denkt man etwa an Märtyrer – und bei V. 10 scheint dieser Gedanke stark mit im Spiel –, dann scheint für den oberflächlichen Blick alle Hoffnung umsonst gewesen zu sein. Und das gälte nicht nur für die Blutzeugen, sondern für uns alle, sofern der Tod über uns das letzte Wort hätte. Er hat es nicht. Das letzte Wort spricht der, dessen Parusie uns in diesem Text erneut in Aussicht gestellt wird. Seid geduldig – d.h. wirklich: haltet durch, bis der Herr dem Leiden ein Ende macht. Wir vergleichen 1,12: „Selig ist der Mann, der die Anfechtung erduldet; denn nachdem er bewährt ist, wird er die Krone des Lebens empfangen, welche Gott verheißen hat denen, die ihn liebhaben." „Siehe, wir preisen selig, die erduldet haben" (V. 11). Wieder ein Postulat – geboren aus dem Glücks- und Erlösungsbedürfnis des leidenden Menschen? Solcher Trost wäre nicht stichhaltig. Geduld im Leiden lohnt sich deshalb, weil *Gott* so ist, wie wir ihn kennen: πολύσπλαγχνος καὶ οἰκτίρμων.

Vorletzter Sonntag des Kirchenjahres. 2. Kor. 5,1-10

Das in 1,9b angeschlagene, 4,13-18 wieder aufgenommene Thema der Auferstehung wird weiter ausgeführt. – V. 1: Das irdische Zelthaus ist nach V. 4 das Sterbliche. Der Bau aus Gott liegt für uns im Himmel fertig bereit. Nicht mit Händen gemacht – in der Sprache des Hebräerbriefs heißt das: nicht von dieser Schöpfung (9,11). – V. 2: Wie in V. 4 sehnsüchtiges Seufzen (vgl. Röm. 8,23). Das Bild vom Zelt wird gegen das vom Kleide ausgetauscht, vgl. I 15,53. – V. 3: Meint die Nacktheit einen Zwischenzustand, der dann eintritt, wenn der „Abbruch" (Tod) nicht mit der Parusie zusammenfällt? Rechnet Paulus überhaupt damit, daß der Zustand der Nacktheit eintreten könnte? Die Konjunktion εἴ γε καί (vgl. Gal. 3,4) bedeutet „wenn (denn) wirklich"; sie bezeichnet also eine Voraussetzung, über die nach Ansicht des Schreibers nicht mehr gestritten werden sollte. Die Vertreter der korinthischen Gnosis dürften den Tod als Befreiung zur Leiblosigkeit angesehen haben (Bultmann). Dem widerspricht Paulus. Wir warten aufs sehnlichste auf den neuen Leib. – V. 4: Das (wie in einem Alptraum) „belastete" Seufzen bezieht sich also nicht darauf, daß noch immer die Möglichkeit besteht, einen Zwischenzustand der Nacktheit ertragen zu müssen, erst recht nicht darauf, daß – wie vielleicht bei einigen Korinthern – diese Nacktheit *ersehnt* würde, sondern darauf, daß endlich die Bekleidung mit dem himmlischen Leib erfolge, „damit das Sterbliche vom Leben verschluckt werde" (gerade der ἵνα-Satz scheint mir gegen die Annahme eines leiblosen Zwischenzustandes zu sprechen). – V. 5: Gott hat dies alles schon bereitgestellt. Der uns geschenkte Geist ist „Anzahlung", „Vorschuß" auf das Kommende (1,22; Eph. 1,13f.), ist „Erstlingsgabe", also „Anbruch" (Röm. 8,23). – V. 6: Die korinthischen Enthusiasten meinen das volle Heil schon zu haben; sie empfinden nicht das Getrenntsein vom Herrn, auch nicht – V. 7 – das Verzichtenmüssen des Glaubens, der noch nicht schauen darf (vgl. I 13,12). – V. 8: Die Sehnsucht nach dem Kommenden – „daheimsein beim Herrn" (1. Thess. 4,17c; Phil. 1,13) – ist nicht wehleidige Untätigkeit: θαρροῦντες – θαρροῦμεν (VV. 6.8). – V. 9: φιλοτιμούμεθα = „es ist unser Ehrgeiz". In diesem Betracht ist es unwesentlich, ob wir schon dort oder noch hier sind. – V. 10: κομίζεσθαι = den Lohn für etwas bekommen, mit Akk. τὰ διὰ τοῦ σώματος instrumental (das mit Hilfe des Leibes Vollbrachte) oder zeitlich (das in der Zeit leibhaften Lebens Vollbrachte). Christus als Richter: I 4,4f.; Röm. 2,16 u.ö. – Gott als Richter: I 5,13; Röm. 3,6; 14,10 u.ö. – Gericht nach den Werken: I 3,13-15; 4,5; Röm. 2,6; 14,12; Gal. 6,7.

Daß die Zukunft schon begonnen habe, will Paulus uns gerade mit diesem Abschnitt deutlich machen. Anders freilich, als es in dem uns geläufigen Bonmot gemeint ist. Paulus denkt nicht an Entwicklungen im Kontinuum unserer Welt, für die die Voraussetzungen schon bereitliegen und die sogar bereits angelaufen sind, so daß man sagen muß, der gegenwärtige Lauf der Welt sei schon in erheblichem Maße von dem bestimmt, was die nächsten Jahrzehnte bringen werden. – Paulus könnte den Satz von der schon gegenwärtigen Zukunft auch nicht bejahen in dem Sinne, wie die korinthischen Enthusiasten ihn ausgelegt haben würden. Es ist nicht wahr, daß die Auferstehung schon geschehen wäre und der Christ eigentlich auf nichts mehr zu warten habe. Was für eine Sehnsucht klingt aus diesem Text! Der Satz von der schon angebrochenen Zukunft wird nur dann im Sinne des Paulus ausgelegt sein, wenn dabei der Ton der Sehnsucht und des Heimwehs nicht untergeht. Aber er trifft in der Tat etwas, was Paulus aufs stärkste unterstreichen möchte. – Die Zukunft ist für Paulus mitnichten das, was „schlechthin offen" ist. Es ist schon wahr, daß man Zukunft nicht so vorfinden kann, wie man eben Vorhandenes vorfindet: etwa die Wand, die dem trotzigen Kopf Widerstand leistet, oder das Veilchen an der Wiese, das solchen Widerstand nicht leisten kann. Man findet Zukunft nicht so vor – aber nicht, weil sie das schlechthin Offene wäre, sondern deshalb, weil das, was da für uns bereitliegt, zur Zeit für uns noch nicht zugänglich ist. Der Stoff, aus dem solche Zukunft gemacht ist, ist auch nicht das Nichts, in das hinein wir uns handelnd zu entwerfen hätten. Gott ist da, der alles, was in der hier gemeinten Zukunft auf uns wartet, bereitgemacht hat (V. 5). Allerdings: ohne daß man bereit ist, sich zu der neuen Welt zu bekennen, die mit der Auferstehung des „Erstlings" (I 15,20) inauguriert ist, wird man mit Paulus nicht zurechtkommen. Man wird schon in irgendeinem Sinne vom „Jenseits" sprechen müssen, vom αἴων μέλλων, den man schon deshalb nicht einfach als einen künftigen Zeitabschnitt unserer Welt und ihrer Geschichte ansehen kann, weil er – seit dem Tage der Auferstehung Jesu – mit dieser parallel läuft und in sie eingelagert ist. Christus lebt ja heute schon das unverwesliche Leben. Seinem verklärten Leibe soll unser Niedrigkeitsleib angeglichen werden (Phil. 3,21). Mit keinem unserer Sinne wahrnehmbar, mit keinem unserer Apparate und Meßinstrumente ausfindig zu machen und nachzuweisen, aber für uns bereitgehalten und, ob auch der „ganz anderen" Welt zugehörig, doch real ist das, wonach der Christ sich sehnt. Wir werden noch sehen, wieso diese Wirklichkeit, nach der wir verlangen, in die Gegenwart hereinragt und diese Gegenwart formt und bestimmt. *Unsere Zukunft hat bereits begonnen.* Schon steht für uns das neue Haus (1). Schon wohnt in uns der Heilige Geist (2). Schon denken wir an das letzte Gericht (3).

1. Das οἴδαμεν, mit dem der Abschnitt beginnt, könnte uns befremden. Kann der Glaube so „sicher" reden? Und wenn er es irgendwo könnte: kann er es da, wo es um die noch von keinem Menschen erkundete Zukunft geht? Es gibt übrigens auch ein οἴδαμεν, das gerade in die andere Richtung spricht: Wir „wissen" – woher eigentlich? –, daß die „ganz andere" Welt, die Paulus und seine Zeitgenossen noch als den Raum ihrer ewigen Zukunft ansahen, nicht besteht; wir haben nur *ein* Spielfeld für unser Leben als Christen und auch für unsere Zukunft: das Geschichtliche. Wer dies „wüßte", dem vermöchte ich 2. Kor. 5, ja das ganze Neue Testament nicht zu erklären. Das „Wissen" des Paulus ist freilich nichts anderes als die Gewißheit

des Glaubens: „Nun aber ist Christus auferstanden ..." Hier setzt für Paulus alles Denken und Hoffen an (vgl. unsere Auslegungen zu den Ostertexten), in bezug auf das Daß und auch auf das Wie unserer Auferstehung. Die Hoffnung des Glaubens ist nicht weniger gewiß als Hoffnung, die sich nicht auf Christus stützt. Die Hoffnung des Glaubens gründet auf dem Frieden, den wir durch Christus mit Gott haben, und diese Hoffnung läßt nicht zuschanden werden (Röm. 5,1-5).

Unsere ewige Zukunft hat schon begonnen. Zunächst einfach dadurch, daß Christus auferstanden ist. Man könnte sagen: Wie die Materie sich den Raum „aufspannt", den sie einnimmt, so entfaltet der auferstandene Christus den „Raum" der Auferstehungswelt. Diese kommende Welt ist, indem sie die seine ist, zugleich die unsere. Unser Herr will nicht mehr ohne die Seinen sein. Schon lebt er unser Auferstehungsleben (Kol. 3,3). Sind wir doch, indem wir durch die Taufe ganz fest mit ihm verbunden sind, in alles hineingezogen, was ihm widerfahren ist: „Mit ihm wurdet ihr begraben durch die Taufe, und mit ihm seid ihr auch auferstanden durch den Glauben" (Kol. 2,12; Röm. 6,4). So kann Paulus von „einem Menschen" sprechen, der er selbst ist und den er doch von seinem empirischen Ich unterscheidet (2. Kor. 12,2ff.): Gott weiß, wo man ihn zu suchen hatte und hat. Die neue Kreatur ist der eschatologische Mensch (2. Kor. 5,17) – man kennt ihn nicht nach fleischlicher Weise, man glaubt ihn verborgen unter allem Sichtbaren. Gedanken dieser Art mögen wohl auch die Richtung angeben, in die unser Text denkt. Das neue Gehäuse für unsere personale Existenz – denn es gibt sie nicht leiblos – liegt für uns schon bereit. „Wir haben einen Bau aus Gott, ein nicht mit Händen gemachtes ewiges Haus im Himmel" (V. 1): den neuen Leib (1. Kor. 15,35ff.). Bleiben wir bei dem Gleichnis vom Hause, so ist es nicht weit zu den Aussagen des johanneischen Christus: „In meines Vaters Hause sind viele Wohnungen ... Ich gehe hin, euch die Stätte zu bereiten" (Joh. 14,2). Der Quartiermacher hat dafür gesorgt, daß wir nicht „unbehaust" sein werden! Plato und seine Nachfolger hoffen auf die Leiblosigkeit. Paulus könnte daran nur mit Grauen denken. Wir wollen ja wirklich „bekleidet" und nicht „nackt" angetroffen werden! Wir wollen ja nicht reiner, leibloser Geist sein! Wir *sollen* es nicht – denn *Gott* will uns leibhaft. Wie wir uns dies im einzelnen vorzustellen haben, stehe dahin; es wird sicher sehr viel anders sein, als wir es uns ausmalen. Aber darin ist das biblische Zeugnis einhellig: christliche Auferstehungshoffnung ist nicht Akosmismus. Im Himmel wird für uns „aufbewahrt" ein „unvergängliches, unbeflecktes, unverwelkliches Erbe" – und man vergegenwärtige sich nur, was der biblische Mensch meint, wenn er „Erbe" sagt (1. Petr. 1,4). Schon steht für uns das neue Haus!

Täuschen wir uns nicht: normalerweise wird unsere Sehnsucht nach dem Kommenden nicht so groß und heiß sein wie bei Paulus. Dies ist kein Argument gegen unsern Text. Wäre unsere Hoffnung lebendiger, dann wäre es uns auch mehr darum zu tun, das Gehoffte zu gewinnen. Die Irrlehrer in Korinth fanden auch nicht viel Anlaß, nach vorn zu drängen; sie meinten, sie hätten alles, was man haben kann und soll. Paulus bekennt sich zur ungestümen Sehnsucht. Wenn man einmal weiß, was einem da bevorsteht!

Es könnte schon sein, daß es auch in der Gemeinde, der wir zu predigen haben, solche gibt, die sich nach dem neuen Leib sehnen: Blinde oder Taube, Menschen in Schmerzen und Siechtum, solche, die unter dem Verfall ihrer Kräfte leiden. Der äußerliche Mensch verfällt (4,16). Früher oder später trifft es uns alle. Wir reden nicht bloß von Grenzfällen. Es wäre übel, die Wahrheit des christlichen Glaubens an den Grenzfällen aufweisen zu wollen. Wir gehen *alle* auf der Grenze, die der Text meint. Wir alle könnten wissen, was „Fleisch" ist. „Wer wird mich erlösen von diesem Todesleibe?" (Röm. 7,24). Das ist ein solcher Schrei der Sehnsucht! Das Seufzen eines Menschen, an dem schwere Gewichte hängen (βαρούμενοι, V. 4)! Mag sein, es seufzt jemand über das schwer zu bändigende Begehren seines Leibes; oder über dessen Mißgestalt; oder über seine Anfälligkeit und Hinfälligkeit; oder über eine depressive Veranlagung; oder auch ganz einfach darüber, daß er Augen hat, die für die Herrlichkeit Gottes noch blind sind! Nein, das Sterbliche soll vom Leben verschlungen werden! Der Niedrigkeitsleib soll umgestaltet werden (Phil. 3,21). Die sterblichen Leiber sollen lebendig werden (Röm. 8,11). Wir sollen verwandelt werden (1. Kor. 15,51): dies Verwesliche wird anziehen die Unverweslichkeit, und dies Sterbliche wird anziehen die Unsterblichkeit (ebd., V. 54). Das neue Leben wird dann wie ein Kleid um uns geworfen. Darauf warten wir.

2. Schon wohnt in uns der Heilige Geist. Was hat die Pneumatologie mit der Eschatologie zu tun? Die Ausgießung des Geistes ist das Geschenk der „letzten Tage" (Apg. 2,17; Joel 3,1-5), die Gabe, die Entscheidung für Christus ermöglicht. Aber damit wäre noch nicht alles, nicht einmal das Wichtigste gesagt. In der Gabe des Geistes hat die Zukunft schon begonnen. Wir könnten versucht sein, die Sehnsucht des Paulus aus einer besonderen menschlichen Lage zu begreifen. Wen des Satans Engel mit Fäusten schlägt, der mag sich wohl nach einem neuen Leibe sehnen. Nur: solche Hoffnung könnte das Erzeugnis menschlicher Phantasie sein. Überkleidet werden – der Selbsterhaltungstrieb ist das Geheimnis solcher Theologumena! Die korinthischen Enthusiasten haben erst unlängst wieder Verteidiger gefunden; sind sie vielleicht näher an der Sache als Paulus?

Paulus hält seine Kreuzestheologie durch! „Wir wandeln im Glauben und nicht im Schauen" (V. 7). Darin liegt das Eingeständnis der Armut. In der Tat: wir sehen Gott nicht. Wer uns darauf aufmerksam macht, daß noch niemandem ein Beweis für die Realität Gottes gelungen sei, darf mit unserer vorbehaltlosen Zustimmung rechnen. Wir wünschen uns nicht einmal, daß der Beweis gelingen möchte. Der Glaube wäre dann nicht mehr Glaube. Gott erprobt unser Vertrauen, indem er uns mit verbundenen Augen an seiner unsichtbaren Hand gehen, indem er uns, ohne daß wir sehen könnten, greifen, zufassen, springen läßt! Wir haben das Wort – das schwache, anfechtbare, zweideutige Wort! Wir haben die Sakramente: Wasser, Brot, Wein, sehr bescheidene, unscheinbare, weltliche Dinge. Der Glaube ist darauf angewiesen, allem ihn widerlegenden Augenschein zu trotzen. Darum ist er der Anfechtung ausgesetzt. Alles, woran ich meine, mich halten zu können, kann mir vom Nächstbesten streitig gemacht und aus der Hand geschlagen werden. Mich wundert nur, daß ich glaube.

Aber wir haben den Geist. Auch dieser Satz ist ein Glaubenssatz. Aber der Glaube hat in ihm seine Gewißheit. Ich glaube, daß ich nicht glauben kann. Aber ich kann meinen ganzen Unglauben Gott vor die Füße legen. Und Gott sagt, ich sollte dies seine Sorge sein lassen; auch für meinen Glauben wolle er selbst aufkommen. So gibt er seinen Geist, d.h. aber: sich selbst. Nicht, daß dadurch mein Personsein ausgeschaltet würde. Es ist überhaupt nicht Gottes Art, das Menschliche auszulöschen. *Gottes* Geist bezeugt ***unserm*** Geist, daß wir Gottes Kinder sind (Röm. 8,16). Aber in unserm Geist ist nun wirklich Gottes eigenes Leben, im Irdischen der Himmel. Der Geist ist, wie Paulus gern sagt, ein „Vorschuß" (ἀρραβών) auf das Kommende, ewiges Leben schon in der Zeit. Die Zukunft hat damit schon begonnen. Nicht so, wie die korinthischen Enthusiasten dachten; sie meinten, die Gottunmittelbarkeit bereits zu haben, aber die Anzahlung ist noch nicht das Ganze. Vorerst bewirkt der Geist, daß wir *glauben* können: wie Abraham, der noch nichts in der Hand hatte, aber der Zusage Gottes gewiß war; wie die Glaubenszeugen in Hebr. 11, die es mit Gott gewagt haben, ohne alle greifbaren Garantien. Der Geist bewirkt, daß wir glauben können. Wir sind, äußerlich gesehen, noch „ferne vom Herrn". Manchmal will uns das entmutigen und erdrücken. Aber der Geist ist mehr als die eine Schwalbe, die noch keinen Sommer macht. Der Geist ist, so unscheinbar und zerbrechlich auch unser Christenleben ist, doch der keimhafte Anfang des Auferstehungslebens: „Wenn nun der Geist des, der Jesus von den Toten auferweckt hat, in euch wohnt, so wird derselbe, der Jesus Christus von den Toten auferweckt hat, auch eure sterblichen Leiber lebendig machen" (Röm. 8,11). So mischt sich in die Sehnsucht immer auch der Mut und die Zuversicht: θαρρ οῦμεν. Zweimal: „wir seufzen" – „zweimal: „wir sind getrost".

3. Die Zukunft hat also insofern schon begonnen, als das, was unser sein wird, bei Gott schon bereitliegt. Sie hat auch insofern begonnen, als das, was Gottes ist, schon in unser irdisches Leben hereinragt. Sie hat – und darüber gilt es nun nachzudenken – auch darin schon begonnen, als diese Zukunft unsere Entschlüsse und Taten bestimmt oder doch bestimmen sollte, die Tag für Tag fällig sind. Der Text läuft aus in den Hinweis auf das letzte Gericht, das Christus halten wird und an das wir allezeit zu denken haben. In dieser Hinsicht macht es wirklich nichts aus, ob wir schon daheim sind oder noch unterwegs: wir werden, wenn unsere Zukunft bei Christus liegt, ab sofort danach trachten, wie wir ihm wohlgefallen. Wir werden, wie es so schön heißt, „unseren Ehrgeiz darein setzen", sein Wohlgefallen zu haben.

Man hat vorgeschlagen, dem letzten Vers der Perikope die ganze Predigt zu widmen (Wochenspruch). Der Sonntag vom Gericht würde dies nahelegen. Vielleicht sind in der Tat die bisher entfalteten Gedanken zu schwierig, als daß wir sie in einer Predigt verständlich weitersagen können. Der Prediger wird dies nach eigenem Ermessen entscheiden. Wir würden, wenn es auf eine Predigt über V. 10 abgesehen wäre, wiederum eine Dreiteilung vorschlagen: Christus wird unser Urteil sprechen. Das heißt für uns: sich stellen (a), sich beugen (b), sich fallen lassen (c).

a) Wir müssen vor dem Richterstuhl Christi erscheinen. Man könnte sagen: Jede Reaktion des Gewissens ist schon Gericht. Das ist wahr. Aber das könnte

uns auch ein billiger Trost sein: es ist noch Zeit – ab morgen soll es besser werden. Jeder Tag des Studiums ist ein kleines Examen – aber das große Examen fällt trotzdem nicht aus. – Wir können uns und anderen unsern Zustand verschleiern. Vor Christus werden wir „offenbar werden". „Der Herr kommt, welcher wird ans Licht bringen, auch was im Finstern verborgen ist, und wird das Trachten der Herzen offenbar machen" (I 4,5). Es hat keinen Zweck, selber Richter sein zu wollen. Es hat keinen Zweck, zu meinen, wir könnten uns durchlavieren. Es wäre auch eine Illusion, zu meinen, der Schwebezustand, in dem wir uns um Verantwortung zu drücken versuchen, halte unbegrenzt an. Wer das weiß, der nimmt – „vorlaufend" – den Gedanken an das Gericht vorweg. Nicht so, daß er in sich die Angst kultiviert. Paulus: „Darum ist es für uns Ehrensache, daß wir – gleich, ob wir schon im Himmel oder noch auf der Erde sind – ihm zu gefallen suchen." Unser Herr soll Freude an uns haben – nichts sollte uns wichtiger sein.
b) Nun meldet sich die vielverhandelte Frage, wie sich das Gericht nach den Werken mit der Botschaft von der Rechtfertigung allein aus Gnaden vertrage. Wäre Paulus in seiner Denkart doktrinär, dann hätte er entweder den Ausgleich angestrebt, oder er hätte eines zugunsten des anderen fallenlassen. Er hat keines dergleichen versucht. Halten wir es auch so. Uns hat nur das zu interessieren, was das Gewissen angeht. Rechtfertigung aus Gnaden heißt offensichtlich nicht, daß die Frage nach gut oder böse (V. 10 Ende) gegenstandslos geworden sei. Paulus bemüht sich nicht, nachzuweisen, daß überhaupt niemand etwas Gutes werde vorzuweisen haben. Er weiß dennoch, daß wir nur aus Gnaden gerettet werden. Gerechtfertigt: das heißt allerdings nicht, daß unsere Sünden unerörtert bleiben werden. Sie werden ans Licht kommen. Quid sum miser tunc dicturus / quando iudex est venturus / cuncta stricte discussurus? Keiner von uns wird dadurch gerettet werden, daß er nachweisen kann, in seinem Falle sei die Lage nicht so schlimm. Wir werden nicht am Gericht *vorbei-*, sondern wir werden aus dem Gericht *herausgerettet* werden.
c) Daß Christus für uns hat sterben müssen, wird in dem Examen aller Examina nicht vergessen sein. Das wird uns beschämen. Es ist nicht gut, wenn wir zwar – dogmatisch richtig – das Sola gratia bekennen, zugleich uns aber verteidigen wie die Löwen, wenn unsere Verkehrtheit ans Licht kommt. Aber das ist gut, daß wir uns dem Richter, vor dem wir unsere Schuld bekennen, vertrauensvoll in die Hand geben. Kein anderer wird uns richten als der, der für uns gestorben und auferstanden ist. Unser Richter und unser Fürsprecher – das ist ein und derselbe. Sein Richtersitz ist sein Kreuz. Das macht meine Lage nicht leicht. Vor Jesu Kreuz sollte es mir vergangen sein, meine Sünde zu bagatellisieren. Aber verzweifeln soll und darf ich nicht. Mein Richter ist Christus. Besseres kann mir nicht widerfahren.

Bußtag. Jes. 5,1-7

Die Abgrenzung des Stückes ist eindeutig. Nach rückwärts schon vom Inhalt her, auch nach der Form des Vorausgehenden (Prosa). Nach vorn durch den Neuansatz V. 8 mit „wehe". Es handelt sich um eine Parabel, die sich in V. 3 unversehens in eine (zunächst spielerisch sich gebende) Gerichtsrede, zuletzt in ein Scheltwort verwandelt. Der Trick, als Bänkelsänger aufzutreten und sich dann als Unheilsprophet zu entpuppen, konnte nur gelingen, solange Jesaja der Öffentlichkeit noch nicht als der lästige Gerichtsprediger bekannt war; das Lied gehört darum wohl in die früheste Zeit (B. Duhm). Angeredet sind die Einwohner der Stadt Jerusalem und die Bevölkerung vom Lande (V. 3); die Anwesenheit einer größeren Menge, aus welchem Anlaß auch immer, ist vorauszusetzen. – Der Text ist sehr gut in Ordnung. Zur Übersetzung: V. 1: „Laßt mich doch singen von meinem Freund – das Lied meines Freundes von seinem Weinberg"; Jesaja gibt sich als Freund des Bräutigams, der als Brautwerber die ganze Liebesgeschichte kennt (vgl. Joh. 3,29). Die Person des Redenden wechselt später (s. u.). – כֶּרֶם (Weinberg) und קֶרֶן (Horn, auch Berggipfel – vgl. „Matterhorn" – Luther: Ort, revidierter Text: Höhe) bilden ein schönes Wortspiel. – V. 2: „Er grub ihn um, entsteinte ihn, bepflanzte ihn mit edler Rebe." Her(b)linge: wilde, also saure, saftlose Früchte. „אָשִׁירָה־נָּא, ich will singen, begann die erste Strophe; ganz entsprechend, doch mit einem ganz anderen Klang, geradezu drohend beginnt die dritte: אוֹדִיעָה־נָּא, ich werde euch zeigen! Nein, er *wird* nicht nur, er ist schon im Begriff, ist schon am Werk (Part.kal.), und dann folgen lauter absolute Infinitive, um das Unausbleibliche, Unausweichliche mit absoluter Gewißheit auszusagen: ‚*Niederreißen* will ich seine Hecke – ins Feuer damit! Abreißen seine Mauer, daß sie zertreten werde. Ich werde ihm den Garaus machen. Nicht mehr beschnitten, nicht mehr behackt soll er werden'" (A. Tietsch, ZdZ 1964, Pr.H., S. 93). – V. 6 sehr anschaulich: „er wird zu Dornen aufsteigen" (wie Spr. 24,31). – V. 7 ein unerhört einprägsames Wortspiel: מִשְׁפָּט – מִשְׂפָּח wörtlich: Recht – Blutvergießen, also etwa: „gut Regiment – Blutregiment"; und צְדָקָה – צְעָקָה wörtlich: Gerechtigkeit – Hilfeschrei, also etwa: „Rechtsprechung – Rechtsbrechung".

„Der Weinberg des Herrn Zebaoth ist das Haus Israel" (V. 7). Das „neue Israel" ist die Kirche, das Gottesvolk des Neuen Bundes. Christus hat gern vom Weinberg gesprochen: von den Arbeitern im Weinberg (Matth. 20,1-16), von den bösen Weingärtnern (Matth. 21,33-44) u.a.m. Wird die Pointe dabei auch verschoben, so schwingt doch unser Gleichnis darin mit. Der Sache nach gehören hierher Luk. 19,42-44 und Matth. 23,31f.

Gottes Volk soll Buße tun. Für Jesaja ist solche Verkündigung im Grunde ein verzweifeltes Unternehmen, denn er weiß: er wird durch seine Predigt das Volk nicht zur Umkehr bewegen, es wird sich vielmehr nur noch härter verstocken (6,9f.). Welchen Sinn hat dann die Predigt Jesajas? Sie soll Gottes Gericht ausführen helfen, indem sie dem Gottesvolke sagt, woran es zugrunde geht. Aufdecken, worin unsere Sünde besteht, wird immer der Sinn der uns aufgetragenen Gesetzespredigt sein. So ist alle Schrift u.a. zur „Überführung" da (2.Tim. 3,16), zur schmerzhaften Diagnose unserer Situation vor Gott. So ist es auch eine der Wirkungen des Heiligen Geistes, daß er „die Welt überführt" (Joh. 16,8), d.h. ihre Sünde und Verlorenheit aufdeckt. Die „Welt" – der Kreis ist so weit gezogen wie nur möglich. Gott „gebietet allen Menschen an allen Enden, Buße zu tun" (Apg. 17,30). Es wäre eine merkwürdige Verkehrung biblischer Einsicht, wenn man sagen wollte: Die Welt darf in Gottes Namen bleiben, wie sie ist; die Kirche muß sich ändern! Aber wenn das klar ist, dann muß allerdings das andere betont werden: In Gottes Volk sollte man *wissen*, daß Umkehr nötig ist, und zwar die *eigene* Umkehr, die Umkehr eben dieses Gottesvolkes. Muß man nicht zum Volke Gottes gehören, um überhaupt umkehren zu können? Also doch: die Kirche muß sich ändern! Jeder hat jetzt eben nicht an den anderen zu denken, der die Buße nötig hätte, sondern an sich selbst. Er könnte sonst über dem Splitter im Auge des anderen den Balken im eigenen Auge übersehen. Die Kirche sollte die Gemeinschaft von solchen Menschen sein, die Gottes Gebot kennen und darum unruhig geworden sind über ihre gegenwärtige Verfassung und Gewöhnung. Nicht, daß wir anderen Leuten die Leviten lesen, macht uns zur Kirche, sondern daß wir es zunächst ganz einfach für uns selbst begreifen: es kann nicht so weitergehen wie bisher. So hören wir *die traurige Geschichte von Gottes Weinberg*: So viel investierte Mühe! (1), so wenig brauchbarer Ertrag! (2), so hartes verdientes Gericht! (3).

1. Es soll uns zu denken geben, daß Jesaja allerlei Künste aufwendet, um sich überhaupt Gehör zu verschaffen. Es scheint eine vergnügliche Darbietung zu werden, als er zu singen anfängt. Der hebräische Rhythmus in V. 1 läßt für Leser mit akustischem Vorstellungsvermögen geradezu die Schläge des begleitenden Zitherklangs vernehmlich werden. Das ist ja ein Liebeslied! „Weinberg" ist in der hebräischen Poesie Chiffre für die Geliebte (v. Rad, ThAT II, S. 191). Wer ist die Geliebte? Wer ist der „Freund", der Liebhaber? Übrigens, wie man sehr bald merkt, ein schwer enttäuschter, ein unglücklicher Liebhaber – wer ist er? Unsere Auslegung muß davon ausgehen, daß hier zugleich auf mehreren Ebenen gedacht ist: das Weinberggleichnis ist zunächst im Sinne einer Liebesgeschichte zu deuten, und die Liebesgeschichte – eine Parabel zweiten Grades sozusagen – ist bei genauerem Zusehen Gleichnis für das Verhältnis von Gott und Volk. Allmählich erst fängt man an zu begreifen, worauf Jesaja hinaus will. Die Zuhörer werden zu Richtern aufgerufen – sie ahnen nicht, daß sie drauf und dran sind, sich selbst zu verurteilen. Nach V. 4 müßten sie das Wort bekommen – aber das Lied geht weiter; nur im stillen haben sie ihren Spruch gefällt – gegen sich selbst. Längst ist der „Geliebte", der Weinbergsbesitzer, aus der Verborgenheit herausgetreten. Er hat zwar nicht gesagt, wer er ist, aber wir hören ihn selbst sprechen (V. 3 Ende). Ist es Jesaja? Für einen Augenblick könnte man es denken. Aber dann wird es immer deutlicher: Ein Mensch kann wohl, wie wir noch hören werden, einen Weinberg zerstören. Aber wo einer „den Wolken gebietet", da kann es sich nicht mehr um einen Menschen handeln. Zuletzt heißt es unverblümt: „Der Weinberg des Herrn Zebaoth ...". Noch einmal klingt das Liebesmotiv auf: dieser Weinberg ist „die Pflanzung seiner Wonnen" (V. 7). Aber sofort ist Gott mit ganz direkter Anrede zur Stelle: „Ich wartete auf Guttat, aber siehe: Bluttat. Ich wartete auf Gerechtigkeit, aber siehe: Schlechtigkeit" (andere Nachahmung des Wortspiels,

s.o.). – Also noch einmal: warum bedarf es solcher Künste? Weil wir so unzugänglich, selbstgerecht, unempfindlich, abweisend, verhärtet und unansprechbar sind, daß die Bußpredigt an uns abprallt. Schon die Art, in der mit uns geredet wird, ein Stück investierter Mühe. Es besteht Gefahr, daß wir auch diese Bußtagspredigt „mit Genuß" hören und nicht erschrecken.

Diese Predigt gilt der Kirche, dem Volke Gottes. Nur sie ist der Weinberg. Das Liebesmotiv muß den Hörern zuerst durch Ohr und Herz gegangen sein. Wahrhaftig, ein gewagtes Bild! Gott – als Liebhaber! Nein, noch anstößiger: als verschmähter Liebhaber! Die Bibel scheut sich nicht, das Verhältnis zwischen Gott und seinem Volke, sprich: seiner Kirche, im Bilde bräutlicher und ehelicher Liebe darzustellen, besonders ergreifend bei Hosea. Man übersehe auch nicht, was es heißt, wenn Jesus immer wieder von der Hochzeit spricht: Jetzt ist die Stunde da, in der Gott sich mit seiner Gemeinde aufs engste verbindet! Noch auf dem letzten Blatt der Bibel ist von der Gemeinde als der Braut geredet, die dem Bräutigam zuruft: Komm! (Offb. 22,17). Wir sollten uns klarmachen, daß hier Gottes gnädiges Wählen dargestellt ist. Sein Volk – das Volk seiner Liebe! Die christliche Gemeinde – Menschen, an die er sich gebunden, mit denen er sich in Christus aufs innigste vereinigt hat. Wer hier nicht dankbar staunt, hat nicht begriffen. – Aber alsbald wird dieses Gleichnis – man muß wohl sagen: allegorisierend – ausgeweitet. Gott hat seinen Weinberg mit aller Liebe gepflegt. Ein Weinberg braucht Pflege. Gott hat es daran nicht fehlen lassen. Israel müßte viel davon berichten können, was Gott an ihm getan hat. Wir, die christliche Kirche, erst recht. Die Heils- und Kirchengeschichte sollen wir als Gottes Umgraben, Entsteinen, Ummauern, Planieren bzw. Terrassieren und Pflanzen verstehen (meinetwegen bis zur Schädlingsbekämpfung, wenn man das Gleichnis modern weiterführen will). Wir sollten bedenken, wie Gott an seiner Gemeinde als ganzer und wie er an uns als den einzelnen arbeitet, wieviel Kosten und Mühe er da investiert hat.

2. Und nun die Rentabilitätsfrage. Man könnte sagen: hier nimmt das Gleichnis eine sehr nüchterne Wendung. Man sollte nur auch sehen, daß hier nach mehr gefragt ist als nach Früchten; die verschiedenen Ebenen des Textes wollen aufeinander bezogen sein. Gott wartet auf Gegenliebe – und die sollte sich dann freilich im Ertrag äußern. „Die Frucht aber des Geistes ist Liebe, Freude, Friede, Geduld, Freundlichkeit, Gütigkeit, Glaube, Sanftmut, Keuschheit" (Gal. 5,22).

Der Text will unsere selbstkritischen Gedanken auf ein ganz bestimmtes Gebiet lenken, das für die Predigt der vorexilischen Prophetie von besonderer Bedeutung gewesen ist. „Wie Amos, so ist auch Jesaja ein unerbittlicher Wächter und Sprecher des Gottesrechtes ... Man kann Jesajas Interesse am Gottesrecht gar nicht überschätzen" (v. Rad, a.a.O., S. 160). Man muß wissen, wie die Bibel von der Rechtssetzung und Rechtspflege denkt. Das Recht kommt von Gott. Kein Mensch darf es sich zurechtbiegen, wie er es gerade braucht. Man lese, was auf unseren Abschnitt folgt! Da werden die Mächtigen und Reichen von Gottes „Wehe" getroffen. Unter dem Schein des Rechts bereichern sie sich am Grund und Boden des kleinen

Mannes, den sie bedrängen, auspowern, darben lassen, während sie selbst sich betrinken und schlemmen. Sie nennen das Böse gut und das Gute böse, verkehren also die Maßstäbe zu ihrem eigenen Vorteil. Sie sprechen den Schuldigen gerecht, den Gerechten schuldig, aufgrund von Bestechung – ein Hohn auf alles Recht. Gott spielt hier nicht mit. – Und das Recht ist Sache aller, muß man hinzufügen. Es gab im alten Israel keinen beamteten Richterstand. Jeder konnte angerufen werden, im Tor Recht zu sprechen. Also konnten auch alle am Recht schuldig werden. Zuerst trifft Jesajas Bußpredigt die Einflußreichen; sie wurden ja vor allem zur Rechtspflege herangezogen. Die Gemeinde Gottes trägt, besonders wenn ihr große Möglichkeiten öffentlicher Wirksamkeit gegeben sind, eine Mitverantwortung für das Recht. Sie hat diese Verantwortung immer wieder schlecht und unzureichend wahrgenommen. Christen haben sich zu Handlangern oder gar Anstiftern des Unrechts machen lassen oder gemacht. Wir haben das jetzt nicht historisch darzustellen, haben auch nicht anzuklagen und zu entschuldigen, so nötig dies an seinem Orte sein mag. Heute, am Bußtag, haben wir uns selbst zu fragen, ob, inwieweit und wo wir daran schuldig geworden sind, daß statt Guttat Bluttat geschah, statt Rechtsspruch Rechtsbruch. Unser Jahrhundert hat sich aufs schwerste belastet und schuldig gemacht. Wir schieben diese Erkenntnis gern von uns weg. Gott hat das Angstgeschrei, die Hilferufe der ungezählten Menschen vernommen, die Opfer der Unmenschlichkeit geworden sind. „Zetergeschrei" (צְעָקָה) – wie, wenn wir im Jüngsten Gericht all diese Schreie werden hören müssen, die unser blutbesudeltes Jahrhundert gehört hat? Wir sind geneigt, solche Beschuldigung von uns zu weisen: Die anderen waren es! Gut, jeder soll nur das verantworten, woran er schuldig oder mitschuldig ist. Wie aber, wenn Gott das feine Geflecht der Verschuldungen eines Tages sichtbar macht – auch jener, die nur durch unser Schweigen und Gewährenlassen, durch unser bewußtes Wegsehen, durch unsere Feigheit entstanden sind? Keiner hat Grund, sich selbst zu rechtfertigen und zu verteidigen.

Wir sollten freilich, wenn Gott nach dem Ertrag fragt, nicht nur an Sünden auf dem eben besprochenen, dem Text freilich vordringlich anliegenden Gebiet denken. Gewiß, wir haben schon dort kein Alibi. Aber es geht ja, wenn Gott Gehorsam will, immer ums Ganze, um *alle* Bereiche unseres Lebens. Überall sucht Gott nach Früchten – man füge sofort hinzu: die er ja selbst angebaut, durch seine Arbeit und Pflege erst ermöglicht hat. In welchem Verhältnis stehen hier Investition und Gewinn? „Wem viel gegeben ist, bei dem wird man viel suchen" (Luk. 12,48). Für uns Christen spitzt sich die Bußfrage des Gleichnisses noch erheblich zu.

3. Nun „zeigt" Gott, was er mit seinem Weinberg tut. Er droht nicht nur, er handelt. Zu Jesajas Zeiten hat Gott seinen Weinberg wirklich zerstört. Gott kann hart zufassen. Dieselbe Hand, die einst so pfleglich mit dem Weinberg umging, verwüstet ihn nun. Trotzdem gibt es den Weinberg immer noch! Gott hat seine Verheißungen nicht zurückgenommen. Das Israel aus dem Geist (vgl. Röm. 9,6; 1. Kor. 10,18; Gal. 6,16) besteht: die Kirche Gottes! Sie hat sogar die Verheißung des Bleibens. Daß dem so ist, darüber können wir uns nur wundern. Die Welt mag gegen uns vorbringen, was sie

will: was Gott gegen uns vorzubringen hat, stellt uns immer noch gründlicher und umfassender in Frage! Es ist gut und nötig, daß die Gerichtspredigt Jesajas uns nichts erspart. Nicht *ein* Wort von dem, was in Jesajas Gerichtspredigt steht, ist zurückgenommen. Aber der vernichtende Stoß des Zornes Gottes traf nicht uns, sondern den Mann am Kreuz. Er hat die von uns verdiente Katastrophe, den ganzen Zusammenbruch unserer gottwidrigen Gesinnung, Gesittung und Gebarung auf sich genommen. Man bringt das, was da geschehen ist, nicht mehr in den einzelnen Aussagen des Weinbergsgleichnisses unter. Man müßte denn sagen, der „Freund" selbst sei an die Stelle der „Geliebten" getreten, aber das steht ja nicht im Text. „Blutvergießen", „Zetergeschrei" – Christus selbst ist unter den Opfern unserer Versündigung gegen Gottes Recht. Er ist sogar *das* Opfer. Um seinetwillen soll der Weinberg stehen bleiben. Er wird wieder gepflegt, wie er besser nicht gepflegt werden kann. Gott selbst kümmert sich um seine Kirche. Keine Enttäuschung macht ihn an ihr irre. Er müht sich weiter. Wenn wir das alles wirklich sehen und annehmen, dann wächst die Frucht von allein. Der Vater ist der Weingärtner. Die Reben, die nicht Frucht bringen, nimmt er weg. Die Reben, an denen Trauben hängen, reinigt er, damit sie mehr Frucht bringen. Hauptsache, wir bleiben an Christus, denn ohne ihn können wir nichts tun.

Letzter Sonntag des Kirchenjahres. Offb. 4,1-8(9-11)

Kap. 4 stellt, fortgesetzt durch Kap. 5, das „Vorspiel im Himmel" (E. Lohse) zur großen Vision von den sieben Siegeln dar (6,1–8,1). Was der Seher erblickt, drückt sich in Vorstellungen aus, die aus dem Alten Testament (bes. Hes. 1) und aus den Religionen des alten Orients stammen; ihre Herkunft wird dem Apokalyptiker meist nicht bewußt sein. – V. 1: „danach" weist auf Kap. 1 zurück. εἶδον καὶ ἰδοῦ ist Hebraismus: רָאִיתִי וְהִנֵּה. Sich öffnender Himmel: Mark. 1,10; Apg. 7,55. Hier eine Tür – wie im ostkirchlichen Gottesdienst. Die Stimme: vgl. 1,10.12, von großer Lautstärke. ἀνάβα ὧδε: der Seher kommt vor die geöffnete Tür zu stehen. „Was danach geschehen muß": vgl. 1,1.19. – V. 2: Ekstatischer Zustand wie 1,10. Der Himmel ist erlebt wie ein Königspalast. Der Name Gottes wird nicht ausgesprochen. Starkes Erleben in Licht und Farbe. Jaspis: farbloser, durchsichtiger, lichtstrahlender Stein. Sardion: rotgelb (Epiphanius: „feuerfarbig"). Lichtglanz wie von Smaragd: „vom durchsichtigen Aquamarin bis zum tiefen Grün" (Lohmeyer). Es handelt sich um Komplementärfarben (C. Schneider, Die Erlebnisechtheit der Apok. des Johs., Leipzig 1930, S. 49f.). – V. 4: Die Zahl 24 entweder nach der Zahl der babylonischen Sterngötter (hier völlig entgöttlicht!) oder nach den Klassen der Priester und Leviten (1.Chron. 24,5ff.; 25,1ff.). Weiße Kleider, goldene Kränze: wieder starkes Lichterleben. Dieses steigert sich noch in V. 5: Blitze gehen vom Thron aus (Gottes Majestät wird oft so erfahren – Exod. 19,16; Hes. 1,13; Hiob. 37,4ff.), verbunden mit Donner; ein siebenflammiger Leuchter vor dem Thron, als die sieben Geister Gottes (= die Fülle des Geistes) gedeutet, vgl. 1,4.12.20. Dahinter steht möglicherweise wieder babylonischer Gestirnglaube: Sonne, Mond und die (damals bekannten) fünf Planeten; bei den Babyloniern Götter, auf biblischem Boden Geschöpfe! Vgl. 3,1. – V. 6: Die Alten dachten den blauen Himmel als ein Meer; dieses breitet sich nun vor Gottes Thron aus. Gen. 1,7; Hes. 1,22. Gott hat seinen Palast über den himmlischen Wassern (Ps. 104,3; 148,4). Auch die vier Lebewesen finden sich in Hes. 1. „Im Erlebnis werden die vielen Augen, die der Exegese häufig zu schaffen machen, gesehene Lichtpunkte gewesen sein, die erst nachträglich in der abstrahierenden Analyse als Augen gedeutet wurden" (C. Schneider, a.a.O., S. 52). Vgl. auch Hes. 1,18. Nach babylon. Astrologie sind es die die Jahreszeiten einleitenden Tierkreisbilder (der Skorpion auch menschenartig dargestellt) (Lohse), nach dem, was sie unaufhörlich rufen, mit den Seraphim von Jes. 6 identifiziert. Die Deutung auf die vier Evangelisten stammt von den Kirchenvätern. Daß im Himmel das Trishagion erklingt, ist nicht Zufall: himmlischer und irdischer Gottesdienst korrespondieren. „Zebaoth" wird durch παντοκράτωρ ersetzt bzw. wiedergegeben (kosmische Deutung, vgl. Jes. 40,26). „Der ist, der war, der kommt" wie 1,4.8. – Man möchte empfehlen, die VV. 9 bis 11 dazuzunehmen. Die Futurformen δώσουσιν, πεσοῦνται, προσκυνήσουσιν und βαλοῦσιν haben frequentativen Sinn: jedesmal wenn, dann ... Tiridates hat seine Krone vor dem Bilde Neros niedergelegt (Tacitus Ann. XV,28). Die ganze Schöpfung huldigt ihrem Gott. Der Hymnus V.11 dürfte ebenfalls Zitat aus der urchristlichen Liturgie sein.

Wir sind in der Predigthilfe zum Letzten Sonntag nach Epiphanias schon auf unser Kapitel einmal kurz zu sprechen gekommen. Über das Verständnis der Apokalypse ist dort bereits einiges gesagt, was auch hierher gehört. Religionsgeschichtliche Betrachtung solcher Texte, wie der unsere einer ist, ist nötig, damit man den Boden unter den Füßen nicht verliere. Aber man vergesse nie, daß Visionen zwar von den Vorstellungen und Erfahrungen leben, die wir religionsgeschichtlich auf ihre Ursprünge zurückzuführen suchen, daß diese Ursprünge aber meist nicht mehr im Bewußtsein festgehalten sind, so daß ein Mann wie der Apokalyptiker uns über dieses Woher am wenigsten Auskunft geben könnte. Es ist vielmehr das „kollektive Unbewußte", in dem all die Bilder schlummern, die hier zum Material für das werden, was der Text aussagen will. Darum wird eine sachgemäße Auslegung sich davor zu hüten haben, feststellen zu wollen, was denn dies und jenes „bedeute" 70 Einzelheiten, meint C. Schneider, enthalte diese Vision. Wer sie ausgedeutet hätte, hätte den Text – gründlich verdorben! Was „geschaut" ist, will auch im Schauen aufgenommen und verstanden sein. Die Aufgabe des Verstehens ist nicht nur eine wissenschaftliche, sondern ebenso und vielleicht noch viel mehr eine künstlerische. Wir wollen mit diesem Hinweis niemanden verführt haben, sich in der Predigt in allerlei Überschwenglichkeiten zu ergehen; das wäre ja auch nur das Zerrbild des Künstlerischen. Aber wir sollten der Gemeinde dies Bild in Licht und Farbe zeigen, das sich vor uns auftut. Und wir sollten zugleich deutlich machen, daß es sich wirklich nur um ein Bild, um Geschautes handelt. Der „Raum" Gottes ist nicht das Oberstockwerk des Weltalls, wie die Alten dachten, wie denn zwischen Gott und uns sich auch kein himmlischer Ozean befindet. Das Verhältnis der „oberen" Welt zur unseren ist nicht das eines räumlichen Beieinander. Wir können es durch kein Anschauungs- oder Denkmodell aus unserer Erfahrungswelt verdeutlichen. Es ist kein Zufall, daß wir auch jetzt, indem wir dies darlegen, nur in Negationen reden. Wir müssen uns einstweilen auf die Sprache der Schauung und der Bilder beschränken. Aber in dieser Sprache kann doch immerhin gesagt werden, worauf es dem Text

ankommt. *Wie wird es sein, wenn der Himmel sich uns öffnet?* Wir werden Gott sehen (1), Gott anbeten (2), Gott preisen (3).
1. „Wann werde ich dahin kommen, daß ich Gottes Angesicht schaue?" (Ps. 42,3). „Ich will schauen dein Antlitz in Gerechtigkeit, ich will satt werden, wenn ich erwache, an deinem Bilde" (Ps. 17,15). „Selig sind, die reines Herzens sind, denn sie werden Gott schauen" (Matth. 5,8). „Wir werden ihn sehen, wie er ist" (1. Joh. 3,2). „Es werden ihn sehen alle Augen" (Apok. 1,7). Der Glaube freut sich darauf, daß er eines Tages – an aller Tage Tag – schauen soll (1. Kor. 13,12; 2. Kor. 5,7). Der Glaube weiß, daß er jetzt noch nicht schauen kann. Aber er hat die Sehnsucht danach. Er ist, auch wenn er nicht schaut, aufs Schauen gerichtet. Von Mose sagt der Hebräerbrief: „er hielt sich an den, den er nicht sah, als sähe er ihn" (11,27). Denn persönliche Gemeinschaft verlangt danach, daß man sich sieht. Es ist uns ein Schmerz, daß wir die, die vor uns abgerufen worden sind, nicht mehr sehen können. „Ich will euch wiedersehen", verspricht der Herr seinen Jüngern (Joh. 16,22). Glauben wir an die Auferstehung der Toten, dann auch an die neue Gemeinschaft in der zukünftigen Welt. Aber was unsern Text offensichtlich viel mehr interessiert als ein in irgendeiner Form sich vollziehendes Wiederfinden derer, mit denen wir zusammengehören, ist die Tatsache, daß wir Gott vor Augen haben werden. Die Gemeinschaft mit Gott, die zur Zeit immer noch des verhüllenden Mediums bedarf – Wort und Sakrament –, soll uns dann unvermittelt zuteil werden.
Es könnte jemand einwenden, die vorhin zitierten Stellen vom Schauen des Angesichtes Gottes meinten einfach den Gottesdienst. „David suchte das Angesicht des Herrn" (2. Sam. 21,1) – d.h. doch: er erschien im Heiligtum. Schon wahr! Nur ist dazu zunächst zu sagen, daß wir uns bei der verhüllten, vermittelten Gegenwart Gottes nicht beruhigen: „Laß mich deine Herrlichkeit sehen!" Gott darauf: „Mein Angesicht kannst du nicht sehen" (Exod. 33,18.20). Dieses Sich-Verweigern ist nicht Gottes letztes Wort in dieser Sache. Auch noch nicht dies, daß wir die Herrlichkeit Gottes im Angesicht Jesu Christi sehen (2. Kor. 4,6; Joh. 14,9), d.h. aber: in der *Niedrigkeit* des Menschgewordenen, den wir, die Nachgeborenen, übrigens auch nicht mehr mit unseren Augen sehen können (1. Petr. 1,8). Gott schauen, von Angesicht zu Angesicht, das steht für uns noch aus. Der Gottesdienst, wie wir ihn als die ecclesia viatrix halten, verbindet uns wirklich mit dem dreieinigen Gott, aber doch so, daß er uns im Wort und Sakrament verborgen bleibt. – Umgekehrt: die vollendete unmittelbare Gemeinschaft mit Gott hat für uns gottesdienstlichen Charakter. Die Szenerie, die der Apokalyptiker schaut, ist die eines Thronsaals, dem – mit Varianten im einzelnen – das christliche Gotteshaus nachgebildet ist. Wenn, wie in der Ostkirche, die Tür aufgeht, wird der Blick zum ἅγιον βῆμα, zum Throne Gottes, frei. Der Seher schaut die Herrlichkeit der himmlischen Gotteswelt, ja Gott selbst. Er scheut sich, Gott zu nennen. Er hört Gott auch nicht reden, es sei denn, man versteht das Dröhnen des Donners als Sprache Gottes. Der Seher wird Gott noch anders erfahren (etwa 21,3ff.). Diesmal fesselt ihn ganz das Spiel der Lichter und Farben. Glänzendes Weiß wie Jaspis, feuriges Gelbrot wie der Edelstein Sardion, blau oder blaugrün der Triumphbogen

wie aus Smaragd. Dazu das strahlende Weiß der Senatorengewänder, die die Ältesten tragen, und das Gold ihrer Kränze. Sieben lodernde Fackeln, dazwischen das blendende Blauweiß der Blitze. Im Vordergrund das glashelle Kristallmeer. Um den Thron die Lebewesen, voller schimmernder Lichtpunkte. Licht und Farbe – man kann sich daran nicht satt sehen! – Wir werden uns hüten, das hier Geschaute als präzise Beschreibung dessen auszugeben, was auf uns wartet, wenn wir einmal ans Ziel kommen. Licht ist das Kleid, das Gott anhat (Ps. 104,2); in seinem Lichte sehen wir das Licht (Ps. 36,10). „Und wird keine Nacht mehr sein, und sie werden keiner Leuchte oder des Lichts der Sonne mehr bedürfen, denn Gott der Herr wird auf sie scheinen" (22,5). Gottes Doxa! Man braucht sich nur aus der Konkordanz Stellen über Licht und Glanz und Herrlichkeit zusammenzusuchen, und man wird verstehen, was hier gemeint ist. Wir werden Gott selbst sehen, den dreieinigen Gott, *unsern* Gott, der bei uns wohnen wird und dessen Volk wir sind, der Gott-mit-uns, der alle Tränen von unseren Augen abwischen wird (21,3f.).

2. Ihn werden wir *anbeten*. Daß wir sofort Zeugen der himmlischen Liturgie werden, in die schon das nächste Kapitel uns einbezogen sieht (vgl. den Oculi-Text der Reihe VI, auch meine Auslegung in: Die neue Kreatur, S. 118), ist nur Bestätigung des soeben Gesagten. Ohne Ausruhen, Tag und Nacht, beten die Lebewesen das Dreimal-Heilig, wie die Christenheit es durch die Jahrtausende in ihrem Gottesdienst betet.

Wir wollen uns nicht verhehlen, daß die nicht-endende Liturgie unsere Vorfreude auf die Ewigkeit ein wenig trüben will. Es ist nicht jedermanns Ding, pausenlos Liturgie zu halten. Wir werden aber diejenigen, die hier Sorgen haben, beruhigen können. Auch hier ist das Gesagte nur Zeichen. Die Agende der himmlischen Liturgie kennen wir sowieso nicht; Klarheit besteht seit wenigen Jahrzehnten nur darin, daß Mozart musiziert werden wird. Wir möchten übrigens auch von vornherein die Sorge abwehren, es könnte uns bei der nicht-endenden Anbetung Gottes langweilig werden. Des Begrenzten und Beschränkten werden wir überdrüssig – nicht dessen, der selbst unerschöpfliche Quelle allen Lebens ist. An Gott sieht man sich nicht satt. Sein Schaffen und Wirken geht weiter. Die neue Welt wird nicht ärmer sein als die alte.

Jetzt wird es doch wichtig, daß wir uns, soweit nötig, der religionsgeschichtlichen Hintergründe der Apokalypse erinnern. Sie lebt aus dem Alten Testament – die Fülle der Zitate beweist es. Sie weiß aber auch, daß all das ins Bild gehört, was ängstliche Gemüter als heidnisch abzutun und von sich fernzuhalten geneigt wären. Sonne, Mond und Planeten: für die Heiden waren es Götter; für uns sind es sieben Fackeln, die vor Gottes Thron brennen. Die Wassermassen des irdischen und himmlischen Ozeans: für die Heiden sind sie widergöttliche Urmacht, die die gesamte Schöpfung ständig bedroht; für uns ist es das Kristallmeer, das sich vor Gottes Thron ausbreitet und dessen Farbenspiel in das Bild der himmlischen Schönheit Gottes gehört. Die vier Tiere sind dem Heiden Tierkreiszeichen, die nicht nur den Lauf der Jahreszeiten bestimmen, sondern auch das Schicksal der Menschen; für uns sind sie wie die Seraphim aus Jes. 6, die Gottes Heiligkeit verkünden und in die Welt hinausrufen, daß alle Lande der Herrlichkeit Gottes voll sind. Und wenn wir die Zahl 24 richtig von babylonischer Religion her deuten, dann sind aus 24 Göttern nunmehr 24 Diener des einen Gottes geworden, der als der „Allherrscher" angebetet wird. – Sollte uns dieses unaufhörliche Gotteslob immer noch langweilen? Dann hätten wir nicht begriffen, welche dramatischen Entscheidungen sich eben darin vollziehen, daß die kosmischen Größen und Mächte, die vordem Gott widerstanden haben und seine Konkurrenten waren, nunmehr ihn anbeten! Aus Göttern und Dämonen wurden Geschöpfe Gottes und Engel! Das Trishagion wird nicht gesungen, weil es nun einmal in der himmlischen Agende steht, sondern es ist der hinreißende Ausdruck der Huldigung, die nunmehr dem dargebracht wird, „der da war und der da ist und der da kommt". Der Kosmos hat seinen Herrn entdeckt! Die Natur beugt sich vor ihrem Schöpfer! Jetzt merken wir auf einmal, daß Liturgie eben nicht nur der gregorianische Gesang ist, der manchen – sie haben's noch nicht entdeckt! – nicht recht eingehen will, sondern das weltweite Gotteslob aller Kreaturen. Liturgie ist das blinkende Licht der Sterne und die lebenerhaltende Kraft der Sonne. Liturgie sind Blitz und Donner. Auch das Liebeslied der Vögel und das Blühen der Bäume und Blumen. „Keine Ruhe Tag und Nacht" – es ist so abwegig nicht, wie wir einen Augenblick denken mochten, denn wenn die Welt wirklich mit Gott versöhnt ist, also nicht gegen ihn lebt, sondern für ihn: dann ist alles, was sich regt, was lebt und webt und schafft und wirkt, was jubelt und sich freut, ein Teil der großen Huldigung, die die Geschöpfe ihrem Schöpfer darbringen.

3. Es wird verständlich sein, daß wir die VV. 9–11 noch dazunehmen wollten, wenn deutlich wird, wieso das, was dort gesagt ist, über das Bisherige hinausführt. Bisher haben wir davon gehört, wie die gesamte *Natur*, im kosmischen Ausmaß, sich zu ihrem Schöpfer bekennt. Und die *Geschichte*? Die Menschenwelt? Hier führt uns die Apokalypse an einen Punkt, an dem die Auseinandersetzung zwischen Welt und Gott in unvergleichlicher Schärfe entbrannt ist. Was wir lesen, klingt wie eine wohlgeordnete, durch Brauch und Gewöhnung uns aufs beste vertraute Liturgie. In Wirklichkeit ist es das trotzige Bekenntnis einer Märtyrerkirche zu ihrem Gott, der das letzte Wort behält. Der Kaiser Domitian wollte nicht nur Träger der Ordnungsmacht sein, die das irdische Leben bewahrt und fördert. Er ließ sich „Gott und Herr" nennen. Gerade in Ephesus befand sich ein besonderes Heiligtum, das der göttlichen Verehrung Domitians geweiht war. Wir wissen noch, wie es bei den jährlich mit großem Pomp durchgeführten Kaiseropfern zuging. Die Resistenz der Christen gegen die Vergottung eines Menschen trug ihnen schwere Verfolgungen ein. „Wir lesen die Apokalypse mit ganz neuen Augen, wenn wir sie verstehen als die apostolische Gegenerklärung gegen die Kriegserklärung des Gottkaisers in Rom." Unterworfene Könige hatten ihre Kronen am Bild des Kaisers niederzulegen. Hier tun dies die 24 Ältesten vor dem Throne Gottes. „Würdig ist er, das Reich zu nehmen …", hieß es in der Kaiserliturgie. Hier spricht man: „Herr, unser Gott, *du* bist würdig, zu nehmen Preis und Ehre und Kraft." Das Vokabular stammt aus dem Kaiserkult. Weiß die Gemeinde heute

noch, was es bedeutet, wenn gebetet wird: „Wahrhaft würdig und recht, billig und heilsam ist's ..."? (Vgl. 5,9.) Der Wortlaut deutet auf die in schwerstem Leiden vollzogene Auseinandersetzung der Christenheit mit der angemaßten Göttlichkeit der Imperatoren Roms, auf die damals getroffene Urentscheidung, die in Geduld und Glauben der Heiligen durchgehalten worden ist (13,10). Doxologie ist, recht verstanden, gläubige Entscheidung für Gott, neben dem wir keine anderen Götter haben sollen, und freie, fröhliche Hinwendung zu ihm. Die Schöpfung kehrt zu dem Gott zurück, dem sie sich verdankt (V. 11b). Der Blick in den aufgetanen Himmel macht uns deutlich, wohin wir schon jetzt und hier gehören.

1. Texte nach dem Kirchenjahr
(für Teil I und II)

2. Texte nach der Ordnung der Bibel
(für Teil I und II)